旧石器・縄文時代の環境文化史

高精度放射性炭素年代測定と考古学

◆

Environment and Culture History of
the Upper Palaeolithic and the Jomon Period

High-precision Radiocarbon Dating and Archaeology

工藤雄一郎［著］
Yuichiro Kudo

新泉社

旧石器・縄文時代の環境文化史
：高精度放射性炭素年代測定と考古学

旧石器・縄文時代の環境文化史
：高精度放射性炭素年代測定と考古学

■目次

第1部 研究の目的と方法

第1章 環境文化史研究の意義 …………………………………………………………………… 9
1— 研究の背景 9
2— 研究の狙いと本書の目的 10

第2章 研究の方法 …………………………………………………………………………………… 13
1— 旧石器時代研究と古環境 13
2— 旧石器時代研究と植物資源利用 15
3— 縄文時代研究と古環境・植物利用研究 16
4— 生態系史と環境文化史 17
5— 環境史と人類史をつなぐもの 18
6— 対比のための枠組み 19
7— 時間的対比 21

第3章 ^{14}C年代測定法 …………………………………………………………………………… 23
1— ^{14}C年代測定の原理と方法 23
2— ^{14}C年代の較正 25
3— 海洋リザーバー効果について 29
4— AAA処理の問題 31
5— 年代の表記 32

第2部 最終氷期の環境文化史

第4章 最終氷期の古環境変遷 ………………………………………………………………… 37
1— 最終氷期の気候変動とその編年 37
2— MIS 3からMIS 2の気候変動とその編年 41
3— 晩氷期の気候変動とその編年 43
4— フールー洞窟の石筍をもとにした段階的区分 49
5— 最終氷期の古本州島の古植生変遷とATの年代 55
6— MIS 3以降の植生変遷史のまとめ 63

第5章 最終氷期の考古編年と ^{14}C 年代 ·········· 66

 1— 最終氷期における考古遺跡の年代研究の問題点　66
 2— 最終氷期の石器群・土器群の ^{14}C 年代　68
 ^{14}C 年代測定結果一覧　126

第6章 最終氷期の環境史と考古編年との時間的対応関係 ·········· 147

 1— 最終氷期の較正曲線と較正年代　147
 2— 考古遺跡の較正年代について　152
 3— 最終氷期の古環境と考古編年との時間的対応関係　165
 4— 課題　173

第7章 土器出現期の較正年代と古環境──13,000年問題について ·········· 174

 1— 古本州島最古の土器の年代　174
 2— IntCal04 と IntCal09 の年代差　175
 3— 土器出現期の較正年代──13,000年問題　177
 4— 大平山元Ⅰ遺跡が残された頃の北東北の古環境　180
 5— 今後の課題　182

第8章 東黒土田遺跡の貯蔵穴出土堅果類と南九州の隆帯文土器の年代 ·········· 184

 1— 古本州島最古の堅果類貯蔵穴　184
 2— 東黒土田遺跡の概要　185
 3— 分析試料と分析方法　186
 4— 分析結果　187
 5— 南九州における縄文時代草創期から早期初頭の年代と東黒土田遺跡の年代　187
 6— 隆帯文土器群および東黒土田遺跡の年代とその環境的背景　191
 7— 課題　193

第3部　後氷期の環境文化史

第9章 後氷期の古環境変遷 ·········· 197

 1— 後氷期の気候変動と海水準変動　197
 2— 環境変遷の同時性と画期の年代について　202
 3— 後氷期における環境史の段階設定　206

第10章 後氷期の考古編年と ^{14}C 年代 ·········· 212

 1— 後氷期の土器の ^{14}C 年代　212
 2— 分析の方法　213

3— 土器型式の^{14}C年代　214

^{14}C年代測定結果一覧　223

第11章　後氷期の環境史と考古編年との時間的対応関係　230

1— 比較の方法と使用した較正曲線　230

2— 後氷期の関東平野の環境史と考古編年との時間的対応関係　230

3— 対応関係の整理　242

第12章　千葉県沖ノ島遺跡から出土したアサ果実の^{14}C年代　243

1— 日本列島最古のアサ果実？　243

2— 調査地点の概要　244

3— 試料と分析方法　246

4— ^{14}C年代測定結果　247

5— 堆積層と^{14}C年代測定試料との関係　247

6— アサの年代と縄文時代早期の栽培植物　248

7— 課題　249

第13章　下宅部遺跡の環境文化史　250

1— 下宅部遺跡の位置と概要　250

2— 問題の所在　252

3— 下宅部遺跡における環境文化史研究の意義　253

第14章　下宅部遺跡から出土した縄文時代後・晩期土器の^{14}C年代　255

1— 土器型式の年代を決める　255

2— 分析対象　256

3— 分析方法　261

4— 分析結果　262

5— 炭素・窒素安定同位体比の検討　262

6— 下宅部遺跡から出土した各土器型式の較正年代　267

7— 結論　270

8— 課題と展望　271

第15章　下宅部遺跡における植物利用の変遷　272

1— 有機質の遺物群・遺構群の年代決定　272

2— ^{14}C年代測定の対象とした遺構・遺物　273

3— 分析方法　276

4— 分析結果　276

5— 遺構・遺物の年代と古環境変遷の画期との関係　280

6— 年代測定結果からみた植物利用の変遷　282

7— 課題　284

第16章 下宅部遺跡から出土したウルシ杭の年代 ………………………………………… 285
 1— 下宅部遺跡ではじめてみつかった傷跡のあるウルシ杭　285
 2— 測定試料と分析方法　285
 3— 結果　287
 4— 下宅部遺跡のウルシ杭の年代とウルシ利用モデル　289

第17章 下宅部遺跡から出土した土器付着植物遺体の分析 ……………………………… 291
 1— 土器付着炭化物から煮炊きの内容物を探る　291
 2— 分析試料　292
 3— 分析方法　301
 4— 分析結果　302
 5— 炭素・窒素安定同位体比とC/N比からみた煮炊きの内容物　305
 6— 土器付着植物遺体の年代的位置づけ　309
 7— まとめと課題　311

第18章 寺野東遺跡における遺構群の高精度年代決定 …………………………………… 312
 1— 低湿地の遺構群の高精度年代決定の必要性　312
 2— ウイグルマッチング法について　314
 3— ^{14}C年代測定の対象とした遺構　318
 4— 分析方法　323
 5— 分析結果　325
 6— SX-048の年代的位置づけ　327
 7— 寺野東遺跡の木組遺構の年代と下宅部遺跡の遺構群との対比　331
 8— 課題　333

終章 ……………………………………………………………………………………………… 335
 1— 旧石器時代から縄文時代の環境文化史　335
 2— 今後の課題　342

引用文献　345／あとがき　364／索引　369

装幀　勝木雄二

第 1 部
研究の目的と方法

Purpose and Method

第1章

環境文化史研究の意義

1── 研究の背景

　日本列島で人類が生活するようになったのは，今から4万年前より新しい時期である。4万年前以降，日本列島に住んでいた人々は，どのような環境で暮らし，どのような生活をおくっていたのであろうか。先史時代，特に旧石器時代から縄文時代における人類活動の変遷を，環境史との関係のなかで通時的に明らかにすることは，考古学におけるきわめて重要な課題の一つである。
　後氷期（完新世）のはじまりは，これまでに現生人類が経験したことがない，温暖で安定した時代のはじまりであった。現在のわれわれは，人類史のなかでもきわめて稀な，1万年以上も温暖・安定期が続いた時代の最後にいる。これに対し，日本列島の旧石器時代の大部分は，最終氷期のなかでも寒冷な気候が卓越していた時期にあり，日本列島の人類は現在とはまったく異なる環境の下で生活をおくっていた。しかも，この間にも環境は大きく変化していたことが，近年の古環境研究によって明らかになっている。また，短期間に環境が激変したと考えられる晩氷期には，気候や植物相にも大きな変化が生じた。縄文時代早期以降にあたる11,500年前以降は，それ以前と比較して非常に安定した時期であることは上述したとおりだが，この1万年間にも，いくつかの環境変化の画期があることを見落としてはならない。
　これらの環境変化の画期と人類活動の変化との関係の整理は，これまで十分に行われていない。環境変動と人類活動との相関関係に関する問題を解明していくためには，通常考古学者が扱う石器や土器，遺構などの考古資料だけでは不十分である。これまで別々に議論されてきた古環境およびその変遷に関する情報と，考古学的資料から導き出された過去の人類活動に関する情報とを総合的に検討し，可能なかぎり両者を対比することで，旧石器時代から縄文時代における人類活

動の変遷について議論していくことが望ましい。

　しかし現実的には，日本列島の旧石器時代遺跡の場合，過去の人類の資源利用の具体的証拠となる動植物遺体が出土することはきわめて稀であり，動植物資源利用は大まかな動物相・植物相などのデータから類推するしか方法がない。花粉や大型植物遺体，木材遺体の分析から復元される古植生研究は，旧石器時代における植物利用を類推するためのデータを提供してくれるが，利用可能な潜在的資源のリストを作成するのが限界であり，実際にどのような植物がどの程度利用されていたのかを明らかにすることは難しい。人類が利用した植物の直接的痕跡はほとんど残っていないため，実証が難しいためである。動物についても，考古遺跡以外から出土したデータを含めても出土例が非常にかぎられており，旧石器時代の石器群の変遷と動植物利用との対応が困難である点は，旧石器時代研究が本格的にスタートした1950年代以降，ほとんど変化していない。

　縄文時代遺跡の場合，1980年代以降の大規模発掘調査によって，低湿地遺跡の発掘調査事例が増加し，豊富な有機質遺物にもとづいた研究が蓄積されつつある。特に縄文時代中期から後・晩期の低湿地遺跡の発掘調査資料の蓄積は著しいものがあり，環境変動と人類活動との関係を具体的に解明するための資料は整いつつある。

　旧石器時代から縄文時代の人類史と環境史との関係という点では，かつては「旧石器時代」を更新世（あるいは最終氷期）に位置づけ，「縄文時代」を完新世（後氷期）の環境への適応とする一般的な理解（岡本 1962；渡辺 1968）や，旧石器時代人を「草原と疎林の民」，縄文時代人を「森林の民」として区別するような安易な二分論もみられた（安田 1980, 1982）。しかしながら，後期旧石器時代といっても，時期に応じて環境は大きく変化している。また，短期間に急激に環境が変化したと考えられる晩氷期においては，気候や植物相の変化とそれに影響される食料資源環境の変化に応じて，同一地域内においても短期間に人々の生活が大きく変化した可能性を十分に考慮しなくてはならない。

　「気候」，「地形」，「植物相」，「動物相」といった自然環境の変化は，当時の人類の生存にも多大な影響を与えていたことが予想される（小野 1998）。これまで別々に議論されてきた，古環境の変遷に関する情報と考古学的資料から導き出された先史時代人類の適応の内容に関する情報とを総合的に検討していく必要があり，可能なかぎり両者の情報を対比していくことで，先史時代人の適応行動について議論していくことが必要である。このためには生態学的視点と第四紀学的視点を方法論として組み込んだ研究を積極的に試みる必要があるだろう。

2— 研究の狙いと本書の目的

　本書の目的は，日本列島に現生人類が居住しはじめてからの人類活動の変遷史を，第四紀学的，生態学的，年代学的視点から，人類と環境との相互関係の変遷史として理解することを目指し，そのための基礎となる時間的枠組みを整備することである。具体的には，旧石器時代から縄文時代における環境史と考古編年との時間的対応関係を把握したうえで，より詳細な地域生態系と人

類活動の関係を実証的に研究することにより，地球規模での環境変動に対し，人類活動がどのように変化していったのかを解明していくことである。

　これまでの日本列島の考古学研究においては，辻誠一郎（1995）が指摘したように，環境の歴史，植物の歴史，人類の歴史を一体的に考える視点に乏しかった。また，日本における人文科学研究者は「人類活動の内容を主体的に考える」立場を重視し（山田1995），環境条件が人類活動に対して与える影響については，むしろ「環境決定論」として排除する傾向が強かった。これに対し，筆者は辻誠一郎（1995）が指摘する3つの要素を可能なかぎり等しく扱い，またそれらを一体化した視点から，当該期の人類活動の変遷の位置づけを図るべきであると考えている。古環境の研究や^{14}C年代測定などの自然科学的分析は，「考古学の関連科学」として考古学とは別に扱われることが多い。しかしながら，たとえば筆者が取り組んでいる^{14}C年代測定や植物遺体の研究も，あくまで考古資料から過去の人類活動を解明するための手法の一つであり，これら「周辺科学」や「関連科学」とされてきた分析手法を，石器や土器に適用するさまざまな分析手法と同様に，考古学の基本的な研究手法として取り込んでいくことが重要である。

　筆者はこれまで，日本列島の後期旧石器時代初頭から縄文時代晩期までの時間を含めて，^{14}C年代測定を研究手法に組み込んだ年代学的研究を行ってきたが，特に中心的に取り組んできたテーマは，最終氷期から後氷期への移行期（更新世末から完新世への移行期），なかでも晩氷期における急激な気候変動に対して，人類活動がどのように変化してきたのかという問題である（工藤2003a, 2003b, 2005a, 2005b；Kudo 2004）。この問題は，考古学的には旧石器時代から縄文時代への変化の問題とも大きく関係し，また「縄文時代」，「縄文文化」という概念そのものの再考を迫るうえでも非常に重要な位置づけにある（泉2000；谷口・川口2001；谷口2001, 2010；藤尾2002；長沼2002など）。しかしながら，この時期にのみ焦点を当てていては問題が矮小化されてしまいこの時期の特徴がみえてこない。より長い時間の流れのなかでの人類活動の変化を把握し，相互に比較することで，この晩氷期という時期の人類活動の様相を特徴づけることも必要である。

　本書では，「縄文文化起源論」や「旧石器時代－縄文時代」時代区分論に関係する問題として，研究対象を晩氷期前後の時期，考古学的には「縄文時代草創期」にのみ焦点をあてるのではなく，より大きな視点から，「日本列島における先史時代の人類活動が自然環境とどのように関係してきたのか」を検討するための時間的枠組みをつくり上げることを目的としている。そのため本書では，既存の考古学的枠組みでいえば，後期旧石器時代初頭から縄文時代晩期までを研究の対象とした。このように非常に長い時間幅を設定しているのは，「旧石器時代」と「縄文時代」とに区分して考古学的現象を記述していくのではなく，当該期の環境変遷史のなかに人類活動の変遷を位置づけていく筆者の試みの一つである。ただし，対象とする考古学的な時期を明確化するために，既存の時代区分の枠組みである旧石器時代，縄文時代の用語はそのまま使用している。

　対象とする領域については，古本州島（最終氷期に陸続きだった本州・四国・九州までを含む）を中心としている。後氷期については，資料の量が膨大になるのと地域的な傾向がより顕著にあらわれてくるため，対象とする領域を関東平野周辺地域のみに限定した。今後，関東平野以外の地域においても同様の視点から研究を展開していくことを目指しており，本書はその一部である。

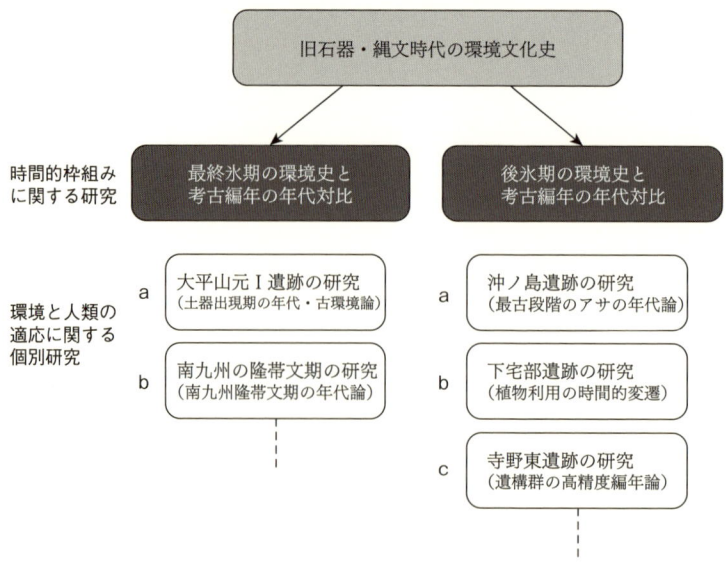

図1-1 本研究の枠組み

　大局的な意味での時間軸を整備した後，より詳細な地域生態系に焦点をあて，環境と人類活動との相関関係をより実証的に解明していく方法としては，遺跡出土の植物遺体に着目し，古環境変遷と植物資源利用の変化との関係から探っていくことを考えている。植物に関しては，花粉や木材遺体，大型植物遺体などのさまざまな研究の蓄積によって，古植生の通時的・地域的変化を本書で対象とする時期と地域において検討することが可能となりつつあり，植物利用の変遷との対応関係が議論できるためである。

　本書では対象とする時期を大きく二つに分けている（図1-1）。一つは，最終氷期（後期更新世）に位置づけられる年代域であり，旧石器時代から縄文時代草創期までをおもな対象とする。数値年代ではおおよそ4万年前から1万1,500年前までが含まれる。もう一つは，後氷期（完新世）に位置づけられる年代域であり，縄文時代早期初頭から晩期までを含む。数値年代ではおおよそ1万1,500年前から2,500年前頃までに該当する。本書では，この2つの時期について，環境史と考古編年との時間的対応関係について検討を行う。環境史との時間的対応関係を整理した後，より実証的に研究を進めていくため個別具体的な事例について分析を進めていくが，本書では土器出現期の年代と古環境について議論した大平山元I遺跡の例，南九州の隆帯文土器期の東黒土田遺跡の例，沖ノ島遺跡から出土した縄文時代早期初頭のアサの年代測定例，縄文時代中期から後・晩期の植物利用と古環境変遷との関係を議論した下宅部遺跡での研究，縄文時代後・晩期の木組遺構の年代について議論した寺野東遺跡での研究を取り上げた（図1-1）。

　なお，「先史時代の環境史と人類活動の変遷史を対比し，人類の適応行動を探る」という目的からみれば，上記の個別の研究事例はその糸口にすぎないが，個別的な研究事例をa，b，c，d……と積み重ねていくことによって，最終的には日本列島全域を対象として，環境の変化に対して人類活動がどのように変化していったのか，あるいはその空間的な違いはどのように整理できるのかを明らかにしていきたい。

第2章
研究の方法

1── 旧石器時代研究と古環境

　日本列島で旧石器時代の遺跡がはじめて発掘された1949年以降，旧石器時代の古環境についても関心が向けられてきた。石器群が関東ローム層から出土することから，これらの時期が洪積世であり，氷河時代にあたることは当初から認識されていたが，古環境との対比はヨーロッパの氷期 – 間氷期の区分との対比が中心であり（たとえば芹沢 1962），より具体的な生態系にまで触れられることは少なかった。

　長野県野尻湖の発掘調査（野尻湖発掘調査団 1975）が示すように，旧石器時代研究においても学際的研究が進展してきた1970年代以降，古環境の研究は重要な要素を占めるようになった。小谷凱宣（1975）は，日本列島に展開した旧石器文化を考える際に，その展開した時代の自然条件，生物相との関係を明らかにすることが必要であり，当時の自然条件，狩猟・採集の対象を具体的に解明することが大きな意味をもつことを指摘した。特に花粉分析による古植生復元の情報を旧石器時代研究に反映させるようになり，研究が活発化してきたのもこの時期からである。たとえば，安田喜憲（1974, 1975）は花粉帯との対比から，日本列島の細石刃石器群や土器出現期が塚田松雄（1967）が設定した晩氷期のL帯にあたり，旧石器時代に多かったトウヒ属，モミ属，ツガ属，マツ属などの亜寒帯針葉樹林からカバノキ属やブナ属，コナラ属などの落葉広葉樹林への変化の時期にあることを指摘した。また，安田喜憲（1980）は岩手県花泉遺跡の花粉分析結果などをもとに，旧石器時代の花泉遺跡の風景の復元を行っている。

　しかし，1970年代から80年代の段階では，古環境の時間的変遷，考古遺跡の年代的位置づけともに，十分な精度での年代測定結果は得られておらず，古環境と考古編年との年代的対比も大

局的な整理にとどまり，現在の年代観からみると，古環境と年代が一致しないところもある。また，古環境との関連で述べられた考古学的現象の解釈が環境決定論的すぎた点にも問題があった。

一方で，1980年代以降には，開発にともなう大規模発掘調査の事例が多くなり，旧石器時代の遺跡で石器群・遺構群の調査と同時に，花粉分析や種実同定，植物珪酸体分析，年代測定などの総合的な古環境研究も行われるようになった（たとえば多聞寺前遺跡調査会 1983；北江古田遺跡調査会 1987 など）。その結果，植生と人類活動との関係についても関心が高まってきた。

古植生と人類活動との関係の把握においては，花粉分析による広域的な植生復元だけでなく，より人類活動の場所，領域を絞った古植生との対比も重要である。個別遺跡，あるいは一つの遺跡群周辺の堆積物から，花粉や大型植物遺体，木材遺体，動物遺体などの分析を行い，遺跡周辺の古環境復元を行う研究は，低湿地遺跡の発見例が増加している縄文時代以降の遺跡で積極的に実施されている。

基本的に多湿気候で酸性土壌の日本列島の場合，低湿地遺跡がほとんどない旧石器時代では有機質遺物がわずかしか残らないため，遺跡単位での詳細な生態学的研究の例はこれまであまり多くなかった。しかしながら，兵庫県板井寺ヶ谷遺跡（兵庫県教育委員会 1991）や，宮城県富沢遺跡（仙台市教育委員会 1992），東京都野川中洲北遺跡（小金井市遺跡調査会 1989），長野県野尻湖立が鼻遺跡（野尻湖発掘調査団 1996）などで，さまざまな自然科学的分析を取り入れて遺跡周辺の総合的な古環境の復元を試みた例がある。

個別遺跡の古環境復元で問題となるのは，人類活動の痕跡である遺跡（特に対象となる石器群）と古環境データの同時性である。花粉や大型植物遺体などは遺物包含層そのものから得られる例はほとんどなく，分析の対象は遺跡周辺の埋没谷などの堆積物から採取した試料である。これらの堆積物がみつかる場所は湿地などの場合が多いが，そもそも旧石器時代において人間活動の場として選択されることはほとんどない（佐藤 2007）。遺跡との関係ではきわめて現地性が高い古環境情報といえるものの，人類活動の痕跡とは直接的な関係性がない動植物遺体であることがほとんどのため，対比を行うには遺跡において石器群や遺構群を残した人々の活動時期に関する正確な年代を把握することが必要であろう。つまり，遺跡周辺の埋没谷等の堆積物も正確な年代を把握していなければ，時期的に異なるものを対比してしまう可能性がある。

動物との関係についてはさらに資料的な制約が大きく，動物資源利用を具体的な出土資料にもとづいて議論することは不可能であり，洞窟などでの動物化石の出土例や低地の化石包含層から産出したわずかな動物化石の事例から，当時利用可能であった動物資源を類推する以外に方法はない。たとえば，日本列島において最終氷期に絶滅した大型動物群が，後期旧石器時代のどの段階まで生き残っていたのかを明確にすることは，当時の生業活動を議論するうえで重要な問題だが，依然として不明な点が多い。近年，日本列島における更新世の動物化石の年代の再検討が行われている（Izuho and Takahashi 2005；高橋 2007；Takahashi *et al.* 2006；岩瀬ほか 2010）。

2— 旧石器時代研究と植物資源利用

　しかし，自然科学的研究の多くが考古学の「関連科学」と位置づけられてきたこともあり，考古学とそれらの研究との一体化が十分に図られてきたとはいえなかった。動物遺体，植物遺体が出土することがほとんどない日本列島の旧石器時代遺跡では，動植物資源利用について議論することがきわめて困難であった。したがって，旧石器時代の考古学研究の対象が石器中心となったのは当然であり，石器の編年研究や分布論，型式論，技術論などが戦後60年の間に大きく進展した。特に，層位的出土例に恵まれている武蔵野台地や相模野台地での編年研究の成果（たとえば鈴木・矢島 1978；諏訪間 1988, 2001 など）は，後期旧石器時代の編年の指標となっている。

　植物利用については，旧石器時代の古植生から利用可能な資源に触れた例は古くからある。たとえば，春成秀爾（1976）は，塚田松雄（1967）によって復元された最終氷期の植生を手がかりに，食用になりうる植物を列記している。また，鈴木忠司（1988, 1993）は①陸獣の狩猟，②植物質食料の採集，③水産資源採捕の漁撈について，旧石器時代の古環境復元のデータから推測される潜在的食料資源を検討するなど，先駆的な研究を行っている。鈴木忠司は植物資源利用について遺跡出土の炭化物の例，遺跡周辺の低湿地や泥炭層の種実遺体の例から，ナイフ形石器文化期と細石刃文化期の東北日本と西南日本のそれぞれの地域にわけて可食植物のリストを作成した。また，最終氷期の動物相と遺跡出土動物化石の例から，潜在的な動物資源を推定した（鈴木1988）。細石刃文化期の年代的・環境的位置づけには現在の理解とは齟齬があるが，重要な先駆的研究である。

　また鈴木忠司は近年，実験考古学によって，旧石器時代のドングリ利用の可能性について研究を行っている（鈴木 2004, 2005）。通常，アク抜きが必要なコナラ属コナラ亜属の堅果類の利用の有無を検討するため，後期旧石器時代に多くの遺跡で発見される礫群を調理施設と推定し，食料の新加工技術の導入が食糧獲得活動の質的変化を導いたのか否かを検証するため，「石蒸し調理実験」を行っている。重要な基礎研究の一つであろう。

　以上のように，考古資料からの植物資源利用の研究は旧石器時代研究においても進められてはいるが，縄文時代と異なり低湿地遺跡がほとんどみつかっていないことから，植物資源利用の実証的研究には資料的な限界がある。今後も旧石器時代の動植物資源利用を考える場合，基本的には鈴木忠司（1988）が行ってきたように，古植生研究の成果から資源利用を類推するのが通常の方法となるだろう。しかし，これらの対比を行う場合，時間軸の整備が必要不可欠であるのはいうまでもない。先史時代の植物資源利用を議論していくためには，対比する考古学的事象の時間的位置づけと古環境情報との対応関係が十分に把握されていることが必要だからである。

3 ― 縄文時代研究と古環境・植物利用研究

　縄文時代の植物資源利用については酒詰仲男による『日本縄文石器時代食料総説』（1961）による貝塚出土植物遺体の集成や，渡辺誠『縄文時代の植物食』（1975）での遺跡出土植物遺体の集成など早くから研究が行われ，縄文時代の植物利用研究の一つの指標となった。

　また，開発による大規模発掘調査が行われるようになった1980年代以降，福井県鳥浜貝塚（鳥浜貝塚研究グループ編 1979, 1981, 1983, 1984, 1985, 1987a, 1987b）や埼玉県寿能泥炭層遺跡（埼玉県立博物館編 1982），埼玉県赤山陣屋跡遺跡（川口市遺跡調査会編 1989）での学際的研究をはじめとして，近年でも青森県三内丸山遺跡（辻・能城編 2004）や滋賀県粟津湖底遺跡（滋賀県教育委員会編 1997, 2000），最近では東京都下宅部遺跡（下宅部遺跡調査団編 2006a, 2006b），新潟県青田遺跡（新潟県教育委員会編 2004）など，さまざまな遺跡で自然科学との学際的な研究が行われ，成果を上げている。

　これらの非常に多くの低湿地遺跡研究の蓄積により，縄文時代の植物利用について詳細な議論が行われてきた。たとえば，野生植物の体系的な利用が明らかになっただけでなく，クリやトチノキの利用とその栽培化の問題や，貯蔵やアク抜き法を含めたドングリの利用，イネ科栽培植物の利用，マメ類の利用と栽培化，球根類の利用，アサやヒョウタンなどの外来栽培植物の利用など，積極的な議論が行われている。また，研究の対象とされる植物の種類も多岐にわたり，種実遺体の分析だけではなく花粉や植物珪酸体の分析や走査型電子顕微鏡（SEM）による観察，土器圧痕のレプリカ法，^{14}C年代測定法，年輪年代法，DNA分析など，さまざまな分析手法を駆使して検討が行われている。特に，レプリカ－SEM法を活用した，縄文時代のダイズ属やアズキ属の利用については研究の進展が著しい分野であり，小畑弘己（小畑など 2007；小畑 2011）や中山誠二（中山 2009a, 2009b, 2010）らによって，縄文土器圧痕からの分析が進められている。

　また，木材化石の樹種同定による縄文時代の木材利用についても研究が進展している。1980年代以降の樹種同定の成果の蓄積によって，縄文時代前期以降の東日本におけるクリの集中的利用や，適材適所といわれる木材利用などが明らかになっただけでなく（千野 1983, 1991；山田 1991；鈴木・能城 1997；鈴木 2002），特にウルシ利用については，近年能城修一・鈴木三男らの研究によってウルシの木材の同定が可能となったことにより，漆製品の研究としてだけでなく，ウルシの起源や縄文時代の体系的なウルシ利用についても議論が展開しつつある（Noshiro and Suzuki 2004；能城 2009）。

　2000年に刊行された辻誠一郎編『考古学と植物学』（同成社）や，2007年，2009年に刊行された『縄文時代の考古学』（同成社）の第3巻「大地と森の中で――縄文時代の古生態系」と第5巻「なりわい――食料生産の技術」には，各種の自然科学分析の適用例や古環境変動から動植物利用まで，研究の手法と最新の研究成果が網羅されており，現在までの研究の到達点を知ることができる。遺跡出土植物遺体の実証的研究を行う『考古植物学』，『植物考古学』，『古民族植物学』といわれるこの分野は，考古学と植物学の両者の学際的領域であるとともに，相互の研究者がそれ

ぞれの研究手法を，自らの研究手法として相互に取り入れることによって，植物利用を通じて人と環境とのかかわりが立体的に解明されてきている。

　しかしながら，植物利用の実態やその変遷を明らかにするだけでなく，どのような環境的な背景のなかで，どのような資源を人類が選択し，利用してきたのかを明らかにすることも，今後の課題としてきわめて重要である。樋泉岳二（2009）が指摘するように，人類史と環境史との複合領域である「人類をめぐる生態系史研究」を行っていくためには，できるだけ高い精度で環境史と人類史とをすり合わせていく必要がある。

　このような環境史と人類史との時間的対応関係の問題については，個別遺跡での研究事例の蓄積が行われているものの，縄文時代全体を通じての環境史と人類史との対応というレベルでは，必ずしも十分に行われてきたとはいえないだろう。環境史の分野からの研究成果が示され，考古学の側から人類活動についての成果が提示されていても，両者の橋渡しをする研究がこれまで不足していたからである。

4— 生態系史と環境文化史

　過去の人類活動を環境史との関係で理解することは，過去の人類を対象とした生態学的研究と言い換えることができる。先史考古学においては，人類が各時期・各地域の環境に対してどのような形で適応していたのかといった問題設定を行い，考古学的に導かれるある共時的な時間面での環境適応のあり方を解明することが一つの研究課題となる。また一方で，先史考古学においては，その環境適応のメカニズムがどのように変化してきたのかを，通時的に整理することも大きな研究課題の一つである。

　このような研究に関連して，辻誠一郎（1999, 2002など）や樋泉岳二（2009）は「生態系史」，「生態系史研究」という用語を使用している。人間を主体としてみた場合，食料などの資源となる動物や植物，それを取り巻くさまざまな環境，これらが相互に関係性をもって生態系をつくっている。考古学や歴史学において重要なのは，過去のある時点での共時的な生態系の姿を復元することだけでなく，人が生態系にどのように働きかけ，またそれが通時的にいかにして変化してきたのか，といった問題である。辻誠一郎（2002）は，人間とそれを取り巻く環境との相互のかかわりによってつくられる生態系の歴史を「生態系史」と呼び，集落生態系や都市生態系の歴史的な復元の重要性を指摘した（図2-1）。生態系史という概念は，人間の環境に対する適応だけでなく，人類の環境への働きかけがどのように変化してきたのかを研究するうえでは非常に重要な概念である。しかしながら，旧石器時代を対象としてみた場合，「人類による環境の改変，人為的環境の成立」という点については適用しにくい部分もある。

　「環境文化史」という用語がある。いわゆる環境考古学，植物考古学，動物考古学，環境歴史学，第四紀学，年代学・編年学，文化環境学など，人社会と環境をキーワードにする分野・領域の相互理解を目指して，辻誠一郎らによって発足した研究会の名称として使用されている。これ

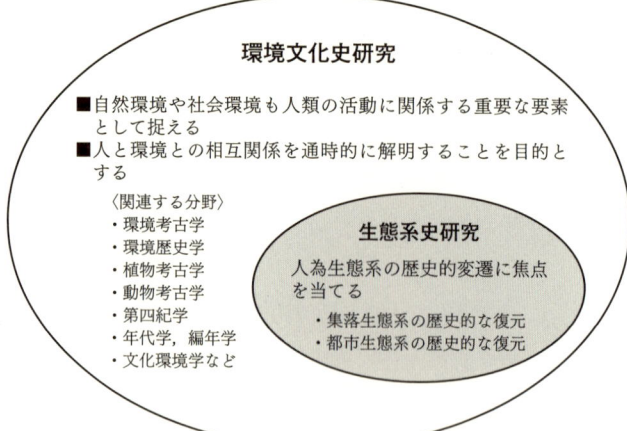

図2-1 環境文化史研究の狙い

は，旧石器時代から縄文時代を含めた先史時代の人類活動と環境史との相互関係を，考古資料だけでなくさまざまな自然科学的データを用いて「通時的」に理解することを目指す，筆者の視点とよく合致する。本研究における筆者の試みは，この問題について，おもに年代学的視点，第四紀学的視点，植物考古学的視点からアプローチを行うものである（図2-1）。

5── 環境史と人類史をつなぐもの

　旧石器時代から縄文時代の環境変動と人類の適応行動との相関関係の研究を具体的に進めていくうえで，遺跡資料を用いて人類活動の変遷を検討していく前に，まずは大まかな枠組みとして，環境史に対する考古編年の年代的位置づけを明確にしなければならない。

　環境と人類活動に着目した考古学的研究，自然科学との学際的研究による個別遺跡の古環境研究の双方ともに，日本列島を対象とした場合においても，重要な研究成果が蓄積されてきている。しかしながら問題は，それらの研究成果をつなぐ時間軸の整備が十分にできていないことにある。

　日本列島の考古学研究では，石器や土器による編年研究によって詳細な相対編年ができあがっており，縄文時代の土器型式編年については，その細分化・広域対比の進展には目覚ましいものがある。旧石器時代研究においても，層位的出土例に恵まれた南関東の武蔵野台地や相模野台地などの石器群の研究によって詳細な編年が組み立てられており，一つの基準となる枠組みをすでに有している。したがって，両者をつなぐ時間軸の整備が必要不可欠であり，学際的視点をもって両者を統合することが，今後の研究のさらなる進展を目指すうえで欠かせない作業である。

　日本列島において，確実な人類活動の痕跡と考えられる後期旧石器時代初頭の遺跡群がみつかってくるのは，最終氷期のなかでもその後半の段階にあたり，海洋酸素同位体ステージ（Marine Isotope Stage, 以下MIS）ではMIS 3の後半期以降である。これ以降，人々がどのような環境のも

とで生活し，環境との間にどのような関係を築いてきたのかといった問題を議論するうえで，①当時の古環境およびその変化の過程を把握すること，②遺跡の正確な時期を把握すること，③上記①と②を時間的に対比すること，の3点はもっとも重要な課題となる。

人類活動の変遷を環境史との関連で理解しようとすれば，遺跡・遺物の年代を相対編年のみで記述することはできず，別のなんらかの時間軸を用いる必要がある。考古遺跡において数値年代を得る方法はいくつかあるが，なかでも，①約4万年前まで適用可能であること，②考古遺跡だけでなく，古環境復元を行う堆積物中などでも採取可能な試料であること，③氷床コアや年縞堆積物，樹木年輪などの暦の年代とほぼ同等のタイムスケールの諸データとの対比が可能であること，これらの3点を考慮した場合，^{14}C年代測定法をそのための手法として用いることは，ごく自然な選択である。

しかし，^{14}C年代測定法は，戦後，考古学では根強い否定論があったことや，^{14}C年代と暦年代とのギャップおよびその「較正」の問題が複雑であることなどから，^{14}C年代測定を主要な研究方法とする「考古学研究」は最近まで進展してこなかった。

^{14}C年代を較正した年代にもとづいて，今日的視点から時間軸を構築することは，今後の考古学研究，特に人類史と環境史との複合領域の研究を行う「環境文化史研究」を進展させていくうえできわめて重要な課題である。

6 ― 対比のための枠組み

人類活動のうち，特に食料資源の獲得という視点からみた，環境と人類活動の関係を図式化すると図2-2のようになる。先史考古学においては，具体的に環境とのかかわりを検討するためには，遺跡から出土する人工遺物や遺構群，植物遺体や動物遺体などを通じて，環境からどのような資源を選択して利用していたのかを理解する必要がある（図2-2左）。一方，旧石器時代から縄文時代のはじめ頃を対象とした考古学研究では，環境変化と人類活動の変化との対応関係を議論する場合，石器や土器などの物質文化の変化や定住生活の開始などを環境変化が規定要因となって起こったと考える環境決定論的理解か，縄文時代の開始と完新世あるいは後氷期の開始を結びつけ，温暖化した環境への適応とする一般論にとどまるのが現状であった。これらには「時間的対応関係」としか捉えられない事象を「因果関係」として解釈しているものも多い。

筆者は，人類活動の変遷を環境史との関連のなかで体系的に位置づけるための具体的方法として，遺跡出土植物遺体を特に重視している。植物食料資源利用の時間的・空間的分布を環境変遷と対比させることが，現時点では日本列島の先史時代の人類活動と環境とをつなぐことができるもっとも有効な方法であろう。環境に対してなんらかの変化が生じた場合，諸関係が変化することによって人類活動も変化する（図2-2左）。しかし，遺跡出土資料という断片的な情報から，関係性の全体を復元することは到底不可能なことではあるが，関係性の一部でも記述することができれば，それを手がかりにできるのではないかと考えている。

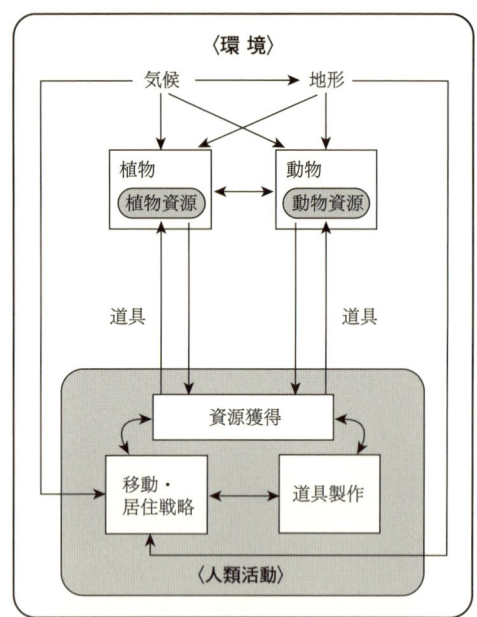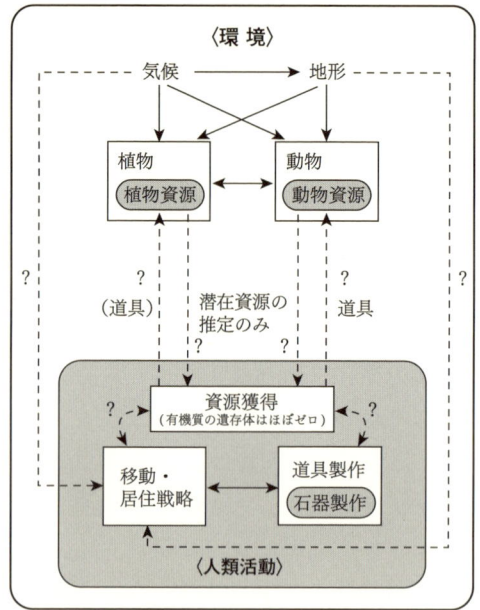

図2-2　人類活動と環境（おもに生業的な側面からみた環境）との関係性
図左は理想的な復元図であるが，右図は最終氷期の日本列島の場合。矢印で示した関係性を理解できる資料が得られていないため，復元できない部分がほとんどである。

　本書で扱う日本列島の最終氷期の遺跡においては，これらの植物遺体が検出された遺跡がほとんどないため，遺跡出土資料で議論できることと，環境と人類活動との具体的な関係性の記述との間にはきわめて大きな溝がある（図2-2右）。現時点でこの図式にもとづいて，ある程度環境と人類活動の関係性が復元可能であるのは後氷期，特にその後半期が中心となる。

　日本列島を対象とした先史考古学研究においても，植物採集活動に着目して生態学的視点から当該期の人類活動の変化を分析したいくつかの重要な先行研究がある。渡辺誠（1975）は，遺跡出土植物遺体の集成・分析，民俗資料の検討を通じて，縄文時代の人々の環境に対する適応の過程を実証的に研究することを試みた。渡辺誠の研究は，縄文時代の歴史を「日本列島の多様性に富む自然環境に対して，縄文人がしだいに適応を深めていく過程そのものである」として，生態学的・先史経済学的視点から，適応の過程を実証的に再構成することを試みたものである。

　筆者は，過去の人間はそれぞれの時期・地域の環境に対して適応的であったからこそ生存してきたと考え，適応度の優劣・発展などは問題としていない。適応的であることの内容，あるいはそれがどのような要因と関係していたのかを理解することに重点を置いている。考古遺跡から検出される遺物を通じて理解できるのは，適応的であった当時の生業活動の一側面であり適応の過程ではない。適応の過程を理解するには，考古学的にある共時的な時間幅のなかでみられる適応の内容が，環境が変化したときに環境の変化前と変化後とではなんらかの点で異なっていることを明らかにし，それを比較することが必要であると筆者は考えている。

7 — 時間的対比

　人類の適応行動の変化を読み取るためには，環境の変化とその内容を通時的に理解することが必要であり，そのためには第四紀学的視点が重要となる。長期的な視点でみたときに，気候や植生の変化はそれを利用して生存している人類に対して大きな影響を与え，適応の内容が変化する要因となる。

　考古編年は遺跡出土資料を扱ううえで時間軸となるが，これはあくまで考古学における相対的な時間軸である。これを数値年代に変換し，人類・動物・植物・気候などを統一的基準で取り扱うための時間軸をつくることが第一に要求される。したがって，まず環境が変化する画期を捉えることによって，ある程度類似した環境条件が形成されていた時期を段階的に把握し，そのうえで環境の変化を画期とした環境史上の各段階を単位として，それを一つの共時的な時間面として取り扱い，その各段階の適応の内容を比較することを目指す。

　辻誠一郎（1988）は縄文時代以降の自然環境の変遷を述べるなかで，文化的内容にもとづく時系列の区分単位である「縄文時代」や「弥生時代」などの単位と，たんにそれを対応させた環境との比較論は，歴史科学においては意味が乏しいと指摘した。環境史との対比を行うには，環境史上の画期に焦点をあてて時期を設定する必要があり，その各段階に対応する考古学的な単位を用いることが重要である（工藤 2005a）。

　図2－3は，筆者の基本的な分析視点を模式化したものである（工藤 2010）。日本列島全域あるいはそれよりも広い地域において適用可能な環境史上の画期を一つの基準として，環境史の視点から段階を設定する。この各段階に対して，既存の考古編年がどの段階にあたるのかを^{14}C年代によって比較する。^{14}C年代測定事例は遺跡あるいは石器群単位で実施されているものだが，ここでは考古編年を一つの単位として，それらを数値年代に変換することに主眼を置いている。すべての遺跡で^{14}C年代測定を実施して各遺跡を時系列的に並べることは不可能である。考古学的な共時的単位である石器編年や土器編年に数値年代を与えることによって，^{14}C年代測定が実施されていない遺跡においても，人類活動に関するさまざまな比較研究が可能となる。

　このように，①環境史と考古編年との時間的対応関係を把握し，②各段階における人類の適応の内容を具体的に解明していき，③さらにその通時的変化（たとえば図2－3のa1→a2→a3）について，環境との比較から分析を行うことが必要である。本書の内容は，おもに①・②の課題について，その一部を実践したものである。

　なお，図2－3はあくまで環境条件がある程度同一である地域を境界線とした場合であるが，設定する地域は比較したい環境のレベルに応じて設定する。地域をより微視的にみることもできるし，逆により大きな地理的環境で区切ることも可能だろう。その際は，人類活動との比較のレベルも個別的な分析事例ではなく，それらの資料をもとに一般化されたモデルでの比較となる。たとえば図2－3はAという地域を設定した場合だが，設定した地域間での環境の違いによる共時的時間面での比較は，隣接するBの地域やヨーロッパ等の日本列島とは異なる地域Zとの段階

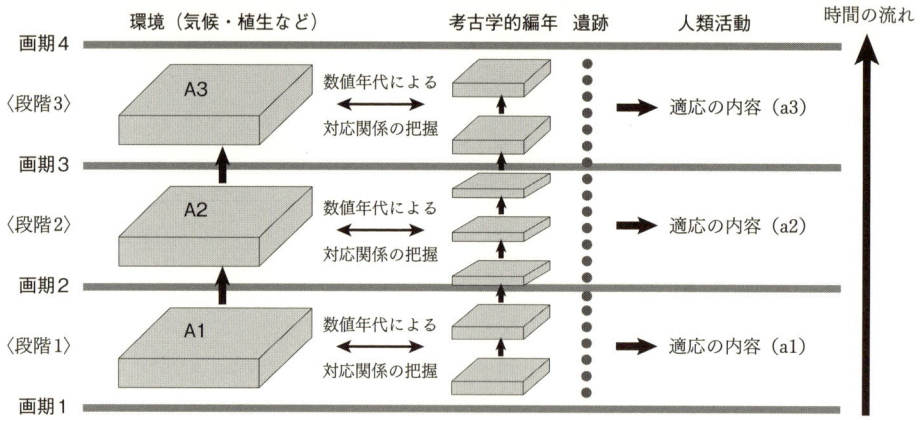

図2-3 人類の適応に関する比較考古学的研究のための時間的枠組み（工藤2010）
環境史の画期にもとづいて段階を設定し，それぞれの段階に時間的に対応する考古編年単位を，較正年代を用いて整理する。この時間的枠組みにもとづいて，環境への適応の具体的な内容を研究し，通時的に比較することで，環境変化と人類活動の変化の関係を分析する。

1の適応内容の比較（a1とb1，a1とz1）といった図式になる。ただし，地域間の比較は本書では扱っておらず今後の課題とした。

　任意の空間で区切った環境に対する適応の内容は，必ずしも一種類であるとは考えていない。人類は環境に対して文化的に適応しているためであり，たとえば保持する技術，社会組織のあり方によって，文化的適応の内容が同一地域で異なっていても不思議ではない。本研究で対象とするのは，あくまで遺跡出土資料の年代学的研究からの比較である。

第3章

^{14}C年代測定法

　本書で鍵となるのは，^{14}C年代測定法を用いた研究である。^{14}C年代測定法については，すでに多くの概説書などで原理や方法が解説されている（たとえば，木越 1978；遠藤 1978；中村 1999a；中村ほか編 2000；坂本 2006a, 2006b）。詳細はこれらを参照していただきたい。本章では，筆者の研究に特に関係する部分について取り上げ，概要を示しておきたい。

1── ^{14}C年代測定の原理と方法

　地球上には炭素12（^{12}C），炭素13（^{13}C），炭素14（^{14}C）という，質量の異なる炭素同位体が存在する。大気中の^{14}Cの濃度は地域差がなくほぼ一定とされ，その存在比は^{12}C：^{13}C：^{14}C＝0.989：0.011：1.2×10^{-12}である。^{14}C年代測定法は，放射性核種である^{14}Cが半減期$5,730 \pm 40$年（計算上は慣例的にリビーの5,568年を使用する）で異なる核種へと壊変することを利用した年代測定法である（図3－1）。^{14}C年代は，宇宙線によって生成される^{14}Cが，地域的にも経年的にも大気中でほぼ一定の割合で含まれているとの仮定のうえに，上記の半減期を用いて求められる。

　炭素を含む有機物であれば^{14}C年代測定法の試料として用いることができるため，炭化材，未炭化の木材や種実，人骨，動物骨，土器付着炭化物など，考古資料への適用の幅は広い。そのため考古遺跡，考古資料の年代測定法として，現在もっとも一般的に活用されている。

　^{14}C年代測定法には，放射壊変する際に生じたβ線をカウントすることによって年代を求めるβ線計測法と，1970年代末に開発された，加速器質量分析計を用いるAMS法がある。炭素1mg

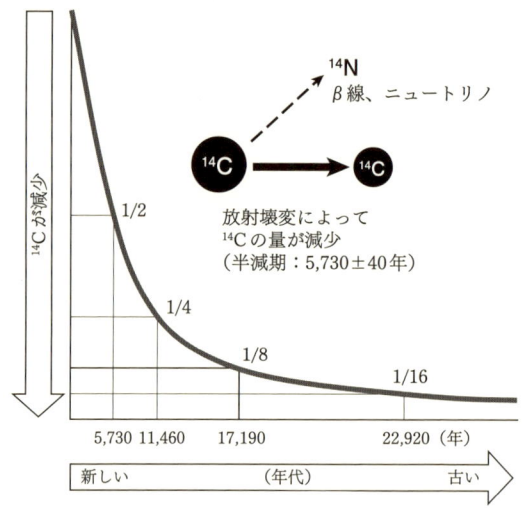

図3-1　^{14}C年代測定法の原理（工藤 2010）
生命活動が終了して炭素交換が行われなくなると，^{14}Cの量は5,730年後には2分の1に，11,460年後には4分の1に，17,190年には8分の1まで減少する。

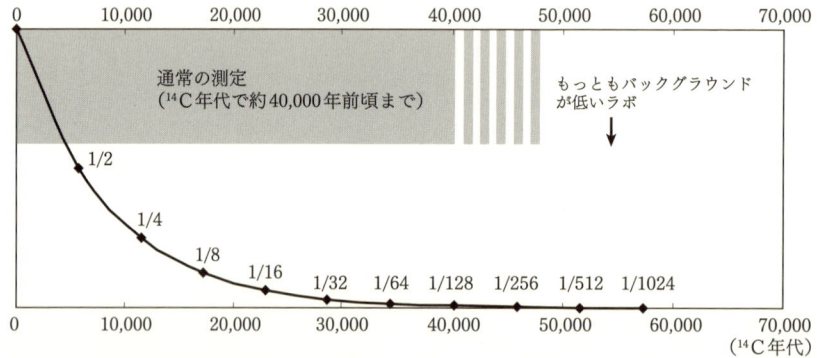

図3-2　^{14}C濃度の減少と年代との関係
加速器による通常の測定では，加速器および真空精製装置のバックグラウンドが40,000～50,000年前程度であるため，ルーティンの測定では測定限界は40,000年代であることが多い。なお，バックグラウンドとは，^{14}Cを含まない化石などからつくった試料を測定したときにカウントされる^{14}Cの量で，これを見かけ上の^{14}C年代に換算したもの。

当たり，1時間に崩壊する^{14}Cの個数は0.8個しかない。そのため，β線計測法では，炭素量にして数グラムに相当する試料が必要である。加速器質量分析法（Accelerator Mass Spectrometry: AMS）では，試料中の^{12}C・^{13}C・^{14}Cの濃度を直接測定して^{14}C年代が求められる。AMS法では，炭素量にして1mgの試料で測定することができ，測定時間も短時間である。3万年を遡る古い年代域では，放出されるβ線も非常に弱くなってくるため，自然界の放射線に試料自体から放出されるβ線が隠されて，β線計測法では測定が難しくなってくる。したがって，β線計測法による測定限界は4～3万年前程度であり，後期旧石器時代初頭の石器群については，ほぼ測定限界あるいはそれを超えた年代域の年代測定を行っていたことになる。

AMS法では50,000年を遡る試料の年代測定も可能であり，たとえば名古屋大学年代測定総合研究センターのAMSの1号機でもっとも精度よく測定できていた頃は，マシン・バックグラウンドが60,000年を超えており，^{14}C年代で50,000年代の測定も可能であった（中村1999a）。しかし通常，多くのラボでのルーティンの測定では，真空精製装置を通したバックグラウンドが^{14}C年代に換算して50,000～40,000年程度であり，測定限界は^{14}C年代で40,000年代であることが多い（図3-2）。

2── ^{14}C年代の較正

1949年にリビーによって^{14}C年代測定法が開発された当初は，宇宙線によって大気中で生成される^{14}Cの量と，放射壊変によって減少する^{14}Cの量はほぼ平衡となっていたと考えられていたが，その後の^{14}C濃度の測定精度が向上するにつれて，大気中の^{14}C濃度は一定ではなく，経年的に変化していたことがわかってきた（Libby 1963）。つまり^{14}C年代は「仮想年代」であり，暦の年代と直接的にはイコールの関係にないことがわかったのである。

これまで，考古学研究において，^{14}C年代測定法の精度について批判されてきたのは，おもにこの点だろう。1959年に夏島貝塚で縄文早期の年代が^{14}C年代で9,000年前まで遡ることが示されてから，日本考古学でも，^{14}C年代に対する肯定論者と否定論者による「長期編年・短期編年」論争が起こった（芹沢1962；山内・佐藤1962）。この問題については，本書では深くは追究しないが，否定論者のおもな論拠は，「過去の大気中の^{14}C濃度を一定と仮定する前提条件」への批判である。また一方で，^{14}C年代測定自体を認めても，上記の前提条件が崩れているため，「真の暦年代ではない」（藤本1985）として，一定の距離をおく研究者も多かった。

^{14}C年代を暦の年代に「較正」することが必要であることは^{14}C年代測定法の開発直後からわかっており，1963年にはリビーによって^{14}C濃度の経年変動が明らかにされている（Libby 1963）。そこで活用されたのが年輪年代学によって暦の年代が明らかになった樹木年輪である。

樹木の年輪は毎年一層ずつ形成される。年輪が形成されている間は，大気中から二酸化炭素のかたちで存在している^{14}Cを光合成によって取り込むため，形成層の細胞には大気中の^{14}C濃度が記録される（図3-3）。年輪は1年ごとに形成されるが，年輪の形成が終わると大気中からの新しい^{14}Cの取り込みがなくなるため，樹木が生きている間も，より内側の年輪に含まれる^{14}Cは放射壊変して次第に少なくなっていく。年輪年代学によって，暦の年代が判明している年輪から試料を採取し，その^{14}C年代を測定することで，年輪年代学によって求められた暦の年代と^{14}C年代との差が明らかになる（図3-4）。

IntCalと呼ばれる国際的なワーキンググループは，このような測定を体系的に行うことでデータを蓄積し，国際的な較正曲線を整備してきた。1986年に公開された1986 Calibration（約4,500 cal BPまで）（Stuiver and Pearson 1986；Pearson and Stuiver 1986）の後，Calibration 1993（Stuiver and Reimer 1993）（約22,000 cal BPまで），IntCal98（Stuiver *et al.* 1998）（約24,000 cal BPま

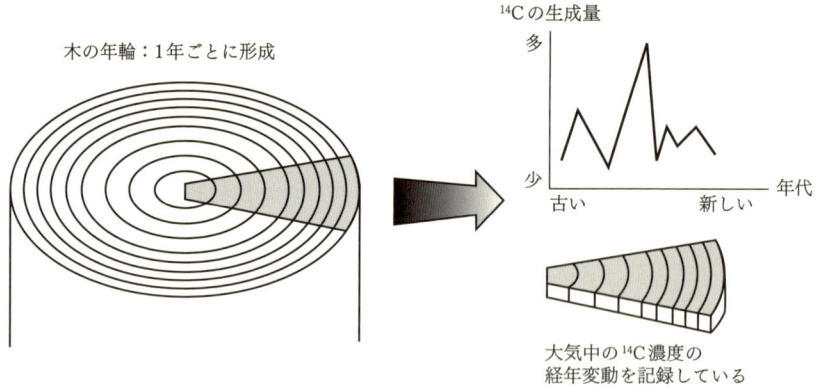

図3-3　樹木年輪に記録されている ^{14}C 濃度の経年変動（工藤 2010）

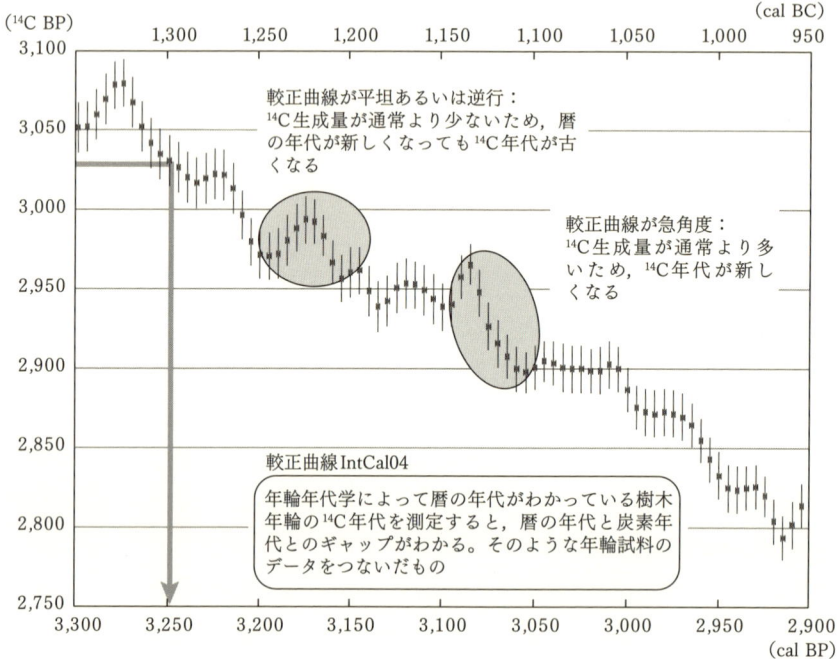

図3-4　較正曲線と ^{14}C 濃度の変動との関係（工藤 2010）

たとえば，年輪年代法によって3,250 dendro BP（BPは西暦1950年から遡った年代を示す）とわかっている年輪の ^{14}C 年代はおおよそ3,025 ^{14}C BPである。このようなデータベースによって，未知試料が3,025 ^{14}C BPと測定された場合，暦の年代とは約225年のずれがあることがわかる。

で），IntCal04（Reimer *et al.* 2004）（約26,000 cal BPまで）と，データベースの蓄積によって新しい較正曲線を公開しており，現在では年輪年代学を用いて，過去1万2,600年間のデータベースが構築されている（表3-1）。

　日本列島の旧石器時代の年代域を扱う場合，樹木年輪でカバーされている約12,600年前よりも古い時期になるため，樹木年輪以外のデータを用いた較正曲線を使用することになる。サンゴの ^{14}C 年代とウラン-トリウム年代のセットのデータや海底堆積物の有孔虫の ^{14}C 年代のデータを

表3‐1 IntCalグループによる較正曲線

較正曲線	1986 Calibration Stuiver and Pearson 1986	Calibration 1993 Stuiver and Reimer 1993	IntCal98 Stuiver et al. 1998	IntCal04 Reimer et al. 2004	IntCal09 Reimer et al. 2009
年代域	約0〜4,500 cal BP	約0〜22,000 cal BP	約0〜24,000 cal BP	約0〜26,000 cal BP	約0〜49,200 cal BP
年輪年代	0〜4,500 cal BP	0〜11,400 cal BP	0〜11,854 cal BP	0〜12,600 cal BP	0〜12,600 cal BP
海底年縞堆積物 カリアコ	—	—	11,700〜14,500 cal BP	12,400〜14,700 cal BP	12,400〜14,700 cal BP
サンゴのU/Th年代	—	11,400〜21,950 cal BP	11,850〜24,000 cal BP	12,400〜26,000 cal BP	12,400〜49,200 cal BP
海底堆積物 カリアコ	—	—	—	—	13,500〜49,700 cal BP
海底堆積物 MD952042	—	—	—	—	15,000〜49,600 cal BP

用いて較正曲線が作成されているが，これらを用いるときにはさまざまな注意が必要である。これについては第6章で詳細に述べたい。

　IntCalグループの最新版の較正曲線が，2009年12月に公開されたIntCal09（Reimer et al. 2009）である。IntCal04では約26,000 cal BPまでしか届いていなかったが，IntCal09では，フールー洞窟の石筍の酸素同位体変動曲線を海底堆積物の有孔虫の酸素同位体変動曲線やグレースケールと同調させることによって，フールーのウラン‐トリウム年代タイムスケールに置き換えられた，カリアコの海底堆積物のデータなどを組み込んでいる。較正曲線がIntCal09にアップデートされたことによって，約49,000 cal BPの年代まで較正できるようになった。ドイツのケルン大学のCalPalのグループは，2001年以降，約50,000〜60,000 cal BPまで遡る較正曲線を，IntCalグループに先行して作成していたが，CalPalグループの最新版の較正曲線であるCalPal-2007$_{Hulu}$（Weninger et al. 2008）には，すでに同様の方法でカリアコなどのデータが組み込まれていた。IntCal09では使用していない海洋堆積物のデータがCalPal-2007$_{Hulu}$には組み込まれているため，両者では細かい違いは残るものの，ほぼ一致した較正曲線が使用できるようになった（図3‐5）。

　これらの較正曲線により，後期旧石器時代のすべての年代域がカバーされ，通時的な変遷を捉えるための条件はおおよそ整ったといえる。なお，測定された^{14}C年代測定結果は，IntCal09やCalPal-2007$_{Hulu}$などの較正曲線のデータを用いて，ウェブ上で公開されているOxCal（https://c14.arch.ox.ac.uk/）やCalib（http://intcal.qub.ac.uk/calib/），CalPal（http://www.calpal.de/）といったソフトウェアを使用して較正することで，より暦の年代に近い値が得られる（図3‐5）。また最近，大森貴之がOxCalを日本語化したOxCal JPを公開しており，日本語でプログラムを走らせることができる（http://sites.google.com/site/oxcaljp/）。

　藤本強（1985）は，年輪年代法によるチェックなどが行われ，^{14}C年代と暦年代の対応関係がはっきりしたときに，初めて^{14}C年代は絶対年代に近いものとして地位を獲得すると述べたが，1990年代以降，較正曲線が大きく進歩したことと，暦年較正プログラムが個人で自由に使用でき

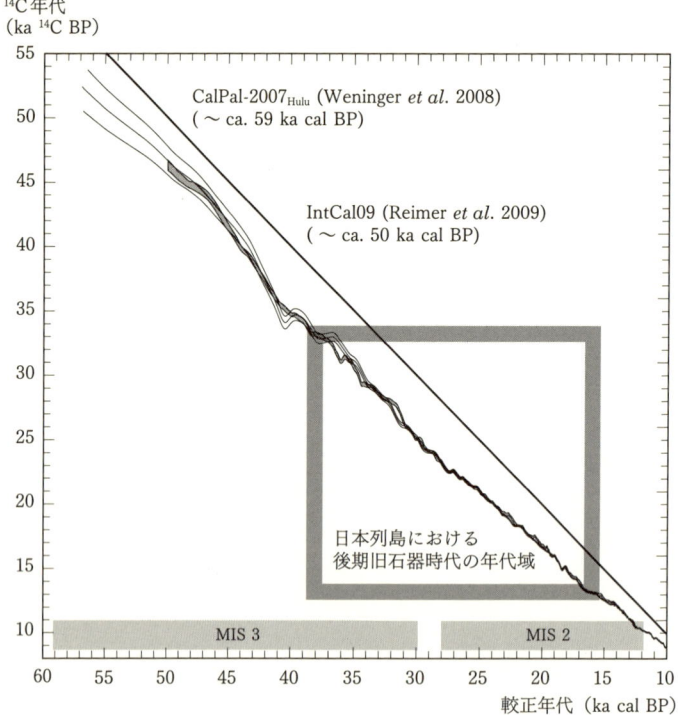

図3−5　IntCal09とCalPal-2007_Hulu（工藤2010を一部改変）
グレーの線がIntCal09，3本の曲線で示された線がCalPal-2007_Huluである。直線は^{14}C年代と較正年代が1対1の関係にあったと仮定した場合の直線。その線とのズレが，暦の年代と炭素年代との差になる。たとえば，^{14}C年代で約30,000年前（30,000 ^{14}C BP）は，較正年代では約34,000年前頃となり，そのギャップは約4,000年程度である。

るようになり，誰でもプログラムを用いて簡単に較正年代が得られるようになった現在は，まさにその段階にあるといえるのではないだろうか。また，批判の対象となっていた，「過去の大気中の^{14}C濃度が一定ではない」ことを逆に利用して，ウイグルマッチング法によって，年代が未知の木材試料の年代を高精度に決定する方法も開発されており（これについては第18章で述べる），年代研究の進歩は著しい。

　ただし，前述したように，較正年代で約50,000年前，すなわち^{14}C年代で約46,000年前頃までの較正曲線が提供されているとはいえ，実際の測定では，40,000年前を遡る年代域は測定限界にかなり近い年代域であることを忘れてはならない。炭素年代で約40,000年前頃の試料では，西暦1950年の試料の^{14}C濃度と比較して100分の1以下の，ごく微量の^{14}C濃度の測定である（図3−2）。後期旧石器時代の初頭の年代を考えるうえで，このような時期を対象としているということをつねに認識しておくことが必要である。

　たとえば，野尻湖立が鼻遺跡のように多数の動物遺体が出土している場合，ナウマンゾウやヤベオオツノジカといった動物遺体の正確な年代を把握し，人類活動との対応関係の有無を示すことが必要であるが，動物遺体の場合，^{14}C年代で3万年を遡る年代域では，コラーゲン抽出時に汚染物質が除去できているか否かで^{14}C年代が大きく変わってきてしまう（沢田ほか1992）。特に，

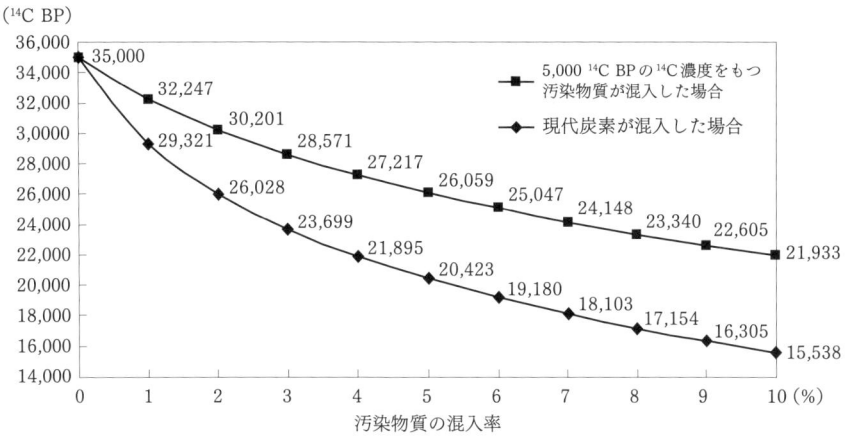

図3-6 汚染物質の混入率と見かけ上の年代のズレの関係

たとえば、^{14}C年代で35,000 ^{14}C BPの試料に、5,000 ^{14}C BPの^{14}C濃度をもつ汚染物が1%混入しただけで、^{14}C年代は約2,750年新しくなる。また、10%の混入では約13,070年新しくなる。現代炭素による汚染では、1%混入しただけで5,000年以上新しくなる。

微量の試料で測定可能となったAMS法が普及する以前のβ線計測法による動物化石の年代には、信頼性に乏しいものも多い。ナウマンゾウのもっとも新しい年代として使用されてきた熊石洞の年代（16,720±880 ^{14}C BP）は、最近の再測定によって約24,000 ^{14}C BP頃まで古くなる可能性があることが指摘され、過去の動物骨の^{14}C年代をそのまま使用することが問題視されている（高橋 2007）。また、AMS法による場合でも、微量の二次的汚染物質が含まれるだけで、3万年を超える年代域では年代が大きくずれてしまう（図3-6）。ヨーロッパでも、ネアンデルタールから現生人類への移行期の年代論において、化石骨を試料とした^{14}C年代が、炭化材試料と比較して大幅に新しい測定結果を示すことが問題となっている（Jöris *et al.* 2006）。

また、近年では、動物骨や人骨のコラーゲン（ゼラチン・コラーゲン）を測定する際に、限外濾過法などによって、低分子の有機物質を除去する方法も開発されている。限外濾過法によって、30,000年前を遡る年代域では、これまでにゼラチン・コラーゲンで測定されていた試料が、場合によって数千年新しくなっていたことが、ネアンデルタール人骨の年代測定の比較実験などから指摘されている（Higham *et al.* 2006）。

3 ── 海洋リザーバー効果について

近年活発に行われている土器付着物の^{14}C年代測定においては、「海洋リザーバー効果」の影響の有無がつねに議論となっている（藤尾・今村 2004；小林ほか 2005；工藤ほか 2008 など）。海産物の場合、海に溶けている古い炭素の影響を受けて、年代が見かけ上古くなるためである。これらの海産物の場合、IntCal04やIntCal09ではなくMarine04（Hughen *et al.* 2004）やMarine09を使えば海洋リザーバー効果を補正した較正年代が得られるが、ローカルリザーバー効果（ΔR）

の補正をするとともに，土器付着物の場合は海洋起源の有機物の含有率を算出する必要があるなど，正確な年代を得るにはさまざまなハードルをクリアしなければならない（図3 - 7）。また，人骨の場合も，海洋資源の寄与率を算出する必要があり，正確な年代決定は難しい。

　全海洋の平均的な海洋リザーバー効果の年代（R：400年）からの差を示す，ローカルリザーバーの年代（ΔR）は，日本列島ではオホーツク海周辺において＋380年程度と見積もられているが（Yoneda *et al.* 2001），本州島周辺においては，ΔRはむしろマイナスの傾向があり，石川県の真脇遺跡の堆積物による研究では，海面近くではΔRが－30 ～－80年程度と見積もられている（Nakamura *et al.* 2007）。海洋起源の有機物の寄与を検討する際には，炭素同位体比に加えて窒素同位体比の測定とC/N比の測定が有効である点は，山形県押出遺跡の土器付着物（國木田ほか2009b）や新潟県の火焔土器の土器付着物の研究（吉田・西田 2009）からも指摘されている。

　旧石器時代の年代測定試料の場合，測定試料はほとんどのケースで炭化・未炭化の植物遺体である。木材や種実の試料は，陸上植物起源であることから，考古遺跡の^{14}C年代測定試料としてもっとも適している。動物骨の場合でも，旧石器時代の試料では海産資源利用がほとんど確認できないうえ，海棲哺乳類や遡上性魚類などの骨の年代測定ではないかぎり，海洋リザーバー効果を特に問題にする必要はない。

　土器出現期以降，おもに土器付着物の年代測定結果を扱う場合には，これらの問題も考慮して，年代学的位置づけを行うことが必要となる。特に，煮炊きの内容物が海洋資源の場合，海洋リザーバー効果の影響を受けているため，土器の使用時期に関する正しい年代を得ることは難しい（図3 - 7）。海洋資源を煮炊きした可能性がある場合，胴部外面の煤状の炭化物を測定することで土器の使用年代にもっとも近い値を得ることができると考えられるが，胴部外面の煤に，内面からの吹きこぼれが混入している場合には，海洋リザーバー効果の影響を受けることになる。

　土器付着炭化物の場合には，年代測定とは別に，安定同位体質量分析計（IR-MS）を用いて炭素・窒素同位体比を測定し，海洋起源の有機物混入の有無について検証を行うことができる。海

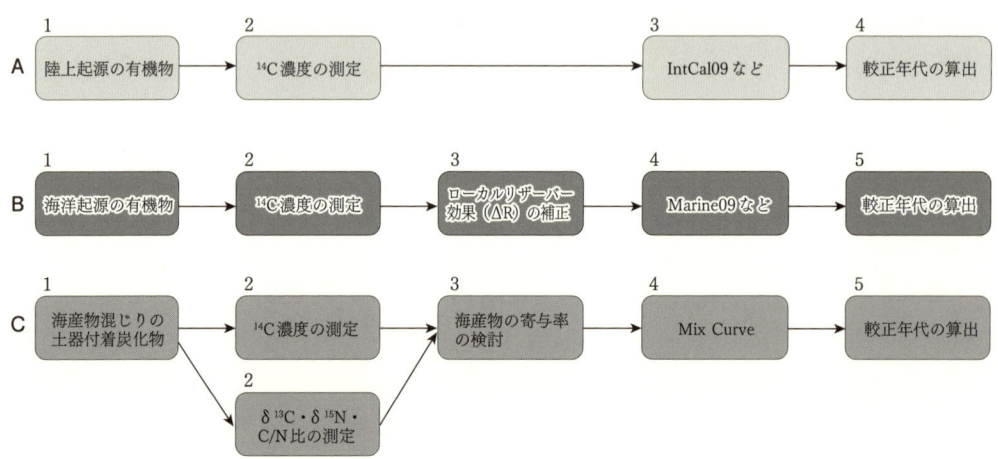

図3 - 7　測定から較正年代算出までのプロセス
海産物混じりの土器付着炭化物の場合，C3のプロセスで不確定要素が大きいため，正確な較正年代の算出は難しい。

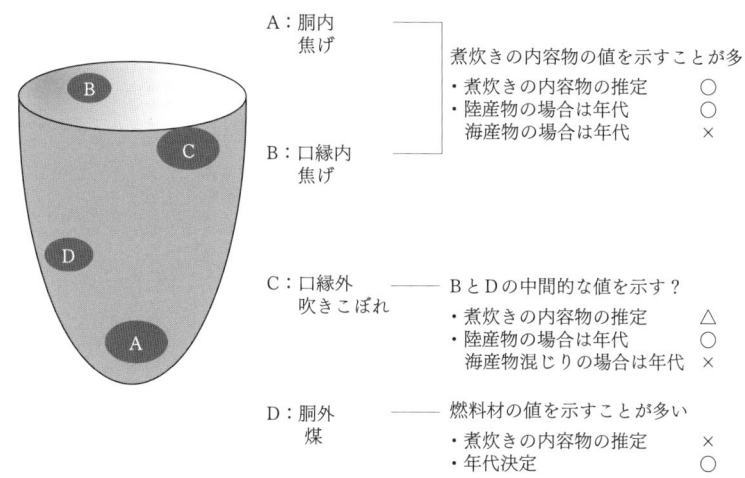

図3-8　土器付着物の分析からわかること

洋起源の有機物が混入していると判断された場合，土器の使用年代のデータとしては使用できないが，土器で海産物を煮炊きしていた具体的な証拠となることから，土器の用途論を展開するうえでは重要性が高いことも事実であり，目的に応じた分析と得られたデータの解釈が必要となる（図3-8）。

4— AAA処理の問題

^{14}C年代測定法において，正確な年代値が得られるかどうかのもっとも重要な要素の一つに，試料の化学処理がある。図3-9に^{14}C年代測定のプロセスをごく簡略的に示した。筆者は，自分で処理を行う場合は，おもに1〜5（点数が少ない場合には1〜3のみ）までを行うことが多いが，特に重要なのが3の汚染物の除去である。

試料に微量の汚染物が混入しただけで，古い年代域では年代測定結果に大きな影響を与える。旧石器時代の試料の場合，ほとんどが遺跡から出土した炭化材であるため，試料の分量がある程度確保できる場合が多く，また炭化材は腐食が進んでいる場合を除き，AAA（酸-アルカリ-酸）処理中に試料が溶解してなくなってしまうことは少ない。土器付着炭化物の場合には，試料の腐食状態によっては，通常のAAA処理を行うと，試料がアルカリ溶液にすべて溶解してなくなってしまうことがある。

土器付着物の場合，そもそも付着している炭化物の量が少なく，分析のための十分な量が得られない場合も多い。そのためか，土器付着物の測定例をみると，AAA処理を行う場合に，酸処理しか行っていない例がいくつかある。たとえば，長野県貫ノ木遺跡の土器付着物の測定例では，2つの機関で測定が行われ，一方の測定ではAAA処理を行ったが，もう一方の測定ではAAA処理が行われなかったため，2つの測定機関で年代が数百年異なる結果が得られた（長野県埋蔵文化

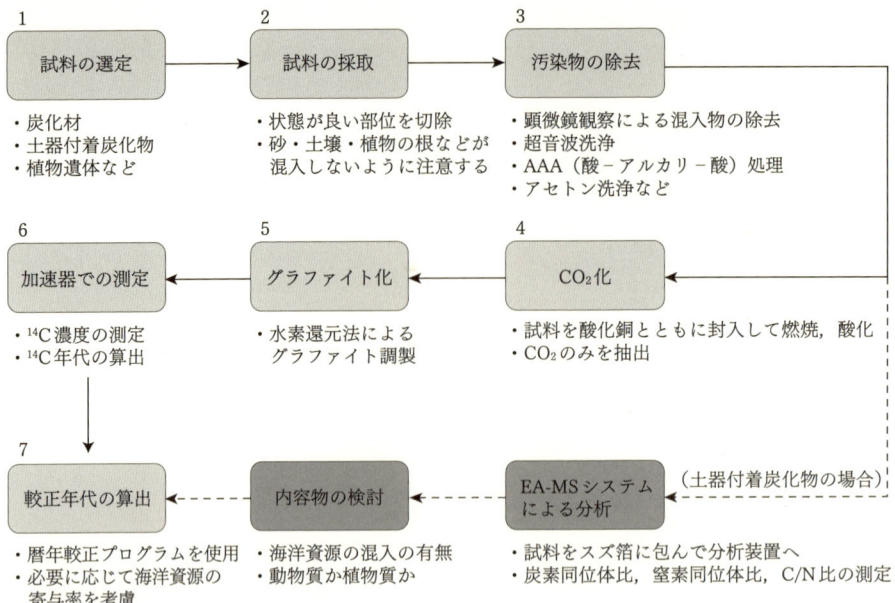

図3-9　^{14}C年代測定のプロセス
4〜5までの過程は比較的ルーティンだが，1〜3のうち，特に3が正確な^{14}C年代測定においてもっとも重要な要素となる場合が多い。

財センター 2004a）。これは，加速器の違いなどではなく，AAA処理の違いが^{14}C年代測定に影響したと考えられる。つまりアルカリ処理しなかった分，アルカリ可溶成分である腐食酸やフミン酸が試料中に残り，真の年代からずれる結果になったと推定される。

近年はこのような分析例は少なくなったが，最近でも古環境研究所による長崎県の直谷稲荷岩陰遺跡の無文土器（松尾・川内野編 2010）や，熊本県の高畑乙ノ原遺跡の爪形文土器の付着炭化物（山都町教育委員会 2007）のように酸処理しかされていない事例がある。このため，これらの測定例は試料の正確な年代を反映していない可能性があるため，基本的には筆者はそのような例を^{14}C年代測定結果の検討の対象から除外している。たとえAAA処理によって結果的に試料が溶解して測定に十分な量が残らず，測定が不可となってしまったとしても，不十分な処理によって得られた不確かな測定結果が公表され，その測定結果のみが独り歩きしてしまう危険を測定者側は可能なかぎり避けるべきである。

5── 年代の表記

近年，^{14}C年代だけでなくさまざまな年代測定法による年代が使用され，また^{14}C年代の較正年代も利用されることによって，年代の表記に混乱が生じている。筆者は年代を表記するときは，概説的に「〇〇年前」と表記する場合を除き，元になった測定方法を可能なかぎり加えるようにしている。たとえば，表3-2に示した方法である。記載されている年代がなんの測定法にもと

表3-2 年代の表記の一例（工藤 2010）

下記のように，記述している年代がどの測定法にもとづく年代かわかるようにすることが重要である。

年代の種類	表記例	表記例（1,000年単位）[2]	
^{14}C年代	20,000 ^{14}C BP	20ka ^{14}C BP	20 ^{14}C kyr BP
^{14}C年代の較正年代[1]	20,000 cal BP	20ka cal BP	20 cal kyr BP
U/Th年代（特に^{230}Th）	20,000 ^{230}Th BP	20ka ^{230}Th BP	20 ^{230}Th kyr BP
年縞堆積物	20,000 varve BP	20ka varve BP	20 varve kyr BP
氷床コアの年代	20,000 ice-core BP	20ka ice-core BP	20 ice-core kyr BP
氷床コア（GISP2）の年代[3]	20,000 ice-core BP$_{GISP2}$	20ka ice-core BP$_{GISP2}$	20 ice-core kyr BP$_{GISP2}$

*1 cal は calibrated radiocarbon age（較正年代）の意味を示すもので，calendar age（暦年代）の意味ではない。BP = years before 1950AD。
*2 ka: kilo annum=1,000年を意味する。慣例的に20kaのみでもBPの意味を含む場合も多いが，BCやADとの混乱を避けるため，BPは必要。
*3 特に他の氷床コアの年代モデルと区別したい場合。

づいているのかを明確に示すことは，年代の混乱を避けるために必要不可欠である。

一方，上記のような表記ができず，「〇〇年前」とする場合は，これまでの^{14}C年代にもとづく年代ではなく，較正された年代にもとづくほうがよい。^{14}C年代と較正年代とのずれは，晩氷期では2,000〜3,000年，40,000〜20,000 ^{14}C BPの間では約4,000〜5,000年に達する（図3-5）。また，ウラン-トリウム年代や年縞堆積物の年代，氷床コアの年代は，いずれも^{14}C年代とは異なり，^{14}C年代の較正年代と近いタイムスケールである。「^{14}C年代で〇〇年前」あるいは「較正年代で〇〇年前」といった表記が望ましい。

ただし，晩氷期以前の較正年代の議論は，せいぜい500年から1,000年程度の単位で考えるべきであり，それより細かい年代を議論するのは現状ではあまり意味がないだろう。樹木年輪の年輪年代学による較正年代が使用できる12,000 cal BP以降については，その較正年代も500年以内の単位での議論が可能となる。

2000年，国立歴史民俗博物館で開催された日本第四紀学会の大会で，日本第四紀学会による「佐倉宣言」が行われた。日本第四紀学会は，「より高い精度の放射性炭素年代と暦編年を推進する」と宣言し，^{14}C年代を較正した暦年代の使用を推奨した（辻 2001）。これは，^{14}C年代測定の研究史のなかでも非常に重要な出来事であった。ただし，「較正した暦年代」を使用するのはよいとしても，^{14}C年代と暦年代のどちらか一方のみを取り上げてしまうと，年代の解釈につねに混乱が生じてしまう。そこで筆者は，「炭素年から暦年へ」ではなく，「炭素年と暦年へ」とするのが最もよいのではないかと考えている。たとえば，「縄文時代後期の始まりは^{14}C年代で4,000 ^{14}C BP頃で，較正年代では4,400 cal BP前後である」というように，年代を考えるときは，^{14}C年代と較正年代の両者を同時に把握しておくことが今後の研究の進展にとって重要だろう。

第 2 部
最終氷期の環境文化史

Environment and Culture History of the Last Glacial

第4章

最終氷期の古環境変遷

1── 最終氷期の気候変動とその編年

①酸素同位体変動

　日本列島において確実な人類活動の痕跡が認められるのは，較正年代で約4万年前よりも新しい時期である。この時期の気候変動を長期間にわたって連続的に記録しているものとして，湖沼堆積物や海底堆積物，グリーンランドや南極の氷床コアなどがある。近年，グリーンランドや南極の氷床コアによる高精度・高分解能の酸素同位体変動に関する研究が数多く提示され，考古学研究においても，これらの酸素同位体変動曲線が頻繁に引用されるようになっている。

　深海底堆積物中に含まれる底生有孔虫化石の酸素同位体比の分析によって，過去数十万年間の氷期・間氷期変動が明らかにされている。エミリアーニ（Emiliani 1955）が間氷期には奇数番号，氷期には偶数番号をふってステージ区分を行ったのが踏襲され，現在もこのステージ区分が使用されている。各ステージの境界は，氷期から間氷期へ，あるいは間氷期から氷期へ，酸素同位体比が急激に変化する中間点が選ばれている。各ステージの年代は，多数の酸素同位体変動曲線を合成し，日射量変動をもたらす地球の公転軌道，地軸，歳差運動について天文学的に得られた変動曲線と調律して求められている（SPECMAP年代）（Martinson et al. 1987）（図4－1）。

　海底コアの有孔虫の酸素同位体比の分析によって，世界各地でほとんど同時に気候変動が起こっていることが明らかになった。日本列島の旧石器時代を研究の対象としたときに，大きく関連する海洋酸素同位体ステージ（Marine Isotope Stage, 以下MIS）は，MIS 3とMIS 2である。MIS 3は，MIS 5の約130,000年前から約75,000年前の温暖期以降，寒冷化したMIS 4（約75,000～60,000年前）に続く時期であり，もっとも寒冷であったMIS 2との間の亜間氷期に相当する時期

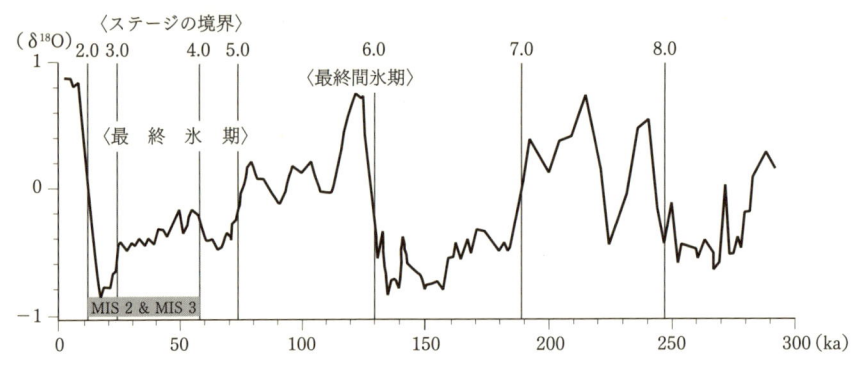

図4-1 過去30万年間の海洋酸素同位体変動曲線とステージ区分（Martinson *et al.* 1987を改変）

である。グリーンランド氷床コアのNGRIP（Andersen *et al.* 2006；Svensson *et al.* 2006）のデータではMIS 3に相当する期間がおおよそ59,000〜28,000 ice-core BPの時期に求められる。

　北半球ではこれまで，グリーンランド氷床から多くのコアが採掘され，最終間氷期にまで遡る気候変動の記録が提供されている。これらのコアによる気候の記録は，積雪比率，ダスト含有量，酸素同位体比などを含んでいるが，酸素同位体変動はグリーンランドの気候記録と大西洋の深海底堆積物や北西ヨーロッパの陸域の堆積物などとの比較という意味で，急激な気候変動の代理指標として有効であり，また，北大西洋地域の広い範囲内での気候変動の相関関係を議論するための基礎的データとして重要である（Björck *et al.* 1998）。

　また，より詳細にみてみると，グリーンランド氷床コアのデータからは，寒冷気候が卓越する最終氷期において，$\delta^{18}O$の値が相対的に小さい寒冷期と，相対的に大きい温暖期への変化が，短期間に頻繁に繰り返されていることが明らかになった。その変化は急速に温暖化し，500〜2,000年で次第に寒冷化する気候変化である（ダンスガード・オッシュガーサイクル）。このようなグリーンランド氷床コアの酸素同位体変動曲線にもとづいて，亜間氷期に対応する箇所に付されたIS（Interstadial）ナンバーを用いて気候変動が整理されており（Johnsen *et al.* 1992），グリーンランド氷床コアのデータを議論する際には，このISナンバーがよく用いられ，中国の石筍の酸素同位体変動曲線とも対比されている（図4-2）。

　また，最終氷期最寒冷期（LGM）以降，完新世までの間の詳細な気候変動については，INTIMATEグループ（Björck *et al.* 1998；Lowe *et al.* 2001）のイベント層位学によるGI（Greenland Interstadial：グリーンランド亜間氷期），GS（Greenland Stadial：グリーンランド亜氷期）ナンバーによる区分を使用する場合も多い（図4-5参照）。北欧の花粉帯との対比では，GS-1がヤンガー・ドリアス期と対比可能な寒冷期に，GI-1がベーリング／アレレード期と対比可能な温暖期に相当し，そのなかでさらに細分が行われている。

　グリーンランド氷床コアから復元された，ダンスガード・オッシュガーイベントにみられる短期間の酸素同位体比の変動は，グリーンランド周辺における気候変動の代理指標である。これらのデータを用いて，中緯度の日本列島における人類活動，すなわち考古資料を議論することが有効であるのか否かが問題となる。ここで重要となるのが，氷床コア以外のいくつかの酸素同位体

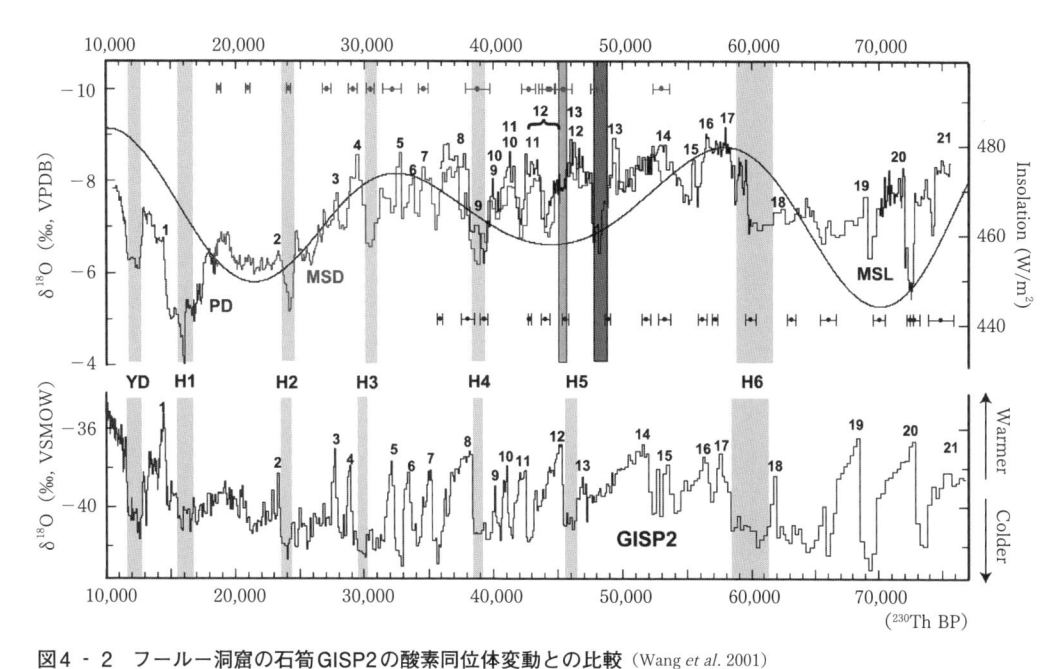

図4-2 フールー洞窟の石筍GISP2の酸素同位体変動との比較（Wang et al. 2001）
上段がフールー洞窟の石筍の酸素同位体変動と、北緯33度における夏季（6月～8月）の日射量の変動。ここでは、下段のGISP2の酸素同位体変動と比較されている。H1～H6はハインリッヒ・イベントの年代。

変動を記録している諸データとの同調性である。その一つは中国のフールー（Hulu）洞窟（葫芦洞）の石筍のデータである（Wang et al. 2001）。分析の密度や年代モデルが異なるものの、グリーンランドの氷床コアのデータと、フールーの石筍の酸素同位体変動は、いずれも同じような変動パターンを示している（図4-2）。これは、規模の差はあれ、北半球における大気と海洋の変動の類似性、同調性を示していると考えられる（Wang et al. 2001; Jöris and Weninger 2008）。

②年代モデルの違い

「気候の変動パターン」の代理指標として、グリーンランド氷床コアの酸素同位体変動を日本列島の旧石器時代研究に用いることは一定の意味を有するだろう。しかし、気温の変動の規模、植物相や動物相の変化は個別地域のデータにもとづいて議論すべきであり、特に氷床コアの酸素同位体変動曲線と日本列島の考古資料との単純な対比はあまり意味がない。

さらに、注意すべき点は、それぞれの氷床コアの年代モデルの違いである（図4-3）。1990年代から2000年代前半までもっとも広く使用されてきたグリーンランド氷床コアのタイムスケールは、GISP2（Meese et al. 1997；Stuiver and Grootes 2000）と、GRIPの"ss09"（Johnsen et al. 1992; GRIP Members 1993）、2001年に改訂されたGRIPの"ss09sea"（Johnsen et al. 2001）などである。これらの氷床コアの酸素同位体変動は1～50年単位で年代が与えられ、酸素同位体変動曲線の形状は著しい一致を示していたが、年代モデルはそれぞれのコアで異なるため、同じISナンバーでも、年代が大きく異なる場合がある。たとえば、GISP2は約37,900 ice-core BPまで氷の年縞をカウントすることによって年代が求められているのに対し、GRIPの"ss09"年代は、14,500

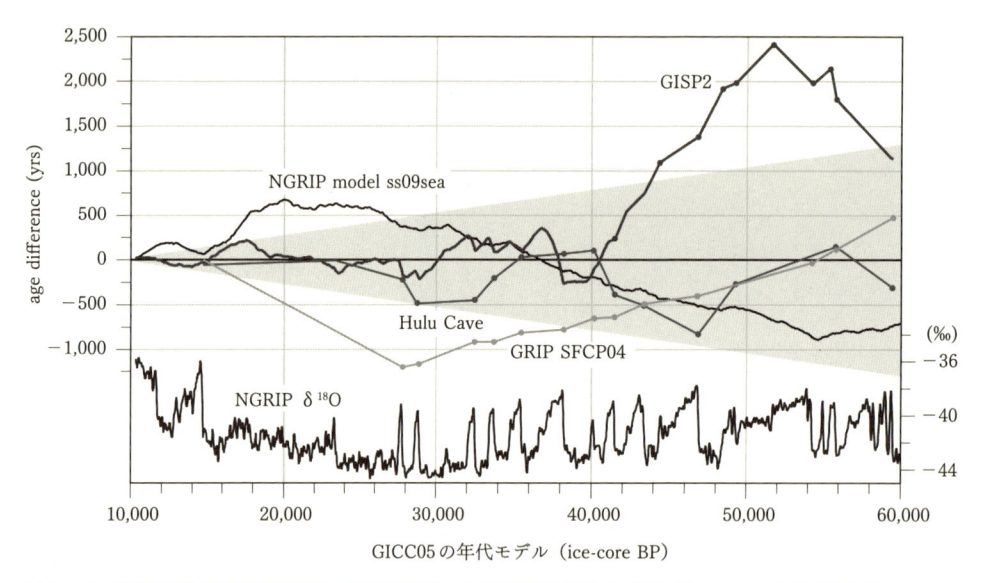

図4－3 酸素同位体変動を記録している諸データの年代モデルの比較（Svensson *et al.* 2006を改変）

NGRIP GICC05の酸素同位体比を基準として，NGRIPの"ss09sea"モデル（North Greenland Ice Core Project Members 2004），the GISP2（Meese *et al.* 1997），GRIPのSFCP04モデル（Shackleton *et al.* 2004），フールー洞窟（Wang *et al.* 2001）を比較したもの。たとえば，GISP2とNGRIPでは4万年前頃までよく一致するが，5万年前頃ではNGRIPとGISP2では年代が大きくずれてしまう。フールーのウラン－トリウム年代にもとづく年代モデルは，NGRIPのGICC05とよく一致している。図中のグレーは，NGRIPの氷層カウントの累積的な誤差を示す。

ice-core BPより古い領域は氷の堆積をモデル化した年代から求められていた。GRIPとGISP2のデータでは，晩氷期以前は同位体変動曲線に数千年のずれが生じており，GRIPの年代モデルは4万年前までGISP2よりも2,000～3,000年程度新しくなっていた。

最新のNGRIP（North Greenland Ice Core Project Members 2004）のコアをもとにしたGICC05（Greenland Ice Core Chronology 2005: Andersen *et al.* 2006, 2007, Svensson *et al.* 2006）の過去6万年間のタイムスケールは，フールーのウラン－トリウム年代モデル（Wang *et al.* 2001）ともよく一致している（図4－3）。GISP2の年代モデルは4万年前まではよく一致するが，それより古い領域でGICC05やフールーよりも1,000～2,500年の単位で年代が新しくなっていることがわかっている。

また，氷の年縞のカウントの累積的な誤差は，たとえば最新のコアであるNGRIP（Andersen *et al.* 2006, 2007）の場合，晩氷期では200年程度の誤差であるが，30,000 ice-core BPで約1,000年，50,000 ice-core BPでは2,000年に達する（Jöris and Weninger 2008）。以上のように，考古資料との比較において氷床コアの酸素同位体変動を参照するときには，どのコアのデータを用いるか，年代モデルはどうなっているかなどに留意する必要がある。

日本列島の後期旧石器時代全域を扱う場合，6万年前以降の気候変動についてグリーンランド氷床コアを参照する場合，現時点ではNGRIPのタイムスケールを使用することが，もっとも適している。NGRIPのデータが，フールー洞窟のウラン－トリウム年代モデルともっともよく一致するからである。また，第3章で述べたように，最終氷期の較正曲線に使用されている海底堆積物の年代モデルは，フールー洞窟のウラン－トリウム年代モデルに同調させているためであ

る。以上の理由から本書では，グリーンランド氷床コアの年代と対比する場合は，おもにNGRIPのGICC05年代モデルを基本的に参照する。

2 ── MIS 3 から MIS 2 の気候変動とその編年

① MIS 3

MIS 3はおおよそ3万年の時間幅を有する。最終氷期のなかではやや温暖な亜間氷期に相当するが，この3万年間がすべて温暖であったわけではない。温暖期はMIS 3の前半期であり，MIS 3の後半期には，気候は寒冷化に向かっている。また，MIS 2と比較して短期的な気候変動が著しい時期であったことが，酸素同位体変動曲線から読みとれる。MIS 3の3万年間を一つの気候的な段階として扱ってしまうと，MIS 3の気候変化の特徴と人類活動との関係を理解しにくい。しかしながら，ダンスガード・オッシュガーサイクルのような詳細なイベントとの対比が可能なほ

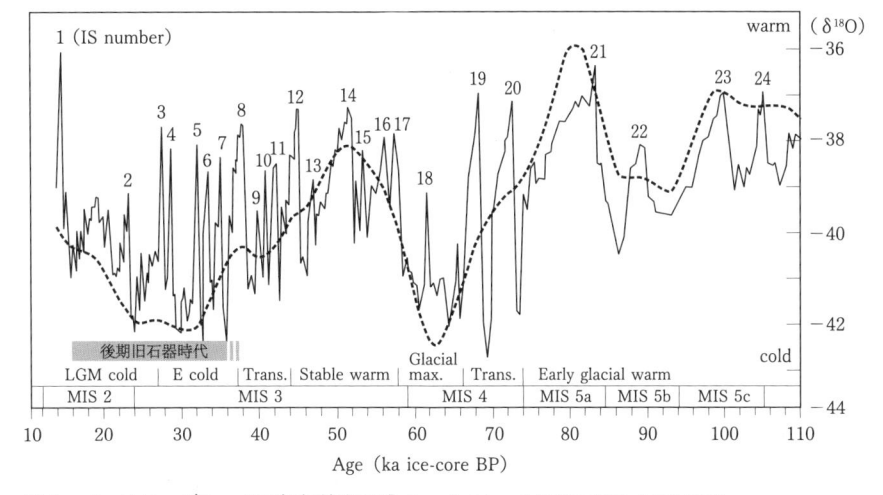

図4-4　ステージ5～2の気候的な区分（van Andel et al. 2003を改変）（工藤 2010）
酸素同位体変動はGISP2にもとづく。点線では，気候変動の大まかな傾向が示されている。気候区分は表4-1を参照。左下には，日本列島の後期旧石器時代のおおよその年代的範囲をバーで示した。

表4-1　ステージ3～2の気候的な区分とその年代（van Andel et al. 2003を改変）
van Andelら（2003）の年代はGISP2のタイムスケールにもとづくが，NGRIPのデータでも，境界の年代自体には大きな違いはない。

SPECMAP	気候区分	年代 (ka BP) [1]	年代 (ka BP) [2]
MIS 2	Last Glacial Maximum Cold Phase	ca. 28-16	27-16
MIS 3	Early Cold Phase	ca. 38-28	37-27
MIS 3	Transitional Phase	ca. 44-38	44-37
MIS 3	Stable Warm Phase	ca. 59-44	58-44

[1]　NGRIP（Svensson et al. 2006）にもとづく年代。
[2]　GISP2（Meese et al. 1997）にもとづく年代。

どに，この時期の遺跡の年代を，^{14}C年代およびその較正年代によって絞り込むことは難しい。中間的な気候の段階区分が必要である。

ヨーロッパのステージ3プロジェクト（van Andel and Davies (ed.) 2003）では，MIS 3 および MIS 2 を4つの段階に区分しており（van Andel *et al.* 2003）（図4－4，表4－1），今後の研究を進めていくうえで参考となる。この区分に従えば，日本列島の後期旧石器時代の遺跡群の動向を考えるうえで重要となるのは，MIS 3 の Stable Warm Phase ではなく，Transitional Phase から Early Cold Phase を経て，LGM Cold Phase へ向かう過程である。日本列島の旧石器時代研究において MIS 3 の環境を議論するときには，MIS 3 の細分時期についても言及し，より細かい時期的な特徴を理解する必要がある。

ただし，表4－1はGISP2の年代モデルにもとづいているため，NGRIPの年代モデルにもとづく場合やや異なる。本書では，GI-17の開始（約59,000 ice-core BP），GI-12の終了（約44,000 ice-core BP），GI-8の開始（約38,000 ice-core BP），GI-3の終了（約28,000 ice-core BP）をそれぞれ画期として捉え，これらの段階を大まかに捉えておきたい。

なお，ステージ3プロジェクトでは，MIS 3 と MIS 2 との境界が，酸素同位体比がもっとも小さくなる24,000 ice-core BPに設定されている（図4－4）。したがって，LGM Cold Phaseの開始と MIS 2 の開始が一致していない。これは，海洋酸素同位体ステージが本来，氷床コアのような高解像度のデータにもとづいて区分されたものではなく，変化のピークの中間点で区分されていたためである（図4－1）。本来的な区分とは異なるが，本書ではMIS 3 と MIS 2 との区分を，便宜的にLGM Cold Phaseの開始として捉え，約28,000 ice-core BP頃からとしておきたい。

②MIS 2

最終氷期最寒冷期（LGM）については，どの範囲の現象を「最寒冷期」とすると明確に定義した例はなく，その用語が示す対象もさまざまである。最終氷期を3期に分けた場合は2番目の時期を指すことが多いが（図4－6の場合はMiddle Weichselian），MIS 2の全般を指して「最寒冷期」と呼ぶ場合もあれば，これまでの植物化石の年代測定の事例にもとづいて，「^{14}C年代で2万年前前後」の時期として大まかに捉える場合もあった。

NGRIPの酸素安定同位体比をみると，MIS 3 と MIS 2 の境界とした約28,000 ice-core BPの後，約24,000 ice-core BPまでの間，酸素同位体比が非常に軽く，安定した時期が続いている（図4－3）。約24,000 ice-core BP以降は，IS-2の短期的な変動を挟んだ後，再び寒冷な時期が続いている。この28,000〜24,000 ice-core BPの間を，本書では「最寒冷期」として捉えておきたい。

INTIMATEグループの区分によれば，晩氷期に先行する長い寒冷なエピソードがGreenland Stadial（グリーンランド亜氷期：以下GS）-2とされ，明瞭な寒冷エピソードであるGS-2aとGS-2c，これらよりもやや寒冷ではないGS-2bに区分されている（図4－5）。しかし，このようなグリーンランド亜氷期－亜間氷期の細分が，日本列島ではどこまで有効であるのかは不明である。

日本列島の気候変動については，水月湖（福澤ほか 2003）や東郷池（福澤 1998；Fukusawa 1999）の湖沼年縞堆積物の研究や，Nakagawaら（Nakagawa *et al* 2002, 2003）による表層花粉デ

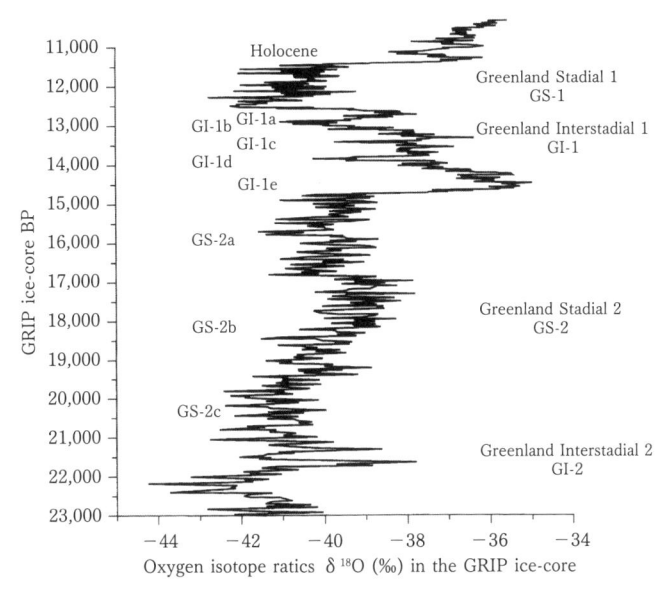

図4-5 INTIMATEグループによるイベント層序学 (Björck *et al.* 1998)

ータセットを基にした三方湖や水月湖の研究などがある。福澤ら (2003) の水月湖の年縞堆積物では，過去2万年間のデータが提示されているが，年縞年代で18,000 varve BP前後から，炭酸塩酸素フラックスが増加することから，この時期に夏季水温の顕著な上昇があったことが指摘されている。

以上みてきたように，MIS 2については，約24,000 ice-core BP以降から徐々に気候は回復傾向に向かうものの，基本的には28,000～15,000 ice-core BPまで寒冷気候が卓越する時期と位置づけることができるだろう。

3── 晩氷期の気候変動とその編年

①北欧の最終氷期の編年

「晩氷期」は一般的に，最終氷期を三分する場合の最後の時期にあたり，約15,000～10,000 ^{14}C BPの氷河後退期を指す。北ヨーロッパでは花粉帯にもとづいて，晩氷期がオールデスト・ドリアス期，ベーリング期，オールダー・ドリアス期，アレレード期，ヤンガー・ドリアス期として区分され，寒冷期と温暖期が交互に繰り返す気候変動・植生変化が確認されている (塚田 1974)。1970年代に北欧では，これらをクロノゾーンとして，それぞれの境界を ^{14}C年代で規定された編年体系が提案され (Mangerud *et al.* 1974)，北欧の晩氷期の年代層序学の基礎となった (図4-6)。この場合，晩氷期 (Late Gracial) はLate Weichselianとほぼ同じ時期であり，13,000～10,000 ^{14}C BPに相当する。

最近では，北欧の花粉帯がグリーンランドの酸素同位体変動とも年代的に対比され (Stuiver *et*

Geochronologic Chronostratigraphic	Age Stage	Subage Substage	Chron Chronozone	Definitions of boundaries in conventional radiocarbon years B.P.
	Flandrian	Late Flandrian	Subatlantic	2,500
		Midlle Flandrian	Subboreal	5,000
			Atlantic	8,000
		Early Flandrian	Boreal	9,000
			Preboreal	10,000
	Weichselian	Late Weichselian	Younger Dryas	11,000
			Allerød	11,800
			Older Dryas	12,000
			Bølling	13,000
		Middle Weichselian	? Denekamp ? Hengelo ? Moershoofd ?	
		Early Weichselian	Odderade ? Brørup ? Amersfoort ?	

図4‐6 Mangerud *et al.* (1974) が提案した北西ヨーロッパにおける年代層序学的区分

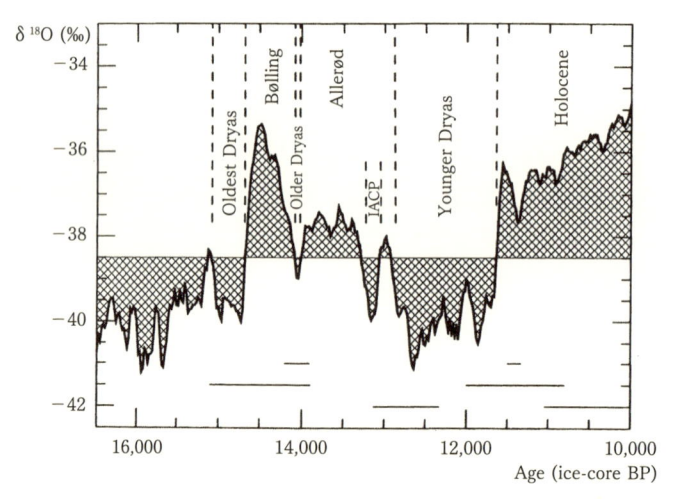

図4‐7 GISP2の酸素同位体変動と北欧のクロノゾーンとの対比
(Stuiver *et al.* 1995)

al. 1995）（図 4 − 7），氷床コアの酸素同位体変動から復元された温暖期や寒冷期を指示する用語として使用される場合もある。日本列島の考古学研究においても，これらの用語を用いて考古学的事象と環境史とを対比する研究も多くなった（堤 1998；春成 2001；谷口・川口 2001 など）。

しかしながら，本来は北欧のローカルな花粉帯にもとづくこれらの用語の使用には，19 世紀から続くさまざまな歴史的経緯があり，ヨーロッパ内でさえそれらが指示する時期が異なる場合もある（Street *et al.* 2002）。たとえば，Mangerud らが提案したクロノゾーンとしての"ベーリング期"（13,000 〜 12,000 ^{14}C BP）は，花粉帯でいう"オールデスト・ドリアス期"（Iversen の花粉帯 Ia：15,000 〜 12,400 ^{14}C BP）の一部と"ベーリング期"（Iversen の花粉帯 Ib：12,400 〜 12,100 ^{14}C BP）を含む。また，花粉帯の定義に従った場合，"ベーリング期"は「カバノキ属の急増が最初に確認される時期」であり，北ドイツの場合，より南の地域で"ベーリング期"とされる時期と時間的に一致するのは，カバノキ属が増加する前の"マイエンドルフ期"にあたる（図 4 − 8）。

Mangerud らの編年体系は，あくまで ^{14}C 年代で区切られたクロノゾーンとしてのみ，"ベーリング期"，"アレレード期"，"ヤンガー・ドリアス期"という用語が使用されることを意図したが，Mangerud らの提案に反し，その後も"ベーリング期"といったときに，それがクロノゾーンとして記述しているのか，花粉帯として記述しているのか，気候層序学的な区分として記述しているのか，曖昧な場合もあった。また最近では，「ヤンガー・ドリアス期」といった用語は，最終氷期の最終末に起こった汎世界的な寒冷期を示す用語として使用されることも多くなったが，その定義と使用法に多くの問題を抱えている。

INTIMATE グループ（Björck *et al.* 1998; Lowe *et al.* 2001）は，最終氷期最寒冷期（LGM）以降，完新世までの気候変動については，"ベーリング期"や"アレレード期"，"ヤンガー・ドリアス期"といった用語の使用を止め，グリーンランド氷床コアの酸素同位体曲線の変化点を基準とした，GI（Greenland Interstadial：グリーンランド亜間氷期），GS（Greenland Stadial：グリーンランド亜氷期）ナンバーによるイベント層序学を，北大西洋地域全域に適用可能な編年体系として使用することを推奨した。最近のヨーロッパの旧石器時代研究でも，ベーリングやアレレードといった用語ではなく，グリーンランド氷床コアの GI/GS ナンバーで時期を示すことが多くなった。

②日本列島における晩氷期の編年

日本列島では，中村純が後氷期の花粉帯を下部より，RⅠ・RⅡ・RⅢ帯に区分した（Nakamura 1952）が，塚田松雄（1967）がRⅠ帯の前に晩氷期の花粉帯L帯（15,000 〜 10,000 ^{14}C BP）を設定し，北欧の晩氷期と対比した。その後，晩氷期を対象としたより詳細な編年研究はあまり進展していなかったようだが，安田喜憲（1978）が大阪府古市の花粉分析にもとづいて，晩氷期のL帯を4期に分け，Lb 亜帯を北欧のオールデスト・ドリアス期に，Lc 亜帯をアレレード期に，Ld 亜帯をヤンガー・ドリアス期と対比している研究例などがある。

これまで，日本列島においてもいくつかの湖底堆積物の花粉分析から，晩氷期の気候変動に対応する植生変遷が議論されているが，それらの研究は，「晩氷期から現在まで」の植生変化の概略

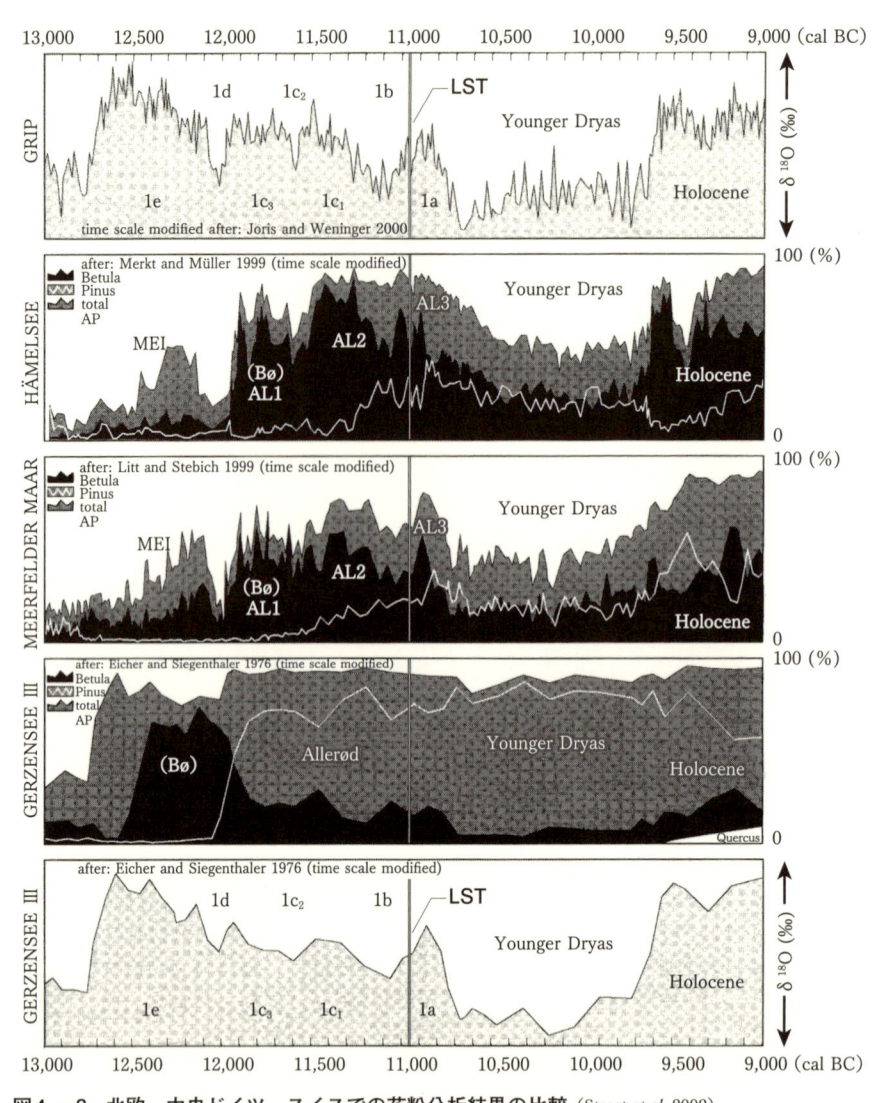

図4-8 北欧，中央ドイツ，スイスでの花粉分析結果の比較 (Street *et al.* 2002)

ベーリング期は花粉帯の区分ではカバノキ属の増加によって特徴づけられるため，スイスのGerzenseeでは氷床コアのGI-1eと比較的一致するが，中央ドイツ，北ドイツでは一致しない。なお，この図では年代がBCで表記されているので注意されたい。

を通時的に示したものが多い。上述の安田喜憲（1978）の研究も含めて，晩氷期に対応する堆積物の分析点数が少ない場合が多く，^{14}C年代の測定数も少ない。そのため，晩氷期の間の植生変化を読み取ることができない場合がほとんどであり，グローバルな気候変動に対して，生態系の変化が日本列島でどのように起こったのかをこれらのデータから読み取ることは難しい。

日本列島の水月湖における年縞堆積物の花粉分析をもとにした研究（Nakagawa *et al.* 2005）では，ツガ属やマツ属単維管束亜属，カバノキ属，コナラ亜属，ブナ属などからなる針広混交林から，約15,000 varve BPを境に植生が急変し，ブナ属やコナラ亜属からなる落葉広葉樹が卓越するようになる。これは，北欧のベーリング期やグリーンランド氷床コアのGI-1の温暖化と対応する

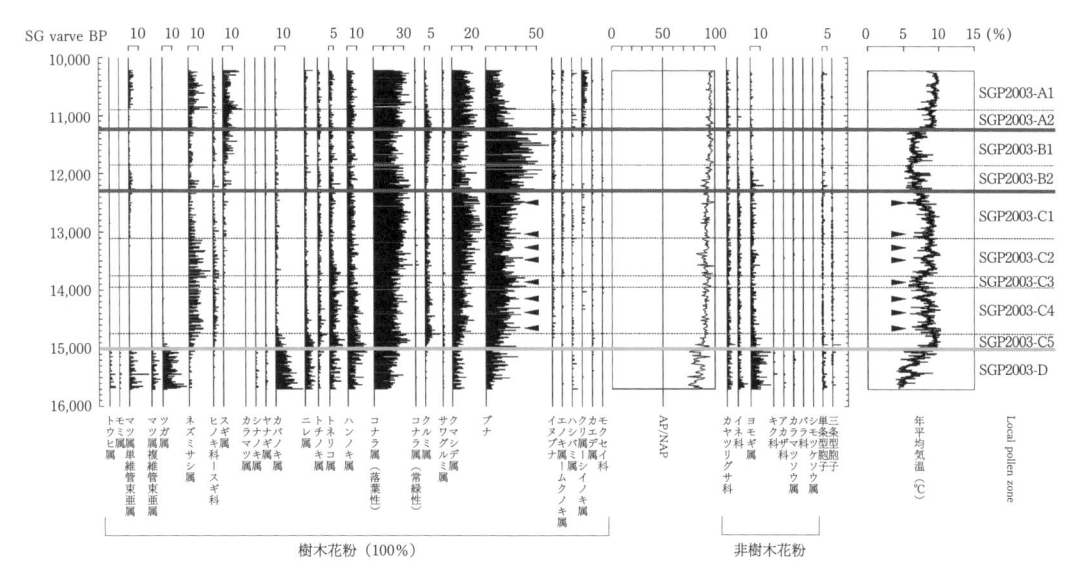

図4‐9 約1万6,000〜1万年前の水月湖の花粉分析結果（Nakagawa et al. 2005をもとに作成）

変化と考えられる。また，水月湖の花粉分析ではグリーンランドのGS-1に対応する寒冷化の開始と終了は，開始が12,300 varve BP，終了が11,250 varve BPとされた。この寒冷期はブナ属の増加として説明されているが，水月湖の花粉分析ではその境界をどこに引くべきかがあまりはっきりとしない（図4‐9）。

　後述するように，日本列島においても，約15,000 cal BP前後の急激な温暖化に対応した植生変化は各地で記録されている。また約11,500 cal BP前後の，後氷期へ突入する急激な温暖化に対応するイベントは，これまでの多くの花粉分析結果でも指摘され，上記2地点の花粉分析結果にも明瞭にあらわれている。問題は，北欧のヤンガー・ドリアス期，氷床コアのGS-1に対応する寒冷化の開始イベントの時期である。この寒冷化イベントの存在自体は，関東平野の沖積層で古くから指摘されていたHBG（完新世基底礫層）の形成などからも推測できるが（辻1988），その「寒冷化の開始」を明確に示す模式層とその年代として，日本列島あるいは周辺地域の研究ではどのようなものがあるのか。

③晩氷期の3つのイベントとその年代をどう扱うか

　グリーンランド氷床コアの酸素同位体変動を「グローバルな気候変動の代理指標の一つ」として扱い，日本列島の古環境研究や，旧石器時代から縄文時代への移行期の考古学研究に用いることは一定の意味があるだろう。ここで重要となるのが，グリーンランド氷床コア以外の高分解能・高精度の気候変動データとの同調性である。一つはベネズエラ沖のカリアコ（Cariaco）の海底堆積物であり，その一つは中国のフールー洞窟やドンゲ洞窟（Donnge Cave：董歌洞）の石筍である（Wang et al. 2001；Yuan et al. 2004）。分析の密度や年代モデルがそれぞれ異なるものの，グリーンランドの氷床コアのデータと，カリアコのグレースケール，フールーやドンゲ洞窟

表4－2　晩氷期前後の気候の段階区分の対比（工藤 2010）
各段階のおおよそ年代を500年単位で示した。この年代は，あくまで暫定的なものである。

時期区分 （工藤 2005aの区分）	おおよその年代	グリーンランドイベント層位学 (Björck *et al.* 1998)	北欧　年代層位学的区分 (Mangerud *et al.* 1974)
完新世（段階Ⅳ以降）	ca. 11.5 ka cal BP ～	Holocene	プレ・ボレアル期以降
寒冷期（段階Ⅲ）	ca. 13 (12.5?) ～ 11.5 ka cal BP	Greenland Stadial 1 (GS-1)	ヤンガー・ドリアス期
温暖期（段階Ⅱ）	ca. 15~13 (12.5?) ka cal BP	Greenland Interstadial 1 (GI-1)	ベーリング／アレレード期
温暖化以前（段階Ⅰ）	～ ca. 15 ka cal BP	Greenland Stadial 2 (GS-2)	オールデスト・ドリアス期以前

の石筍の酸素同位体変動が，いずれも同じような変動パターンを示している（図4－10）。これは，規模の差はあれ，北半球における大気と海洋の変動の類似性，同調性を示していると考えられる（Wang *et al.* 2001; Jöris and Weninger 2008）。

したがって，これらのデータから読み取れる温暖化や寒冷化への画期の年代を，共通の時間軸として用いることは，日本列島内での生態系の変化の時間的ギャップや地域間変異を検討していくうえで，有効な手段だといえる。

今後，晩氷期の研究を進めていくうえで，日本列島で用いることができる編年体系の再整理が必要不可欠である。晩氷期における以下の3つのイベントと，その年代を決定する必要がある。

・約15,000 cal BP前後の温暖化開始
・約13,000 ～ 12,500 cal BP前後から始まる寒冷化の開始
・約11,500 cal BP前後の温暖化の開始

これらの3つのイベントと，それらのイベントで区切られた4つの段階（表4－2）は，考古学研究においても重要であると筆者は考えている（工藤 2010）。

問題は，どの堆積物を模式層序として用いるかである。Nakagawaら（2005）による水月湖の編年は，晩氷期の日本列島の気候変動を議論するうえでもっとも詳細な時間分解能をもつ重要なデータであるが，15,000年前以前から一貫して記述することはできない。野尻湖湖底堆積物は高分解能で6万年前以降の古環境情報が得られている唯一のデータだが，年代軸は数少ない^{14}C年代と火山灰の年代観にもとづいており，他の暦年スケールのデータと対比するために使用することはできても，時間軸の模式層として採用することは難しい。

以上の点から，東アジアの気候変動を長期間にわたって通時的に反映しており，他のデータとも年代的に対比可能なデータのほうが，時間軸として用いるにはよいのではないだろうか。その場合，ウラン－トリウム年代によって時間軸が整備されている中国のフールーの石筍の酸素同位体変動を，東アジアにおける最終氷期の気候変動の代理指標として用い，編年を整備することが，現時点ではもっとも合理的ではないだろうか（ただし，水月湖の新しいコアをもとに現在進められている水月湖2006プロジェクトの成果が公開された際には，日本列島の気候変動を議論するうえでの指標となるかもしれない）。

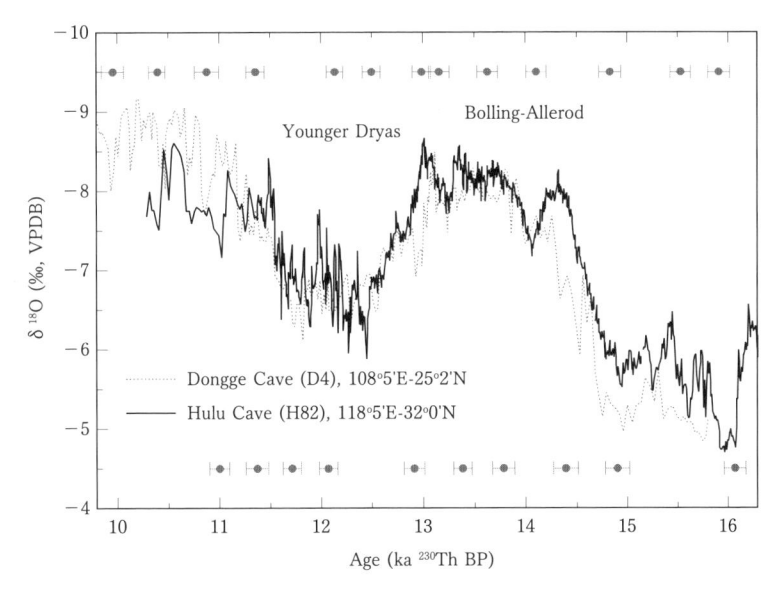

図4-10 中国フールー洞窟およびドンゲ洞窟の石筍の酸素同位体変動
(Yuan et al. 2004)

4— フールー洞窟の石筍をもとにした段階的区分

①段階設定

　筆者の目的は，当該期の気候変動のメカニズム自体を議論することではなく，考古学的資料との対比である。筆者はこれまで，当該期の考古編年との対比の議論をするうえで，水月湖や東郷池の年縞堆積物のデータなどを基準として暫定的に時期区分を行ったことがある（工藤 2005aなど）。しかし，複数の分析例を参照することで，一貫性にやや欠ける部分があった。また，この時点では後期旧石器時代初頭までの年代域を含めていなかった。そこで本書では，これまでの議論をふまえながら，東アジアのモンスーン活動を反映している中国のフールー洞窟の石筍の酸素同位体変動に表4-3に示した時間的区分を使用したい。

　MIS 3についてはそれぞれの画期にもとづいて3段階，MIS 2については4段階を設定した（表4-3，図4-11）。これらは，あくまで議論を進展させるうえでの時間区分であることを断っておきたい。なお，以下で述べるLGMはLast Glacial Maxmum，LGはLate Glacial，PGはPost Glacialの略である。

MIS 3　Stable Warm（約60,000〜44,000 ^{230}Th BP）

　GI-17にみられる急激な気候変化を画期とし，Stable Warmの開始とした。この立ち上がりは，NGRIPにおいてもフールーにおいても顕著であり，フールーでは約60,000 ^{230}Th BPであることから，この年代を基準とした。

表 4‑3　本書で扱う段階の区分とその年代

各段階の区分は，ステージ 3 プロジェクトによる区分などを参考とし，境界の年代は，フールー洞窟の石筍のウラン－トリウム年代にもとづいている。LGM：Last Glacial Maximum, LG：Late Glacial, PG：Post Glacial。

MIS Stage	年代 (ka ^{230}Th BP)	段階区分	工藤（2005a）
MIS 1	ca. 11.5〜	PG	段階Ⅳ
MIS 2	ca. 13.0〜11.5	LG-Cold	段階Ⅲ
	ca. 15.0〜13.0	LG-Warm	段階Ⅱ
	ca. 24〜15.0	LGM Cold-2	段階Ⅰ
	ca. 28〜24	LGM Cold-1	LGM
MIS 3	ca. 38〜28	Early Cold	—
	ca. 44〜37	Transition	—
	ca. 60〜44	Stable Warm	—

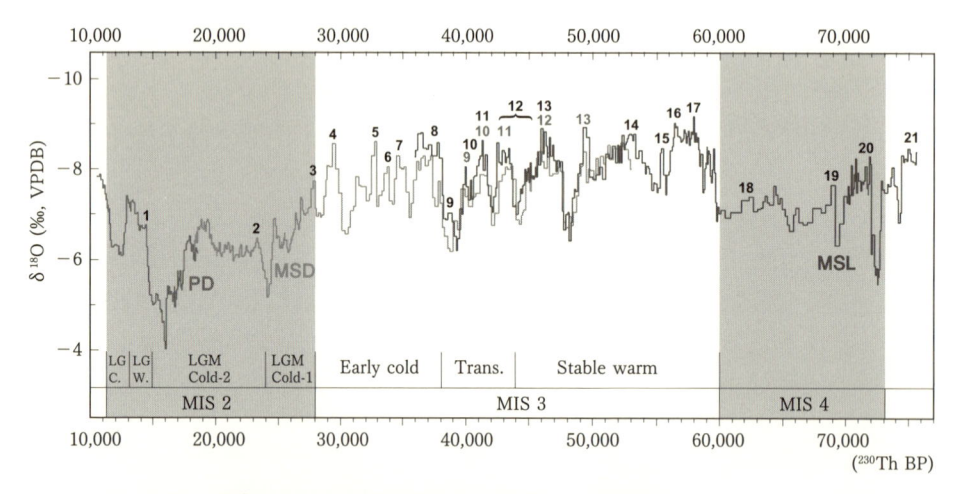

図 4‑11　フールー洞窟の石筍の酸素同位体変動を基準とした段階区分

MIS 3　Transition（約 44,000〜38,000 ^{230}Th BP）

GI-12 以降，MIS 3 前半の温暖期がほぼ終了し，温暖期気候が寒冷化へ気候が変化しはじめる時期である。ただし，後述の Early Cold との区別は明確ではなく，Transition と Early Cold を一つとしてもよいかもしれない。ここでは，ステージ 3 プロジェクトの区分にしたがった。

MIS 3　Early Cold（約 38,000〜28,000 ^{230}Th BP）

GI-8 の立ち上がりから，GI-3 までを含めた。氷床コアのデータでは，GI-8 で一時的に気候が回復するが，その後 LGM に向かって寒冷化していく傾向が読み取れる。特に，その後半（約 33,000〜28,000 ^{230}Th BP）については，LGM Cold-1 と同様に，寒冷気候が卓越していた時期と推測される。

MIS 2　LGM Cold-1（約 28,000〜24,000 ^{230}Th BP）

GI-4 および GI-3 の短期的な変動の直後から，寒冷気候が顕著になる時期である。NGRIP のデータでも，酸素同位体比が低くなっており，その様子が顕著にあらわれている。MIS 3 から MIS

2のうち，もっとも寒冷な時期であったと推測される。

　MIS 2　LGM Cold-2（約24,000〜15,000 ^{230}Th BP）

　GI-2の短期的な変動を挟み，15,000 cal BP頃から始まる，急激な温暖化がみられる画期の時期までを含む。筆者は以前，水月湖の年縞堆積物の研究（福澤ほか 2003）を参照して，この間を段階Ⅰaと段階Ⅰbに区分した（工藤 2005a）。しかし，この区分は明確ではないことから，本書では細分せず，一括して扱うことにした。

　MIS 2　LG Warm（約15,000〜13,000 ^{230}Th BP）

　MIS 2とMIS 1の移行期にあたる晩氷期（Late Glacial: LG）において各地で記録されている急激な温暖化の開始から，後半の寒冷化への画期までを含む。フールーの酸素同位体比変動では，立ち上がりが14,900〜14,800 ^{230}Th BP頃にあるが（図4－10），ここでは大きく15,000 cal BPとした。

　MIS 2　LG Cold（約13,000〜11,500 ^{230}Th BP）

　いわゆるヤンガー・ドリアス期の寒冷化に対応する時期である。フールーのデータでは，13,000 ^{230}Th BPから酸素同位体比に変化がみられ，12,500 ^{230}Th BPで酸素同位体比がもっとも高くなる（図4－10）。ここでは，13,000 ^{230}Th BPの急激な変化の開始を重視して，画期の年代を13,000 cal BPとした。一方，更新世／完新世の境界は，最近，NGRIPを模式層として，11,653±53 ice-core BPと定義された（Walker et al. 2009）。副模式地に設定された水月湖では，11,552±88 varve BPである。フールーでもおおよそ11,500 ^{230}Th BP前後である。ここでは10年単位の詳細な区分にはこだわらないため，大きく11,500 ^{230}Th BPとして捉えておきたい。

②本書で設定した段階と野尻湖湖底堆積物との対比

　これまで日本列島において，各地の湖沼や埋没谷などの堆積物試料から，数多くの古環境分析が行われている。後期旧石器時代全体の環境変化を通時的に把握する際には，高分解能・高解像度で連続的に試料が分析されている，湖沼堆積物のデータが重要である。

　特に，長野県野尻湖の湖底堆積物では，近年，公文富士夫らによって，25〜50年間隔という高解像度の過去7万年間におよぶ古環境変遷のデータが提示されている（公文ほか 2003, 2009）。公文らによる野尻湖の湖底堆積物の分析では，花粉分析や全有機炭素（TOC）・全窒素（TN）含有率，C/N比の分析から気候変動の研究，そして考古編年との対比（Kudo and Kumon 2012）が行われている。TOCの変動は，氷期－間氷期変動の大きな気温変化とよく一致することが指摘されており，気候変動の代理指標の一つとして重要である。

　野尻湖の湖底堆積物の年代モデルは，鍵層となる複数のテフラの^{14}C年代を較正した年代にもとづく。ATを29,000 cal BPとし，上Ⅰピンクを38,000 cal BP，アカスコを約43,000 cal BP，ドライカレーを約47,000 cal BP，DKPは^{14}C年代ではスケールアウトするため，仮に62,000 cal BPとして年代モデルが組み立てられている（公文ほか 2009）。また，最新の年代モデルであるKudo and Kumon（2012）では，DKPの代わりにTOCのピークをNGRIPのIS-17とIS-19のピークと対比して，年代モデルを求めた（図4－12）。より正確な年代モデルの構築には，より多くの^{14}C年

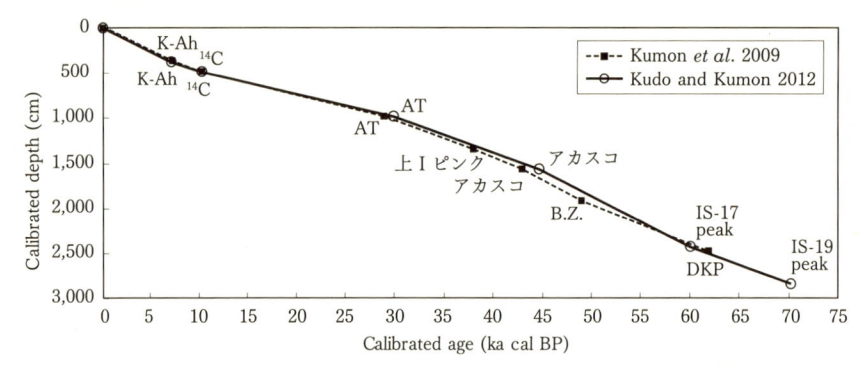

図4 - 12　野尻湖湖底堆積物NJ88の年代モデル（Kudo and Kumon 2012）と過去の年代モデル（公文ほか 2009）との比較

代測定値が必要であるが，本研究での一つの指標としておきたい。

本書での段階区分との対比を試みたのが図4 - 13である。本書で設定した段階区分の年代と，野尻湖年代モデルは必ずしも正確に一致しないが，これらのISナンバーを用いて本書の時期区分の年代に読みかえている。以下に，野尻湖堆積物の花粉分析のデータ（Kumon et al. 2006；那須 1996）を中心としながら，各段階に対応した古環境の変化をみていきたい。

MIS 3　Stable Warm：約60,000 ～ 44,000 cal BP

野尻湖湖底堆積物では，DKPより上位からドライカレーの上位までの堆積物が，おおよそこの時期に相当すると考えられる。野尻湖の層序区分では下部野尻湖層が中心となる。この時期はMIS 3の前半期にあたり，最終氷期のなかではやや温暖な時期である。しかし，後氷期の温暖期と異なり，短期間かつ大規模な変動が頻繁に起こっていることが特徴的であり，環境変化が激しい時期といえる。

花粉分析の結果をみると，この時期はMIS 4の寒冷期が過ぎ，落葉広葉樹の花粉比率が上昇する時期にあたる。那須孝悌（1996）の区分では，トウヒ属 - ブナ属帯とその上位のツガ属 - トウヒ属帯にあたる。DKP前後では，マツ属単維管束亜属やトウヒ属，カラマツ属などの針葉樹が多く，落葉広葉樹の花粉比率は20％程度と少ない。寒冷で乾燥した針・広混交林が広がっていたと推定される。その後，これらの針葉樹の比率が徐々に減少し，カバノキ属やコナラ亜属が増加し，ブナ属も増加してくる。ハンノキ属も多い。粉アズキやドライカレーの前後（図4 - 13ではBのNo.14，No.15付近にあたる）では，落葉広葉樹が60 ～ 80％程度まで上昇している。冷涼・乾燥した気候条件の下で，針葉樹が混じる冷温帯落葉広葉樹林の環境となっていたことがわかる。

MIS 3　Transition：約44,000 ～ 38,000 cal BP

MIS 3の温暖期はほぼ終わり，MIS 2に向けて徐々に寒冷化が進行する時期である。ISナンバーでは12の後から8の直前までの時期である。野尻湖湖底堆積物では，おおよそアカスコから上Ⅰピンク前後の層準がこの時期に対応する。上Ⅰピンク前後（図4 - 13ではBのNo.8の直前付近）では，前段階でみられたコナラ亜属，ブナ属，カバノキ属などの落葉広葉樹が大きく減少し，落

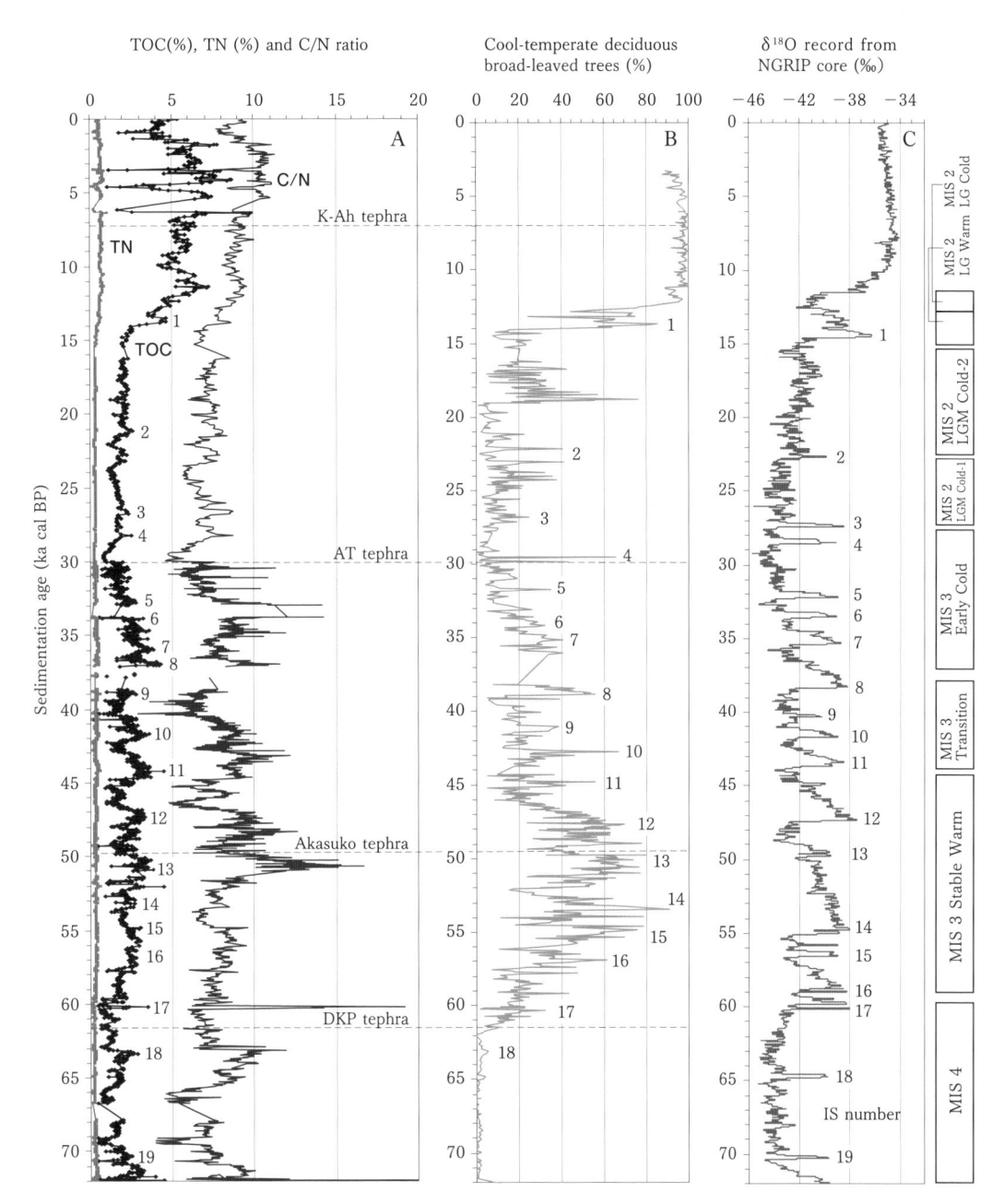

図4-13 野尻湖堆積物におけるTOC，TN，C/N比とNGRIPとの対比および本書での段階区分
（Kudo and Kumon 2012に加筆）

ダイアグラムAとBは公文ほか（2009）およびKumon and Tawara（2009）CはNorth Greenland Ice Core Project Members（2004）をもとに作成。IS numberはDansgaard *et al.*（1993）にもとづく。

葉広葉樹の花粉は20％程度まで減少している。かわりに再びトウヒ属やマツ属単維管束亜属，ツガ属などの花粉が多くなっている。

MIS 3　Early Cold：約38,000 ～ 28,000 cal BP

ISナンバーでは8から3までの時期である。野尻湖湖底堆積物では，おおよそ上Ⅰピンクから ATの直後までの層準に相当する。TOCでは前半で高いが，後半に向けて減少傾向がみられる。花粉組成では，コナラ亜属がやや多くみられるが次第に減少していく。落葉広葉樹の花粉比率は少なく，トウヒ属，モミ属，マツ属単維管束亜属，ツガ属の花粉が多い。前段階よりも寒冷化が進行し，乾燥した気候条件下にあったと推定され，周辺にはコナラ亜属などの落葉広葉樹が混じる，針・広混交林が広がっていたと考えられる。特に，AT直下ではコナラ亜属の花粉が10％以下まで減少しており，寒冷化が特に進行していたと推測される。

MIS 2　LGM Cold-1：約28,000 ～ 24,000 cal BP

ISナンバーの3以降，IS-1直前までの時期TOCはATに向けて徐々に減少し，AT降灰直後でもっとも低くなっている。AT下位でマツ属，モミ属，トウヒ属，ツガ属に，コナラ亜属が混じる植生だったが，ATの層準に向けてコナラ亜属が減少し，AT上位では，トウヒ属が卓越した植生へと変化したことが明らかとなっている。著しく寒冷で乾燥した気候条件下にあったと推定され，周辺には亜寒帯性針葉樹林が広がっていたと考えられる。

MIS 2　LGM Cold-2：約24,000 ～ 15,000 cal BP

コナラ亜属の増減はみられるが，LGM Cold-1から続く亜寒帯性針葉樹林からなる植生は，晩氷期の温暖化が始まる約15,000 cal BP頃まで続いていたと推測できる。ただし，18,000 cal BP頃に落葉広葉樹林が拡大し，その後再び縮小する傾向がみられる。この変化が野尻湖周辺だけの変化なのか，あるいは広域的な環境変化を反映したものかは，今後注意していく必要がある。野尻湖花粉グループによる分析結果では，ATの上部でトウヒ属，モミ属，ツガ属が優占し，カバノキ属やハンノキ属がともなう，トウヒ属 － モミ属亜帯が設定されている（那須 1996）。

MIS 2　LG Warm：約15,000 ～ 13,000 cal BP

野尻湖湖底堆積物の花粉分析（公文ほか 2003）では，NJ88コアの深度605cm（12,310 ± 100 ^{14}C BP：約14,400 cal BP前後）の層準を境として，花粉組成に大きな変化がみられる。この層準を境として，それ以前ではトウヒ属やモミ属，ツガ属などの針葉樹にコナラ亜属，ハンノキ属，カバノキ属などを交える植生から，深度605 ～ 550cm（10,030 ± 90 ^{14}C BP：約11,600 cal BP前後）では，コナラ亜属が優占するようになり，ブナ属も増加する一方，針葉樹の花粉が大きく減少している。深度550cm以浅では，針葉樹の花粉はほとんど検出されなくなり，コナラ亜属とブナ属を主体とした落葉広葉樹林が成立していたと考えられる。

MIS 2　LG Cold：約13,000 ～ 11,500 cal BP

野尻湖湖底堆積物の花粉分析（公文ほか 2003）では，深度605 ～ 550cmは，年代測定結果からみて，本書のLG WarmからLG Coldに相当し，550cm以浅は，後氷期に相当すると考えられる。植生的にはコナラ亜属とブナ属を主体とした落葉広葉樹林が一時的に減少するものの，大きな変化はみられず，後氷期と同様の植生環境が広がっていたと推測される。

5 ── 最終氷期の古本州島の古植生変遷とATの年代

　本章で設定した段階と野尻湖堆積物のデータを対比し，野尻湖周辺における各段階の古環境と古植生の変遷の概要を示した。しかしながら，氷床コアやフールーの石筍の酸素同位体変動，野尻湖湖底堆積物のTOC変動のように，長期間にわたって詳細な時間軸にもとづいて古環境変遷が検討可能なデータはあまり多くない。

　本書での段階設定に対応させて，古本州島東半部を中心に花粉分析や木材化石の分析などのいくつかの例をみていくことで，最終氷期の古植生変遷の概要を把握しておきたい。本来的にはすべての地域の古植生変遷の概要を，本研究の時期区分と対応させて整理するべきであるが，今回は関東平野周辺地域とその周辺の事例をいくつか取り上げるにとどめたい。個別の時期・地域において，本研究を展開していく際には，各地域のデータも提示したい。

　なお，古植生変遷は鍵層となるテフラによって記述されている場合も多い。そのうち，本書において特に重要なのは，姶良Tn火山灰（AT）である。日本列島においては，おおよそMIS 3からMIS 2への移行の時期に，ATが介在する。ここでは，もっとも重要な火山灰であるATについて，まずはその較正年代を示しておきたい。

①姶良Tn火山灰（AT）の年代

　ATは日本列島における後期旧石器時代の石器群の編年研究において重要な示準鍵層である。しかし，^{14}C年代測定の進歩と較正年代の導入によって，ATをめぐる年代観が変化してきたこともあり，約22,000年前，約24,000年前，約27,000年前，約29,000年前など，文献によってさまざまな記載があり，混乱が生じている。

　これまでATに関連する多数の^{14}C年代測定結果が報告されている（松本ほか 1987；池田ほか 1995；Miyairi *et al.* 2004）。これらの一覧を表4－4に示した。池田晃子ら（1995）の研究は年代測定点数も多いが，フミン酸を測定しているものが多いためすべての年代を採用することはできない。そこで，木炭の測定例のみを採用すると，24,800 ^{14}C BP，24,200 ^{14}C BPの2点の測定例がある。また最近，宮入陽介ら（Miyairi *et al.* 2004）によってもAT直下の埋没樹木の測定が行われている。宮入らは，信頼できると判断した7点の平均値から25,120±270 ^{14}C BPを採用している。図4－14には，フミン酸の測定値を除いた炭化材4点の測定結果のみを示した。これらの結果からみて，ATの較正年代は30,000〜29,000 cal BP前後となると考えられる。

　ATの層準は，MIS 3とMIS 2との境界か，あるいはMIS 2の直前にあると推定されている（町田 2005）。本書で設定したEarly Cold（38,000〜28,000 cal BP）の末頃から，LGM Cold-1（28,000〜24,000 cal BP）へのちょうど境界付近になる。野尻湖堆積物のように連続的な堆積物による高精度の編年と気候変動の代理指標となるデータがない場合，ATの降灰期をMIS 3とMIS 2の境界のおおよその指標として捉えておきたい。

表4-4 ATの^{14}C年代測定例

較正年代はIntCal09（Reimer *et al.* 2009）による。表には較正年代2σの年代範囲と平均値を示した。

Sample position	sample number	Conventional ^{14}C age(1σ)	IntCal09 2σ		IntCal09 Mean	δ^{13}C	Lab Code and No.	Material dated	β or AMS	Notes	Reference
神戸六甲アイランド南東端海底下		24,480±240	30,110	28,510	29,250	—	JGS-282	泥炭質泥	β		松本ほか1987
神戸六甲アイランド南東端海底下		24,630±290	30,240	28,670	29,480	—	JGS-283	泥炭質泥	β		松本ほか1987
滋賀県米原町朝妻筑摩地下		24,570±230	30,160	28,680	29,390	—	JGS-274	泥炭質泥	β		松本ほか1987
滋賀県米原町朝妻筑摩地下		25,210±250	30,520	29,500	30,010	—	JGS-281	泥炭質泥	β		松本ほか1987
大隅降下軽石中		24,790±350	30,400	28,740	29,680	−24.3	NUTA-2564	炭化材	AMS	鹿児島県鹿屋市高須	池田ほか1995
大隅降下軽石中		24,050±350	29,550	28,090	28,890	−24.3	NUTA-2580	フミン酸	AMS	鹿児島県鹿屋市高須	池田ほか1995
大隅降下軽石中		24,750±360	30,370	28,670	29,630	−24.4	NUTA-2581	フミン酸	AMS	鹿児島県鹿屋市高須	池田ほか1995
入戸火砕流中		24,240±250	30,130	28,250	29,050	−24.4	NUTA-2563	炭化材	AMS	宮崎県高崎町迫間	池田ほか1995
入戸火砕流中		23,730±390	29,440	27,850	28,610	−24.5	NUTA-2565	フミン酸	AMS	宮崎県高崎町迫間	池田ほか1995
入戸火砕流中		23,630±250	29,160	27,890	28,440	−24.4	NUTA-2572	フミン酸	AMS	宮崎県高崎町迫間	池田ほか1995
入戸火砕流中		23,870±300	29,400	28,040	28,730	−24.4	NUTA-2573	フミン酸	AMS	宮崎県高崎町迫間	池田ほか1995
入戸火砕流中		24,420±320	30,150	28,470	29,210	−24.3	NUTA-2634	フミン酸	AMS	宮崎県高崎町迫間	池田ほか1995
入戸火砕流中		24,840±300	30,410	29,030	29,750	−24.3	NUTA-2635	フミン酸	AMS	宮崎県高崎町迫間	池田ほか1995
入戸火砕流中		24,650±390	30,320	28,560	29,500	−24.3	NUTA-2636	フミン酸	AMS	宮崎県高崎町迫間	池田ほか1995
入戸火砕流中		25,270±290	30,670	29,490	30,060	−24.3	NUTA-2637	フミン酸	AMS	宮崎県高崎町迫間	池田ほか1995
入戸火砕流中		23,590±390	29,410	27,690	28,460	−24.4	NUTA-2638	フミン酸	AMS	宮崎県高崎町迫間	池田ほか1995
入戸火砕流中	TK-60	25,140±250	30,450	29,470	29,960	−23.4	Tka-12041	フミン酸	AMS		Miyairi *et al.* 2004
入戸火砕流中	TK-60	25,070±200	30,330	29,490	29,920	−24.0	Tka-12042	フミン酸	AMS		Miyairi *et al.* 2004
入戸火砕流中	TK-60	25,030±500	30,920	28,800	29,880	−23.5	Tka-12043	フミン酸	AMS		Miyairi *et al.* 2004
入戸火砕流中	TK-60	24,780±250	30,320	29,110	29,700	—	Tka-12040	フミン酸	AMS		Miyairi *et al.* 2004
入戸火砕流中	TK-60	25,310±570	31,160	29,120	30,110	—	Tka-12083	フミン酸	AMS		Miyairi *et al.* 2004
入戸火砕流中	TK-75	25,410±200	30,680	29,600	30,190	−24.9	Tka-12008	炭化材	AMS		Miyairi *et al.* 2004
入戸火砕流中	TK-77	25,110±200	30,360	29,510	29,940	−24.4	Tka-12286	炭化材	AMS		Miyairi *et al.* 2004

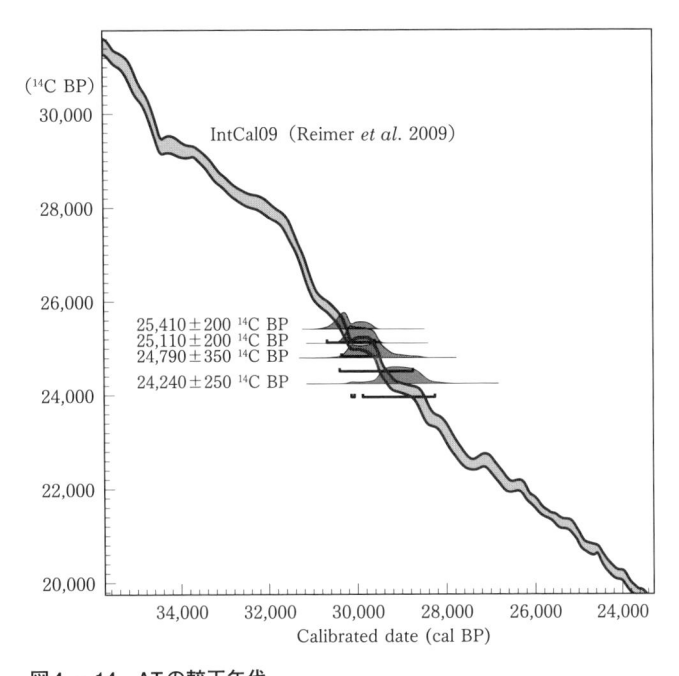

図4-14 ATの較正年代
表4-4からフミン酸の測定例を除いたものを，IntCal09（Reimer *et al.* 2009）で較正した。

②MIS 3の古環境と古植生

　MIS 3からMIS 2の古植生変遷については，本書で提示した時間的区分と明確に対比可能な事例は必ずしも多くない。また，明確な^{14}C年代が入っている例が少ないため，MIS 3の詳細な時期については不明な場合が多い。MIS 3については，これまでの花粉や木材化石の分析事例を参照しても，AT以前という大まかな捉え方しかできないが，いくつかの事例をみていきたい。

　最終氷期最寒冷期前後の植生変遷の大まかな概要をまとめている辻誠一郎（辻・小杉 1991；辻 2002）は，関東地方や近畿地方などでは，コナラ亜属を主体とする落葉広葉樹林の植生から，AT降灰以前から急速に針葉樹林化が進行したことを指摘している。関東平野周辺地域のMIS 3の古植生については，いくつかの埋没谷などでの分析例があるものの，本書で示したMIS 3の3つの段階に対比可能な例はほとんどない。^{14}C年代測定例が過去のβ線計測法によるものが多く，MIS 3の後半期においては信頼できる^{14}C年代測定例がほとんどないためである。

　茨城県桜川低地の下大島層の分析（鈴木ほか 1993）では，ATより下位で2つの花粉帯が設定されており，下位の花粉帯SM-1では，コナラ亜属が卓越する冷温帯落葉広葉樹林が広がっていたと推定されている。AT直下の泥炭層であるSM-Ⅱa帯では，コナラ亜属が減少し，マツ属やシナノキ属が増加している。冷温帯落葉広葉樹林から針葉樹林への移行の時期であると推定される。鈴木ほか（1993）で示されている^{14}C年代は現在的視点からみれば信頼性が低く，SM-1帯およびSM-Ⅱa帯が本書のStable WarmからTransitionと，Early Coldに対応するのかどうかを明確に示すことは難しい。

　東京都野川中洲北遺跡の第Ⅰ植物化石層（小金井市遺跡調査会 1989）も，MIS 3に相当する植

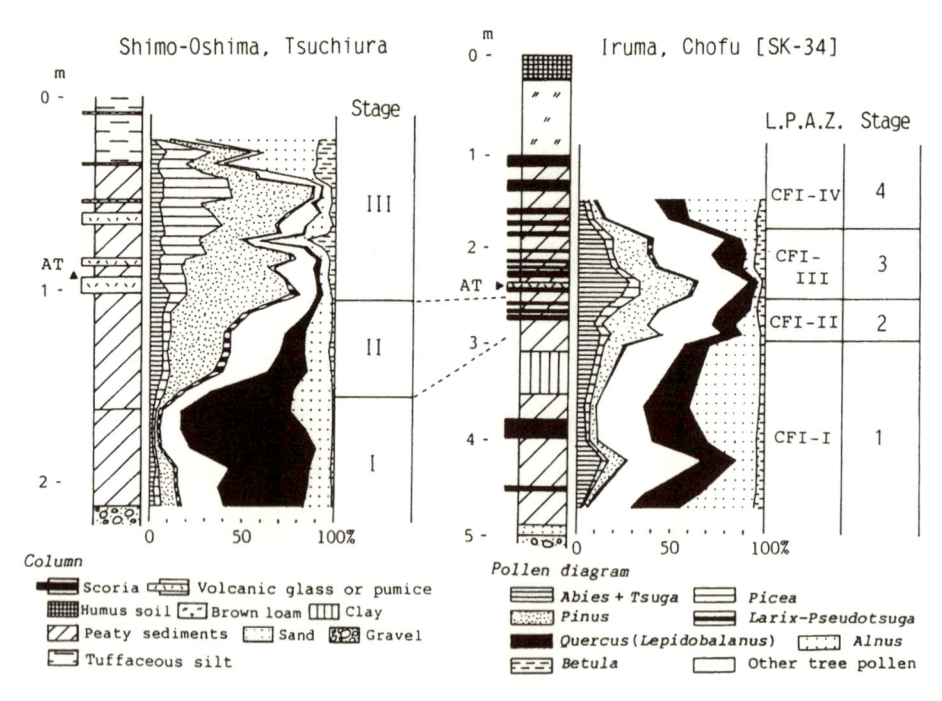

図4-15 野川泥炭層と桜川低地の下大島層の花粉分析結果との対比 (辻 1992)

物化石層である。^{14}C年代で30,000 ^{14}C BPより古い測定結果が出ており，正確には不明だが，本書のEarly Coldか，それ以前の堆積物であると考えられる。野川中洲北遺跡の第Ⅰ植物化石層の花粉分析では，コナラ亜属が高率で出現しており，武蔵野台地周辺に，温帯性～冷温帯性の落葉広葉樹林が広がっていたことが推定されている（パリノ・サーヴェイ 1993）。第1植物化石層から産出した木材化石の樹種同定の結果でも，トネリコ属とコナラ亜属コナラ節が多く，イヌエンジュ，カエデ属，ハシバミ属などが含まれており，冷温帯性の落葉広葉樹林が広がっていたと推定されている。同様の結果は，辻誠一郎（1992）による野川泥炭層の花粉分析でも示されている（図4-15）。ATより下位の野川泥炭層下半部のCFI-Ⅰ帯では，コナラ属コナラ亜属やハンノキ属などの落葉広葉樹が卓越し，AT直下のCFI-Ⅱ帯ではマツ属単維管束亜属などの針葉樹が増加する。辻・小杉（1991）が指摘するように，AT降灰以前から，南関東においても急速に針葉樹林化が進行したことがこれらのデータからも理解できる。

　最近，茨城県の花室川流域の堆積物について吉田明弘らによって総合的な古環境復元が行われている。AMSによる^{14}C年代測定例も多く，関東平野南部のMIS 3からMIS 2の古植生変遷を理解するうえで参考となる（吉田ほか 2011）。花室川周辺では，おおよそ本書のStable Warm（約60,000～44,000 cal BP）に相当する約50,000～43,000 cal BP頃には，温暖な環境下でカバノキ属やコナラ亜属を主とする冷温帯落葉広葉樹林が広がっており，MIS 3 Early Cold（約38,000～28,000 cal BP）に相当する約38,000～35,000 cal BPには，寒冷化にともなって冷温帯落葉広葉樹と亜寒帯針葉樹の混交林となった。さらに，おおよそ本書でのEarly Coldの終わりからLGM Cold-1（28,000～24,000 cal BP），LGM Cold-2（24,000～15,000 cal BP）にあたる約30,000～

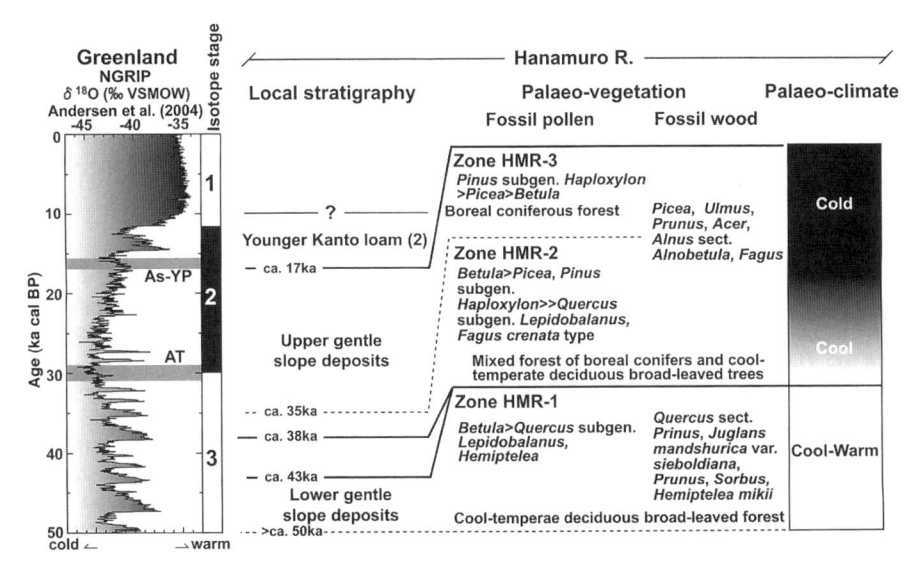

図4－16　茨城県花室川におけるMIS 3からMIS 2の古環境変遷（吉田ほか 2011）

15,000 cal BPの間には，マツ属単維管束亜属やトウヒ属を主体とする亜寒帯針葉樹林へと変化したことがわかっている（図4－16）。

　これらの例から，関東平野低地部周辺では，MIS 3のStable Warm（約60,000～44,000 cal BP）以降，コナラ亜属を中心とした落葉広葉樹林が広範囲に広がっていたが，MIS 3のTransition（約44,000～38,000 cal BP）からEarly Cold（約38,000～28,000 cal BP）にかけて，マツ属単維管束亜属やトウヒ属などの針葉樹が徐々に増加していったようである。しかしながら，桜川低地にしろ，野川中洲北遺跡にしろ，本書の区分との正確な年代的な対比が難しいものが多いため，これまでに分析されてきた植物化石層から出土した木材などの詳細な位置づけには新たな年代測定が必要であり，今後の課題であろう。

③ MIS 2の古環境と古植生

　最終氷期最寒冷期の植生について南木睦彦（1997）は，東北地方以北にはグイマツとしばしば称されるカラマツ属をともない，トウヒ属が多くみられる亜寒帯針葉樹林があり，関東地方以西には，トウヒ属やチョウセンゴヨウとコナラ亜属などの落葉広葉樹が混交する，針・広混交林が存在していたと指摘した。また，このような針・広混交林は亜寒帯と冷温帯の中間的な林と推定している。最終氷期最寒冷期の日本列島の植生分布については，那須孝悌（1985）や辻誠一郎（2002）などによって植生分布図が作成されている（図4－17）。

　関東平野の土浦市下大島層では，ATの下位から増加傾向にあったマツ属単維管束亜属はATの上位でトウヒ属とともに優占する（遠藤ほか 1983）。これらの地域では，約3万年前からAT層準にかけて針葉樹林化が進行し，気候が寒冷化に向かったことがほぼ一般的傾向であることが指摘されている。一方，本州島北端部では，AT降灰以前から高木性の針葉樹が成立しており，AT降灰後も大きな変化はみられない（辻・小杉 1991）。

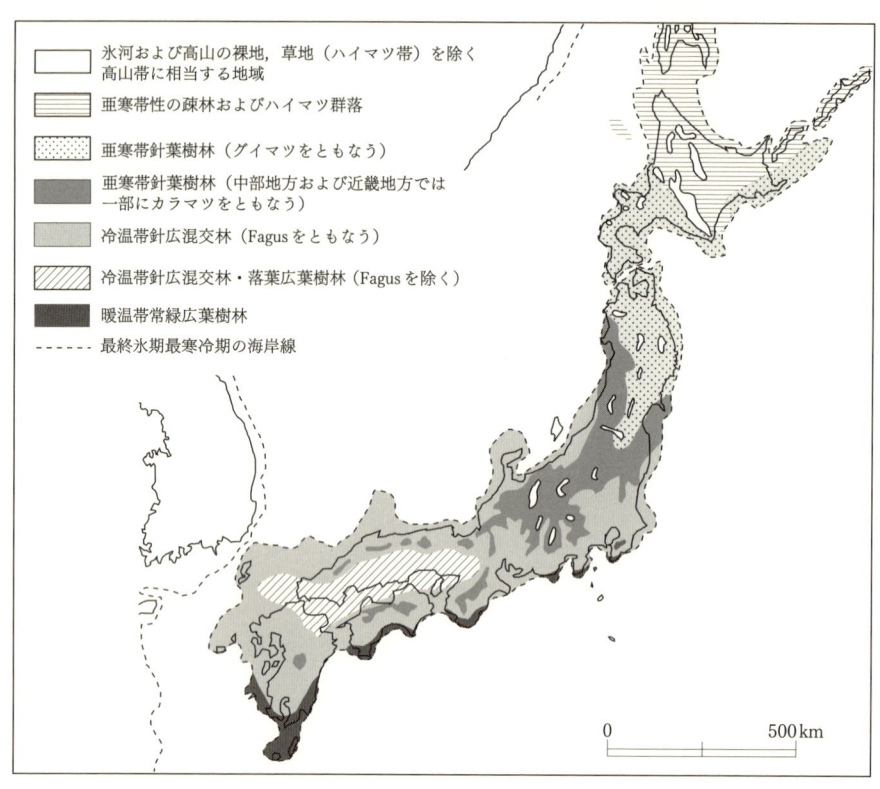

図 4-17　最終氷期最寒冷期の古植生 (那須 1985)

　関東平野周辺地域についてより具体的な分析事例をみてみると，最終氷期最寒冷期頃と考えられる堆積物として，東京都中野区の北江古田遺跡のD層の分析事例がある。ここでの^{14}C年代測定結果は，D層下部で22,400±400 ^{14}C BPが得られているのみで，D層の時間幅は不明である。D層の花粉分析では，ハンノキ属の最優占とトウヒ属，コナラ亜属，クマシデ属‒アサダ属などがこれに次ぐ優占で特徴づけられる。また，マツ属単維管束亜属，カバノキ属，ブナ属なども産出している（大井・辻 1987）。一方，大型植物遺体では，ヒメマツハダ近似種を含むトウヒ属やカラマツ属が多産し，ヒメコマツを含む針葉樹が多く，ミズメ，シモツケ属，カラコギカエデ，クロウメモドキ近似種などの落葉広葉樹も産出する。地点によっては針葉樹の分類群が少なく，ハシバミ，コナラ，カラコギカエデ，クロウメモドキ近似種などの落葉広葉樹が多く産出している（南木 1987）。木材化石では，トウヒ属が半分を占め，カラマツ属，ハシバミ属，ハンノキ属ハンノキ節，サクラ属，マツ属単維管束亜属などが続き，針葉樹の分類群が7割以上を占めている（鈴木・能城 1987）。

　おそらく北江古田遺跡D層と同時期かそれよりもやや新しく，おおよそMIS 2に相当すると考えられる堆積物の分析事例として，東京都小金井市の野川中洲北遺跡がある（小金井市遺跡調査会編 1989）。野川中洲北遺跡MIS 2の頃に相当すると考えられる堆積物は，第Ⅱ植物化石層である。

　野川中洲北遺跡の第Ⅱ植物化石層は，下位の第Ⅱa植物化石層と，上位の第Ⅱb植物化石層に

区分される。第Ⅱa植物化石層から産出した木材で約21,500〜18,000 ^{14}C BPの年代が得られており，第Ⅱb植物化石層から産出した木材で，16,000〜13,000 ^{14}C BPの年代が得られている（パリノ・サーヴェイ 1989）。したがって，第Ⅱa植物化石層はおおよそ本書で設定したLGM Cold-2（24,000〜15,000 cal BP）の前半に，第Ⅱb植物化石層はLGM Cold-2の後半の時期を含む堆積物であると考えられる。ただし，第Ⅱa植物化石層は本書で設定したLGM Cold-1（28,000〜24,000 cal BP）を含む可能性もあり，厳密な分離は困難である。

野川中洲北遺跡の第Ⅱa植物化石層の花粉分析結果では，コナラ亜属・ハンノキ属とトウヒ属がほぼ同率で高率出現し，カバノキ属，フサザクラ属，シナノキ属といった分類群や，カラマツ属−トガサワラ属，マツ属単維管束亜属などの針葉樹の分類群も多く認められる（パリノ・サーヴェイ 1989）。亜寒帯〜冷温帯上部の針葉樹とコナラ亜属などの落葉広葉樹が住みわけるか，あるいは混生するような冷温帯性の針広混交林であった可能性が指摘されている。第Ⅱ植物化石層の木材化石では，トウヒ属が多数を占め，モミ属，ハンノキ属ハンノキ節，カラマツ属，マツ属単維管束亜属などで構成され，針葉樹の分類群が86％を占めている（能城・鈴木 1989）。これらのうち，カラマツ属はカラマツ，マツ属単維管束亜属はチョウセンゴヨウと指摘されている。

第Ⅱb植物化石層の花粉分析では，トウヒ属，マツ属単維管束亜属，カラマツ属−トガサワラ属，スギ属といった針葉樹の分類群が優占し，落葉広葉樹の分類群としてはハンノキ属のみが比較的高率で出現し，コナラ亜属，クマシデ属−アサダ属，ニレ属−ケヤキ属などがともなう。

関東平野東部の桜川低地の花粉分析の結果では，^{14}C年代で約21,000〜17,000 ^{14}C BPのSM-Ⅱb帯に最寒冷期が求められている。桜川低地では，マツ属単維管束亜属やトウヒ属からなる針葉樹が卓越する森林が形成され，モミ属やツガ属，ハンノキ属やカバノキ属，カラマツ属，スギ属などを含む植生であったと推定されている（鈴木ほか 1993）。

関東平野北部では，群馬県前橋市の二宮千足遺跡で，連続的な花粉分析の事例がある（パリノ・サーヴェイ 1992）。ここでは，As-YPとAs-Sjの2種類のテフラが確認されており，時期の目安となる。As-YPの年代は，約13,500 ^{14}C BPであることから，As-YPの下位は，本書のLGM Cold-2の後半と同時期とみなすことができよう。二宮千足遺跡では，As-YPを挟んで，上下で花粉組成が大きく異なっている。As-YPより下位のC-Ⅲ帯では，トウヒ属がマツ属単維管束亜属が多産し，カバノキ属やハンノキ属も上部では多くなっている。特に，As-YPの直下では，カバノキ属とハンノキ属が優占し，トウヒ属やモミ属，カラマツ属などの針葉樹の分類群はやや減少している。コナラ亜属の出現率も多くない。同様の分析結果が辻誠一郎らによっても提示されている（辻ほか 1985）。As-YPにあたるMB-1とAs-SjにあたるMB-3（辻・木越 1992）前後で植生の急変が確認されており，As-YP直下ではチョウセンゴヨウ，トウヒ属バラモミ節，カラマツ属の針葉樹を主とし，カバノキ属ハンノキ属をともなう植生から，As-YPとAs-Sjの間ではマツ属・トウヒ属が衰退してカラマツ属が高率になりカバノキ属，コナラ亜属の出現率が高くなっている。

したがって，MIS 2のLGM Cold-2に対応する時期の関東平野北部の台地上では，トウヒ属，モミ属，マツ属単維管束亜属，カラマツ属といった針葉樹が周辺の森林植生を構成し，カバノキ属やハンノキ属なども主要な構成要素であったと考えられる。

東北では，富沢遺跡での分析例などがある（仙台市教育委員会編 1992）。富沢遺跡の26層の炭化材では，23,870～19,500 ^{14}C BPの年代が得られており，本書でのLGM Cold-1（28,000～24,000 cal BP）からLGM Cold -2（24,000～15,000 cal BP）の前半に相当する時期と推定される。埋没林がみつかっている26層では，トウヒ属が主でそれにグイマツが混じる針葉樹林が広がり，カバノキ属やハンノキ属などの落葉広葉樹がまばらに混じっていたことがわかっている。このような植生は晩氷期の温暖化直前まで継続していたようである。本州島北部の十和田八戸テフラ直下の埋没林の大型植物遺体の研究（那須ほか 2002）では，トウヒ属バラモミ節，トドマツ，グイマツが混生する針葉樹林に，カバノキ属がともなう森林植生であったことがわかっており，次の段階のLG Warm（15,000～13,000 cal BP）の直前まで，亜寒帯性の針葉樹林が広範囲に広がっていたことがわかるが，低標高地帯では，針葉樹やカバノキ属に混じりコナラ亜属が増加しはじめているようである（吉田・竹内 2009）。

　本州島西半部では，兵庫県の板井寺ヶ谷遺跡での分析例などがある（兵庫県教育委員会 1991）。花粉・種実・木材化石の分析によって，板井寺ヶ谷遺跡での植生変遷が5段階に区分されている（大井ほか 1991）。板井寺ヶ谷遺跡での^{14}C年代測定は，木材だけでなく土壌で測定しているものも多く，すべてを採用することはできないが，ATの層準を基準として考えると，MIS 3 Transition（44,000～38,000 cal BP）からMIS 3 Early Cold（38,000～28,000 cal BP）に対応すると考えられるⅠ期からⅡ期では，山地にマツ属やツガ属，スギ属などの針葉樹とコナラ亜属・ニレ属などが広葉樹の混交林から，寒冷化にともなってスギ属や広葉樹が減少し，モミ属やマツ属単維管束亜属が増加した。AT降灰によって大きな被害を受けた後回復した植生（Ⅲ～Ⅴ期）は，台地上ではモミ属・トウヒ属・マツ属単維管束亜属などの針葉樹が増加した。この段階は，本書のLGM Cold-1（28,000～24,000 cal BP）に対応すると考えられる。

　一方，本州島日本海側の分析例では，三方湖の堆積物では約28,000～16,000 ^{14}C BPの間でツガ属，モミ属などの針葉樹が優占し，ハンノキ属やカバノキ属やヤナギ属，ハシバミ属などの落葉広葉樹がこれにともなっている。

④晩氷期の古環境と古植生

　野川中洲北遺跡の第Ⅲ植物化石層は，13,000～12,000 ^{14}C BPの年代が得られていることから（パリノ・サーヴェイ 1989），おおよそ本書のLGM Cold-2（24,000～15,000 cal BP）の終わりからLG Warm（15,000～13,000 cal BP）の時期に含まれる堆積物であると考えられる。この第Ⅲ植物化石層の花粉分析では，コナラ亜属が高率で出現するのが特徴で，ハンノキ属，シナノキ属，トネリコ属，ガマズミ属などの落葉広葉樹の分類群を多くともない，針葉樹の分類群は低率になる。このことから，この時期にはコナラ亜属を中心とした落葉広葉樹林が広がっていたと考えられる。一方，木材化石では，トネリコ属が半分を占め，コナラ亜属コナラ節，ハンノキ属が多い，温帯性の落葉広葉樹が中心を占めている（能城・鈴木 1989）。

　東京都中野区の松ヶ丘遺跡では，E層がLG Warm（15,000～13,000 cal BP）とLG Cold（13,000～11,500 cal BP）に対応する時期の堆積物と推定される。E層では，E-d層の上部の木材で13,170

±180 ^{14}C BP（マツ属単維管束亜属），E-b層下部の木材で11,190±210 ^{14}C BP（トウヒ属）という年代測定結果が得られている（辻・小山 1989）。花粉分析では，E-b層を境として花粉組成に大きな変化がみられ，E-d層からE-b層下部までのMTP-1帯では，カバノキ属，ニレ属－ケヤキ属，ハシバミ属といった落葉広葉樹に，マツ属単維管束亜属，モミ属，ツガ属，トウヒ属といった針葉樹の花粉が産出している。このほか，コナラ亜属，ハンノキ属，クマシデ属－アサダ属も高率で出現している。一方，E-b層上部とE-a層までのMTP-2帯では，コナラ亜属，ハンノキ属，トネリコ属が多産し，クマシデ－アサダ属なども産出するが，針葉樹の分類群はほとんど検出されていない。E-d層中部でUGが確認されているため，下部のMTP-1帯は本書のLGM Cold-2（24,000～15,000 cal BP）とLG Warm（15,000～13,000 cal BP）の移行期にかけての時期と考えられるが，正確な時期は不明である。

　東北では八甲田山周辺や，秋田県八郎潟で晩氷期の花粉分析例がある。八郎潟では，12,240±180 ^{14}C BP（約14,300 cal BP前後）の年代が得られている花粉帯HC2ではハンノキ属が多く，コナラ亜属が上部に向かって増加し，これにブナ属やマツ属などもやや多く検出されている（吉田・竹内 2009）。八甲田山の田代湿原では，十和田八戸テフラの直上で，カバノキ属とモミ属，トウヒ属，マツ属の花粉が多く検出され，八戸火山灰降灰直後にはまだ亜寒帯性針葉樹とカバノキ属からなる森林が広がっていたようである（吉田 2006）。東北の低標高地帯には，晩氷期以前までは亜寒帯性針葉樹とカバノキ属の混交林が広がっていたが，晩氷期以降，コナラ亜属やブナ属が増加しはじめるようである（吉田・竹内 2009）。これらの変化は本書のLGM Cold-2（24,000～15,000 cal BP）からLG Warm（15,000～13,000 cal BP）への変化と対応すると考えられる。

　晩氷期について高精度で分析している水月湖（Nakagawa *et al.* 2005）では，本書のLGM Cold-2（24,000～15,000 cal BP）の末期に相当する花粉帯SGP2003-Dでツガ属やマツ属などの針葉樹も含まれるが，すでにコナラ亜属やカバノキ属などの落葉広葉樹が優占し，ブナ属もやや多くなっている。LG Warmに相当する花粉帯SGP2003-Cでは，針葉樹とカバノキ属が減少し，コナラ亜属やブナ属，クマシデ属，ハンノキ属などからなる森林が成立していたと推定される。LG Cold（13,000～11,500 cal BP）に相当する花粉帯SGP2003-Bでは，コナラ亜属やクマシデ属がやや減少してブナ属が増加するが，針葉樹の分類群の増加はみられない（図4－9）。

6── MIS 3以降の植生変遷史のまとめ

　最終氷期の環境変遷について，部分的ではあるが，いくつかの古植生変遷にかかわるデータをみてきた。本書で設定した環境史の各段階に対応する植生の変化を述べてきたが，以下にごく簡単にではあるが，その概要をまとめておきたい。

①MIS 3　Stable Warm（約60,000～44,000 cal BP）

　MIS 4の寒冷期を過ぎ，気候は温暖化して最終氷期の亜間氷期に入る。野尻湖では，モミ属や

トウヒ属，マツ属単維管束亜属が卓越する森林だったものから，コナラ亜属やカバノキ属，ブナ属などの落葉広葉樹林の比率が増加したことから，温暖化と湿潤化が起こったようである。茨城県花室川では，カバノキ属とコナラ亜属を中心とする冷温帯落葉広葉樹が広がっており，斜面にはハンノキ湿地林が形成されていた。

②MIS 3 Transition（約44,000〜38,000 cal BP）

MIS 3の後半になると，MIS 2に向けて次第に気候は寒冷化へ向かう。特にこの時期には，野尻湖では落葉広葉樹林の花粉比率が減少し，トウヒ属やマツ属などの亜寒帯性針葉樹が再び多くなってきたようである。

③MIS 3 Early Cold（約38,000〜28,000 cal BP）

野尻湖では，一時的に落葉広葉樹花粉比率が増加するのものの，再び亜寒帯針葉樹の花粉比率が高くなり，MIS 2に向けての寒冷化傾向が顕著にあらわれている時期である。特に，33,000 cal BP以降，寒冷化が進行しているようである。茨城県花室川周辺でも，この時期以降落葉広葉樹花粉が減少し，カバノキ属やマツ属単維管束亜属などが多くなる。関東平野などでは冷温帯性落葉広葉樹と亜寒帯性針葉樹の混交林が成立していたようである。

④MIS 2 LGM Cold-1（約28,000〜24,000 cal BP）

最終氷期最寒冷期の関東平野は，トウヒ属やマツ属単維管束亜属やカラマツ属などからなる針葉樹が主体の植生がひろがっており，コナラ亜属などの落葉広葉樹も混じる，針広混交林が成立していた。カラマツ属が多い点から，関東平野などの台地上は寒冷化だけでなく乾燥化も著しかったと推測されている。また，古本州島日本海側の平野部でも，針葉樹の分類群が多く検出されている。辻・小杉（1991）が指摘するように，このような植生は関東平野から近畿地方にかけて低地部では普通にみられたと考えられる。野尻湖周辺では，トウヒ属やモミ属，ツガ属などの針葉樹からなる密な針葉樹林が成立し，ハンノキ属やカバノキ属などの落葉広葉樹がともなっていたと推定されている。三方低地では，ハシバミ属やヤナギ属が比較的多い点で異なっている。

⑤MIS 2 LGM Cold-2（約24,000〜15,000 cal BP）

LGM Cold-2の関東平野の植生は，基本的に前段階と大きな変化はみられず，トウヒ属やモミ属，マツ属単維管束亜属やカラマツ属などの針葉樹に，コナラ亜属やハンノキ属などの落葉広葉樹を交える森林が成立していたと推測される。このような傾向はLGM Cold-2を通じて基本的には継続したと考えられるが，LGM Cold-2の後半の時期には，野尻湖湖底堆積物や，三方湖の分析事例などが示すように，コナラ亜属やカバノキ属などの落葉広葉樹の割合は増加し，針葉樹と落葉広葉樹が半々の割合を占めるようになっている。ただし，野尻湖堆積物にみられるように，LG Warmの直前にかけて再びコナラ亜属が減少し，針葉樹が増加している傾向もみられる。北東北でも，LG Warmの直前まで亜寒帯性の針葉樹林が広がっていた。

⑥MIS 2　LG Warm（約15,000～13,000 cal BP）

　LG Warmの時期に，古本州島各地で植生は大きく変化する。これまで主体となっていた亜寒帯性針葉樹の分類群は大幅に減少し，分析地点によってはほとんどみられなくなる。変わりにコナラ亜属が卓越するようになる。日本海側ではブナ属の花粉も増加することから，降水量の増加と多雪化が進行したと推測される。古本州島北部でも八郎潟などの低標高地帯ではこの時期にコナラ亜属が分布を拡大しはじめ，次第に優勢になる（吉田・竹内 2009）。

⑦MIS 2　LG Cold（約13,000～11,500 cal BP）

　LG Coldにおける関東平野の植生は，樹種の構成的には大きな変化はみられない。これまで指摘されてきた当該期における「寒の戻り」は，古本州島の低地部では，植生に大きな変化を与えるものではなかった可能性が考えられる。北海道島などの日本列島においても比較的高緯度地域では，気候の寒冷化にともなって植生が大きく変化したことが記録されているが（小野・五十嵐 1991），関東平野周辺地域では，コナラ亜属を主とした植生に著しい変化はみられない。

　高解像度で花粉分析が実施された水月湖の例をみても，コナラ亜属がやや減少し，ブナ属が増加するものの，針葉樹の分類群はLG Warm以降きわめて低率であるかほとんど検出されていない。本州島中央部の平野部においては，気候の寒冷化が植生に大きな変化を与えなかった可能性を考慮しておきたい。

第5章

最終氷期の考古編年と ^{14}C 年代

1── 最終氷期における考古遺跡の年代研究の問題点

　小野昭らによる2001年の ^{14}C 年代値の集成によると，日本列島における最終氷期の考古遺跡では，すでに90以上の遺跡で ^{14}C 年代測定が実施され，測定例は400例以上に及んでいる（Ono *et al.* 2002）。その後10年の ^{14}C 年代値の蓄積を考慮すれば，おそらく1,000例を優に超えているものと思われ，今後も測定事例は増加していくことが予想される。しかし，これだけの ^{14}C 年代測定例の蓄積がありながら，遺跡の数値年代の把握に有効な測定結果の数は十分ではない。遺跡での ^{14}C 年代測定例では，考古学的に予想される年代値と，実際に測定された ^{14}C 年代値が大きく異なったり，同時期と推定される試料群の複数の測定値がばらついたりすることがよく見受けられる。酸性の火山灰土壌である日本列島では，水成層以外で有機質の人工遺物が残存する率はきわめて低い。したがって， ^{14}C 年代の測定試料も必然的に燃料材などに由来する炭化材が大半を占めている。このため，当該期の考古編年の基準となる石器群・土器群と，測定した試料との間の共時的関係が把握しにくいケースが多く，考古遺跡の年代を議論するうえで大きな障害となる。

　たとえば，大平山元Ⅰ遺跡では，無文土器に付着した炭化物を測定試料として5点，遺物包含層中の炭化物を試料として3点の ^{14}C 年代測定結果が得られた（谷口編 1999）。考古学的にはこれらの測定試料となった土器片は同一個体であると推測されているため，土器付着炭化物からは，ほぼ同一の ^{14}C 年代値が得られると予測される。また，遺物の分布状態から比較的短期間の滞在に使用された遺跡であると推測されるため，土器付着炭化物以外の炭化物の ^{14}C 年代値も，ほぼ同一の結果が得られるはずである。しかし，土器付着炭化物による ^{14}C 年代値は，13,780±180 ^{14}C BPから12,680±140 ^{14}C BPと，約1,000年の差が生じた。今村峯雄ら（今村ほか 1999；

今村 2000）は，土器付着炭化物自体がきわめて少量であったことに原因があると指摘している。また，炭化物の ^{14}C 年代測定では13,000年代と，2点は7,000年代というまったく異なる結果が得られた。谷口康浩はこの原因について，「縄文早期以降の堆積物が混合したため」と解釈した（谷口編 1999）。実際，考古学的に土器出現期とされる遺物群の分布範囲中に円筒下層b式土器や時期不明の土坑が分布しており，後世の炭化物が混在していたことは容易に理解できる。しかしこの事例は，考古学的に土器出現期の石器群と同一層位から出土した炭化物を後世の遺物の混入として，測定前に排除できないという重大な問題を提起している。

　大平山元 I 遺跡の場合，1点の炭化物から13,480 ± 70 ^{14}C BP という測定結果が得られ，また土器付着炭化物という考古遺物そのものに付着した炭化物を測定し，ばらつきはあったものの同様の年代値が測定されたことによって，土器出現期の遺物群の年代が特定できた。大平山元 I 遺跡の年代値の古さのみが問題となる場合が多いが，この事例は，「遺物包含層と同一層序・同一平面から出土した炭化物」を測定試料とすることの難しさを際立たせる結果になったといえる。仮に，時間的により近接した活動痕跡，あるいは人類活動とは無関係の炭化物が混在しており，しかも測定試料が包含層中の炭化物であった場合，^{14}C 年代測定結果が意図した石器群・土器群の年代を正確に反映しているかどうかを年代値自体から評価することは不可能である。

　遺跡の発掘調査報告書の記載が不十分な場合，年代値の評価をさらに困難にする。遺跡発掘調査報告書では，「自然科学分析編」として ^{14}C 年代測定結果が提示されている場合が多い。しかし，試料の前処理や ^{14}C 年代測定のプロセスに関する記載はあっても，考古遺物と測定試料との関係についての記載がないものも少なくない。考古編年の指標となっているのは，石器群であり土器群である。したがって，編年の指標となりえる資料そのものに付着した炭化物と，石器群や土器群にともなって出土した炭化物とでは，同時性の評価のレベルが明らかに異なる。文化層中あるいは石器群の出土層位と同一平面から検出された炭化材といった試料では，共伴関係の不確実性が大きいので，対象とする石器群や土器群との同時性のレベルは格段に落ちる。しかし，土器出現期以前の遺跡ではこれらの炭化材以外に測定可能な試料はほとんど得られず，これらを試料として年代値を議論せざるをえない。土器付着炭化物と異なり，人工遺物そのものに付着した炭化物を直接測定しているわけではないので，石器群と炭化物との平面的・垂直的位置関係が記載され，なおかつ調査者の所見として両者の共伴関係に問題がなかったとしても，その測定試料自体が石器群の残された時期とまったく関係ない時期のものである可能性は排除できない。

　土器付着炭化物に必ずしも問題がないわけではない（図5−1）。土器に付着する炭化物自体が少量であることが多いため，大平山元 I 遺跡の例が示すようにつねに正確な ^{14}C 年代が得られるというわけではない。同様の例は，貫ノ木遺跡の土器付着炭化物の ^{14}C 年代測定結果にもみられる。この遺跡の場合，同一個体の土器から複数の測定値が得られているが，分析機関によって数百年の違いが出ている。報告書ではこの原因について，測定試料の化学処理（AAA処理）の差が年代値の差としてあらわれた可能性を指摘している（長野県埋蔵文化財センター 2004a）。

　以上のように，当該期の ^{14}C 年代を用いて議論する場合，上記のような不確定要素があることから，個別遺跡の年代を厳密に確定していくことは難しい。また，^{14}C 年代測定試料が1点のみし

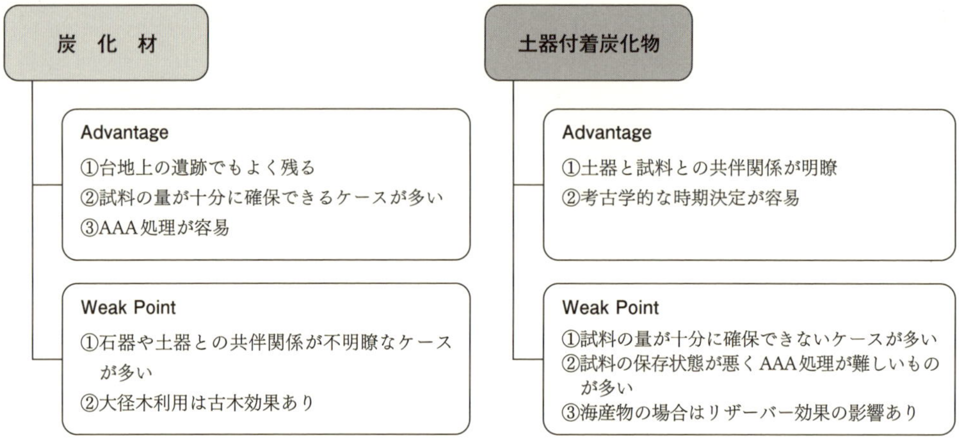

```
┌─ 炭化材 ─┐                           ┌─ 土器付着炭化物 ─┐

 Advantage                              Advantage
 ①台地上の遺跡でもよく残る                ①土器と試料との共伴関係が明瞭
 ②試料の量が十分に確保できるケースが多い   ②考古学的な時期決定が容易
 ③AAA処理が容易

 Weak Point                             Weak Point
 ①石器や土器との共伴関係が不明瞭なケース   ①試料の量が十分に確保できないケースが多い
  が多い                                 ②試料の保存状態が悪くAAA処理が難しいもの
 ②大径木利用は古木効果あり                 が多い
                                        ③海産物の場合はリザーバー効果の影響あり
```

図5-1　^{14}C年代測定における炭化材と土器付着炭化物の試料の利点と弱点

かない遺跡も少なくない。β線計測法によって測定された初期の^{14}C年代測定例には，統計誤差が数百年ときわめて大きい年代値も含まれ，また，現在的視点からみれば，3万年前などの古い年代域に近づけば近づくほど，β線計測法によって測定された^{14}C年代値の信頼性は著しく低くなる。これらも年代値の比較を困難にする要因の一つとなっている。

　しかし，現時点でも考古編年単位のおおよその年代を把握することは可能である。また，環境史との対比というレベルでの議論であれば，個別遺跡の編年的先後関係にまで言及して議論する必要はない。そこでここでは，考古編年単位を一つの共時的時間帯として取り扱い，複数遺跡における複数の年代値のおおよその集中範囲として，考古編年の年代的位置づけを捉えるという方法で，環境史との時間的対応関係を整理してみたい。以下では，本書で対象とする時期の考古編年を提示し，各遺跡の^{14}C年代測定事例について概要を示す。

2── 最終氷期の石器群・土器群の^{14}C年代

　ここで対象とするのは，古本州島における最終氷期の人類遺跡であり，考古学的には後期旧石器時代から縄文時代草創期およびその前後の時期の遺跡群である。

　なお，日本列島の最初の人類の居住をめぐっては，さまざまな学説があり議論が続いているが（仲田 2011；島田 2011；諏訪間 2010），本書では，「立川ロームX層段階を日本列島の最初の人類の居住と位置づける」という立場（小野 2011）にしたがって，これを後期旧石器時代の開始と考えている。

　また本書では，便宜的にATを後期旧石器時代を大きく区分する目安として捉えて，AT降灰以前の石器群を後期旧石器時代前半期，AT降灰以降の石器群を後期旧石器時代後半期として，各遺跡での^{14}C年代測定事例をまとめた。基本的に近年測定されたAMS法による^{14}C年代測定例を中

心に集成したが，比較資料としてβ線計測法によって測定された^{14}C年代を提示している場合もある。以下では最終氷期の人類遺跡の^{14}C年代測定例を，①後期旧石器時代前半期，②後期旧石器時代後半期，③土器出現期の3つの時期に大きく分けて，地域ごとに整理していきたい。

①後期旧石器時代前半期の石器群とその年代

日本列島における後期旧石器時代前半期の石器群は，斧形石器をともない，石刃・縦長剝片技術と台形様石器，ナイフ形石器を有する石器群によって特徴づけられ，環状ブロック群を形成する例も多くみられる。武蔵野台地では，立川ロームX層からATが含まれるⅥ層の石器群を含む。佐藤宏之（1992）は，列島全域でこの間をX層段階，Ⅸ層段階，Ⅶ層段階，Ⅵ層段階の4つの段階に区分し，Ⅸ層段階とⅦ層段階はそれぞれ上下に細分している。

後期旧石器時代前半期の石器群の^{14}C年代については，東北から九州まで地域を広げて，代表的な遺跡の^{14}C年代測定事例をまとめていきたい。ただし，ここですべてを取り上げることはできないため，代表的な事例をピックアップした。その他については，測定結果一覧表（章末）を参照いただきたい。なお，図示した遺物は，あくまで^{14}C年代測定例がある代表的な石器や土器を提示したもので，各石器群の石器組成を網羅したものではない。また，各地域の石器群と関東の石器群との編年的な対比については，森先一貴（2010）の研究や稲田孝司・佐藤宏之編（2010）などを参考とした。

1）東北

近年，東北の後期旧石器時代の石器群については鹿又喜隆が精力的に測定を行っており，^{14}C年代測定例が蓄積されつつある（鹿又 2008, 2010など）。鹿又喜隆（2010）は^{14}C年代にもとづいてAT下位の石器群をⅠ期：30,500 ^{14}C BP以前，Ⅱ期：30,500～28,000 ^{14}C BP，Ⅲ期：28,000～25,000 ^{14}C BPの3期に区分している。Ⅰ期・Ⅱ期には台形様石器やペン先形ナイフ形石器がともない，Ⅲ期には二側縁加工のナイフ形石器がともなう。

岩手県西和賀町　峠山牧場Ⅰ遺跡A地区第Ⅰ文化層

後期旧石器時代前半期の石器群で^{14}C年代が得られている遺跡はまだ少ない。立川ロームX層段階に対比される石器群では，峠山牧場Ⅰ遺跡A地区第Ⅰ文化層（岩手県文化振興事業団埋蔵文化財センター 1999）でβ線計測法による測定例がある。第Ⅰ文化層からは台形様石器が出土しており，第Ⅰ文化層と同じⅡb層の炭化材の^{14}C年代で30,550±1,190 ^{14}C BPであるが，炭化材の出土位置が不明であり，他の3点の測定結果は新しく，またβ線計測法によるものであり誤差が大きいため，参考値としておきたい。

岩手県奥州市　上萩森遺跡Ⅱb文化層

最近になって，鹿又喜隆（2010）によって上萩森遺跡Ⅱb文化層（菊池 1988；鹿又 2005）の石器群の^{14}C年代測定が行われており，32,680±160 ^{14}C BPの測定結果が得られている。現在のところ，東北地方の後期旧石器時代前半期の遺跡でもっとも古い測定例であるが，後述するⅨ層段階の板橋Ⅲ遺跡とは年代が大きく異なっている。Ⅱb文化層からはペン先形ナイフ形石器や米

ヶ森型の台形様石器などが出土している（図5-2）。他の遺跡の類例からみると，上萩森遺跡Ⅱb文化層の年代測定例はやや古い印象を受ける。なお，鹿又喜隆（2005）はⅡb文化層の石器群を後期旧石器時代初頭に位置づけているが，渋谷孝雄・石川恵美子（2010）は上萩森遺跡Ⅱb文化層をⅨ層段階に，また，佐藤宏之（1992）や森先一貴（2010）はⅦ層下部段階と対比しており，編年観が一致していない。この^{14}C年代は石器群の年代よりもやや古く出てしまっていると考えておきたい。

宮城県栗原市　大久保遺跡

大久保遺跡では定型的な石器はないため編年的な位置づけは難しいが，玉髄・碧玉製の二次加工剥片や石核などが出土しており，包含層の炭化材で30,760〜30,480 ^{14}C BPの3点の測定結果が得られている（栗原市教育委員会 2010）。

岩手県雫石町　板橋Ⅲ遺跡

台形様石器が出土した板橋Ⅲ遺跡で最近測定例が報告されており（図5-2），炭化材の量不足の1点を除く2点の年代は28,390±150 ^{14}C BP，27,160±130 ^{14}C BPである。報告書ではⅨ層下部段階と対比されている（雫石町教育委員会 2008）。

福島県会津若松市　笹山原No.16遺跡

ペン先形ナイフ形石器や台形様石器などがともなう笹山原No.16遺跡でまとまった^{14}C年代測定が実施されており（図5-2），包含層の炭化材から30,710〜27,710 ^{14}C BPの測定結果が，焚火跡から28,030±180 ^{14}C BP，28,140±190 ^{14}C BPの測定結果が得られている（鹿又 2008）。年代がばらついているが焚火跡の年代を中心に考えておくのがよいだろうか。森先一貴（2010）は笹山原No.16遺跡の石器群をⅦ層下部段階と対比している。おおよそⅨ層上部からⅦ層下部段階とみておきたい。

岩手県西和賀町　大渡Ⅱ遺跡

Ⅵ層段階の石器群では，岩手県大渡Ⅱ遺跡のAT下位の第Ⅰ文化層でβ線計測法による4点の測定例があるが，2点は27,740±920 ^{14}C BP，27,330±970 ^{14}C BPなのに対し，他の2点は17,740±270 ^{14}C BP，24,560±450 ^{14}C BPと大きくばらついている（岩手県文化振興事業団埋蔵文化財センター 1995）。AT下位の石器群としては新しい2点の年代は整合的ではない。いずれも参考値としておきたい。

その他の遺跡

詳細が不明だが，山形県の丸森1遺跡のAT下位の石器群で25,400±100 ^{14}CBP，25,460±90 ^{14}C BPの2点の測定結果が得られている（鹿又 2010；村田ほか 2010）。出土した石器には二側縁加工のナイフ形石器や石刃，掻器などである。正報告の刊行に期待したい。

また，岩手県岩洞堤遺跡では二側縁加工のナイフ形石器が出土する第2文化層で6点の年代測定が実施されているが，28,000〜27,000年代の2点を除いて測定例がばらついているため，参考値とした。

上萩森遺跡Ⅱb文化層
包含層炭化材：32,680±160 ^{14}C BP

板橋Ⅲ遺跡
包含層炭化材：28,390±150 ^{14}C BP, 27,160±130 ^{14}C BP

笹山原No.16遺跡
包含層（4b層）炭化材：29,910〜27,710 ^{14}C BP (n=8)
包含層（4a層）炭化材：30,710〜27,890 ^{14}C BP (n=9)
焚火跡炭化材：28,030±180 ^{14}C BP, 28,140±190 ^{14}C BP

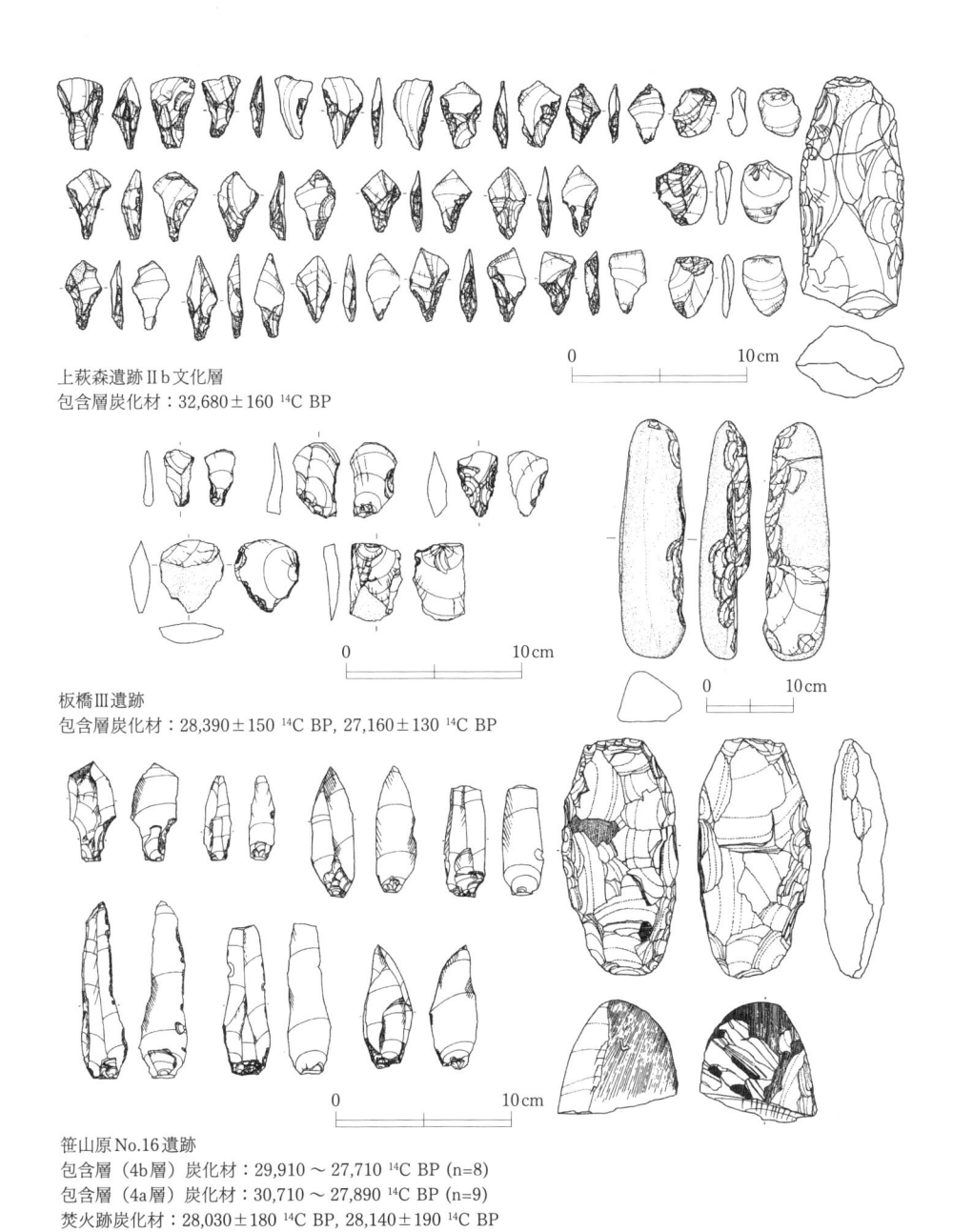

図5‐2　^{14}C年代測定が実施された後期旧石器時代前半期の石器群　上萩森遺跡Ⅱb文化層・板橋Ⅲ遺跡・笹山原No.16遺跡

2）北陸・中部

　他の地域と比較して後期旧石器時代前半期の石器群の測定例が多いが，これらはおもに野尻湖遺跡群の測定結果によるものである。

　野尻湖遺跡群については谷和隆（2007）によって後期旧石器時代初頭から細石刃石器群までがⅠ期〜Ⅴ期に区分され，長橋良隆ほか（2009）を元に中村由克（2010）が^{14}C年代による年代観

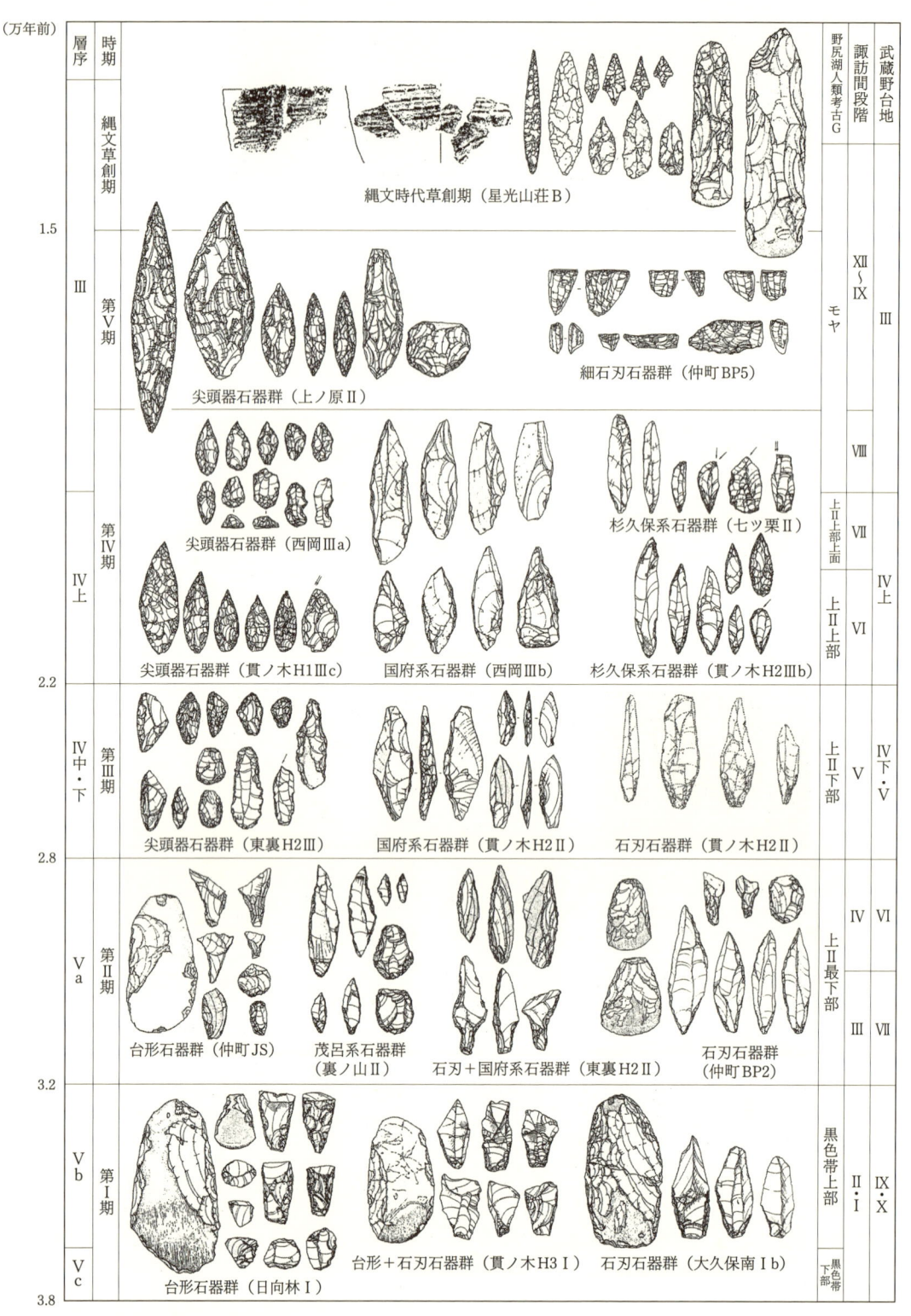

図5‐3 野尻湖遺跡群の編年（谷 2007）
年代は中村（2010）による。

72　第2部　最終氷期の環境文化史

を示している（図5－3）。後期旧石器時代前半期は第Ⅰ期と第Ⅱ期であり，おもに台形様石器群と石刃石器群から構成される。^{14}C年代測定が実施されている遺跡としては，貫ノ木遺跡や日向林B遺跡がその代表的な事例である。谷和隆（2007）は第Ⅰ期を立川ロームⅩ層段階からⅨ層段階と，第Ⅱ期をⅦ層段階からⅥ層段階と対比している。

長野県信濃町　貫ノ木遺跡

第Ⅰ期に属する貫ノ木遺跡（長野県埋蔵文化財センター 2000）では，Ⅴb層を中心として，各地点から斧形石器や台形様石器を中心としたAT降灰期以前の石器群が出土している（図5－4）。また，第3地点では環状ブロック群が検出されている。貫ノ木遺跡の場合，測定された炭化材がすべて包含層出土で明確な記載はないため，詳細を報告書から読み取ることができないが，石器の出土のピークであるⅤb層の炭化材で33,070±540 ^{14}C BP，Ⅴc層で33,050±530 ^{14}C BPなどの測定結果が得られている。これらの年代が石器群の時期を正確に示しているとするならば，本州島で最古段階に位置づけられる年代であるが，石器群をⅨ層段階と考えると，^{14}C年代がやや古すぎるように思える。ほかにも数点^{14}C年代で3万年代の測定結果が得られているが，出土位置などの情報が不足しており，石器群と^{14}C年代との関係は不明瞭である。

長野県信濃町　日向林B遺跡

同じく第Ⅰ期の日向林B遺跡（長野県埋蔵文化財センター 2000）では，貫ノ木遺跡と同様に，

貫ノ木遺跡
包含層（Ⅴb層）炭化材：33,070〜30,510 ^{14}C BP (n=3)
Ⅴc層炭化材：33,040±530 ^{14}C BP

日向林B遺跡
包含層（Ⅴb層）炭化材：31,420〜28,230 ^{14}C BP (n=5)
包含層（Ⅴa層）炭化材：28,540〜27,940 ^{14}C BP (n=5)

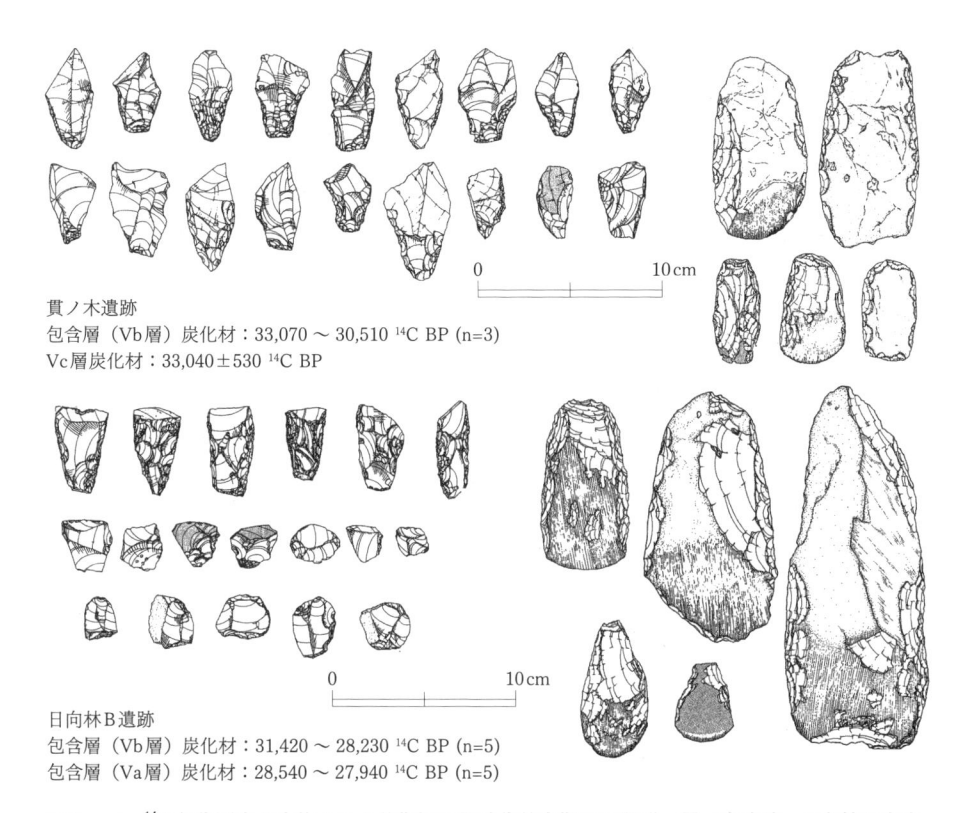

図5－4　^{14}C年代測定が実施された後期旧石器時代前半期の石器群　貫ノ木遺跡・日向林B遺跡

第Ⅴb層を中心として，斧形石器や台形様石器を中心とした石器群が出土している（図5－4）。直径約30mにおよぶ環状ブロック群や，60点もの斧形石器がみつかっている点が，日向林B遺跡の特徴の一つである。^{14}C年代は，Ⅴb層およびⅤa層から出土した炭化材で測定が行われている。Ⅴb層の炭化材では31,420～28,230 ^{14}C BPの5点，Ⅴa層の炭化材では28,540～27,940 ^{14}C BPの5点の^{14}C年代測定結果が得られている。環状ブロック群や台形様石器，斧形石器はⅤb層にピークがあるが，Ⅴa層からも多く出土している。石器群の年代は，Ⅴb層の炭化材の年代が反映しているとみてよいだろうか。なお，日向林B遺跡では貫ノ木遺跡よりも全体的に年代がやや新しい傾向があり，29,000～28,000年代の測定結果が多い。

長野県佐久市　八風山Ⅱ遺跡

八風山Ⅱ遺跡では，AT下位の初期石刃石器群に関連して炭化材の^{14}C年代測定が実施されており，32,240～31,360 ^{14}C BPの5点の年代が得られている（佐久市教育委員会 1999）。石器群は石刃を素材とした基部加工のナイフ形石器を中心とする（図5－5）。報告書では立川ロームⅩb層の石器群を対比させている。

八風山Ⅱ遺跡
包含層炭化材：32,240～31,360 ^{14}C BP (n=5)

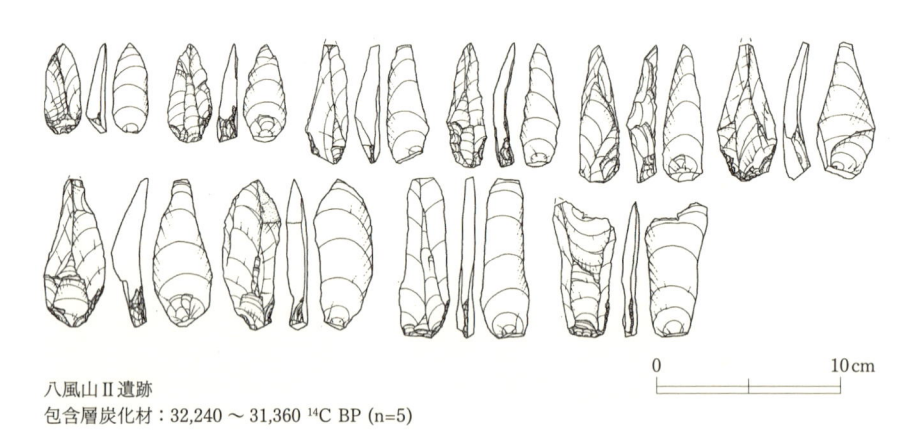

図5－5　^{14}C年代測定が実施された後期旧石器時代前半期の石器群　八風山Ⅱ遺跡

追分Ⅰ遺跡第5文化層
包含層炭化材：31,040～29,310 ^{14}C BP (n=3)

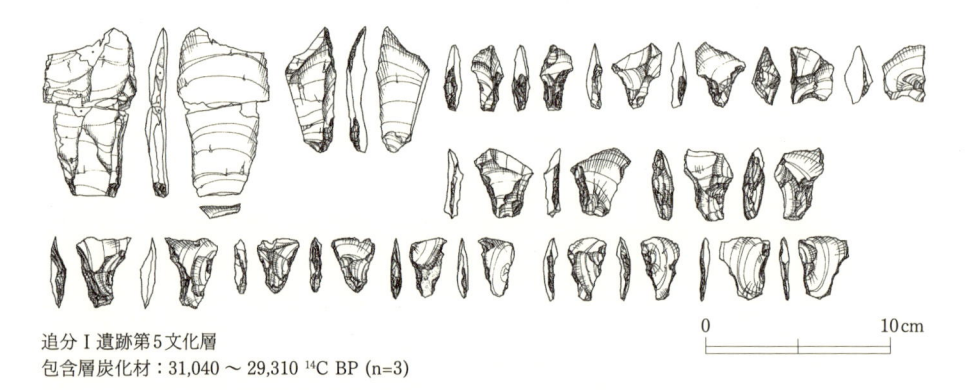

図5－6　^{14}C年代測定が実施された後期旧石器時代前半期の石器群　追分Ⅰ遺跡第5文化層

長野県長和町　追分Ⅰ遺跡第5文化層

　追分Ⅰ遺跡では，台形様石器を中心にナイフ形石器，石刃状剝片などが出土する，ATより下位の第5文化層の炭化材で，31,040〜29,310 ^{14}C BPの3点の測定結果が得られている（図5－6）（長門町教育委員会 2001）。中村由克・佐藤雅一（2010）は野尻湖第Ⅰ期に位置づけているが，森先一貴（2010）は追分Ⅰ遺跡第5文化層の石器群をⅦ層下部段階と対比し，^{14}C年代測定結果がやや古いと指摘している点も注意しておきたい。

長野県信濃町　仲町遺跡JS地点・BP第5地点

　野尻湖第Ⅱ期の石器群については，長野県仲町遺跡（長野県埋蔵文化財センター 2004b）でBP第2地点やJS地点のVa・Vb層から出土した炭化材で^{14}C年代測定が実施されている。ナイフ形石器や台形様石器，斧形石器が出土しているBP第2地点ではVa層の炭化材で29,400±370 ^{14}C BPの測定結果がある。ナイフ形石器や台形様石器，斧形石器が出土しているJS地点はこれよりもやや新しく，27,820±290 ^{14}C BP（Vb層），27,360±290 ^{14}C BP（Va層）の2点の測定結果が得られている。仲町遺跡のBP第2地点およびJS地点はⅦ層段階〜Ⅵ層段階と対比されている（図5－3）。ただし，BP第5地点の石器はⅨ層上部並行の石器群も混在しているようであり，正確な年代かどうか不明な点が多い。なお，森先一貴（2010）はJS地点の台形様石器をⅥ層段階と対比し，後期旧石器時代前半期末葉に位置づけている。

3）関東

　関東では，後期旧石器時代前半期の遺跡は数多く発掘されているものの，^{14}C年代が得られている遺跡は少ない。図5－7に相模野台地・武蔵野台地の模式的層序と^{14}C年代測定が実施されている遺跡の代表例を示した。なかでも，東京都武蔵国分寺関連遺跡（武蔵台西地区）では，Ⅹ〜Ⅸ層段階，Ⅶ層段階の石器群に関連する試料の測定結果があり，当該期の年代の一つの指標となる。

東京都府中市　武蔵国分寺関連遺跡（武蔵台西地区）第Ⅰ文化層

　武蔵国分寺関連遺跡（武蔵台西地区）（東京都埋蔵文化財センター 2004）では，立川ロームXa層上面から検出された第Ⅰ文化層の2基の炉跡状遺構にともなう炭化材で，30,400±400 ^{14}C BP，29,860±150 ^{14}C BPの2点の測定事例がある。第Ⅰ文化層の石器はⅨb層〜Xc層から検出されており，斧形石器，ナイフ状石器などの遺物が出土している（図5－8）。

　また第2文化層の石器群では，Ⅶ下部〜Ⅸ層上部で炭化材集中SX-100の測定事例があり，27,390±250 ^{14}C BPという年代を示した（東京都埋蔵文化財センター 2004）。ただし，第2文化層の石器群は単独出土の12点のみであり，定型的な石器は斧形石器2点と礫器などがあるのみである（図5－7）。年代測定された炭化材集中とも距離が離れており，石器群との関係性は不明である。Ⅶ層段階の^{14}C年代の参考値としておきたい。

東京都目黒区　東京大学駒場構内遺跡（学術交流棟地点）

　武蔵野台地では，東京大学駒場構内遺跡のⅩ〜Ⅸ層から台形様石器をともなう石器群が出土しており，Ⅹ層の炭化材で30,800±200 ^{14}C BPの測定結果が得られている（原ほか 2004）。ただし，二次加工のある石器は台形様石器と削器が1点ずつ出土しているのみである（図5－8）。

| 模式層 | | 代表的な遺物群（縮尺不同） |

相模野台地 / 武蔵野台地 / 武蔵野台地・相模野台地

相模野台地（立川ローム）層序：
- Layer L1S
- B0
- L1H
- B1
- L2
- B2U
- B2L
- L3 (AT)
- B3
- L4
- B4U
- B4M
- B4L
- L5
- B5
- L6
（武蔵野ローム）

諏訪間編年：XII&XI, X, IX, VIII, VII, VI, V, IV, III, II, I

遺跡対比（相模野）：
- ◀宮ヶ瀬北原
- ◀吉岡B（細石刃）
- ◀宮ヶ瀬サザランケ／用田南原
- ◀田名向原／福田丙二ノ区 CL I
- ◀福田丙二ノ区 CL II／用田鳥居前／宮ヶ瀬中原／宮ヶ瀬上原
- ◀吉岡B
- ◀用田大河内
- ◀吉岡B

武蔵野台地（立川ローム／武蔵野ローム）層序：
- Layer III
- IV
- V
- VI (AT)
- VII
- (VIII)
- IX
- X

遺跡対比（武蔵野）：
- ◀松原
- ◀北新宿二丁目
- ◀武蔵台西地区 CL IV
- ◀武蔵台西地区 CL II
- ◀武蔵台西地区 CL I／東大駒場校地内

代表的な遺物群：
- 宮ヶ瀬北原　13,060～13,020 ¹⁴C BP
- 吉岡B　16,490±250 ¹⁴C BP, 16,860±160 ¹⁴C BP
- 用田南原　17,150～16,880 ¹⁴C BP
- 宮ヶ瀬サザランケ　17,460±330 ¹⁴C BP, 15,470±290 ¹⁴C BP
- 田名向原　17,650±60 ¹⁴C BP, 17,630±50 ¹⁴C BP
- 福田丙二ノ区（CL I）　19,480～17,920 ¹⁴C BP
- 福田丙二ノ区（CL II）　19,660～18,770 ¹⁴C BP
- 用田大河内（CL VI）　22,880～21,330 ¹⁴C BP
- 武蔵台西地区（CL. 4）　24,530～23,930 ¹⁴C BP
- 武蔵台西地区（CL. 2）　27,390±250 ¹⁴C BP
- 武蔵台西地区（CL. 1）　30,400±400 ¹⁴C BP, 29,860±150 ¹⁴C BP

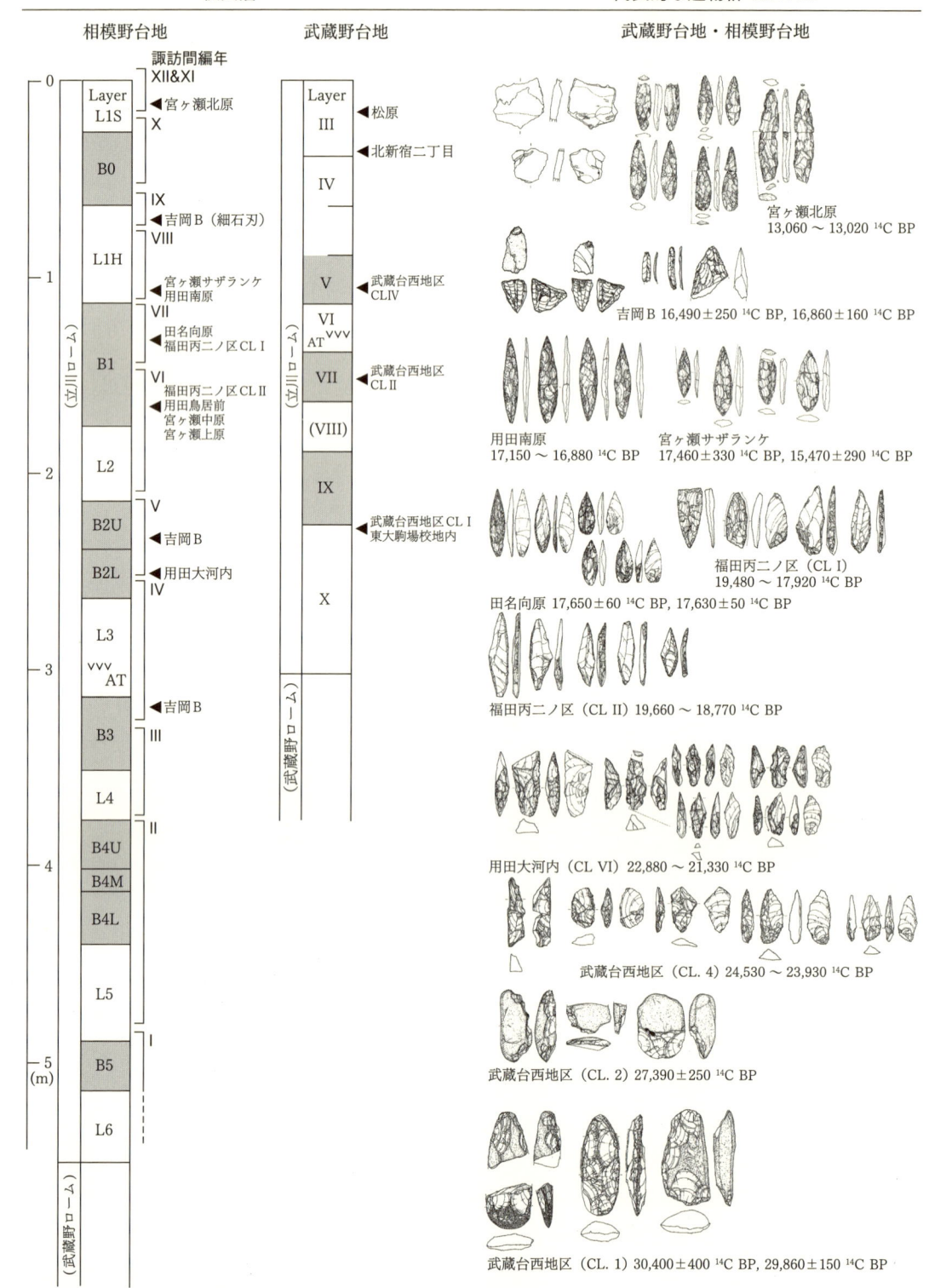

図 5-7　武蔵野・相模野台地の模式層と代表的な石器群・土器群

武蔵台西地区第Ⅰ文化層
炉址状遺構炭化材：30,400±400 ¹⁴C BP, 29,860±150 ¹⁴C BP

東京大学駒場構内遺跡
炉跡状遺構炭化材：30,800±200 ¹⁴C BP

山川古墳群Ⅸ層段階
炉跡遺構炭化材：31,640±200 ¹⁴C BP, 31,490±190 ¹⁴C BP

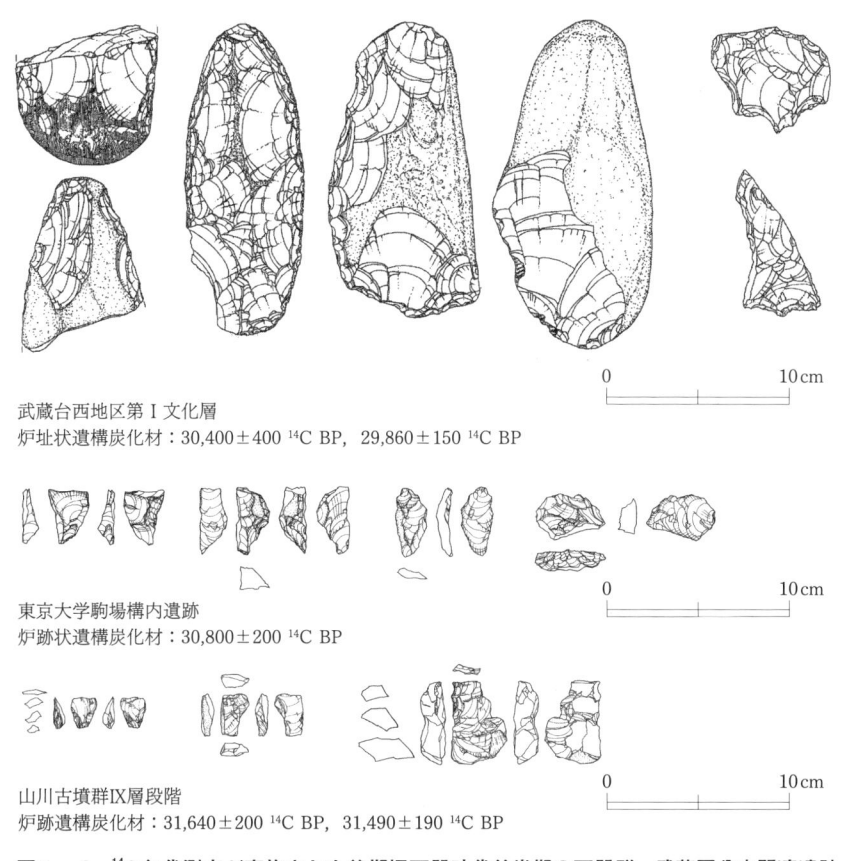

図5-8　¹⁴C年代測定が実施された後期旧石器時代前半期の石器群　武蔵国分寺関連遺跡（武蔵台西地区）第Ⅰ文化層・東京大学駒場構内遺跡・山川古墳群Ⅸ層段階

東京都杉並区　高井戸東遺跡

報告書が未刊行であるが，高井戸東遺跡のⅩ層から検出された炭化材集中で32,000±170，31,790±160，31,780±200 ¹⁴C BPの3点の測定例があるようである。詳細には正報告の刊行を待ちたい。

茨城県土浦市　山川古墳群Ⅸ層段階

武蔵野台地・相模野台地以外の地域では，山川古墳群でⅨ層段階の石器ブロックと炉跡遺構が検出されており，Ⅸ層下部の炉跡遺構の炭化材で31,640±200 ¹⁴C BP，31,490±190 ¹⁴C BPという測定結果が得られている（土浦市教育委員会 2004）。Ⅸ層段階の石器ブロックからは台形様石器や楔形石器が少数出土しているのみである（図5-8）。

群馬県前橋市　富田宮下遺跡第2文化層

富田宮下遺跡の第2文化層にともなう炭化材で，29,860±240 ¹⁴C BPの¹⁴C年代測定例が得られている（群馬県埋蔵文化財調査事業団 2008a）。第2文化層では彫器や二次加工剥片などが出土しており，北関東の編年ではⅠ期後半に位置づけられている（関口 2010）。関口博章はⅠ期を立川ロームⅩ層上部〜Ⅸ層下部と対比している。定型的な石器は少ないが，おおよそⅨ層段階とみ

てよいだろうか。

その他の遺跡

千葉県の古込Ⅴ遺跡でⅩ〜Ⅸ層で台形様石器や基部加工のナイフ形石器，炉址が検出され，炉址の炭化材で27,400±200 ^{14}C BPの年代が出ているようであるが（印旛郡文化財センター編 2004），断片的な情報しかなく，詳細が不明である。神奈川県の山ノ神遺跡のATよりも下位の層準にあたる相模野台地B3層中の炭化材集中の^{14}C年代測定例があるが（かながわ考古学財団 2004c），同層準の遺物群Ⅵには定型的な石器がなく，^{14}C年代も28,360〜21,410 ^{14}C BPとかなりばらついており，B3層中の石器群の正確な年代の例とすることはできない。また，Ⅵ層段階に相当する石器群で年代が得られている事例はこれまでのところないようである。

4）東海

最近，愛鷹・箱根山麓の遺跡の調査によって，後期旧石器時代の石器群の^{14}C年代測定が体系的に実施されており，ATよりも下位にあたる第Ⅵ黒色帯から第Ⅱ黒色帯までの石器群に関連する測定も蓄積されつつある。これらの成果は最近，三好元樹（2010）によって各層準と対応する石器群の^{14}C測定例が集成されている。三好（2010）は以下のように整理している（図5－9）。

- 第Ⅶ黒色帯（BBⅦ）〜第Ⅳ黒色帯（BBⅣ）：約31,500〜28,500 ^{14}C BP
- 第Ⅲスコリア（SCⅢ）：約30,000〜28,500 ^{14}C BP
- 第Ⅲ黒色帯（BBⅢ）：28,500〜27,500 ^{14}C BP
- 第Ⅱ黒色帯（BBⅡ）：27,500〜25,500 ^{14}C BP
- ニセローム（NL）：25,500〜25,000 ^{14}C BP
- 第Ⅰ黒色帯で25,000〜23,500 ^{14}C BP

第Ⅵ黒色帯〜第Ⅳ黒色帯までは愛鷹・箱根編年の第Ⅰ期に相当する時期であり，台形様石器や斧形石器がみられる（池谷ほか 2010）。おおよそ第Ⅵ黒色帯〜第Ⅴ黒色帯までは武蔵野台地のⅩ層段階と対比され，第Ⅳ黒色帯がおおよそⅨ層下部段階に対比される時期と考えられる。

第Ⅲスコリア帯から第Ⅱ黒色帯までは愛鷹山麓の第Ⅱ期に相当し，二側縁加工のナイフ形石器や石刃石器群を特徴とする。おおよそ武蔵野台地のⅨ層上部からⅥ層段階に対比されると思われる。なお，第Ⅱ黒色帯の上位のニセロームにATが挟まれているため，ここでは第Ⅱ黒色帯までの石器群をみてみたい。

愛鷹・箱根第Ⅰ期に相当する第Ⅶ黒色帯〜第Ⅳ黒色帯の石器群では，静岡県向田A遺跡（静岡県埋蔵文化財調査研究所編 2007），西洞遺跡（b区）（沼津市教育委員会 1999），梅ノ木沢遺跡（静岡県埋蔵文化財調査研究所編 2009b）などで測定が行われている。

愛鷹・箱根第Ⅱ期に相当する遺跡群では^{14}C年代測定例がかなり蓄積されており，第Ⅲスコリア層からBBⅢ層の石器群では向田A遺跡（静岡県埋蔵文化財調査研究所編 2007）や，静岡県野台南遺跡（静岡県埋蔵文化財調査研究所編 2009a）で測定が行われている。BBⅢ層の石器群では，静岡県元野遺跡（静岡県埋蔵文化財調査研究所編 2008）や静岡県野台南遺跡（静岡県埋蔵文化財調査研究所編 2009a），BBⅡ層の石器群では静岡県梅ノ木沢遺跡（静岡県埋蔵文化財調査研究所

時代	期	〈柱状図〉	〈層名〉		年代
			耕作土		
弥生			新規スコリア	新規SC	
縄文時代以降	後中前早草		黒色土 カワゴ平パミス		
			栗色土層	KU	
			富士黒土層	FB	
	5期		漸移層	ZN	
			休場層上位	YLU	
	4期 後前		休場層中位	YLM	
			休場層下位	YLL	
	3期 後中前		休場層直下黒色帯	BB 0	
			第Ⅰスコリア層	SC Ⅰ	
			第Ⅰ黒色帯	BB Ⅰ	25,000~23,500 ¹⁴C BP
			ニセローム	NL	25,500~25,000 ¹⁴C BP
	2期 後			AT	
			第Ⅱ黒色帯	BB Ⅱ	27,500~25,500 ¹⁴C BP
	中		第Ⅱスコリア層	SC Ⅱ	
			第Ⅲ黒色帯	BB Ⅲ	28,500~27,500 ¹⁴C BP
	前		第Ⅲスコリア帯スコリア1	SC Ⅲ s 1	
			第Ⅲスコリア帯黒色帯1	SC Ⅲ b 1	
			第Ⅲスコリア帯スコリア2	SC Ⅲ s 2	30,000~28,500 ¹⁴C BP
			第Ⅲスコリア帯黒色帯2	SC Ⅲ b 2	
			第Ⅲスコリア帯スコリア3	SC Ⅲ s 3	
			第Ⅲスコリア帯スコリア4	SC Ⅲ s 4	
			第Ⅲスコリア帯スコリア5	SC Ⅲ s 5	
			第Ⅳ黒色帯 スコリア層	BB Ⅳ	
	1期 後		第Ⅴ黒色帯	BB Ⅴ	
	前		第Ⅵ黒色帯 スコリア層	BB Ⅵ	
			第Ⅶ黒色帯 スコリア層	BB Ⅶ	(31,500~28,500 ¹⁴C BP)
	前1期		中部ローム		

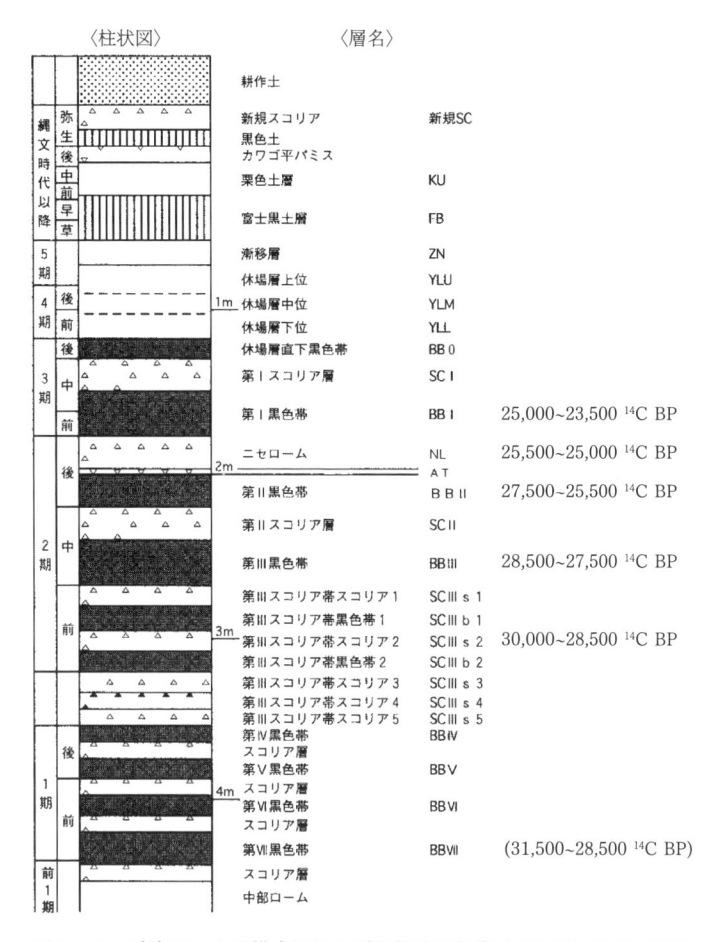

図5‐9 愛鷹ローム層模式図および各段階の年代（三好2010を加筆・修正）

編2009b）で測定が行われている。

静岡県長泉町　向田A遺跡

　向田A遺跡では第Ⅶ黒色帯からナイフ形石器1点と剥片が6点出土しており（図5‐10），近接して第Ⅶ黒色帯〜第Ⅵ黒色帯で検出された炭化材集中の炭化材の¹⁴C年代測定が行われ，31,770±170 ¹⁴C BPの測定結果が得られている。石器の出土点数は少ないが，第Ⅶ黒色帯〜第Ⅵ黒色帯の石器群は最古段階と考えられている石器群であり，立川ロームⅩ層段階と対比される。年代的にみても愛鷹・箱根山麓の遺跡群で最古の年代を示している（ただし，第Ⅶ黒色帯の石器に関連する¹⁴C年代はまだ得られていない）。

　向田A遺跡の第Ⅲスコリア層（黒色帯2）では，ブロック14・ブロック15，炭化材集中域11などが検出されている。ブロック14・ブロック15からは石刃を素材としたナイフ形石器や斧形石器，彫器，削器などの石器群が出土している。ブロック14・15・炭化材集中域11にともなう炭化材で29,770〜28,350 ¹⁴C BPの測定結果が得られている。第Ⅲスコリア層黒色帯2の石器群はおおよそⅨ層上部段階とみてよいだろう。

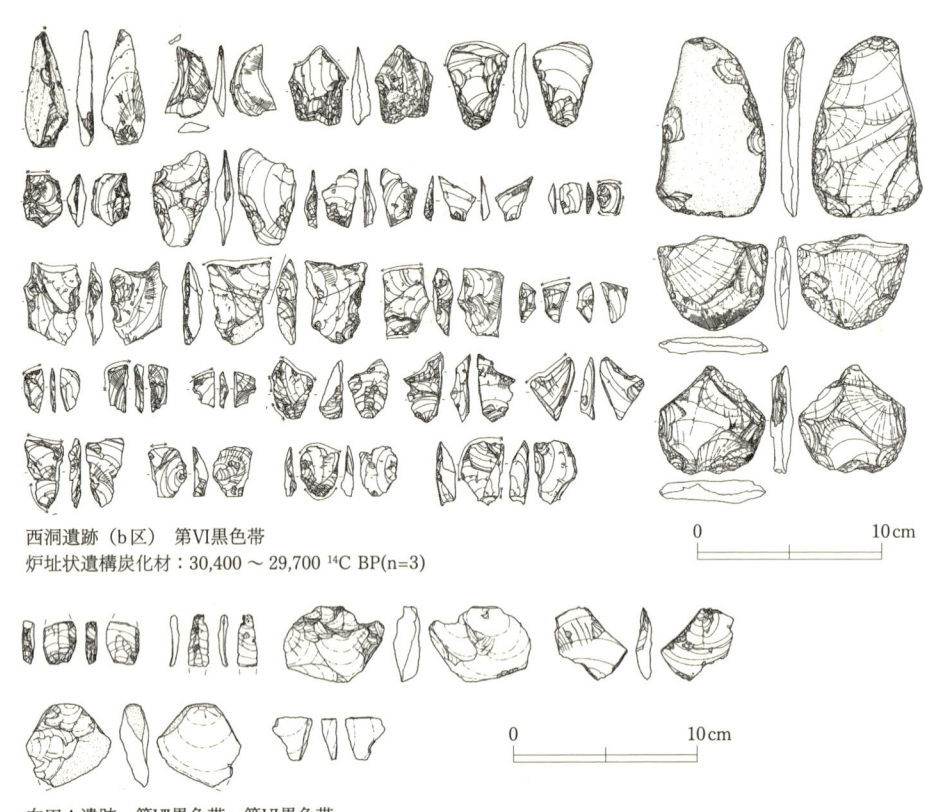

西洞遺跡(b区) 第Ⅵ黒色帯
炉址状遺構炭化材：30,400 〜 29,700 ^{14}C BP(n=3)

向田A遺跡　第Ⅶ黒色帯〜第Ⅵ黒色帯
包含層炭化材集中：31,770±170 ^{14}C BP

図5 - 10　^{14}C年代測定が実施された後期旧石器時代前半期の石器群　西洞遺跡(b区)・向田A遺跡

静岡県沼津市　西洞遺跡(b区)

同じく第Ⅰ期の西洞遺跡(b区)では，第Ⅵ黒色帯直上から斧形石器，台形様石器，ナイフ形石器が出土しており(図5 - 10)，炉址状遺構の炭化材で^{14}C年代測定が実施されている(沼津市教育委員会 1999)。3点の測定結果が得られており，30,200 ± 360 ^{14}C BP，29,690 ± 210 ^{14}C BP，30,390 ± 230 ^{14}C BPとよく一致している。第Ⅵ黒色帯直上の石器群はおおよそⅩ層〜Ⅸ層下部段階とみてよいだろう。

静岡県長泉町　梅ノ木沢遺跡第Ⅱ文化層・第Ⅲ文化層

静岡県梅ノ木沢遺跡(静岡県埋蔵文化財調査研究所 2009b)の第Ⅵ黒色帯から第Ⅳ黒色帯を中心として検出された第Ⅱ文化層からは，台形様石器や斧形石器などが出土しており，愛鷹・箱根編年の第Ⅰ期に相当する(図5 - 11)。遺物集中区にともなう炭化材で29,920 〜 28,380 ^{14}C BPの5点の測定結果が得られている(明らかに新しい1点は除く)。第Ⅱ文化層エリアBでは6個体の斧形石器集中地点も検出されており，注目される遺構である。ただし，同じ第Ⅵ黒色帯の直上から検出された西洞遺跡(b区)よりもやや新しい年代が含まれている点に注意しておきたい。

梅ノ木沢遺跡第Ⅲ文化層は，第Ⅲ黒色帯から検出された石器群であり，愛鷹・箱根編年の第Ⅱ期に相当するが，出土石器が少なく，また掻器を除いて定型的な石器はほとんどない。炉跡や焼

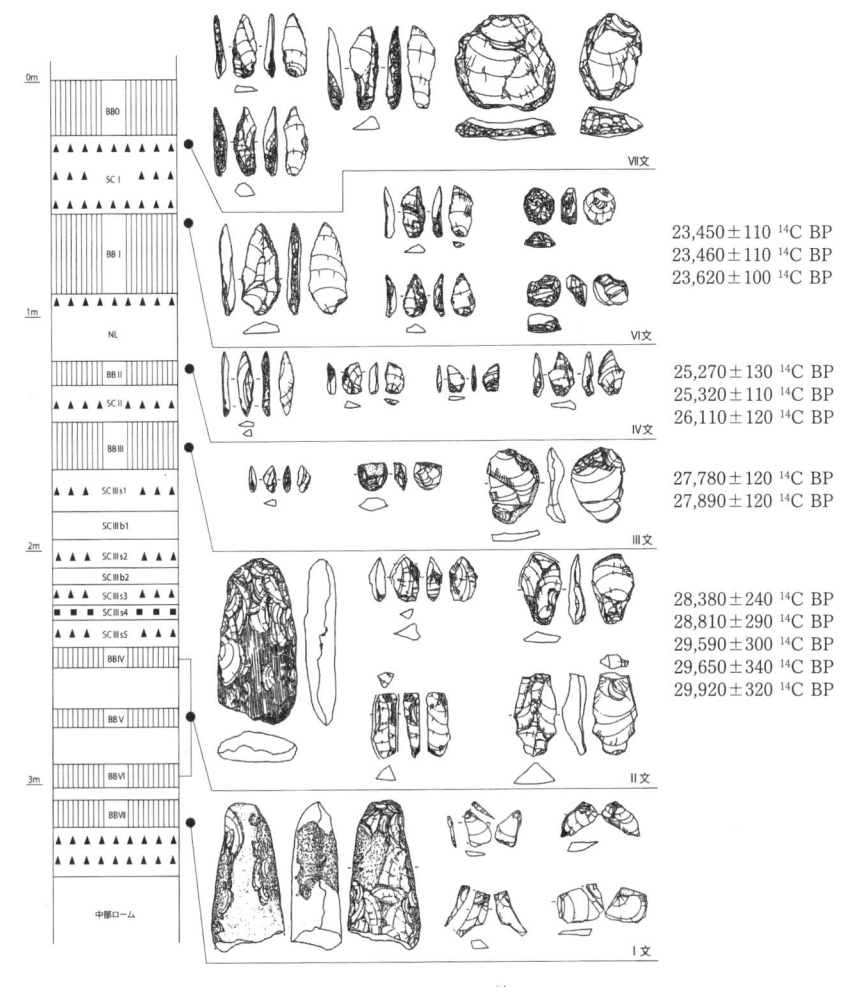

図5‐11 梅ノ木沢遺跡の模式層序と文化層および^{14}C年代（静岡県埋蔵文化財調査研究所 2009bに加筆）

土が多く検出され，27,780±120 ^{14}C BP，27,890±120 ^{14}C BPの2点の測定結果がある。

また，梅ノ木沢遺跡第Ⅳ文化層は第Ⅱ黒色帯から検出された石器群であり，二側縁加工や一側縁加工のナイフ形石器が出土している。愛鷹・箱根編年第Ⅱ期に相当する。2号礫群や1号遺物集中にともなう炭化材で，26,110～25,270 ^{14}C BPの3点の測定結果が得られている。AT直下のⅥ層段階の石器群の年代としても整合的である。

静岡県三島市　初音ヶ原遺跡第Ⅳ文化層

初音ヶ原遺跡では，AT下位の第Ⅲ黒色帯で約56基の陥し穴状の土坑が検出されており，そのうちの第5号土坑から検出された炭化材で^{14}C年代測定が実施されている（三島市教育委員会1999）。炭化材は土坑下部の10層から検出されたものであり，AMS法によって29,720±210 ^{14}C BPの年代が得られている。土坑が第Ⅲ黒色帯の時期だとすると，三好元樹（2010）がまとめた第Ⅲ黒色帯の石器群の年代よりも第5号土坑の年代のほうがやや古く，第Ⅲスコリア層の年代に近い。参考のため提示しておきたい。また，初音ヶ原遺跡ではβ線計測法による年代測定例もいく

つかあるが，予想される年代よりも大幅に新しいことから，本書では採用していない。

5) 近畿・中国・四国

島根県松江市　原田遺跡第Ⅲ文化層

近畿・中国・四国における後期旧石器時代前半期の遺跡群の ^{14}C 年代測定例はきわめて少ない。原田遺跡でAT下位の層準の第Ⅲ文化層から，環状ブロックを形成して，台形様石器や斧形石器をともなう石器群（7層中部）と，二側縁加工のナイフ形石器などの石器群（7層上部）が出土しており（図5-12），二時期に分けられると報告されている（島根県教育庁埋蔵文化財調査センター編 2008）。森先一貴（2010）は，前者の石器群をⅩ層～Ⅸ層下部の石器群と対比し，後者をⅦ層段階と対比している。

第Ⅲ文化層の包含層中の炭化材の ^{14}C 年代測定が行われ，2点の測定結果は 29,800 ± 170 ^{14}C BP，25,230 ± 110 ^{14}C BP と大きく離れており，石器群の正確な年代を反映しているかどうか不

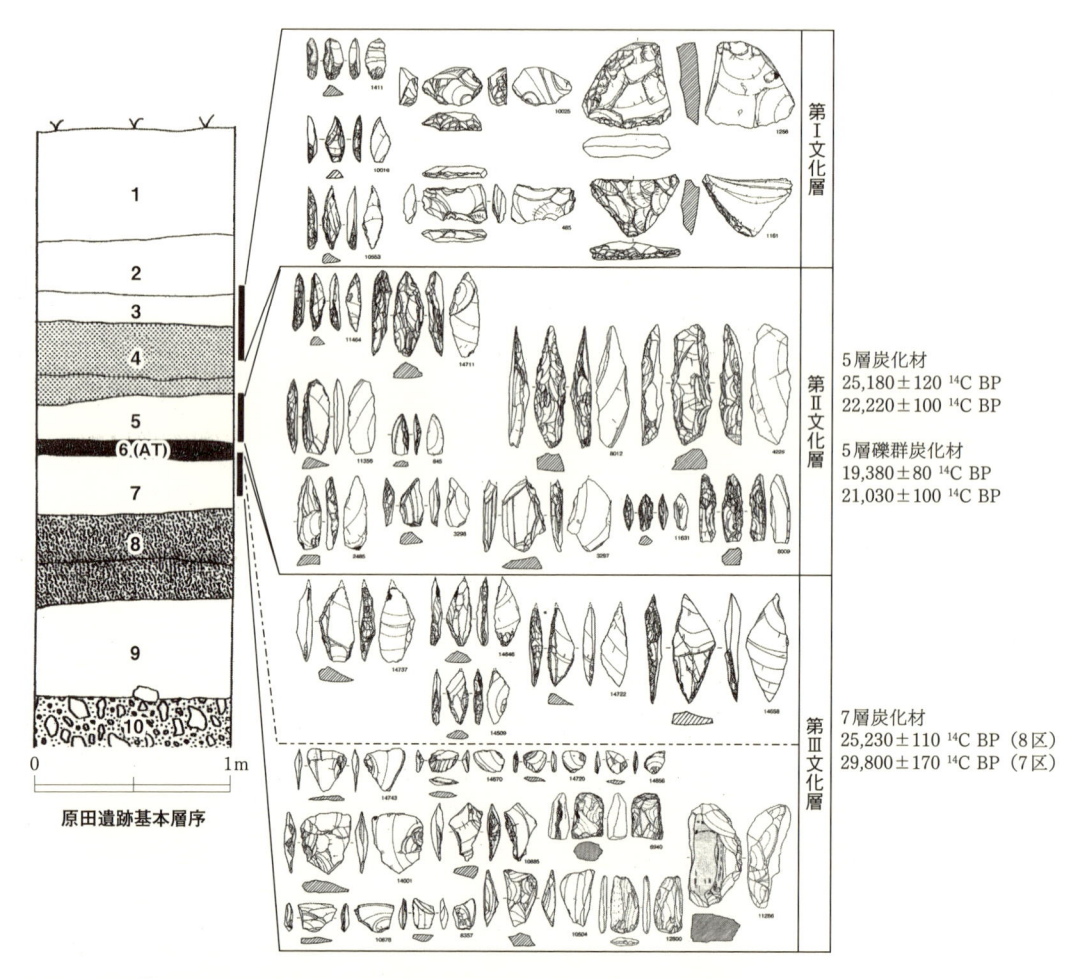

図5-12　^{14}C 年代測定が実施された後期旧石器時代前半期の石器群　原田遺跡

恩原1遺跡R文化層
包含層炭化材：25,380〜24,970 ^{14}C BP (n=3)

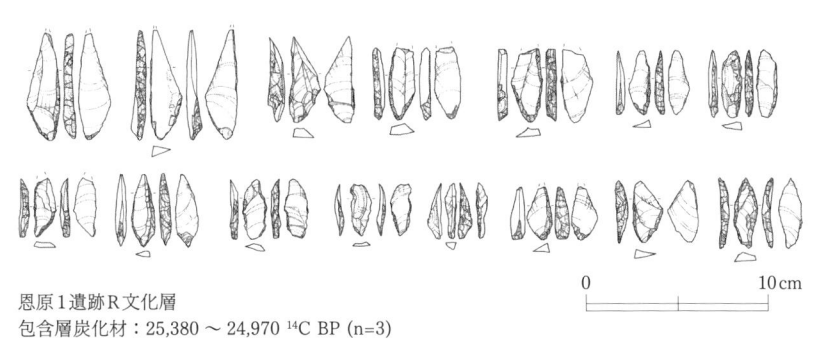

図5‐13　^{14}C年代測定が実施された後期旧石器時代前半期の石器群　恩原1遺跡R文化層

明である。古い年代を示しているのは環状ブロックが検出されている7区の炭化材であり，新しい年代は二側縁加工のナイフ形石器が出土している8区の炭化材である。25,230 ± 110 ^{14}C BPはⅩ〜Ⅸ層段階の石器群の年代としては新しすぎるため，斧形石器や台形様石器などの石器群は29,800 ± 170 ^{14}C BP前後の年代を中心に考えておくのが整合的だろうか。しかし，後者の年代はⅦ層下部並行期としては新しすぎる。石器群と^{14}C年代測定試料との関係性は信頼できない。

兵庫県丹波市　七日市遺跡

兵庫県の七日市遺跡の第Ⅱ文化層では，台形様石器や斧形石器が出土しているが，第Ⅱ文化層中から出土したたき火跡の炭化材の^{14}C年代が測定されており，25,550 ± 150 ^{14}C BPの測定例がある（兵庫県教育委員会 2008）。第Ⅱ文化層はⅦ層段階と対比できる石器群と考えられるが，年代が新しく，たき火跡がAT直下であることから国府型ナイフ形石器が出土した第Ⅳ文化層（Ⅵ層段階）の時期に近い可能性もある。石器群と^{14}C年代測定試料との関係は不明確である。

兵庫県篠山市　板井寺ヶ谷遺跡下位文化層

同じくⅦ層段階に対比される石器群として，兵庫県板井寺ヶ谷遺跡の下位文化層の石器群がある。β線計測法によって測定が行われているが，泥炭の土壌を試料としているものが多く，すべては採用できない。下位文化層で検出された第1〜第4炭化物集中から採取した炭化材の年代は，26,000〜24,700 ^{14}C BPである。現在の視点からみると，これらのβ線計測法による測定値も本来の年代よりもやや新しいといえるかもしれない。ここでは参考値としておきたい。

岡山県鏡野町　恩原1遺跡R文化層

恩原1遺跡では5つの文化層が検出されているが，AT火山灰直下に相当するR文化層で^{14}C年代測定結果が得られている（恩原遺跡発掘調査団 2009）。R文化層は一側縁加工・二側縁加工のナイフ形石器と石刃が指標となる石器群であり，稲田孝司（2009）は立川ロームのⅥ層段階の石器群と対比している（図5‐13）。AMSによる年代のみを抽出すると，25,340 ± 300 ^{14}C BP，24,970 ± 150 ^{14}C BP，25,380 ± 130 ^{14}C BP，27,450 ± 180 ^{14}C BPの4点の測定結果が得られており，1点のみ古い年代を除くとおおよそ25,000年代前半を中心とするようである。これは，ATの^{14}C年代からみても整合的である。

以上のように，近畿・中国・四国では，後期旧石器時代前半期の石器群の編年と^{14}C年代の関係

を整理できるほどの十分な¹⁴C年代測定例がなく，今後の蓄積が必要不可欠な地域の一つである。

6）九州

九州における後期旧石器時代前半期の石器群については，1990年代以降比較的多くの¹⁴C年代測定例があり，たとえば，熊本県石の本遺跡や宮崎県後牟田遺跡，鹿児島県種子島の立切遺跡，横峯C遺跡など，日本列島における後期旧石器時代の初源を考えるうえで重要な遺跡の測定が行われている。また，近年宮崎県や鹿児島県，熊本県などの遺跡でも数多くの測定が行われ，分析例が蓄積されつつある。しかしながら，必ずしも石器群にともなうものではない可能性が高いものや，土壌を測定しているために信頼性が低いものもあり，注意が必要である。

九州の後期旧石器時代の編年については各地域で整備されつつあり，最近では萩原博文と木﨑康弘が5期に区分している（萩原・木﨑 2010）。萩原・木﨑（2010）は，ATより下位を第1期・第2期とし，ATより上位を3～5期に区分した（図5 - 14）。第1期は台形石器と斧形石器を特徴とする石器群であり，第2期は二側縁加工のナイフ形石器によって特徴づけられている。

後期旧石器時代第1期に相当する石器群では，熊本県石の本遺跡で¹⁴C年代測定例があり，このほかに30,000 ¹⁴C BPを遡る年代が得られている例としては，鹿児島県種子島の横峯C遺跡や立切遺跡，宮崎県山田遺跡などがある。30,000 ¹⁴C BPまでは遡らないが，それに近い年代を示す石器群として宮崎県後牟田遺跡第Ⅲ文化層，熊本県河原第14遺跡第Ⅰ文化層の石器群，熊本県瀬田池ノ原遺跡第1文化層などがある。種子島の横峯C遺跡と立切遺跡では礫群や磨石・叩石などが卓越する。石の本遺跡では台形様石器と斧形石器がともない，河原第14遺跡では台形様石器が出土している。なお，第2期に相当する石器群としては，瀬田池ノ原遺跡第3文化層で年代が得られている（図5 - 14）。

熊本県熊本市　石の本遺跡

石の本遺跡（熊本県教育委員会 1999, 2001）では，8区のAT下位のⅥb層中から斧形石器の刃部片や台形様石器などの多数の石器が出土し，炭化材集中や礫群なども出土している（図5 - 15）。正確な位置は不明だが，Ⅵb層の炭化材でβ線計測法による¹⁴C年代測定が行われ，33,720±430～31,460±270 ¹⁴C BPの4点の測定結果が得られている。古本州島の後期旧石器時代の遺跡の年代としては，もっとも古い測定結果が得られている遺跡の一つである。萩原・木﨑（2010）は8区の石器群を第1期の最初期に位置づけている。

また，54区のAT下位のⅥb層から斧形石器や剝片石器が出土しており，同じく試料の詳細な位置は不明だが，AMS法によって32,650±430 ¹⁴C BP，31,790±270 ¹⁴C BPの2点の測定結果が得られている（熊本県教育委員会 2001）。石器群と測定試料の同時性が確かなら，現時点では九州島で最古段階の¹⁴C年代となる。

熊本県西原村　河原第14遺跡第1文化層

河原第14遺跡（熊本大学考古学研究室 2007）では，AT下位の第1文化層から検出された礫群にともなう炭化材の¹⁴C年代測定が実施され，29,370±360 ¹⁴C BP，28,790±350 ¹⁴C BPの2点の¹⁴C年代が得られている。第1文化層からは台形様石器が出土しているが，石器出土点数は少ない

	西北九州	東九州	中九州	南九州東部	
後期旧石器時代第1期					〈第1期の測定例〉 石の本遺跡：33,720〜31,460 ^{14}C BP 瀬田池ノ原遺跡(1)：32,210〜28,440 ^{14}C BP 後牟田遺跡：29,570〜28,900 ^{14}C BP 山田遺跡(Ⅰ)：30,630〜30,550 ^{14}C BP 横峯C遺跡(Ⅰ)：31,290〜29,660 ^{14}C BP 横峯C遺跡(Ⅱ)：29,300±520 ^{14}C BP 立切遺跡：30,480〜28,480 ^{14}C BP
後期旧石器時代第2期					〈第2期の測定例〉 河原第14遺跡(1)：29,370〜28,790 ^{14}C BP 瀬田池ノ原遺跡(3)：26,180〜25,510 ^{14}C BP
後期旧石器時代第3期					〈第3期の測定例〉 茶屋久保B遺跡(Ⅱ)：24,820±100 ^{14}C BP 河原第3遺跡(2)：24,570±200 ^{14}C BP 龍王遺跡13区：22,880±190 ^{14}C BP 野首第2遺跡(Ⅳ)：22,370±120 ^{14}C BP
後期旧石器時代第4期					〈第4期の測定例〉 瀬田池ノ原遺跡(6)：18,720±90 ^{14}C BP
後期旧石器時代第5期					〈第5期の測定例〉 茶園遺跡(Ⅴ)：15,450±190 ^{14}C BP 河原第3遺跡(6)：14,660±70 ^{14}C BP

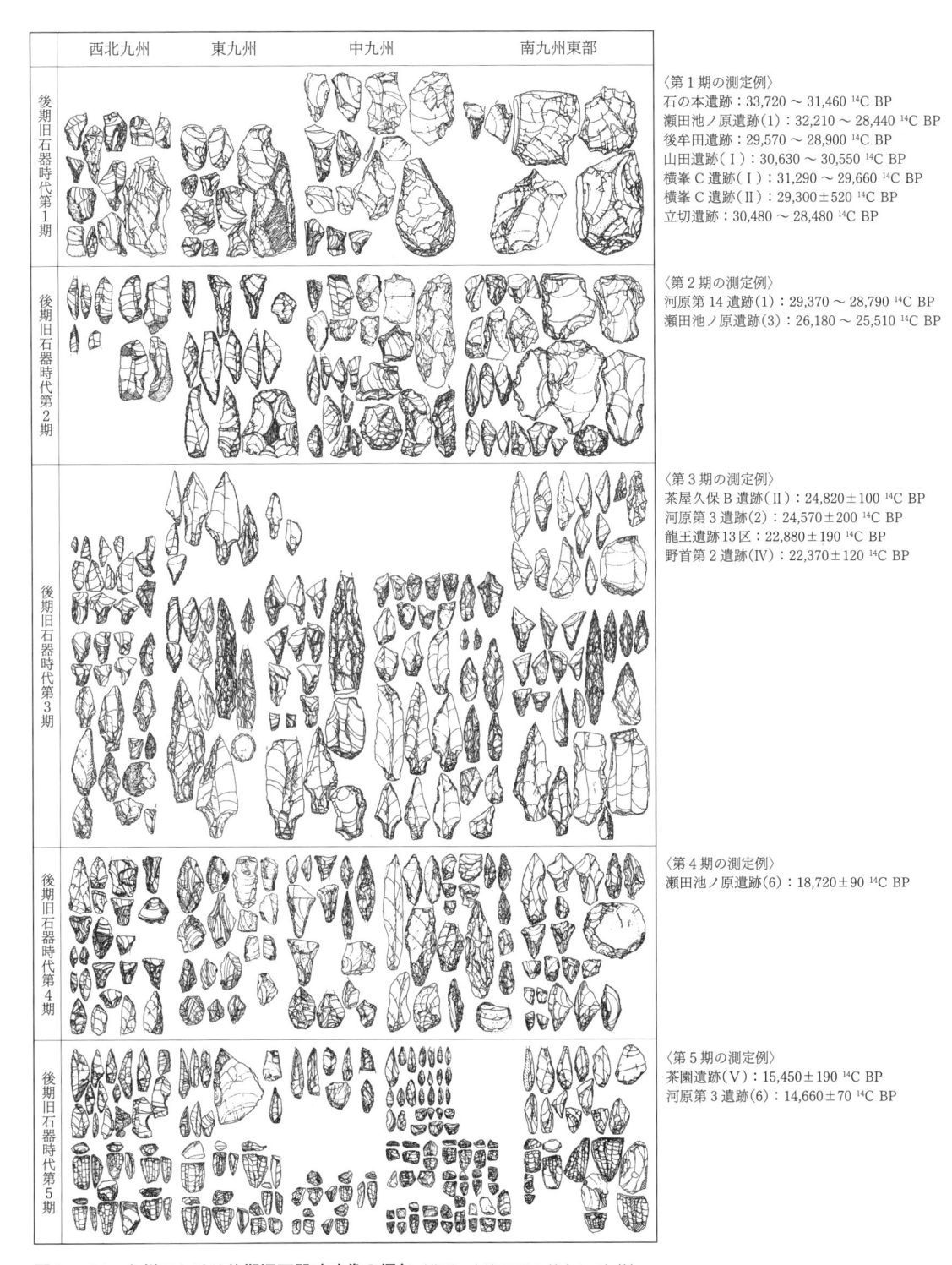

図5-14 九州における後期旧石器時代の編年（萩原・木﨑2010を統合して加筆）
2点以上の測定例がある場合には，中央値の範囲で年代を示してある。

瀬田池ノ原遺跡第3文化層
包含層炭化材：26,180±170 ¹⁴C BP, 25,510±160 ¹⁴C BP

瀬田池ノ原遺跡第1文化層
包含層炭化材：32,210〜28,440 ¹⁴C BP (n=6)

河原第14遺跡第1文化層
礫群炭化材：29,370±360 ¹⁴C BP, 28,790±350 ¹⁴C BP

石の本遺跡（8区・54区）Ⅵb層
包含層炭化材：33,720〜31,460 ¹⁴C BP (n=6)

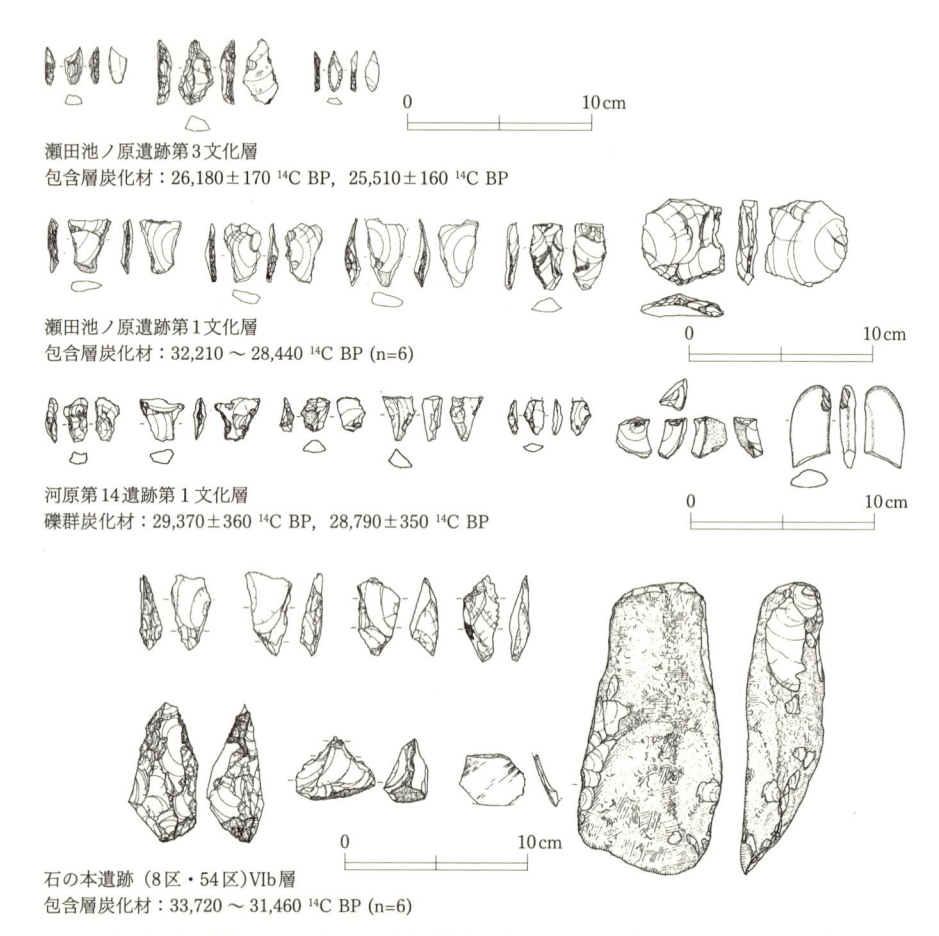

図5－15 ¹⁴C年代測定が実施された後期旧石器時代前半期の石器群　瀬田池ノ原遺跡第3文化層・瀬田池ノ原遺跡第1文化層・河原第14遺跡第1文化層・石の本遺跡

（図5－15）。萩原・木﨑（2010）は第1文化層を第2期に位置づけている（図5－14）。

熊本県大津町　瀬田池ノ原遺跡第1文化層，第3文化層

瀬田池ノ原遺跡では，ATより下位で第1文化層から第3文化層までの3枚の文化層が確認されている（熊本県教育委員会 2010）。第1文化層は最下層の文化層であり，台形様石器や削器などが出土しているが，定型的な石器は少ない。遺物包含層である17層中および16層中の炭化材で¹⁴C年代測定が実施され，32,210〜30,260 ¹⁴C BPの5点と，28,440±210 ¹⁴C BPの1点の測定結果が得られている。前述の河原第14遺跡第1文化層よりも，年代は瀬田池ノ原遺跡第1文化層のほうがやや古いようである。

また，AT直下の第3文化層では小型の二側縁加工のナイフ形石器が出土している。包含層である13層中の炭化材で，26,180±170 ¹⁴C BP，25,510±160 ¹⁴C BPの2点の測定結果が得られている（第3文化層で土壌を測定している1点は除く）。萩原・木﨑（2010）の第2期に相当する石器群であり，おおよそⅥ層段階とみてよいだろう。

なお，瀬田池ノ原遺跡では第2文化層でも¹⁴C年代測定が実施されているが，いずれも土壌を測

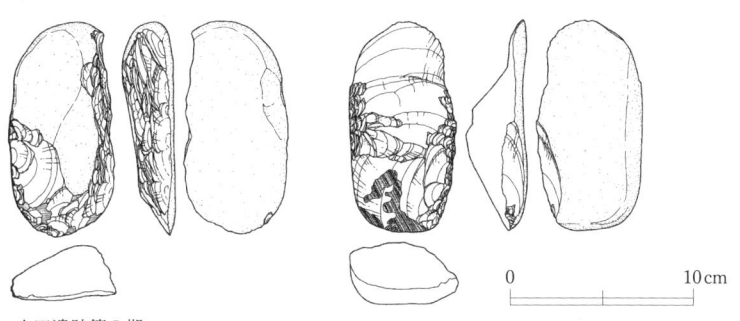

山田遺跡第Ⅰ期
炭化材集中：30,550±230 ^{14}C BP, 30,630±230 ^{14}C BP

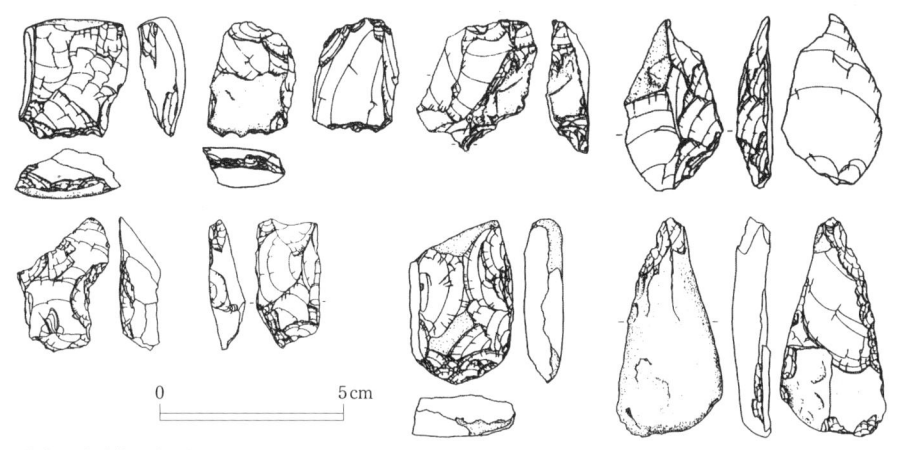

後牟田遺跡第Ⅲ文化層
包含層炭化材：29,570〜28,900 ^{14}C BP (n=3)

図5－16 ^{14}C年代測定が実施された後期旧石器時代前半期の石器群　山田遺跡旧石器時代第Ⅰ期・後牟田遺跡第Ⅲ文化層

定したものであり信頼性が低いため本書では除外した。

　宮崎県川南町　後牟田遺跡第Ⅲ文化層

　後牟田遺跡（後牟田遺跡調査団 2002）では，AT（6層）と霧島アワオコシ（Kr-Aw）（9層）との間の第Ⅲ文化層（7b〜8層）から，基部加工石器や側縁加工石器，礫器，斧形石器などが出土しており（図5－16），第Ⅲ文化層中の炭化材集中から29,570〜28,900 ^{14}C BPの3点の測定結果が得られている。第Ⅳ文化層の層準に相当する10層および10a層からも2点の測定例があるが，炭化材の量が不足しており新しい年代値を示しているためここでは除外した。後牟田遺跡第Ⅲ文化層は剥片石器よりも礫石器の比率が高いのが特徴である。佐藤宏之（2002）は第Ⅲ文化層の石器群を立川ロームⅩ層段階と対比している。

　宮崎県延岡市　山田遺跡　旧石器時代第Ⅰ期

　山田遺跡からはAT下位で2つの文化層が設定され，第Ⅰ期の石器群では礫器を主体とした石器群が出土しており，刃部磨製の斧形石器も2点出土している（図5－16）。同層準の炭化材集中C1で2点の^{14}C年代が得られており，30,550±230 ^{14}C BP，30,630±230 ^{14}C BPである（宮崎県

立切遺跡種IV火山灰下XIII層
焼土炭化材：30,480～28,480 ^{14}C BP (n=3)

横峯C遺跡第II文化層
礫群炭化材：29,300±520 ^{14}C BP

横峯C遺跡第I文化層
礫群炭化材：31,290±690 ^{14}C BP, 29,660±540 ^{14}C BP

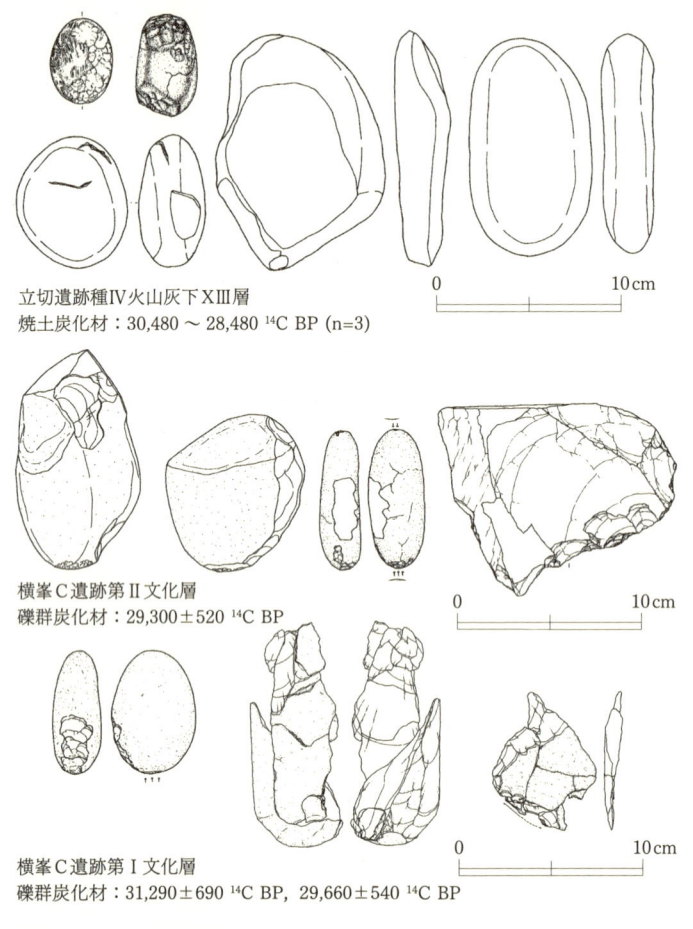

図5－17 ^{14}C年代測定が実施された後期旧石器時代前半期の石器群
立切遺跡・横峯C遺跡

埋蔵文化財センター 2007)。おおよそⅩ～Ⅸ層下部段階と考えてよいだろうか。

鹿児島県中種子町　立切遺跡

　種子島の立切遺跡（中種子町教育委員会 1999, 2002, 2003）では，種Ⅲ火山灰と種Ⅳ火山灰に挟まれた堆積物中から，礫群や焼土，石器などが出土している。石器は磨石・叩石類が圧倒的に多く，斧形石器もともなう（図5－17）。4区第1焼土（種Ⅳ火山灰下）と，Ⅱ区ピット2，Ⅲ区焼土Gで ^{14}C年代測定が実施されており，30,480±210 ^{14}C BP，30,400±600 ^{14}C BP，28,480±500 ^{14}C BPの3点の測定結果が得られている。

鹿児島県南種子町　横峯C遺跡

　同じく種子島の横峯C遺跡（南種子町教育委員会 2000, 2003）では，種Ⅲ火山灰と種Ⅳ火山灰に挟まれた堆積物中から，礫群や石器が出土している（図5－17）。種Ⅳ火山灰下の第Ⅰ文化層から検出された1号礫群や2号礫群などの炭化材の ^{14}C年代測定が行われており，1号礫群で31,290±690 ^{14}C BP，2号礫群で29,660±540 ^{14}C BPの2点の年代が得られている。また，種Ⅳ

火山灰上位の第Ⅱ文化層の3号礫群で29,300±520 ^{14}C BP，種Ⅳ火山灰直上の台石周辺の炭化材で30,480±590 ^{14}C BPの年代が得られている。明確な剝片石器は少なく，敲石や台石などの出土が多い。現在のところ，日本列島で最南端の後期旧石器時代前半期の遺跡である。

宮崎県高鍋町　野首第2遺跡　旧石器時代第Ⅱ期

野首第2遺跡からは複数の文化層が検出されているが，AT下位では第Ⅰ～第Ⅲ期までの3つの層準から石器群が出土している（宮崎県埋蔵文化財センター 2007）。第Ⅱ期の礫群37の炭化材で^{14}C年代測定が実施されており，28,010±220 ^{14}C BPの測定結果が得られている。出土した石器は縦長剝片素材のナイフ形石器や台形様石器である。ただし，ナイフ形石器は第Ⅲ期のものと類似しており，落ち込みの可能性も指摘されている点は注意しておきたい。

②後期旧石器時代後半期の石器群とその年代

後期旧石器時代後半期においては，列島の各地域で石器群も顕著な地域性を示すようになる。簡単に各地域ごとに^{14}C年代測定事例を整理していきたい。

1）東北

岩手県西和賀町　大渡Ⅱ遺跡第Ⅱ文化層

大渡Ⅱ遺跡の第Ⅱ文化層では，ATの上位から東山系のナイフ形石器主体の石器群がみつかっている。β線法による^{14}C年代測定が行われているが，21,000年代から27,000年代まで7点の測定結果が大きくばらついており（岩手県文化振興事業団埋蔵文化財センター 1995），正確な年代が得られていると考えるのは難しい。石器群はⅤ層～Ⅳ層下部段階に位置づけられる資料である。

宮城県仙台市　富沢遺跡

富沢遺跡では，第27層から炉跡とナイフ形石器がみつかっており，27層中の木材や25・26層の木材でβ線計測法による23,870～19,430 ^{14}C BPの測定例がある（仙台市教育委員会 1992）。最終氷期最寒冷期と考えられる埋没林のなかからみつかっており，古環境との関係ではきわめて重要な遺跡であるが，炉跡状遺構と111点の石器が出土している第27層の木材の年代と，26層の木材の年代が逆転しているものも多く，石器群の正確な年代的位置づけは難しい。なお，石器群はⅣ層上部段階と対比されている。

岩手県久慈市　早坂平遺跡第Ⅰ文化層・第Ⅱ文化層

早坂平遺跡でもまとまったAMS法による^{14}C年代測定が行われている。ただし，包含層出土の炭化材は年代は32,800～12,630 ^{14}C BPとばらついており，文化層と試料となった炭化材との関係が不明瞭である。しかし，第Ⅰ文化層エリア4の5号礫群と10号礫群にともなう炭化材はそれぞれ20,880±130 ^{14}C BP，19,380±90 ^{14}C BPであり，もしこれらの年代が石器群の年代を反映しているものであれば，関東の砂川期の石器群の年代とも近い。第Ⅰ文化層からは，基部加工のナイフ形石器や神山型彫器が出土しており，おおよそⅣ層中部段階と対比できる（図5-18）（岩手県文化振興事業団埋蔵文化財センター 2004）。

また，早坂平遺跡の第Ⅱ文化層からは荒屋型彫器や細石刃などの削片・分割系の細石刃石器群

早坂平遺跡第Ⅰ文化層エリア4
礫群炭化材：20,880±130 ^{14}C BP，19,380±90 ^{14}C BP

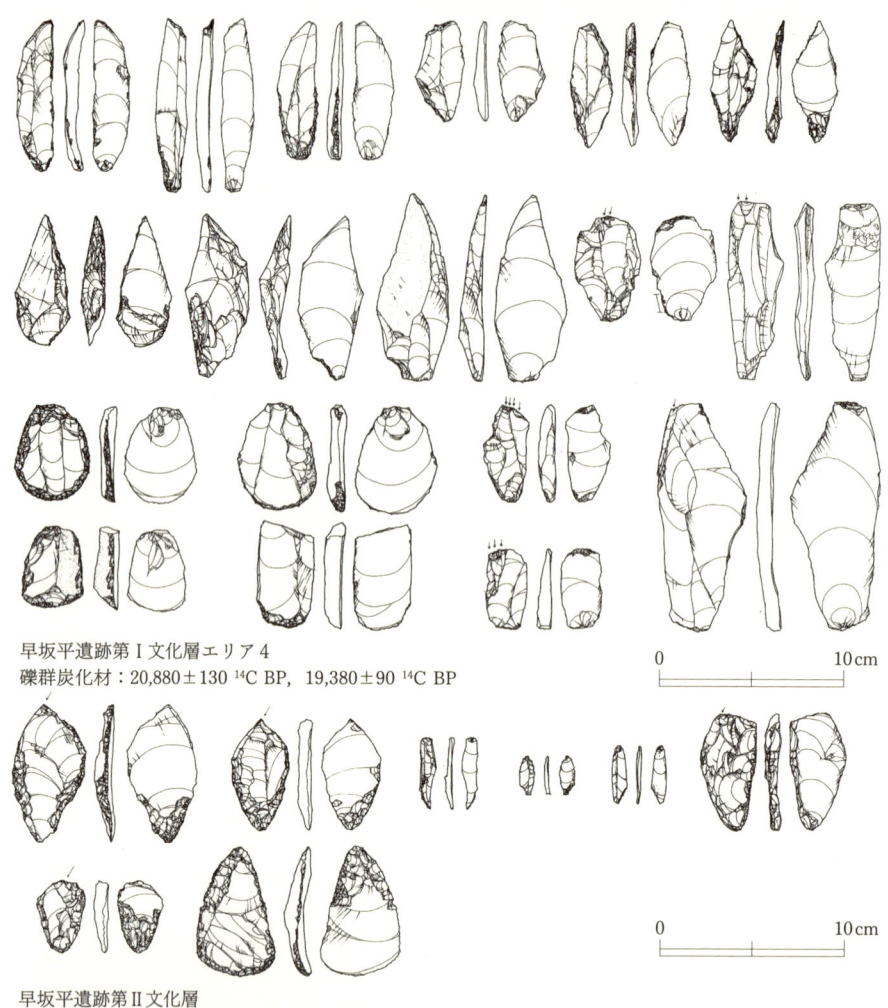

早坂平遺跡第Ⅱ文化層
包含層炭化材：13,450±100 ^{14}C BP

図5−18 ^{14}C年代測定が実施された後期旧石器時代後半期の石器群　早坂平遺跡第Ⅰ文化層・第Ⅱ文化層

が出土しているが（図5−18），包含層の炭化材で13,450±100 ^{14}C BPという測定値がある。新潟県荒屋遺跡の細石刃石器群の年代よりも500年程度新しいが，炭化材の出土状況などが不明であり，石器群の年代を正確に示しているかどうかの判断はできない。参考値としておきたい。

青森県三沢市　五川目（6）遺跡

　五川目（6）遺跡で最近になって，角錐形・稜柱形の細石刃核をともなう細石刃石器群に関連する^{14}C年代測定例が得られた（図5−19）（青森県埋蔵文化財センター 2011）。これは東北の角錐形，稜柱形の細石刃石器群に関する初めての測定例である。二つの石器集中で^{14}C年代がやや異なっており，石器集中1にともなう炭化材では5点の測定結果が18,030〜13,600 ^{14}C BPまでばらつきがあるが，石器集中2にともなう炭化材では4点が15,930〜14,710 ^{14}C BPで比較的集中している。どの年代が2つの石器集中の年代を正確に反映しているのか不明な点が多いが，基本的に

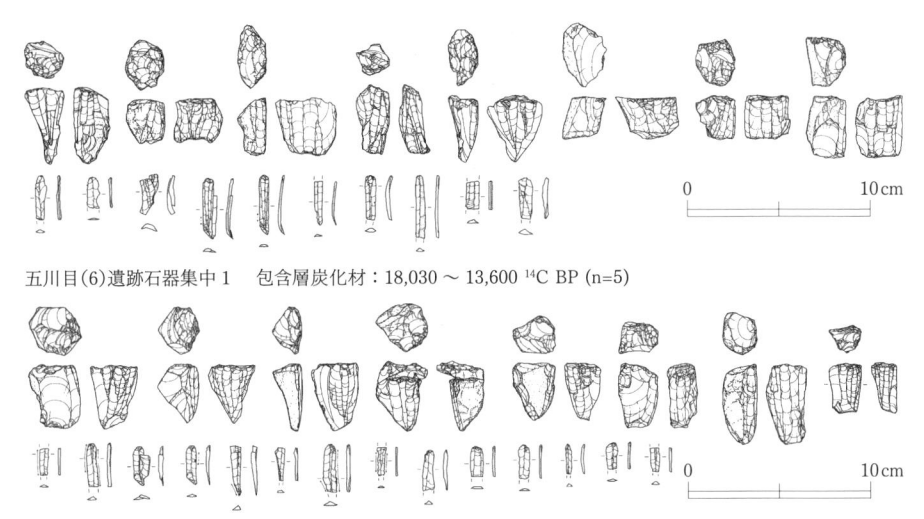

五川目(6)遺跡石器集中1　包含層炭化材：18,030 〜 13,600 ^{14}C BP (n=5)

五川目(6)遺跡石器集中2　包含層炭化材：15,930 〜 14,710 ^{14}C BP (n=4)

図5‐19　^{14}C年代測定が実施された後期旧石器時代後半期の石器群　五川目（6）遺跡

は石器集中2の炭化材の年代が石器群の年代を反映していると考えておきたい。角錐形・稜柱形の細石刃石器群に関連する貴重な^{14}C年代測定例である。

その他の遺跡

このほか，岩手県奥州市の岩洞堤遺跡（岩手県文化振興事業団埋蔵文化財センター 2009）では二側縁加工のナイフ形石器が出土している第Ⅱ文化層および第Ⅰ文化層の炭化材の^{14}C年代測定が行われているが，年代値が大きくばらつき，石器群の年代を反映しているかどうかが判断できない。

2）北陸・中部

北陸・中部に関しては，後期旧石器時代後半期の石器群の測定例がきわめて少ない。野尻湖遺跡群ではAT下位の石器群についてかなり多くの測定例があるが，今後，AT降灰以降，土器出現期までの石器群の測定例の蓄積が必要不可欠である。

新潟県津南町　向原A遺跡・向原B遺跡

向原A遺跡，向原B遺跡（津南町教育委員会 2005）は杉久保系石器群の遺跡であり（図5‐20），石器集中にともなう炭化材の^{14}C年代測定が実施されている。向原A遺跡では石器集中部から焼礫や炭化材が検出され，トウヒ属またはカラマツ属の炭化材の^{14}C年代測定が実施された。向原B遺跡では遺物集中部から検出された炭化材（モミ属）が測定された。いずれも詳細な位置は不明だが，向原A遺跡で19,240 〜 19,050 ^{14}C BPの4点の年代，向原B遺跡で19,090 ± 140 ^{14}C BPという，2つの遺跡で非常に類似した年代が得られている。年代的には関東の砂川期の石器群（Ⅳ層中部段階）とよく一致している。

長野県長和町　追分Ⅰ遺跡（第4文化層・第3文化層・第1文化層）

ATの上位にあたる追分Ⅰ遺跡第4文化層では二側縁加工・基部加工のナイフ形石器や台形

向原A遺跡
包含層炭化材：19,240〜19,050 ¹⁴C BP (n=4)

向原B遺跡
包含層炭化材：19,090±140 ¹⁴C BP

図5－20　¹⁴C年代測定が実施された後期旧石器時代後半期の石器群　向原A遺跡・向原B遺跡

追分Ⅰ遺跡第1文化層
包含層炭化材：17,550±120 ¹⁴C BP

追分Ⅰ遺跡第3文化層
包含層炭化材：19,230〜18,960 ¹⁴C BP (n=4)

追分Ⅰ遺跡第4文化層
包含層炭化材：29,610〜25,580 ¹⁴C BP

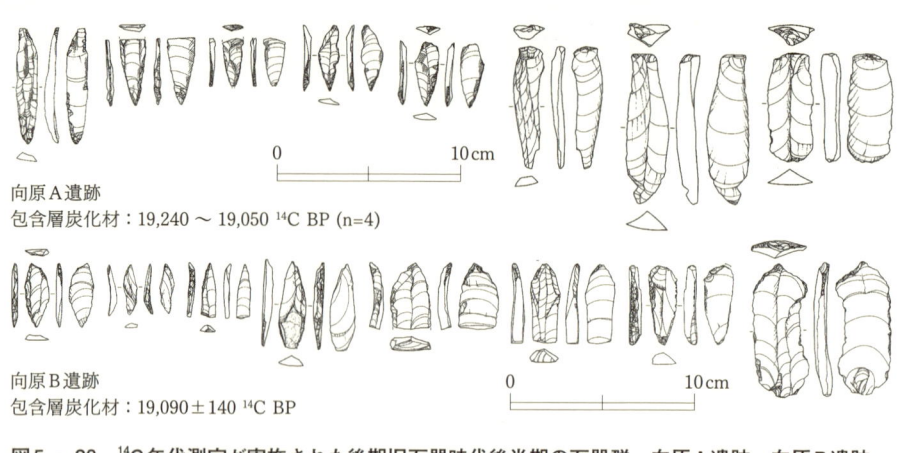

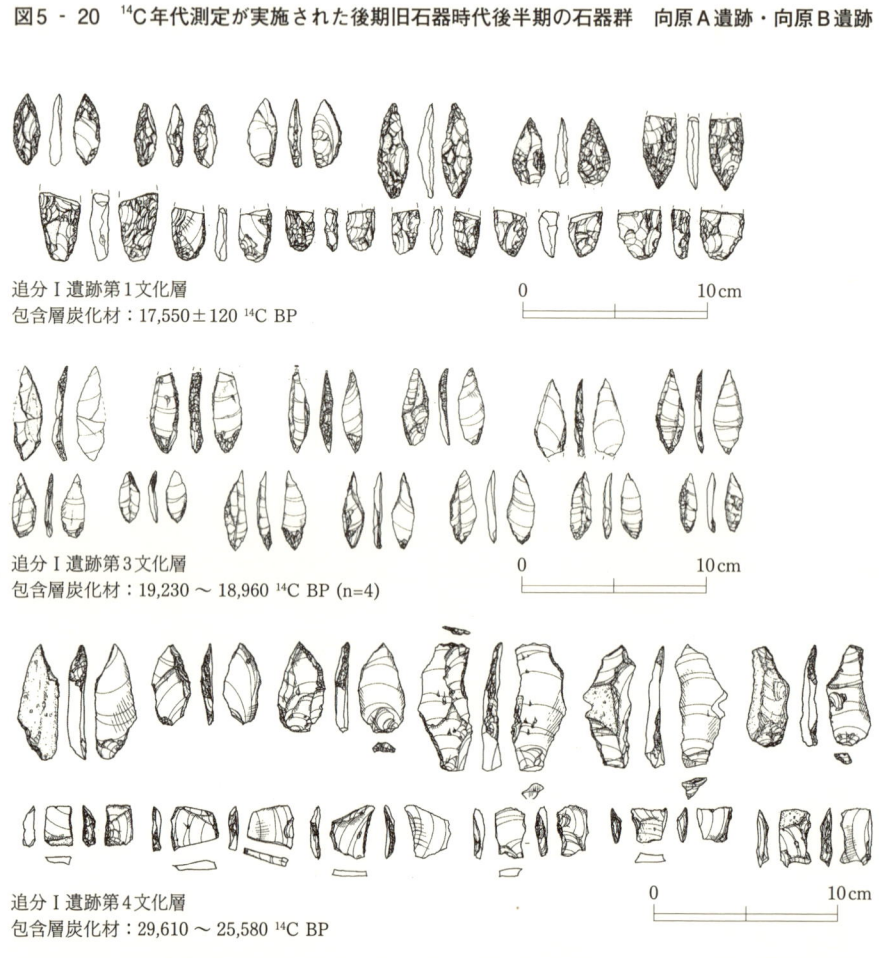

図5－21　¹⁴C年代測定が実施された後期旧石器時代後半期の石器群　追分Ⅰ遺跡第1文化層・第3文化層・第4文化層

石器，石刃状剝片などが出土しており，第5ブロックにともなう炭化材で28,890±250 ^{14}C BP，29,610±280 ^{14}C BPの2点の測定結果が得られている（図5－21）。また，第10・第12ブロックにともなう炭化材で25,580±380 ^{14}C BP, 27,370±230 ^{14}C BPの2点の測定例がある。AT直上の年代としては大幅に古く，調査担当者は第4文化層第5ブロックの年代が第5文化層の年代とも重なることから，そのまま採用するには問題があると指摘している。

追分第Ⅰ遺跡第3文化層（長門町教育委員会 2001）では，二側縁加工や一側縁加工のナイフ形石器が出土しており（図5－21），ブロック21およびブロック34にともなう炭化材で19,230～18,960 ^{14}C BPの4点のまとまった^{14}C年代測定例が得られている。関東の砂川期と対比できる資料であり，年代的にもよく一致している。また片面調整や両面調整の尖頭器が出土している第1文化層のブロック12でも測定が行われており，17,550±120 ^{14}C BPの年代が得られている。

長野県佐久市　下茂内遺跡第Ⅱ文化層

下茂内遺跡（長野県埋蔵文化財センター 1992）では，2つの文化層が検出されており，いずれも尖頭器の製作にかかわる資料が出土している（図5－22）。このうち，第Ⅱ文化層の石器群は浅間大窪沢第2軽石層（As-Ok2）の下位から検出されている。第Ⅱ文化層の2号ブロック西側から検出された1号炭化物集中区の炭化材の^{14}C年代測定が実施されており，16,250±180 ^{14}C BPという年代値が得られている（長野県埋蔵文化財センター 1992）。

長野県佐久市　天神小根遺跡

天神小根遺跡（佐久市教育委員会 2006）では，ホロカ型の細石刃核をともなう細石刃石器群が出土しており（図5－23），包含層の炭化材から14,780±80 ^{14}C BPと13,290±80 ^{14}C BPという年代が得られているが，2点の測定例が一致しないことや，炭化材集中などからサンプリングされた試料ではないため，正確な年代を反映しているかどうかの判断は難しい。

新潟県長岡市　荒屋遺跡

荒屋遺跡（芹沢・須藤 2003）からは削片系の細石刃石器群が出土しており（図5－23），1960年代にβ線計測法によって13,200±350 ^{14}C BPという測定結果が報告された（芹沢 1967）。2003年に刊行された第2次・第3次調査報告書では，竪穴状遺構，土壙1，土壙6，土壙14から出土した炭化物を用いて14点の^{14}C年代測定値が追加され，土壙01，06，14で14,250～14,050 ^{14}C BPという非常に一致した^{14}C年代測定結果が得られている。竪穴状遺構の2点の年代値は13,700～13,690 ^{14}C BPと，土壙と分かれる測定結果が得られた。炭化物の詳細な出土位置に関する記載はないものの，削片・分割系の細石刃石器群の年代を示すもっとも重要なデータの一つである。これらの竪穴状遺構や土壙では種実遺体の同定も実施され，オニグルミ核などが検出されている（吉川 2003）。

その他の遺跡

長野県日向林B遺跡のⅣb層出土木材の^{14}C年代測定例や，長野県杉久保遺跡でかつて測定されたβ線計測法による^{14}C年代などがあるが，石器群との^{14}C年代測定試料との関係や，^{14}C年代測定結果の信頼性を，現時点で評価するのは難しい。

下茂内遺跡第Ⅱ文化層
炭化材集中：16,250±180 ^{14}C BP

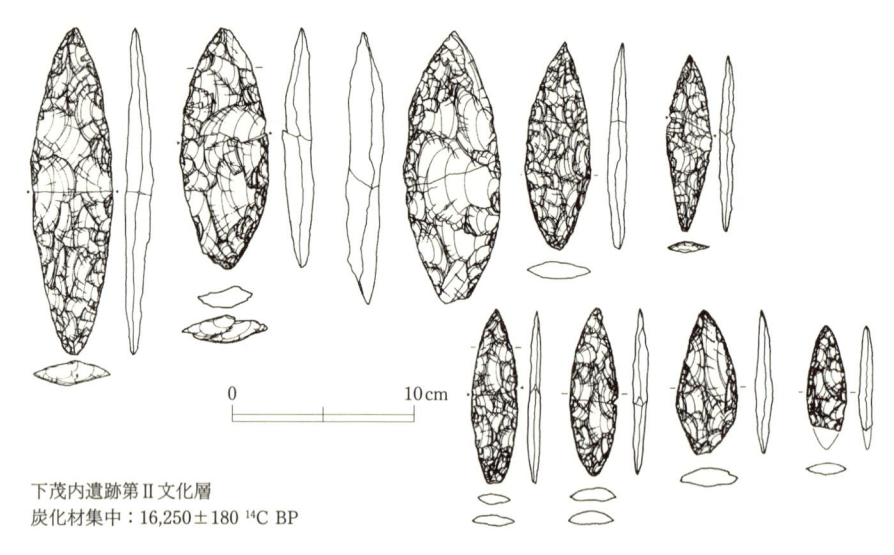

図5-22　^{14}C年代測定が実施された後期旧石器時代後半期の石器群　下茂内遺跡第Ⅱ文化層

天神小根遺跡　包含層炭化材：14,780±80 ^{14}C BP, 13,290±80 ^{14}C BP

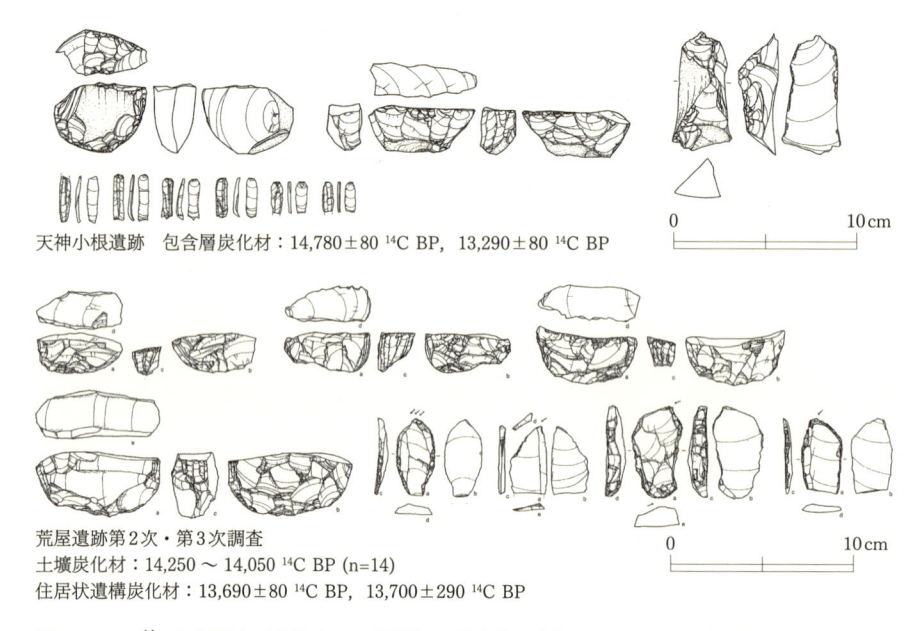

荒屋遺跡第2次・第3次調査
土壌炭化材：14,250～14,050 ^{14}C BP (n=14)
住居状遺構炭化材：13,690±80 ^{14}C BP, 13,700±290 ^{14}C BP

図5-23　^{14}C年代測定が実施された後期旧石器時代後半期の石器群　天神小根遺跡・荒屋遺跡

3）関東

　関東では，武蔵野台地や相模野台地の遺跡群を中心に，^{14}C年代測定例が蓄積されており，層序との対比によって当該期の石器群の^{14}C年代がもっとも判明している地域である（図5-7参照）。ATより上位の立川ロームⅤ層からⅢ層までの主要な石器をみていくと，武蔵野台地や相模野台地などの層位的出土事例からおおよその相対的編年として，「ナイフ形石器群」→「尖頭器石器群」→「細石刃石器群」という変遷が一般的に理解されている（鈴木・矢島 1978；諏訪間 1988）。

94　第2部　最終氷期の環境文化史

このうち，ATより上位のナイフ形石器群については諏訪間順（1988, 2001）によって段階Ⅳから段階Ⅶまでの4段階が設定されている。

東京都府中市　武蔵国分寺関連遺跡（武蔵台西地区）第Ⅵ文化層

武蔵国分寺関連遺跡（武蔵台西地区）の第Ⅵ文化層（東京都埋蔵文化財センター 2004）では，立川ローム層Ⅴb層から検出され，石器集中部9カ所と炉跡状遺構6基，配石1基，礫群12基，炭化物集中が1基検出されている。出土した石器は切出形石器，ナイフ形石器，角錐状石器，掻器，石錐などから構成されている（図5-24）。SX-48，SX-72，SX-98の3基の炉址状遺構から検出された炭化材3点の^{14}C年代測定が実施され，24,530±300 ^{14}C BP〜23,930±150 ^{14}C BPの^{14}C年代測定結果が得られている。炉址状遺構は，いずれもⅥ層上面から検出され，覆土はⅤb層を主体としているが，石器群と近接して検出されたのは，SX-48である。

用田大河内遺跡第Ⅳ文化層（図は第4石器集中の石器）
第7石器集中炉址状遺構炭化材：22,880〜21,330 ^{14}C BP (n=6)

吉岡遺跡群B区遺物群Ⅴ　包含層炭化材：21,930±80 ^{14}C BP

武蔵台西地区第Ⅵ文化層
炉址状遺構炭化材：24,530〜23,930 ^{14}C BP (n=3)

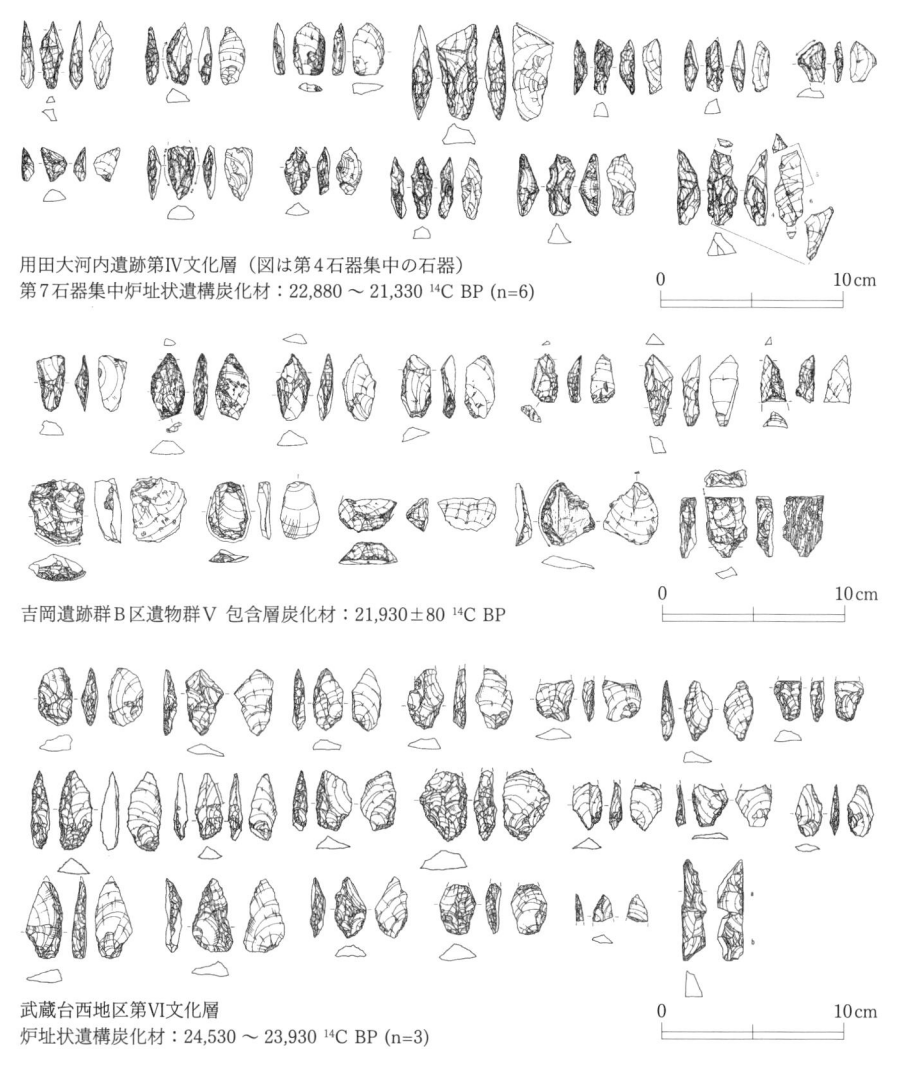

図5-24　^{14}C年代測定が実施された後期旧石器時代後半期の石器群　用田大河内遺跡第Ⅳ文化層・吉岡遺跡群B区遺物群Ⅴ・武蔵国分寺関連遺跡（武蔵台西地区）第Ⅵ文化層

神奈川県相模原市　津久井城馬込地区第4文化層

津久井城跡馬込地区第4文化層（かながわ考古学財団 2010）ではB2層を中心として，3基の礫群と石器集中3カ所がみつかっており，ナイフ形石器や切出形石器，角錐状石器などが出土したと報告されているが，定型的な石器は少なく，編年的位置づけには疑問も残る。B2層上部から出土した2号礫群から検出された炭化材の^{14}C年代測定が実施され，24,580±110 ^{14}C BPの年代が得られている。B2層上部の年代の参考値としておきたい。

神奈川県藤沢市　用田大河内遺跡第Ⅳ文化層

用田大河内遺跡第Ⅳ文化層（かながわ考古学財団 2004a）では，B2層から検出された第Ⅵ文化層から9カ所の石器集中部が検出され，二側縁加工のナイフ形石器や角錐状石器，彫器，削器などが出土した（図5-24）。第7石器集中部の近くからは炉址状遺構が検出されている。第7石器集中部からは角錐状石器などが出土したが，石器の出土点数は少量である。この炉址状遺構から採取した炭化材6点について^{14}C年代測定が実施され，22,880～21,330 ^{14}C BPの間の5点の^{14}C年代測定結果が得られている。第Ⅵ文化層の石器群は，諏訪間編年の段階Ⅴに相当する時期の石器群であり，おおよそⅣ層下部段階に相当すると考えられる。

神奈川県綾瀬市　吉岡遺跡群B区遺物群Ⅴ

吉岡遺跡群B区遺物群Ⅴ（かながわ考古学財団 2003）では，L2～B2層にかけて遺物が出土し，石器集中部が計4カ所，配石が1基，礫群が3基検出されている。遺物群Ⅴから検出された炭化材の^{14}C年代測定が実施され，21,930±80 ^{14}C BPという測定結果が得られているが，出土位置などに関する記載がなく，調査区が広いため，どの石器集中にともなうのかといった点が不明である。なお，遺物群Ⅴからは二側縁加工，一側縁加工のナイフ形石器や掻器，彫器などが出土している（図5-24）。遺物群Ⅴは諏訪間編年で段階Ⅴに相当する石器群であり，Ⅳ層下部段階に相当する。

神奈川県大和市　福田丙二ノ区遺跡第Ⅱ文化層・第Ⅰ文化層

福田丙二ノ区遺跡（かながわ考古学財団 1999b）では，第Ⅱ文化層のL1H層～L2層から（おおむねB1層下部にピークをもつ），石刃状の縦長剥片を素材とした二側縁加工のナイフ形石器が多数出土し，掻器，削器や彫器がともなっている（図5-25）。第Ⅱ文化層では，1号礫群，2号礫群，4号礫群，5号礫群，7ブロック隣接から検出された炭化材の^{14}C年代測定が実施され，19,660～18,770 ^{14}C BPの間に集中する8点の^{14}C年代測定結果が得られている。また，L2層上面で検出された大形炭化材周辺の2点の炭化材の^{14}C年代測定が実施され，19,340±350 ^{14}C BPと18,900±270 ^{14}C BPという年代が得られている。なお，第Ⅱ文化層の石器群は，諏訪間編年で段階Ⅵに相当する石器群であり，Ⅳ層中部段階に相当する。

福田丙二ノ区遺跡の第Ⅰ文化層では，B1層上部から不定形剥片素材のいわゆるティアドロップ形のナイフ形石器が多数出土し，尖頭器や掻器，削器などがともなっている（図5-26）。1号礫群の炭化材，5ブロック直下，5～7ブロック直下で検出した炭化材の^{14}C年代測定が実施された。1号礫群関係の3点の測定結果は18,100～17,920 ^{14}C BPのよく一致した^{14}C年代測定結果が得られているが，5ブロック直下および5～7ブロック直下の炭化材では，19,480～18,380 ^{14}C BPと，1号礫群よりはやや古い^{14}C年代測定結果が得られている。第Ⅰ文化層の石器群は諏訪間編年の

用田鳥居前遺跡第3石器集中地点
包含層炭化材：19,740～17,910 ¹⁴C BP(n=5)

福田丙二ノ区遺跡第Ⅱ文化層
包含層・礫群炭化材：19,660～18,770 ¹⁴C BP(n=8)

宮ヶ瀬遺跡群中原遺跡第Ⅴ文化層ブロック3
炉址炭化材：18,920±100 ¹⁴C BP

宮ヶ瀬遺跡群上原遺跡第Ⅴ文化層
炉址炭化材：19,240±100 ¹⁴C BP，礫群炭化材：19,470±100 ¹⁴C BP

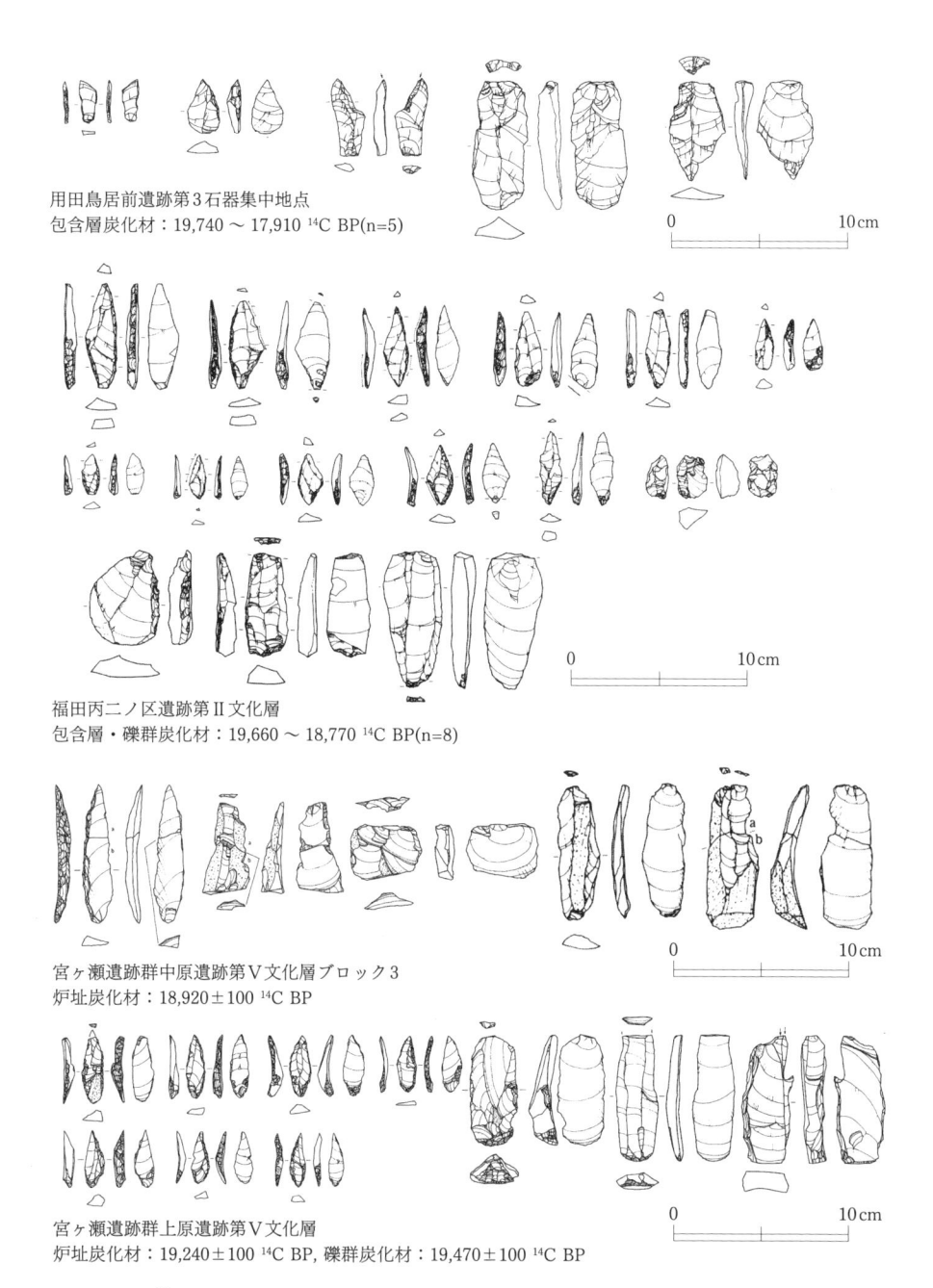

図5‐25　¹⁴C年代測定が実施された後期旧石器時代後半期の石器群　用田鳥居前遺跡第Ⅳ文化層・福田丙二ノ区遺跡第Ⅱ文化層・宮ヶ瀬遺跡群中原遺跡第Ⅴ文化層・宮ヶ瀬遺跡群上原遺跡第Ⅴ文化層

段階Ⅶの石器群であり，おおよそⅣ層上部段階に相当する。

神奈川県藤沢市　用田鳥居前遺跡第Ⅳ文化層

用田鳥居前遺跡（かながわ考古学財団 2002）第Ⅳ文化層では，B1層下部から計4カ所の石器集中が検出された。また，幹材あるいは枝材と考えられる比較的大型の炭化材が検出され，第3石器集中地点では微細な炭化材の集中が確認された。第3石器集中地点からはナイフ形石器や彫器などが出土している（図5 - 25）。^{14}C年代測定はこの両方で実施されているが，ここでは石器集中にともなう第3石器集中部の炭化材のみ扱う。第3石器集中部の炭化材（トウヒ属？）5点の^{14}C年代測定が実施され，19,740〜17,910 ^{14}C BPの年代が得られている。第3石器集中と炭化材集中の出土位置に関する記載はあるが，測定試料に関する記載はない。第Ⅳ文化層の石器群は，諏訪間編年の段階Ⅵに相当する。

神奈川県清川村　宮ヶ瀬遺跡群中原遺跡第Ⅴ文化層

宮ヶ瀬遺跡群中原遺跡（かながわ考古学財団 1997a）の第Ⅴ文化層では，B1層中位から下位にかけて，4カ所の石器集中部と炉址が1基検出された。第3ブロックの中央に位置するP1号炉址から検出された炭化材の^{14}C年代測定が実施されており（図5 - 25），18,920 ± 100 ^{14}C BPの測定結果が得られている。第Ⅳ文化層の石器群は，諏訪間編年の段階Ⅵに相当する。

神奈川県清川村　宮ヶ瀬遺跡群上原遺跡第Ⅴ文化層

宮ヶ瀬遺跡群上原遺跡第Ⅴ文化層（かながわ考古学財団 1997b）では，B1層中位から下位にかけて，合計36カ所の石器集中部と，炉址が3基，礫群が9基，配石が12基検出されている。第Ⅴ文化層からは，二側縁加工のナイフ形石器が多数出土し，石刃素材の掻器や削器なども多く出土している（図5 - 25）。このうち，第12ブロックの東側に位置するP1号炉址と，第20ブロックに位置するP1号礫群から検出された炭化材の^{14}C年代測定が実施され，それぞれ19,240 ± 100 ^{14}C BP，19,470 ± 100 ^{14}C BPの測定結果が得られている。樹種同定も実施されており，いずれもカラマツ属あるいはトウヒ属と同定されている（藤根・植田 1997）。なお，宮ヶ瀬遺跡群上原遺跡の第Ⅴ文化層の石器群は，諏訪間編年の段階Ⅵに相当する時期の石器群である。

神奈川県相模原市　田名向原遺跡

田名向原遺跡（相模原市教育委員会 2003）では，尖頭器を中心とし，ナイフ形石器がともなう石器群が出土している（図5 - 26）。石器群の出土層位はB1層上部と対比できる可能性が高く，層位的にはナイフ形石器群の最終末段階（諏訪間編年の段階Ⅶの終末）に相当するようであり（相模原市教育委員会 2003），L1H中部を中心とする尖頭器石器群である相模野台地の諏訪間編年の段階Ⅷ（諏訪間 1988）とは，層位的には異なっている。ここではナイフ形石器群の最終末に含めた。田名向原遺跡の測定試料は，住居状遺構のピットNo.9，ピットNo.10から得られたものであり，17,650 ± 60 ^{14}C BPと17,630 ± 50 ^{14}C BPという測定結果が得られている（相模原市教育委員会 2004）。

群馬県渋川市　上白井西伊熊遺跡第2文化層

北関東でも最近いくつかの遺跡で後期旧石器時代後半期の石器群の^{14}C年代測定が行われている。上白井西伊熊遺跡（群馬県埋蔵文化財調査事業団 2010）では，第2文化層から国府型ナイフ

田名向原遺跡住居状遺構
柱穴炭化材：17,650±60 ^{14}C BP, 17,630±50 ^{14}C BP

福田丙二ノ区遺跡第Ⅰ文化層
1号礫群炭化材：18,100～17,920 ^{14}C BP (n=3)
包含層炭化材：19,480～18,380 ^{14}C BP (n=5)

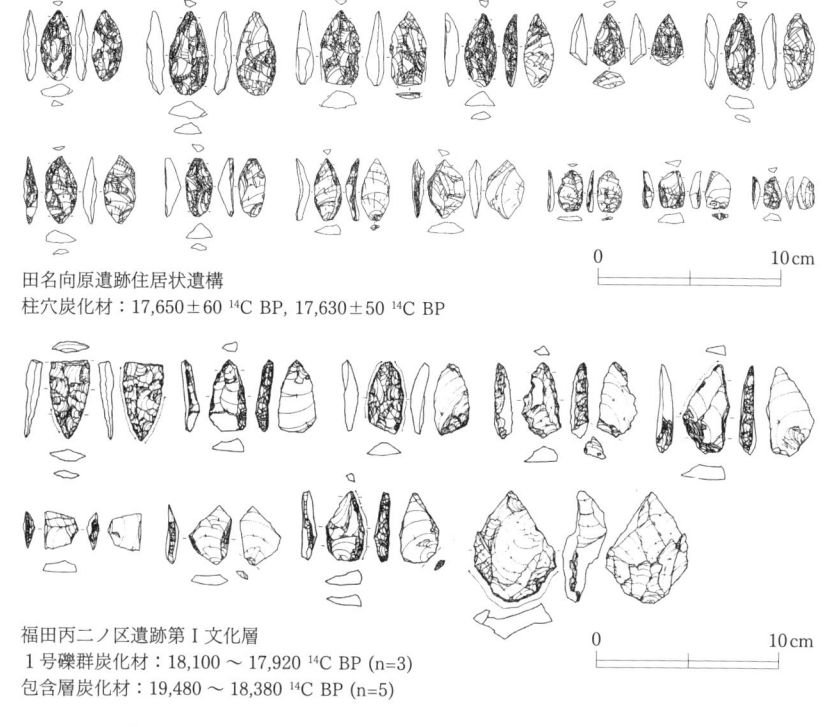

図5-26　^{14}C年代測定が実施された後期旧石器時代後半期の石器群　田名向原遺跡・福田丙二ノ区遺跡第Ⅰ文化層

形石器などが出土しており，おおよそⅤ層上部からⅣ層下部段階に対比される。第3号礫群・第4号礫群で^{14}C年代測定が行われているが，17,750±70 ^{14}C BP，20,030±80 ^{14}C BPと年代値に大きな開きがある。また，国府型ナイフ形石器をともなう石器群の年代としては，いずれも新しすぎるだろう。石器群にともなう試料ではないと考えておきたい。

群馬県前橋市　富田下大日遺跡第Ⅱ文化層

富田下大日遺跡（群馬県埋蔵文化財調査事業団 2008a）では第2文化層から有樋尖頭器や彫器などをともなう石器群が出土しており（図5-27），石器集中に隣接する炭化材集中の炭化材で20,020±70 ^{14}C BP，19,790±60 ^{14}C BP，19,670±60 ^{14}C BPの3点の測定結果が得られている。この年代は南関東の砂川期の石器群の年代とよく一致している。

茨城県土浦市　谷ッ道遺跡

谷ッ道遺跡でAT直上からナイフ形石器が出土しており，第4号石器集中とそれに隣接する炭化材集中の炭化材で^{14}C年代測定が実施されている（茨城県教育財団 2009）。得られた年代は22,750±100 ^{14}C BPと22,730±100 ^{14}C BPである。年代は用田大河内遺跡などのⅣ層下部段階の石器群の年代と近い。しかし，出土した石器は少なく，また定型的な石器は二側縁加工のナイフ形石器が3点あるのみである（図5-27）。石器群はⅤ層～Ⅳ層下部段階と考えるよりも，Ⅵ層段階と考えたほうがよいだろうか。その場合，得られた年代は石器群の年代と考えるには新しす

富田下大日遺跡第2文化層　包含層炭化材：20,020～19,670 ^{14}C BP (n=3)

谷ッ道遺跡　第1号～第4号石器集中
第4石器集中地点包含層炭化材：22,750±100 ^{14}C BP
炭化物集中地点：22,730±100 ^{14}C BP

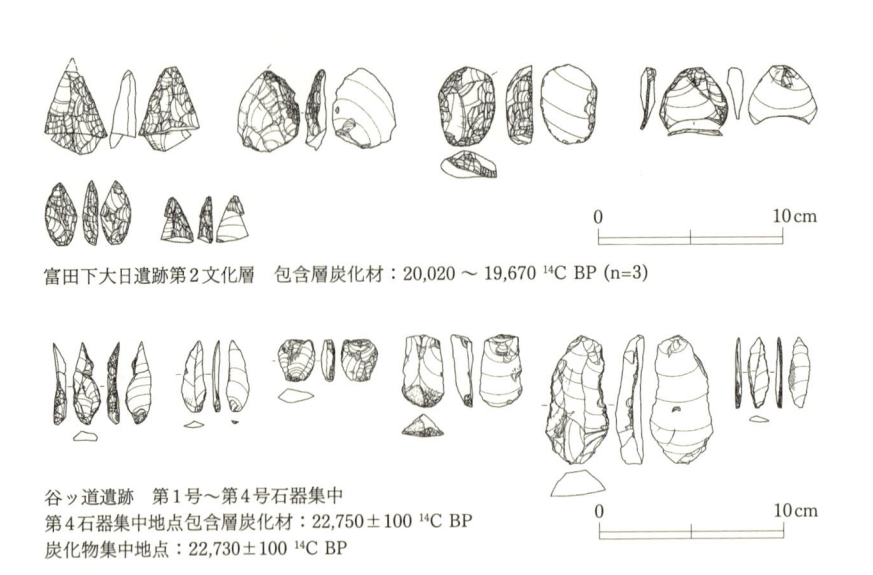

図5－27　^{14}C年代測定が実施された後期旧石器時代後半期の石器群　富田下大日遺跡第2文化層・谷ッ道遺跡

ぎるかもしれない。参考値としておきたい。

東京都新宿区　北新宿二丁目遺跡

北新宿二丁目遺跡（新宿区No.107遺跡調査団 2000）の立川ロームⅣ層上部～Ⅲ層下部で検出された1号礫群から出土した炭化材の^{14}C年代測定例があり，19,360±180 ^{14}C BPの測定結果が得られている。ただし，定型的な石器はナイフ形石器1点と石刃が1点あるのみである。

神奈川県藤沢市　用田南原遺跡第Ⅱ文化層

用田南原遺跡第Ⅱ文化層（かながわ考古学財団 2004b）では，L1H層から尖頭器の石器製作にともなう石器集中が検出され，槍先形尖頭器が98点出土している（図5－28）。また，計5カ所の炭化物集中が検出された。^{14}C年代測定は第4炭化物集中と第2炭化物集中で5点実施され，17,150～16,880 ^{14}C BPの間の年代値が得られた。第5石器集中は第4炭化物集中と隣接して検出されたものであり，第2炭化物集中は石器集中とはやや離れた位置から検出されている。第Ⅱ文化層の石器群は，諏訪間編年の段階Ⅷに相当する時期の石器群である。

神奈川県清川村　宮ヶ瀬遺跡群サザランケ遺跡第Ⅲ文化層

宮ヶ瀬遺跡群サザランケ遺跡第Ⅲ文化層（かながわ考古学財団 1996）では，L1H中部～上部から出土した石器群であり，4カ所の石器集中部と炉址2基，礫群が1基，配石が1基検出されている。石器群は槍先形尖頭器を中心とし，削器などをともなう（図5－28）。^{14}C年代測定は第3ブロックP1号炉址と第1ブロックから検出された炭化材を用いて実施され，それぞれ17,460±330 ^{14}C BP，15,470±290 ^{14}C BPという^{14}C年代測定結果が得られている。2点の測定結果は大きくかけ離れているが，それぞれが1点ずつであるため，どちらが第Ⅲ文化層の石器群の年代を示しているのか，正確な年代値が得られているかどうかを判断できない。ただし，後者は尖頭器石器群の年代としては新しすぎるように思える。炉址の年代を中心に考えておきたい。なお，第Ⅲ文

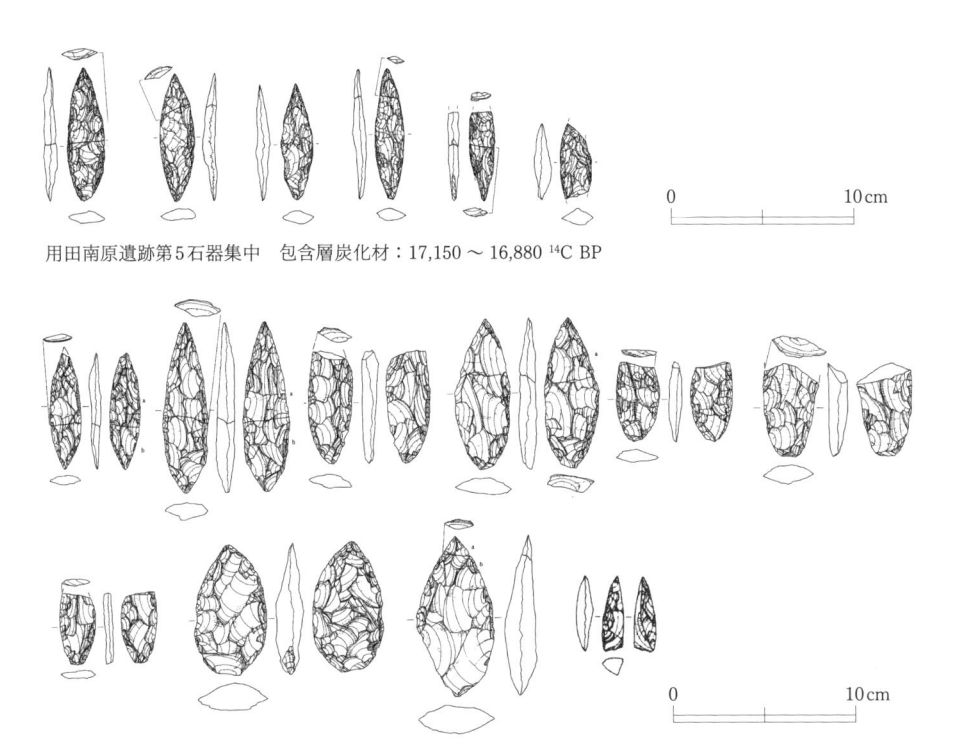

用田南原遺跡第5石器集中　包含層炭化材：17,150 〜 16,880 ^{14}C BP

宮ヶ瀬遺跡群サザランケ遺跡第Ⅲ文化層
炉址炭化材：17,460 ± 330 ^{14}C BP, 包含層炭化材：15,470 ± 290 ^{14}C BP

図5 - 28　^{14}C年代測定が実施された後期旧石器時代後半期の石器群　用田南原遺跡第Ⅱ文化層・宮ヶ瀬遺跡群サザランケ遺跡第Ⅲ文化層

層の石器群は諏訪間編年の段階Ⅷに相当する石器群である。

東京都瑞穂町　松原遺跡

松原遺跡（瑞穂町教育委員会 2011）で，最近立川ロームⅣ層〜Ⅲ層上部から出土した両面・片面調整の尖頭器にともなう炭化材の^{14}C年代測定が実施された（図5 - 29）。石器集中は2つのブロックに分かれており，ブロック1と分布範囲が重複する炭化材集中Bで18,550 ± 60 ^{14}C BP, 18,720 ± 50 ^{14}C BP，ブロック2の北側に隣接する炭化材集中Aで17,190 ± 50 ^{14}C BP, 16,640 ± 45 ^{14}C BPの測定結果が得られている。2つの炭化材集中で年代が1,000年以上異なっており，炭化材集中Bの^{14}C年代測定結果は他の尖頭器石器群の年代よりもやや古い。ブロック1と2で石器組成に大きな違いはなく，炭化物集中Bと炭化材集中Aのどちらが石器群の年代を正確に反映しているか，判断が難しい。

神奈川県綾瀬市　吉岡遺跡群B区

吉岡遺跡群B区（かながわ考古学財団 1998a）では，L1H層から細石刃石器群の石器製作に関係する石器集中が4カ所検出された。石器集中部からは，黒曜石を用いた稜柱形の細石刃核を主体とした細石刃石器群に加えて槍先形尖頭器も出土している（図5 - 29）。B区から検出された炭化材について，3つの測定機関によって^{14}C年代測定が実施されており，それぞれ年代が大きく異なっているが，資料の出土位置や層位などに関する記載が不十分で，詳細が不明である。東京大

松原遺跡ブロック1
包含層炭化材：18,550±60 ¹⁴C BP, 18,720±50 ¹⁴C BP

松原遺跡ブロック2
包含層炭化材：17,190±50 ¹⁴C BP, 16,640±45 ¹⁴C BP

吉岡遺跡群B区
包含層炭化材：16,490±250 ¹⁴C BP, 16,860±160 ¹⁴C BP

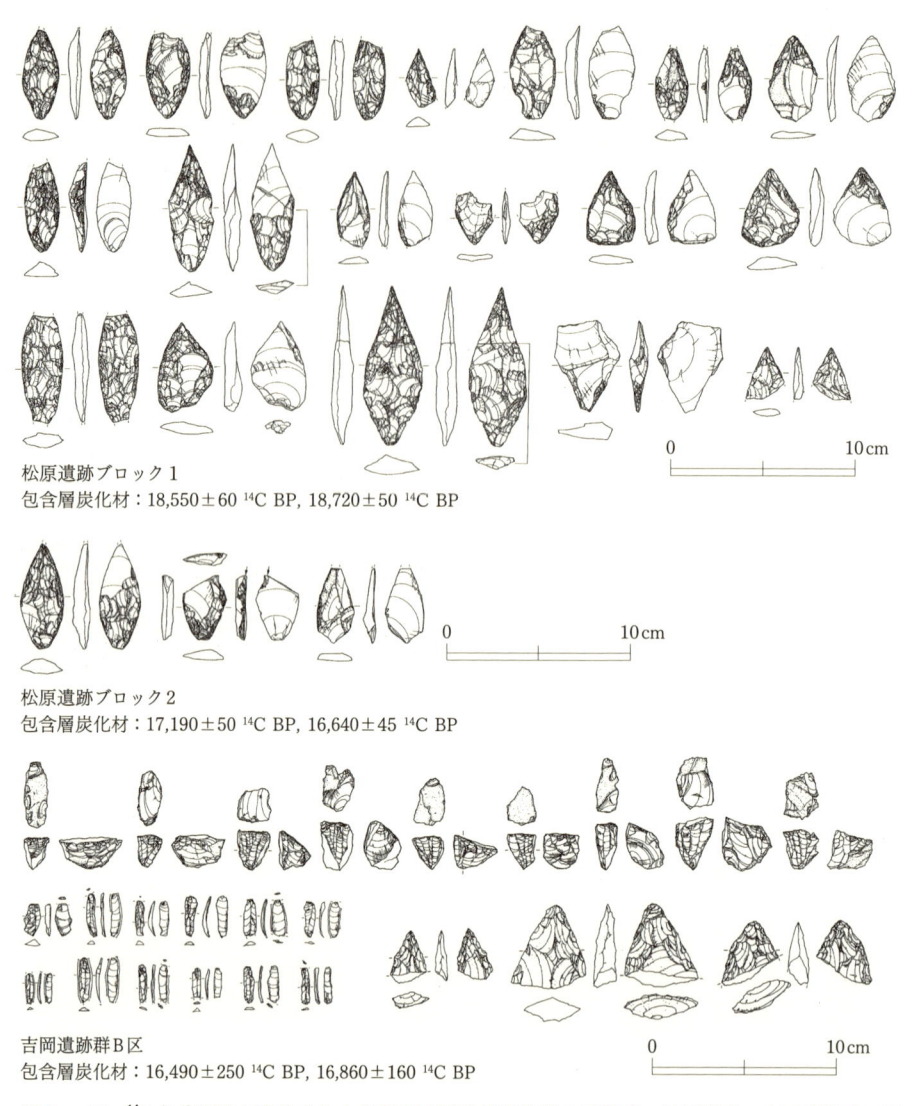

図5‐29　¹⁴C年代測定が実施された後期旧石器時代後半期の石器群　松原遺跡・吉岡遺跡群B区

学の測定結果（吉田ほか 1999）は16,490±250 ¹⁴C BP, 16,860±160 ¹⁴C BPである。なお、吉岡B遺跡の諏訪間編年では段階Ⅸに相当する時期の石器群である。

その他の遺跡

　群馬県の小暮東新山遺跡（細野 1999）では，第2文化層から3つの遺物集中と住居状遺構が検出され，¹⁴C年代測定が行われている。ただし，ブロック1で槍先形尖頭器の製作工程で生じると考えられる剝片が出土しているが，定形石器は出土していない。出土層位は浅間白糸軽石（As-SP）降灰直後，浅間大窪沢1軽石（As-Ok1）の間である。住居状遺構から検出された炭化材の¹⁴C年代測定では，17,950±60 ¹⁴C BPという年代が得られている（細野 1999）。正報告が刊行されていないため，詳細は不明である。また，群馬県の武井遺跡で尖頭器石器群に関連して¹⁴C年代

102　第2部　最終氷期の環境文化史

測定が行われ，16,280 ± 80 ^{14}C BPという測定例があるようだが（今村編 2004），概要が不明である。また，神奈川県月見野遺跡群上野遺跡でβ線計測法による多数の^{14}C年代測定例があるが，層位と年代が逆転するものも多く，本書では採用していない。

4）東海

当該期の^{14}C年代測定例の蓄積が急速に進んでいる。特に静岡県埋蔵文化財調査事業団によって多数の測定例が報告されており，AT降灰直後の石器群の測定例が増えている（三好 2010）。これらの箱根・愛鷹第3期に相当する石器群は25,000～23,500 ^{14}C BP前後の測定例が多く，ATの年代とほぼ同じかそれよりも新しい。したがって，AT直後の石器群の年代として整合的である。

静岡県長泉町　向田A遺跡

向田A遺跡のニセロームから第1スコリア層にかけて，多数の炭化材集中や炉跡が検出されており，^{14}C年代測定が実施されている（静岡県埋蔵文化財調査研究所 2007）。ニセローム～第1黒色帯の炭化材は25,690～24,450 ^{14}C BPに集中しており，石器群にともなうものはないが，ATに関連する年代として参考となる測定例である。

また，向田A遺跡では，休場層～第0黒色帯から一側縁加工や二側縁加工のナイフ形石器や尖頭器，細石刃が出土しており，炉跡01で^{14}C年代測定が実施されている。炉跡01の^{14}C年代は19,250 ± 90 ^{14}C BP，19,130 ± 100 ^{14}C BP，15,550 ± 60 ^{14}C BPと一致しておらず，炉跡01そのものはどの石器群にともなう遺構か不明である。古い2点の^{14}C年代は関東の砂川期のナイフ形石器の年代に近い。また，新しい年代は細石刃石器群の年代に近い。

静岡県長泉町　梅ノ木沢遺跡第Ⅵ文化層

前述したように，層位的に石器群が出土した梅ノ木沢遺跡では，AT上位の第1黒色帯（BB1）から検出された第Ⅵ文化層では，23,450～23,620 ^{14}C BPの4点の年代が得られている（図5－11）（静岡県埋蔵文化財調査研究所 2009b）。定型的な石器の出土は多くないが，二側縁加工や一側縁加工のナイフ形石器が出土している。おおよそⅤ層上部段階に並行する石器群である。

静岡県長泉町　西山遺跡第Ⅱ文化層

西山遺跡（静岡県埋蔵文化財調査研究所 2006）の第Ⅱ文化層（ニセローム上位～第Ⅰ黒色帯下位）の炭化材集中で，25,230～24,820 ^{14}C BPの6点の測定例がある。愛鷹・箱根第3期初頭に位置づけられ，掻器を中心とする石器群が出土している（図5－30）。

静岡県長泉町　桜畑上遺跡

桜畑上遺跡（静岡県埋蔵文化財調査研究所 2009c）では，第Ⅴ文化層（第Ⅰ黒色帯中～下位）の3カ所の炭化材集中から，25,090～24,850 ^{14}C BPの6点の測定例があり，二側縁加工のナイフ形石器や掻器，削器など石器群が出土しているが，定型的な石器の出土点数は少ない（図5－30）。

同じく桜畑上遺跡の第Ⅵ文化層（第Ⅰ黒色帯中～下位）では23,600 ± 100 ^{14}C BP，23,420 ± 100 ^{14}C BPの2点の測定例があり，二側縁加工，一側縁加工のナイフ形石器が出土している。愛鷹・箱根第3期に位置づけられる石器群である。また，BBⅠ層中位から下位で検出された礫群05にともなう炭化材の^{14}C年代測定例があり，24,610～24,320 ^{14}C BPの3点の^{14}C年代が得られて

桜畑上遺跡第Ⅵ文化層
1号炭化材集中：23,420±100 ^{14}C BP, 23,600±100 ^{14}C BP

桜畑上遺跡第Ⅴ文化層
3号・7号・8号・10号炭化材集中：25,090〜24,850 ^{14}C BP (n=6)

桜畑上遺跡BBⅠ層
礫群5内炭化材集中：24,610〜24,320 ^{14}C BP (n=3)

西山遺跡第Ⅱ文化層
炭化材集中：25,230〜24,820 ^{14}C BP (n=6)

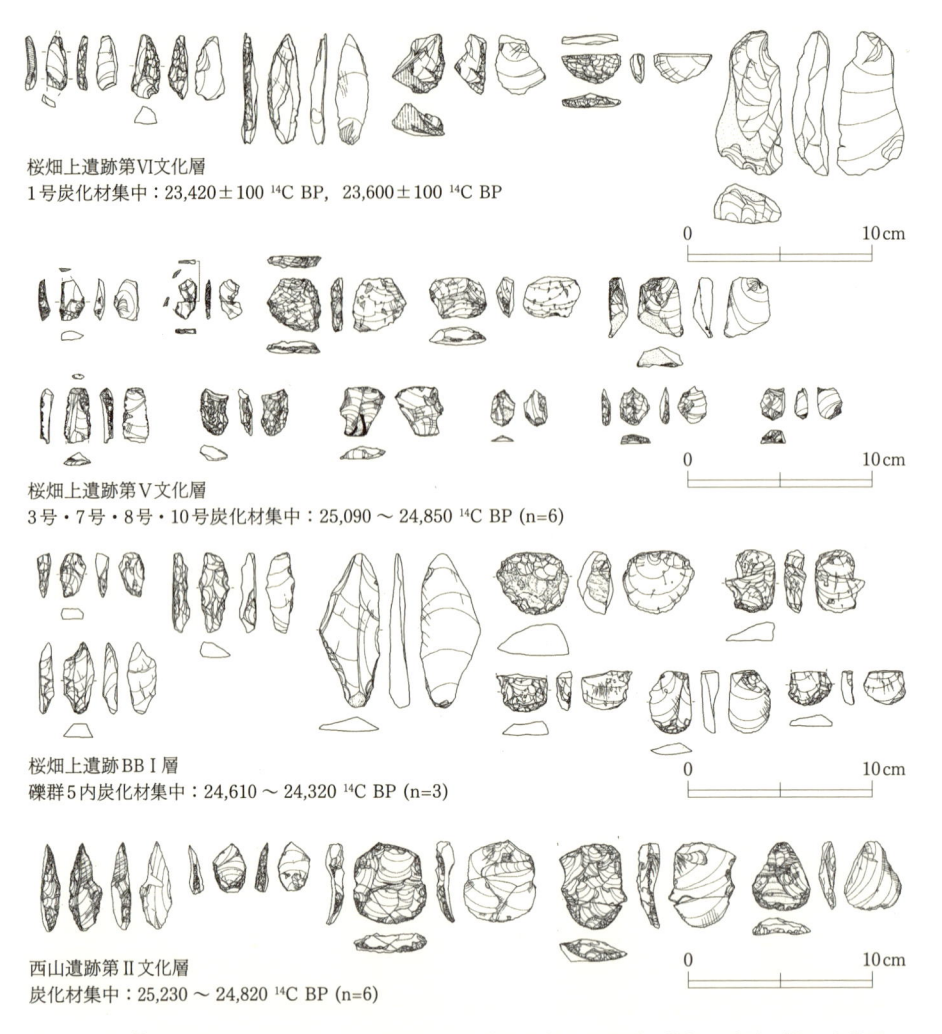

図5－30　^{14}C年代測定が実施された後期旧石器時代後半期の石器群　桜畑上遺跡（第Ⅵ文化層・第Ⅴ文化層・BBⅠ層），西山遺跡第Ⅱ文化層

いる。隣接する石器集中からは掻器や基部加工のナイフ形石器が出土しているが，定型的な石器は少ない（図5－30）。

岐阜県大台町　宮ノ前遺跡

宮ノ前遺跡（宮川村教育委員会 1998）の第17層からは楔形と角柱形の細石刃核を指標とする細石刃石器群が出土している（図5－31）。第17層から出土した樹木片とトウヒ属球果を用いて^{14}C年代測定が実施され，それぞれ12,860±160 ^{14}C BP, 14,550±160 ^{14}C BPという測定結果が得られている。これまでの細石刃石器群の年代観からみれば，後者の年代のほうがより整合的だろうか。石器と測定試料は近接して出土しているが，測定試料は水成堆積層中からの出土である。また，出土位置に関する詳細が不明であるため，正確な測定結果が得られているかどうかは判断ができない。12,860±160 ^{14}C BPの年代は他の例と比較して新しすぎることは間違いないだろう。

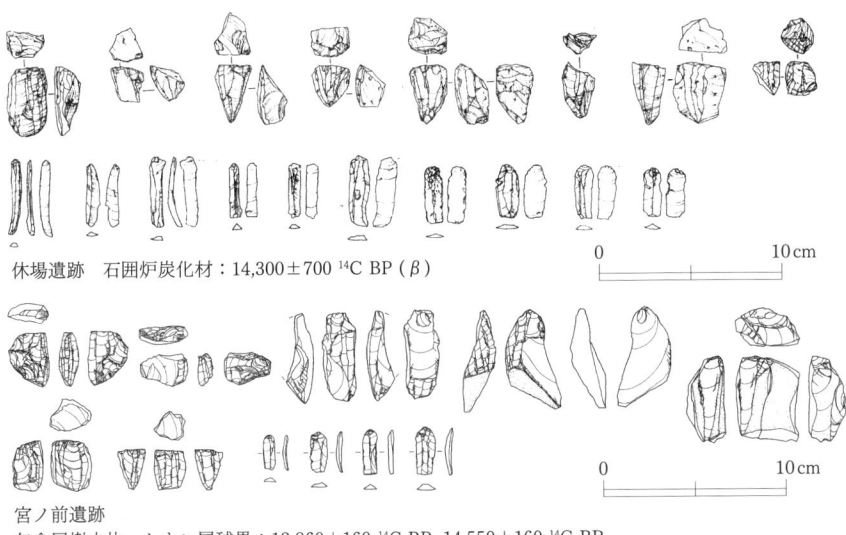

休場遺跡　石囲炉炭化材：14,300±700 ^{14}C BP（β）

宮ノ前遺跡
包含層樹木片・トウヒ属球果：12,860±160 ^{14}C BP, 14,550±160 ^{14}C BP

図5－31　^{14}C年代測定が実施された後期旧石器時代後半期の石器群　宮ノ前遺跡・休場遺跡

静岡県沼津市　休場遺跡

休場遺跡（杉原・小野 1965）では，半円錐状の細石刃核が出土し，細石刃や掻器などをともなう（図5－31）。これらの細石刃石器群にともなって石囲炉が2基検出され，この1号炉址内から採取された炭化物によって，14,300±700 ^{14}C BPという測定結果が得られている。ただし，β線計測法による初期の測定例のため誤差も大きく，年代の正確性については注意が必要である。

5）近畿・中国・四国

近畿・中国・四国では，後期旧石器時代後半期の石器群の測定例がきわめて少ない。最近の測定例は岡山県恩原1遺跡O文化層（稲田編 2009）と島根県原田遺跡（島根県教育庁埋蔵文化財調査センター編 2008）のみであり，このほか，β線計測法による板井寺ヶ谷遺跡上層（兵庫県教育委員会 1991）などがあるが，測定例が不足している。

岡山県鏡野町　恩原1遺跡O文化層

恩原1遺跡のO文化層はAT上位の遺物包含層であり，ナイフ形石器（フコウ型ナイフ形石器）などが出土している（図5－32）。O文化層（6層上部）から検出された炭化材集中で24,400±150 ^{14}C BPの測定結果が得られている（稲田編 2009）。誤差が大きいβ線計測法による測定例は除外した。なお，森先一貴（2010）はO文化層をV層上部段階に位置づけている。

島根県松江市　原田遺跡第Ⅱ文化層

原田遺跡ではAT上位の第Ⅱ文化層から一側縁加工や二側縁加工のナイフ形石器と角錐状石器が出土しており，包含層出土炭化材と礫群出土炭化材で5点の ^{14}C年代測定が行われている（図5－12）。包含層の炭化材は25,180±120 ^{14}C BP（8区），21,010±110 ^{14}C BP（7区），22,220±100 ^{14}C BP（7区）と大きくばらついているが，礫群の炭化材は19,380±80 ^{14}C BP（8区礫群48），

恩原1遺跡O文化層　炭化材集中：24,400±150 ¹⁴C BP

図5－32　¹⁴C年代測定が実施された後期旧石器時代後半期の石器群　恩原1遺跡O文化層

21,030±100 ¹⁴C BP（7区礫群24），と比較的近い年代を示している（島根県教育庁埋蔵文化財センター 2008）。森先一貴（2010）は第Ⅱ文化層の石器群をⅣ層下部段階と対比している。ただし，第Ⅱ文化層の石器群も北ブロックと南ブロックで時期差がある可能性が報告書でも指摘されているため，年代のばらつきは時期的な違いによるものかもしれない。25,180±120 ¹⁴C BPはAT上位の石器群の年代としては古すぎるため22,220〜19,380 ¹⁴C BPの間で捉えておきたいが，どの年代が石器群のもっとも信頼できるデータなのかは不明である。

6）九州

　萩原・木﨑（2010）は後期旧石器時代後半期を第3期から第5期に区分している。第3期は剥片尖頭器や角錐状石器，国府型ナイフ形石器のような新たな器種が出現し，第3期の後半になると原の辻型台形石器の例が示すように地域性が強くみられる。第4期は角錐状石器，今峠型ナイフ形石器や枝去木型台形石器，百花台型台形石器のような特徴的な器種が生産される時期であり，第5期はナイフ形石器群の終末から細石刃石器群が相当する時期である。

　九州では，ナイフ形石器や角錐状石器をともなう石器群が出土している大分県茶屋久保B遺跡（大分県教育庁埋蔵文化財センター 2009），熊本県瀬田池ノ原遺跡第5文化層および第6文化層（熊本県教育委員会 2010），狸谷型ナイフ形石器が出土している長崎県龍王遺跡13区（雲仙市教育委員会 2007），細石刃石器群が出土している熊本県河原第3遺跡（熊本大学考古学研究室 2007），長崎県茶園遺跡などがあるが，¹⁴C年代測定例は多くない。

大分県豊後大野市　茶屋久保B遺跡第2文化層・第1文化層B

　茶屋久保B遺跡（大分県教育庁埋蔵文化財センター 2009）では，狸谷型ナイフ形石器をともなう第2文化層（Ⅶ層）で24,820±100 ¹⁴C BPという測定例がある。後期旧石器時代後半期初頭の石器群の年代として整合的である。おおよそⅤ層段階とみてよいだろうか。

　また，角錐状石器がともなう第1文化層B（Ⅵb層）で19,010±70 ¹⁴C BPの測定結果が得られている。第1文化層Bは複数のブロックにわかれているが，炭化材の詳細な位置が不明である。ここでは，炭化材の採取地点に近いと思われるブロック2の資料を示した（図5－33）。石器群はおおよそⅣ層下部段階と考えると年代が新しすぎるように思える。

長崎県雲仙市　龍王遺跡13区

　龍王遺跡13区（雲仙市教育委員会 2007）では，ATの直上のⅥc層の炭化材で1点の ¹⁴C年代測定例があり，22,880±190 ¹⁴C BPの年代が得られている。Ⅵc層からは，狸谷型ナイフ形石器や

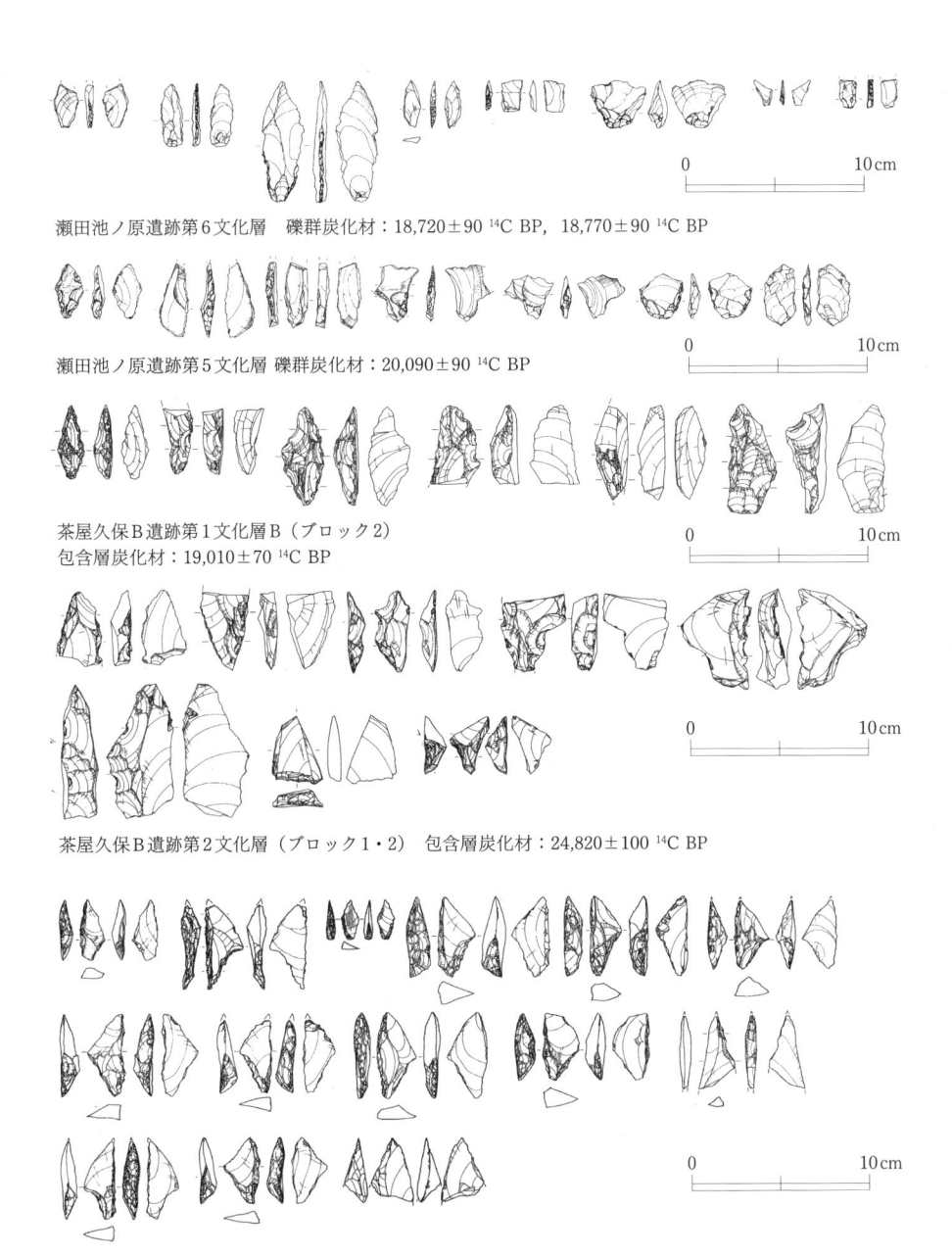

瀬田池ノ原遺跡第6文化層　礫群炭化材：18,720±90 ¹⁴C BP, 18,770±90 ¹⁴C BP

瀬田池ノ原遺跡第5文化層　礫群炭化材：20,090±90 ¹⁴C BP

茶屋久保B遺跡第1文化層B（ブロック2）
包含層炭化材：19,010±70 ¹⁴C BP

茶屋久保B遺跡第2文化層（ブロック1・2）　包含層炭化材：24,820±100 ¹⁴C BP

野首第2遺跡第Ⅳ期　礫群炭化材：22,370±120 ¹⁴C BP

図5-33　¹⁴C年代測定が実施された後期旧石器時代後半期の石器群　瀬田池ノ原遺跡第5文化層，第6文化層・茶屋久保B遺跡・野首第2遺跡第Ⅳ期

掻器などが数点出土しているが，定型的な石器は少ない。

宮崎県高鍋町　野首第2遺跡第Ⅳ期

　野首第2遺跡では，AT直上の旧石器時代第Ⅳ期の層準から出土した礫群の¹⁴C年代測定例があり，22,370±120 ¹⁴C BPの年代が得られている（宮崎県埋蔵文化財センター 2007）。第Ⅳ期の石器は狸谷型ナイフ形石器や台形石器，掻器などが出土している。狸谷型ナイフ形石器の年代に関

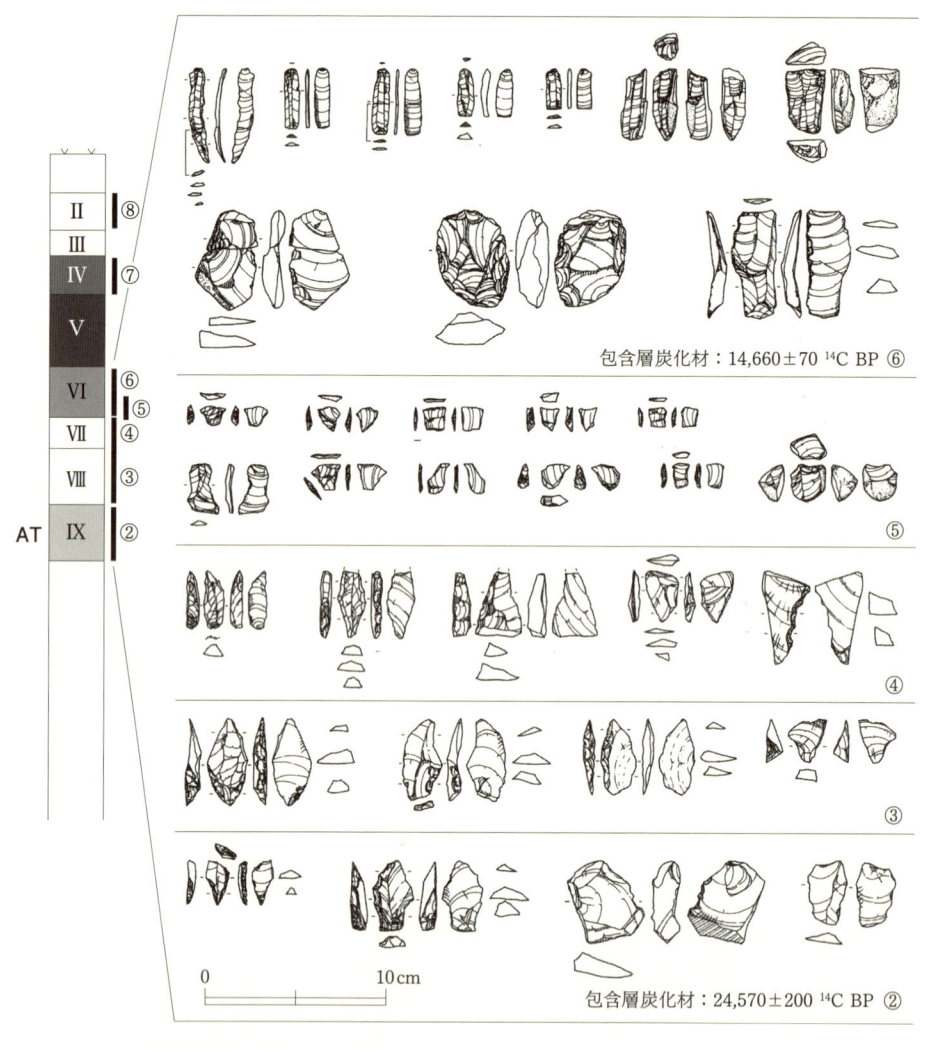

図5－34　熊本県河原第3遺跡の石器群の変遷（熊本大学考古学研究室2007に加筆）
数字は文化層の番号を示している。

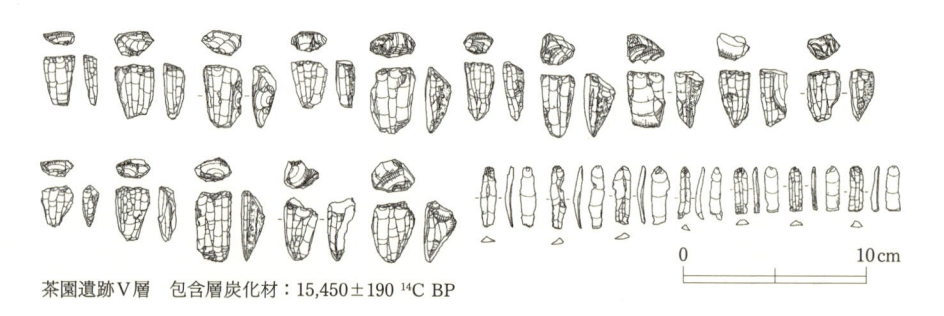

茶園遺跡V層　包含層炭化材：15,450±190 ^{14}C BP

図5－35　^{14}C年代測定が実施された後期旧石器時代後半期の石器群　茶園遺跡第V層

連する測定例である。おおよそⅤ層上部段階としてみておきたい。

熊本県大津町　瀬田池ノ原遺跡第5文化層

瀬田池ノ原遺跡第5文化層では，礫群10で20,090±90 ^{14}C BPの測定結果が得られている。第5文化層では原の辻型台形石器が礫群にともなって出土している（図5－33）（熊本県教育委員会2010）。石器群はⅤ層段階と考えられるが，編年観からみると年代が新しいため参考値としたい。

第6文化層からは，石刃を主体とした基部加工のナイフ形石器や礫群が出土しており（図5－33），18,720±90 ^{14}C BP，18,770±90 ^{14}C BPの2点の^{14}C年代が得られている。九州のナイフ形石器終末期の年代を把握するうえで貴重な測定事例である。Ⅳ層中部～上部段階に並行する石器群とみておきたい。

熊本県西原村　河原第3遺跡第2文化層・第6文化層

河原第3遺跡（熊本大学考古学研究室 2007）では複数の文化層が検出され，そのうち2つの文化層に関連する^{14}C年代測定が実施されている（図5－34）。Ⅸ層の第2文化層で剥片尖頭器や二側縁加工のナイフ形石器などが出土しており，24,570±200 ^{14}C BPの測定例がある。Ⅸ層はATが含まれる層準であり，年代的に矛盾はない。おおよそⅤ層段階とみてよいだろうか。

また，Ⅵ層の第6文化層からは野岳・休場型の細石刃石器群が出土しており，細石刃石器群の包含層出土炭化材で14,660±70 ^{14}C BPの測定例がある。

長崎県五島市　茶園遺跡

茶園遺跡では第Ⅴ層から野岳・休場型の細石刃核をともなう細石刃石器群が出土しており（図5－35），包含層の炭化材で15,450±190 ^{14}C BPの年代測定例が得られている。細石刃石器群の初期の段階の資料であるが，炭化材の出土地点などが不明であり，石器群にともなうものかどうか不明である（岐宿町教育委員会 1998）。

その他の遺跡

宮崎県都農町の尾立第2遺跡では，第Ⅲ期とされたAT上位の層準から，縦長剥片素材のナイフ形石器や角錐状石器，台形様石器，剥片尖頭器などが出土しており，複数時期の石器群が混在している。AT直上より検出された礫群にともなう炭化材で24,900±160 ^{14}C BPの年代が得られている。ただし，これにともなう石器は明確ではなく，石器群と礫群との時間差も指摘されている。

宮崎県山田遺跡のⅢ期のⅦ層で炭化材集中が検出されており，19,570±90 ^{14}C BPの^{14}C年代が測定されている。Ⅲ期の石器群は剥片尖頭器や狸谷型ナイフ形石器を中心としているが，これらの石器群の年代としては，測定結果が新しすぎる。また，山田遺跡Ⅳ期のⅥ層中から陥し穴状遺構が7基検出され，2号陥し穴状遺構で18,690±70 ^{14}C BP，3号陥し穴状遺構で12,980±50 ^{14}C BPの年代が得られている。山田遺跡Ⅳ期の石器群は細石刃を中心としているが，陥し穴状遺構がこれらにともなうものかどうか不明である。いずれも参考資料としておきたい。

③土器出現期の石器群・土器群の年代

土器出現期以降は^{14}C年代測定例が多く，土器付着炭化物による^{14}C年代値も急速に蓄積されつつある。そこで，考古編年の基準となる石器群や土器群との関係が不明確な遺跡（野川中洲北遺

跡，徳丸仲田遺跡，寿能泥炭層遺跡など，^{14}C年代測定試料が水成堆積層中の木材などであり，必ずしも人類活動と関連しない試料を測定している可能性があるもの）は基本的に除外して各地域ごとに測定例を概観する。

1）東北

青森県外ヶ浜町　大平山元Ⅰ遺跡

大平山元Ⅰ遺跡（谷口編 1999）では1998年度の調査によって，無文土器にともなって石器集中が検出された。出土した石器は石刃素材の彫掻器や掻器，石斧，尖頭器，石鏃などを含む（図5－36）。無文土器に付着した炭化物5点，遺物包含層である第Ⅲ層から検出された炭化材3点の ^{14}C年代測定が実施された。土器付着炭化物の ^{14}C年代測定結果は，13,780～12,680 ^{14}C BPの間でやや分散し，炭化材は13,480±70 ^{14}C BPと7,000年代の結果に分かれた。7,000年代の測定試料の樹種が広葉樹であることから，上層からの混入の可能性が指摘されている（中村・辻 1999）。

青森県東北町　赤平（1）遺跡

赤平（1）遺跡で大平山元Ⅰ遺跡と同様に無文土器と長者久保系の石器群が出土している。遺物包含層の炭化材集中の炭化材の ^{14}C年代測定が行われ，13,740±60 ^{14}C BP，13,800±70 ^{14}C BPの2点の測定結果が得られている（青森県埋蔵文化財調査センター 2009）。大平山元Ⅰ遺跡の年代と同等あるいはそれよりも古い年代を示しており，最古段階の土器の年代を検討するうえで重要な資料である。ただし炭化材集中周辺にも攪乱が多いことから，遺物群の年代を正確に反映しているか，たとえば遺物とは関係なく八戸火山灰降灰に関係する炭化材ではないか，といった点を再検討していく必要がある（2011年12月に青森で開催された「東北日本の旧石器文化を語る会」で，川口潤氏からご教示をいただいた）。

青森県八戸市　櫛引遺跡

青森県櫛引遺跡（青森県埋蔵文化財調査センター 1999）からは爪形文・多縄文系土器が多数出土し，その土器がともなう住居状遺構が2基，土坑が4基検出された（図5－37）。第4号土坑からは少量の多縄文土器と石器が出土したが，第4号土坑から出土した炭化物の ^{14}C年代測定が実施され，10,030±50 ^{14}C BPという測定結果が得られている。第4号土坑に隣接する各遺構からは，おもに多縄文土器が多数出土している。

青森県階上町　滝端遺跡

滝端遺跡（階上町教育委員会 2000）からは集石遺構と竪穴状遺構が検出され，集石遺構から3m離れて爪形文土器の分布が検出された（図5－37）。この集石遺構から出土した炭化材の ^{14}C年代測定が実施され，10,260±40 ^{14}C BPの測定結果が得られている。

その他の遺跡

爪形文土器が出土している青森県八戸市の黄檗遺跡の2号竪穴住居跡から出土した炭化材で12,350±50 ^{14}C BPの測定例がある（小林ほか編 2009）。岩手県の斉羽場舘跡遺跡では多縄文土器が出土しており，炭化材と土器付着炭化物で測定が行われているが，炭化材が11,820～10,840 ^{14}C BPなのに対し，土器付着炭化物は10,020±60 ^{14}C BPと大きく異なっている（岩手県文化振

大平山元Ⅰ遺跡
土器付着炭化物：13,780 〜 12,680 ¹⁴C BP (n=5)
包含層炭化材：13,480 ± 70 ¹⁴C BP

赤平（1）遺跡
包含層炭化材：13,740 ± 60 ¹⁴C BP, 13,800 ± 70 ¹⁴C BP

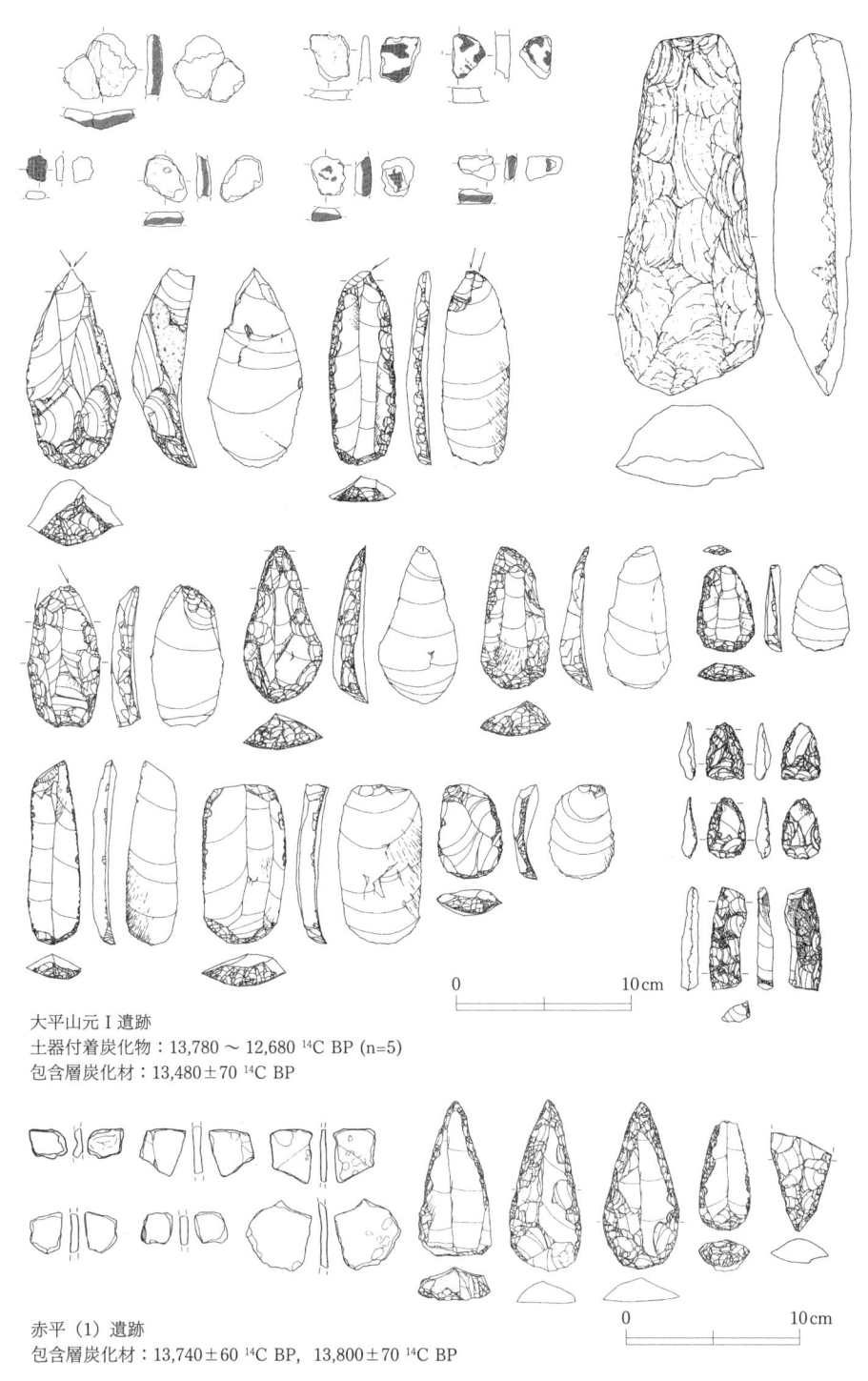

図5 - 36　¹⁴C年代測定が実施された土器出現期以降の石器群・土器群　大平山元Ⅰ遺跡・赤平（1）遺跡

櫛引遺跡 土坑炭化材：10,030±50 ¹⁴C BP

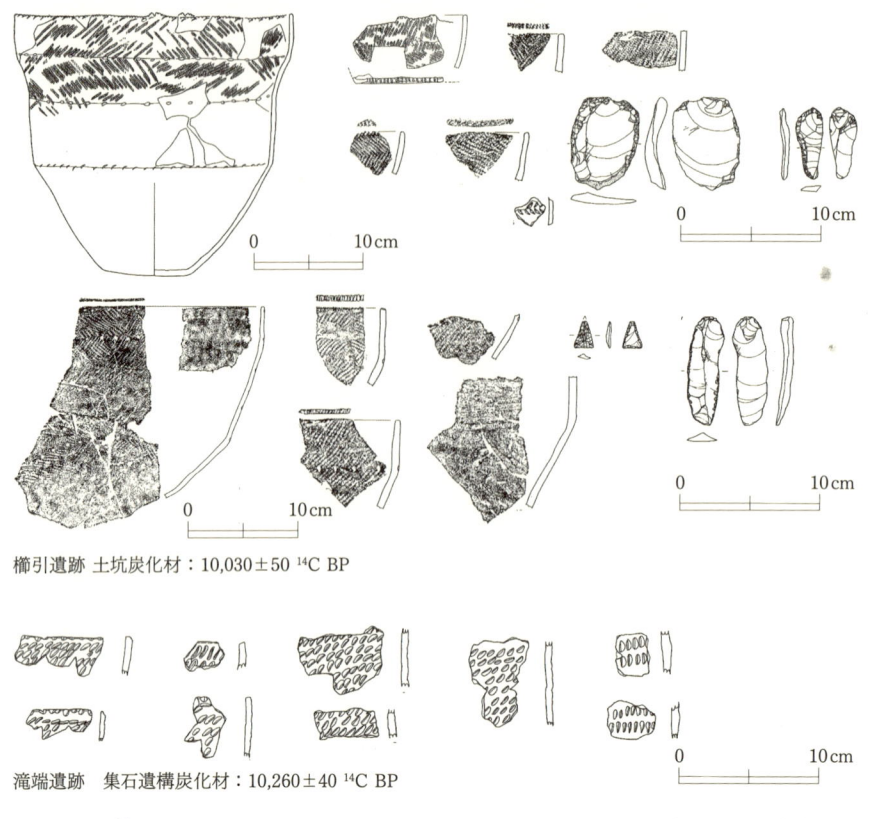

滝端遺跡 集石遺構炭化材：10,260±40 ¹⁴C BP

図5-37 ¹⁴C年代測定が実施された土器出現期以降の石器群・土器群 櫛引遺跡・滝端遺跡

興事業団埋蔵文化財センター 2010）。土器付着物の年代は櫛引遺跡や滝端遺跡のものと近いが，正確な位置づけについては保留としたい。

2）北陸・中部

北陸・中部では新潟県津南町や十日町市の遺跡群について，隆起線文土器から円孔文土器，爪形文土器，多縄文系土器まで，縄文時代草創期の各土器型式について土器付着物の¹⁴C年代測定例が蓄積されているほか，野尻湖遺跡群でも隆起線文土器群や円孔文土器を中心に測定が行われており，当該期の土器の年代がもっともよく判明している地域の一つである。

新潟県津南町　本ノ木遺跡

本ノ木遺跡では，近年國學院大學によって再発掘調査が行われており，尖頭器石器群包含層の炭化材の¹⁴C年代が得られている。尖頭器石器群と炭化材との共時的関係は必ずしも明確ではないものの，大きく外れた年代を除くと12,700±80 ¹⁴C BP，12,680±100 ¹⁴C BPの測定例があり，隆起線文土器群の年代か，それよりもやや古い年代を示した。谷口康浩は，本ノ木遺跡の尖頭器石器群は隆起線文土器以前に編年されるべきものとの見解を示している（國學院大學考古学研究室 2010）。

新潟県十日町市　久保寺南遺跡

久保寺南遺跡（中里村教育委員会 2001）からは，21個体に分類された隆起線文土器にともなって尖頭器や打製石斧，石刃素材の搔器や削器，有溝砥石などが出土している（図5－38）。隆起線文土器に付着した炭化物を用いて ^{14}C年代測定が実施され，計7点の測定結果は12,630～12,280 ^{14}C BPの間に集中している（今村編 2004）。また，最近吉田邦夫ら（2008）によっても測定が行われ，12,690±110 ^{14}C BP，12,670±170 ^{14}C BP，12,460±590 ^{14}C BPの3点の測定結果が得られている。また，関連する年代として，新潟県小丸山遺跡の隆起線文土器についても，11,940±50 ^{14}C BPという測定結果が得られている（吉田ほか 2008）。

福井県若狭町　鳥浜貝塚

鳥浜貝塚では，遺物を包含する各層準の木材や泥炭についてβ線計測法による ^{14}C年代測定が数多く実施されている。縄文時代草創期の多縄文土器が多数出土した層準では10,320～9,775 ^{14}C BPの6点の年代が得られており，やや新しい年代を示した1点を除くと，10,320～10,070 ^{14}C BPに集中している。また，爪形文・押圧文土器の層準では10,770±160 ^{14}C BP，10,290±45 ^{14}C BP，隆起線文土器の層準では11,830±55 ^{14}C BP，11,800±55 ^{14}C BPの測定結果が得られている（鳥浜貝塚研究グループ 1985）。爪形文・押圧文土器包含層の1点の ^{14}C年代を除いて，層序と ^{14}C年代との関係も整合的である。β線計測法による過去のデータであるが，鳥浜貝塚は非常に細かく分層されており，土器と包含層との対応関係も明確であることから，土器型式の ^{14}C年代測定例として重要である。また，近年土器付着炭化物の ^{14}C年代測定も実施されており，多縄文土器の外面付着物で10,175±35 ^{14}C BPの測定結果が得られた（村上・遠部 2008）。これは，包含層の木材の年代とも整合的である。

長野県信濃町　貫ノ木遺跡

貫ノ木遺跡（長野県埋蔵文化財センター 2004a）では，第Ⅲ層から隆起線文土器（図5－38）の内面付着炭化物の ^{14}C年代測定がパレオ・ラボと名古屋大学で実施され，異なった ^{14}C年代測定結果が得られている。パレオ・ラボの測定結果は13,010±110 ^{14}C BP，12,870±110 ^{14}C BPであるのに対し，名古屋大学年代測定総合研究センターでの測定結果は12,490±50～12,350±50 ^{14}C BPと，測定機関の間で ^{14}C年代測定値が大きく異なっている。土器は一個体であると考えられるため， ^{14}C年代測定結果が一致していないのは不自然であるが，AAA処理の違いが測定結果にあらわれた可能性が指摘されている。このケースではアルカリ処理を行っていないパレオ・ラボの測定結果は信頼性が低いと考え，名古屋大学の測定結果を採用する。

長野県信濃町　星光山荘B遺跡

星光山荘B遺跡（長野県埋蔵文化財センター 2000c）では，調査範囲内からは4カ所の遺物集中が検出され，隆起線文土器や局部磨製石斧，有舌尖頭器などが出土した（図5－38）。そのうち，隆起線文土器に付着した炭化物3点の ^{14}C年代測定が実施され，12,340±50 ^{14}C BP～12,000±40 ^{14}C BPの非常によく一致した測定結果が得られている。

長野県岡谷市　中島B遺跡

中島B遺跡（長野県埋蔵文化財センター 1987）では，槍先形尖頭器の石器製作に関連する17

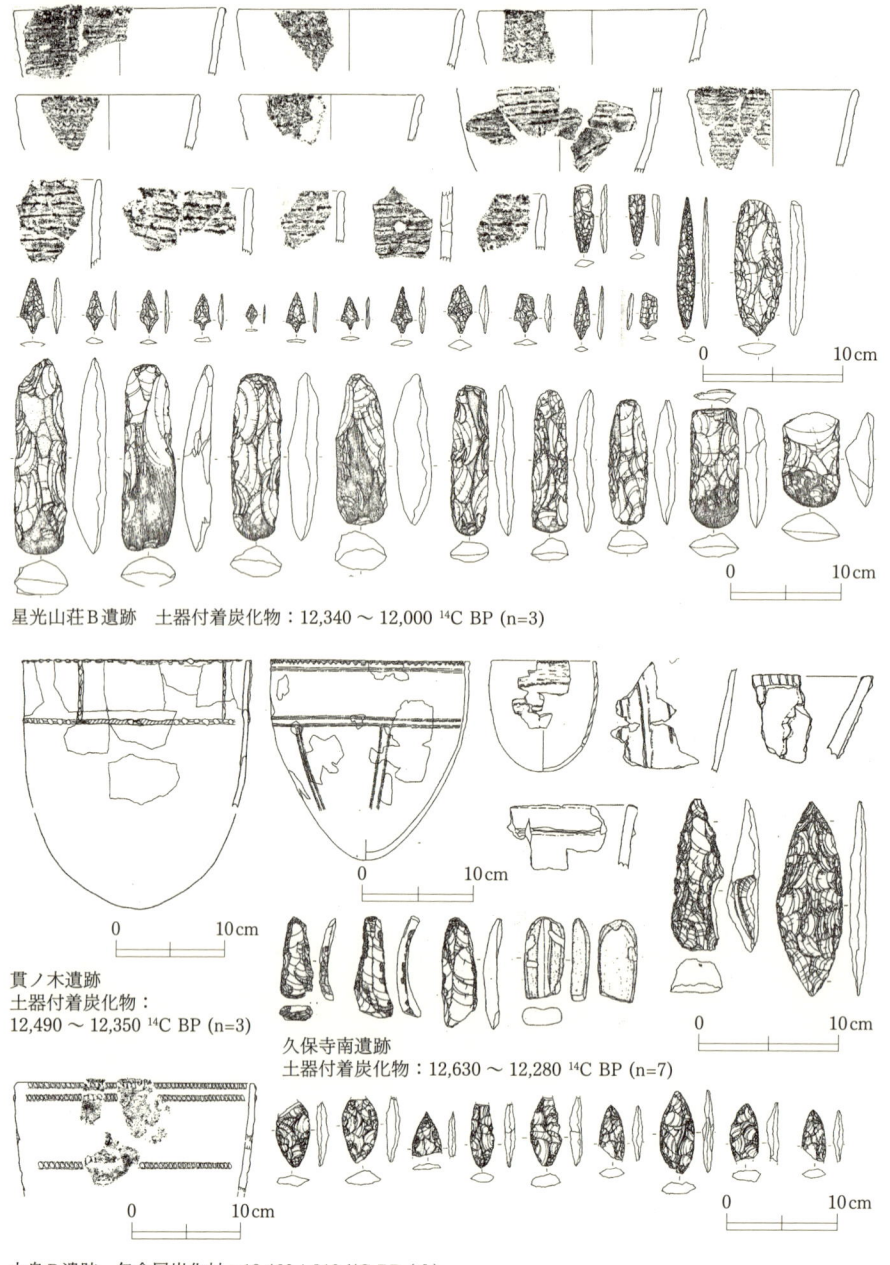

星光山荘B遺跡　土器付着炭化物：12,340〜12,000 ¹⁴C BP (n=3)

貫ノ木遺跡
土器付着炭化物：
12,490〜12,350 ¹⁴C BP (n=3)

久保寺南遺跡
土器付着炭化物：12,630〜12,280 ¹⁴C BP (n=7)

中島B遺跡　包含層炭化材：12,460±310 ¹⁴C BP (β)

図5－38　¹⁴C年代測定が実施された土器出現期以降の石器群・土器群　星光山荘B遺跡・貫ノ木遺跡・久保寺南遺跡・中島B遺跡

カ所の遺物集中部が検出されている。石器集中部からは打製石斧や隆起線文土器も出土している（図5－38）。3号ブロックの隆起線文土器の集中部付近から検出された炭化材の^{14}C年代測定が実施されており，β線計測法によって12,460±310 ^{14}C BPの測定結果が得られている。炭化物集中の分布図などは掲載されていないため，詳細な出土位置は不明である。

新潟県十日町市　壬遺跡

壬遺跡の円孔文土器の付着炭化物についても，最近，吉田邦夫ほか（2008）によって測定が行われており，11,800±60 ^{14}C BP，11,700±90 ^{14}C BPの2点の測定結果が得られているようである（吉田ほか 2008）。分析した土器についての詳細などの公開を待ちたい。

長野県信濃町　仲町遺跡

仲町遺跡（長野県埋蔵文化財センター 2004b）では，隆起線文土器，円孔文土器，無文土器などが出土し，それらの土器付着炭化物の^{14}C年代測定が実施されている。隆起線文土器では12,010±130 ^{14}C BPの測定結果が得られており，円孔文土器は12,200±120 ^{14}C BP，11,770±120 ^{14}C BP，12,040±110 ^{14}C BPと3点が一致していないが，おおよそ12,000 ^{14}C BP前後に位置づけられる。また，無文土器は12,280～11,420 ^{14}C BPで一致していない。おおよそ傾向としては，12,000 ^{14}C BP前後を中心としているようである。隆起線文土器の新しい部分と円孔文土器は年代的に一部並行する可能性が指摘されている（長野県埋蔵文化財センター 2004b）。壬遺跡および仲町遺跡は円孔文土器の^{14}C年代を示す貴重な分析例である。

新潟県津南町　卯ノ木南遺跡

卯ノ木南遺跡（今村編 2004；吉田ほか 2008）は正報告が刊行されていないため詳細は不明だが，多縄文系土器（押圧縄文と爪形文の併用土器）や無文土器が出土しており（図5－39），その土器付着炭化物を用いて^{14}C年代測定が実施された。計4点の^{14}C年代測定結果は，11,630±50 ^{14}C BP～11,000±50 ^{14}C BPの間に集中している（今村編 2004）。また，吉田邦夫ほか（2008）によっても体系的に土器付着物の^{14}C年代測定が実施されており，内外面で測定した試料を含めて23点の測定結果は11,670～10,660 ^{14}C BPとややばらつきがみられる。同じ土器の内外面で測定した試料で400年異なるものなどがあり，海洋リザーバー効果の影響も考えられることから，ど

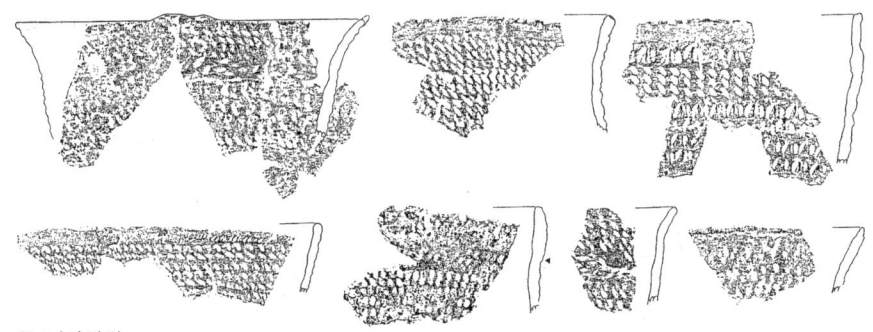

卯ノ木南遺跡
土器付着炭化物：11,630～11,000 ^{14}C BP (n=4)
土器付着炭化物：11,670～10,660 ^{14}C BP (n=23)

図5－39　^{14}C年代測定が実施された土器出現期以降の石器群・土器群　卯ノ木南遺跡

れがより正確な年代を反映しているのか判断するのは難しい。

その他の遺跡

この時期に関連するものとして，吉田邦夫ほか（2008）によって新潟県西倉遺跡や中田D遺跡の爪形文土器の土器付着物の測定が行われており，11,760～11,340 ^{14}C BP頃の測定結果が得られている。新潟県小瀬ヶ沢洞窟遺跡の爪形文土器では，10,510±60 ^{14}C BPの測定結果が得られているようである。

3）関東

神奈川県清川村　宮ヶ瀬遺跡群北原遺跡第Ⅰ文化層

宮ヶ瀬遺跡群北原遺跡第Ⅰ文化層（かながわ考古学財団 1998b）の第Ⅰ文化層の出土層準はL1S層から漸移層にかけてであり，諏訪間編年の段階XIに相当する。第Ⅰ文化層からは4カ所の遺物集中と5カ所の礫群が検出された。石器集中は槍先形尖頭器が主体となる（図5 - 40）。礫群にともなう炭化材のうち，5点の^{14}C年代測定が実施された。礫群3・4から検出された試料番号2のみ新しい年代を示したが，それ以外は13,060～13,020 ^{14}C BPという非常に一致した測定結果が得られている。

東京都武蔵野市　井の頭池遺跡群御殿山遺跡

井の頭池遺跡群御殿山遺跡（加藤建設埋蔵文化財調査部編 2004）では，Ⅲ層直上の漸移層であるⅡc層から隆起線文土器と尖頭器や打製石斧などの石器群が出土した（図5 - 41）。隆起線文土器は2個体出土したが，そのうち，個体Bの土器付着炭化物の^{14}C年代測定が実施され，13,560±40 ^{14}C BPという測定結果が得られている。また，Ⅱc層中から出土した炭化材で，13,200±70 ^{14}C BPという年代が得られているが，炭化材の出土位置などは不明である。なお，出土した土器は，隆起線文土器のなかでも古手と考えられているが，土器付着炭化物の年代は，他の隆起線文土器と比較してやや古すぎる印象を受ける。

神奈川県川崎市　万福寺遺跡群No.1遺跡

万福寺遺跡群No.1遺跡（有明文化財研究所・万福寺遺跡群発掘調査団編 2005）からは多数の

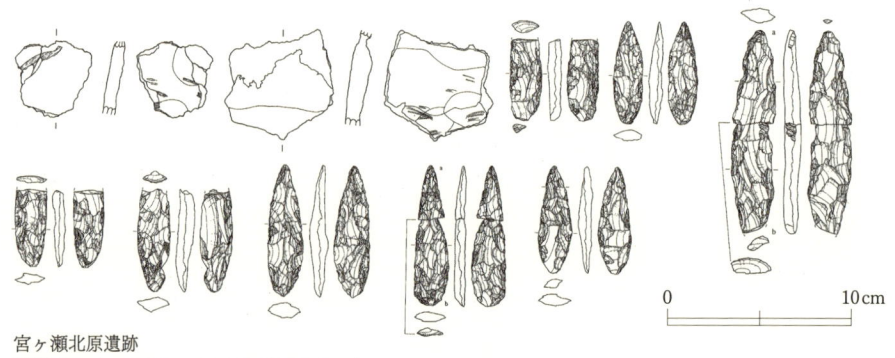

宮ヶ瀬北原遺跡
礫群炭化材：13,060～13,020 ^{14}C BP (n=5)

図5 - 40　^{14}C年代測定が実施された土器出現期以降の石器群・土器群　宮ヶ瀬遺跡群北原遺跡

井の頭池遺跡群御殿山遺跡
土器付着炭化物：13,560±40 ^{14}C BP，包含層炭化材：13,200±70 ^{14}C BP

慶応SFC遺跡
住居状遺構炭化材：11,350±160 ^{14}C BP（β）

万福寺遺跡群No.1遺跡
土器付着炭化物：12,330±40 ^{14}C BP

月見野遺跡群上野遺跡第2地点
土器付着炭化物：
12,480±50 ^{14}C BP

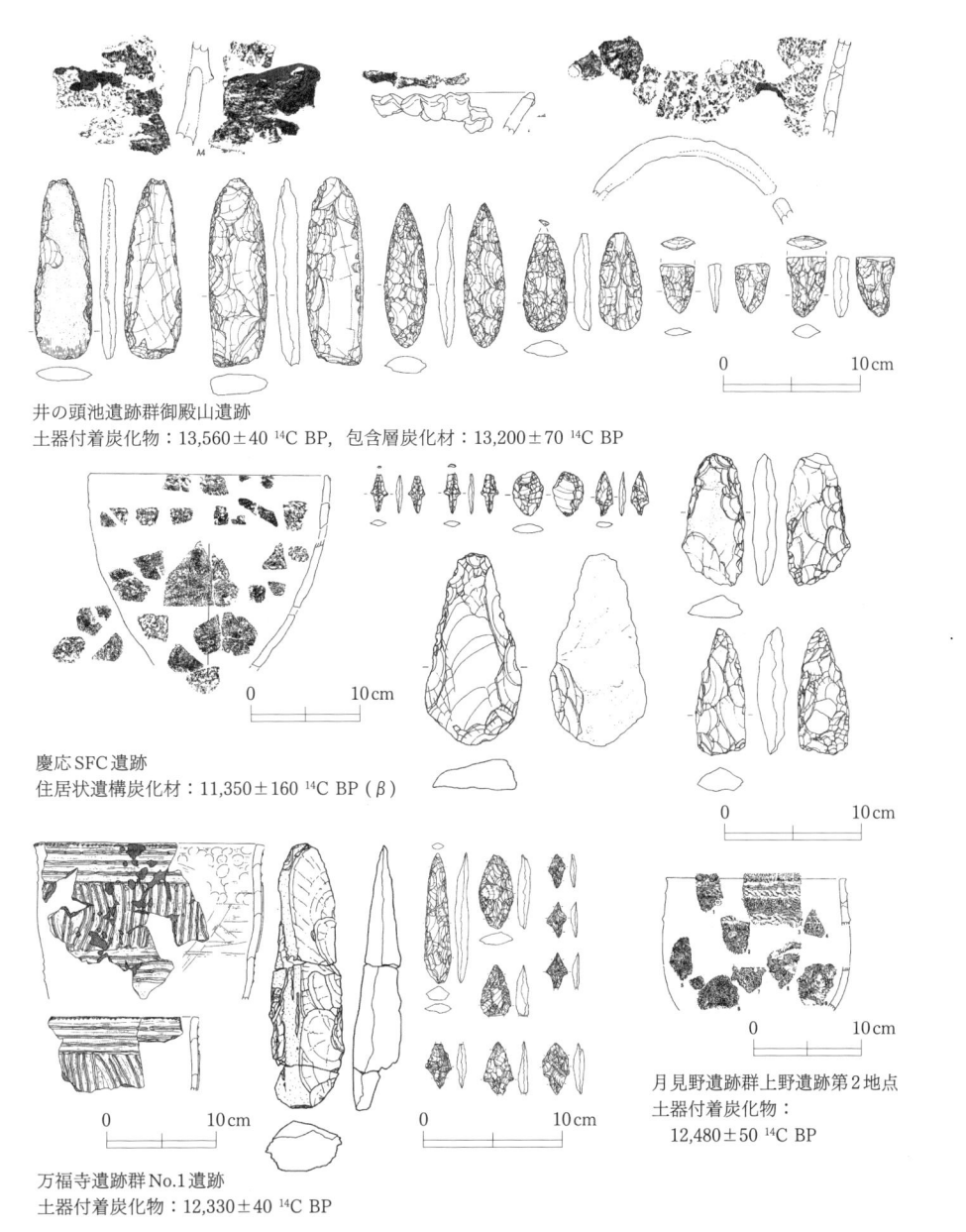

図5－41　^{14}C年代測定が実施された土器出現期以降の石器群・土器群　井の頭池遺跡群御殿山遺跡・慶応SFC遺跡・万福寺遺跡群No.1遺跡・月見野遺跡群上野遺跡第2地点

隆起線文土器や尖頭器，有舌尖頭器などが出土している（図5－41）。No.1遺跡から出土した隆起線文土器の個体No.7の土器付着炭化物から，12,330±40 ^{14}C BPの^{14}C年代測定結果が得られている。No.1遺跡からは多縄文系土器群や撚糸文土器群なども出土している。

神奈川県大和市　月見野遺跡群上野遺跡第2地点

月見野遺跡群上野遺跡第2地点では，発掘調査は1980年代に終了しているが，最近になって小林謙一らによって，隆起線文土器に付着した炭化物の^{14}C年代測定が実施された（小林ほか

2005)。測定されたのは，個体Cの土器の口縁内面に付着した炭化物1点である（図5 - 41）。その結果，12,480 ± 50 ^{14}C BPという測定結果が得られている。

神奈川県藤沢市　慶応義塾湘南藤沢キャンパス内遺跡

慶応義塾湘南藤沢キャンパス内（SFC）遺跡（岡本編 1993）のⅡ区の調査では，A遺物集中部から検出された第3号炭化物集中の1点の炭化材の^{14}C年代測定が実施されている。A遺物集中部では，土器は出土していないが尖頭器や有舌尖頭器，打製石斧などが出土している。90m離れたB遺物集中部では住居状遺構も検出されており，隆起線文土器にともなって有舌尖頭器などが出土している（図5 - 41）。A遺物集中部の第3号炭化物集中から検出された炭化材の年代は，β線計測法によって11,350 ± 160 ^{14}C BPという測定結果が得られている。ただし近年のAMS法による隆起線文土器の^{14}C年代と比較するとこの年代はやや新しすぎるため，正確な^{14}C年代が得られていない可能性がある。

栃木県宇都宮市　野沢遺跡

野沢遺跡（とちぎ生涯学習文化財団埋蔵文化財センター 2003）からは，男体山今市スコリアに覆われた住居跡が出土し，住居からは炭化材や無文土器，石鏃，磨石などが出土している。住居跡から出土した炭化材および土器付着炭化物の^{14}C年代測定が行われており，4号住居跡の炭化材および土器付着炭化物では1点を除き11,860 ～ 11,750 ^{14}C BPで5点の測定結果がよく一致している。また，5号住居跡の炭化材では11,830 ～ 11,710 ^{14}C BPで4点の炭化材がよく一致し，土器付着炭化物では11,390 ± 50 ^{14}C BPとやや新しい。住居の炭化材の年代が，住居および土器の使用時期を示していると考えておきたい。

栃木県下野市　薬師寺稲荷台遺跡

薬師寺稲荷台遺跡からは草創期の土坑1基が出土しており，土坑内から爪形文土器と石器数点が出土している。爪形文土器の付着炭化物について^{14}C年代測定が実施されており，11,170 ± 50 ^{14}C BP，10,750 ± 50 ^{14}C BPの2点の測定結果が得られている（小林ほか編 2009）。

群馬県みどり市　西鹿田中島遺跡

西鹿田中島遺跡（笠懸町教育委員会 2003）からは，多数の爪形文土器や多縄文系土器のほか，住居跡や土坑が検出されている（図5 - 42）。そのうち，11号住居，57号土坑，71号土坑，70号土坑で^{14}C年代測定が実施されている。測定試料に関しては，11号土坑が焼土ブロックから検出された炭化物，57号土坑は8号住居跡や54号・55号土坑にかかる部分から採取した炭化物，71号土坑は焼土および炭化物が多量に検出された3′層から採取した炭化物，70号土坑は土坑底面から採取した炭化物と記載されている。^{14}C年代測定結果はばらついており，11号住居は10,070 ± 70 ^{14}C BP，57号土坑では4,110 ± 40 ^{14}C BP，71号土坑では11,180 ± 40 ^{14}C BP，70号土坑では18,060 ± 60 ^{14}C BPである。ただし，57号土坑に関しては，加曽利E3式土器なども出土していることから，これらの混入も指摘されており，70号土坑についても，土坑とは異なる炭化物を採取した可能性が指摘されているため，この両者については除外する。11号住居は多縄文系土器がおもに分布し，70号土坑は厚手爪形文土器が分布する集中部Cから検出されており，時期が異なる可能性が考えられる。

西鹿田中島遺跡
11号住居（多縄文）炭化材：10,070±70 ¹⁴C BP
71号土坑（爪形文）炭化材：11,180±40 ¹⁴C BP

白井十二遺跡
土器付着炭化物：9,975±40 ¹⁴C BP，10,115±40 ¹⁴C BP
土坑炭化材：9,980±50 ¹⁴C BP

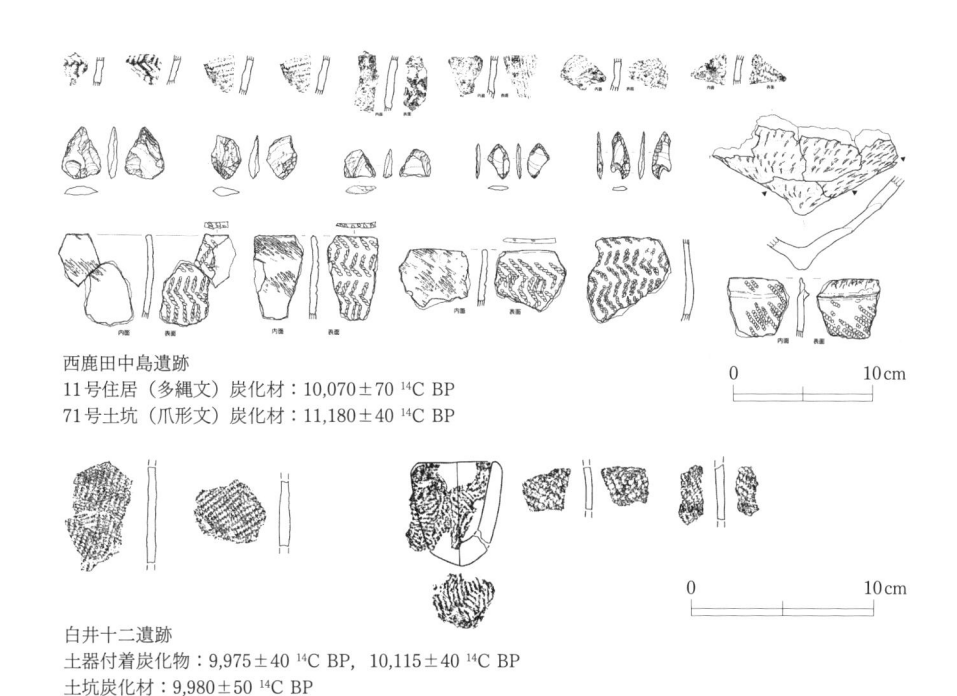

図5－42　¹⁴C年代測定が実施された土器出現期以降の石器群・土器群　西鹿田中島遺跡・白井十二遺跡

群馬県渋川市　白井十二遺跡

白井十二遺跡（群馬県埋蔵文化財調査事業団 2008b）からは爪形文土器，押圧縄文土器，回転縄文土器（表裏縄文土器）が多数出土しており（図5－42），269号土坑の炭化材および表裏縄文土器の付着炭化物の測定が行われている。土器付着炭化物は9,975±40 ¹⁴C BP，10,115±40 ¹⁴C BPであり，269号土坑の炭化材も9,980±50 ¹⁴C BPで，それぞれおおよそ一致している。269号土坑からは表裏縄文のミニチュア土器などが出土している。

4）東海

愛知県宮西遺跡や静岡県葛原沢Ⅳ遺跡，静岡県丸尾北遺跡などで測定が行われている。草創期の土器出土量自体は多いものの，測定例はまだ多いとはいえない。

愛知県田原市　宮西遺跡

宮西遺跡（田原市教育委員会 2007；工藤ほか 2011）では，田原市教育委員会や愛知学院大学によって発掘調査が行われており，隆起線文土器や有舌尖頭器，石鏃，有溝砥石など，縄文時代草創期を特徴づける遺物が多数出土している（図5－43）。田原市教育委員会によって隆起線文土器の付着炭化物の¹⁴C年代測定が行われ，11,090±50 ¹⁴C BP，11,730±50 ¹⁴C BPと2点の測定結果が得られているが，年代が一致していない。また，愛知学院大学が調査した資料の¹⁴C年代測定が行われており（工藤ほか 2011），隆起線文土器の付着炭化物で10,480～10,315 ¹⁴C BPの5点の測定結果が得られている。また，包含層の炭化材は，13,080～12,390 ¹⁴C BPの一群と，

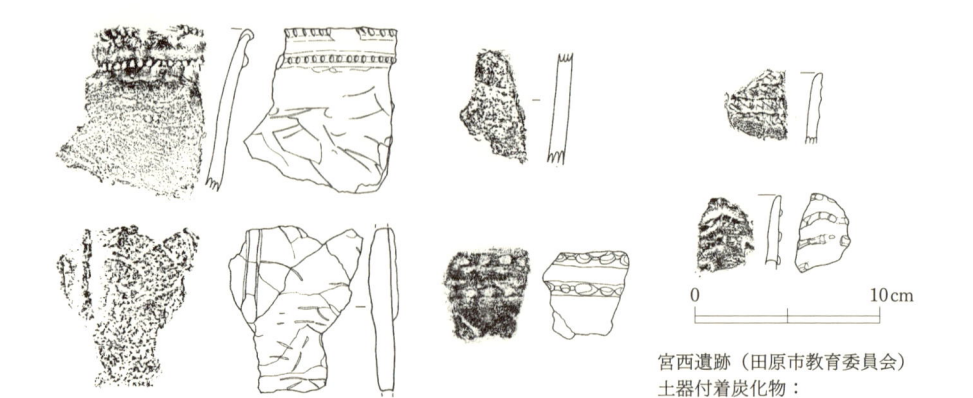

宮西遺跡（田原市教育委員会）
土器付着炭化物：
11,090±50 ¹⁴C BP, 11,730±50 ¹⁴C BP

宮西遺跡（愛知学院大学）
土器付着炭化物：10,480～10,315 ¹⁴C BP (n=5)
包含層炭化材　：13,080～12,390 ¹⁴C BP (n=6)
　　　　　　　　10,900～10,460 ¹⁴C BP (n=7)

図5-43　¹⁴C年代測定が実施された土器出現期以降の石器群・土器群　宮西遺跡

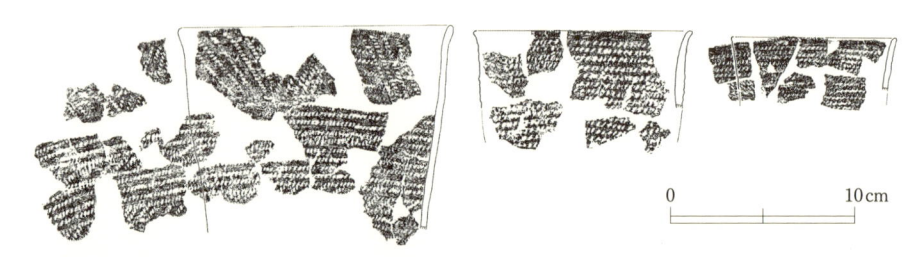

葛原沢第Ⅳ遺跡　住居址（押圧縄文）炭化材：10,960～10,860 ¹⁴C BP (n=5)

丸尾北遺跡
土器付着炭化物（表裏縄文）：10,090～9,990 ¹⁴C BP (n=7)
土器付着炭化物（回転縄文）： 9,970～9,730 ¹⁴C BP (n=3)

図5-44　¹⁴C年代測定が実施された土器出現期以降の石器群・土器群　葛原沢Ⅳ遺跡・丸尾北遺跡

10,900〜10,460 ^{14}C BPの一群の二つに大きく分かれている。工藤ほか（2011）は宮西遺跡の土器付着物の年代が，田原市教育委員会での分析例も含めて，年代が大幅に新しく，これまでの隆起線文土器の年代観と一致しないことから，土器の年代的位置づけについては慎重な姿勢を示している。ただし，炭化材については土器付着物の年代と一致するものも多いことから，縄文時代草創期前半と後半の2つの時期の人類活動の痕跡が混在している可能性を示唆している。

静岡県沼津市　葛原沢IV遺跡

葛原沢IV遺跡（沼津市教育委員会 2001；小林 2008）では，隆帯文土器（隆起線文土器）と押圧縄文土器（図5-44）の2時期の遺物が出土している（沼津市教育委員会 2001）。^{14}C年代測定が実施されているのは，押圧縄文期の第1号住居跡であるが，沼津市教育委員会（2001）の報告書に記載されているβ線法による測定結果は年代がばらついており，信頼性が低い。最近，小林（2008）によってAMSによる押圧縄文土器をともなう住居出土炭化材の ^{14}C年代測定結果が報告されており，5点は10,960〜10,860 ^{14}C BPでよく一致している。

静岡県沼津市　丸尾北遺跡

丸尾北遺跡（静岡県埋蔵文化財調査研究所編 2009d）では，表裏縄文土器および回転縄文土器が出土しており（図5-44），それらの土器付着物について合計10点の ^{14}C年代測定が行われている。表裏縄文土器では10,090〜9,990 ^{14}C BPの範囲で7点の測定結果が得られており，よく一致している。また，回転縄文土器では3点の測定結果が9,970〜9,730 ^{14}C BPであり，表裏縄文土器よりも若干新しい年代を示している。これらの年代は前述の群馬県白井十二遺跡の表裏縄文土器の土器付着物とも整合的である。

その他の遺跡

岐阜県椛の湖遺跡の表裏縄文土器についても土器付着物の測定が行われており，9,775±50 ^{14}C BPの測定例がある（原ほか 2010）。長野県栃原岩陰遺跡でも，最近まとまった ^{14}C年代測定が実施されているが，9,630〜9,460 ^{14}C BPと，白井十二遺跡や丸尾北遺跡と比較するとやや新しい測定結果が得られているようである（藤森 2010）。

5）近畿・中国・四国

愛媛県久万高原町　上黒岩岩陰遺跡

近畿・中国・四国の遺跡で，^{14}C年代測定が行われている遺跡はきわめて少ない。愛媛県上黒岩岩陰遺跡がその数少ない例である。上黒岩岩陰遺跡については，β線計測法によって隆起線文土器が出土したIX層の炭化材で12,165±600 ^{14}C BP，無文土器が出土したVI層の炭化材で10,085±320 ^{14}C BPという測定結果が得られており（渡辺 1966），長く隆起線文土器の年代観の基準の一つとなっていた（図5-45）。最近，小林謙一・遠部慎（2011）によって，新たにIX層に相当する層準から出土した炭化材と，8c層の炭化材のAMS法による ^{14}C年代測定が行われ，それぞれ12,420±60 ^{14}C BP，12,530±40 ^{14}C BPの測定結果が得られている。

その他の遺跡

最近発掘調査が行われた滋賀県相谷熊原遺跡では，縄文時代草創期の無文土器や石鏃，有溝砥

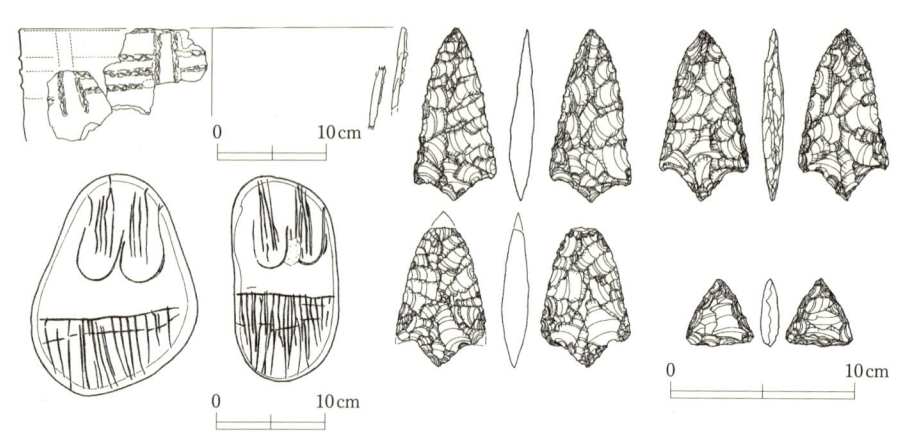

上黒岩岩陰遺跡
Ⅸ層炭化材：12,165±600 ¹⁴C BP（β），
Ⅸ層炭化材：12,420±60 ¹⁴C BP（AMS），8c層炭化材：12,530±40 ¹⁴C BP（AMS）

図5‐45　¹⁴C年代測定が実施された土器出現期以降の石器群・土器群　上黒岩岩陰遺跡

石をともなう住居跡が出土しており，土偶が1点みつかっている（松室・重田 2010）。住居跡の炭化材の¹⁴C年代測定が実施され，11,000 ¹⁴C BP前後の年代が得られているようであり，正報告の刊行を期待したい。

6）九州

九州の土器出現期以降の遺跡の¹⁴C年代測定例では，長崎県福井洞窟のβ線計測法による測定例が長く編年の指標となってきたが，近年鹿児島県や宮崎県を中心とした南九州の隆帯文土器群に関連する¹⁴C年代測定例の蓄積が著しい。南九州の土器群については，鹿児島県加治屋園遺跡などの隆帯文以前の土器群（児玉 2008）が西北九州の隆起線文土器群と同時期の可能性があるが，現時点では比較できる¹⁴C年代測定例はない。

長崎県佐世保市　福井洞窟遺跡

福井洞窟遺跡（鎌木・芹沢 1965）では，Ⅱ層およびⅢ層から細石刃石器群と共に爪形文土器や隆起線文土器が出土し（図5‐46），β線計測法によってⅡ層の炭化材で12,400±350 ¹⁴C BP，Ⅲ層の炭化材では12,700±500 ¹⁴C BPと測定された（芹沢 1967）。当時の測定は誤差が大きく，最近のAMS法による年代と比較するのは難しいが，中央値だけをみれば後述の泉福寺洞窟から出土した隆起線文土器の年代ともおおよそ整合的である。

長崎県佐世保市　泉福寺洞窟遺跡

最近，泉福寺洞窟遺跡の隆起線文土器の付着炭化物でも測定が行われており，12,220±80 ¹⁴C BPの結果が得られている（西本編 2009）。なお，長崎県直谷稲荷岩陰遺跡で出土した無文土器でも最近¹⁴C年代測定が古環境研究所によって行われているが（佐世保市教育委員会編 2010），試料は前処理過程でアルカリ処理を行っていないようであり，正確な年代が得られていない可能性があるため，ここでは議論から除外した。

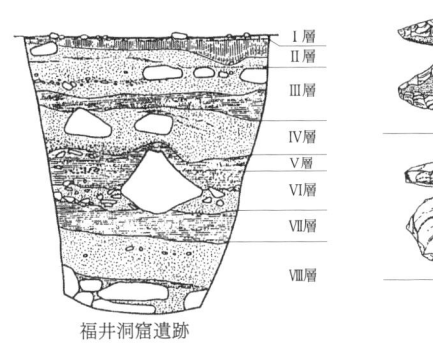

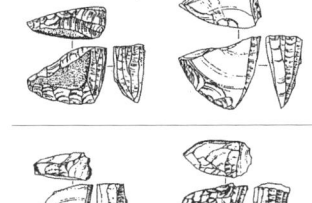

Ⅱ層：
爪形文土器，隆起線文土器，細石刃
炭化材：12,400±350 ^{14}C BP（β）

Ⅲ層：
隆起線文土器，細石刃
炭化材：12,700±500 ^{14}C BP（β）

福井洞窟遺跡

図 5－46　^{14}C 年代測定が実施された土器出現期以降の石器群・土器群　福井洞窟遺跡

熊本県南阿蘇村　河陽F遺跡

河陽F遺跡（熊本県教育委員会編 2003）では細石刃や石鏃とともに爪形文土器が出土し，炭化材の ^{14}C 年代は 12,100±50 ^{14}C BP，12,340±50 ^{14}C BP である（図 5－47）。ただし河陽F遺跡の試料は包含層の炭化材であるため，爪形文土器の年代を正確に反映しているかどうかは慎重な検討が必要である。

鹿児島県中種子町　三角山Ⅰ遺跡

種子島の三角山Ⅰ遺跡では，土器付着炭化物や住居跡の炭化材で多数の ^{14}C 年代測定が実施されており，12,080～11,050 ^{14}C BP の 15 点の年代が得られている。また，三角山Ⅰ遺跡（鹿児島県埋蔵文化財センター編 2006）の場合も複数の機関によって土器付着物の測定結果が報告されているが，測定結果は ^{14}C 年代で最大 1,000 年の開きがある。図 5－47 に示した土器が，もっとも古い年代が測定されている土器と，もっとも新しい年代が測定されている土器である。編年的には隆帯文Ⅱ期からⅢ期に位置づけられている土器群である（児玉 2008）。三角山Ⅰ遺跡は 1,000 年もの期間継続して利用された遺跡とは考えにくいため，土器付着炭化物の測定結果には，正確な年代を示していないものが含まれていると考えられる。特に，内面付着炭化物を測定した土器の年代が古い傾向がある。海洋リザーバー効果の問題を考える必要があるが，安定同位体比のデータが得られていないものも多いため詳細な議論はできない。三角山Ⅰ遺跡については 1 号住居跡の炭化材の年代（11,640±50 ^{14}C BP）を中心に考えておくのが整合的だろうか。

鹿児島県南さつま市　志風頭遺跡

志風頭遺跡では隆帯文土器の付着炭化物の年代測定が行われており，11,860±50 ^{14}C BP，11,780±50 ^{14}C BP の測定結果が得られている（図 5－47）（加世田市教育委員会編 1999）。隆帯文土器Ⅱ期に位置づけられる土器であり（児玉 2008），南九州の隆帯文土器最盛期の年代を知るうえで重要な年代の一つである。

鹿児島県西之表市　奥ノ仁田遺跡・二本松（屋久川）遺跡

種子島の奥ノ仁田遺跡では隆帯文土器の土器付着炭化物で 11,740±60 ^{14}C BP の年代が得られている（図 5－47）（西本編 2009）。また，鹿児島県二本松（屋久川）遺跡の隆帯文土器の付着

1. 三角山Ⅰ（隆帯文）
土器付着：12,080±70 ¹⁴C BP

2. 三角山Ⅰ（隆帯文）
土器付着：11,050±70 ¹⁴C BP

3. 志風頭（隆帯文）
土器付着：11,860±50 ¹⁴C BP

4. 志風頭（隆帯文）
土器付着：11,780±50 ¹⁴C BP

5. 鬼ヶ野（隆帯文）
土器付着：11,880±60 ¹⁴C BP

6. 鬼ヶ野（隆帯文）
土器付着：12,180±40 ¹⁴C BP

7. 屋久川（隆帯文）
土器付着：11,630±60 ¹⁴C BP

8. 奥ノ仁田（隆帯文）
土器付着：11,740±60 ¹⁴C BP

9. 塚原（隆帯文・爪形文）
土器付着：11,850±60 ¹⁴C BP

10. 塚原（隆帯文・爪形文）
土器付着：11,750±60 ¹⁴C BP

11. 河陽F（爪形文）
包含層炭化材：12,100±50，12,340±50 ¹⁴C BP

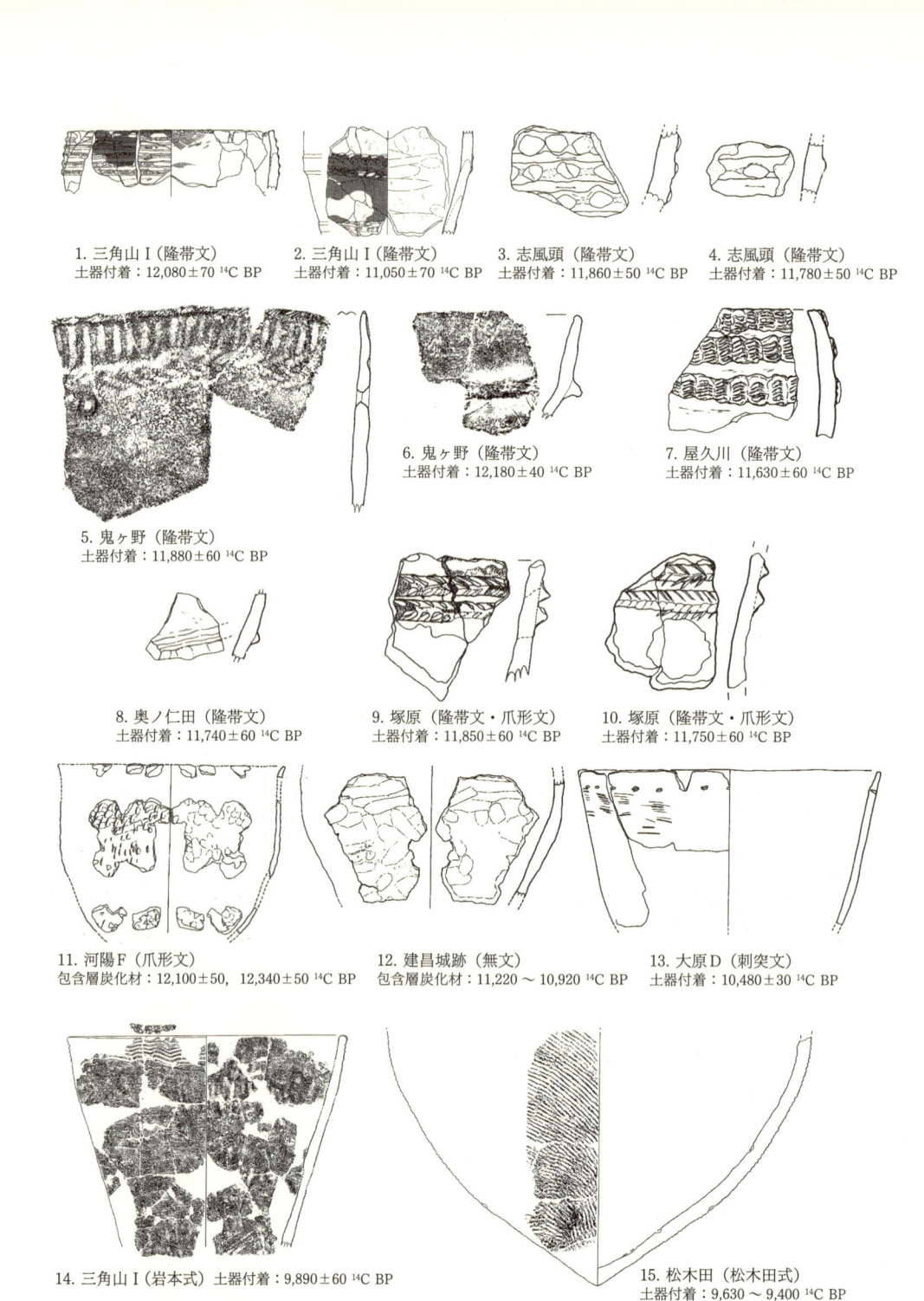

12. 建昌城跡（無文）
包含層炭化材：11,220～10,920 ¹⁴C BP

13. 大原D（刺突文）
土器付着：10,480±30 ¹⁴C BP

14. 三角山Ⅰ（岩本式）土器付着：9,890±60 ¹⁴C BP

15. 松木田（松木田式）
土器付着：9,630～9,400 ¹⁴C BP

図5－47　¹⁴C年代測定が実施された土器出現期以降の石器群・土器群　九州の土器（工藤 2011）

炭化物でも 11,630 ± 60 ^{14}C BP の年代が得られている（図5-47）（西本編 2009）。

鹿児島県西之表市　鬼ヶ野遺跡

種子島の鬼ヶ野遺跡では隆帯文土器の土器付着炭化物について 12,180～11,880 ^{14}C BP の4点の測定結果が得られている（図5-47）。ただし，鬼ヶ野遺跡の土器付着物は，海洋リザーバー効果の影響によって年代が若干古く出ている可能性があり（小林 2007），隆帯文土器が 12,000 ^{14}C BP まで遡るかどうかは判断が難しい。

宮崎県宮崎市　塚原遺跡

塚原遺跡では 11,750 ± 60 ^{14}C BP，11,850 ± 60 ^{14}C BP の隆帯文土器（爪形文土器）の年代が得られている（図5-47）（遠部・宮田 2008a）。塚原遺跡の土器は隆帯文上に爪形文で施文された土器であり，隆帯文土器のⅢ期に相当し（児玉 2008），新しい段階に位置づけられる土器である。

鹿児島県姶良町　建昌城跡遺跡

建昌城跡遺跡では，薩摩火山灰（Sz-S）の下位から竪穴住居跡や集石とともに，隆帯文土器直後の時期に位置づけられる無文土器がみつかっている（図5-47）（姶良町教育委員会編 2005）。住居跡や包含層出土の炭化材の6点の年代は，11,220～10,920 ^{14}C BP でよく一致している。

その他の遺跡

薩摩火山灰の降灰範囲外には，宮崎県堂地西遺跡（宮崎県教育委員会編 1985）や椎屋形第一遺跡（宮崎市教育委員会編 1996）など，口縁部に爪形文を密集して施文した土器が分布する。これらの爪形文土器は薩摩火山灰の降灰の時期にその影響の少ない縁辺部に継続して存在した土器型式と推定されていることから（新東 1995），11,000 ^{14}C BP（約 13,000 cal BP）前後に位置づけられる可能性があるが，現時点では ^{14}C 年代測定例がない。

貝殻文系土器群の最古段階の岩本式は草創期から早期の過渡期に位置づけられているが，鹿児島県三角山Ⅰ遺跡で 9,890 ± 60 ^{14}C BP の測定例がある（小林ほか 2006；遠部 2010）。岩本式に後続する鹿児島県風呂ノ口遺跡や宮崎県木脇遺跡の前平式土器の付着物は 9,560～9,430 ^{14}C BP の測定例がある（遠部・宮田 2008b）。いずれも後氷期の年代域になることから，岩本式以前の土器群が晩氷期に位置づけられる土器群ということになる。薩摩火山灰降灰から岩本式までは，年代的にみて 1,300 年近い時間幅がある。隆帯文土器と貝殻文系土器を埋めるとされる水迫遺跡の水迫1式や水迫2式土器（指宿市教育委員会編 2002）がこの間に位置づけられるのか，あるいは南九州では約 1,300 年の間ほとんど人の活動がなかったのか。今後，水迫式など未測定の土器の ^{14}C 年代測定を行い，検証していくことが必要である。

^{14}C年代測定結果一覧

地域	遺跡名	試料採取位置		^{14}C BP (1σ)	1σ (whole range)	IntCal09 Calibrated dates 2σ (whole range)	平均値	$δ^{13}$C	機関番号	試料	β or AMS	指標となる遺物		備考	文献
東北															
青森	上台Ⅰ	土器片		9,850±50	11,290 11,200	11,390 11,190	11,260	(−26.0)	IAAA-31108	土器付着炭化物	AMS	無文		草創期末～早期初頭の参考値	1
		16号土坑（竪穴住居跡RA02）		9,540±40	11,070 10,730	11,090 10,700	10,900	−26.1	Beta-161171	炭化材	AMS	無文		草創期末～早期初頭の参考値	1
		24号土坑（竪穴住居跡RA03）		9,540±40	11,070 10,730	11,090 10,700	10,900	−27.6	Beta-161172	炭化材	AMS	多縄文			2
青森	櫛引	第4号土坑		10,030±50	11,700 11,390	11,770 11,280	11,540	—	Beta-113349	炭化材	AMS	爪形文			3
青森	滝端	集石遺構		10,260±40	12,100 11,840	12,150 11,810	12,010	—	Beta-138898	炭化材	AMS				3
岩手	斉羽場館	Sb04 Ⅶa層		11,820±50	13,780 13,590	13,820 13,470	13,660	(−28.1)	IAAA-82647	炭化材	AMS	多縄文（室谷下層？）		土器付着物と包含層炭化材の不一致	4
		Sb05 Ⅵ層		11,490±50	13,400 13,280	13,470 13,230	13,350	(−30.0)	IAAA-82648	炭化材	AMS	多縄文（室谷下層？）		土器付着物と包含層炭化材の不一致	4
		Sb05 Ⅵ層		10,840±50	12,780 12,620	12,890 12,590	12,720	(−23.4)	IAAA-82649	炭化材	AMS	多縄文（室谷下層？）		土器付着物と包含層炭化材の不一致	4
		D2 Ⅵ層		11,450±50	13,380 13,290	13,440 13,180	13,310	(−25.2)	IAAA-82650	炭化材	AMS	多縄文（室谷下層？）		土器付着物と包含層炭化材の不一致	4
		C22 Ⅵ層		11,510±50	13,410 13,290	13,490 13,240	13,360	(−26.5)	IAAA-82651	炭化材	AMS	多縄文（室谷下層？）		土器付着物と包含層炭化材の不一致	4
		Sb05 Ⅵ層　土器付着炭化物		10,020±60	11,700 11,350	11,770 11,260	11,530	(−30.1)	IAAA-82652	土器付着炭化物	AMS	爪形文			4
青森	黄葉	2号竪穴住居跡		12,350±160	14,550 14,130	14,900 14,050	14,420	—	Beta-125550	炭化材	AMS	無文			5
岩手	大平山元Ⅰ	土器 D4-005		13,210±160	16,560 15,640	16,720 15,230	16,030	—	NUTA-6515	土器付着炭化物	AMS	無文			6
		土器 E4-036		13,030±170	16,140 15,220	16,570 15,080	15,790	−30.5	NUTA-6507	土器付着炭化物	AMS	無文			6
		土器 E4-030		12,720±160	15,490 14,610	16,040 14,170	15,080	—	NUTA-6509	土器付着炭化物	AMS	無文			6
		土器 E4-048		12,680±140	15,240 14,550	15,660 14,160	14,960	−29.6	NUTA-6506	土器付着炭化物	AMS	無文			6
		土器 F5-017		13,780±170	17,070 16,730	17,420 16,500	16,900	—	NUTA-6510	土器付着炭化物	AMS	無文			6
		第Ⅲ層		13,480±70	16,810 16,540	16,910 16,280	16,620	−26.1	IAAA-61926	炭化材	AMS	無文			6
青森	赤平(1)	A区Ⅶ層炭化材集中		13,740±60	16,950 16,770	17,050 16,690	16,860	(−23.6)	IAAA-61926	炭化材	AMS	無文		包含層には礫も多い	7
		A区Ⅶ層炭化材集中		13,800±70	16,990 16,800	17,110 16,720	16,910	(−25.8)	IAAA-61926	炭化材	AMS	無文		包含層には礫も多い	7
青森	玉川目(6)	石器集中1 (C-154) Ⅳb層		13,600±30	16,860 16,680	16,940 16,570	16,760	(−23.3)	IAAA-92228	炭化材	AMS	細石刃	角錐形・稜柱形		8
		石器集中1 (C-165) Ⅳb層		14,670±30	17,970 17,720	18,050 17,590	17,840	−21.2	IAAA-92229	炭化材	AMS	細石刃	角錐形・稜柱形		8
		石器集中1 (C-1) Ⅳb層		13,680±30	16,900 16,740	16,990 16,660	16,820	−24.9	IAAA-92232	炭化材	AMS	細石刃	角錐形・稜柱形		8
		石器集中1 (C-96) Ⅳb層		13,670±30	16,900 16,730	16,980 16,650	16,810	−23.2	IAAA-101057	炭化材	AMS	細石刃	角錐形・稜柱形		8
		石器集中1 (C-16) Ⅳb層 35 5号礫群		18,030±40	21,560 21,380	21,710 21,260	21,480	−20.8	IAAA-101058	炭化材	AMS	細石刃	角錐形・稜柱形		8
		石器集中2 (C-14) Ⅳb層		14,710±40	18,010 17,760	18,420 17,620	17,900	−24.2	IAAA-92230	炭化材	AMS	細石刃	角錐形・稜柱形		8
		石器集中2 (C-142) Ⅳb層		15,930±40	19,270 18,940	19,380 18,870	19,120	(−23.4)	IAAA-92231	炭化材	AMS	細石刃	角錐形・稜柱形		8
		石器集中2 (C-140) Ⅳb層		15,010±30	18,500 18,060	18,540 18,010	18,260	(−27.9)	IAAA-101059	炭化材	AMS	細石刃	角錐形・稜柱形		8
		石器集中2 (C-145) Ⅳb層 46 10号礫群		15,740±40	18,940 18,760	19,280 18,670	18,890	(−30.5)	IAAA-101060	炭化材	AMS	細石刃	角錐形・稜柱形		8
岩手	早坂平	第Ⅱ文化層		13,450±100	16,810 16,450	16,900 15,950	16,540	−25.7	Beta-176021	炭化材	AMS	楔形（削片・分割系），参考値			9
		第Ⅰ文化層エリア1		14,280±50	17,570 17,210	17,710 17,040	17,390	−26.5	Beta-176012	炭化材	AMS	石刃石器群，神山型彫刻器	Ⅳ層中部段階，信頼性×		9
		第Ⅰ文化層エリア4		12,630±80	15,180 14,690	15,500 14,250	14,940	−27.1	Beta-176013	炭化材	AMS	石刃石器群，神山型彫刻器	Ⅳ層中部段階，信頼性×		9
		第Ⅰ文化層エリア4 29A		13,400±140	16,820 16,230	16,890 15,610	16,390	−25.9	Beta-176014	炭化材	AMS	石刃石器群，神山型彫刻器	Ⅳ層中部段階，信頼性×		9
		第Ⅰ文化層エリア4 3		32,800±800	38,480 36,660	39,910 35,460	37,650	−23.9	Beta-176015	炭化材	AMS	石刃石器群，神山型彫刻器	Ⅳ層中部段階，参考値		9
		第Ⅰ文化層エリア4 35 5号礫群		20,880±130	25,070 24,570	25,320 24,440	24,870	−24.9	Beta-176016	炭化材	AMS	石刃石器群，神山型彫刻器	Ⅳ層中部段階，参考値		9
		第Ⅰ文化層エリア4 17		31,370±370	36,670 35,530	36,920 35,150	36,120	−25.4	Beta-176017	炭化材	AMS	石刃石器群，神山型彫刻器	Ⅳ層中部段階，信頼性×		9
		第Ⅰ文化層エリア4		13,580±90	16,870 16,820	16,920 16,320	16,770	−27.0	Beta-176018	炭化材	AMS	石刃石器群，神山型彫刻器	Ⅳ層中部段階，信頼性×		9
		第Ⅰ文化層エリア4 46 10号礫群		19,380±90	23,390 22,690	23,490 22,620	23,070	−24.4	Beta-176019	炭化材	AMS	石刃石器群，神山型彫刻器	Ⅳ層中部段階，参考値		9

地域	遺跡名	試料採取位置	¹⁴C BP (1σ)	1σ (whole range)	IntCal09 Calibrated dates 2σ (whole range)	平均値	δ¹³C	機関番号	試料	β or AMS	指標となる遺物	備考	文献
岩手	早坂平	第I文化層エリア4 17	32,300±800	38,400 36,300	38,910 35,120	37,140	−26.9	Beta-176020	炭化材	AMS	石刃石器群, 神山型彫器	IV層中段階, 信頼性×	9
		第I文化層エリア4 24B	14,000±400	17,390 16,840	17,640 16,740	17,140	−25.3	Beta-180999	炭化材	AMS	石刃石器群, 神山型彫器	IV層中部段階, 信頼性×	9
		第I文化層エリア3	30,100±400	35,130 34,480	36,180 33,620	34,750	−25.9	Beta-181000	炭化材	AMS	石刃石器群, 神山型彫器	IV層中部段階, 信頼性×	9
岩手	岩瀬張	遺物集中区II 3IV層 第II文化層	28,190±150	32,820 32,100	33,040 31,770	32,420	(−21.3)	IAAA-70328	炭化材	AMS	二側縁加工ナイフ	年代ばらつき信頼性疑問	10
		遺物集中区II 3V層 第II文化層	27,920±160	32,340 31,660	32,720 31,520	32,080	(−18.7)	IAAA-70329	炭化材	AMS	二側縁加工ナイフ	年代ばらつき信頼性疑問	10
		III B22b東壁III層 第I文化層	15,780±60	19,240 18,780	19,300 18,720	18,970	(−24.7)	IAAA-70378	炭化材	AMS	二側縁加工ナイフ	年代ばらつき信頼性疑問	10
		遺物集中区II 2東壁IV層 第II文化層	12,380±60	14,590 14,130	14,940 14,070	14,460	(−20.4)	IAAA-70379	炭化材	AMS	二側縁加工ナイフ	年代ばらつき信頼性疑問	10
		遺物集中区II 2西壁IV〜V層 第II文化層	21,540±90	26,010 25,610	26,180 25,290	25,770	(−26.5)	IAAA-70381	炭化材	AMS	二側縁加工ナイフ	年代ばらつき信頼性疑問	10
		遺物集中区II 7層 第II文化層	14,640±90	17,950 17,680	18,060 17,490	17,810	(−28.3)	IAAA-70383	炭化材	AMS	二側縁加工ナイフ	年代ばらつき信頼性疑問	10
		遺物集中区II 7IV〜V層 第II文化層	12,550±50	15,010 14,580	15,140 14,230	14,750	(−29.6)	IAAA-70384	炭化材	AMS	二側縁加工ナイフ	年代ばらつき信頼性疑問	10
宮城	富沢	I区26層中	21,110±590	26,020 24,480	27,020 23,800	25,380	—	Gak-13766	木材	β	ナイフ形石器	IV層上部段階, 参考値	11
		I区26層中	21,670±750	27,410 25,960	28,080 24,290	26,150	—	Gak-13767	木材	β	ナイフ形石器	IV層上部段階, 参考値	11
		I区26層中	23,770±760	29,480 27,880	30,320 26,860	28,640	—	Gak-13768	木材	β	ナイフ形石器	IV層上部段階, 参考値	11
		I区26層中	19,500±560	23,890 22,520	24,830 22,080	23,330	—	Gak-13769	木材	β	ナイフ形石器	IV層上部段階, 参考値	11
		IVD区25層	23,870±460	29,640 27,800	30,600 26,790	28,750	—	Gak-13770	木材	β	ナイフ形石器	IV層上部段階, 参考値	11
		IVC区27層	21,760±490	26,820 25,350	27,730 24,940	26,190	—	Gak-13860	木材	β	ナイフ形石器	IV層上部段階, 参考値	11
			19,430±400	23,650 22,600	24,220 22,300	23,200	—	Gak-13861	木材	β	ナイフ形石器	IV層上部段階, 参考値	11
岩手	大渡II	第8集中区 第2文化層	24,740±600	30,290 28,990	30,810 28,420	29,590	—	GaK-17720	炭化材	β	東山系ナイフ形石器など	AT上位, V〜IV層下部段階	12
		第7集中区 第2文化層	26,000±760	31,300 29,890	32,090 29,320	30,660	—	GaK-17721	炭化材	β	東山系ナイフ形石器など	AT上位, V〜IV層下部段階	12
		第5集中区 第2文化層	21,500±470	26,540 25,010	27,500 24,480	25,830	—	GaK-17722	炭化材	β	東山系ナイフ形石器など	AT上位, V〜IV層下部段階	12
		第11集中区 第2文化層	26,150±400	31,470 29,800	31,970 29,280	30,870	—	GaK-17726	炭化材	β	東山系ナイフ形石器など	AT上位, V〜IV層下部段階, 信頼性×	12
		第10集中区 第2文化層	27,780±1,060	33,350 31,210	34,780 30,690	32,610	—	GaK-17727	炭化材	β	東山系ナイフ形石器など	AT上位, V〜IV層下部段階, 信頼性×	12
		第6集中区 第2文化層	22,750±430	27,980 26,860	28,440 26,250	27,400	—	GaK-17730	炭化材	β	東山系ナイフ形石器など	AT上位, V〜IV層下部段階, 信頼性×	12
		第5集中区 第2文化層	22,710±480	28,010 26,770	28,510 26,150	27,350	—	GaK-17723	炭化材	β	東山系ナイフ形石器など	AT上位, V〜IV層下部段階, 信頼性×	12
		第3集中区 第1文化層	17,740±270	21,490 20,550	21,930 20,350	21,100	—	GaK-17724	炭化材	β	台形様石器, 東山系ナイフなど	AT下位, VI層段階	12
		第2集中区 第1文化層	27,740±920	33,140 31,260	34,560 30,970	32,500	—	GaK-17728	炭化材	β	台形様石器, 東山系ナイフなど	AT下位, VI層段階	12
		第4集中区 第1文化層	27,330±970	32,960 31,020	34,460 30,470	32,190	—	GaK-17729	炭化材	β	台形様石器, 東山系ナイフなど	AT下位, VI層段階	12
		第1集中区 第1文化層	24,560±450	30,150 28,760	30,350 28,450	29,400	—		炭化材	β	台形様石器, 東山系ナイフなど	AT下位, VI層段階, 信頼性×	12
山形	丸森1		25,400±100	30,480 29,840	30,550 29,650	30,200	—	IAAA-70356	炭化材	AMS	ナイフ形石器	AT下位	13
			25,460±90	30,460 30,220	30,610 29,700	30,290	—	IAAA-70357	炭化材	AMS	ナイフ形石器	AT下位	13
岩手	上萩森	IIb文化層	32,680±160	37,410 36,780	37,990 36,610	37,210	—		炭化材	AMS	台形様石器	VII層下部段階, 編年観と年代不一致	13
福島	笹原山No.16	焚火跡	28,030±180	32,575 31,823	32,876 31,588	32,228	(−20.4)	IAAA-70356	炭化材	AMS	ナイフ先端状ナイフ, 台形様石器など	IX層上部〜VII層下部段階	14
		焚火跡	28,140±190	32,762 31,997	33,024 31,660	32,364	(−27.6)	IAAA-70357	炭化材	AMS	ペン先状ナイフ, 台形様石器など	IX層上部〜VII層下部段階	14
		包含層 4b	28,160±130	32,739 32,075	32,969 31,770	32,385	(−22.2)	IAAA-80035	炭化材	AMS	ペン先状ナイフ, 台形様石器など	IX層上部〜VII層下部段階	14
		包含層 4b	27,710±120	31,935 31,526	32,292 31,415	31,800	(−22.2)	IAAA-80036	炭化材	AMS	ペン先状ナイフ, 台形様石器など	IX層上部〜VII層下部段階	14
		包含層 4b	29,510±130	34,589 34,043	34,657 33,638	34,214	(−20.7)	IAAA-80037	炭化材	AMS	ペン先状ナイフ, 台形様石器など	IX層上部〜VII層下部段階	14

地域	遺跡名	試料採取位置	¹⁴C BP (1σ)	IntCal09 Calibrated dates 1σ (whole range)		IntCal09 Calibrated dates 2σ (whole range)		平均値	δ ¹³C	機関番号	試料	β or AMS	指標となる遺物	備考	文献
福島	笹原山No.16	包含層4b	29,950±150	34,782	34,561	35,021	34,182	34,667	(−21.0)	IAAA-80038	炭化材	AMS	ペン先形ナイフ、台形様石器など	IX層上部〜VII層下部段階	14
		包含層4b	29,910±160	34,774	34,540	34,979	34,101	34,632	(−20.1)	IAAA-80039	炭化材	AMS	ペン先形ナイフ、台形様石器など	IX層上部〜VII層下部段階	14
		包含層4b	29,410±150	34,543	33,881	34,612	33,519	34,099	(−22.3)	IAAA-80040	炭化材	AMS	ペン先形ナイフ、台形様石器など	IX層上部〜VII層下部段階	14
		包含層4b	29,860±160	34,763	34,515	34,905	34,058	34,586	(−27.7)	IAAA-80041	炭化材	AMS	ペン先形ナイフ、台形様石器など	IX層上部〜VII層下部段階	14
		包含層4b	28,410±130	33,116	32,520	33,256	32,086	32,732	(−23.2)	IAAA-80042	炭化材	AMS	ペン先形ナイフ、台形様石器など	IX層上部〜VII層下部段階	14
		4a層	30,150±170	34,896	34,640	35,065	34,550	34,788	(−31.7)	IAAA-90092	炭化材	AMS	ペン先形ナイフ、台形様石器など	IX層上部〜VII層下部段階	15
		4a層	30,710±180	35,321	34,840	36,213	34,735	35,262	(−20.5)	IAAA-90095	炭化材	AMS	ペン先形ナイフ、台形様石器など	IX層上部〜VII層下部段階	15
		4a層	28,090±180	32,680	31,925	32,945	31,630	32,301	(−23.6)	IAAA-90096	炭化材	AMS	ペン先形ナイフ、台形様石器など	IX層上部〜VII層下部段階	15
		4a層	30,690±190	35,305	34,824	36,210	34,719	35,242	(−20.2)	IAAA-90097	炭化材	AMS	ペン先形ナイフ、台形様石器など	IX層上部〜VII層下部段階	15
		4a層	30,560±200	35,156	34,792	36,163	34,645	35,072	(−16.8)	IAAA-90098	炭化材	AMS	ペン先形ナイフ、台形様石器など	IX層上部〜VII層下部段階	15
		4a層	30,050±190	34,853	34,589	35,080	34,485	34,732	(−25.7)	IAAA-90099	炭化材	AMS	ペン先形ナイフ、台形様石器など	IX層上部〜VII層下部段階	15
		4a層	30,190±180	34,924	34,655	35,087	34,562	34,809	(−26.0)	IAAA-90100	炭化材	AMS	ペン先形ナイフ、台形様石器など	IX層上部〜VII層下部段階	15
		4a層	30,140±180	34,897	34,632	35,070	34,541	34,783	(−25.2)	IAAA-90102	炭化材	AMS	ペン先形ナイフ、台形様石器など	IX層上部〜VII層下部段階	15
		4a層	27,890±170	32,289	31,622	32,696	31,502	32,052	(−14.0)	IAAA-90103	炭化材	AMS	ペン先形ナイフ、台形様石器など	IX層上部〜VII層下部段階	15
岩手	坂機III	IX層	26,070±120	31,000	30,680	31,100	30,500	30,820	(−18.1)	IAAA-72462	炭化材	AMS	台形様石器	炭化物置最少、信頼性低い	16
		IX層	28,390±150	33,080	32,400	33,240	32,000	32,670	(−22.1)	IAAA-72463	炭化材	AMS	台形様石器	IX層下部段階	16
		IX層	27,160±130	31,470	31,260	31,590	31,170	31,370	(−22.4)	IAAA-72464	炭化材	AMS	台形様石器	IX層下部段階	16
宮城	大久保	IV層	30,760±160	36,110	34,890	36,220	34,780	35,320	(−24.0)	IAAA-82998	炭化材	AMS	二次加工剥片など	X〜IX層段階？	17
		IV層	30,480±150	35,070	34,790	35,230	34,660	34,950	(−22.7)	IAAA-82999	炭化材	AMS	二次加工剥片など	X〜IX層段階？	17
		IV層	30,620±180	35,200	34,820	36,180	34,680	35,120	(−27.8)	IAAA-83000	炭化材	AMS	二次加工剥片など	X〜IX層段階？	17
岩手	峠山牧場IA	IIb層 AIIIw18 第1文化層 (AT下位)	30,550±1,190	36,610	33,950	38,620	32,760	35,450	—	Gak-18479	炭化材	β	台形様石器	参考値	18
■北陸															
新潟	黒姫洞窟	土器片（内面）	9,050±50	10,250	10,190	10,380	9,960	10,210	(−24.1)	IAAA-40495	土器付着炭化物	AMS	沈線文	早期初頭の参考値	19
		土器片（内面）	9,850±40	11,270	11,220	11,330	11,190	11,250	−23.2	Beta-194820	土器付着炭化物	AMS	燃糸文	早期初頭の参考値	19
		土器片（内面）	9,720±40	11,210	11,130	11,240	10,880	11,150	−24.8	Beta-194819	土器付着炭化物	AMS	燃糸文	早期初頭の参考値	19
福井	鳥浜貝塚	土器付着炭化物（外面）（多縄文）	10,175±35	11,980	11,770	12,040	11,710	11,870	(−25.6)	PLD-9062	土器付着炭化物	AMS	多縄文（押圧）	—	20
		—	11,220±80	13,250	12,970	13,300	12,880	13,100	—	IAAA-30476	木材	AMS	降起線文	—	20
		80R3区東壁31層泥礫砂層下部	10,080±60	11,810	11,400	11,970	11,340	11,640	—	KSU-397	木	β	多縄文	層位による区分はかなり明瞭	21
		80R3区東壁33層茶褐色有機物層	10,320±45	12,380	12,030	12,390	11,980	12,160	—	KSU-404	木	β	多縄文	層位による区分はかなり明瞭	21
		80R2・3区ベルト31層	9,775±45	11,250	11,170	11,310	10,900	11,190	—	KSU-361	木	β	多縄文	層位による区分はかなり明瞭	21
		83T3区38D・39B・37B82層	10,070±45	11,760	11,400	11,960	11,350	11,610	—	KSU-1016	木	β	多縄文	層位による区分はかなり明瞭	21
		84T2区29M60層	10,270±45	12,120	11,840	12,380	11,810	12,030	—	KSU-1025	木	β	多縄文	層位による区分はかなり明瞭	21
		84T2区29M60層	10,130±45	11,970	11,640	12,000	11,410	11,780	—	KSU-1026	木	β	多縄文	層位による区分はかなり明瞭	21

地域	遺跡名	試料採取位置	^{14}C BP (1σ)	IntCal09 Calibrated dates				$\delta^{13}C$	機関番号	試料	β or AMS	指標となる遺物	備考	文献
				1σ (whole range)	2σ (whole range)	平均値								
福井	鳥浜貝塚	83T3区36E・38C・34D85層	10,290±45	12,150 11,970	12,390 11,830	12,090	—	KSU-1017	木	β	爪形文・押圧文土器	層位による区分はかなり明瞭	21
福井		84T2区22M62層	10,770±160	12,880 12,550	13,110 12,220	12,690	—	KSU-1027	木	β	爪形文・押圧文土器	層位による区分はかなり明瞭	21
福井		84T2区29M66層	11,800±55	13,790 13,600	13,830 13,470	13,670	—	KSU-1028	木	β	隆起線文	層位による区分はかなり明瞭	21
福井		84T3区66層	11,800±55	13,790 13,510	13,800 13,450	13,640	—	KSU-1029	木	β	隆起線文	層位による区分はかなり明瞭	21
福井		83T3区39B80層	10,070±55	11,760 11,400	11,960 11,350	11,620	—	KSU-1015	木	β	土器は混在	層位による区分はかなり明瞭	21
新潟	卯ノ木南	土器付着炭化物	11,000±50	12,960 12,730	13,080 12,690	12,870	−24.8	Beta-136739	土器付着炭化物	AMS	爪形文・押圧縄文	一部の土器によりリザーバー効果あり？	22
新潟		土器付着炭化物	11,040±50	13,080 12,840	13,100 12,720	12,920	−24.5	Beta-136740	土器付着炭化物	AMS	爪形文・押圧縄文	一部の土器によりリザーバー効果あり？	22
新潟		土器付着炭化物	11,130±50	13,110 12,940	13,170 12,790	13,010	−25.2	Beta-136741	土器付着炭化物	AMS	爪形文・押圧縄文	一部の土器によりリザーバー効果あり？	22
新潟		土器付着炭化物	11,620±50	13,580 13,380	13,660 13,320	13,480	−21.2	Tka-14586	土器付着炭化物	AMS	爪形文・押圧縄文	一部の土器によりリザーバー効果あり？	22
新潟	久保寺南	土器付着炭化物 F2 792 図29-38	12,690±110	15,220 14,660	15,590 14,240	14,990	—	Tka-14587	土器付着炭化物	AMS	隆起線文		23
新潟		土器付着炭化物 1T-208 図25-8	12,670±170	15,250 14,250	15,870 14,130	14,950	—	Tka-14598	土器付着炭化物	AMS	隆起線文		23
新潟		土器付着炭化物 F2 792	12,460±90	14,870 14,220	15,060 14,130	14,580	—	Tka-14554	土器付着炭化物	AMS	隆起線文		23
新潟	小丸山B	土器付着炭化物 KN-N-4-7-23-1	11,940±50	13,870 13,730	13,960 13,640	13,800	−22.2	Tka-14552	土器付着炭化物	AMS	爪形文		23
新潟	王	土器付着炭化物 HY32-1-1①	11,800±60	13,760 13,510	13,810 13,450	13,640	−21.6	Tka-14594	土器付着炭化物	AMS	爪形文		23
新潟		土器付着炭化物 91-JE-614	11,700±90	13,670 13,430	13,770 13,350	13,560	—	Tka-14358	土器付着炭化物	AMS	円孔文		23
新潟	西倉	土器付着炭化物 HY34	11,760±120	13,740 13,460	13,860 13,350	13,610	−23.6	Tka-14584	土器付着炭化物	AMS	爪形文		23
新潟		土器付着炭化物 HY37②-2	11,570±80	13,490 13,300	13,650 13,260	13,430	—	Tka-14551	土器付着炭化物	AMS	爪形文		23
新潟		土器付着炭化物 HY37-①	11,550±60	13,450 13,310	13,580 13,260	13,400	−22.4	Tka-14556	土器付着炭化物	AMS	爪形文		23
新潟	中田D	土器付着炭化物 109	11,610±50	13,570 13,350	13,630 13,300	13,460	—	Tka-14558	土器付着炭化物	AMS	無文		23
新潟		土器付着炭化物 2	11,340±120	13,330 13,110	13,450 12,920	13,210	—	Tka-14596	土器付着炭化物	AMS	表裏爪形文		23
新潟	おざか清水	土器付着炭化物 B4-16-3	10,740±110	12,750 12,550	12,910 12,420	12,660	−22.1	Tka-14597	土器付着炭化物	AMS	押引文		23
新潟		土器付着炭化物 B4-16-25	10,670±140	12,720 12,410	12,890 12,140	12,560	−29.0	Tka-14564	土器付着炭化物	AMS	押引文		23
新潟	小瀬か沢	土器付着炭化物 HY83	10,510±60	12,560 12,400	12,610 12,140	12,440	−29.5	Tka-14620	土器付着炭化物	AMS	爪形文		23
新潟	卯ノ木南	14 口縁外	11,070±100	13,110 12,830	13,170 12,680	12,940	−25.4	Tka-14611	土器付着炭化物	AMS	押圧縄文	一部の土器によりリザーバー効果有？	23
新潟		14 胴部内	10,810±70	12,760 12,600	12,880 12,570	12,710	−31.3	Tka-14621	土器付着炭化物	AMS	押圧縄文	一部の土器によりリザーバー効果有？	23
新潟		236 胴部外	11,220±70	13,260 12,960	13,320 12,810	13,090	−22.9	Tka-14622	土器付着炭化物	AMS	押圧縄文	一部の土器によりリザーバー効果有？	23
新潟		241 胴部外	10,920±70	12,890 12,680	12,960 12,610	12,800	−29.3	Tka-14579	土器付着炭化物	AMS	押圧縄文	一部の土器によりリザーバー効果有？	23
新潟		2013 口縁外	11,450±160	13,460 13,140	13,720 12,960	13,330	—	Tka-14589	土器付着炭化物	AMS	押圧縄文	一部の土器によりリザーバー効果有？	23
新潟		2013 口縁内	11,030±170	13,100 12,740	13,250 12,610	12,920	−28.7	Tka-14590	土器付着炭化物	AMS	押圧縄文	一部の土器によりリザーバー効果有？	23
新潟		324 口縁外	11,030±80	13,100 12,750	13,230 12,620	12,920	−28.8	Tka-14623	土器付着炭化物	AMS	押圧縄文	一部の土器によりリザーバー効果有？	23
新潟		325 胴部内	10,920±70	12,890 12,680	13,060 12,610	12,800	−31.2	Tka-14625	土器付着炭化物	AMS	押圧縄文	一部の土器によりリザーバー効果有？	23
新潟		325 胴部内	10,860±70	12,830 12,630	12,920 12,590	12,770	−29.0	Tka-14626	土器付着炭化物	AMS	押圧縄文	一部の土器によりリザーバー効果有？	23
新潟		401 口縁外	10,850±130	12,880 12,610	13,080 12,560	12,780	—	Tka-14591	土器付着炭化物	AMS	押圧縄文	一部の土器によりリザーバー効果有？	23
新潟		2015 口縁外	10,850±70	12,810 12,620	12,910 12,590	12,740	−28.7	Tka-14613	土器付着炭化物	AMS	押圧縄文・爪形文	一部の土器によりリザーバー効果有？	23
新潟		611 口縁外	10,830±80	12,790 12,600	12,910 12,580	12,730	−28.8	Tka-14624	土器付着炭化物	AMS	押圧縄文・爪形文	一部の土器によりリザーバー効果有？	23
新潟		613 口縁内	10,900±70	12,870 12,670	12,970 12,600	12,780	−31.2	Tka-14625	土器付着炭化物	AMS	押圧縄文・爪形文	一部の土器によりリザーバー効果有？	23
新潟		613 口縁内	10,880±70	12,850 12,650	12,940 12,600	12,770	−31.7	Tka-14626	土器付着炭化物	AMS	押圧縄文・爪形文	一部の土器によりリザーバー効果有？	23
新潟		614 胴部外	10,790±70	12,740 12,590	12,870 12,560	12,690	−29.2	Tka-14614	土器付着炭化物	AMS	押圧縄文・爪形文	一部の土器によりリザーバー効果有？	23
新潟		2010 口縁外	11,040±160	13,090 12,770	13,210 12,640	12,920	—	Tka-14580	土器付着炭化物	AMS	押圧縄文・爪形文	一部の土器によりリザーバー効果有？	23
新潟		2011 口縁外	11,000±140	13,070 12,730	13,170 12,610	12,890	—	Tka-14592	土器付着炭化物	AMS	押圧縄文・爪形文	一部の土器によりリザーバー効果有？	23
新潟		621 口縁外	10,660±170	12,770 12,220	12,940 12,060	12,520	—	Tka-14593	土器付着炭化物	AMS	押圧縄文・爪形文	一部の土器によりリザーバー効果有？	23
新潟		2021 口縁外	10,990±80	13,050 12,710	13,100 12,670	12,870	—	Tka-14581	土器付着炭化物	AMS	押圧縄文	一部の土器によりリザーバー効果有？	23

地域	遺跡名	試料採取位置	¹⁴C BP (1σ)	IntCal09 Calibrated dates 1σ (whole range)	2σ (whole range)	平均値	δ¹³C	機関番号	試料	β or AMS	指標となる遺物	備 考	文献
新潟	卯ノ木南	2021 口縁内	11,000 ± 60	12,970 12,680	13,090 12,680	12,880	−29.0	Tka-14615	土器付着炭化物	AMS	押圧縄文	一部の土器にはリザーバー効果有？	23
		624 口縁外	10,950 ± 120	12,960 12,620	13,110 12,620	12,850	−	Tka-14582	土器付着炭化物	AMS	押引文	一部の土器にはリザーバー効果有？	23
		3001 胴部外	10,990 ± 60	12,960 12,720	13,080 12,680	12,860	−31.2	Tka-14616	土器付着炭化物	AMS	押引文	一部の土器にはリザーバー効果有？	23
		3002 口縁外	11,670 ± 130	13,680 13,380	13,800 13,280	13,540	−	Tka-14583	土器付着炭化物	AMS	無文	一部の土器にはリザーバー効果有？	23
新潟	久保寺南	土器付着炭化物	12,280 ± 50	14,470 14,000	14,850 13,930	14,240	−24.9	Beta-136743	土器付着炭化物	AMS	隆起線文	−	24
		土器付着炭化物	12,420 ± 50	14,660 14,180	14,970 14,130	14,510	−24.8	Beta-136744	土器付着炭化物	AMS	隆起線文	−	24
		土器付着炭化物	12,490 ± 60	14,930 14,240	15,060 14,180	14,630	−23.8	Beta-136745	土器付着炭化物	AMS	隆起線文	−	24
		土器付着炭化物	12,620 ± 50	15,120 14,580	15,220 14,520	14,890	−23.6	Beta-136746	土器付着炭化物	AMS	隆起線文	−	24
		土器付着炭化物	12,510 ± 40	14,980 14,270	15,070 14,220	14,680	−23.9	Beta-136747	土器付着炭化物	AMS	隆起線文	−	24
		土器付着炭化物	12,520 ± 50	15,010 14,520	15,090 14,220	14,690	−25.2	Beta-140494	土器付着炭化物	AMS	隆起線文	−	24
		土器付着炭化物	12,630 ± 50	15,140 14,700	15,230 14,540	14,910	−26.5	Beta-140495	土器付着炭化物	AMS	隆起線文	−	24
新潟	本ノ木	上部ローム層、炭化材	12,700 ± 80	15,230 14,800	15,550 14,580	15,030	−27.2	Tka-14618	炭化材	AMS	尖頭器	尖頭器との層位的関係は不確定	25
		上部ローム層、炭化材	12,680 ± 120	15,220 14,700	15,570 14,240	14,970	−22.9	Tka-14619	炭化材	AMS	尖頭器	尖頭器との層位的関係は不確定	25
新潟	荒屋	−	13,200 ± 350	16,670 15,270	17,000 14,680	15,930	−	GaK-948	炭化材	β	細石刃	楔形（削片・分割系）、参考値	26
		土壌01	14,050 ± 110	17,250 16,890	17,500 16,830	17,140	−	GrA-5701	炭化材	AMS	細石刃	楔形（削片・分割系）	27
		土壌01	14,150 ± 110	17,430 17,020	17,600 16,890	17,240	−	GrA-5702	炭化材	AMS	細石刃	楔形（削片・分割系）	27
		土壌01	14,100 ± 100	17,430 17,020	17,540 16,860	17,180	−	GrA-5703	炭化材	AMS	細石刃	楔形（削片・分割系）	27
		土壌06	14,200 ± 120	17,500 17,070	17,670 16,900	17,290	−	GrA-5704	炭化材	AMS	細石刃	楔形（削片・分割系）	27
		土壌06	14,150 ± 110	17,430 17,020	17,600 16,890	17,240	−	GrA-5705	炭化材	AMS	細石刃	楔形（削片・分割系）	27
		土壌06	14,100 ± 110	17,400 16,950	17,550 16,860	17,190	−	GrA-5706	炭化材	AMS	細石刃	楔形（削片・分割系）	27
		土壌06	14,100 ± 110	17,400 16,950	17,550 16,860	17,190	−	GrA-5707	炭化材	AMS	細石刃	楔形（削片・分割系）	27
		土壌06	14,150 ± 110	17,430 17,020	17,600 16,890	17,240	−	GrA-5708	炭化材	AMS	細石刃	楔形（削片・分割系）	27
		土壌14	14,100 ± 110	17,400 16,950	17,550 16,860	17,190	−	GrA-5709	炭化材	AMS	細石刃	楔形（削片・分割系）	27
		土壌14	14,150 ± 120	17,440 17,020	17,620 16,880	17,240	−	GrA-5710	炭化材	AMS	細石刃	楔形（削片・分割系）	27
		土壌14	14,150 ± 110	17,430 17,020	17,600 16,890	17,240	−	GrA-5711	炭化材	AMS	細石刃	楔形（削片・分割系）	27
		土壌14	14,200 ± 110	17,490 17,080	17,660 16,920	17,290	−	GrA-5712	炭化材	AMS	細石刃	楔形（削片・分割系）	27
		土壌14	14,250 ± 110	17,550 17,140	17,730 16,950	17,340	−	GrA-5713	炭化材	AMS	細石刃	楔形（削片・分割系）	27
		堅穴状遺構	13,690 ± 80	16,930 16,380	17,040 16,610	16,820	−	GrA-5715	炭化材	AMS	細石刃	楔形（削片・分割系）	27
		堅穴状遺構	13,700 ± 290	17,200 16,380	17,570 15,570	16,690	−	GrA-5716	炭化材	AMS	細石刃	楔形（削片・分割系）	27
新潟	向原A	谷内1T	19,120 ± 140	23,180 22,470	23,340 22,380	22,830	−24.2	Beta-141743	炭化材	AMS	杉久保型ナイフ形石器、神山型彫器	−	28
		谷内1T	19,050 ± 150	22,980 22,410	23,310 22,320	22,770	−23.1	Beta-141744	炭化材	AMS	杉久保型ナイフ形石器、神山型彫器	−	28
		谷内1T	19,100 ± 140	23,180 22,460	23,330 22,370	22,810	−23.0	Beta-141745	炭化材	AMS	杉久保型ナイフ形石器、神山型彫器	−	28
		谷内1T	19,240 ± 140	23,200 22,610	23,420 22,460	22,940	−23.2	Beta-141746	炭化材	AMS	杉久保型ナイフ形石器、神山型彫器	−	28
新潟	向原B	谷内5T	19,090 ± 140	23,170 22,450	23,320 22,360	22,810	−23.2	Beta-141747	炭化材	AMS	杉久保型ナイフ形石器、神山型彫器	−	28
■中部													
長野	栃原岩陰	土器付着炭化物（燃糸文）	9,580 ± 40	11,090 10,780	11,130 10,740	10,930	(−23.7)	IAAA-100903	土器付着炭化物	AMS	燃糸文	草創期末〜早期初頭の参考値	29
		土器付着炭化物（表裏縄文）	9,610 ± 40	11,130 10,790	11,170 10,770	10,950	(−23.5)	IAAA-100904	土器付着炭化物	AMS	表裏縄文	草創期末〜早期初頭の参考値	29
		土器付着炭化物（表裏縄文）	9,630 ± 40	11,170 10,820	11,180 10,780	10,980	(−24.9)	IAAA-100905	土器付着炭化物	AMS	表裏縄文	草創期末〜早期初頭の参考値	29
		土器付着炭化物（表裏縄文）	9,460 ± 40	10,750 10,600	11,070 10,570	10,710	(−26.5)	IAAA-100906	土器付着炭化物	AMS	表裏縄文	草創期末〜早期初頭の参考値	29

地域	遺跡名	試料採取位置	¹⁴C BP (1σ)	IntCal09 Calibrated dates 1σ (whole range)	2σ (whole range)	平均値	δ¹³C	機関番号	試料	β or AMS	指標となる遺物	備考	文献
長野	栃原岩陰	土器付着炭化物（表裏縄文）	9,520 ± 130	11,070 11,080 10,670	10,710 10,880	10,880	(−24.1)	IAAA-100907	土器付着炭化物	AMS	表裏縄文	草創期末〜早期初頭の参考値	29
長野	仲町 BP5	土器付着炭化物	12,010 ± 130	14,020 14,190 13,480	13,730 13,880	13,880	(−23.6)	PLD-1839	土器付着炭化物	AMS	隆起線文	—	30
		土器付着炭化物	12,200 ± 120	14,460 14,870 13,770	13,830 14,280	14,280	(−26.1)	PLD-1840	土器付着炭化物	AMS	多孔文	—	30
		土器付着炭化物	11,770 ± 120	13,750 13,870 13,350	13,470 13,610	13,610	(−24.6)	PLD-1841	土器付着炭化物	AMS	円孔文	—	30
		土器付着炭化物	12,040 ± 110	14,020 14,190 13,620	13,770 13,910	13,910	(−24.6)	PLD-1842	土器付着炭化物	AMS	円文	—	30
		土器付着炭化物	12,280 ± 110	14,530 14,920 13,870	13,980 14,320	14,320	(−25.5)	PLD-1843	土器付着炭化物	AMS	円文	—	30
		土器付着炭化物	12,040 ± 40	13,960 14,020 13,760	13,810 13,890	13,890	−24.8	NUTA2-7387	土器付着炭化物	AMS	無文	—	30
		土器付着炭化物	11,420 ± 45	13,360 13,320 13,160	13,220 13,290	13,290	−29.7	NUTA2-7388	土器付着炭化物	AMS	無文	—	30
		土器付着炭化物	11,540 ± 35	13,430 13,500 13,260	13,310 13,380	13,380	−24.1	NUTA2-7389	土器付着炭化物	AMS	無文	—	30
		土器付着炭化物	11,990 ± 60	13,920 14,020 13,700	13,760 13,850	13,850	(−30.6)	IAAA-40496	土器付着炭化物	AMS	無文	—	30
長野	星光山荘B	土器付着炭化物	12,000 ± 40	13,960 14,020 13,760	13,810 13,890	13,890	—	Beta-133848	土器付着炭化物	AMS	隆起線文	アルカリ処理していない？	31
		土器付着炭化物	12,160 ± 40	14,080 14,170 13,850	13,920 14,010	14,010	—	Beta-133849	土器付着炭化物	AMS	隆起線文	アルカリ処理していない？	31
		土器付着炭化物	12,340 ± 50	14,530 14,900 14,030	14,140 14,380	14,380	—	Beta-133847	土器付着炭化物	AMS	隆起線文	アルカリ処理していない？	31
長野	中島B	土器集中地点	12,460 ± 310	15,100 16,060 13,720	14,040 14,710	14,710	—	I-13767	炭化物	β	隆起線文	—	32
長野	貫ノ木	土器付着炭化物	12,350 ± 50	14,530 14,890 14,040	14,120 14,400	14,400	−25.8	NUTA2-6885	土器付着炭化物	AMS	隆起線文	—	33
		土器付着炭化物	12,360 ± 50	14,550 14,900 14,050	14,130 14,420	14,420	−22.8	NUTA2-6883	土器付着炭化物	AMS	隆起線文	—	33
		土器付着炭化物	12,490 ± 50	14,930 15,060 14,190	14,250 14,630	14,630	−24.6	NUTA2-6883	土器付着炭化物	AMS	隆起線文	—	33
		土器付着炭化物	12,870 ± 110	15,830 16,250 14,920	15,050 15,470	15,470	(−24.8)	PLD-1845	土器付着炭化物	AMS	隆起線文	アルカリ処理不足のため不採用	33
		土器付着炭化物	13,010 ± 110	16,040 16,420 15,120	15,200 15,720	15,720	(−25.0)	PLD-1844	土器付着炭化物	AMS	隆起線文	アルカリ処理不足のため不採用	33
長野	八風山VI	VIII区U50 B地点炭化物集中	12,230 ± 240	14,780 15,120 13,640	13,810 14,340	14,340	—	JAS-212	炭化材	β	尖頭器 (As-YP上位)	年代の信頼性は木明、不採用	34
		VIII区U50 B地点炭化物集中	11,020 ± 290	13,120 13,400 12,440	12,670 12,920	12,920	—	JAS-203	炭化材	β	尖頭器 (As-YP上位)	年代の信頼性は木明、不採用	34
長野	天神小根	E5グリッド	14,780 ± 80	18,450 18,500 17,640	17,810 18,040	18,040	25.9	Beta-150647	炭化材	AMS	細石刃	船底形（ホロカ型）	35
		E5グリッド	13,290 ± 80	16,670 16,790 15,560	16,050 16,250	16,250	25.2	Beta-150648	炭化材	AMS	細石刃	船底形（ホロカ型）	35
長野	下茂内	第II文化層, 1号炭化物集中区	16,250 ± 180	19,580 19,870 18,880	18,970 19,370	19,370	—	NUTA-1515	炭化材	AMS		As-Ok2下	36
長野	追分1	IW 第1次文化層12	17,550 ± 120	21,210 21,360 20,440	20,540 20,890	20,890	—	TERRA-b 033051c07	炭化材	AMS	尖頭器、二側縁・一側縁加工ナイフ形石器		37
		IW 第3文化層ブロック21	18,960 ± 120	22,930 23,270 22,260	22,330 22,660	22,660	—	TERRA-b 033051c08	炭化材	AMS	二側縁・端部加工ナイフ	砂川期並行	37
		IW 第3文化層ブロック21	19,230 ± 130	23,180 23,400 22,460	22,600 22,930	22,930	—	TERRA-b 033051c09	炭化材	AMS	二側縁・端部加工ナイフ	砂川期並行	37
		IW 第3文化層ブロック34	18,970 ± 130	22,940 23,280 22,260	22,340 22,680	22,680	—	TERRA-b 033051c10	炭化材	AMS	二側縁・端部加工ナイフ	砂川期並行	37
		IW 第3文化層ブロック34	19,020 ± 130	22,960 23,290 22,300	22,390 22,740	22,740	—	TERRA-b 033051c14	炭化材	AMS	二側縁・端部加工ナイフ	砂川期並行	37
		IE 第4文化層ブロック5	28,890 ± 250	33,960 34,510 32,790	33,030 33,550	33,550	—	TERRA-b 033051c15	炭化材	AMS	三側縁・ナイフ形石器・台形様石器	AT直上、年代古い、信頼性×	37
		IE 第4文化層ブロック5	29,610 ± 280	34,690 34,800 33,450	33,940 34,200	34,200	—	TERRA-b 033051c16	炭化材	AMS	三側縁・端部加工ナイフ・台形様石器	AT直上、年代古い、信頼性×	37
		IW 第4文化層ブロック10	25,580 ± 380	30,910 31,030 29,590	29,890 30,360	30,360	—	TERRA-b 033051c17	炭化材	AMS	三側縁・端部加工ナイフ・台形様石器	AT直上、年代古い、信頼性×	37
		IW 第4文化層ブロック12	27,340 ± 230	31,650 32,040 31,160	31,280 31,540	31,540	—	TERRA-b 033051c18	炭化材	AMS	三側縁・端部加工ナイフ・台形様石器	AT直上、年代古い、信頼性×	37
		IW 第5文化層ブロック2	31,040 ± 300	36,240 36,380 34,940	35,100 35,650	35,650	—	TERRA-b 033051c19	炭化材	AMS	台形様石器・ナイフ形石器	AT下、VIII層下部段階？	37
		IW 第5文化層ブロック5	29,310 ± 250	34,470 34,610 33,300	33,640 33,970	33,970	—	TERRA-b 033051c20	炭化材	AMS	台形様石器・ナイフ形石器	AT下、VIII層下部段階？	37

地域	遺跡名	試料採取位置	¹⁴C BP (1σ)	IntCal09 Calibrated dates 1σ (whole range)	2σ (whole range)	平均値	δ¹³C	機関番号	β or AMS	試料	指標となる遺物	備考	文献
長野	追分Ⅰ	IW 第5文化層ブロック5	30,640±300	36,120 34,750	36,260 34,640	35,290	—	TERRA-b 033051c23	AMS	炭化材	台形様石器・ナイフ形石器	AT下、Ⅶ層下部段階？	37
長野	追分Ⅱ	Ⅱ 第1次化層ブロック2	11,640±70	13,600 13,380	13,700 13,310	13,500	—	TERRA-b 033051c24	AMS	炭化材	尖頭器、ナイフ形石器	年代新しい、不採用	37
長野	追分Ⅱ	Ⅱ 第1次化層ブロック2	11,730±80	13,690 13,460	13,780 13,390	13,580	—	TERRA-b 033051c25	AMS	炭化材	尖頭器、ナイフ形石器	年代新しい、不採用	37
長野	日向林B	Ⅳ層上部	19,600±100	23,680 23,290	23,850 22,740	23,420	—	Beta-120861	AMS	炭化材	ナイフ形石器	詳細不明	38
長野	照月台	Ⅳ層中	24,330±200	29,450 28,880	29,540 28,540	29,090	−24.8	Beta-140929	AMS	炭化材	—	参考値	39
長野	照月台	Va層中（石器の中心はVa だが詳細不明）	27,010±260	31,450 31,160	31,660 31,030	31,340	−25.6	Beta-140927	AMS	炭化材	斧形石器・台形様石器・ナイフ形石器など	照月台Ⅰ石器文化（Ⅶ・Ⅵ層段階）	39
長野	照月台	Vb中	29,290±310	34,480 33,590	34,650 33,200	33,940	−25.3	Beta-140928	AMS	炭化材	斧形石器・台形様石器・ナイフ形石器など	照月台Ⅰ石器文化（Ⅶ・Ⅵ層段階）	39
長野	仲町JS地点	JS地点Vb層, SF234 No.54786	27,820±290	32,360 31,530	32,870 31,390	32,070	(−25.2)	PLD-1846	AMS	炭化材	斧形石器・台形様石器・ナイフ形石器など	仲町JS（Ⅵ層段階）	39
長野	仲町JS地点	JS地点Va層, SF234 No.51804	27,360±290	31,760 31,260	32,330 31,130	31,620	(−25.5)	PLD-1847	AMS	炭化材	斧形石器・台形様石器・ナイフ形石器など	仲町JS（Ⅵ層段階）	39
長野	仲町BP第2地点	BP第2地点Va層, No.6115	29,400±370	34,550 33,620	34,760 33,170	34,000	(−24.9)	PLD-1837	AMS	炭化材	斧形石器・台形様石器・ナイフ形石器など	仲町BP5（Ⅸ〜Ⅶ層段階）	39
長野	日向林B	Va上面⑤	27,950±210	32,460 31,680	32,840 31,510	32,150	—	Beta-120862	AMS	炭化材	合形様石器など？	日向林Ⅱ石器文化（Ⅹ・Ⅸ・Ⅶ・Ⅵ含む）	38
長野	日向林B	Va⑧	28,400±210	33,160 32,330	33,350 31,920	32,690	—	Beta-120865	AMS	炭化材	合形様石器など？	日向林Ⅱ石器文化（Ⅹ・Ⅸ・Ⅶ・Ⅵ含む）	38
長野	日向林B	Va⑪	27,940±210	32,440 31,670	32,830 31,510	32,140	—	Beta-120867	AMS	炭化材	合形様石器など？	日向林Ⅱ石器文化（Ⅹ・Ⅸ・Ⅶ・Ⅵ含む）	38
長野	日向林B	Va⑪	28,540±220	33,320 32,590	33,600 31,960	32,900	—	Beta-120868	AMS	炭化材	合形様石器など？	日向林Ⅱ石器文化（Ⅹ・Ⅸ・Ⅶ・Ⅵ含む）	38
長野	日向林B	Va上面⑫	27,940±200	32,430 31,670	32,810 31,510	32,130	—	Beta-120869	AMS	炭化材	合形様石器など？	日向林Ⅱ石器文化（Ⅹ・Ⅸ・Ⅶ・Ⅵ含む）	38
長野	日向林B	Vb上①	29,870±250	34,890 34,210	35,060 33,850	34,530	—	Beta-120858	AMS	炭化材	斧形石器・台形様石器など？	日向林Ⅰ石器文化（Ⅹ・Ⅸ層段階）	38
長野	日向林B	Vb下②	31,420±280	36,410 35,400	36,540 35,400	35,850	—	Beta-120861	AMS	炭化材	斧形石器・台形様石器など？	日向林Ⅰ石器文化（Ⅹ・Ⅸ層段階）	38
長野	日向林B	Vb上⑥	28,230±210	32,900 32,090	33,180 31,730	32,470	—	Beta-120863	AMS	炭化材	斧形石器・台形様石器など？	日向林Ⅰ石器文化（Ⅹ・Ⅸ層段階）	38
長野	日向林B	Vb上⑦	29,820±250	34,830 34,150	34,990 33,720	34,470	—	Beta-120864	AMS	炭化材	斧形石器・台形様石器など？	日向林Ⅰ石器文化（Ⅹ・Ⅸ層段階）	38
長野	日向林B	Vb上面⑨	29,640±240	34,690 34,030	34,790 33,540	34,260	—	Beta-120866	AMS	炭化材	斧形石器・台形様石器など？	日向林Ⅰ石器文化（Ⅹ・Ⅸ層段階）	38
長野	貫ノ木	Vb	33,070±540	38,500 37,100	38,970 36,580	37,800	−25.5	Beta-82577	AMS	炭化材	斧形石器・台形様石器など？	貫ノ木Ⅰ石器文化（Ⅹ・Ⅸ層段階）	39
長野	貫ノ木	Vc	33,040±530	38,470 37,080	38,910 36,580	37,770	−26.1	Beta-82580	AMS	炭化材	斧形石器・台形様石器など？	貫ノ木Ⅰ石器文化（Ⅹ・Ⅸ層段階）	39
長野	貫ノ木	V?	32,260±590	37,830 35,730	38,460 35,350	36,990	−24.2	Beta-109414	AMS	炭化材	斧形石器・台形様石器など？	貫ノ木Ⅰ石器文化（Ⅹ・Ⅸ層段階）	39
長野	貫ノ木	V?	32,110±610	37,540 35,560	38,460 35,240	36,780	−26.4	Beta-86231	AMS	炭化材	ナイフ形石器・石刃	貫ノ木Ⅰ石器文化（Ⅹ・Ⅸ層段階）	39
長野	貫ノ木	Vb	30,510±510	36,170 34,630	36,490 34,210	35,280	−25.6	Beta-109416	AMS	炭化材	斧形石器・台形様石器など？	貫ノ木Ⅰ石器文化（Ⅹ・Ⅸ層段階）	39
長野	貫ノ木	Vb	32,410±340	37,340 36,540	38,380 36,350	37,080	−25.1	Beta-109419	AMS	炭化材	斧形石器・台形様石器など？	貫ノ木Ⅰ石器文化（Ⅹ・Ⅸ層段階）	39
長野	八風山Ⅱ	HPV F76・Xb	31,860±250	36,700 35,690	36,910 35,420	36,290	−23.7	Beta-86229	AMS	炭化材	ナイフ形石器・石刃	Ⅹ層段階	40
長野	八風山Ⅱ	HPV F76・Xb	32,240±260	36,980 36,480	37,570 36,290	36,800	−24.2	Beta-86230	AMS	炭化材	ナイフ形石器・石刃	Ⅹ層段階	40
長野	八風山Ⅱ	HPV F76・Xb	31,360±220	36,340 35,380	36,480 35,160	35,820	−26.4	Beta-86231	AMS	炭化材	ナイフ形石器・石刃	Ⅹ層段階	40
長野	八風山Ⅱ	HPV F76・Xb	32,190±260	36,930 36,330	36,450 35,720	36,740	−25.6	Beta-86232	AMS	炭化材	ナイフ形石器・石刃	Ⅹ層段階	40
長野	八風山Ⅱ	HPV F76・Xb	32,180±260	36,920 36,450	37,490 35,710	36,730	−25.1	Beta-86233	AMS	炭化材	ナイフ形石器・石刃	Ⅹ層段階	40
長野	野尻湖立が鼻	上部野尻湖層Ⅰ、ナウマンゾウ臼歯	34,500±670	40,380 38,800	41,230 37,940	39,620	−20.4	NUTA-1281	AMS	ゼラチンコラーゲン	—	ゼラチン収率0.77％、信頼性×、参考値	41
長野	野尻湖立が鼻	上部野尻湖層Ⅰ、ナウマンゾウ臼歯	38,820±1,580	44,470 42,080	46,420 41,080	43,570	−20.6	NUTA-1263	AMS	ゼラチンコラーゲン	—	参考値	41
長野	野尻湖立が鼻	上部野尻湖層Ⅰ、ナウマンゾウ臼歯	38,310±1,400	44,000 41,880	45,450 41,010	43,100	−20.7	NUTA-1262	AMS	ゼラチンコラーゲン	—	参考値	41
長野	野尻湖立が鼻	上部野尻湖層Ⅰ、ナウマンゾウ臼歯	42,540±1,420	47,390 44,000	44,660	46,440	−21.8	NUTA-1217	AMS	ゼラチンコラーゲン	—	参考値	41
長野	野尻湖立が鼻	上部野尻湖層Ⅰ、材化石	32,750±490	38,000 36,690	38,680 36,510	37,520	−20.0	NUTA-1297	AMS	木材	—	参考値	41
長野	野尻湖立が鼻	上部野尻湖層Ⅰ、材化石	38,490±520	43,260 42,430	43,840 42,090	42,910	—	NUTA-1240	AMS	木材	—	参考値	41
長野	野尻湖立が鼻	上部野尻湖層Ⅰ、材化石	39,290±480	43,920 43,060	44,310 42,720	43,510	—	NUTA-1237	AMS	木材	—	参考値	41
長野	野尻湖立が鼻	中地部野尻湖層Ⅱ、ナウマンゾウ臼歯	40,770±1,200	45,500 43,620	46,920 42,740	44,750	−22.0	NUTA-1280	AMS	ゼラチンコラーゲン	—	参考値	41

地域	遺跡名	試料採取位置	¹⁴C BP (1σ)	IntCal09 Calibrated dates 1σ (whole range)	IntCal09 Calibrated dates 2σ (whole range)	平均値	δ¹³C	機関番号	試料	β or AMS	指標となる遺物	備考	文献
長野	野尻湖立ヶ鼻	中部野尻湖層II、ナウマンゾウ白歯	41,700±1,260	46,320 44,230	48,470 43,400	45,610	−21.7	NUTA-1294	ゼラチンコラーゲン	AMS	−	参考値	41
		中部野尻湖層II、ナウマンゾウ白歯	40,130±1,080	44,890 43,250	45,870 42,590	44,190	−	NUTA-1296	ゼラチンコラーゲン	AMS	−	参考値	41
		中部野尻湖層II、オオツノジカ角	40,560±1,500	45,620 43,210	48,020 42,340	44,800	−21.7	NUTA-1261	ゼラチンコラーゲン	AMS	−	参考値	41
		中部野尻湖層I、ナウマンゾウ白歯	40,860±1,170	45,560 43,730	46,910 42,830	44,800	−22.1	NUTA-1231	ゼラチンコラーゲン	AMS	−	参考値	41
		中部野尻湖層I、ナウマンゾウ白歯	41,520±1,020	45,850 44,340	47,220 43,460	45,270	−21.6	NUTA-1279	ゼラチンコラーゲン	AMS	−	参考値	41
		中部野尻湖層I、材化石	39,420±950	44,310 42,880	45,120 42,280	43,670	−	NUTA-1239	木材	AMS	−	参考値	41
		下部野尻湖層III、B3、ナウマンゾウ白歯	45,120±1,350	49,560 47,140	46,250 −	48,110	−21.9	NUTA-1267	ゼラチンコラーゲン	AMS	−	参考値	41
		下部野尻湖層III、B3、ナウマンゾウ白歯	45,810±1,290	− 48,010	46,680 −	48,490	−21.3	NUTA-1279	ゼラチンコラーゲン	AMS	−	参考値	41
		下部野尻湖層III、B2、ナウマンゾウ白歯	45,100±1,190	49,500 47,170	46,360 −	48,150	−21.5	NUTA-1252	ゼラチンコラーゲン	AMS	−	参考値	41
		下部野尻湖層III、B2、ナウマンゾウ白歯	42,670±1,120	47,060 44,910	48,940 44,430	46,370	−21.2	NUTA-1269	ゼラチンコラーゲン	AMS	−	参考値	41
		下部野尻湖層III、B2、ナウマンゾウ白歯	42,250±990	46,400 44,750	48,170 44,230	45,880	−21.9	NUTA-1283	ゼラチンコラーゲン	AMS	−	参考値	41
		下部野尻湖層III、B2、材化石	42,550±530	46,160 45,300	46,730 44,900	45,790	−	NUTA-1242	木材	AMS	−	参考値	41
		下部野尻湖層III、B1、ナウマンゾウ白歯	48,800±1,950	51,220 46,940	54,690 45,440	49,680	−21.8	NUTA-1278	ゼラチンコラーゲン	AMS	−	ゼラチン収率0.70%、信頼性×、参考値	41
		下部野尻湖層III、B1、ナウマンゾウ白歯	42,420±1,500	47,380 44,540	49,530 44,070	46,380	−21.1	NUTA-1254	ゼラチンコラーゲン	AMS	−	参考値	41
		下部野尻湖層III、B1、ナウマンゾウ白歯	43,350±1,160	47,900 45,450	49,460 44,960	46,980	−21.1	NUTA-1340	ゼラチンコラーゲン	AMS	−	参考値	41
		下部野尻湖層III、B1、オオツノジカ角	41,250±1,990	45,900 44,030	47,600 43,060	45,150	−21.3	NUTA-1316	ゼラチンコラーゲン	AMS	−	参考値	41
		下部野尻湖層III、A2、ナウマンゾウ白歯	43,520±1,340	48,280 45,570	49,730 45,040	47,170	−21.1	NUTA-1295	ゼラチンコラーゲン	AMS	−	参考値	41
		下部野尻湖層III、A2、材化石	43,070±570	46,630 45,560	47,620 45,150	46,260	−	NUTA-1241	材化石	AMS	−	参考値	41
		下部野尻湖層III、A1、ナウマンゾウ白歯	43,310±1,200	47,910 45,400	49,490 44,910	46,970	−21.3	NUTA-1268	ゼラチンコラーゲン	AMS	−	ゼラチン収率0.73%、信頼性×、参考値	41
		下部野尻湖層III、下部、ナウマンゾウ白歯	41,770±1,470	46,730 44,110	49,030 43,320	45,820	−21.2	NUTA-1329	ゼラチンコラーゲン	AMS	−	参考値	41
		下部野尻湖層III、下部、ナウマンゾウ白歯	46,230±2,430	− 47,570	46,040 −	48,170	−21.2	NUTA-1328	ゼラチンコラーゲン	AMS	−	参考値	41
■関東													
神奈川	夏島貝塚	夏島II文化層	9,240±500	11,180 9,770	12,120 9,280	10,590	−25.2	M-770 (771)	炭化材	β	撚糸文（夏島II）	早期初頭の参考値	42
群馬	白井下二	269号土坑底部	9,980±50	11,610 11,300	11,710 11,250	11,450	−25.2	Beta-207891	炭化物	AMS	表裏縄文	−	43
		土器付着炭化物（内面）	9,975±40	11,600 11,270	11,690 11,250	11,440	(−26.3)	PLD-7800	土器付着炭化物	AMS	表裏縄文	−	43
		土器付着炭化物（内面）	10,115±40	11,960 11,610	11,980 11,400	11,740	(−25.6)	PLD-7801	土器付着炭化物	AMS	表裏縄文	−	43
群馬	西鹿田中島	11号住居址	10,070±70	11,770 11,400	11,980 11,320	11,620		Beta-128025	炭化材	AMS	多縄文	−	44
		71号土壙	11,180±40	13,160 12,960	13,230 12,880	13,060		Beta-130326	粘土?	β	爪形文	試料が不明のため、信頼性は疑問	44
栃木	野沢	竪穴状遺構 (SI04)	11,760±50	13,710 13,500	13,770 13,430	13,600	(−25.2)	IAAA-10047	土器付着炭化物	AMS	無文	−	45
		竪穴状遺構 (SI04)	11,820±50	13,780 13,590	13,820 13,470	13,660	(−28.1)	IAAA-10048	土器付着炭化物	AMS	無文	−	45
		竪穴状遺構 (SI04)	11,750±50	13,690 13,490	13,760 13,430	13,590	(−25.6)	IAAA-10049	炭化物	AMS	無文	−	45
		竪穴状遺構 (SI04)	11,860±40	13,810 13,640	13,860 13,430	13,700	(−25.2)	IAAA-10050	炭化物	AMS	無文	−	45
		竪穴状遺構 (SI04)	10,380±40	12,390 12,130	12,520 12,050	12,250	(−25.2)	IAAA-10649	炭化材	AMS	無文	年代値が1点のみおかしい、不採用	45
		竪穴状遺構 (SI04)	11,750±40	13,690 13,490	13,760 13,430	13,590	(−27.6)	IAAA-10648	炭化材	AMS	無文	−	45

地域	遺跡名	試料採取位置	¹⁴C BP (1σ)	IntCal09 Calibrated dates 1σ (whole range)	IntCal09 Calibrated dates 2σ (whole range)	平均値	δ¹³C	機関番号	試料	β or AMS	指標となる遺物	備考		文献
栃木	野沢	竪穴状遺構 (SI05)	11,390±50	13,330～13,190	13,380～13,130	13,260	(−25.4)	IAAA-10051	土器付着炭化物	AMS	無文	—		45
		竪穴状遺構 (SI05)	11,710±50	13,650～13,450	13,730～13,400	13,560	(−24.3)	IAAA-10052	炭化材	AMS	無文	—		45
		竪穴状遺構 (SI05)	11,760±50	13,710～13,500	13,770～13,430	13,600	(−26.5)	IAAA-10053	炭化材	AMS	無文	—		45
		竪穴状遺構 (SI05)	11,830±50	13,780～13,600	13,820～13,470	13,670	(−29.0)	IAAA-10650	炭化材	AMS	無文	—		45
神奈川	慶応SFC	第2文化層	11,350±160	13,400～13,090	13,600～12,850	13,220	−26.0	Gak-15904	炭化材	β	隆起線文	隆起線文としては新しすぎるか？		46
神奈川	万福寺no1	土器付着炭化物	12,330±40	14,510～14,080	14,890～14,020	14,360	−26.6	Beta-191840	土器付着炭化物	AMS	隆起線文	—		47
神奈川	月見野上野2	土器付着炭化物	12,480±110	14,910～14,240	15,040～14,180	14,610	−22.6	Beta-158196	土器付着炭化物	AMS	隆起線文	—		47
東京	御殿山	土器付着炭化物	13,560±40	16,840～16,650	16,920～16,500	16,720	(−25.5)	Beta-196087	土器付着炭化物	AMS	隆起線文	隆起線文としては古すぎるか？		48
		IIc層	13,200±70	16,510～15,670	16,660～15,350	16,060	−25.4	MTC-05108	炭化材	AMS	隆起線文			48
神奈川	宮ヶ瀬北原	第I文化層,礫群2	13,060±80	16,150～15,250	16,430～15,180	15,790	−23.4	Beta-105398	炭化材	AMS	無文	L1S～漸移層 (段階XI)		49
		第I文化層,礫群3	13,050±80	16,100～15,250	16,420～15,170	15,780	−31.9	Beta-105400	炭化材	AMS	無文	L1S～漸移層 (段階XI)		49
		第I文化層,礫群5・6	13,060±100	16,170～15,210	16,480～15,160	15,810	−25.9	Beta-105401	炭化材	AMS	無文	L1S～漸移層 (段階XI)		49
		第I文化層,礫群5・6	13,020±80	15,950～15,250	16,350～15,150	15,720	−25.7	Beta-105402	炭化材	AMS	無文	L1S～漸移層 (段階XI)		49
		第I文化層,礫群5・6	13,050±80	16,100～15,250	16,420～15,170	15,780	—	Beta-105403	炭化材	AMS	無文	L1S～漸移層 (段階XI)		49
神奈川	月見野上野	第III文化層3区25ブロック	11,870±330	14,140～13,320	14,960～13,120	13,890	—	Gak-10542	炭化材	β	細石刃	層位と年代が矛盾、信頼性低、不採用		50
		第III文化層3区第1炭化物ブロック	12,230±490	15,120～13,610	16,350～13,250	14,570	—	Gak-10543	炭化材	β	細石刃	層位と年代が矛盾、信頼性低、不採用		50
		第III文化層3区第2炭化物ブロック	13,570±410	17,110～15,660	17,500～15,120	16,400	—	Gak-10545	炭化材	β	細石刃	層位と年代が矛盾、信頼性低、不採用		50
		第IV文化層第7礫群内	11,120±810	14,070～11,770	15,870～10,780	13,180	—	Gak-10548	炭化材	β	尖頭器	層位と年代が矛盾、信頼性低、不採用		50
		第IV文化層第4礫群内	10,100±270	12,100～11,250	12,590～10,870	11,750	—	Gak-10551	炭化材	β	尖頭器	層位と年代が矛盾、信頼性低、不採用		50
		第IV文化層第1炭化物集中	16,370±680	20,310～18,840	21,450～18,150	19,750	—	Gak-10532	炭化材	β	尖頭器	層位と年代が矛盾、信頼性低、不採用		50
		第IV文化層第1炭化物集中	15,060±1,530	20,450～16,500	22,940～14,180	18,610	—	Gak-10537	炭化材	β	尖頭器	層位と年代が矛盾、信頼性低、不採用		50
		第IV文化層第2炭化物集中	14,480±650	18,500～16,970	19,340～16,120	17,660	—	Gak-10533	炭化材	β	尖頭器	層位と年代が矛盾、信頼性低、不採用		50
		第IV文化層第2炭化物集中	15,510±490	19,330～18,090	19,850～17,640	18,730	—	Gak-10534	炭化材	β	尖頭器	層位と年代が矛盾、信頼性低、不採用		50
		第IV文化層第4礫群内	16,380±730	20,380～18,790	21,520～18,060	19,790	—	Gak-10535	炭化材	β	尖頭器	層位と年代が矛盾、信頼性低、不採用		50
		第V文化層第1炭化物集中	16,470±470	20,230～18,990	20,980～18,710	19,740	—	Gak-10556	炭化材	β	尖頭器	層位と年代が矛盾、信頼性低、不採用		50
		第V文化層第12炭化物第1炭化物集中	15,840±640	19,400～18,030	20,150～17,240	18,720	—	Gak-10440	炭化材	β	ナイフ形石器 B1上部	層位と年代が矛盾、信頼性低、不採用		50
		第V文化層第12炭化物第1炭化物集中	15,510±1,060	19,990～17,560	21,760～16,670	18,950	—	Gak-10541	炭化材	β	ナイフ形石器 B1上部	層位と年代が矛盾、信頼性低、不採用		50
		第V文化層第4礫群内	19,710±680	24,320～22,630	25,500～22,050	23,620	—	Gak-10546	炭化材	β	ナイフ形石器 B1上部	層位と年代が矛盾、信頼性低、不採用		50
神奈川	吉岡B区	L1H	12,960±120	15,910～15,160	16,400～15,070	15,650	—	NUTA-3035	炭化材	AMS	細石刃	稜柱形、L1H (段階IX)、不採用		51
		L1H	14,600±1,400	19,550～15,860	21,630～13,940	17,890	—	Gak-18660	炭化材	β	細石刃	稜柱形、L1H (段階IX)、不採用		51
		L1H上部	16,490±250	19,970～19,410	20,290～18,960	19,700	—	TKa-11613	炭化材	AMS	細石刃	稜柱形、L1H (段階IX)		51
		L1H上部	16,860±160	20,260～19,610	20,370～19,560	20,000	—	TKa-11599	炭化材	AMS	細石刃	稜柱形、L1H (段階IX)		51
東京	松原	ブロック2隣接炭化物集中A	17,190±50	20,480～20,250	20,940～20,140	20,430	(−26.9)	PLD-17055	炭化材	AMS	尖頭器	IV層～III層上部、ブロック間で年代不一致		52
		ブロック2隣接炭化物集中A	16,640±45	19,880～19,570	20,090～19,530	19,770	(−28.4)	PLD-17057	炭化材	AMS	尖頭器	IV層～III層上部、ブロック間で年代不一致		52
		ブロック1内炭化物集中B	18,550±50	22,320～22,080	22,440～21,790	22,170	(−25.1)	PLD-17058	炭化材	AMS	尖頭器	IV層～III層上部、ブロック間で年代不一致		52
		ブロック1内炭化物集中B	18,720±50	22,430～22,240	22,500～22,140	22,330	(−25.8)	PLD-17060	炭化材	AMS	尖頭器	IV層～III層上部、ブロック間で年代不一致		52
群馬	武井	—	16,280±80	19,560～19,380	19,820～18,950	19,430	—	IAAA-30028	炭化材	AMS	尖頭器	詳細不明		22
神奈川	用田南原	第II文化層第4炭化物集中	17,130±90	20,450～20,190	20,940～19,980	20,360	−27.7	Beta-116828	炭化材	AMS	尖頭器	L1H～B1 (段階VII)		53
		第II文化層第4炭化物集中	17,150±90	20,470～20,200	20,990～20,070	20,390	−27.4	Beta-116829	炭化材	AMS	尖頭器	L1H～B1 (段階VII)		53
		第II文化層第4炭化物集中	16,880±90	20,240～19,900	20,340～19,590	20,040	−28.0	Beta-116830	炭化材	AMS	尖頭器	L1H～B1 (段階VII)		53
		第II文化層第2炭化物集中	16,960±80	20,320～20,030	20,400～19,840	20,130	−24.4	Beta-183093	炭化材	AMS	尖頭器	L1H (段階VII)、石器分布がやや離れる		53
		第II文化層第2炭化物集中	16,970±80	20,330～20,040	20,400～19,850	20,140	−24.6	Beta-183094	炭化材	AMS	尖頭器	L1H (段階VII)、石器分布がやや離れる		53

地域	遺跡名	試料採取位置	¹⁴C BP (1σ)	IntCal09 Calibrated dates 1σ (whole range)	2σ (whole range)	平均値	δ¹³C	機関番号	試料	β or AMS	指標となる遺物	備考	文献
神奈川	宮ヶ瀬サザランカ	第Ⅲ文化層P1号ピット	17,460±330	21,240 20,390 21,590 19,890		20,820	—	Gak-18281	炭化材	β	尖頭器	L1H中〜上部 (段階Ⅶ)	54
		第Ⅲ文化層P1ブロック	15,470±290	18,970 18,120 19,380 18,030		18,690	—	Gak-18282	炭化材	β	尖頭器	L1H中〜上部(段階Ⅶ), 年代新しすぎるか	54
群馬	小暮東新山	住居状遺構ピット3	17,950±60	21,520 21,330 21,600 21,170		21,410	—	Beta-121133	炭化材	AMS		詳細不明	55
	田名向原	住居状遺構ピット1	17,650±50	21,310 20,580 21,400 20,540		21,030	-27.0	Beta-127792	炭化材	AMS	ナイフ形石器, 尖頭器	B1上部 (段階Ⅶ), Ⅳ層上部	56
		住居状遺構ピット1	17,630±50	21,310 20,580 21,370 20,540		21,000	-26.6	Beta-127793	炭化材	AMS	ナイフ形石器	B1上部 (段階Ⅶ), Ⅳ層上部	56
		住居状遺構ピット2	17,980±90	21,560 21,310 21,820 21,140		21,450	—	IAAA-71611	炭化材	AMS	ナイフ形石器	B1上部 (段階Ⅶ), Ⅳ層上部	57
		住居状遺構ピット4	17,940±90	21,530 21,290 21,720 21,090		21,400	—	IAAA-71612	炭化材	AMS	ナイフ形石器, 尖頭器	B1上部 (段階Ⅶ), Ⅳ層上部	57
		住居状遺構炉跡	17,960±90	21,540 21,310 21,770 21,120		21,430	—	IAAA-71613	炭化材	AMS	ナイフ形石器, 尖頭器	B1上部 (段階Ⅶ), Ⅳ層上部	57
神奈川	福田西二区	第Ⅰ文化層第1号礫群一括	17,920±320	22,010 21,000 22,230 20,470		21,370	—	TKa-11612	炭化材	AMS	ナイフ形石器(ティアドロップ型)	B1上部 (段階Ⅶ)	58
		第Ⅰ文化層第1号礫群	18,100±210	21,990 21,400 22,280 21,140		21,680	—	TKa-11607	炭化材	AMS	ナイフ形石器(ティアドロップ型)	B1上部 (段階Ⅶ)	58
		第Ⅰ文化層第1号礫群	17,880±220	21,670 20,600 22,030 20,530		21,310	—	TKa-11666	炭化材	AMS	ナイフ形石器(ティアドロップ型)	B1上部 (段階Ⅶ)	58
		第Ⅰ文化層第5-7ブロック直下	18,960±480	23,360 22,140 23,840 21,490		22,700	—	TKa-11525	炭化材	AMS	ナイフ形石器(ティアドロップ型)	B1上部 (段階Ⅶ)	58
		第Ⅰ文化層第5-7ブロック直下	19,410±250	23,480 22,660 23,810 22,450		23,130	—	TKa-11594	炭化材	AMS	ナイフ形石器(ティアドロップ型)	B1上部 (段階Ⅶ)	58
		第Ⅰ文化層第5-7ブロック直下	19,480±490	23,810 22,580 24,500 22,180		23,280	—	TKa-11608	炭化材	AMS	ナイフ形石器(ティアドロップ型)	B1上部 (段階Ⅶ)	58
		第Ⅰ文化層第5-7ブロック直下	18,380±470	22,470 21,370 23,320 20,560		21,970	—	TKa-11609	炭化材	AMS	ナイフ形石器(ティアドロップ型)	B1上部 (段階Ⅶ)	58
		第Ⅰ文化層第1号礫群	18,820±290	22,970 22,100 23,340 21,620		22,520	—	TKa-11597	炭化材	AMS	ナイフ形石器(ティアドロップ型)	B1上部 (段階Ⅶ)	58
		第Ⅰ文化層第2号礫群	19,440±430	24,220 22,990 24,670 22,420		23,570	—	TKa-11537	炭化材	AMS	三側縁加工ナイフ形石器	B1下部 (段階Ⅶ)	58
		第Ⅱ文化層第2号礫群	18,970±440	23,320 22,200 23,750 21,540		22,710	—	TKa-11598	炭化材	AMS	三側縁加工ナイフ形石器	B1下部 (段階Ⅶ)	58
		第Ⅱ文化層第4号礫群	19,240±700	23,890 22,200 24,850 21,430		23,080	—	TKa-11601	炭化材	AMS	三側縁加工ナイフ形石器	B1下部 (段階Ⅶ)	58
		第Ⅱ文化層第5号礫群	18,770±330	23,180 21,990 23,330 21,540		22,440	—	TKa-11602	炭化材	AMS		B1下部 (段階Ⅶ)	58
		第Ⅱ文化層第3ブロック周辺	19,220±330	23,340 22,490 23,810 22,230		22,970	—	TKa-11603	炭化材	AMS		B1下部 (段階Ⅶ)	58
		第Ⅱ文化層第3ブロック周辺	19,460±350	23,640 22,650 24,120 22,360		23,220	—	TKa-11605	炭化材	AMS		B1下部 (段階Ⅶ)	58
		第Ⅱ文化層第3ブロック周辺	19,300±270	23,360 22,660 23,730 22,360		23,020	—	TKa-11611	炭化材	AMS		B1下部 (段階Ⅶ)	58
		第Ⅱ文化層第1号礫群	19,660±440	24,010 22,670 24,510 22,380		23,470	—	TKa-11537	炭化材	AMS		B1下部 (段階Ⅶ)	58
神奈川	福田西二区	大形炭化物集中(L2層上面)	19,340±350	23,470 22,550 23,950 22,270		23,090	—	TKa-11548	炭化材	AMS		L2上面	58
		大形炭化物周辺(L2層上面)	18,900±270	23,180 22,220 23,420 21,850		22,630	—	TKa-11595	炭化材	AMS		L2上面	58
神奈川	用田鳥居前	第Ⅳ文化層第3石器集中部	19,740±190	23,870 23,370 24,220 22,970		23,590	-25.9	NUTA-5451	炭化材	AMS	ナイフ形石器	B1下部 (段階Ⅵ), 砂川期, Ⅳ層中部段階	59
		第Ⅳ文化層第3石器集中部	18,860±160	22,960 22,340 23,290 22,260		22,710	-24.9	NUTA-5296	炭化材	AMS	ナイフ形石器	B1下部 (段階Ⅵ), 砂川期, Ⅳ層中部段階	59
		第Ⅳ文化層第3石器集中部	19,370±150	23,400 22,670 23,580 22,540		23,060	-25.9	NUTA-5290	炭化材	AMS	ナイフ形石器	B1下部 (段階Ⅵ), 砂川期, Ⅳ層中部段階	59
		第Ⅳ文化層第3石器集中部	19,570±150	23,710 23,030 23,840 22,670		23,350	-26.1	NUTA-5297	炭化材	AMS	ナイフ形石器	B1下部 (段階Ⅵ), 砂川期, Ⅳ層中部段階	59
		第Ⅳ文化層第3石器集中部	17,910±130	21,540 21,210 21,870 20,590		21,360	-25.9	NUTA-5300	炭化材	AMS	ナイフ形石器	B1下部 (段階Ⅵ), 砂川期, Ⅳ層中部段階	59
神奈川	宮ヶ瀬上原	第Ⅴ文化層P1炉址	18,920±100	22,880 22,290 23,250 22,240		22,600	-26.7	Beta-97116	炭化材	AMS	ナイフ形石器	B1下部 (段階Ⅵ), 砂川期, Ⅳ層中部段階	60
神奈川	宮ヶ瀬上原	第Ⅴ文化層P1炉址	19,240±100	23,160 22,620 23,390 22,500		22,930	—	Beta-97117	炭化材	AMS	三側縁加工ナイフ形石器	B1下部 (段階Ⅵ), 砂川期, Ⅳ層中部段階	61
		第Ⅴ文化層P1炉址	19,470±100	23,500 22,990 23,620 22,660		23,200	—	Beta-97118	炭化材	AMS	三側縁加工ナイフ形石器	B1下部 (段階Ⅵ), 砂川期, Ⅳ層中部段階	61
東京	北新宿三丁目	1号礫群	19,360±180	23,400 22,660 23,620 22,490		23,060	-27.2	Beta-132645	炭化材	AMS	ナイフ形石器	Ⅲ層下部〜Ⅳ層上部, 定型的石器少ない	62
群馬	北山藤岡B	B地点第二文化層炭化物集中	19,260±330	23,370 22,520 23,840 22,260		23,000	—	NUTA-2526	炭化材	AMS	ナイフ形石器	As-BP中層	63
		B地点第二文化層土坑	19,940±340	24,280 23,440 24,750 22,690		23,830	—	NUTA-2483	炭化材	AMS	ナイフ形石器	As-BP中層	63

地域	遺跡名	試料採取位置	¹⁴C BP (1σ)	IntCal09 Calibrated dates 1σ (whole range)	2σ (whole range)	平均値	δ¹³C	機関番号	試料	β or AMS	指標となる遺物	備考	文献
群馬	北山藤岡B	B地点第二次文化層土坑	19,450±290	23,580 23,930	22,660 22,420	23,190	—	NUTA-2527	炭化材	AMS	ナイフ形石器	As-BP中〜下層	63
		A地点炭化物集中内	20,420±330	24,800 25,190	23,950 25,510	24,400	—	NUTA-2528	炭化材	AMS	ナイフ形石器	As-BP中〜下層	63
		A地点土壌サンプル	19,880±330	24,220 24,520	23,390 22,660	23,750	—	NUTA-2482	炭化材	AMS	ナイフ形石器	As-BP中〜下層	63
群馬	富田下大日	第1文化層炭化物集中地点	20,020±70	24,120 23,760	23,550 24,290	23,930	(−24.7)	PLD-5962	炭化材	AMS	有樋尖頭器	IV層中部段階	64
		第1文化層炭化物集中地点	19,790±60	23,810 23,510	23,350 23,920	23,640	(−26.9)	PLD-7753	炭化材	AMS	有樋尖頭器	IV層中部段階	64
		第1文化層炭化物集中地点	19,670±60	23,700 23,390	23,190 23,850	23,520	(−27.0)	PLD-7754	炭化材	AMS	有樋尖頭器	IV層中部段階	64
神奈川	吉岡B区	遺物群V No.1	21,930±80	26,610 26,120	25,970 26,770	26,370	−27.5	Beta-130330	炭化材	AMS	ナイフ形石器, 彫器, 鏃器など	B2上位, 段階V, IV層下部段階	65
		遺物群VI No.2	25,520±110	30,510 30,250	29,730 30,720	30,360	−25.4	Beta-130331	炭化材	AMS	ナイフ形石器	B3中位, 定型的な石器少なし, 参考値	65
		遺物群VIIa No.4	26,090±280	31,050 30,590	30,360 31,180	30,790	−25.4	Beta-142920	炭化材	AMS	削器・剥片など	B2上位, 定型的な石器少なし, 参考値	65
		遺物群VIIa No.7	26,330±200	31,170 30,840	30,570 31,260	30,960	−26.6	Beta-166634	炭化材	AMS	削器・剥片など	B4上位, 定型的な石器少なし, 参考値	65
		遺物群VI No.8	23,280±100	28,310 27,930	27,800 28,550	28,130	(−23.9)	IAAA-10704	炭化材	AMS	ナイフ形石器	B3中位, 定型的な石器少ない, 参考値	65
		遺物群VI No.9	25,780±110	30,750 30,420	30,310 30,910	30,600	(−25.8)	IAAA-10704	炭化材	AMS	ナイフ形石器	B3中位, 定型的な石器少ない, 参考値	65
神奈川	用田大河内	CL6 第7石器集中地点炉址	22,880±80	28,000 27,580	26,940 28,090	27,650	−27.4	Beta-125304	炭化材	AMS	三側縁加工ナイフ形石器, 角錐状石器	B2L中部, 段階V, IV層下部段階	66
		CL6 第7石器集中地点炉址	21,840±120	26,590 25,940	25,840 26,760	26,250	−27.7	Beta-125305	炭化材	AMS	三側縁加工ナイフ形石器	B2L中部, 段階V, IV層下部段階	66
		CL6 第7石器集中地点炉址	21,330±50	25,680 25,240	25,090 25,840	25,470	−26.5	Beta-125306	炭化材	AMS	三側縁加工ナイフ形石器, 角錐状石器	B2L中部, 段階V, IV層下部段階	66
		CL6 第7石器集中地点炉址	22,850±180	27,980 27,030	26,880 28,110	27,550	−28.2	Beta-128829	炭化材	AMS	三側縁加工ナイフ形石器	B2L中部, 段階V, IV層下部段階	66
		CL6 第7石器集中地点炉址	22,790±200	27,920 27,010	26,820 28,070	27,470	−25.0	Beta-130869	炭化材	AMS	角錐状石器	B2L中部, 段階V, IV層下部段階	66
群馬	上白井西伊熊	第2文化層, 3号礫群	17,750±70	21,430 21,100	20,570 21,500	21,180	−25.3	Beta-195730	炭化材	AMS	国府型ナイフ	年代が新しすぎる, 不採用	67
		第2文化層, 4号礫群	20,030±80	24,170 23,800	23,570 24,340	23,970	−23.9	Beta-195731	炭化材	AMS	国府型ナイフ	年代が新しすぎる, 不採用	67
茨城	谷ヶ道	4号石器集中	22,730±100	27,860 27,020	26,910 27,960	27,450	(−22.2)	IAAA-80493	炭化材	AMS	ナイフ形石器	AT層上部	68
		炭化材集中（4号石器集中に隣接）	22,730±100	27,830 27,010	26,890 27,940	27,430	(−22.8)	IAAA-80494	炭化材	AMS	ナイフ形石器	AT層上部	68
神奈川	津久井城馬込地区	第4文化層, B2U 2号礫群	24,580±110	29,550 29,310	29,060 29,800	29,410	(−24.3)	IAAA-81382	炭化材	AMS	切出形石器・ナイフ形石器	石器群との関係はほとんど不明, B2Uの参考値	69
神奈川	山ノ神	B3 炭化材集中8	28,360±180	33,080 32,340	31,950 33,270	32,640	(−20.4)	IAAA-30238	炭化材	AMS	—	定型的な石器はほとんどない, 参考値	70
		B3 炭化材集中8	26,130±130	31,040 30,730	30,540 31,130	30,860	(−26.5)	IAAA-30239	炭化材	AMS	—	定型的な石器はほとんどない, 参考値	70
		B3 炭化材集中8	24,430±110	29,500 29,170	28,680 29,560	29,240	(−25.4)	IAAA-30240	炭化材	AMS	—	定型的な石器はほとんどない, 参考値	70
		B3 炭化材集中8	23,060±110	28,090 27,740	27,070 28,460	27,910	(−26.1)	IAAA-30241	炭化材	AMS	—	定型的な石器はほとんどない, 参考値	70
		B3 炭化材集中8	23,520±100	28,460 28,110	27,950 28,600	28,280	(−21.2)	IAAA-30242	炭化材	AMS	—	定型的な石器はほとんどない, 参考値	70
		B3 炭化材集中8	26,220±140	31,240 31,060	30,970 31,320	31,140	(−30.3)	IAAA-30243	炭化材	AMS	—	定型的な石器はほとんどない, 参考値	70
		B3 炭化材集中8	21,410±100	25,890 25,400	25,120 25,980	25,590	(−17.2)	IAAA-30244	炭化材	AMS	—	定型的な石器はほとんどない, 参考値	70
千葉	古込V	X〜IX層炉址	27,400±210	31,690 31,320	31,200 32,060	31,570	(−24.5)	IAAA-31419	炭化材	AMS	台形様石器など	IX層段階, 詳細不明	71
茨城	山川古墳群	炉跡遺構	31,510±200	36,540 35,800	35,320 36,640	36,040	(−24.5)	IAAA-31419	炭化材	AMS	台形様石器	IX層段階	72
		炉跡遺構	31,490±190	36,450 35,510	35,270 36,540	35,900	(−25.8)	IAAA-80494	炭化材	AMS	台形様石器	IX層段階	72
東京	東京大学検見校地内	X層	30,800±200	36,150 34,920	34,780 36,260	35,420	—	MTC-03710	炭化材	AMS	台形様石器など	立川ローム V層	73
東京	武蔵台西地区	第4文化層炉跡遺構SX-48	24,100±200	29,230 28,660	28,440 29,430	28,930	−28.0	Beta-182635	炭化材	AMS	ナイフ形石器, 角錐状石器	立川ローム Vb層	74
		第4文化層炉跡遺構SX-72	23,930±150	29,030 28,490	28,330 29,300	28,780	−25.6	Beta-156136	炭化材	AMS	ナイフ形石器, 切出形石器	立川ローム Vb層	74
		第4文化層炉跡遺構SX-98	24,530±300	29,660 28,830	28,580 30,180	29,340	−25.0	Beta-182636	炭化材	AMS	ナイフ形石器, 切出形石器	立川ローム Vb層	74
		第2文化層炭化物集中	27,390±250	31,730 31,290	31,160 32,200	31,600	−27.4	Beta-182637	炭化材	AMS	斧形石器	立川ローム VIIa〜IXa層, 定型的な石器少ない	74

地域	遺跡名	試料採取位置	¹⁴C BP (1σ)	IntCal09 Calibrated dates 1σ (whole range)	IntCal09 Calibrated dates 2σ (whole range)	平均値	δ¹³C	機関番号	試 料	β or AMS	指標となる遺物	備 考	文献
東京	武蔵台西地区	第2文化層上坑最上部	23,950±140	29,040　28,510	29,290　28,360	28,800	−24.8	Beta-169931	炭化材	AMS	石器群の年代としては使えない	立川ロームVII a～IX a層	74
		第1文化層狩猟状遺構 SX-47	30,400±400	35,280　34,590	36,290　34,480	35,110	−23.8	Beta-156135	炭化材	AMS	斧形石器など	立川ロームIX b～IX c層	74
		第1文化層狩猟状遺構 SX-104	29,860±150	34,760　34,520	34,900　34,060	34,590	−24.7	Beta-182638	炭化材	AMS	斧形石器など	立川ロームIX b～IX c層	74
東京	高井戸東	4号炭化物集中部	32,000±170	36,700　36,410	36,900　35,690	36,520	—	IAAA-51557	炭化材	AMS	斧形石器など	立川ロームX層	—
		4号炭化物集中部	31,790±160	36,620　35,730	36,710　35,550	36,260	—	IAAA-51558	炭化材	AMS	斧形石器など	立川ロームX層	—
		6号炭化物集中部	31,780±200	36,620　35,680	36,760　35,470	36,220	—	IAAA-51559	炭化材	AMS	斧形石器など	立川ロームX層	—
群馬	三和工業団地 I	第4文化層炭化材集中	24,970±140	30,170　29,560	30,240　29,490	29,860	−26.0	Beta-95946	炭化材	AMS	台形様石器、ナイフ形石器、斧形石器など	AT下位、年代新しすぎる	75
群馬	菅田省下	第2文化層	29,860±240	34,880　34,210	35,040　33,860	34,530	−26.3	Beta-150646	炭化材	AMS	彫器、RFなど	AT下位	64
群馬	吹屋	As-BPグループ中・上部の最下部直下	21,370±210	25,860　25,200	26,150　24,980	25,550	−24.6	Beta-193203	炭化材	AMS	テフラ関係	—	76
		Hr-HA直下の炭化材	32,430±450	37,600　36,490	38,590　36,270	37,180	−27.7	Beta-195080	炭化材	AMS	テフラ関係	—	76
東海													
静岡	池田 B	集石遺構 No.1	9,590±50	11,100　10,780	11,150　10,740	10,940	−25.7	Beta-127647	炭化材	AMS	撚糸文	早期初頭の参考値	77
		集石遺構 No.2	9,480±50	11,070　10,600	11,070　10,580	10,790	−27.7	Beta-127648	炭化材	AMS	撚糸文	早期初頭の参考値	77
岐阜	椛の湖	—	9,775±50	11,240　11,180	11,270　11,100	11,200	—	MTC-09201	土器付着炭化物	AMS	表裏縄文	—	78
静岡	丸尾北	第1号住居跡	9,970±40	11,600　11,270	11,620　11,260	11,420	(−28.5)	IAAA-80886	土器付着炭化物	AMS	回転縄文	—	79
		第1号住居跡	9,730±50	11,230　11,130	11,250　10,870	11,140	(−25.8)	IAAA-80887	土器付着炭化物	AMS	回転縄文	—	79
		第1号住居跡	9,760±50	11,240　11,170	11,260　10,900	11,180	(−27.6)	IAAA-80888	土器付着炭化物	AMS	回転縄文	—	79
		第1号住居跡	10,080±40	11,770　11,400	11,970　11,360	11,640	(−19.8)	IAAA-80890	土器付着炭化物	AMS	表裏縄文	—	79
		第1号住居跡	10,020±40	11,690　11,360	11,760　11,280	11,520	(−28.3)	IAAA-80891	土器付着炭化物	AMS	表裏縄文	—	79
		第1号住居跡	10,050±40	11,710　11,320	11,400　11,320	11,570	(−26.9)	IAAA-80892	土器付着炭化物	AMS	表裏縄文	—	79
		第1号住居跡	9,990±40	11,610　11,410	11,700　11,260	11,460	(−24.1)	IAAA-80893	土器付着炭化物	AMS	表裏縄文	—	79
		第1号住居跡	10,090±40	11,820　11,390	11,960　11,400	11,670	(−22.8)	IAAA-80894	土器付着炭化物	AMS	表裏縄文	—	79
		第1号住居跡	10,030±50	11,700　11,320	11,770　11,280	11,540	(−26.5)	IAAA-80895	土器付着炭化物	AMS	表裏縄文	—	79
		第1号住居跡	9,990±40	11,610　11,320	11,700　11,260	11,460	(−23.7)	IAAA-80896	土器付着炭化物	AMS	表裏縄文	—	79
静岡	葛原沢IV	第1号住居跡	10,860±60	12,810　12,630	12,920　12,600	12,740	—	IAAA-71618	炭化材	AMS	多縄文	—	57
		第1号住居跡	10,880±60	12,840　12,650	12,920　12,610	12,760	—	IAAA-71619	炭化材	AMS	多縄文	—	57
		第1号住居跡	10,960±60	12,920　12,710	13,070　12,650	12,830	—	IAAA-71620	炭化材	AMS	多縄文	—	57
		第1号住居跡	10,930±50	12,890　12,690	13,060　12,620	12,800	—	IAAA-71621	炭化材	AMS	多縄文	—	57
		第1号住居跡	10,910±60	12,870　12,680	12,940　12,630	12,780	—	IAAA-71622	炭化材	AMS	多縄文	—	57
愛知	宮西 (田原市)	土器付着炭化物	11,090±50	13,100　12,910	13,130　12,750	12,970	(−25.9)	PLD-3794	土器付着炭化物	AMS	隆起線文	隆起線文としては新しすぎるか？	80
		土器付着炭化物	11,730±60	13,670　13,470	13,750　13,410	13,580	(−29.1)	PLD-3795	土器付着炭化物	AMS	隆起線文	—	80
		A区 A58	12,200±60	14,150　13,950	14,500　13,820	14,080	(−27.0)	PLD-3796	炭化材	AMS	隆起線文	—	80
		A区 A64	12,190±60	14,140　13,940	14,480　13,810	14,060	(−28.3)	PLD-3797	炭化材	AMS	隆起線文	—	80
愛知	宮西 (愛知学院大)	3区6層下部, C1	12,970±50	15,860　15,190	16,220　15,090	15,590	(−28.4)	NUTA2-12804	炭化材	AMS	隆起線文？	—	81
		3区6層下部, C2	13,080±50	16,240　15,500	16,420　15,210	15,820	(−25.5)	NUTA2-12805	炭化材	AMS	隆起線文？	—	81
		9区8層上面, C9	12,460±50	14,870　14,230	15,020　14,160	14,580	(−26.5)	NUTA2-12806	炭化材	AMS	隆起線文？	—	81
		8区6-1, C-1	10,510±45	12,550　12,420	12,610　12,220	12,470	(−26.5)	NUTA2-12807	炭化材	AMS	隆起線文？	—	81
		1区, No.1414	12,420±50	14,660　14,180	14,970　14,130	14,510	(−25.7)	NUTA2-12808	土器付着炭化物	AMS	隆起線文？	隆起線文としては新しすぎるか？	81
		3区	10,460±45	12,540　12,220	12,570　12,130	12,380	(−25.7)	NUTA2-12799	土器付着炭化物	AMS	隆起線文？	—	81
		3区	10,480±50	12,550　12,230	12,590　12,140	12,410	(−26.0)	NUTA2-12800	土器付着炭化物	AMS	隆起線文？	隆起線文としては新しすぎるか？	81

地域	遺跡名	試料採取位置	14C BP (1σ)	1σ (whole range)	2σ (whole range)	平均値	δ13C	機関番号	試料	β or AMS	指標となる遺物	備考1	備考	文献
愛知	宮西 (愛知学院大)	2区	10,430±60	12,520 12,140	12,550 12,090	12,320	(−25.5)	NUTA2-12801	土器付着炭化物	AMS	隆起線文？		隆起線文としては新しすぎるか？	81
		1区, No.1421	12,390±70	14,630 14,130	14,970 14,070	14,480	(−26.1)	NUTA2-13742	炭化材	AMS	隆起線文？		—	81
		1区, No.1428	12,700±70	15,230 14,870	15,520 14,600	15,040	(−25.7)	NUTA2-13743	炭化材	AMS	隆起線文？		—	81
		3区, 6層 No.5, 黒砂多いシルト直下	10,900±110	12,900 12,650	13,070 12,600	12,810	(−27.1)	NUTA2-13744	炭化材	AMS	隆起線文？		—	81
		3区, 5層下部, No.11, 灰褐色	10,620±70	12,640 12,430	12,690 12,410	12,550	(−28.2)	NUTA2-13745	炭化材	AMS	隆起線文？		—	81
		3区, 6層, No.20	10,590±70	12,610 12,420	12,690 12,220	12,520	(−29.2)	NUTA2-13746	炭化材	AMS	隆起線文？		—	81
		3区, 5層下部, No.27	10,520±60	12,560 12,410	12,620 12,150	12,450	(−26.9)	NUTA2-13749	炭化材	AMS	隆起線文？		—	81
		2区, 6層③シルト層, No.37	10,460±60	12,550 12,170	12,580 12,110	12,360	(−26.9)	NUTA2-13750	炭化材	AMS	隆起線文？		—	81
		2区, 6層③シルト層, No.38	10,640±60	12,640 12,540	12,700 12,420	12,580	(−25.4)	NUTA2-13751	炭化材	AMS	隆起線文？		—	81
		5次2トレンチ19層	10,315±25	12,150 12,040	12,380 11,990	12,120	−26.4	PLD-16474	土器付着炭化物	AMS	隆起線文？		隆起線文としては新しすぎるか？	81
		5次2トレンチ19層	10,400±25	12,390 12,150	12,410 12,120	12,270	−25.7	PLD-16475	土器付着炭化物	AMS	隆起線文？			81
岐阜	宮ノ前	17層	12,860±160	15,870 15,020	16,420 14,700	15,490	—	NUTA-3644	樹木片	AMS	細石刃	楔形・角住形		82
		17層	14,550±160	17,970 17,160	18,440 17,160	17,690	—	NUTA-3637	トウヒ毬果	AMS	細石刃	楔形・角柱形		82
静岡	休場	1号炉址	14,300±700	18,500 16,790	18,940 15,260	17,420	—	Gak-604	炭化材	β	細石刃	楔形・角柱形	参考値	83
静岡	西山	第II文化層 (NL上位〜BB1下位) 炭化材集中	25,110±120	30,210 29,750	30,290 29,550	29,940	(−23.8)	IAAA-41163	炭化材	AMS	楔器など	愛鷹・箱根第3期初頭		84
		第II文化層 (NL上位〜BB1下位) 炭化材集中	25,230±130	30,290 30,150	30,380 29,590	30,000	(−23.8)	IAAA-41164	炭化材	AMS	楔器など	愛鷹・箱根第3期初頭		84
		第II文化層 (NL上位〜BB1下位) 炭化材集中	24,960±130	30,170 29,550	30,230 29,490	29,860	(−26.0)	IAAA-41165	炭化材	AMS	楔器など	愛鷹・箱根第3期初頭		84
		第II文化層 (NL上位〜BB1下位) 炭化材集中	24,820±130	30,110 29,440	30,190 29,390	29,730	(−23.3)	IAAA-41166	炭化材	AMS	楔器など	愛鷹・箱根第3期初頭		84
		第II文化層 (NL上位〜BB1下位) 炭化材集中	25,150±130	30,230 29,760	30,320 29,560	29,960	(−24.6)	IAAA-41167	炭化材	AMS	楔器など	愛鷹・箱根第3期初頭		84
		第II文化層 (NL上位〜BB1下位) 炭化材集中	25,160±130	30,240 29,760	30,330 29,560	29,960	(−24.7)	IAAA-41168	炭化材	AMS	楔器など	愛鷹・箱根第3期初頭		84
静岡	桜畑上	第V文化層 (BB1中〜下位) 10号炭化材集中	24,850±100	30,100 30,170	30,290 29,440	29,740	(−21.5)	IAAA-80594	炭化材	AMS	楔器など	愛鷹・箱根第3期		85
		第V文化層 (BB1中〜下位) 10号炭化材集中	24,900±110	30,150 29,500	30,200 29,460	29,800	(−21.3)	IAAA-80595	炭化材	AMS	楔器など	愛鷹・箱根第3期		85
		第V文化層 (BB1中〜下位) 7号炭化材集中	24,930±110	30,160 29,530	30,200 29,480	29,830	(−21.9)	IAAA-80596	炭化材	AMS	楔器など	愛鷹・箱根第3期		85
		第V文化層 (BB1中〜下位) 7号炭化材集中	24,990±110	30,170 29,580	30,230 29,510	29,880	(−21.9)	IAAA-80597	炭化材	AMS	楔器など	愛鷹・箱根第3期		85
		第V文化層 (BB1中〜下位) 8号炭化材集中	25,010±110	30,180 29,600	30,230 29,520	29,890	(−19.2)	IAAA-80598	炭化材	AMS	楔器など	愛鷹・箱根第3期		85
		第V文化層 (BB1中〜下位) 3号炭化材集中	25,090±110	30,200 29,740	30,270 29,550	29,930	(−20.0)	IAAA-80601	炭化材	AMS	楔器など	愛鷹・箱根第3期		85
		第V文化層 (BB1中〜下位) 1号炭化材集中	23,420±100	28,400 28,050	28,550 27,900	28,220	(−19.1)	IAAA-80599	炭化材	AMS	三間縣・一側縁加工石器	愛鷹・箱根第3期, V層段階		85
		第VI文化層 (BB1中〜下位) 1号炭化材集中	23,600±100	28,530 28,160	28,660 27,990	28,330	(−19.3)	IAAA-80600	炭化材	AMS	三間縣・一側縁加工石器	愛鷹・箱根第3期, V層段階		85
静岡	桜畑上	BB1中〜下位, 磯群05	24,610±100	29,560 29,340	29,780 29,170	29,450	(−29.0)	PLD-1431	炭化材	AMS	楔器, ナイフ形石器	愛鷹・箱根第3期		86
		BB1中〜下位, 磯群05	24,540±110	29,530 29,290	29,730 28,920	29,370	(−28.8)	PLD-1433	炭化材	AMS	楔器, ナイフ形石器	愛鷹・箱根第3期		86
		BB1中〜下位, 磯群05	24,320±100	29,430 28,970	29,490 28,620	29,120	(−27.6)	PLD-1434	炭化材	AMS	楔器, ナイフ形石器	愛鷹・箱根第3期		86
		BB1下位〜NL, 炭化材集中 SX-05	25,330±110	30,390 29,780	30,460 29,640	30,100	(−28.5)	PLD-1435	炭化材	AMS	楔器, ナイフ形石器	愛鷹・箱根第3期		86

地域	遺跡名	試料採取位置	^{14}C BP (1σ)	IntCal09 Calibrated dates 1σ (whole range)	2σ (whole range)	平均値	$\delta^{13}C$	機関番号	試料	β or AMS	指標となる遺物	備考	文献
静岡	梅ノ木沢	YL5 炭化材集中012	18,950±80	22,890 22,330 22,270	23,250 22,270	22,620	(−19.5)	IAAA-80611	炭化材	AMS	遺物なし？	参考値	87
		YL4 炭化材集中007	17,910±80	21,510 21,280 21,070	21,600 21,070	21,370	(−22.2)	IAAA-80612	炭化材	AMS	遺物なし？	参考値	87
		第VII文化層, BB1, 3号礫群	23,620±100	28,550 28,180 27,990	28,670 27,990	28,350	(−19.8)	IAAA-80613	炭化材	AMS	掻器, 二側縁・一側縁加工ナイフ形石器	愛鷹・箱根第3期, V層段階	87
		第VII文化層, BB1, 5号礫群	23,450±110	28,420 28,060 27,910	28,570 27,910	28,240	(−25.0)	IAAA-80615	炭化材	AMS	掻器, 二側縁・一側縁加工ナイフ形石器	愛鷹・箱根第3期, V層段階	87
		第VI文化層, BB1 1号礫群	23,460±110	28,430 28,070 27,920	28,580 27,920	28,250	(−19.1)	IAAA-80616	炭化材	AMS	掻器, 二側縁・一側縁加工ナイフ形石器	愛鷹・箱根第3期, V層段階	87
		第IV文化層, BB2 2号遺物集中	26,110±120	31,030 30,720 30,540	31,120 30,540	30,840	(−24.1)	IAAA-80610	炭化材	AMS	石刃, ナイフ形石器	愛鷹・箱根第2期後半, VI層段階	87
		第IV文化層, BB2 2号礫群	25,320±110	30,380 29,780 29,630	30,450 29,630	30,090	(−19.5)	IAAA-80614	炭化材	AMS	石刃, ナイフ形石器	愛鷹・箱根第2期後半, VI層段階	87
		第IV文化層, BB2 2号礫群	25,270±110	30,330 29,760 29,600	30,410 29,600	30,030	(−24.2)	IAAA-80617	炭化材	AMS	石刃, ナイフ形石器	愛鷹・箱根第2期後半, VI層段階	87
		第III文化層, BB3 4号礫群	27,780±120	32,220 31,630 31,520	32,600 31,520	32,010	(−26.4)	IAAA-11490	炭化材	AMS	二側縁加工ナイフ形石器	愛鷹・箱根第2期, VII層段階	87
		第III文化層, BB3 1号礫群	27,890±120	32,030 31,560 31,450	32,430 31,450	31,880	(−28.4)	IAAA-11491	炭化材	AMS	二側縁加工ナイフ形石器	愛鷹・箱根第2期, VII層段階	87
		BB7上面〜BB5 (BB6中心), 第2文化層5号遺物集中	29,650±340	34,730 33,890 33,390	34,900 33,390	34,210	−25.3	Beta-156808	炭化材	AMS	斧形石器, 台形様石器	愛鷹・箱根第1期後半, X層段階	87
		BB7上面〜BB5 (BB6中心), 第2文化層5号遺物集中	29,590±300	34,680 33,890 33,410	34,800 33,410	34,170	−27.2	Beta-156809	炭化材	AMS	斧形石器, 台形様石器	愛鷹・箱根第1期後半, X層段階	87
		BB7上面〜BB5 (BB6中心), 第2文化層5号遺物集中	29,920±320	34,980 34,190 33,670	35,120 33,670	34,540	−27.8	Beta-156810	炭化材	AMS	斧形石器, 台形様石器	愛鷹・箱根第1期後半, X層段階	87
		BB7上面〜BB5 (BB6中心), 第2文化層5号遺物集中	29,160±290	33,920 32,870 32,470	34,520 32,470	33,410	−25.7	Beta-156811	炭化材	AMS	斧形石器, 台形様石器	愛鷹・箱根第1期後半, X層段階	87
		BB7上面〜BB5 (BB6中心), 第2文化層9号遺物集中	24,100±130	29,190 28,690 28,480	29,360 28,480	28,930	−26.0	Beta-156812	炭化材	AMS	斧形石器, 台形様石器	愛鷹・箱根第1期後半, X層段階	87
		BB7上面〜BB5 (BB6中心), 第2文化層9号遺物集中	28,380±240	33,140 32,290 31,820	33,380 31,820	32,660	−26.1	Beta-156813	炭化材	AMS	斧形石器, 台形様石器	愛鷹・箱根第1期後半, X層段階	87
静岡	野台南	第II文化層, BB3, 礫群1	28,500±170	33,240 32,620 32,100	33,390 32,100	32,850	(−23.7)	IAAA-80973	炭化材	AMS	磯群？定型的なし石器なし	愛鷹・箱根第2期	88
		第II文化層, BB3, 礫群1	28,280±150	32,920 32,230 31,900	33,160 31,900	32,540	(−23.8)	IAAA-80974	炭化材	AMS	磯群？定型的なし石器なし	愛鷹・箱根第2期	88
		第I文化層, SC3b2, ブロック5	29,000±150	33,960 33,240 33,140	34,460 33,140	33,690	(−23.8)	IAAA-80975	炭化材	AMS	磯器？台形？台形様？定型的な石器なし	愛鷹・箱根第2期	88
		第I文化層, SC3b2, ブロック5	28,860±160	33,660 33,000 32,870	34,440 32,870	33,470	(−21.5)	IAAA-80976	炭化材	AMS	磯器？台形？台形様？定型的な石器なし	愛鷹・箱根第2期	88
静岡	元野	BB3, ブロック3, 2号礫群	27,930±190	32,400 31,660 31,510	32,790 31,510	32,110	(−23.9)	IAAA-70332	炭化材	AMS	石刃, 二側縁・一側縁エチイフ形石器	愛鷹・箱根第2期, VII層段階	89
		BB3, ブロック3, 2号礫群	28,090±170	32,670 31,930 31,640	32,940 31,640	32,300	(−21.3)	IAAA-70333	炭化材	AMS	石刃, 二側縁・一側縁エチイフ形石器	愛鷹・箱根第2期, VII層段階	89
静岡	向田A	休場層中部, 炉跡01内	19,250±90	23,160 22,630 22,520	23,390 22,520	22,940	(−22.8)	IAAA-60498	炭化材	AMS	ナイフと細石刃が混在	炉跡に伴う石器群不明	90
		休場層中部, 炉跡01内	19,130±100	23,170 22,490 22,420	23,320 22,420	22,830	(−24.4)	IAAA-60499	炭化材	AMS	ナイフと細石刃が混在	炉跡に伴う石器群不明	90
		NL上面, 炭化物集中域03	25,420±120	30,520 29,850 29,650	30,590 29,650	30,220	(−23.6)	IAAA-60494	炭化材	AMS	AT関連	ブロック・礫群と位置ならず	90
		NL上面, 炭化物集中域03	25,390±110	30,470 29,820 29,650	30,540 29,650	30,180	(−23.0)	IAAA-60495	炭化材	AMS	AT関連	ブロック・礫群と位置ならず	90
		NL上面, 炭化物集中域03	25,320±120	30,240 29,770 29,650	30,320 29,650	29,960	(−25.5)	IAAA-60496	炭化材	AMS	AT関連	ブロック・礫群と位置ならず	90
		NL上面, 炭化物集中域03	25,370±120	30,440 29,800 29,570	30,510 29,570	30,150	(−24.5)	IAAA-60497	炭化材	AMS	AT関連	ブロック・礫群と位置ならず	90
		NL上面, 炭化物集中域05	25,170±120	30,240 29,780 29,570	30,330 29,570	29,970	(−23.7)	IAAA-60500	炭化材	AMS	AT関連	ブロック・礫群と位置ならず	90
		NL上面, 炭化物集中域05	25,010±120	30,180 29,600 29,510	30,240 29,510	29,890	(−27.4)	IAAA-60501	炭化材	AMS	AT関連	ブロック・礫群と位置ならず	90
		NL上面, 炭化物集中域07	25,690±130	30,660 30,340 29,870	30,870 29,870	30,530	(−23.8)	IAAA-60502	炭化材	AMS	AT関連	ブロック・礫群と位置ならず	90
		NL上面, 炭化物集中域07	24,910±110	30,150 29,510 29,470	30,200 29,470	29,810	(−23.5)	IAAA-60503	炭化材	AMS	AT関連	ブロック・礫群と位置ならず	90
		NL上面, 炭化物集中域07	25,180±120	30,250 29,780 29,580	30,340 29,580	29,970	(−25.3)	IAAA-60504	炭化材	AMS	AT関連	ブロック・礫群と位置ならず	90
		NL上面, 炭化物集中域07	25,190±110	30,260 29,780 29,580	30,340 29,580	29,980	(−24.1)	IAAA-60505	炭化材	AMS	AT関連	ブロック・礫群と位置ならず	90

地域	遺跡名	試料採取位置	¹⁴C BP (1σ)	IntCal09 Calibrated dates 1σ (whole range)	2σ (whole range)	平均値	δ¹³C	機関番号	試料	β or AMS	指標となる遺物	備考	文献
静岡	向田A	NL上面，炭化物集中域06	25,440±110	30,490 30,190	30,600 29,670	30,250	(−24.3)	IAAA-60506	炭化材	AMS	AT関連	ブロック・礫群と比置ならず	90
		NL上面，炭化物集中域06	25,090±120	30,200 29,740	30,280 29,540	29,930	(−30.6)	IAAA-60509	炭化材	AMS	AT関連	ブロック・礫群と比置ならず	90
		NL上面，炭化物集中域06	25,430±120	30,520 30,180	30,600 29,660	30,230	(−26.7)	IAAA-60509	炭化材	AMS	AT関連	ブロック・礫群と比置ならず	90
		NL上面，炉跡03内，礫群20に隣接	25,210±110	30,270 29,790	30,360 29,590	29,990	(−22.5)	IAAA-60510	炭化材	AMS	AT関連	ブロック・礫群と比置ならず	90
		NL上面，炭化物	24,840±150	30,140 29,460	30,210 29,400	29,760	(−24.6)	IAAA-61100	炭化材	AMS	—	ブロック・礫群と比置ならず	90
		BB1，炭化物集中域04	25,100±110	30,210 29,760	30,280 29,560	29,940	(−29.5)	IAAA-60511	炭化材	AMS	—	ブロック・礫群と比置ならず	90
		BB1，炭化物集中域04	24,870±110	30,130 29,480	30,190 29,450	29,770	(−25.9)	IAAA-60512	炭化材	AMS	—	ブロック・礫群と比置ならず	90
		BB1，炭化物集中域04	25,080±120	30,200 29,730	30,270 29,540	29,930	(−25.8)	IAAA-60513	炭化材	AMS	—	ブロック・礫群と比置ならず	90
		BB1，炭化物	24,450±140	29,520 29,140	29,580 28,640	29,240	(−25.1)	IAAA-61099	炭化材	AMS	—	ブロック・礫群と比置ならず	90
		BB2，炭化物集中域12	27,260±160	31,520 31,300	31,660 31,190	31,430	(−22.2)	IAAA-61096	炭化材	AMS	—	ブロック・礫群と比置ならず	90
		BB2，炭化物集中域12	27,000±160	31,400 31,190	31,530 31,100	31,310	(−23.4)	IAAA-61097	炭化材	AMS	—	ブロック・礫群と比置ならず	90
		BB2，炭化物集中域12	26,680±160	31,270 31,070	31,360 30,980	31,170	(−22.1)	IAAA-61098	炭化材	AMS	—	ブロック・礫群と比置ならず	90
		SC3第3スコリア層	29,110±160	34,410 33,350	34,500 33,250	33,820	(−22.8)	IAAA-60507	炭化材	AMS	—	ブロック・礫群と比置ならず	90
		BB3，炭化物集中域10	28,200±180	32,830 32,090	33,100 31,740	32,440	(−26.1)	IAAA-61102	炭化材	AMS	—	ブロック・礫群と比置ならず	90
		BB3，炭化材集中	28,520±180	33,270 32,640	33,440 32,090	32,870	(−26.9)	IAAA-61103	炭化材	AMS	—	ブロック・礫群と比置ならず	90
		SC3第2スコリア層，ブロック15	29,150±160	34,430 33,410	34,510 33,280	33,860	(−26.2)	IAAA-61104	炭化材	AMS	彫器，石刃など	愛鷹・箱根第2期，IX層上部段階	90
		SC3第2黒色帯，ブロック14	29,280±180	34,460 33,610	34,570 33,370	33,970	(−25.1)	IAAA-61105	炭化材	AMS	ナイフ形石器，斧形石器	愛鷹・箱根第2期，IX層上部段階	90
		SC3第2黒色帯，ブロック14	28,840±190	33,840 32,940	34,440 32,820	33,450	(−24.4)	IAAA-61106	炭化材	AMS	ナイフ形石器，斧形石器	愛鷹・箱根第2期，IX層上部段階	90
		SC3第2黒色帯，ブロック14	29,450±200	34,580 33,860	34,660 33,480	34,100	(−25.5)	IAAA-61107	炭化材	AMS	ナイフ形石器，斧形石器	愛鷹・箱根第2期，IX層上部段階	90
		SC3第2黒色帯，ブロック14	29,280±190	34,460 33,610	34,570 33,360	33,970	(−23.6)	IAAA-61108	炭化材	AMS	—	愛鷹・箱根第2期，IX層上部段階	90
		SC3第2黒色帯，ブロック15	29,300±190	34,460 33,630	34,580 33,370	33,990	(−24.7)	IAAA-61109	炭化材	AMS	彫器，石刃など	愛鷹・箱根第2期，IX層上部段階	90
		SC3第2黒色帯，ブロック15	28,350±180	33,060 32,320	33,260 31,930	32,630	(−23.0)	IAAA-61110	炭化材	AMS	彫器，石刃など	愛鷹・箱根第2期，IX層上部段階	90
		SC3第3スコリア層，炭化物集中域11	29,040±190	34,060 33,260	34,500 33,140	33,750	(−26.0)	IAAA-61111	炭化材	AMS	—	ブロック・礫群と比置ならず	90
		SC3第3スコリア層，炭化物集中域11	29,010±190	34,030 33,260	34,490 33,100	33,710	(−22.2)	IAAA-61112	炭化材	AMS	ナイフ形石器	愛鷹・箱根第2期	90
		SC3第3スコリア層，炭化物集中域11	29,170±200	34,440 33,430	34,500 33,350	33,880	(−23.6)	IAAA-61113	炭化材	AMS	—	愛鷹・箱根第2期	90
		SC3第3スコリア層，炭化材集中	29,460±200	34,580 33,880	34,660 33,480	34,110	(−24.6)	IAAA-61114	炭化材	AMS	ナイフ形石器	愛鷹・箱根第2期	90
		SC3第3スコリア層，ブロック14	29,770±200	34,780 34,160	34,890 33,800	34,450	(−23.4)	IAAA-61115	炭化材	AMS	ナイフ形石器，台形様石器	愛鷹・箱根第2期，IX層段階不明	90
		YL，炉跡01	15,550±60	18,810 18,660	18,890 18,590	18,740	(−24.9)	IAAA-10528	炭化材	AMS	ナイフと細石刃が混在	炉跡に伴う石器群不明	90
		NL，炉跡02（配石内）	15,600±120	30,570 30,290	30,820 30,200	30,450	(−28.6)	IAAA-10616	炭化材	AMS	斧形石器，台形様石器	愛鷹・箱根第1期，X層段階	91
		NL，炉跡02（配石外）	19,550±70	23,620 23,230	23,230 22,700	23,350	(−23.8)	IAAA-10617	炭化材	AMS	斧形石器，台形様石器	愛鷹・箱根第1期，X層段階	91
		NL，ブロック13	24,710±90	29,640 29,390	29,960 29,270	29,560	(−31.1)	IAAA-10618	炭化材	AMS	斧形石器，台形様石器	愛鷹・箱根第1期，X層段階	91
		BB7〜6，炭化材集中	31,770±170	36,610 35,700	36,710 35,520	36,230	(−30.7)	IAAA-10619	炭化材	AMS	ナイフ形石器	愛鷹・箱根第1期，X層段階	91
静岡	西洞（b区）	BBⅥ，炭化材集中	30,200±360	35,070 34,570	36,190 34,000	34,860	−24.9	Beta-122043	炭化材	AMS	ナイフ形石器	愛鷹・箱根第2期，X層段階	91
		BBⅥ，炭化材集中	29,690±210	34,720 34,100	34,810 33,650	34,340	−25.6	Beta-122044	炭化材	AMS	斧形石器	愛鷹・箱根第2期	91
		BBⅥ，炭化材集中	30,390±230	35,060 34,720	36,100 34,550	34,940	−25.6	Beta-122045	炭化材	AMS	隆起線文	愛鷹・箱根第2期	91
近畿・中国・四国													
愛媛	上黒岩岩陰	6層	10,085±320	12,380 11,220	12,600 10,770	11,730	—	I-943	炭化材	β	無文	—	92
		9層	12,165±600	15,170 13,380	16,600 13,080	14,570	—	I-944	炭化材	β	隆起線文	—	92
		5次A区8c層	12,420±60	14,780 14,170	14,990 14,120	14,520	(−20.5)	MTC-04312	炭化材	AMS	隆起線文	—	93
		3次C拡張区，9・Ⅵ層	12,530±40	14,990 14,550	15,110 14,230	14,720	−24.4	Beta-201260	炭化材	AMS	隆起線文	—	93
兵庫	坂井寺ヶ谷	泥炭Ⅱ最上部（上位文化層相当？）	20,400±260	24,700 23,950	25,030 23,740	24,360	—	KSU-933	土壌	β	角錐状石器	年代の信頼性低い	94
		泥炭Ⅱ上部（上位文化層相当？）	25,000±260	30,180 29,590	30,390 29,390	29,880	—	KSU-934	木	β	角錐状石器	年代の信頼性低い	94

地域	遺跡名	試料採取位置	¹⁴C BP (1σ)	IntCal09 Calibrated dates 1σ (whole range)	2σ (whole range)	平均値	δ¹³C	機関番号	試料	β or AMS	指標となる遺物		備考	文献
兵庫	板井寺ヶ谷	泥流II中部（上位文化層相当？）	22,700±330	27,860 26,930 26,290	28,190 26,290	27,360	—	KSU-935	土・木	β	角錐状石器		年代の信頼性低い	94
		泥流II下部（上位文化層相当？）	21,500±230	26,080 25,350 25,000	26,590 25,000	25,710	—	KSU-936	土・木	β	角錐状石器		年代の信頼性低い	94
		下位文化層、第1炭化物密集部	25,100±360	30,270 29,570 29,290	30,720 29,290	29,950	—	KSU-1139	炭化材	β	ナイフ形石器、斧形石器	VIII層段階、	年代の信頼性低い	94
		下位文化層、第2炭化物密集部	26,000±350	31,030 30,490 30,220	30,720 30,220	30,720	—	KSU-1140	炭化材	β	ナイフ形石器、斧形石器	VIII層段階、	年代の信頼性低い	94
		下位文化層、第3炭化物密集部	25,000±1,100	30,860 28,810 27,720	32,070 27,720	29,860	—	KSU-1141	炭化材	β	ナイフ形石器、斧形石器	VIII層段階、	年代の信頼性低い	94
		下位文化層、第4炭化物密集部	24,700±250	30,150 29,280 28,870	30,270 28,870	29,590	—	KSU-1142	炭化材	β	ナイフ形石器、斧形石器	VIII層段階、	年代の信頼性低い	94
島根	原田	第II文化層、7区5層中、No.1	25,180±120	30,250 29,780 29,580	30,340 29,580	29,970	(−24.8)	IAAA-62717	炭化材	AMS	一側縁・二側縁加工ナイフ形石器、角錐状石器	IV層下部段階、	年代の信頼性低い	95
		第II文化層、8区5層礫群48, No.2	19,380±80	23,400 22,700 22,630	23,480 22,630	23,080	(−24.2)	IAAA-62718	炭化材	AMS	一側縁・二側縁加工ナイフ形石器、角錐状石器	IV層下部段階、	年代の信頼性低い	95
		第II文化層、7区5層礫群24, 4	21,030±100	25,300 24,900 24,680	25,540 24,680	25,100	(−21.6)	IAAA-71421	炭化材	AMS	一側縁・二側縁加工ナイフ形石器、斧形石器	IV層下部段階、	年代の信頼性低い	95
		第II文化層、7区O-9, 5層 Pno9199, 5	21,010±110	25,300 24,860 24,610	25,530 24,610	25,070	(−25.0)	IAAA-71422	炭化材	AMS	一側縁・二側縁加工ナイフ形石器、斧形石器	IV層下部段階、	年代の信頼性低い	95
		第II文化層、7区5層 T9Pno4145, 9	22,220±100	26,900 26,300 26,180	27,560 26,180	26,710	(−25.3)	IAAA-71426	炭化材	AMS	一側縁・二側縁加工ナイフ形石器、角錐状石器	IV層下部段階、	年代の信頼性低い	95
		第I文化層、7区7層中、No.3	29,800±170	34,790 34,450 33,960	34,870 33,960	34,510	(−24.8)	IAAA-62719	炭化材	AMS	台形様加工ナイフ形石器、斧形石器	VII〜IX層段階？、	年代の信頼性低い	95
		第I文化層、8区N12, 7層 Pno14649, 6	25,230±110	30,290 29,770 29,600	30,370 29,600	30,000	(−22.6)	IAAA-71423	炭化材	AMS	三側縁加工エナイフ形石器など？	VII〜IX層段階？、	年代の信頼性低い	95
岡山	恩原1	O文化層、6層炭化材集中	24,400±150	29,500 29,030 28,610	29,550 28,610	29,180	—	Beta-91191	炭化材	AMS	フコウ型ナイフ形石器	V層段階		96
		R文化層、9層上面	25,340±300	30,440 29,720 29,510	30,770 29,510	30,130	—	NUTA-2060	炭化材	AMS	一側縁・二側縁加工ナイフ形石器	VI層段階		96
		R文化層、9層最上部炭化材	24,970±150	30,170 29,560 29,480	30,240 29,480	29,860	—	Beta-91189	炭化材	AMS	一側縁・二側縁加工ナイフ形石器	VI層段階		96
		R文化層、9層最上部炭化物集中	25,380±130	30,820 30,460 30,330	30,970 30,330	30,640	—	Beta-91190	炭化材	AMS	一側縁・二側縁加工ナイフ形石器	VI層段階		96
		R文化層、9層最上部炭化材集中	27,450±180	31,700 31,350 31,240	32,050 31,240	31,590	—	Beta-91188	炭化材	AMS	一側縁・二側縁加工ナイフ形石器	VI層段階中、1点のみ古い、不採用		96
兵庫	七日市	第II文化層、たき火跡	25,550±150	30,570 30,240 29,720	30,830 29,720	30,390	(−25.3)	PLD-1789	炭化材	AMS	台形様石器・斧形石器	AT直下たき火跡、石器群との関係不明		97
■九州														
鹿児島	風呂ノ口	胴外	9,560±25	11,070 10,760 10,730	11,090 10,730	10,920	(−27.3)	PLD-6298	土器付着炭化物	AMS	早期・前平式	早期初頭、貝殻文系土器の参考値		98
宮崎	木脇	土器付着炭化物	9,505±25	11,060 10,700 10,680	11,070 10,680	10,830	—	MTC-10292	土器付着炭化物	AMS	早期・前平式	早期初頭、貝殻文系土器の参考値		98
		土器付着炭化物	9,430±55	10,720 10,580 10,510	11,070 10,510	10,680	—	MTC-10293	土器付着炭化物	AMS	早期・前平式	早期初頭、貝殻文系土器の参考値		98
福岡	松木田	胴外	9,630±25	11,140 10,870 10,790	11,180 10,790	10,980	—	PLD-6289	土器付着炭化物	AMS	早期・松木田式	早期初頭、燃糸文土器の参考値		99
		胴外	9,400±30	10,670 10,580 10,550	10,720 10,550	10,630	—	PLD-6290	土器付着炭化物	AMS	早期・松木田式	早期初頭、燃糸文土器の参考値		99
		胴縁外	9,440±25	10,720 10,600 10,580	10,750 10,580	10,670	—	PLD-6291	土器付着炭化物	AMS	早期・松木田式	早期初頭、燃糸文土器の参考値		99
		胴外	9,535±25	11,000 10,740 10,710	11,070 10,710	10,900	—	PLD-6292	土器付着炭化物	AMS	早期・松木田式	早期初頭、燃糸文土器の参考値		99
福岡	大原D	土器付着炭化物	10,480±30	12,530 12,400 12,220	12,590 12,220	12,450	—	PLD-6288	土器付着炭化物	AMS	早期初頭	刺突文		99
		SC003炭化物	10,840±70	12,790 12,910 12,580	12,910 12,580	12,730	—	—	炭化材	β	条痕文			100
		SC003炭化物	10,880±110	12,890 12,640 12,580	13,070 12,580	12,790	—	Gak-20568	炭化材	β	条痕文			100
		SC014炭化物	10,760±70	12,710 12,580 12,550	12,840 12,550	12,670	—	—	炭化材	β	条痕文			100
		SC014炭化物	10,680±130	12,720 12,420 12,150	12,900 12,150	12,580	−25.2	Beta-150222	炭化材	β	無文			100
鹿児島	健貝城跡	SX-1床面	11,100±50	13,100 12,920 12,760	13,130 12,760	12,980	−24.8	Beta-163808	炭化材	AMS	無文	Sz-S T/IX層		101
		集石SZ-5埋土	10,970±40	12,920 12,730 12,660	13,070 12,660	12,830	−25.0	Beta-163809	炭化材	AMS	無文	Sz-S T/IX層		101
		集石SZ-12埋土	11,220±120	13,260 12,960 12,770	13,340 12,770	13,090	−25.7	Beta-163810	炭化材	β	無文	Sz-S T/IX層		101

第5章　最終氷期の考古編年と¹⁴C年代

地域	遺跡名	試料採取位置	¹⁴C BP (1σ)	IntCal09 Calibrated dates 1σ (whole range)	2σ (whole range)	平均値	δ¹³C	機関番号	試料	β or AMS	指標となる遺物	備考	文献
鹿児島	建昌城跡	土坑埋土	11,010 ± 50	13,050–12,750	13,090–12,690	12,880	−26.0	Beta-163811	炭化材	AMS	無文	Sz-S下IX層	101
		土坑埋土	10,920 ± 50	12,870–12,690	12,950–12,630	12,790	−25.5	Beta-163812	炭化材	AMS	無文	Sz-S下IX層	101
		第IX層包含層	10,990 ± 50	12,950–12,730	13,080–12,680	12,860	−26.3	Beta-163813	炭化材	AMS	無文	Sz-S下IX層	101
宮崎	清武上猪ノ原	集石遺構SI-45炭化材	11,270 ± 40	13,230–13,110	13,290–13,090	13,180	−26.3	Beta-209859	炭化材	AMS	爪形文	土器との共伴関係は不明瞭	102
宮崎	塚原	土器付着炭化物	11,850 ± 60	13,800–13,620	13,850–13,470	13,690	—	MTC-10288	土器付着炭化物	AMS	隆帯文（爪形文）	—	103
		土器付着炭化物	11,750 ± 60	13,700–13,490	13,770–13,420	13,600	—	MTC-10289	土器付着炭化物	AMS	隆帯文（爪形文）	—	103
鹿児島	三角山1	No.3737口縁外	11,470 ± 70	13,400–13,260	13,470–13,160	13,330	(−25.3)	Beta-175702	土器付着炭化物	AMS	隆帯文	—	104
		No.4363胴外	12,050 ± 70	13,990–13,810	14,090–13,740	13,910	−21.6	IAAA-31693	土器付着炭化物	AMS	隆帯文	—	104
		No.5765口縁内	12,090 ± 70	14,020–13,840	14,130–13,770	13,940	−21.8	IAAA-31694	土器付着炭化物	AMS	隆帯文	—	104
		No.15599胴内	11,660 ± 70	13,610–13,400	13,720–13,330	13,520	−22.7	IAAA-31695	土器付着炭化物	AMS	隆帯文	—	104
		No.19520胴外	11,550 ± 70	13,090–12,840	13,120–12,700	12,930	−27.5	IAAA-31696	土器付着炭化物	AMS	隆帯文	—	104
		1号住居跡炭化材	11,640 ± 50	13,580–13,390	13,670–13,330	13,490	−26.6	Beta-175701	炭化材	AMS	隆帯文	—	104
		1号住居跡土器9付着炭化物	11,940 ± 70	13,890–13,710	14,000–13,600	13,790	−22.3	IAAA-10309	土器付着炭化物	AMS	隆帯文	—	104
		報告書109外面	11,370 ± 70	13,320–13,160	13,390–13,110	13,240	−30.9	IAAA-10309	土器付着炭化物	AMS	隆帯文	—	104
		報告書8外面	11,530 ± 60	13,430–13,300	13,570–13,240	13,380	−24.5	IAAA-10310	土器付着炭化物	AMS	隆帯文	—	104
		法則書6外面	11,950 ± 60	13,900–13,720	14,000–13,610	13,810	−29.1	IAAA-10311	土器付着炭化物	AMS	隆帯文	—	104
		—	11,880 ± 60	13,830–13,650	13,890–13,480	13,720	−27.1	Beta-88847	土器付着炭化物	AMS	隆帯文	—	104
		胴内	11,790 ± 45	13,750–13,610	13,790–13,450	13,630	—	PLD-6470	土器付着炭化物	AMS	隆帯文	—	57
		胴内	11,795 ± 50	13,760–13,610	13,800–13,450	13,640	—	PLD-6471	土器付着炭化物	AMS	隆帯文	—	57
		土器127口縁内	12,080 ± 70	14,020–13,830	14,120–13,760	13,930	−25.8	MTC-05834	土器付着炭化物	AMS	隆帯文	—	104
		土器6胴外	9,890 ± 60	11,390–11,220	11,610–11,200	11,330	−24.8	MTC-05883	土器付着炭化物	AMS	早期・岩本式	早期初頭の参考値	104
鹿児島	鬼ヶ野	胴外	11,880 ± 60	13,830–13,650	13,890–13,480	13,720	−22.9	Beta-177289	土器付着炭化物	AMS	隆帯文	—	105
		胴内	12,180 ± 40	14,110–13,940	14,190–13,860	14,030	−22.5	Beta-177290	土器付着炭化物	AMS	隆帯文	—	105
鹿児島	屋久川	土器付着炭化物	11,990 ± 60	13,920–13,760	14,020–13,700	13,850	—	MTC-09138	土器付着炭化物	AMS	隆帯文	—	99
		土器付着炭化物	12,130 ± 60	14,060–13,870	14,160–13,800	13,980	—	MTC-09139	土器付着炭化物	AMS	隆帯文	リザーバー効果あり？	99
鹿児島	奥ノ仁田	土器付着炭化物	11,630 ± 60	13,580–13,380	13,670–13,310	13,490	—	MTC-09140	土器付着炭化物	AMS	隆帯文	—	99
鹿児島	東黒土田	炭化子葉	11,740 ± 60	13,690–13,480	13,760–13,410	13,590	—	MTC-09141	土器付着炭化物	AMS	隆帯文	—	99
		炭化子葉	11,300 ± 130	13,350–12,980	13,460–12,780	13,160	—	PLD-15892	炭化子葉	β	隆帯文	参考値	106
鹿児島	志風頭	炭化子葉	11,530 ± 35	13,420–13,310	13,510–13,270	13,370	—	PLD-15893	炭化子葉	AMS	隆帯文	コナラ属	107
		胴外・報告番号3	11,555 ± 35	13,440–13,330	13,510–13,270	13,390	—	Beta-118963	土器付着炭化物	AMS	隆帯文	コナラ属	107
熊本	高畑乙ノ原	胴外・報告番号4	11,860 ± 50	13,810–13,640	13,860–13,480	13,700	—	Beta-118964	土器付着炭化物	AMS	隆帯文	—	108
		VII期爪形文	11,780 ± 50	13,740–13,510	13,780–13,440	13,620	—	Beta-213635	土器付着炭化物	AMS	爪形文、細石刃	アルカリ処理なし、不採用	108
		VIII期爪形文	12,470 ± 50	14,880–15,030	15,030–14,240	14,590	—	Beta-213636	土器付着炭化物	AMS	爪形文、細石刃	アルカリ処理なし、不採用	109
熊本	河陽F	12C層炭化材	12,570 ± 60	15,040–14,600	15,170–14,244	14,780	−25.9	Beta-154931	炭化材	AMS	爪形文	—	110
		13層炭化材	12,120 ± 50	14,050–13,880	14,140–13,810	13,980	—	Beta-154932	炭化材	AMS	爪形文	—	110
長崎	直谷稲荷神社	土器付着炭化物	12,340 ± 50	14,550–14,130	14,900–14,050	14,420	—	Beta-252743	土器付着炭化物	AMS	無文	アルカリ処理なし、不採用	111
長崎	福井	III層	11,980 ± 70	13,930–13,750	14,030–13,660	13,840	−24.8	Gak-949	炭化材	β	隆起線文（爪形文？）、細石刃	参考値	112
		III層	12,400 ± 350	15,090–13,950	16,110–13,510	14,670	—	Gak-950	炭化材	β	隆起線文、細石刃	参考値	112
長崎	泉福寺	胴内	12,700 ± 500	16,030–14,130	16,790–13,770	15,210	—	MTC-11296	土器付着炭化物	AMS	隆起線文、細石刃	—	99
長崎	茶園V	V層	12,220 ± 80	14,210–13,920	14,820–13,810	14,150	—	Beta-107730	炭化材	AMS	細石刃	—	113
			15,450 ± 190	18,850–18,540	19,260–18,050	18,670	—					横柱形、萩原・木崎第5期	

地域	遺跡名	試料採取位置	¹⁴C BP (1σ)	1σ (whole range)	2σ (whole range)	平均値	δ¹³C	機関番号	試料	β or AMS	指標となる遺物	備考	文献
熊本	河原第3	VI層細石刃石器群包含層中（第6文化層）	14,660±70	17,970–17,690	18,420–17,520	17,830	−26.7	Beta-135259	炭化材	AMS	細石刃	稜柱形、荻原・木崎第5期	114
熊本	河原第3	IX層包含層中	24,570±200	29,650–29,140	30,130–28,710	29,390	−26.7	Beta-135260	炭化材	AMS	剥片尖頭器など	荻原・木崎第3期、V層段階	114
長崎	龍王13区	D-1 VIc層	22,880±190	28,020–27,040	28,160–26,870	27,590	−27.6	Beta-205503	炭化材	AMS	礫含型ナイフ形石器	荻原・木崎第3期、V層段階	115
大分	茶屋久保B	B1区VIb層（第1次文化層B）	19,010±70	22,940–22,390	23,270–22,320	22,690	(−22.7)	PLD-8949	炭化堅果	AMS	角錐状石器、国府型ナイフ	荻原・木崎第3期、IV層下部段階？年代	116
大分	茶屋久保B	B1区VII層（第2文化層）	24,820±100	29,830–29,440	30,160–29,410	29,710	(−23.5)	PLD-8950	炭化材	AMS	礫含型ナイフ形石器	荻原・木崎第3期、IV層下部段階	116
宮崎	野首第2	旧石器時代IV期 27・29号集群	22,370±120	27,550–26,690	27,700–26,290	27,070	−25.4	Beta-171638	炭化材	AMS	礫含型ナイフ形石器、石器など	荻原・木崎第3期、V層上部段階	117
宮崎	野首第2	旧石器時代II期 37号集群	28,010±220	32,570–31,760	32,920–31,540	32,220	−25.1	Beta-171644	炭化材	AMS	礫含型ナイフ形石器、合形礫石器？	残在の可能性あり、参考値	117
宮崎	尾立第2	旧石器時代III期 磯石SI21	24,900±160	30,160–29,510	30,230–29,440	29,820	−27.0	Beta-213637	炭化材	AMS	礫含型ナイフ・角錐状石器など	AT直上、明確な対比難しい	118
宮崎	山田	旧石器時代IV期 VI層陥しで穴状遺構 No.3	12,980±50	15,870–15,200	16,250–15,100	15,610	−26.5	Beta-184679	炭化材	AMS	細石刃	石器との関係不明瞭、不採用	119
宮崎	山田	旧石器時代IV期 VI層陥しで穴状遺構 No.2	18,680±70	22,410–22,200	22,490–22,090	22,300	−24.5	Beta-184678	炭化材	AMS	細石刃？	石器との関係不明瞭、不採用	119
宮崎	山田	旧石器時代III期 VII層炭化材集中	19,570±90	23,660–23,250	23,790–22,700	23,380	−25.1	Beta-184667	炭化材	AMS	剥片尖頭器など	荻原・木崎第3期、V層段階、不採用	119
宮崎	山田	旧石器時代I期 XI層炭化材集中 C1	30,550±220	35,180–34,760	36,190–34,620	35,100	−28.5	Beta-184680	炭化材	AMS	礫器、斧形石器	荻原・木崎第1期、X〜IX層下部段階？	119
宮崎	山田	旧石器時代I期 XI層炭化材集中 C1	30,630±230	35,280–34,770	36,220–34,660	35,200	−26.3	Beta-184669	炭化材	AMS	礫器、斧形石器	荻原・木崎第1期、X〜IX層下部段階？	119
宮崎	市納上第2	旧石器時代I期 1号集群（SI35）	28,340±250	33,080–32,210	33,350–31,760	32,610	−24.1	Beta-224597	炭化材	AMS	ナイフ形石器？	石器との関係不明瞭、AT下位	120
宮崎	後牟田	第II文化層、II区7b層下部	29,520±160	34,610–34,010	34,680–33,590	34,200	−26.6	Beta-142857	炭化材	AMS	斧形石器など	荻原・木崎第1期、X層段階	121
宮崎	後牟田	第II文化層、II区8層中部	28,900±150	33,880–33,080	34,440–32,960	33,530	−26.4	Beta-131409	炭化材	AMS	斧形石器など	荻原・木崎第1期、X層段階	121
宮崎	後牟田	第III文化層、II区8層	29,470±150	34,580–33,960	34,650–33,560	34,160	−23.2	Beta-142856	炭化材	AMS	斧形石器など	荻原・木崎第1期、X層段階	121
宮崎	後牟田	旧石器10層上部	30,290±200	34,990–34,690	35,150–34,580	34,860	−25.8	Beta-142854	炭化材	AMS	礫器、斧形石器	荻原・木崎第1期、X層段階	121
宮崎	後牟田	II区10層a	22,640±80	27,680–27,030	27,860–26,850	27,350	−25.8	Beta-142855	炭化材	AMS		炭化物量少ないため信頼性低い	121
熊本	瀬田池ノ原	第7文化層 5層	13,520±60	16,830–16,590	16,900–16,410	16,680	(−22.9)	PLD-3787	土壌	AMS	細石刃	稜柱形、土壌のため信頼値低い、不採用	122
熊本	瀬田池ノ原	第6文化層 石器ブロック BL004 9層	18,720±90	22,440–22,220	22,560–22,050	22,340	−26.2	Beta-212409	炭化材	AMS	基部加工ナイフ形石器、合形石器	荻原・木崎第4期、IV層中〜上部段階？	122
熊本	瀬田池ノ原	第6文化層 磯含 9層	18,770±90	22,480–22,250	23,190–22,090	22,390	−26.5	Beta-212410	炭化材	AMS	基部加工ナイフ形石器、合形石器	荻原・木崎第4期、IV層中〜上部段階？	122
熊本	瀬田池ノ原	第5文化層 磯含 10層	20,090±90	24,200–23,850	24,380–23,680	24,020	−25.4	Beta-212411	炭化材	AMS	ナイフ形石器、原の辻型	荻原・木崎第3期、V層段階？年代中一致	122
熊本	瀬田池ノ原	第3文化層 ブロックBL009 13a層	26,180±170	31,080–30,750	31,170–30,530	30,880	−25.1	Beta-227791	炭化材	AMS	二側縁加工ナイフ形石器	荻原・木崎第2期、VI層段階	122
熊本	瀬田池ノ原	第3文化層 ブロックBL009 13層	25,510±160	30,580–30,210	30,780–29,680	30,340	−26.7	Beta-227792	炭化材	AMS	二側縁加工ナイフ形石器	荻原・木崎第2期、VI層段階	122
熊本	瀬田池ノ原	第3文化層 13b層	25,780±140	30,770–30,410	30,940–30,300	30,610	−17.1	Beta-227793	土壌	AMS	二側縁加工ナイフ形石器	土壌のため信頼性低い、不採用	122
熊本	瀬田池ノ原	第1文化層 16c層	30,300±250	34,680–33,870	35,270–34,520	34,890	−25.7	Beta-227794	炭化材	AMS	台形様石器	荻原・木崎第1期、定型的石器少ない	122
熊本	瀬田池ノ原	第1文化層 16c層	28,440±210	33,870–32,940	34,460–32,790	33,460	−26.1	Beta-227795	炭化材	AMS	台形様石器	荻原・木崎第1期、定型的石器少ない	122
熊本	瀬田池ノ原	第1文化層 17a層	30,260±170	34,960–34,690	35,110–34,590	34,840	(−10.3)	IAAA-72245	土壌	AMS	台形様石器	土壌のため信頼値がおかしい	122
熊本	瀬田池ノ原	第1文化層 17a層	30,340±170	35,000–34,720	35,150–34,610	34,880	(−28.0)	IAAA-72246	炭化材	AMS	台形様石器	荻原・木崎第1期、定型的石器少ない	122
熊本	瀬田池ノ原	第1文化層 17a層	31,830±170	36,650–36,280	36,750–35,560	36,310	(−28.9)	IAAA-72247	炭化材	AMS	台形様石器	荻原・木崎第1期、定型的石器少ない	122
熊本	瀬田池ノ原	第1文化層 17a層	32,210±180	36,840–36,520	37,170–36,340	36,710	−22.1	IAAA-72248	炭化材	AMS	台形様石器	荻原・木崎第1期、定型的石器少ない	122
熊本	瀬田池ノ原	RG002 東方ベルト 8層？	17,060±90	20,390–20,130	20,520–19,870	20,260	−22.3	Beta-219865	土壌	AMS	—	土壌のため信頼性低い、不採用	122
熊本	瀬田池ノ原	RG002 東方ベルト 磯群磯直下	20,840±120	25,020–24,560	25,180–24,410	24,820	−19.1	Beta-219866	土壌	AMS	—	土壌のため信頼性低い、不採用	122
熊本	瀬田池ノ原	RG002 東方ベルト 磯群磯直下	21,590±120	26,100–25,650	26,260–25,250	25,840	−18.9	Beta-219867	土壌	AMS	—	土壌のため信頼性低い、不採用	122

地域	遺跡名	試料採取位置	¹⁴C BP (1σ)	IntCal09 Calibrated dates 1σ (whole range)	2σ (whole range)	平均値	$δ^{13}C$	機関番号	試料	β or AMS	指標となる遺物	備考	文献
熊本	瀬田池ノ原	RG002 東方ベルト 礫群礫直下	22,420±150	27,570 26,770	27,780 26,300	27,140	−18.6	Beta-219868	土壌	AMS	—	土壌のため信頼性低い、不採用	122
		RG006 14層	25,250±160	30,310 29,780	30,420 29,570	30,020	−16.7	Beta-219869	土壌	AMS	ナイフ形石器	土壌のため信頼性低い、不採用	122
		RG006 礫群礫直下	24,860±160	30,150 29,480	30,220 29,400	29,780	−16.2	Beta-219870	土壌	AMS	ナイフ形石器	土壌のため信頼性低い、不採用	122
		RG006 礫群礫直下	25,610±160	30,620 30,280	30,940 29,780	30,460	−16.3	Beta-219871	土壌	AMS	ナイフ形石器	土壌のため信頼性低い、不採用	122
		20トレンチ深掘 16層	27,830±290	32,380 31,540	32,880 31,400	32,080	−18.2	Beta-219872	土壌	AMS	—	土壌のため信頼性低い、不採用	122
熊本	河原第14	Ⅶ層 第1文化層礫群	29,370±360	34,530 33,610	34,730 33,170	33,980	−24.5	Beta-135259	炭化材	AMS	台形様石器	荻原・木崎第2期	114
		Ⅶ層 第1文化層礫群	28,790±350	34,010 32,790	34,520 32,240	33,360	−27.5	Beta-135259	炭化材	AMS	台形様石器	荻原・木崎第2期	114
熊本	石の本	1-8区0488グリッドFⅥb層	32,740±1,060	39,500 35,510	41,550 34,750	38,000	−25.8	Beta-84289	炭化材	β	斧形石器・台形様石器など	荻原・木崎第1期、Ⅹ層段階	123
		1-8区0497グリッドFⅥb層	33,720±430	39,070 37,770	39,940 37,180	38,500	−24.3	Beta-84290	炭化材	β	斧形石器・台形様石器など	荻原・木崎第1期、Ⅹ層段階	123
		1-8区0498グリッドFⅥb層	33,140±550	38,570 37,150	39,090 36,580	37,870	−27.8	Beta-84291	炭化材	β	斧形石器・台形様石器など	荻原・木崎第1期、Ⅹ層段階	123
		1-8区1408グリッドFⅥb層	31,460±270	36,450 35,440	36,550 35,180	35,880	−27.3	Beta-84292	炭化材	β	斧形石器・台形様石器など	荻原・木崎第1期、Ⅹ層段階	123
		54区AT下位石器群炭化材集中、No.5	32,650±430	37,920 36,700	38,580 36,560	37,500	—	Beta-117661	炭化材	AMS	斧形石器・台形様石器など	荻原・木崎第1期、Ⅹ層段階	124
		54区AT下位石器群炭化材集中、No.6	31,790±270	36,660 35,630	36,840 35,310	36,190	—	Beta-117662	炭化材	AMS	斧形石器・台形様石器など	荻原・木崎第1期、Ⅹ層段階	124
鹿児島	立切	4区第1焼土（種Ⅳ火山灰下）	30,480±210	35,100 34,760	36,140 34,600	35,000	−26.3	Beta-114267	炭化材	AMS	斧形石器、叩石・台石など	荻原・木崎第1期、Ⅹ～Ⅸ層段階？	125
		Ⅱ区13層、ピット2	30,400±600	36,200 34,540	36,480 33,800	35,160	−24.3	Beta-169707	炭化材	AMS	斧形石器、叩石・台石・磨石など	荻原・木崎第1期、Ⅹ～Ⅸ層段階？	125
		Ⅲ区13層、焼土G	28,480±500	33,490 31,980	34,450 31,630	32,910	−26.4	Beta-169708	炭化材	AMS	斧形石器、叩石・台石・磨石など	荻原・木崎第1期、Ⅹ～Ⅸ層段階？	125
鹿児島	横峯C	1トレンチ1号礫群（種Ⅳ火山灰下）	31,280±690	36,460 35,130	37,410 34,630	35,910	−25.8	Beta-102399	炭化材	AMS	磯群、叩石・台石など	荻原・木崎第1期、Ⅹ～Ⅸ層段階？	126
		1トレンチ1号礫群（種Ⅳ火山灰下）	29,670±540	34,780 33,620	35,290 32,920	34,200	−24.6	Beta-102400	炭化材	AMS	磯群、叩石・台石など	荻原・木崎第1期、Ⅹ～Ⅸ層段階？	126
		1トレンチ台石周辺（種Ⅳ火山灰直上）	30,490±590	36,200 34,600	36,530 34,020	35,260	−24.3	Beta-102401	炭化材	AMS	磯群、叩石・台石など	荻原・木崎第1期、Ⅹ～Ⅸ層段階？	126
		5トレンチ礫群（種Ⅳ火山灰上位）	29,300±520	34,560 33,390	34,960 32,630	33,860	−25.2	Beta-102402	炭化材	AMS	磯群、叩石・台石など	荻原・木崎第1期、Ⅹ～Ⅸ層段階？	126

¹⁴C年代測定結果一覧◎引用文献

1— 花巻市博物館 2005『上台Ⅰ遺跡発掘調査報告書1』(花巻市博物館調査研究報告書第2集)、花巻市博物館
2— 青森県埋蔵文化財調査センター 1999『櫛引遺跡』、青森県教育委員会
3— 階上町教育委員会 2000『滝端遺跡発掘調査報告書』、階上町教育委員会
4— 岩手県文化振興事業団埋蔵文化財センター 2010『斉羽場舘跡発掘調査報告書』(岩手県文化振興事業団埋蔵文化財調査報告書第561集)、岩手県文化振興事業団埋蔵文化財調査センター
5— 小林謙一・坂本稔・工藤雄一郎編 2009「企画展示 縄文はいつから!? 1万5千年前になにがおこったのか」、国立歴史民俗博物館
6— 谷口康浩 1999『大平山元Ⅰ遺跡の考古学調査―旧石器時代の終末と縄文文化の起源に関する問題の探究―』、大平山元Ⅰ遺跡発掘調査団
7— 青森県埋蔵文化財調査センター 2009『坪毛沢(1)遺跡Ⅱ・柴山(1)遺跡Ⅱ・大坊頭遺跡・赤平(1)遺跡・赤平(2)遺跡Ⅱ』(青森県埋蔵文化財調査報告書第449集)、青森県教育委員会
8— 青森県埋蔵文化財センター 2011『五川目(6)遺跡』(青森県埋蔵文化財調査報告書第502集)、青森県教育委員会
9— 岩手県文化振興事業団埋蔵文化財センター 2004『早坂平遺跡発掘調査報告書』(岩手県文化振興事業団埋蔵文化財調査報告書第437集)、(財)岩手県文化振興事業団埋蔵文化財センター
10— 岩手県文化振興事業団埋蔵文化財センター 2009『岩洞堤遺跡発掘調査報告書』(岩手県文化振興事業団埋蔵文化財調査報告書第531集)、(財)岩手県文化振興事業団埋蔵文化財センター
11— 仙台市教育委員会 1992『富沢遺跡―第30次調査報告書第Ⅱ分冊―旧石器時代編』(仙台市埋蔵文化財調査報告書第160集)、仙台市教育委員会
12— 岩手県文化振興事業団埋蔵文化財センター 1995『大渡Ⅱ遺跡発掘調査報告書』(岩手県文化振興事業団埋蔵文化財調査報告書第215集)、(財)岩手県文化振興事業団埋蔵文化財センター
13— 鹿又喜隆 2010「後期旧石器時代前半期石器群の機能的考察」『第24回東北日本の旧石器文化を語る会予稿集』、pp.57-69
14— 鹿又喜隆 2007「発掘調査におけるサンプリングの実践と遺跡形成過程の研究―福島県笹山原No.16遺跡の平安時代住居跡とローム層包含層の調査成果をもとに―」『第3回年代測定と日本文化研究シンポジウム予稿集』、pp.23-29
15— 伊藤祐輔 2009「笹山原No.16遺跡の放射性炭素年代測定」『第23回東北日本の旧石器文化を語る会予稿集』、pp.35-37
16— 雫石町教育委員会 2008『板橋Ⅲ遺跡』(雫石町埋蔵文化財調査報告書第11集)、雫石町教育委員会
17— 栗原市教育委員会 2010『大久保遺跡』(栗原市文化財調査報告書第12集)、栗原市教育委員会
18— 岩手県文化振興事業団埋蔵文化財センター 1999『峠山牧場Ⅰ遺跡A地区発掘調査報告書』(岩手県文化振興事業団埋蔵文化財調査報告書第291集)、(財)岩手県文化振興事業団埋蔵文化財センター
19— 入広瀬村教育委員会・魚沼地域洞窟遺跡発掘調査団 2004『黒姫洞窟遺跡―第1期発掘調査報告―』(入広瀬村埋蔵文化財報告第1輯)、入広瀬村教育委員会
20— 村上昇・遠部慎 2008「鳥浜貝塚から出土した多縄文土器とその年代測定値」『福井県立若狭歴史民俗資料館館報 平成19年度』、pp.19-20、福井県立若狭歴史民俗資料館
21— 鳥浜貝塚研究グループ編 1985『鳥浜貝塚 1984年度調査概報・研究の成果―縄文前期を主とする低湿地遺跡の調査5―』、福井県教育委員会・若狭歴史民俗資料館
22— 今村峯雄編 2004「縄文時代・弥生時代の高精度編年体系の構築」(平成13〜15年度文部科学省研究費補助金基盤研究(A1)研究成果報告書)、国立歴史民俗博物館
23— 吉田邦夫・原辰彰・宮崎ゆみ子・國木田大 2008「縄文文化の胎動」『縄文時代草創期の年代 越後編 土器付着物の¹⁴C年代』、pp.57-63、津南町教育委員会
24— 中里村教育委員会編 2001『久保寺南遺跡』(中里村文化財調査報告書第9輯)、中里村教育委員会
25— 國學院大學考古学研究室 2010『本ノ木遺跡2007年度発掘調査報告書』(國學院大學文学部実習報告第42集)、國學院大學考古学研究室
26— 東北大学考古学研究室 1990『荒屋遺跡―第2・3次発掘調査概報―』、川口町教育委員会
27— 芹沢長介・須藤隆 2003『荒屋遺跡第2・3次発掘調査報告書』、東北大学文学部考古学研究会
28— 津南町教育委員会 2005『町内遺跡試掘確認調査報告書5 谷内地区遺跡群・栫込遺跡・向原A遺跡・向原B遺跡・向原C遺跡・観音堂原遺跡』、津南町教育委員会
29— 藤森英二 2010「近年の科学的分析から分かったこと」『栃原岩陰遺跡シンポジウム2010 ここまでわかった栃原岩陰遺跡』、pp.2-8、北相木村教育委員会
30— 長野県埋蔵文化財センター 2004『仲町遺跡』(長野県埋蔵文化財センター発掘調査報告書第63集)、長野県埋蔵文化財センター
31— 長野県埋蔵文化財センター 2000『上信越自動車道埋蔵文化財発掘調査報告書16―信濃町内その2―』、長野県埋蔵文化財センター
32— 長野県埋蔵文化財センター 1987『中央自動車道長野線埋蔵文化財発掘調査報告書1』、長野県埋蔵文化財センター
33— 長野県埋蔵文化財センター 2004『一般国道18号(野尻バイパス)埋蔵文化財発掘調査報告書―信濃町内その2―貫ノ木遺跡・照月台遺跡』、長野県埋蔵文化財センター
34— 佐久市教育委員会 1999『八風山遺跡群』(佐久市埋蔵文化財調査報告書第75集)、佐久市教育委員会
35— 佐久市教育委員会 2006『天神小根遺跡』(佐久市埋蔵文化財調査報告書第136集)、佐久市教育委員会
36— 長野県埋蔵文化財センター 1992『上信越自動車道埋蔵文化財発掘調査報告書1―佐久市内その1―下茂内遺跡』、長野県埋蔵文化財センター
37— 長門町教育委員会 2001『県道男女倉長門線改良工事に伴う発掘調査報告書―鷹山遺跡群Ⅰ遺跡及び追分遺跡群発掘調査―』、長門町教育委員会
38— 長野県埋蔵文化財センター 2000『上信越自動車道埋蔵文化財発掘調査報告書15―信濃町内その1―』、長野県埋蔵文化財センター
39— 長野県埋蔵文化財センター 2004『一般国道18号(野尻バイパス)埋蔵文化財発掘調査報告書2―信濃町内その2―貫ノ木遺跡 照月台遺跡』(長野県埋蔵文化財センター発掘調査報告書62)、長野県埋蔵文化財センター
40— 佐久市教育委員会 1999『八風山遺跡群』(佐久市埋蔵文化財調査報告書第75集)、佐久市教育委員会
41— 中井信之・中村俊夫・有田陽子・森ума子・亀井節夫・秋山雅彦・沢田健 1992「哺乳動物化石の¹⁴C年代測定と¹³Cによる環境変動の解析―野尻湖ナウマンゾウ・オオツノジカ、関東地方ニホンジカを中心として―」『シンポジウム論文集 加速器質量分析と炭素同位体の学際的応用』、pp.98-119、名古屋大学年代測定資料研究センター
42— 杉原荘介 1959「縄文文化初頭の夏島貝塚の土器」『科学読売』11-9、pp.17-21
43— 群馬県埋蔵文化財調査事業団 2008『白井一二遺跡』(群馬県埋蔵文化財調査事業団調査報告書第427集)、群馬県埋蔵文化財調査事業団
44— 笠懸町教育委員会 2003『西鹿田中島遺跡発掘調査報告書1』、笠懸町教育委員会
45— (財)とちぎ生涯学習文化財団埋蔵文化財センター 2003『野沢遺跡・野沢石塚遺跡』(栃木県埋蔵文化財調査報告書第271集)、栃木県教育委員会
46— 岡本孝之編 1993『湘南藤沢キャンパス内遺跡―第1巻総論―』、慶應義塾大学考古学研究室
47— 有明文化財研究所・万福寺遺跡群発掘調査団 2005『万福寺遺跡群』、有明文化財研究所、万福寺遺跡群発掘調査団
48— 加藤建設株式会社埋蔵文化財調査部 2004『井の頭池遺跡群武蔵野市御殿山遺跡第2地区N地点』、加藤建設株式会社埋蔵文化財調査部
49— かながわ考古学財団 1998『宮ヶ瀬遺跡群ⅩⅣ 北原(No.10・11北)遺跡』(かながわ考古学財団調査報告40)、かながわ考古学財団
50— 大和市教育委員会 1986『月見野遺跡群上野遺跡第1地点』(大和市文化財調査報告書第21集)、大和市教育委員会
51— かながわ考古学財団 1999『吉岡遺跡群Ⅸ―考察・自然科学分析編―』(かながわ考古学財団調査報告49)、かながわ考古学財団
52— 瑞穂町教育委員会 2011『東京都西多摩郡瑞穂町 松原遺跡』、瑞穂町教育委員会
53— かながわ考古学財団 2004『用田南原遺跡』(かながわ考古学財団調査報告168)、かながわ考古学財団
54— かながわ考古学財団 1996『宮ヶ瀬遺跡群6 サザランケ(No.12遺跡)』(かながわ考古学財団調査報告8)、かながわ考古学財団
55— 細野高伯 1999「小暮東新山遺跡」『第6回石器文化研究会 発表要旨』、pp.1-4、石器文化研究会
56— 相模原市教育委員会 1987『田名向原遺跡Ⅱ』、相模原市教育委員会
57— 小林謙一 2008「日本列島における初期定住化遺構の年代測定研究長野県埋蔵文化財センター」『白門考古論叢Ⅱ』、pp.1-28、中央大学考古学研究会
58— かながわ考古学財団 1999『福田丙二ノ区遺跡』(かながわ考古学財団調査報告68)、かながわ考古学財団
59— かながわ考古学財団 2002『用田鳥居前遺跡』(かながわ考古学財団調査報告128)、かながわ考古学財団

60 ── かながわ考古学財団 1997『宮ヶ瀬遺跡群Ⅹ―中原（No.13c遺跡）―』（かながわ考古学財団調査報告16），かながわ考古学財団

61 ── かながわ考古学財団 1997『宮ヶ瀬遺跡群Ⅻ―上原（No.13遺跡）―』（かながわ考古学財団調査報告18），かながわ考古学財団

62 ── 新宿区No.107遺跡調査団 2000『東京都新宿区北新宿二丁目遺跡2』，新宿区No.107遺跡調査団

63 ── 藤岡市教育委員会 1995『藤岡北山B遺跡』，藤岡市教育委員会

64 ── 群馬県埋蔵文化財調査事業団 2008『上武道路・旧石器時代遺跡群1』（群馬県埋蔵文化財調査事業団調査報告第418集），群馬県埋蔵文化財調査事業団

65 ── かながわ考古学財団 2003『吉岡遺跡群Ⅹ　B区第2次調査（第1分冊　縄文時代初頭～旧石器時代，自然科学編）』（かながわ考古学財団調査報告153），かながわ考古学財団

66 ── かながわ考古学財団 2004『用田大河内遺跡』（かながわ考古学財団調査報告167），かながわ考古学財団

67 ── 群馬県埋蔵文化財調査事業団 2010『上白井西伊熊遺跡―旧石器時代編―』（群馬県埋蔵文化財調査事業団調査報告書第480集），群馬県埋蔵文化財調査事業団

68 ── 茨城県教育財団 2009『塚本遺跡・豆粒師北遺跡・谷ッ道遺跡』（茨城県教育財団文化財調査報告第310集），茨城県教育財団

69 ── かながわ考古学財団 2010『津久井城跡馬込地区』（かながわ考古学財団調査報告249），かながわ考古学財団

70 ── かながわ考古学財団 2004『山ノ神遺跡・鷹見塚遺跡』（かながわ考古学財団調査報告171），かながわ考古学財団

71 ── 印旛郡市埋蔵文化財センター 2004『印旛の原始・古代―旧石器時代編―』，印旛郡市文化財センター

72 ── 土浦市教育委員会 2004『山川古墳群（第2次調査）』，土浦市教育委員会

73 ── 原祐一・川口武彦・伊比博和・松崎浩之・春原陽子 2004「東京大学駒場校地内遺跡国際交流棟地点」『第10回石器文化研究会　発表要旨』，pp.1-6，石器文化研究会

74 ── 東京都埋蔵文化財センター 2004『武蔵国分寺跡関連遺跡（武蔵台西地区）』（東京都埋蔵文化財センター調査報告第149集），東京都埋蔵文化財センター

75 ── 群馬県埋蔵文化財調査事業団 1999『三和工業団地Ⅰ遺跡1』（群馬県埋蔵文化財調査事業団調査報告書第246集），群馬県埋蔵文化財調査事業団

76 ── 群馬県埋蔵文化財調査事業団 2007『吹屋遺跡』（群馬県埋蔵文化財調査事業団調査報告書第405集），群馬県埋蔵文化財調査事業団

77 ── 静岡県埋蔵文化財調査研究所 2000『池田B遺跡』（静岡県埋蔵文化財調査研究所調査報告第122集），静岡県埋蔵文化財調査研究所

78 ── 原寛・遠部慎・宮田佳樹・村上昇 2010「椛の湖遺跡採集土器の炭素14年代測定」『古代文化』62-Ⅰ，pp.90-98

79 ── 静岡県埋蔵文化財調査研究所編 2009『丸尾北遺跡』（静岡県埋蔵文化財調査研究所調査報告210集），静岡県埋蔵文化財調査研究所

80 ── 田原市教育委員会 2007『宮西遺跡発掘調査概要報告書』（田原市埋蔵文化財調査報告書第2集），田原市教育委員会

81 ── 工藤雄一郎・白石浩之・中村俊夫 2011「愛知県田原市宮西遺跡から出土した縄文時代草創期の土器付着物および炭化材の¹⁴C年代測定2」『名古屋大学加速器質量分析計業績報告書』22, pp.199-210，名古屋大学年代測定総合研究センター

82 ── 宮川村教育委員会 1998『宮ノ前遺跡発掘調査報告書』，宮川村教育委員会

83 ── 杉原荘介・小野真一 1965「静岡県休場遺跡における細石刃文化」『考古学集刊』3-2, pp.1-33

84 ── 静岡県埋蔵文化財調査研究所編 2006『西山遺跡（第二東名No.2地点）』（静岡県埋蔵文化財調査研究所調査報告第170集），静岡県埋蔵文化財調査研究所

85 ── 静岡県埋蔵文化財調査研究所編 2009『桜畑上遺跡（第二東名No.1地点）』（静岡県埋蔵文化財調査研究所調査報告第208集），p.306，静岡県埋蔵文化財調査研究所

86 ── 静岡県埋蔵文化財調査研究所編 2003『大岡元長窪関連遺跡Ⅰ』（静岡県埋蔵文化財調査研究所調査報告第138集），静岡県埋蔵文化財調査研究所

87 ── 静岡県埋蔵文化財調査研究所編 2009『梅ノ木沢遺跡Ⅱ（旧石器時代編）』（静岡県埋蔵文化財調査研究所調査報告第206集），静岡県埋蔵文化財調査研究所

88 ── 静岡県埋蔵文化財調査研究所編 2009『大岡元長窪関連遺跡Ⅲ』（静岡県埋蔵文化財調査研究所調査報告第205集），静岡県埋蔵文化財調査研究所

89 ── 静岡県埋蔵文化財調査研究所編 2008『元野遺跡』（静岡県埋蔵文化財調査研究所調査報告第189集），静岡県埋蔵文化財調査研究所

90 ── 静岡県埋蔵文化財調査研究所編 2007『向田A遺跡』（静岡県埋蔵文化財調査研究所調査報告第178集），静岡県埋蔵文化財調査研究所

91 ── 沼津市教育委員会 1999『西洞遺跡（b区-1 発掘調査報告書）』（沼津市文化財調査報告書第69集），沼津市教育委員会

92 ── 渡辺直経 1966「縄文および弥生時代の¹⁴C年代」『第四紀研究』5, 157-168

93 ── 小林謙一・遠部慎 2011「上黒岩遺跡の炭化材・貝類の炭素14年代測定」『国立歴史民俗博物館研究報告』154, pp.504-510, 国立歴史民俗博物館

94 ── 兵庫県教育委員会 1991「板井寺ヶ谷遺跡―旧石器時代の調査―自然科学分析編」『兵庫県文化財調査報告書第96-1冊』，兵庫県教育委員会

95 ── 島根県教育庁埋蔵文化財調査センター編 2008『岡田遺跡（4．尾原ダム建設に伴う埋蔵文化財発掘調査報告書』，島根県教育委員会

96 ── 稲田孝司編 2009「恩原1遺跡」，恩原遺跡発掘調査団

97 ── 兵庫県教育委員会 2008『七日市遺跡（Ⅲ）旧石器時代の調査』（兵庫県文化財調査報告第272集），兵庫県教育委員会

98 ── 遠部慎 2010「円筒形貝殻文土器群の炭素14年代測定」『南九州縄文通信』20下巻, pp.141-153

99 ── 西本豊弘編 2009『弥生農耕の起源と東アジア―炭素14年代測定による高精度年体系の構築―（平成16～20年文部科学省・科学研究費学術創成研究費研究成果報告書）』，国立歴史民俗博物館

100 ── 福岡市教育委員会 2003『大原D遺跡群4　大原D遺跡群第4次・第5次・第6次調査報告　縄文時代編』（福岡市埋蔵文化財調査報告書第741集），福岡市教育委員会

101 ── 始良町教育委員会 2005『建昌城跡』（始良町埋蔵文化財発掘調査報告書第10集），始良町教育委員会

102 ── 清武町教育委員会 2009『清武上猪ノ原遺跡2』（清武町埋蔵文化財調査報告第26集），清武町教育委員会

103 ── 遠部慎・宮田佳樹 2008「宮崎県における土器付着炭化物の炭素14年代測定―縄文時代前半期を中心に―」『宮崎考古』21, pp.41-54

104 ── 鹿児島県埋蔵文化財センター 2006『三角山遺跡群3（三角山Ⅰ遺跡）』（鹿児島県埋蔵文化財センター発掘調査報告書第96集），鹿児島県埋蔵文化財センター

105 ── 西之表市教育委員会 2004「鬼ヶ野遺跡」『西之表市埋蔵文化財発掘調査報告14』，西之表市教育委員会

106 ── 瀬戸口望 1981「東黒土田遺跡発掘調査報告」『鹿児島考古』15, pp.22-54

107 ── 工藤雄一郎 2011「東黒土田遺跡の堅果類と縄文時代草創期土器群の年代に関する一考察」『考古学研究』58-1, pp.54-65

108 ── 加世田市教育委員会 1999「志風頭遺跡・奥名野遺跡」『加世田市文化財発掘調査報告書16』，加世田市教育委員会

109 ── 山都町教育委員会 2007『高畑乙ノ原遺跡，高畑前鶴遺跡，高畑宮ノ下遺跡』（山都町文化財調査報告第1集），山都町教育委員会

110 ── 熊本県教育委員会 2003『河陽F遺跡』（熊本県文化財調査報告第209集），熊本県教育委員会

111 ── 芹沢長介 1967「洞穴遺跡と日本の旧石器」『日本の洞穴遺跡』，pp.344-349, 平凡社

112 ── 佐世保市教育委員会 2010『市内遺跡発掘調査報告書』（佐世保市文化財調査報告書第4集），佐世保市教育委員会

113 ── 岐宿町教育委員会 1998『茶園遺跡』（岐宿町文化財調査報告第3集），岐宿町教育委員会

114 ── 熊本大学考古学研究室 2007『阿蘇における旧石器文化の研究』（熊本大学文学部考古学研究室報告第2集），熊本大学考古学研究室

115 ── 雲仙市教育委員会 2007『龍王遺跡Ⅱ・真正寺条里跡（概報）第2集，雲仙市教育委員会

116 ── 大分教育庁埋蔵文化財センター 2009『茶屋久保B遺跡』（大分県教育庁埋蔵文化財センター発掘調査報告書第45集），大分県教育庁埋蔵文化財センター

117 ── 宮崎県埋蔵文化財センター 2008『野首第2遺跡』（宮崎県埋蔵文化財センター発掘調査報告書第172集），宮崎県埋蔵文化財センター

118 ── 宮崎県埋蔵文化財センター 2008『尾立第2遺跡』（宮崎県埋蔵文化財センター発掘調査報告書第169集），宮崎県埋蔵文化財センター

119 ── 宮崎県埋蔵文化財センター 2007『山田遺跡』（宮崎県埋蔵文化財センター発掘調査報告書第146集），宮崎県埋蔵文化財センター

120 ── 宮崎県埋蔵文化財センター 2008『市納上第2遺跡』（宮崎県埋蔵文化財センター発掘調査報告書第170集），宮崎県埋蔵文化財センター

121 ── 後牟田遺跡調査団 2002『後牟田遺跡　宮崎県川南町後牟田遺跡における旧石器時代の研究』，川南町教育委員会

122 ── 熊本県教育委員会 2010『瀬国池ノ原遺跡』（熊本県文化財調査報告第252集），熊本県教育委員会

123 ── 熊本県教育委員会 1999『石の本遺跡群Ⅱ』（熊本県文化財調査報告第178集），熊本県教育委員会

124 ── 熊本県教育委員会 2001『石の本遺跡群Ⅳ』（熊本県文化財調査報告第195集），熊本県教育委員会

125 ── 中種子町教育委員会 2002『立切遺跡』（中種子町埋蔵文化財発掘調査報告書4），中種子町教育委員会

126 ── 南種子町教育委員会 2000『横峯C遺跡』（南種子町埋蔵文化財発掘調査報告書8），南種子町教育委員会

第6章

最終氷期の環境史と考古編年との時間的対応関係

1── 最終氷期の較正曲線と較正年代

　太陽活動の経年変動によって，過去の大気中の^{14}C濃度は変化しているため，^{14}C年代は較正年代に変換して議論する必要がある。樹木年輪を用いた較正年代は約12,600 cal BPまでしか届いておらず，晩氷期以前の^{14}C年代を較正するために，サンゴの^{14}C年代とウラン－トリウム年代のデータセットや，海底堆積物の^{14}C年代などの，海洋起源のデータが用いられている。

　晩氷期以前の年代を較正するには，これらのデータを用いた較正曲線を使用することが必要である。オンライン上で公開され，現在，一般に使用されているものは次の4つである。

- IntCal04（Reimer *et al.* 2004）（図6－1）
- Fairbanks0805（Fairbanks *et al.* 2005）（図6－2）
- CalPal-2007$_{Hulu}$（Weninger *et al.* 2008）（図6－3）
- IntCal09（Reimer *et al.* 2009）（図6－4）

　IntCal04では26,000 cal BPまでの較正曲線が作成されている（図6－1）。樹木年輪を用いた較正曲線は12,400 cal BPまでであり，それより古い年代域は，カリアコの海底堆積物の有孔虫の^{14}C年代（12,400～14,700 cal BP），サンゴのウラン－トリウム年代と^{14}C年代のデータセット（12,400～26,000 cal BP）を使用して較正曲線が作成されている。しかしながら，日本列島の後期旧石器時代初頭の年代は30,000 ^{14}C BPより古いことが明らかである。IntCal04では約21,000 ^{14}C BPまでしか較正できないため，日本列島の後期旧石器時代の年代領域すべてを扱うことができなかった。

　Fairbanks0805では，約49,000 cal BPまで遡る較正曲線が公開されている（図6－2）。このデ

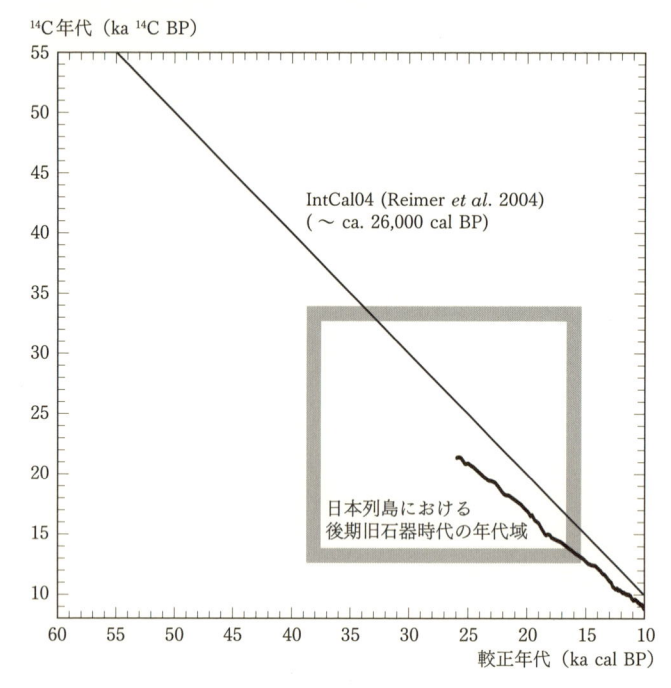

図6‐1　較正曲線IntCal04

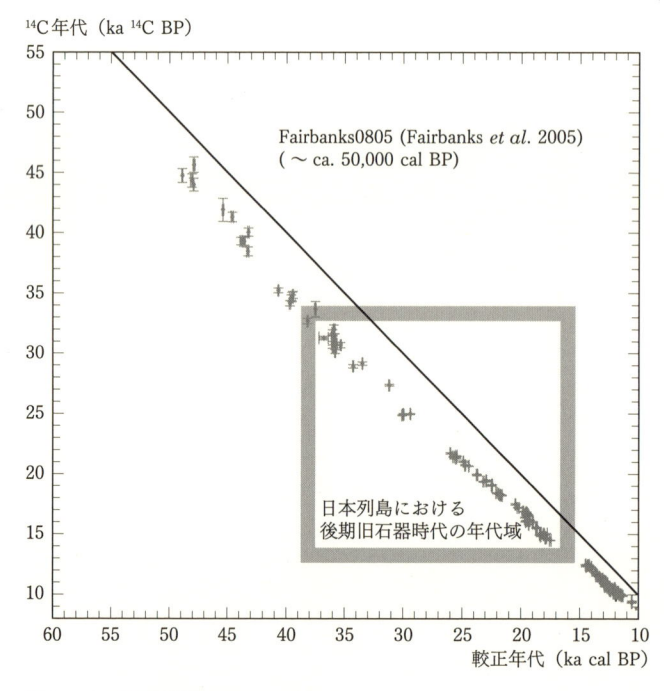

図6‐2　較正曲線Fairbanks0805

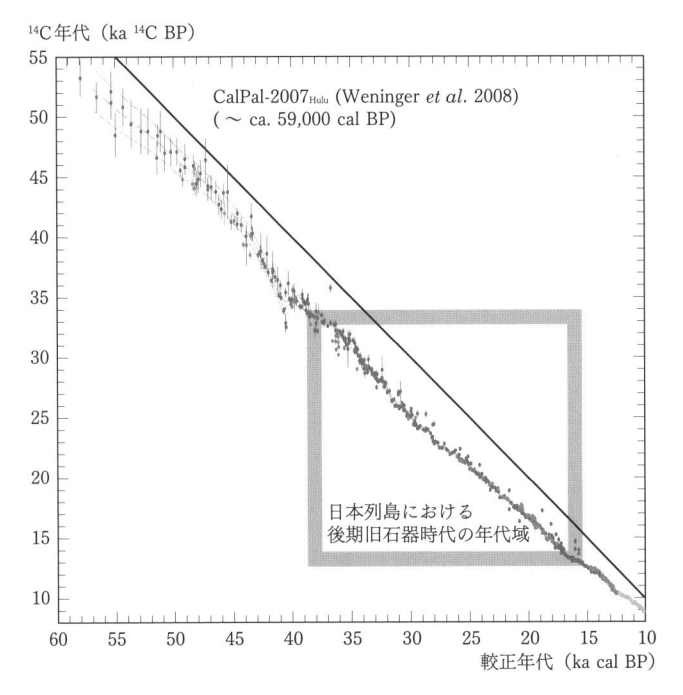

図6-3　較正曲線CalPal-2007_Hulu

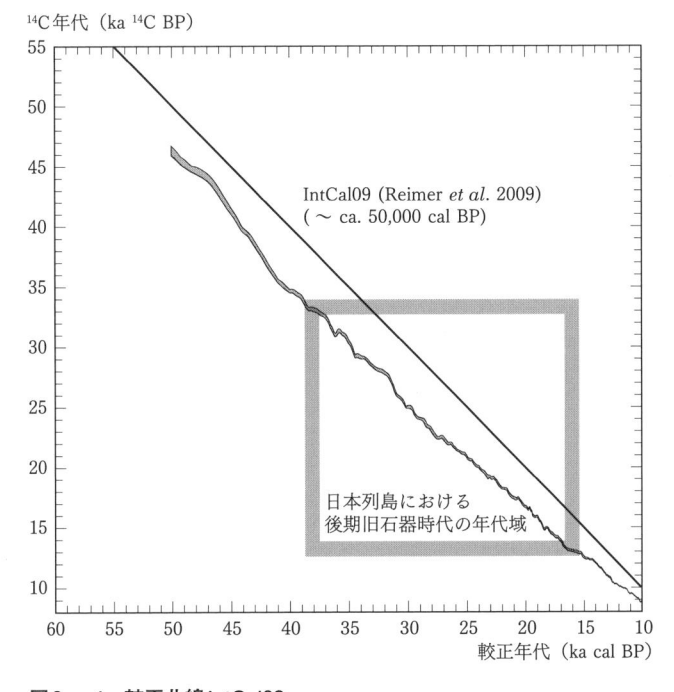

図6-4　較正曲線IntCal09

ータはサンゴのウラン－トリウム年代にもとづいている。現在，オンライン上で較正年代を算出することも可能だが，Fairbanks0805のデータにはいくつかの領域に大きな欠落がある。たとえば，18,000〜15,000 cal BPの間はデータがないため，直線で結ばれている。また，34,000〜26,000 cal BPの間もデータは2点のみである。34,000 cal BPより古い領域もデータの密度は粗い。Fairbanks0805は，あくまでおおよその目安として捉えるべき較正曲線であり，オンライン上で計算される一桁（1年単位）までの較正年代は実質的な意味をもっていない。

CalPalグループの最新の較正曲線であるCalPal-2007$_{Hulu}$では，59,000 cal BPまでの較正曲線が作成されている（図6－3）。IntCal04で使用されている樹木年輪のデータを使用し，それより古い領域については，Fairbanksのデータと海底堆積物のデータにもとづいている（表6－1）。

CalPal-2007$_{Hulu}$では，カリアコ（Cariaco）とPS2644，MD952042の海底堆積物の有孔虫の酸素同位体変動を，フールー（Hulu）洞窟の石筍の酸素同位体変動と同調させることによって，堆積物の年代をフールーの石筍のウラン－トリウム年代モデルに変換し，較正年代を算出している。カリアコと北大西洋の海底堆積物は古い領域の^{14}C年代データが豊富であり，この"Hulu age model"が正しいとすれば，日本列島の後期旧石器時代の年代を検討するうえでも，有効なデータの一つといえるだろう。

また，CalPalは考古年代と古環境データを対比することを目的としてつくられていることから，世界各地のさまざまな古環境変遷のデータが組み込まれており，年代－環境研究のパッケージとして優れているが，国際的な認知度は低い。しかしながら，IntCal09が公開されるまでは，後期旧石器時代前半期の年代論を展開するうえでは欠かせない較正曲線であった。

IntCalのグループは，IntCal04を公開した時点では，26,000 cal BPより古い領域の較正を公式には認めていなかった（van der Plicht *et al.* 2004）。較正曲線に使用可能な26,000 cal BPを遡る複数のデータセットが十分に一致していないことがその理由である。しかしながら，年輪年代を用いた較正曲線，あるいはそれと同程度に正確な別の方法による較正曲線が，MIS 3まで延びることを期待して待っていても，当該期の考古学的年代研究は一向に進展しない。特に，日本列島における現生人類の出現にかかわる年代論やその環境的背景などについて議論する場合，較正年代での議論が必要となってくる。26,000 cal BP以前を較正するかしないかは，研究上の目的や立場の違いである。したがって，目的に応じて，利用可能な較正曲線に用いられているデータの性質，方法を評価したうえで，これを使用することが必要であり，CalPalグループの較正曲線作成への方針そのものは高く評価できるものである。

^{14}C年代の較正年代は，樹木年輪を用いた年代にしろ，海洋起源の堆積物やサンゴを用いた年代にしろ，あくまで一つの"年代モデル"である。既存の利用可能なデータで較正曲線を構築し，つねにより確度の高い較正曲線に更新していくべきものである。

2009年12月に，IntCalグループの最新版の較正曲線であるIntCal09（Reimer *et al.* 2009）が公開された（図6－4）。年輪年代にもとづく12,600 cal BPより新しい年代域ではIntCal04とIntCal09ではまったく変わらない。12,600 cal BPより古い年代域では，CalPal-2007$_{Hulu}$でも使用されているフールーのウラン－トリウム年代モデルに同調させたMD952043とカリアコの海底堆積物の

表6-1 較正曲線 IntCal04, Fairbanks0805, CalPal-2007Hulu, IntCal09 の年代域と元になっているデータの比較

較正曲線	IntCal04 (Reimer et al. 2004)	Fairbanks0805 (Fairbanks et al. 2005)	CalPal-2007Hulu (Weninger et al. 2008)	IntCal09 (Reimer et al. 2009)
カバーしている年代域	ca. 0-26 ka cal BP	ca. 0-49 ka cal BP	ca. 0-59 ka cal BP	ca. 0-50 ka cal BP
樹木年輪	0-12.4 ka cal BP	0-12.4 ka cal BP	0-12.4 ka cal BP	0-12.6 ka cal BP
カリアコ年縞堆積物 有孔虫の^{14}C年代	12.4-14.7 ka cal BP	―	11.8-14.6 ka cal BP (リザーバー効果：680年)	12.4-14.7 ka cal BP
ホーエンハイム マツの年輪	―	―	12.6-13.9 ka cal BP (カリアコのデータとのウイグルマッチングによってつなぐ)	―
サンゴのU/Th年代	12.4-26.0 ka cal BP Barbados, Tahiti, Mururoa, Vanuatsu, Papua New Guinea	12.4-49.2 ka cal BP Barbados, Kiritimati, Araki	12.4-49.2 ka cal BP Barbados, Kiritimati, Araki (Fairbanks0805)	12.6-49.2 ka cal BP Barbados, Tahiti, Mururoa, Vanuatsu, Papua New Guinea,, Kiritimati, Araki
海底堆積物PS2644 有孔虫の^{14}C年代	―	―	17.5-53.3 ka cal BP (Hulu tuned)	―
カリアコ海底堆積物 有孔虫の^{14}C年代	―	―	17.5-59.2 ka cal BP (Hulu tuned)	13.5-49.7 ka cal BP (Hulu tuned)
海底堆積物MD952042 有孔虫の^{14}C年代	―	―	14.7-59.2 ka cal BP (Hulu tuned)	15.0-49.6 ka cal BP (Hulu tuned)

有孔虫のデータ，フェアバンクスが公開しているサンゴのデータがIntCal09には組み込まれ，約5万年前までの較正曲線が使用可能となった。

　IntCal04でも公開されていた26,000～12,000 cal BPの間にも，IntCal09では変更があるので注意が必要であり，IntCal09とIntCal04で最大で500年程度，較正年代が異なる場所もある。特に，^{14}C年代で13,000 ^{14}C BP前後では較正年代がこれまでよりも500年以上古くなり，較正年代では16,000 cal BPより古くなる。IntCal04とCalPal-2007Huluで計算される較正年代に大きなギャップが生じ，問題となっていた部分である（第7章参照）。IntCal04ではデータが少なく直線的になっていた較正曲線に，最新版のIntCal09ではCalPalと同様に詳細なデータが加わった結果であり，CalPal-2007HuluとIntCalとのギャップは解消された。この年代域は日本列島の土器出現に大きくかかわることから，今後も較正曲線のアップデートに十分注意していく必要がある。最終氷期の較正曲線については，今後新しいデータの追加などによって，以前の較正曲線との間で部分的に500年程度のずれが生じたりするケースは十分にあると考えられるためである。

　なお，本書の第2部で扱った最終氷期の遺跡の^{14}C年代については，較正年代の算出にはすべてIntCal09（Reimer et al. 2009）を用いている。

2── 考古遺跡の較正年代について

①対比の方法

　第5章で取り上げた各石器群・土器群の^{14}C年代について，較正プログラム OxCal4.1（Ramsey 2009）を用い，IntCal09（Reimer *et al*. 2009）の較正曲線を使用してそれぞれの^{14}C年代を較正し，遺跡ごとにまとめて図6-7に示した。なお，較正年代は確率分布1σおよび2σの範囲，較正年代の平均値を第5章末の^{14}C年代測定結果一覧に示している。

　最終氷期に相当する後期旧石器時代初頭から縄文時代草創期までの遺跡群の膨大な^{14}C年代測定例をなるべく簡潔にまとめるために，図6-9〜図6-11に示したように，各遺跡の^{14}C年代測定結果の確率分布は重ねて表示してある。ただし，後期旧石器時代の最古の年代については，重ねずに個別の測定例を示した。基本的には^{14}C年代測定結果一覧に記載している年代が含まれている。したがって同じ遺跡でも，複数の^{14}C年代測定結果が得られており，年代がばらついている場合は，確率分布の山の重なりも広がっていたり，離れたりしている場合がある。これは遺跡の継続年代を示すものではないことを注意しておきたい。

　基本的には，この確率分布の山の重なりのどこか1点に各遺跡の年代は位置づけられる可能性が高いが，約50,000〜11,500 cal BPまでの時間的変遷の概要をつかむことを本書ではおもな目的としているため，個別の^{14}C年代測定結果の詳細については議論しない。また，図のスペースの関係ですべての遺跡の^{14}C年代測定例が表示されてはいない点を断っておきたい。

　なお，以下では各遺跡の石器群の年代について，たとえば「武蔵国分寺跡関連遺跡（武蔵台西地

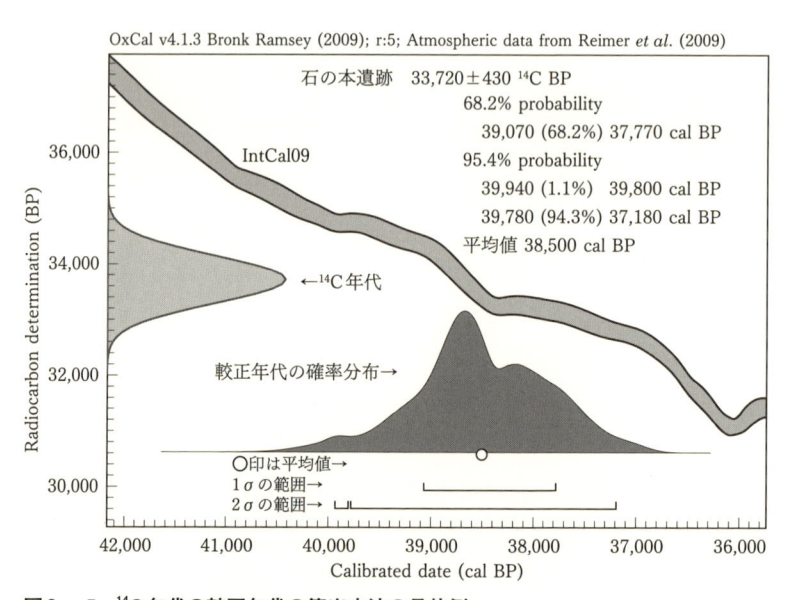

図6-5　^{14}C年代の較正年代の算出方法の具体例
石の本遺跡のもっとも古い年代を例に示した。第5章末の^{14}C年代測定結果一覧には，この図の較正年代の1σ・2σの範囲を示しており，確率分布の山が複数に分かれる場合は，それらを含めた最大範囲が記載してある。

OxCal v4.1.3 Bronk Ramsey (2009); r:5 Atmospheric data from Reimer *et al.* (2009)

```
石の本遺跡の年代測定例
32,740±1,060（β）    ＊誤差が大きいので除外
33,720± 430（β）
33,140± 550（β）             その他の年代を
31,460± 270（β）             一括表示
32,650± 430（AMS）
31,790± 270（AMS）
```

石の本遺跡の年代として表示

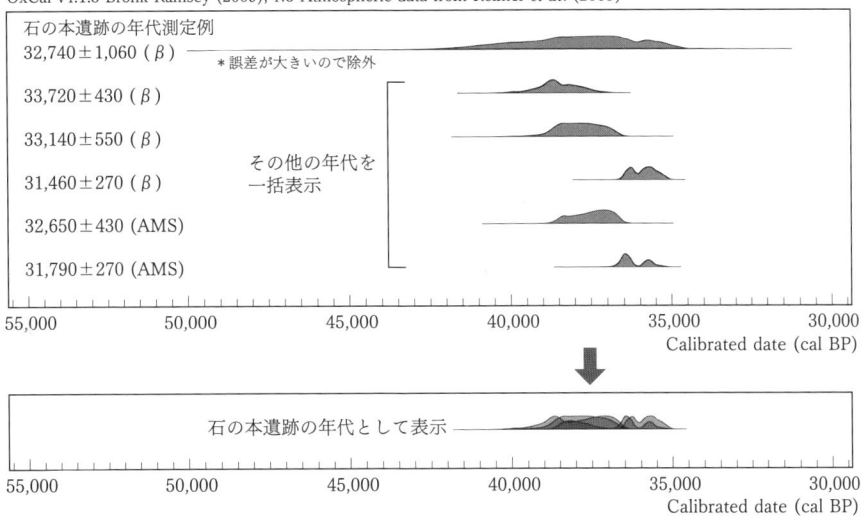

図6-6　各遺跡の較正年代の表示方法
石の本遺跡の例では6点の^{14}C年代があるが，32,740±1,060 ^{14}C BPのように誤差が大きすぎるものは除外した。それ以外の較正年代を重ねて図6-7に表示した。真の年代はこの確率分布の重なりのどこか1点である可能性が高いが，その確率論的な評価までは行っていない。

区）第1文化層で34,900 cal BP前後」と記載したときには，それぞれの較正年代の平均値を用い，複数の測定例がある場合には，さらにそれらを平均化した数値を用いている。しかし当然ながら，当該期の年代を100年単位で年代を絞れるわけではない。誤差範囲を含めて記載するべきではあるが，文章が煩雑でわかりにくくなることを考えて，本章では平均値を用いた。ただし，複数の年代が大きくばらついている場合には，平均値を範囲で示している。図6-7，9，10，11に示したように，それぞれの較正年代には数百年から1,000年以上の統計誤差がついている場合も多いことを注意しておきたい。

②後期旧石器時代前半期

立川ロームX～IX層段階の石器群

立川ロームX層段階の石器群が，本州島の後期旧石器時代最古段階の石器群である。X層段階の石器群については，これを日本列島の後期旧石器時代初頭に位置づける観方が優勢である（仲田 2011）。小野昭は「立川ロームX層の段階を日本列島における最初の人類の居住と位置づける」と明確に述べている（小野 2011）。

^{14}C年代で約30,000 ^{14}C BPを遡る例をピックアップすると，東北地方では峠山牧場IA遺跡（ただし正確な年代は不明確）や上萩森遺跡Ⅱb文化層，大久保遺跡，関東地方では高井戸東遺跡や武蔵台西地区（第1文化層），山川古墳群，中部地方では貫ノ木遺跡や八風山Ⅱ遺跡，追分Ⅰ遺跡（第5文化層），東海地方では向田A遺跡（BB7～BB6）や梅ノ木沢遺跡（BB5），西洞遺跡b区（BB6），九州では石の本遺跡8区，横峯C遺跡，瀬田池ノ原遺跡（第1文化層），立切遺跡，山田遺跡（Ⅰ期）などがある。較正年代では34,000 cal BPより古い一群であり，36,000 cal BP以降に

なると測定例が増えている（図6－7）。

このうち，もっとも古い^{14}C年代測定を示した石の本遺跡の33,720±430 ^{14}C BPの較正年代は，平均値で38,500 cal BP，2σの範囲で39,940～37,180 cal BPとなる（図6－5，図6－6）。石の本遺跡の場合，もっとも新しい31,460±270 ^{14}C BPがより確からしいと考えるならば，平均値で35,880 cal BP，2σの範囲で36,550～35,180 cal BPとなる。どの年代が石器群の年代としてもっとも確からしいのかを判断するのはきわめて難しいが，もっとも古く見積もると38,000 cal BP，新しく見積もって36,000 cal BP前後までは遡る可能性があるということになる。6点の平均では37,300 cal BP前後である。

^{14}C年代で33,000 ^{14}C BPにまで遡る^{14}C年代測定例が得られているのは，石の本遺跡のほかには貫ノ木遺跡のVb層の炭化材であり，これらの年代を較正すると前述のように38,000 cal BP近くまで遡る可能性があるが，X層段階およびIX層段階の他の遺跡の多くの年代は，^{14}C年代で約31,000年代までのものが多く，32,000年代に遡るものは少ない。また貫ノ木遺跡はIX層段階と考えると，年代が最古なのは不自然である。

北関東では後期旧石器時代の石器群は榛名箱田テフラ（Hr-HA）の上位からみつかっており，これより下位から石器は出土していない（関口 2010）。群馬県吹屋遺跡でHr-HA直下の炭化材で32,470±450 ^{14}C BPの測定値があり（群馬県埋蔵文化財調査事業団 2007），較正年代では約37,200 cal BP前後である。石の本遺跡や貫ノ木遺跡の^{14}C年代測定例が示すように，古本州島の後期旧石器時代初頭の石器群が較正年代で38,000 cal BPまで本当に遡る可能性があるのかどうか，今後検証していく必要があるだろう。

いずれにしろ可能性としては，後期旧石器時代初頭の最古段階の石器群の多くは，もっとも古く見積もっても38,000 cal BPよりも新しいことはほぼ確実である。後期旧石器時代初頭の石器群が，約38,000 cal BP以降，本州島全域で急速に増加するのは，図6－7に示したとおりである。また，確実に年代測定例が多くなるのは，37,000 cal BPよりも新しい時期である。

したがって，これらのデータから，「日本列島において後期旧石器時代の遺跡が発見されはじめる時期は約38,000 cal BPよりも新しい時期であり，その中心的な年代は約37,000 cal BP以降である」と考えておきたい。また，これらの後期旧石器時代の最古段階の石器群が遅くとも約36,000 cal BP頃までには古本州島に広く分布することから，日本列島への現生人類の移動ルートは不明ながら，古本州島に到達した現生人類は，あまり時間をかけずに古本州島内に拡散したと考えることができるだろう（図6－8）。

なお，X層～IX層段階の他の遺跡の較正年代の平均値でみてみると，高井戸東遺跡で36,300 cal BP前後，武蔵国分寺跡関連遺跡（武蔵台西地区）第1文化層で34,900 cal BP前後である。日向林B遺跡は年代がばらついているが，Ⅴb層の炭化材の平均値で35,900～32,500 cal BP前後である。1点のみ新しい年代を除けば，34,000 cal BPよりも古い年代に集中する。八風山Ⅱ遺跡では36,500 cal BP前後である。梅ノ木沢遺跡第2文化層（BB5）ではややばらついてるが大きくずれている1点を除くと34,500～32,700 cal BP前後，向田A遺跡のBB7～BB6層の炭化材集中で36,200 cal BP前後，西洞遺跡b区（BB6）で34,700 cal BP前後を中心とした時期に位置づけるこ

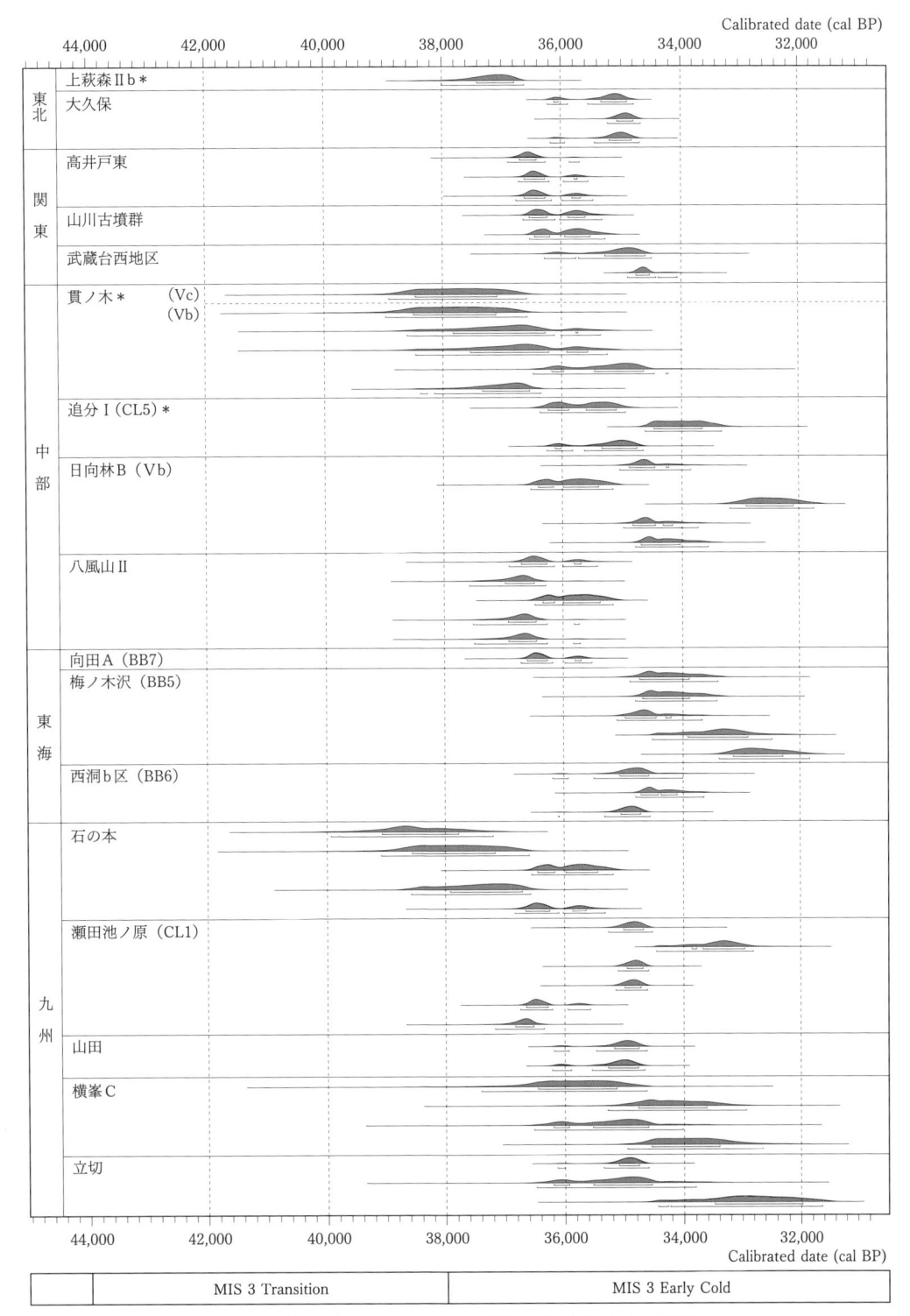

図6-7 34,000 cal BPを遡る^{14}C年代が得られている後期旧石器時代初頭の石器群

多くの測定結果は37,000 cal BP以降の年代に集中する。貫ノ木遺跡と石の本遺跡のみ，ほかと比べてやや古い年代を示しており，この年代まで遡るのか否かを今後検証していくことが課題となる。＊印は，石器群の編年観と年代が一致していない，あるいは年代がばらつき石器群の正確な年代を反映していない可能性があるもの。

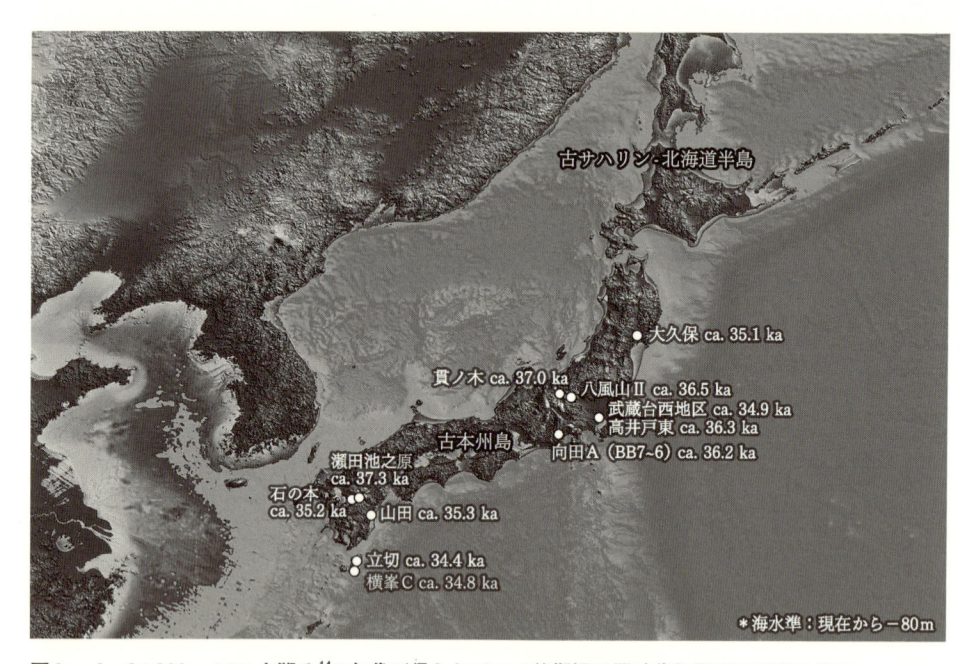

図6-8　34,000 cal BPを遡る^{14}C年代が得られている後期旧石器時代初頭の石器群の分布
　各遺跡の較正年代の中央値の平均をとったものを表示した。遺跡の厳密な年代を示すものではなく、あくまでおおよその較正年代の"目安"である。

とができる。九州では、瀬田池ノ原遺跡第Ⅰ文化層は年代がばらついているが36,700～33,500 cal BP前後、横峯C遺跡で35,900～33,900 cal BP前後、立切遺跡で35,200～32,900 cal BP前後、山田遺跡（Ⅰ期）で35,200 cal BP前後に位置づけられる。

　上萩森遺跡Ⅱb文化層の測定例は、石器の編年観と一致していない。Ⅶ層下部段階であれば、これらの一群よりも新しい年代であるはずである。また、追分Ⅰ遺跡第5文化層はⅨ層段階とみれば整合的だが、森先一貴（2010）が指摘するようにⅦ層下部段階と考える場合は、年代がやや古いとみたほうがよいかもしれない。いずれにしろ、正確な年代的位置を把握するためには新たな測定結果を待つ必要があるだろう。

　また、Ⅸ層段階の板橋Ⅲ遺跡では年代がばらついているが平均値をとると32,000 cal BP前後である。Ⅸ層段階としてはやや年代が新しいだろうか。Ⅸ層下部の山川古墳群の炉跡遺構では36,000 cal BP前後とやや古い。東海の向田A遺跡（SC3b2, SC3S3）で33,800 cal BP前後、野台南遺跡（SC3b2）で33,600 cal BP前後と、Ⅸ層上部段階に対応する第Ⅲスコリア帯の黒色帯2やスコリア3で年代がよく一致している。また環状ブロックや台形様石器・斧形石器がともなうⅩ～Ⅸ層段階の原田遺跡第Ⅲ文化層（8区）は29,800±170 ^{14}C BPの年代が石器群の年代を反映しているとするならば、34,500 cal BP前後に位置づけられる。

　Ⅹ層段階の石器群とⅨ層段階の石器群とで、^{14}C年代が明確に区分できず混在している印象があるが、全体的にみると、Ⅹ層段階からⅨ層段階の石器群はおおよそ37,000～33,000 cal BPの間を中心とした時期と推定することができるだろうか。

立川ロームⅦ層段階からⅥ層段階の石器群

　Ⅶ層段階の石器群には，東北では上萩森遺跡Ⅱb文化層（佐藤1992；森先2010），笹山原No.16遺跡（Ⅸ層上部〜Ⅶ層下部段階），関東では武蔵国分寺跡関連遺跡（武蔵台西地区）第2文化層，中部では追分Ⅰ遺跡第5文化層や仲町遺跡BP第5地点，東海では梅ノ木沢遺跡（BB3），元野遺跡（BB3），九州では河原第14遺跡第1文化層などの例がある。Ⅶ層段階の石器群は^{14}C年代で28,000年代から27,000年代のものが多い。較正年代では笹山原No.16遺跡の焚火跡で約32,300 cal BP前後を中心とした時期でありやや古く，武蔵国分寺跡関連遺跡（武蔵台西地区）第Ⅱ文化層の炭化材で約31,600 cal BP前後である。梅ノ木沢遺跡第Ⅲ文化層（BB3）では31,900 cal BP前後，元野遺跡（BB3）で32,200 cal BP前後，野台南遺跡（BB3）で32,700 cal BP前後である。九州の河原第14遺跡第1文化層では33,700 cal BP前後とやや古い。なお，編年観と年代が一致していない上萩森遺跡Ⅱb文化層と追分遺跡第5文化層は除外して考えておきたい。仲町遺跡BP第5地点も，Ⅶ層段階としては年代がやや古いだろうか。いずれにしろ大局的にみて，Ⅶ層段階の石器群はおおよそ33,000〜31,000 cal BPの間にピークがあると考えてよいだろう。

　次に，Ⅵ層段階の石器群には，東北では大渡Ⅱ遺跡第Ⅰ文化層，中部では仲町遺跡JS地点，東海では梅ノ木沢遺跡第Ⅳ文化層（BB2），向田A遺跡（BB2），中国地方では恩原遺跡R文化層，九州では瀬田池ノ原第3文化層などの石器群がある。これらの年代は，^{14}C年代で25,000 ^{14}C BPよりも古いものが多い。較正年代では，仲町遺跡JS地点で32,100〜31,600 cal BP前後，向田A遺跡（BB2）で31,300 cal BP前後，梅ノ木沢遺跡（BB2）で30,300 cal BP前後である。恩原遺跡R文化層では30,600〜29,900 cal BP前後，瀬田池ノ原遺跡第3文化層では30,600 cal BP前後を中心とした時期と推定される。したがって，Ⅵ層段階の石器群はおおよそ32,000〜30,000 cal BPの間にピークがあると考えられる（図6－9）。

　以上みてきたように，Ⅶ層段階からⅥ層段階の石器群の主要な時期は，おおよそ33,000〜30,000 cal BPまでの間と考えることができるだろう。ただし，Ⅹ〜Ⅸ層段階と比較して^{14}C年代測定が実施された遺跡がまだ少ないため，今後の蓄積がもっとも必要とされる時期である。

　なお，前述したように，ATは較正年代で30,000〜29,000 cal BP頃と推定されることから，これらの石器群とATとの年代的な関係には矛盾はない。以上の点から，年代的な観点からみれば，後期旧石器時代前半期の石器群は，おおよそ37,000〜30,000 cal BP前後の約7,000年間を中心とした時期に残された人類活動の痕跡であるといえるだろう。

③後期旧石器時代後半期

立川ロームⅤ層段階からⅣ層下部段階の石器群

　まずは関東平野の武蔵野台地および相模野台地の石器群からみていきたい。立川ロームⅤ層およびⅣ層下部段階に相当する石器群をみてみると，やや古手の石器群として，切出形ナイフ石器などをともなうⅤ層下部段階の武蔵国分寺跡関連遺跡（武蔵台西地区）第4文化層や，Ⅳ層下部段階の用田大河内遺跡，吉岡遺跡群B区遺物群Ⅴなどがある。

　これらの較正年代は，武蔵国分寺跡関連遺跡（武蔵台西地区）第4文化層で29,000 cal BP前後

である。これはATの年代ときわめて近い年代であり、層位的な位置づけと矛盾しない。用田大河内遺跡では27,700〜25,500 cal BP前後でややばらつくが、平均では26,900 cal BP前後、吉岡遺跡群B区（遺物群V）では26,400 cal BP前後である（図6-10）。

したがって、これらの立川ロームV層〜IV層下部段階の石器群は、おおよそ29,000〜25,000 cal BP前後を中心とした時期に位置づけられるようである。茨城県谷ッ道遺跡は27,400 cal BP前後とやや新しいが、石器群の年代を示していない可能性がある。国府型ナイフ形石器が出土している上白井西井熊遺跡の第2文化層の礫群は、それぞれ24,000 cal BP、21,200 cal BPと、大幅に新しい年代を示しており、石器群の年代を示していない。^{14}C年代測定結果の信頼性を再検討する必要があるだろう。

これらとほぼ同じ年代が得られている周辺の遺跡をみると、東海では掻器を中心とした石器群が出土している西山遺跡第II文化層や桜畑上遺跡第V文化層、掻器やナイフ形石器などが出土している梅ノ木沢遺跡第VI文化層などの、ニセロームや第I黒色帯から出土している石器群が、ほぼ同様の年代を示している。これらの較正年代は、西山遺跡（ニセローム〜第I黒色帯）で29,900 cal BP前後、桜畑上遺跡（第I黒色帯）では29,500 cal BP前後、梅ノ木沢遺跡で28,300 cal BP前後である。AT直上の石器群であり、年代的にもよく一致している。

近畿・中国・四国地方では板井寺ヶ谷遺跡（上層）と原田遺跡第III文化層しか年代がなく、詳細は不明である。

九州では茶屋久保遺跡第2文化層や河原第3遺跡第2文化層、龍王遺跡13区の石器群がこの時期の年代を示している。狸谷型ナイフ形石器が出土している大分県茶屋久保B遺跡第2文化層がAT直上であり、較正年代では29,700 cal BP前後の時期に位置づけられる。剥片尖頭器や二側縁加工のナイフ形石器が出土している河原第3遺跡第2文化層の石器群の較正年代は29,400 cal BP前後であり、茶屋久保B遺跡第2文化層と年代的には非常に近い。茶屋久保B遺跡第2文化層は、29,700 cal BP前後である。同じく狸谷型ナイフ形石器が出土している龍王遺跡13区はやや新しく、較正年代では27,600 cal BP前後の時期となる。

原の辻型台形石器が出土している瀬田池ノ原第5文化層の年代は24,000 cal BP前後となるが、前述したようにV層段階としては年代が新しく、石器群と年代が一致していない。また、角錐状石器が出土している茶屋久保遺跡第1文化層Bの較正年代は22,400 cal BP前後であり、これもIV層下部段階としてはやや新しすぎるようである。これらは正しい年代を反映していない可能性があるため、除外しておきたい。

立川ロームIV層中部〜上部段階の石器群

次に、武蔵野台地や相模野台地における立川ロームIV層中部〜IV層上部に相当する石器群の較正年代をみると、福田丙二ノ区遺跡第II文化層、用田鳥居前遺跡第IV文化層、宮ヶ瀬中原遺跡第V文化層、宮ヶ瀬上原遺跡第V文化層などの較正年代は、V層〜IV層下部段階の石器群よりも明らかに新しい。福田丙二ノ区遺跡第II文化層では23,100 cal BP前後を中心とし、用田鳥居前遺跡第IV文化層も1点のみ新しい試料を除けば平均値で23,200 cal BP前後、宮ヶ瀬上原遺跡で23,100

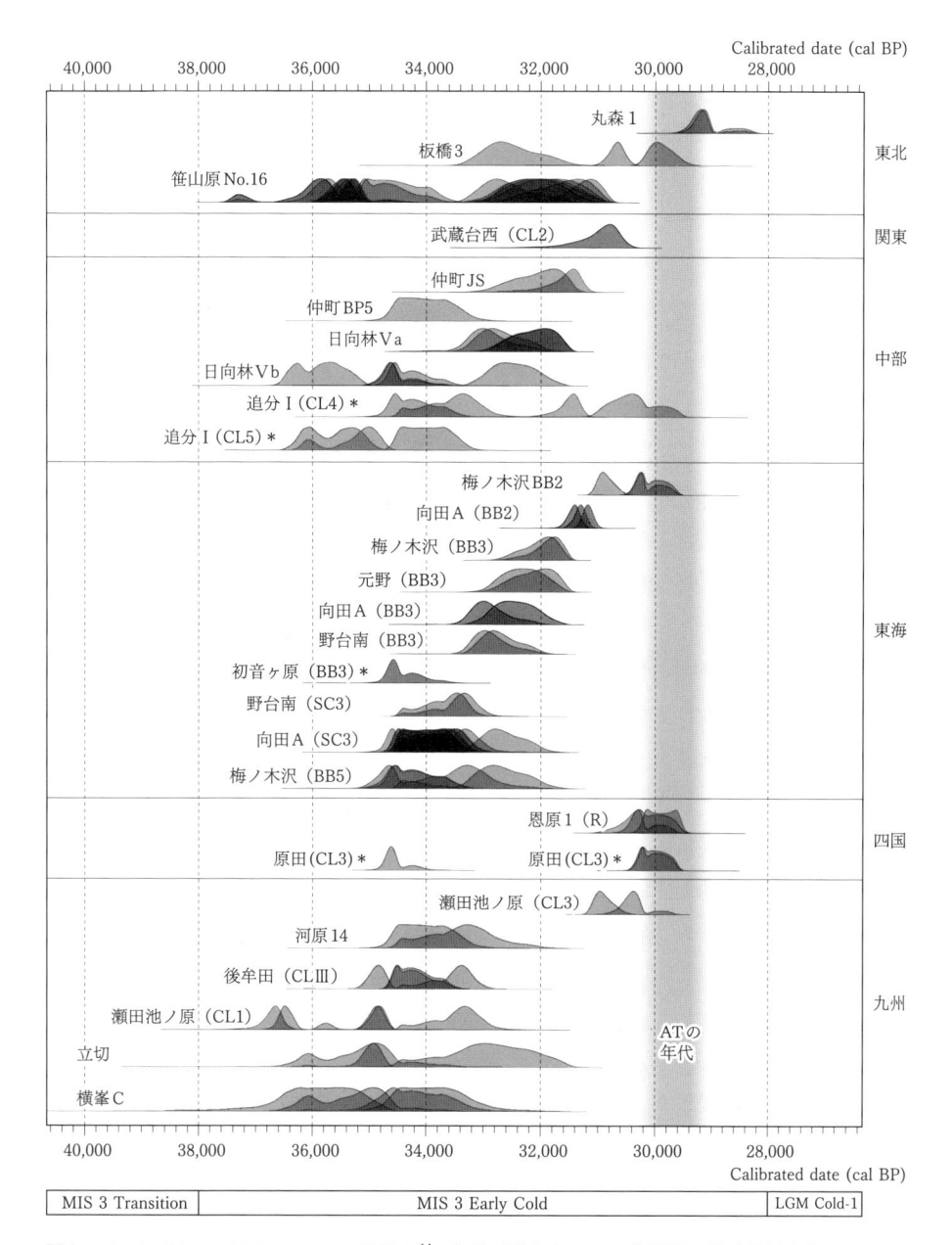

図6-9 34,000～29,000 cal BP前後の^{14}C年代が得られている後期旧石器時代前半期の石器群

測定例が多くなるため，遺跡単位でまとめている。一部，図6-7で示した遺跡も比較のため提示してある。＊印は，石器群の編年観と年代が一致していない，あるいは年代がばらつき石器群の正確な年代を反映していない可能性があるもの。

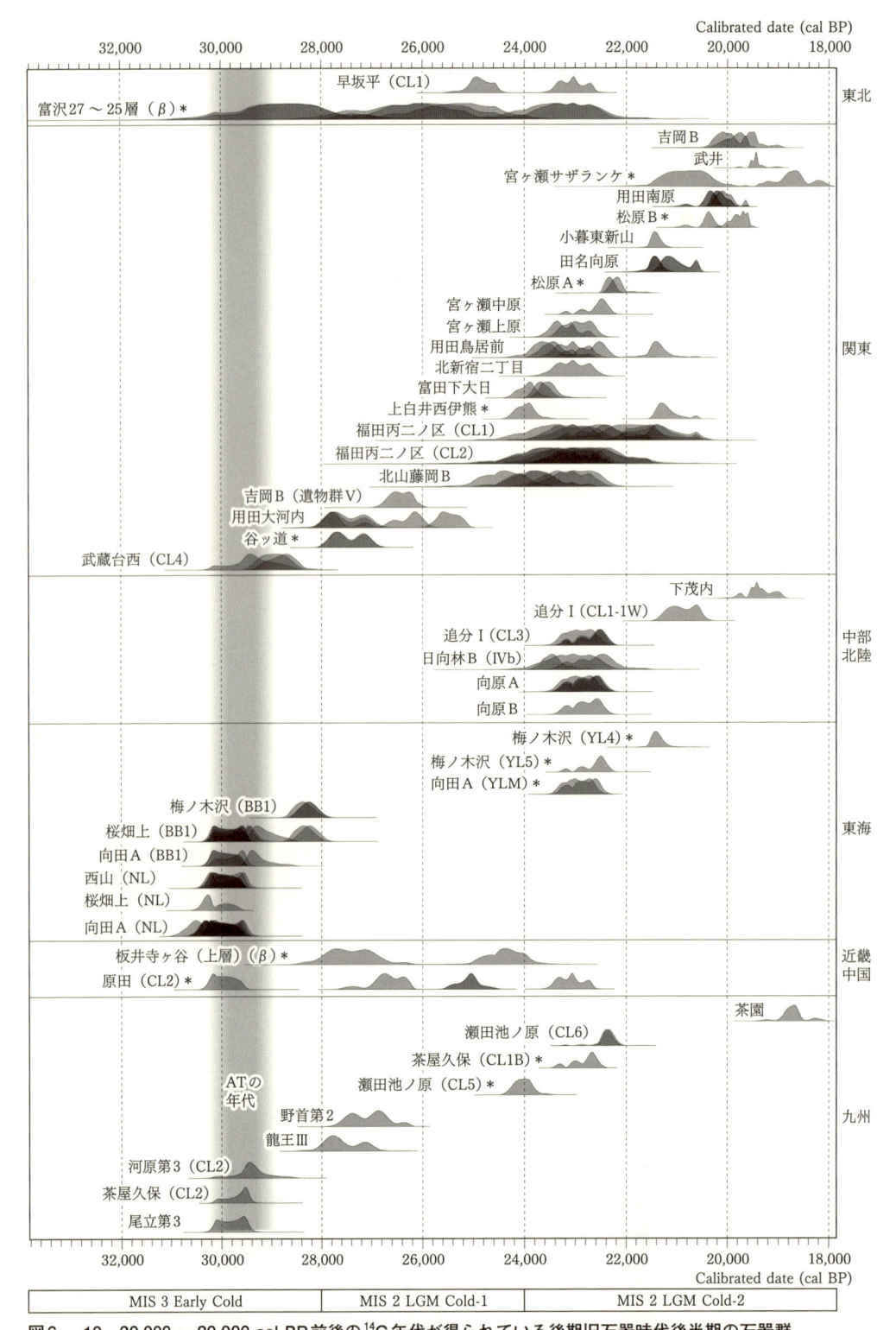

図6‐10　30,000～20,000 cal BP前後の¹⁴C年代が得られている後期旧石器時代後半期の石器群

測定例が多くなるため，遺跡単位でまとめている。＊印は，石器群の編年観と年代が一致していない，あるいは年代がばらつき石器群の正確な年代を反映していない可能性があるもの。

cal BP前後，宮ヶ瀬中原遺跡で22,600 cal BP前後である。したがって，「砂川期」の石器群は，おおよそ23,500～22,500 cal BP前後の時期を中心としているとみてよいだろう（図6－10）。

これらの石器群とほぼ同様の年代が得られている例をみると，北関東では有樋尖頭器や彫器がともなう石器群が出土している群馬県富田下大日遺跡第2文化層で23,700 cal BP前後である。

東北では，基部加工のナイフ形石器や彫器が出土している早坂平遺跡第I文化層の2つの礫群が，非常に近い年代を示しており，較正年代はそれぞれ24,900 cal BP，23,100 cal BP前後である。

北陸では杉久保系石器群の向原A遺跡・向原B遺跡で22,800 cal BP前後，中部では二側縁加工・一側縁加工のナイフ形石器が出土している追分I遺跡第3文化層で22,800 cal BP前後と，南関東の砂川期の石器群の年代とよく一致している。

東海では，向田A遺跡の休場ローム層中の炉跡01の年代が，この時期と対比できるが，前述したように炉跡01がナイフ形石器群にともなうものか細石刃石器群にともなうものか，確証が得られていない。

九州では，ナイフ形石器の終末段階に位置づけられる瀬田池ノ原遺跡第6文化層の較正年代が22,400 cal BP前後と，南関東の石器群とも年代が近い。この時期に相当する^{14}C年代測定例が少ないため，九州のナイフ形石器終末の年代は不明確である。

立川ロームIV層上部～III層下部段階の石器群

立川ロームIV層上部からIII層下部の段階に位置づけられるナイフ形石器終末期の石器群をみてみたい。福田丙二ノ区遺跡の5－7ブロック直下の炭化材の年代を除外すれば，福田丙二ノ区遺跡第I文化層と田名向原遺跡などの石器群の較正年代は，おおよそ22,000～21,000 cal BP前後に集中している。福田丙二ノ区遺跡第I文化層の較正年代は22,200 cal BP前後，田名向原遺跡の較正年代は21,300 cal BP前後である（図6－10）。ナイフ形石器終末期の石器群は相模野台地以外の場所では測定例がきわめて少ないため，類例の蓄積が必要である。

なお，後期旧石器時代後半期に相当する，立川ロームV層～III層下部までのナイフ形石器をともなう石器群の較正年代をみてきたが，以上の点から，ナイフ形石器をともなう後期旧石器時代後半期の石器群は，おおよそ30,000～21,000 cal BP前後の8,000年間を中心とした時期の人類活動の痕跡と考えることができるだろう。

立川ロームIII層の石器群

立川ロームIII層下部に位置づけられる尖頭器石器群は用田南原遺跡や宮ヶ瀬遺跡群サザランケ遺跡，松原遺跡で測定例があり，おおよそ21,000～19,000 cal BP頃にピークがあるようである。用田南原遺跡で20,200 cal BP前後，サザランケ遺跡の年代は大きく二つに分かれるため，その年代値の評価は難しいが，古いほうの年代がより確からしいと考えた場合，20,800 cal BP前後となる。松原遺跡では22,300 cal BP前後と20,100 cal BP前後の大きく二つに分かれるため，これも判断が難しい。前者の場合，田名向原遺跡よりもやや古くなってしまう（図6－10）。

尖頭器石器群に関連する周辺地域の遺跡では，長野県下茂内遺跡第II文化層で19,400 cal BP前

後，長野県追分I遺跡第1文化層が20,900 cal BP前後を中心とした時期に位置づけられ，これらの尖頭器石器群の年代として整合的である。

細石刃石器群の較正年代については，吉岡遺跡B区の2点の年代のみが突出して古く，これらの年代は較正年代で19,900 cal BP前後である（図6-11）。本州島の細石刃石器群の下限の年代を明確化するには，尖頭器石器群も含めて，^{14}C年代測定事例が欠如する16,000～15,000 ^{14}C BP前後の測定例の蓄積が必要である。ただし，相模野台地の編年的には吉岡B遺跡は細石刃石器群の最古段階に位置づけられており（諏訪間 2001），他の細石刃石器群の年代と比較して相対的に古いこと自体に矛盾はない。今後，吉岡B遺跡の^{14}C年代測定結果については，他の遺跡での^{14}C年代測定結果との対比による検証が必要であろう。

このほか，稜柱形の細石刃核をともなう細石刃石器群では，五川目（6）遺跡，休場遺跡，宮ノ前遺跡，九州では茶園遺跡や河原第3遺跡で測定例がある。五川目（6）遺跡では石器集中1と石器集中2にともなう炭化材で年代が異なっているが，石器集中2では18,500 cal BP前後となる。休場遺跡は過去のβ線計測法によるもので誤差が大きく，較正年代を明確に述べることは難しいが，平均値のみをみれば17,400 cal BP前後となる。宮ノ前遺跡は年代が一致しないが，古いほうの年代がより確からしいと考えれば，17,700 cal BP前後に位置づけられる。九州の河原第3遺跡で17,800 cal BP，茶園遺跡で18,700 cal BP前後となるが，茶園遺跡の炭化材の出土位置などは不明である。

次に，削片・分割系の細石刃石器群の較正年代では，ホロカ型の細石刃核をともなう長野県天神小根遺跡で18,000 cal BPもしくは16,300 cal BP前後，新潟県荒屋遺跡では土壙の炭化材で17,200 cal BP前後，竪穴状遺構の炭化材で16,800 cal BP前後である。直後の土器出現期以降の石器群の年代を考えると，隆起線文土器に細石刃がともなう九州を除いて，細石刃石器群が16,000 cal BPよりも新しくなる可能性は低い。以上の点から，本州島の細石刃石器群は約20,000～16,000 cal BPの間に位置づけられ，稜柱形の細石刃核をともなう石器群がやや古く20,000～18,000 cal BP前後を中心とし，ホロカ型や楔形の細石刃核をともなう石器群が18,000～17,000 cal BPを中心とした時期に位置づけられると推定される。

④土器出現期以降の石器群・土器群

古本州島で最古の土器群は，神子柴・長者久保系石器群にともなう土器と推定されている。これらはおもに古本州島の東半部に多く，^{14}C年代が得られているものとして青森県大平山元I遺跡，赤平（1）遺跡，神奈川県宮ヶ瀬遺跡群北原遺跡で測定結果が得られている。これらは^{14}C年代で13,000 ^{14}C BPよりも古く，較正年代では15,000 cal BPよりも確実に古い（図6-11）。第7章で後述するように，この年代域は「土器出現期の13,000年問題」の箇所に該当するため較正年代を絞り込むことはできないが，大平山元I遺跡で16,900～15,000 cal BP前後，赤平（1）遺跡で16,900 cal BP前後，宮ヶ瀬北原遺跡で15,800 cal BP前後に位置づけられる。

他の遺跡で古い年代を示しているものに，東京都御殿山遺跡がある。ただし，隆起線文土器の付着炭化物の年代は炭化材と比べてやや古く，正確に測定できているのか，やや未確定な要素が

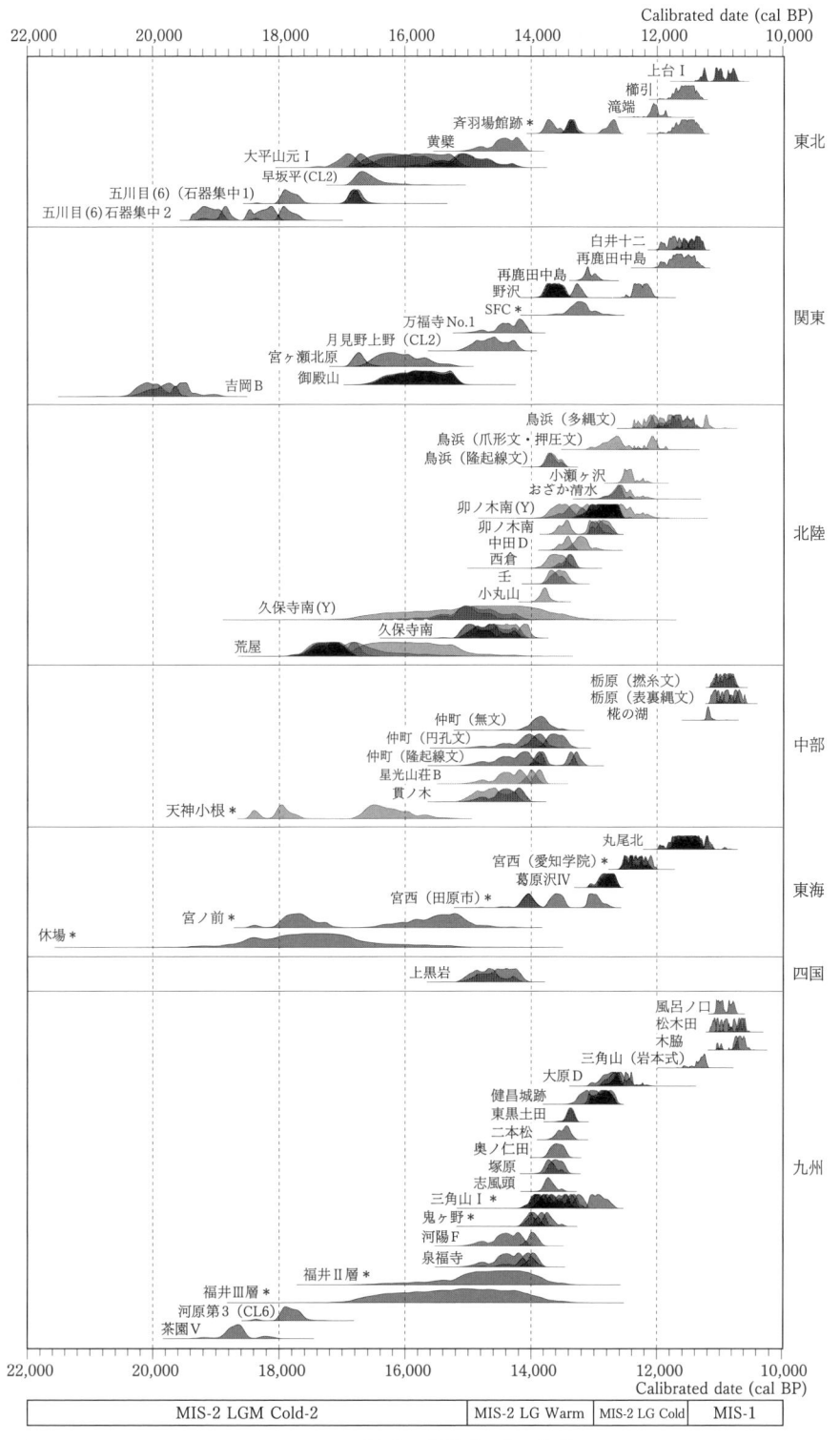

図6・11　20,000～10,000 cal BPの石器群・土器群の較正年代

土器出現期前後の年代測定例を遺跡ごとに示した。＊印は，石器群の編年観と年代が一致していない，あるいは年代がばらつき石器群の正確な年代を反映していない可能性があるもの。

残る。炭化材の年代のみで考えると，16,100 cal BP前後である。隆起線文土器が16,000〜15,000 cal BP頃まで遡る可能性があるのかどうか，今後の類例を待ちたい。

次に編年的に後続する隆起線文土器および爪形文土器の年代をみてみるといずれも^{14}C年代で12,000年代のものが圧倒的に多い。較正年代では青森県黄檗遺跡の爪形文土器で約14,400 cal BP前後である。新潟県久保寺南遺跡の隆起線文土器で14,500〜13,900 cal BP前後，長野県貫ノ木遺跡の隆起線文土器で14,900 cal BPである。関東では，神奈川県万福寺No.1遺跡の隆起線文土器で14,400 cal BP前後，月見野遺跡群上野遺跡第2文化層の隆起線文土器で14,600 cal BP前後とよく一致している。愛媛県上黒岩遺跡9層の炭化材で14,700〜14,500 cal BP前後，長崎県泉福寺洞窟から出土した隆起線文土器で14,200 cal BP前後，爪形文土器が出土した河陽F遺跡で14,400〜14,000 cal BP前後である。慶応SFC遺跡の住居跡の炭化材はやや新しく，13,200 cal BP前後となるが，これを除くと，古本州島の隆起線文土器は15,000〜14,000 cal BPの間に多くが集中することから，この間が隆起線文土器群が本州島で卓越する時期と考えてよいだろう。

隆起線文土器に後続する円孔文土器や無文土器で年代が得られている例には，長野県仲町遺跡，新潟県壬遺跡，栃木県野沢遺跡などがある。仲町遺跡の円孔文土器は年代がややばらついているが13,870〜13,350 cal BP前後，壬遺跡の円孔文土器で13,600 cal BP前後，野沢遺跡の住居跡SI-04の炭化材で13,600 cal BP前後となる。

古本州島西半部では，南九州の隆帯文土器群がちょうどこの時期に位置づけられる。たとえば志風頭遺跡で13,700 cal BP前後，奥ノ仁田遺跡で13,600 cal BP前後，三角山I遺跡の1号住居跡の炭化材で13,500 cal BP前後，塚原遺跡で13,700〜13,600 cal BP前後となる。したがって，南九州の隆帯文土器は，おおよそ12,000 ^{14}C BP以降，較正年代ではおおよそ14,000 cal BPよりも新しい時期に集中するようである。南九州の隆帯文土器は，本州の隆起線文土器群の時期ではなく，その直後の円孔文土器や無文土器の時期などと，時間的には非常に近いといえる。

これらの土器群に後続する爪形文土器や多縄文系土器群をみてみると，新潟県卯ノ木南遺跡の押圧縄文・爪形文土器では数多くの測定例があり，必ずしも一致していないため絞り込みは難しいが，13,500〜12,500 cal BPの間で，平均すると12,900 cal BPを中心とした年代である。静岡県葛原沢IV遺跡の押圧縄文期の住居跡の炭化材は12,700 cal BPを中心とした時期に位置づけられ，卯ノ木南遺跡の年代とも比較的近い。九州では，隆帯文土器直後の爪形文土器や無文土器などがこの時期に位置づけられる。宮崎県清武上猪ノ原遺跡の爪形文土器にともなう集石遺構の炭化材で約13,200 cal BP，鹿児島県健昌城跡遺跡の炭化材で12,900 cal BP前後，福岡県大原D遺跡の刺突文土器で12,600 cal BP前後である。

一方，室谷下層式と対比可能な土器では，青森県櫛引遺跡の多縄文土器で11,500 cal BPの年代がある。斉羽場舘遺跡でも室谷下層式に関連する年代があるが，包含層の炭化材は13,700〜12,700 cal BPで，土器付着炭化物は11,500 cal BPと一致していない。また，鳥浜貝塚の多縄文土器包含層の木材では12,000〜11,200 cal BP前後であり，土器付着炭化物は11,900 cal BPを中心とした年代である。草創期の最後の段階は，櫛引遺跡の多縄文土器を基準として，おおよそ11,500 cal BPを目安としてみておきたい。

これに対し，多縄文系土器群に編年的に後続する表裏縄文土器群や撚糸文土器群は，これと同じかやや新しい。たとえば，群馬県白井十二遺跡の表裏縄文土器で11,500 cal BP前後，静岡県丸尾北遺跡で11,500 cal BP前後，長野県栃原岩陰遺跡の表裏縄文土器で11,100 cal BP前後である。

3── 最終氷期の古環境と考古編年との時間的対応関係

　前節では後期旧石器時代初頭から縄文時代早期初頭までの石器群・土器群の^{14}C年代とIntCal09による較正年代を示した。最後に第4章から第6章のまとめとして，第4章で提示した最終氷期のMIS 3以降の環境史の各段階と，石器群・土器群の較正年代とを対比してみていきたい（図6 − 12）。

①MIS 3
1）Stable WarmからTransition（約60,000 ～ 38,000 cal BP）

　MIS 4の寒冷期を過ぎてMIS 3の亜間氷期に入った段階で，気候は相対的にやや温暖な環境となった時期である。野尻湖の立が鼻遺跡からは，これまで多数の大型哺乳類化石が出土し，ナウマンゾウやヤベオオツノジカのゼラチン・コラーゲンを抽出して^{14}C年代測定が行われている（Sawada et al. 1992）。ただし，現在主流になりつつある限外濾過法やアミノ酸抽出法によるものではないため，いくつかの試料は，実際よりもやや新しい年代が測定されている可能性もある。

　野尻湖立が鼻遺跡での動物骨は上Ⅰピンク火山灰（約38,000 cal BP？）より上位の層準ではみつかっていないことから，野尻湖でみつかったこれらの動物骨が，ほぼ4万年前以前のものがほとんどである点は間違いない（図6 − 12）。この時期は，MIS 3の前半期のStable WarmからTransitionあたり，野尻湖周辺ではMIS 4と比較してやや温暖化していたことが，花粉分析からわかっている。この時期のナウマンゾウなどの動物群は日本列島各地でみつかっており，絶滅動物が広く活動していた時期である。

　なお，日本列島での人類活動の動向との関係では，この時期は，日本列島ではホモ・サピエンスの拡散以前にあたる。ホモ・サピエンス以前の人類が日本列島に到達していたのか否かについては現在も議論が続いているが，遺跡数が増加するのはこの次の段階からであり，この時期の確実な人類活動の痕跡といえる遺跡は現在のところ存在していない。野尻湖の動物化石群については，キルサイトと考える見方もあるが（Norton et al. 2010），日本列島内で遺跡数が急増するのはMIS 3のEarly Cold（約38,000 ～ 29,000 cal BP）からであり，4万年前以前に人類がいたかどうかは確実ではない。野尻湖立が鼻遺跡の動物化石群を"人為"と考える場合，現在主流となっている現生人類の拡散モデルを前提とするならば，現生人類が到達する以前に日本列島に別の人類が存在していたことを証明しなくてはならない。

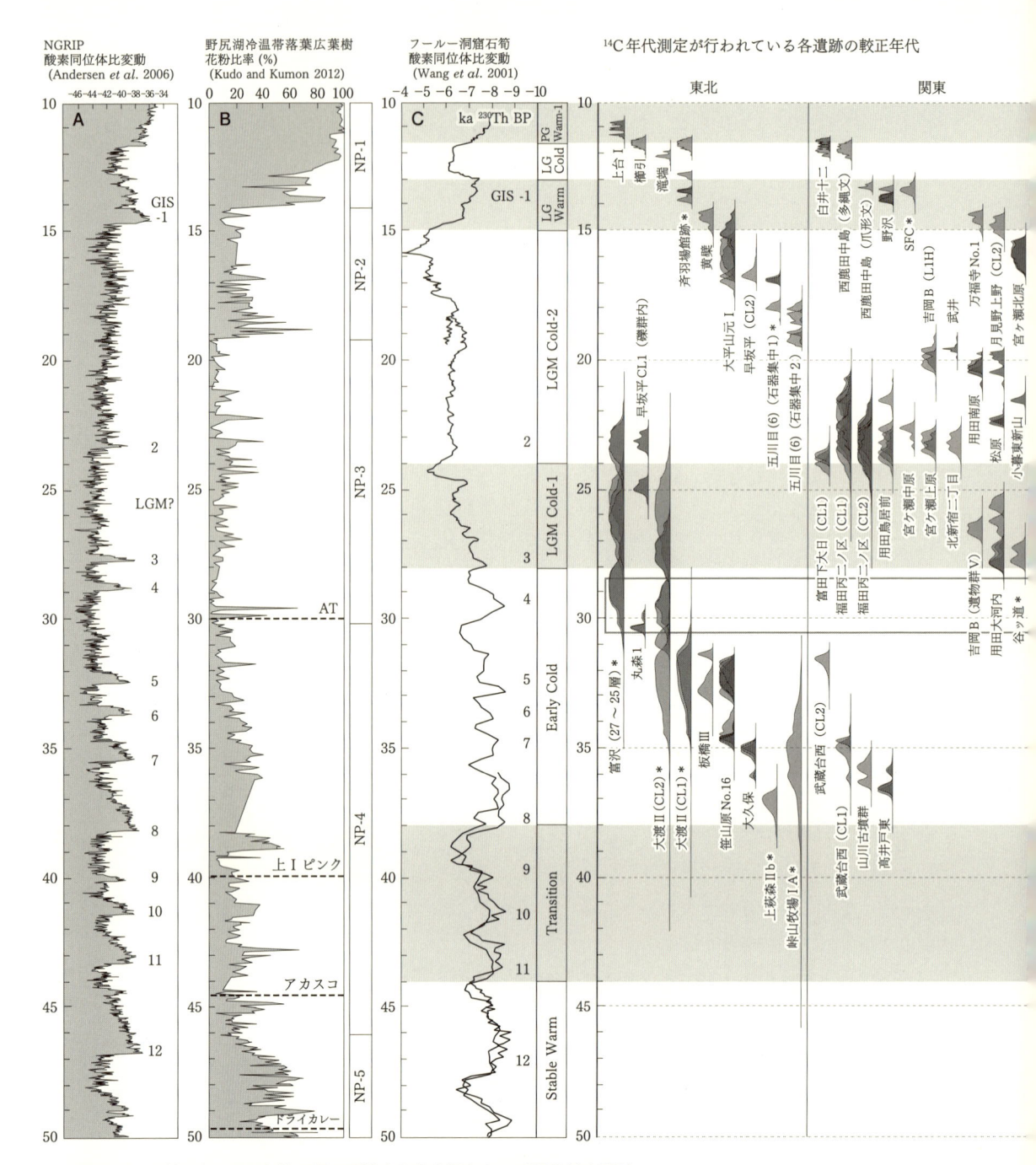

図6-12 約5万〜1万年前の間の環境史と考古編年との時間的対応関係

古環境変動の指標として，左からグリーンランド氷床コアNGRIPの酸素同位体比変動（Andersen et al. 2006；Svensson et al. 2006），野尻湖湖底堆積物の落葉広葉樹花粉比率（公文ほか 2009；Kudo and Kumon 2012），中国のフールー洞窟の石筍の酸素同位体比変動（Wang et al. 2001）を示した。右には本州島から九州島までの石器群・土器群で^{14}C年代測定が実施されているものを，IntCal09（Reimer et al. 2009）で較正して確率分布として表示した。複数の測定例がある場合，それらを重ねて表示している。関東の25,000〜20,000 cal BPの間は測定例が多いため，代表的な遺跡のみを図示した。

なお，ここに図示したすべての年代が，それぞれの石器群・土器群の正確な年代を示しているわけではない。今後，より正確な年代測定例を蓄積していくなかで，修正していく必要がある。

*印は，石器群の編年観と年代が一致していない，あるいは年代がばらつき石器群の正確な年代を反映していない可能性があるもの。

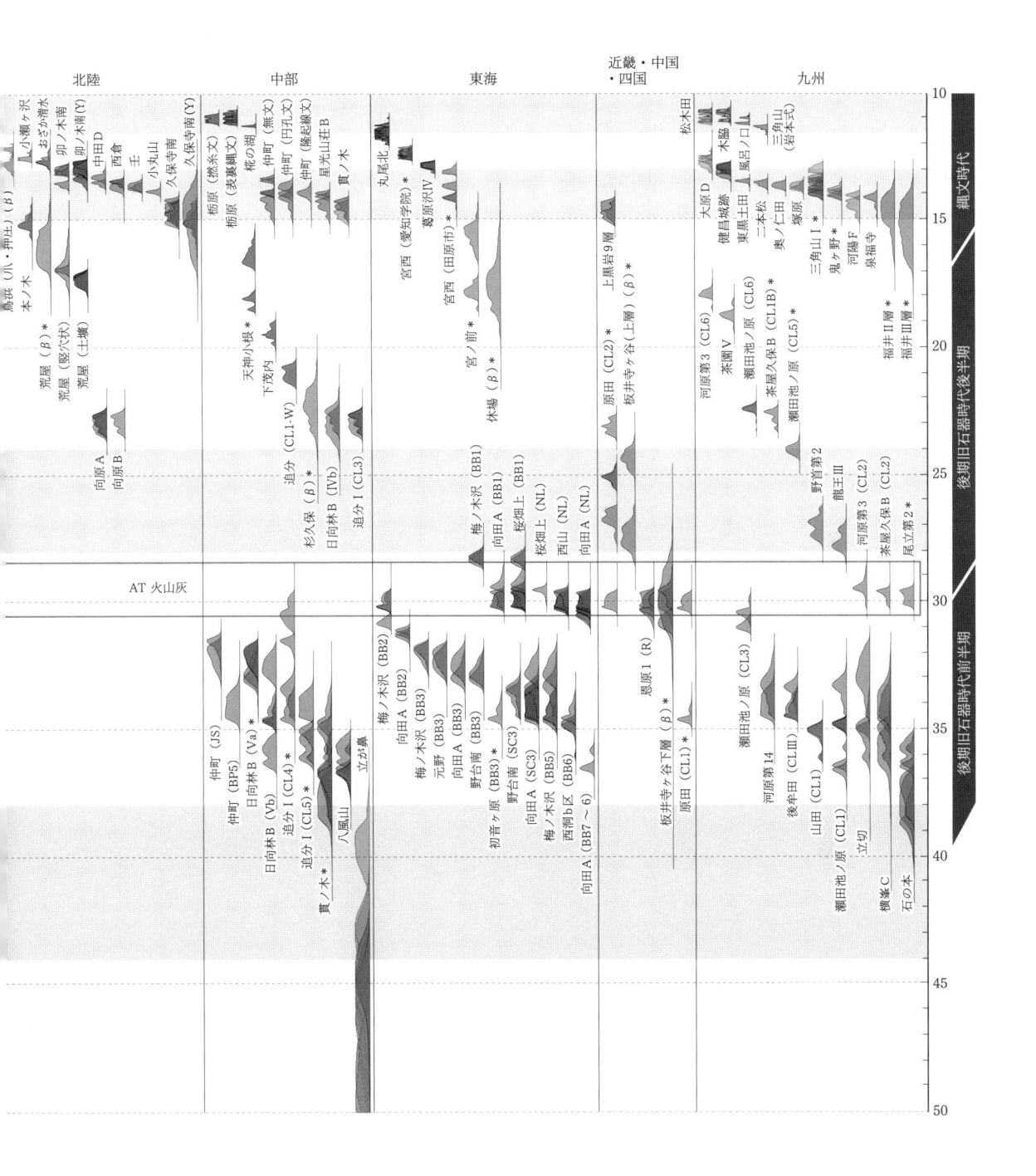

第6章　最終氷期の環境史と考古編年との時間的対応関係

2) Early Cold（約38,000～28,000 cal BP）

MIS 3のEarly Coldの気候は、MIS 3の前半期と比較して寒冷化が進行しつつあったことが各地の植生のデータからも明らかになっている。本州では針葉樹林化が進行し、AT降灰期頃に向けて、寒冷化と乾燥化が顕著であったと推定される。長野県野尻湖の花粉分析では、やや温暖な時期であるGI-8に対応する38,000 cal BP以降、コナラ亜属などの落葉広葉樹の花粉比率が徐々に減少し、AT前後の30,000 cal BP頃に向かってモミ属やトウヒ属の花粉が増加していったことから、野尻湖周辺でも針葉樹林化が進行していったことが読み取れる。茨城県花室川でも、この時期にMIS 3前半期の落葉広葉樹林が徐々に縮小し、落葉広葉樹と亜寒帯針葉樹の混交林へと変化していった。古本州島の後期旧石器時代前半期の遺跡は、このような時期に位置づけられる。

古本州島では、37,000 cal BP以後の後期旧石器時代前半期になって遺跡数が激増している。この時期は、急速な遺跡数の増加、斧形石器、台形様石器、石刃石器、環状ブロック群などを特徴とし、日本列島における人類の活動痕跡が明確化する時期である。立川ロームX層～Ⅵ層段階の石器群がこの時期に含められる。MIS 2に向けて寒冷化が進行しつつある時期だが、約37,000～33,000 cal BPを中心とするX層～Ⅸ層段階では、Early Coldのなかではやや暖かさが残る時期であり、約33,000～30,000 cal BPを中心とする後半のⅦ層～Ⅵ層段階においては、最終氷期最寒冷期とほぼ同程度まで寒冷化が進行しつつあったと推定される。

以上の点から、AT降灰以前の石器群でも、X～Ⅸ層段階の石器群が残された時期と、Ⅶ～Ⅵ層段階の石器群が残された時期の古環境は、寒冷化の進行度という点でやや異なっていたと推測することができる。ただし、両者の時期の古環境を明確に示すデータはまだ少なく、古環境の情報にも^{14}C年代による精密な時間軸を加え、Early Coldにおける古本州島の各地の古環境を今後明確にしていく必要があるだろう。

一方、Ⅴ層下部段階に相当すると考えられる、桜畑上遺跡や向田A遺跡の愛鷹・箱根山麓の第1黒色帯の石器群は、Early Coldの最末期に位置づけられるようである。西山遺跡第Ⅱ文化層（約29,900 cal BP前後）や桜畑上遺跡第Ⅴ文化層（約29,500 cal BP前後）など、これらの遺跡では掻器が多量に出土するなど、Early ColdからLGM Cold-1の時期の寒冷化の進行と人類の適応行動を考えるうえで、注目される。

同様の年代を示している武蔵台西地区（第Ⅳ文化層）の石器群（29,000 cal BP前後）も、Early Coldの最末期に含まれるだろうか。九州では、狸谷型ナイフ形石器がともなう茶屋久保B遺跡第2文化層（29,700 cal BP前後）や、剝片尖頭器や二側縁ナイフ形石器がともなう河原第3遺跡第2文化層（29,400 cal BP前後）なども同様の年代を示している。Early Coldの最末期までは、氷床コアやフールーの石筍の酸素同位体変動が示すように短期的な気候の変動が著しい時期であり、今後、この間の人類活動の変化と気候変動との関係について注目していく必要があるだろう。

② MIS 2

1) LGM Cold-1（約28,000～24,000 cal BP）

MIS 2のLGM Cold-1に対応するのは、AT火山灰降灰後の後期旧石器時代後半期の石器群であ

る。三方湖の花粉分析から復元した古気温変化では，この時期前後（約22,000～19,000 ^{14}C BP：約26,000～22,000 cal BP）がもっとも気候的には寒冷であったと見積もられており，最終氷期のなかでも降水量がもっとも少ない時期であったことが示されている（Nakagawa et al. 2002）。この頃の関東平野周辺地域の植生は，トウヒ属やマツ属単維管束亜属やカラマツ属などからなる針葉樹が主体の植生がひろがっており，コナラ亜属などの落葉広葉樹も混じる，針広混交林が成立していたと考えられる。本州島日本海側の平野部でも，針葉樹の分類群が多く検出されている。当時は寒冷で乾燥した気候であったと推測されている。

　この時期に対応する石器群は，立川ロームⅤ層上部段階からⅣ層下部段階とそれに並行する石器群であり，おおよそ28,000～25,000 cal BP前後を中心とする。関東では用田大河内遺跡（27,700～25,500 cal BP前後）や吉岡遺跡群B区遺物群Ⅴ（26,400 cal BP前後）などの遺跡が該当する。これらの遺跡では角錐状石器や国府型ナイフ形石器，切出形ナイフなどを特徴とする。また，国府系石器群や角錐状石器の広域展開がみられる時期であり（森先 2010），最終氷期最寒冷期の環境が古本州島に展開する人類の活動に与えた影響と人類の適応行動について，今後詳細に検討していく必要がある。

　九州では，狸谷型ナイフ形石器や台形石器が出土している野首第2遺跡第Ⅳ期（27,100 cal BP前後）や龍王遺跡13区の石器群（27,600 cal BP前後）がLGM Cold-1に位置づけられる。

2) LGM Cold-2（24,000～15,000 cal BP）

　LGM Cold-2の開始は，グリーンランド氷床コアにみられる短期間の温暖化イベント（GI-2）を画期としている。この画期の後，寒冷で安定した気候が続く。この時期にはLGM Cold-1よりも多少は気候が回復した可能性が考えられるが，依然として寒冷な気候が卓越していた時期である。24,000～23,000 cal BP前後は，非常に短期的ではあるが，やや温暖な時期が存在していた可能性が考えられ，関東ではこの時期が砂川期の時期とおおよそ一致している。この短期的な温暖期は，三方湖の花粉分析から復元した古気温変動においても，約19,000 ^{14}C BP前後に一度気温が16,000 ^{14}C BP以降と同程度にジャンプする時期があり，年代から考えてこの温暖期に対応する可能性も考えられる。ただし，便宜上LGM Coldを2つの時期に区分したが，大局的にみた場合，環境面での大きな違いはなかったと推定される。

　この時期に対応するのは，立川ロームⅣ層中部～上部段階のナイフ形石器を主体とした石器群とそれに並行する石器群（約24,000～22,000 cal BP前後），Ⅳ層上部～Ⅲ層下部段階のナイフ形石器終末期の石器群およびそれに並行する石器群（約22,000～21,000 cal BP前後），Ⅲ層下部段階の尖頭器を主体とした石器群とそれに並行する石器群（約21,000～19,000 cal BP前後），Ⅲ層中部段階の細石刃石器群（約20,000～17,000 cal BP前後），隆起線文土器以前の最古段階の土器群（約17,000～15,000 cal BP前後）である。

　LGM Cold-2の気候や植生は基本的にLGM Cold-1の気候や植生と大きな変化はみられず，関東平野などでもトウヒ属やモミ属，マツ属単維管束亜属やカラマツ属などの針葉樹に，コナラ亜属やハンノキ属などの落葉広葉樹を交える森林が成立していた。このような傾向はLGM Cold-2

を通じて基本的には継続していたと考えられる。したがって、ナイフ形石器群の終末段階から尖頭器石器群の段階の人類が活動していた当時の気候や植生には、大きな変化はなかったと推定される。

　LGM Cold-2の後半には、野尻湖湖底堆積物や三方湖の分析事例などが示すように、コナラ亜属やカバノキ属などの落葉広葉樹が増加し、針葉樹と落葉広葉樹が半々の割合を占めるようになる。気候的にも植生的にも前段階までとは若干異なっていると考えられるが、植生が急激に変化するLG Warm（約15,000～13,000 cal BP）よりは確実に時間的に先行していると考えられる。

　また、第7章で述べるが、本州島最北部の大平山元Ⅰ遺跡が残された頃の植生は、トウヒ属、カラマツ属、モミ属などの亜寒帯性針葉樹で構成されていたと推測され（寺田ほか 1994; 那須ほか 2002）、本州島北部における土器の使用開始は落葉広葉樹林の拡大に確実に先行している。宮ヶ瀬遺跡群北原遺跡で^{14}C年代測定が実施された炉址の炭化材集中の炭化材の樹種はトウヒ属であり、関東平野南部の丘陵部から山間部ではこれらの針葉樹が普通にみられたと考えられる。

　なお、LGM Cold-1（約28,000～24,000 cal BP）とLGM Cold-2（約24,000～15,000 cal BP）は、最終氷期最寒冷期およびその直後にあたることから、その寒冷環境のみが注目されることが多いが、NGRIPやフールーの酸素同位体比の変動曲線が示すように、酸素同位体比は安定しており、「寒冷環境で安定した時期」とみることもできる。寒冷化をマイナスのイメージでとらえることも多いが、人類の生存にとっては、この「安定期」がプラスに働いた可能性も十分考慮することが必要であろう。気候の変化は、「温暖・寒冷」よりも「変動・安定」をとらえることのほうが、人類活動の変化の理解にとっては重要だと筆者は考えている。

3) LG Warm（約15,000～13,000 cal BP）

　約15,000 cal BP前後に地球環境に大規模な変動が起こり、気候は急激に温暖化する。この時期は、グリーンランド氷床コアのGI-1に対応する時期であり、晩氷期の温暖期に相当する。日本列島のみならず世界各地で大規模な環境の変化が起こり、人類活動の変化が活発化する時期でもある。

　隆起線文土器をともなう遺跡は、較正年代で16,000～13,000 cal BPに位置づけられるが、年代値はおもに15,000～14,000 cal BPに集中する。貫ノ木遺跡の古いほうの年代値はLGM Cold-2後半にまで含まれるが、新しいほうの年代値は他の遺跡の年代値との整合性がよく、これらはほぼLG Warmに対応する。また、慶応SFC遺跡の年代値のみ新しく他の遺跡から大きく外れているが、LG Warmの範囲内には収まっている。また、隆起線文土器直後の円孔文土器や野沢遺跡などの無文土器、南九州の隆帯文土器群なども、LG Warmの後半に位置づけられる土器群である。

　花粉分析や木材化石の分析によると、急激な気候の温暖化がみられるLG Warmでは、植生にも急激な変化が起こっていたことが各地で確認されている（辻 1997など）。気候の変化に対する植生変化の時間的ギャップがどの程度であるのかは不明だが、LGM Cold-2からLG Warmにかけて、近畿や北陸地方では、ブナ属の拡大が確認されており、温暖化と多雪化が進行したことが指摘されている（宮本ほか 1999）。

関東平野などの太平洋側では，トウヒ属やマツ属単維管束亜属などの針葉樹の優占する植生からコナラ亜属が急増したことが確認されており，気温の急激な上昇と対応する（辻ほか 1984, 1985, 1989；パリノ・サーヴェイ 1989, 1991, 1992；辻 1997など）。また，野尻湖湖底堆積物の花粉分析では，14,000 cal BP頃を画期としてトウヒ属，モミ属，ツガ属等の針葉樹を中心とする組成が，コナラ亜属，ブナ属，カバノキ属などの落葉広葉樹を中心とする植生へと移行する（公文ほか 2003）。この年代は野尻湖に近い星光山荘B遺跡の年代とよく一致している。

　本州島では急激な温暖化が開始する時期より前に土器の使用開始があるようだが，年代的にみて本州島で土器の保有量が一時的にやや増加する隆起線文土器の段階（谷口 2003）は，気候が前段階と比較して温暖化し，本州島中央部以西ではコナラ亜属やブナ属などが拡大した，落葉広葉樹が優占する植生であったと推測される。本州島北端部では，隆起線文土器をともなう遺跡群は十和田八戸テフラ（To-HP：約13,000～12,500 ^{14}C BP）の上位に位置づけられる（谷口・川口 2001）。たとえば北八甲田では，このテフラの上位で針葉樹の減少とカバノキ属あるいはハンノキ属の増加が確認されている（辻ほか 1985）。コナラ亜属やブナ属の増加はそれに後続する。

　南九州の隆帯文土器群は，このLG Warmの後半に対応する土器群である。南九州ではいち早く落葉広葉樹林化が進行し，本州島の同時期の遺跡群と異なり，植物質食料資源に重点を置いた生業活動が活発化したようである。コナラ属炭化子葉が出土している東黒土田遺跡はその証拠となる一例である（工藤 2011）。また，宮崎県都城市で2011年にみつかった王子山遺跡では，コナラ属炭化子葉やユリ科炭化鱗茎類が煙道付炉穴からみつかっており（桑畑 2011），この時期の南九州における植物利用を考えるうえで重要な資料がみつかりはじめている。

4）LG Cold（約13,000～11,500 cal BP）

　爪形文・多縄文土器をともなう遺跡群は，おおよそLG Warmの終わりからLG Coldに相当する年代である。卯ノ木南遺跡の押圧縄文土器・爪形文土器の年代はやや古いものがあるが，一部は海洋リザーバー効果の影響も推定されることから，おおよそ押圧縄文土器の古い段階も，LG Coldに位置づけられるとみてよいだろうか。

　この時期は，時間的にはグリーンランド氷床コアのGS-1にほぼ相当する。東郷池の年縞堆積物のデータ（福澤 1998；Fukusawa 1999）では気候の寒冷化が，三方湖の堆積物のデータでは気温の上昇の停滞傾向が指摘されている（Nakagawa et al. 2002）。関東平野においても，この時期に完新世基底礫層（HBG）が形成されることからも，海水準に変動があったことが確認されているが，関東平野の花粉分析などでは，北欧のように植生が一変するような劇的な変化は確認できない。堤隆（2000, 2003, 2011）は多縄文期における掻器の多出傾向から，この時期をヤンガー・ドリアス期に相当する寒冷期への適応行動であると考えている。また，保坂康夫（2001）も同様の見解を示している。爪形文・多縄文期の遺跡は時間的には北欧やグリーンランドのヤンガー・ドリアス期にほぼ対応するLG Coldにその中心があったと考えられる。室谷下層式に並行する土器群は，櫛引遺跡（11,500 cal BP前後）や鳥浜貝塚の多縄文土器の年代（12,000～11,200 cal BP前後）から考えると，これらの回転縄文系の土器群は，LG Coldの最末期に位置づけられ

図6-13 最終氷期における石器群・土器群の年代と各段階との対比の概要

(cal BP)	MIS	古環境	石器群・土器群	代表的遺跡
	MIS 1	PG Warm ・急激な温暖化，後氷期の開始 ・海水準上昇	・貝殻文系土器群 ・撚糸文土器群 ・（表裏縄文土器の一部？）	南九州の貝殻文系土器群など 江ノ島植物園内・夏島など （白井十二・丸尾北）
11,500	MIS 2	LG Cold ・急激な寒冷化。ただし植生へのインパクトは小	・（表裏縄文土器） ・多縄文土器 ・爪形文土器 ・押圧縄文土器 ・刺突文土器 ・無文土器など	（白井十二・丸尾北） 鳥浜貝塚・櫛引など 西鹿田中島など 卯ノ木南・葛原沢Ⅳなど 大原Dなど 建昌城跡など
13,000		LG Warm ・急激な温暖化が進行 ・本州島で落葉広葉樹林拡大 ・日本海側で多雪化進む	・無文土器 ・隆帯文土器 ・円孔文土器 ・爪形文土器 ・隆起線文土器	野沢など 奥ノ仁田・三角山Ⅰなど多数 壬, 仲町など 黄檗・河陽Fなど 星光山荘B・上黒岩など多数
15,000		LGM Cold-2 ・前段階からの寒冷気候は維持 ・後半にかけて緩やかに温暖化 ・H1前後で寒冷化イベントあり	・無文土器，神子柴・長者久保 〈Ⅲ層下部～上部段階〉 ・細石刃 ・尖頭器 〈Ⅳ層中部～上部段階〉 ・ナイフ形石器（終末期並行） ・ナイフ形石器（砂川期並行）	大平山元Ⅰ・宮ケ瀬北原 荒屋・吉岡B・河原第3など 用田南原・松原・追分ⅠCL1 田名向原・福田丙二ノ区CL1 福田丙二ノ区CL2など
24,000		LGM Cold-1 ・GI-3の後寒冷化・乾燥化が特に進行 ・亜寒帯性針葉樹林の卓越	〈Ⅴ層上部～Ⅳ層下部段階〉 ・角錐状石器・剝片尖頭器など ・国府型ナイフ形石器，狸谷型ナイフ形石器など含む	用田大河内・野首第2（Ⅳ） 恩原1（O）など
28,000	MIS 3	Early Cold ・LGMに向けて寒冷化が進行 ・亜寒帯性針葉樹林の拡大 ・この時期の末期にAT降灰	〈Ⅴ層下部段階の一部〉 ・ナイフ形石器・角錐状石器など 〈Ⅶ～Ⅵ層段階〉 ・ナイフ形石器・台形石器など 〈Ⅹ～Ⅸ段階〉 ・ナイフ形石器・台形様石器・斧形石器など	武蔵台西（CL4）・向田A（BB1）・河原第3（CL2）など 恩原1R・仲町JS・梅ノ木沢（BB2）・茶屋久保CL2, 武蔵台西CL2など 石の本・貫ノ木・日向林B・八風山・横峯C, 板橋Ⅲなど多数
38,000		Transition ・寒冷化が徐々に進行	明確な証拠なし	（野尻湖の動物化石群）
44,000		Stable Warm ・MIS 3前半の温暖期 ・野尻湖や花室川など各地で動物化石産出	明確な証拠なし	（野尻湖の動物化石群）
60,000				

るようである。表裏縄文土器群もこの移行期に位置づけられる。つまり，これらが最終氷期の最末期の土器群である。

一方，撚糸文土器群は後氷期初頭のPG Warm-1（11,500～8,400 cal BP，第9章参照）に位置づけられることは確実であろう。夏島貝塚などの撚糸文土器群は較正年代で11,000 cal BP以降に位置づけられ，後氷期に入って顕著な温暖化が確認されている時期に対応することは間違いない。関東平野などでは，植生的には針葉樹の分類群がほとんど検出されなくなるのに対し，クリ属が出現し，コナラ亜属などの落葉広葉樹林の卓越が確認されている（吉川1999a）。撚糸文土器

群の段階以降は，環境的にも前段階までとは大きく異なるのである。南九州では，早期の貝殻文系土器群が後氷期初頭に位置づけられる。

　以上の対応関係を簡略化してまとめたのが図6－13である。

4― 課題

　第5章では，最終氷期における考古学的年代研究について，年代値を利用するユーザーの視点から注意すべきいくつかの問題点を指摘した。特に測定試料と考古編年の基準となる人工遺物の共伴関係の問題，較正曲線の問題，年代値の誤差の取り扱いに関する問題などを指摘した。また，これらの問題があるということを確認したうえで，本章では暫定的な位置づけであるが，約4万年前から1万1,500年前までの環境史と考古編年の較正年代による時間的対応関係を提示した。今回提示した環境史と考古編年との対比は，時間的に細分が可能な単位を考慮すれば，500～1,000年あるいはそれよりもさらに大きなオーダーでの大局的な把握である。各時期の時間的区分を厳密な数値で提示することは現時点ではできないが，環境変動と人類活動の変遷との相関関係を探るという目的においては，必ずしも必要ではないと考えている。

　当該期において環境と人類活動との相互関係が，環境の著しい変動の過程でいかに変容していったのか，人類がどのような戦略でその関係を維持していったのかを議論するためには，環境史と人類史の両者の時間的対比が可能なことが前提となる。そのうえで，ある共時的断面での両者の関係性を記述し，その関係性の通時的変化を分析することが要求される。本章の内容は，あくまで環境と人類の両者を現象として把握し，時間的に両者を対応づけたものであり，人類活動の変化の意味自体を環境史の観点から考察したものではない。このような目的にアプローチするためには，今後，有効な ^{14}C 年代測定例を蓄積し，当該期における考古学的年代研究をより一層進めていくことが必要である。それによって環境史と考古編年との時間的対応関係を詳細に捉えたうえで，人類の適応活動の時間的変遷について考古遺物の研究を行い，変化の意味について考察していくことが今後ますます重要な課題となるだろう。

第7章

土器出現期の較正年代と古環境——13,000年問題について

1── 古本州島最古の土器の年代

　古本州島における土器出現の意義やその背景を考えるうえで，その出現年代や当時の環境を考えることはきわめて重要な課題である（工藤 2005a, 2010）。
　2009年12月に，^{14}C年代の最新版の較正曲線IntCal09（Reimer *et al.* 2009）が公開された。これまで，IntCal04（Reimer *et al.* 2004）では26,000 cal BPまでの較正曲線が公開されており，後期旧石器時代後半期以降については較正年代で議論することが可能であったが，日本列島の後期旧石器時代前半期の年代域をカバーしていなかった。この年代域を扱う場合にはCalPal-2007$_{Hulu}$（Weninger *et al.* 2008）を用いることが多かったが，IntCalが09にアップデートされたことにより，後期旧石器全体をIntCalを用いて議論できるようになった（工藤 2010）。
　一方，IntCal04でも公開されていた約26,000〜12,000 cal BPの間にも，IntCal09では大きな変更点があるので注意が必要であり，IntCal09とIntCal04で最大で500年程度，得られる較正年代が異なる場合もある（Reimer *et al.* 2009）（図7−1）。特に，13,000 ^{14}C BP前後がもっとも顕著であり，この年代域には大平山元I遺跡や宮ヶ瀬遺跡群北原遺跡などの，最古段階の土器の年代範囲も含まれることから，土器出現期の年代論に大きくかかわる年代域で変更が加えられていることになる。そこで，本章では，IntCal09の概要とIntCal04からの変更点について記述し，日本列島の土器出現期の年代と古環境を議論するうえでの問題点を整理しておきたい。

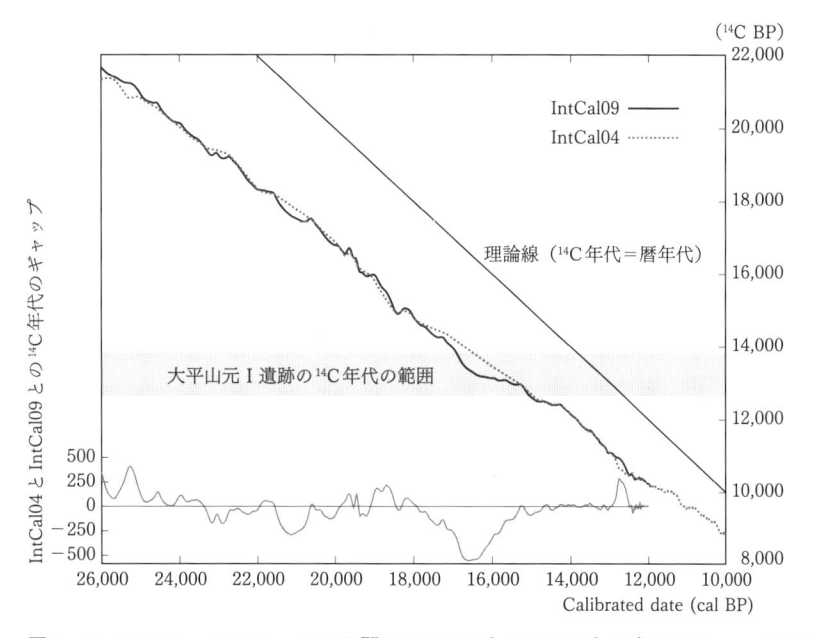

図7・1　26,000〜12,000 cal BPの間のIntCal09とIntCal04との違い（Reimer *et al.* 2009に加筆）
14,000〜13,000 ^{14}C BPの間が，二つの曲線で較正年代が大きく異なる箇所。全体的にこの箇所では較正年代がこれまでよりもやや古くなる。

2— IntCal04とIntCal09の年代差

　図7−2に，26,000〜12,000 cal BPの間における，IntCal09とIntCal04のローデータを示した（年輪年代のデータは除いた）。図7−2の上の図がIntCal04，下の図がIntCal09である。上の図をみるとわかるように，IntCal04の場合，カリアコの年縞堆積物のデータより古い領域はサンゴのウラン−トリウム年代によるものだが，明らかにデータが不足していた箇所があり，特に18,000〜15,000 cal BPの間のデータはきわめて少なかった。IntCal09では，フールー洞窟の石筍のウラン−トリウム年代に同調させた，カリアコの海底堆積物（年縞でつながっていない部分）のデータが加えられたことにより，この間がかなり緻密になった。その結果，13,000 ^{14}C BP頃の年代を較正する場合，IntCal09ではIntCal04よりも古くなるのである。

　日本列島の場合，この年代は最古段階の土器の年代域に相当する。当該期の較正年代を議論するときに，IntCal04とCalPal-2007$_{Hulu}$では計算される較正年代に大きなギャップが生じ，問題となっていた部分でもある。このギャップの原因は，IntCal04ではデータが少なく較正曲線が直線的になっていたのに対し，CalPal-2007$_{Hulu}$やCalPal-2005$_{SFCP}$，CalPal-2004$_{Jan}$ではすでにカリアコの海底堆積物の有孔虫のデータが組み込まれていたためである。

　最新版のIntCal09ではCalPalと同様に，18,000〜15,000 cal BP前後にもカリアコ海底堆積物の有孔虫の^{14}C年代のデータが加わった。これにより，CalPalとIntCalとのギャップはほぼ解消され，どちらの較正曲線を用いても，おおよそ一致した較正年代が得られるようになった。

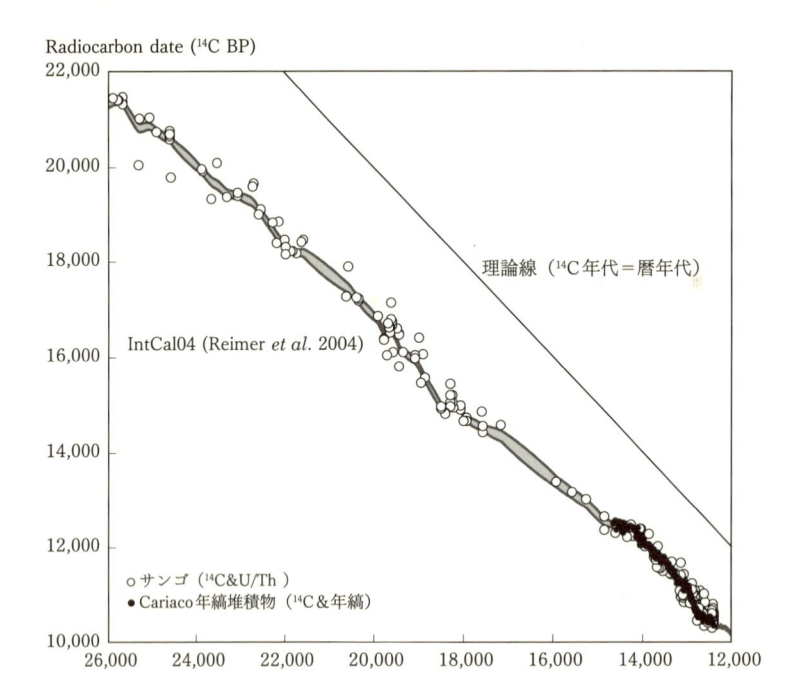

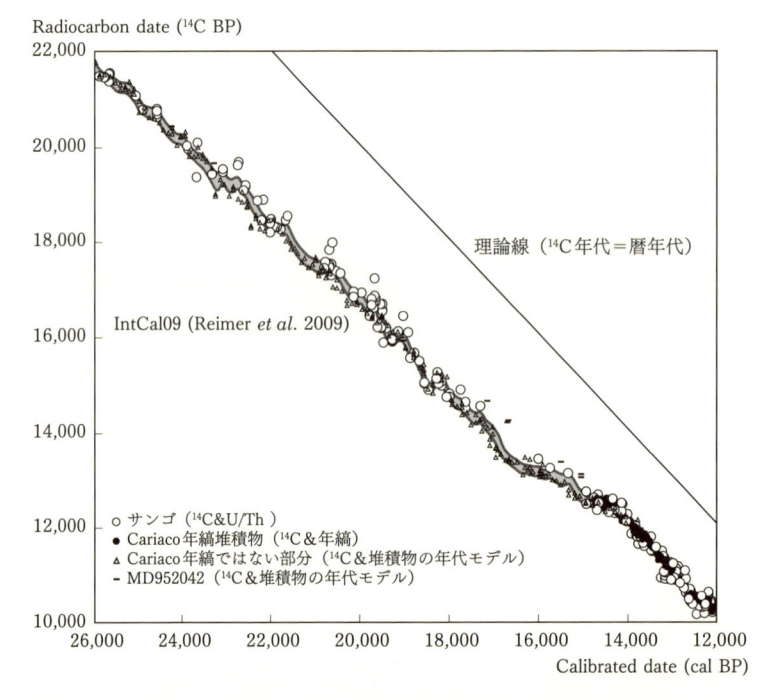

図7・2 26,000〜12,000 cal BPの間のIntCal09とIntCal04の比較

IntCal09では，カリアコ海底堆積物とMD952042海底堆積物のデータが加わったことにより，較正曲線のローデータの数が各段に増加した。

なお，筆者はこれまでCalPal-2004_Janや，CalPal-2007_Hulu を用いて土器出現期の較正年代を議論したことがある（工藤 2005a, 2010）。CalPalのデータには，当初からカリアコの海底堆積物のデータが組み込まれていた（CalPal-2004_Janの場合にはGISP2年代モデルが採用されていた）。しかし，当該期の年代について触れている多くの研究者が，これまでIntCal98やIntCal04のデータを用いて土器出現期の較正年代を議論していたため（たとえば中村・辻 1999；谷口・川口 2001；小林 2006；谷口 2003, 2010），最古段階の土器の較正年代を議論する際には，どの較正曲線にもとづく較正年代であるのかについて注意が必要である。

3── 土器出現期の較正年代──13,000年問題

神子柴・長者久保系石器群にともなって，日本列島で最古段階の土器が出土している青森県外ヶ浜町の大平山元I遺跡の土器付着物および炭化材の較正年代（中村・辻 1999）を，2つの較正曲線を用いて比較した（表7-1）。表7-1や図7-3からも読み取れるように，16,500〜15,000 cal BPの間はIntCal09の較正曲線が平らになっており，IntCal04よりも較正年代が古くなる。つまり，大平山元Iの例では，IntCal09による較正年代の確率分布が全体的に古いほうへシフトしていることがわかる（図7-3）。大平山元I遺跡の例の場合には，1個体と推定される土器の複数の破片に付着した炭化物の測定結果であり，5点の土器付着炭化物のうち，どれがもっとも確からしい年代測定値と考えるかによって，年代観も変わってくる。中村俊夫と辻誠一郎は平均値である13,100 ^{14}C BPからもっとも古い13,780 ^{14}C BPの間の可能性を考えた（中村・辻 1999）。小林謙一は平均値を採用して，それの較正年代を15,500 cal BPより古いと推定し，15,700 cal BP頃と推定した（小林 2007）。

しかしながら，較正年代がやや古いほうにシフトするだけでなく，確率分布の幅は大きく広がってしまう点も，IntCal09にアップデートされて明らかになった大きな問題点であり，この年代

表7-1 大平山元I遺跡の較正年代（IntCal04とIntCal09の対比）

試料番号	試料	^{14}C年代(BP)	機関番号	IntCal04 (1σ)(cal BP)	(%)	IntCal04 (2σ)(cal BP)	(%)	IntCal04平均値	IntCal09 (1σ)(cal BP)	(%)	IntCal09 (2σ)(cal BP)	(%)	IntCal09平均値
F5-017	土器付着炭化物	13,780 ± 170	NUTA-6515	16,700-16,120	68.2	16,980-15,870	95.4	16,420	17,070-16,730	68.2	17,420-17,280 17,260-16,500	2.4 93	16,900
D4-005	土器付着炭化物	13,210 ± 160	NUTA-6507	15,920-15,360	68.2	16,210-15,140	95.4	15,670	16,560-15,820 15,800-15,640	57.9 10.3	16,720-15,230	95.4	16,030
E4-036	土器付着炭化物	13,030 ± 170	NUTA-6509	15,660-15,140	68.2	15,990-14,940	95.4	15,440	16,140-15,220	68.2	16,570-15,080	95.4	15,790
E4-030	土器付着炭化物	12,720 ± 160	NUTA-6506	15,260-14,680	68.2	15,470-14,250	95.4	14,930	15,490-15,300 15,280-14,610	10.5 57.7	16,040-16,010 15,950-14,170	0.3 95.1	15,080
E4-048	土器付着炭化物	12,680 ± 140	NUTA-6510	15,190-14,660	68.2	15,350-14,250	95.4	14,870	15,240-14,550	68.2	15,660-14,160	95.4	14,960
E5-100	第III層木炭	13,480 ± 70	Beta-125550	16,220-15,810	68.2	16,450-15,640	95.4	16,030	16,810-16,540	68.2	16,910-16,280	95.4	16,620

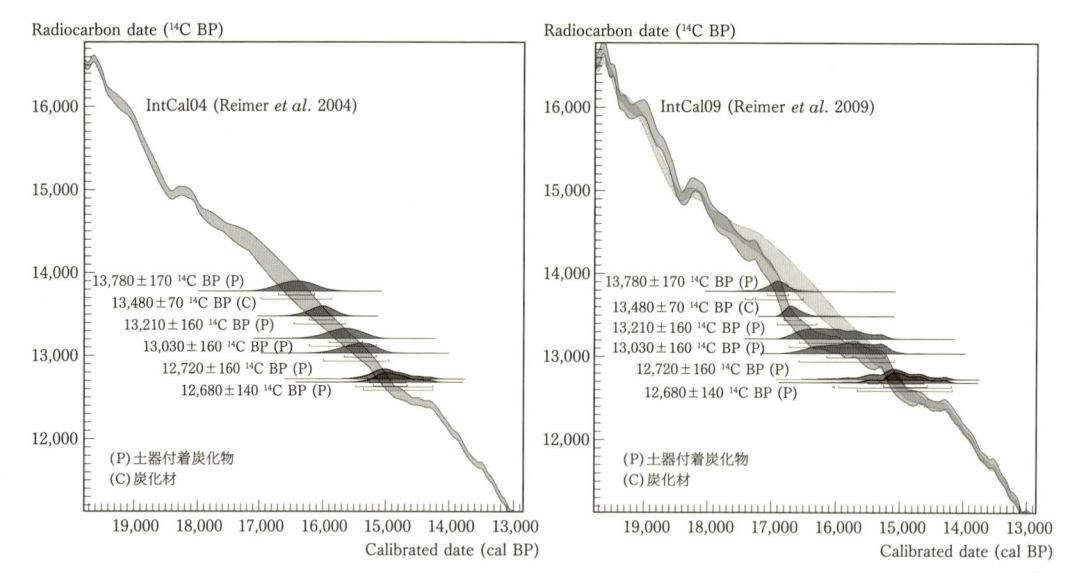

図7-3　大平山元I遺跡の^{14}C年代の較正年代の比較　左：IntCal04 (Reimer et al. 2004)，右：IntCal09 (Reimer et al. 2009) 右のIntCal09の図には，左のIntCal04の較正曲線を薄く重ねてある。この図が示すように，大平山元I遺跡の土器付着物と炭化材の年代は，これまでの位置づけよりもやや古くなる。

域では正確な年代を絞り込むことは難しくなった。槍先形尖頭器にともなって無文土器が出土している神奈川県宮ヶ瀬遺跡群北原遺跡（かながわ考古学財団 1998b）の炭化材の年代や，隆起線文土器（小林 1962）の最古段階と推定されている土器が出土した東京都御殿山遺跡の炭化材の年代（小林ほか 2004）も，この範囲に相当する。

つまり，弥生時代の「2,400年問題」（今村 2001）と同様に，最古段階の土器は較正年代での絞りこみがきわめて難しい時期であることがわかった。これらの年代を100年単位で絞り込むことは到底できないということである。これを，土器出現期の「13,000年問題」と呼んでおきたい。

ただし，現在プロジェクトが進行している水月湖の2006年のコアの分析では，この間の較正曲線が平坦にはならない可能性も指摘されている。ハインリッヒ・イベント1（第4章図4-2参照）と重なるため，北大西洋の海水中の炭素濃度がこの間大きく変化したことがその要因として考えられるという（2011年7月のINQUA Bern大会で中川毅氏にご教示いただいた）。今後，新たなヴァージョンのIntCalでは，この間の較正曲線が再び変更される可能性があることを注意しておきたい。

宮ヶ瀬遺跡群北原遺跡の例などから考えれば，日本列島における土器出現の時期が，15,000 cal BPを遡る点はほぼ間違いないようである（図7-4）。大平山元I遺跡の例の場合は，仮に土器付着物のもっとも新しい年代（12,680±140 ^{14}C BP）が確からしいと考えるのであれば，15,000 cal BPよりも新しい可能性も残されているが，考古編年では，神子柴・長者久保系石器群とそれにともなう土器は隆起線文土器に先行することを考えると，やはり大平山元I遺跡の年代も，15,000 cal BPよりは遡ると考えるのが整合的だろうか。

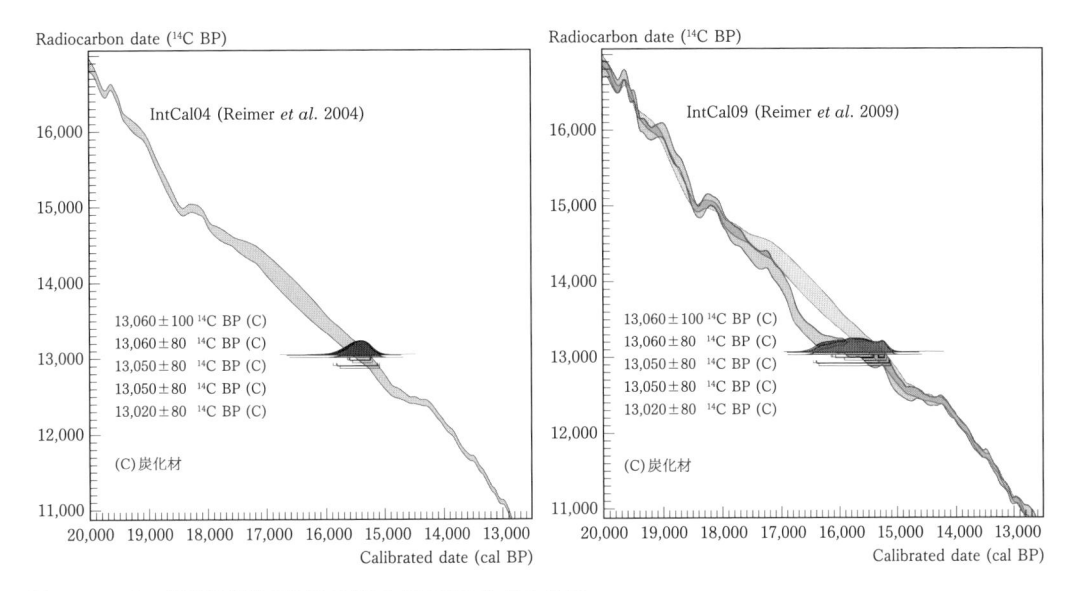

図7-4 宮ヶ瀬遺跡群北原遺跡の¹⁴C年代の較正年代の比較
左：IntCal04 (Reimer et al. 2004)，右：IntCal09 (Reimer et al. 2009)

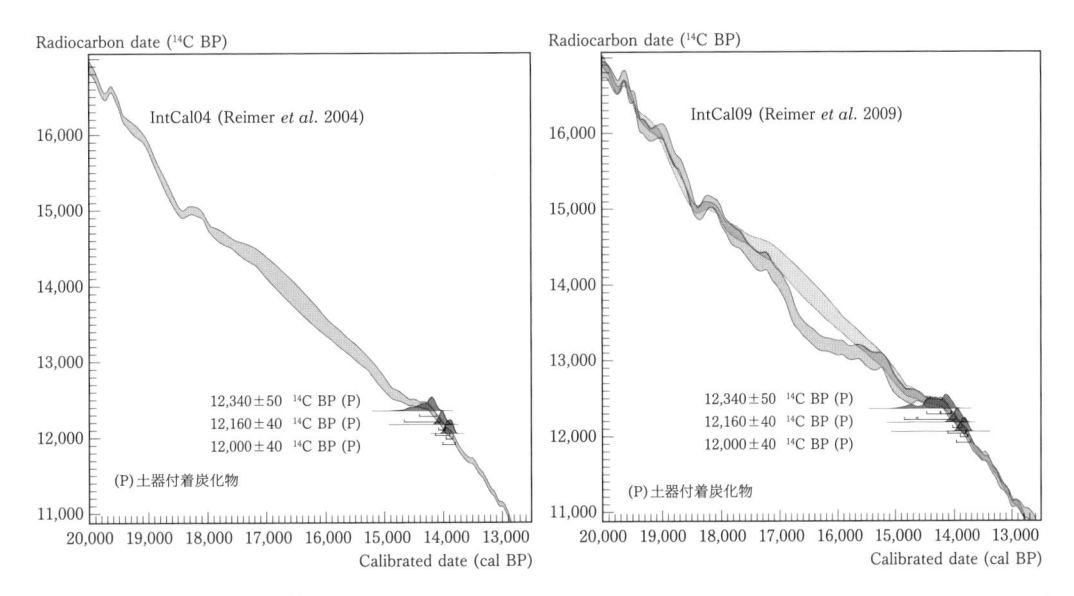

図7-5 星光山荘B遺跡の¹⁴C年代の較正年代の比較 左：IntCal04 (Reimer et al. 2004)，右：IntCal09 (Reimer et al. 2009)
星光山荘B遺跡の例が示すように，隆起線文土器群の年代域の場合には，IntCal04とIntCal09で較正年代に大きな違いは生じない。

これに対し，IntCal09とIntCal04のどちらを用いても，隆起線文土器の年代が15,000 cal BP以後が中心である点は，これまでの年代的位置づけとほとんど変わらない。ここでは，隆起線文土器の年代の代表的な例の一つとして，長野県星光山荘B遺跡の隆起線文土器付着炭化物の年代を例に示した（図7 – 5）。これまで測定された隆起線文土器の多くの年代は12,500 ～ 12,000 ^{14}C BPの間に収まることから（工藤 2005a；小林 2007参照），較正年代では15,000 cal BPより遡ることはなさそうである。
　晩氷期の急激な温暖化の開始は，中国のフールー洞窟の石筍のウラン – トリウム年代では約14,800 ^{230}Th BP（Wang *et al.* 2001），水月湖の年縞堆積物では，約15,000 varve BPである（Nakagawa *et al.* 2005）。つまり，隆起線文土器群が，晩氷期の地球規模での急激な温暖化の開始以後であるというこれまでの見解には，変更を加える必要はないだろう。

4— 大平山元Ⅰ遺跡が残された頃の北東北の古環境

　大平山元Ⅰ遺跡が残された頃の北東北は，どのような環境だったのだろうか。大平山元Ⅰ遺跡を15,000 cal BP以前であったと考えるのであれば，晩氷期の急激な気候温暖化以前にあたることから，気候は最終氷期最寒冷期（LGM）から続く寒冷な気候条件であったことが推測できる。
　当時の北東北の古環境を考えるうえで重要な遺跡が，青森県の長者久保遺跡である（山内・佐藤 1967）。長者久保遺跡から土器はみつかっていないが，出土した局部磨製石斧や石槍，石刃製の石器類は大平山元Ⅰ遺跡と類似しているため，大平山元Ⅰ遺跡と長者久保遺跡はほぼ同時期の遺跡と考えられる。長者久保遺跡は十和田八戸火山灰（To-H，To-HP）に覆われており，その火山灰の直下から石器が出土している。このことから，長者久保遺跡とほぼ同じ時期と考えられる大平山元Ⅰ遺跡の時期も，十和田八戸火山灰が噴火した時期よりも前にあたる可能性が高いことが指摘されている（谷口編 1999；谷口・川口 2001）。
　十和田火山から飛散した火山灰の直下の地層からは北東北の各地で火山灰になぎ倒された樹木の埋没林がみつかっており，当時の古環境を知ることができる。青森県東部三八上北地方の埋没林（現在の標高：20 ～ 200m）の分析では，量がもっとも多いのはトウヒ属，太い樹木にはカラマツ属が多く，モミ属は一般に細く，また量も少ない。広葉樹ではカバノキ属，ハンノキ属がわずかに混じり，場所によってカラマツ属が多いところとトウヒ属が多い植生だったことがわかっている（寺田ほか 1994；Noshiro *et al.* 1997）。青森平野の低地部に位置する大矢沢野田（標高0 ～ 8m）でも，十和田八戸火山灰の直下からトウヒ属，カラマツ属，モミ属からなる埋没林がみつかっており（辻 2001），北東北にはトウヒ属，カラマツ属，モミ属からなる亜寒帯性針葉樹の森林が広がっていたと考えられる。
　日本列島の最古段階の土器には炭化物が付着していることから，出現の当初から煮炊きの道具であったことは間違いない。煮炊き用の土器の出現の歴史的意義は，小林達雄によって明確に定義されている（小林 1982）。しかし，「なにを煮炊きするための道具だったのか」という問題を

より具体的に明らかにすることは重要な課題であり，解決していくべき課題である（谷口 2002, 2010）。谷口康浩は，隆起線文土器群以前の土器が出土した遺跡では，土器に煮炊きの痕跡が残るものの，1〜2個体がスポット的に残された状態であることから，日常的な調理，大量の加工処理のような用途は考えにくいと指摘し，「より限定的な用途や季節的利用」を想定しているが，サケの魚骨が住居跡から出土した前田耕地遺跡の例から，やや特殊な用途で使用された可能性も考慮している（谷口 2010）。

大平山元Ⅰ遺跡が残された15,000 cal BP以前の北東北の環境が，トウヒ属やモミ属中心の亜寒帯性針葉樹林にカバノキ属などの落葉広葉樹が混じる当時の植生であったことを背景に考えると（図7-6），当時の人々が土器を用いて，コナラ亜属などの堅果類を積極的に用いたとは考えにくい。大平山元Ⅰ遺跡に限定してみた場合，堅果類利用の道具としてではなく，おそらく日常的な食料の調理の補助的な道具として土器が使用されていた可能性が考えられる。ただし，最終氷期最寒冷期においても東北地方北部の低標高部においては，コナラ属やブナ属のレフュージアがあったことが推測されており（吉田・竹内 2009），晩氷期以前の北東北では，コナラ亜属の堅果類の利用可能性がまったくなかったことを主張するものではない。

一方，神子柴・長者久保系石器群にともなって土器が出土した遺跡のうち，大平山元Ⅰ遺跡の土器が日本列島最古とはかぎらない点にも注意が必要である。北東北ではなく，他の地域に土器発生の起源地があった場合，15,000 cal BPの急激な温暖化以前であっても，環境的・植生的な背景も大きく異なる。たとえば，長野県の野尻湖の花粉分析のデータをみると，最終氷期最寒冷期以降，増減がみられるものの，つねにコナラ亜属の花粉は一定量存在し，18,000 cal BP以降にはコナラ亜属の花粉が一時的に増加する時期もある（公文ほか 2003, 2009）。

つまり，トウヒ属やモミ属などの針葉樹林が卓越するものの，コナラ亜属などの樹木も，一定量つねに周辺に存在していたことを意味している。また，福井県水月湖の花粉分析では，15,000 cal BP以前の段階ですでにコナラ亜属やブナ属，カバノキ属などの落葉広葉樹の花粉が多く検出されており，針広混交林が広がっていたことが推測される。南関東でも，晩氷期の温暖化開始以前の段階で，同様に落葉広葉樹の比率がすでにある程度増加していたと推測される。たとえば，神子柴・長者久保系石器群と無文土器が出土し，編年的に大平山元Ⅰ遺跡と同時期と考えられる，茨城県後野A遺跡における土器利用を考える場合，大平山元Ⅰ遺跡と同様の環境的な背景を考慮するのは誤りであり，南関東の晩氷期の温暖化直前の環境的背景のなかで考える必要がある。

以上のように，出現期の土器の年代的位置づけと発生地との関係，その後の土器の普及の時期における地域的な環境の違いによって，土器の発生と広がりについてさまざまなモデルを想定しうる。今後，縄文時代のはじまりの「一般論」としてではなく，より現実に即した形で，土器の発生と広がりのモデルを日本列島全域で組み立てていくことが必要だろう。谷口康浩は，土器出現期と隆起線文土器の時期で土器の出土量が増加することや，南九州での大形土器の使用などに注意し，日本列島内部での地域格差にも注目することが必要であることを指摘している（谷口 2010）。今後，15,000 cal BP前後の遺跡の年代，環境変動，人類活動の変化との対応関係を厳密に追究していくことが，これらの問題の解明への大きな手がかりになるはずである。

図7-6 大平山元Ⅰ遺跡の景観復元図（石井礼子画）（国立歴史民俗博物館提供）
十和田八戸火山灰直下の埋没林の植生から，当時の北東北はトウヒ属やモミ属の亜寒帯針葉樹林に覆われていたと推定した（小林ほか編2009）。

5── 今後の課題

　本章では，土器出現期の年代論に大きく関係する，IntCal09のデータについて検討を行った。本章で述べた内容をもう一度整理しておきたい。

① 2009年12月にIntCal09が公開され，日本列島の後期旧石器時代初頭から縄文時代草創期まで，IntCalを用いて較正年代が議論できるようになった。また，CalPal-2007$_{Hulu}$との年代差も解消され，どちらの較正曲線を用いてもほぼ変わらない結果が得られるようになった。

② すでに公開されていた26,000〜16,000 cal BPの範囲でも大きな変更が加えられており，特に最古段階の土器の年代域で差が著しい。これまでIntCal98やIntCal04にもとづいて土器出現期の年代を議論していた場合，年代観の修正が必要である。

③ 土器出現期の前後の時期の較正曲線には，多くのデータが加わり，より詳細な較正曲線となったが，較正曲線が平坦な「13,000年問題」の時期に該当するため，較正年代を絞り込むのはきわめて難しい。また，この間のカリアコのデータには問題がある可能性もあり，今後較正曲線が変更されるかもしれない。現状では，日本列島における土器の出現を「17,000〜15,000 cal BPの間のどこかの可能性が高い」と指摘するにとどめておきたい。

④隆起線文土器群の時期が15,000 cal BPの急激な温暖化開始以降である点は，これまでの見解と齟齬はない。
⑤隆起線文土器に先行する土器群が，日本列島で最古段階の土器群であることは間違いないが，そのなかでも，最古の土器が列島内のどこで使用されはじめたかによって，出現時の土器の用途と古環境との関係性の議論も異なってくる。これは，単純に一般化できる問題ではなく，その後の土器の普及と古環境とのかかわりも含めて，詳細に議論していくことが必要である。

^{14}C年代測定とその較正年代を用いることによって，考古編年と環境史との時間的対比が可能となりつつある。日本列島各地の出現期の土器群の年代的位置づけおよび各遺跡周辺の古環境を復元することは，日本考古学において，きわめて重要な研究課題である。もっとも古い土器はどこにあるのか。また，当時の環境はどうだったのかを明らかにしていくなかで，土器の出現の意義やその背景を問い直すことが必要である。

草創期の土器の用途については，炭素・窒素安定同位体分析・C/N比の分析から，煮炊きの内容物についての検討がすでに行われはじめており，久保寺南遺跡の隆起線文土器の付着炭化物の分析からは，C_3植物を煮炊きしていたことがわかっている（吉田ほか 2009）。今後，土器付着物を用いて土器の年代を明らかにするだけでなく，安定同位体比分析などを積極的に行っていき，この問題にアプローチしていきたい。

第8章

東黒土田遺跡の貯蔵穴出土堅果類と南九州の隆帯文土器の年代

1── 古本州島最古の堅果類貯蔵穴

　鹿児島県志布志市に所在する東黒土田遺跡では，1980年に行われた発掘調査で検出された縄文時代草創期の貯蔵穴から，炭化したコナラ属子葉がみつかっている。この炭化コナラ属子葉については，すでに発掘調査時にβ線計測法による^{14}C年代測定が実施されており，11,300±130 ^{14}C BPの測定結果が報告された（瀬戸口 1981；河口 1982）。これは，現時点では日本列島で最古の貯蔵穴出土堅果類であり，当時の植物質食料資源利用を考えるうえで重要な資料である。

　近年，縄文時代草創期から早期初頭の土器付着炭化物の^{14}C年代測定研究が活発化し，南九州の隆帯文土器群や貝殻文系土器群についても測定例が蓄積されつつあり，編年的位置づけについて議論が行われている（小林 2007；遠部 2010など）。また一方で，本州島の草創期の土器型式編年は，古環境変遷との関係についても議論が進展しつつあり，晩氷期の急激な環境変動と当該期の人類活動の変化との関係性が注目されている（工藤 2003a, 2005a, 2010など）。

　南九州の隆帯文土器群のAMS法による土器付着物の年代測定例と比較すると，東黒土田遺跡から出土した貯蔵穴出土堅果類の11,300±130 ^{14}C BPという年代は，若干新しいようであり，東黒土田遺跡から出土している隆帯文土器との年代的関係がやや不明瞭であった。コナラ属子葉についてもAMSによる^{14}C年代測定を行い，その編年的，環境史的な位置づけを正確に把握することが必要である。

　そこで，筆者は東黒土田遺跡から出土したコナラ属炭化子葉について，今回新たにAMSによる^{14}C年代測定を実施した。本章では，その結果および年代的位置づけについて検討を行い，南九州の隆帯文土器群や西北九州・本州島の隆起線文土器群との年代的関係，南九州の草創期の古

環境変遷との関係について考察を行う。

2— 東黒土田遺跡の概要

東黒土田遺跡は鹿児島県志布志市志布志町内之倉に位置する（図8‐1）。遺跡は志布志湾に注ぐ前川の上流の狭い谷頭平地に，北から突き出した丘陵の末端の舌状台地に立地する。東黒土田遺跡は1980年12月に河口貞徳・瀬戸口望両氏によって発掘調査が行われ，薩摩火山灰層よりも下位の層準から12点の土器と3点の石器，舟形配石炉などが出土し，土器片には隆帯文土器片が1点含まれていた。

貯蔵穴は基盤のシラス層に掘りこまれた状態で検出された（図8‐2）。直径40cm，深さ25cmの浅鉢状を呈し，内部には炭化したコナラ属子葉がびっしりと詰まっていた（図8‐3）。発掘調査時に取り上げられた炭化子葉は乾燥重量で合計155gで，楕円形のもの，長楕円形のもの，正円に近いものがある（瀬戸口 1981；河口 1982）。樹種については，「イチイガシ」（瀬戸口 1981），「クヌギ，カシワなどの落葉性のコナラ属」（同定は粉川昭平氏による）（河口 1982），「アク抜きをしないと食べられないB・C類」（渡辺 1996），「クヌギ（主），コナラ（従）」（小畑 2004, 2006）などの記載がある。

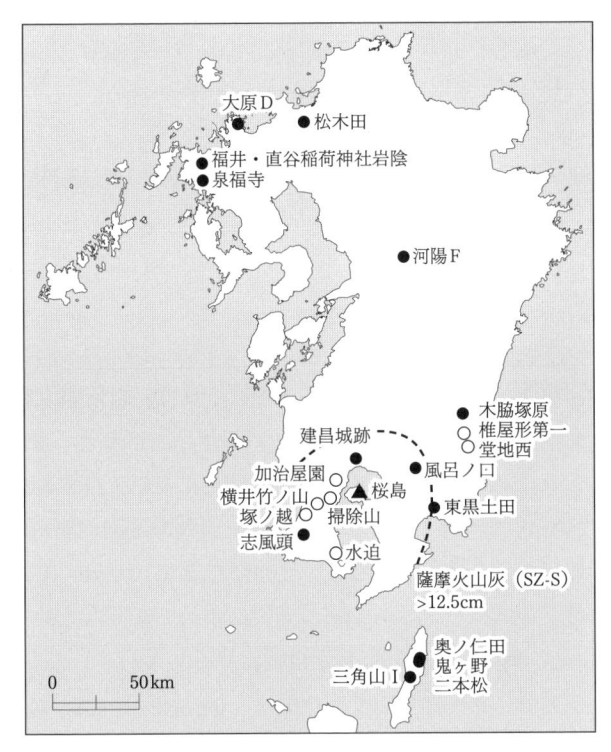

図8‐1 本章で言及した遺跡の分布
●は¹⁴C年代測定が実施されている遺跡。薩摩火山灰の分布は町田・新井（2003）

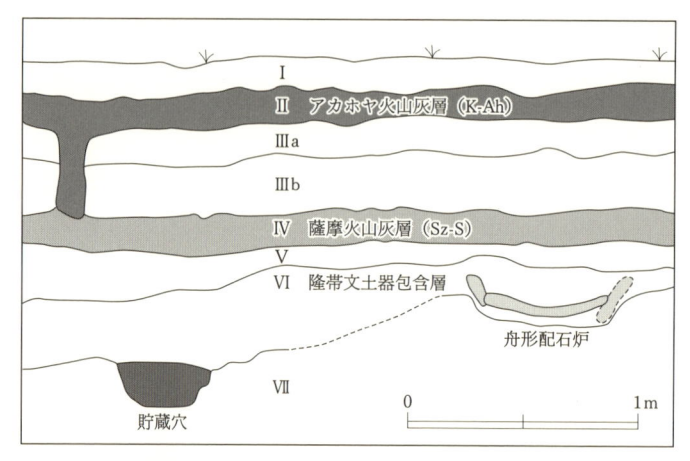

図8-2　東黒土田遺跡の断面図および貯蔵穴の位置（河口1982に加筆）

図8-3　東黒土田遺跡貯蔵穴出土コナラ属炭化子葉および^{14}C年代測定に用いた試料
左：黎明館で保管されているコナラ属炭化子葉の一部，右：年代測定試料。

3— 分析試料と分析方法

　測定試料は，鹿児島県歴史資料センター黎明館に保管されていた東黒土田遺跡の炭化コナラ属子葉から5点の提供を受け，そのうちの2点について^{14}C年代測定を行った（図8-3右）。HK-1は破損したコナラ属の炭化子葉で，子葉の片側のみが残っている。長さ13.6mm，幅9.8mmでやや幅広である。HK-2は破損したコナラ属の炭化子葉で，子葉の片側のみが残っており，一端が欠けているため，子葉の正確な長さは不明である。現存部で長さ12.0mm，幅5.2mmで，HK-1と比べてプロポーションは縦長の個体である。今回の試料はすべて破損しているため，種の同定は困難と考え，「コナラ属炭化子葉」との記載にとどめた。

　試料は鹿児島県歴史資料センター黎明館で受け取った後，国立歴史民俗博物館の年代測定室に持ち帰り，実体顕微鏡下で可能なかぎり混入物を除去した後，大きさの計測および写真撮影を行った。その後，試料をそれぞれ50mg程度に切り分けた。

表8 - 1　東黒土田遺跡貯蔵穴出土コナラ属子葉の¹⁴C年代測定試料および測定結果
炭素同位体比（δ ¹³C）は加速器質量分析計による同位体分別効果補正用の値。較正曲線はIntCal09（Reimer et al. 2009）を使用。

試料	番号	出土	種類	時代	¹⁴C年代(BP)	較正年代（2σ）(cal BP)	δ ¹³C（‰）	機関番号
HK	1	貯蔵穴	コナラ属炭化子葉	縄文草創期	11,530 ± 35	13,480-13,270	− 22.80 ± 0.21	PLD-15892
HK	2	貯蔵穴	コナラ属炭化子葉	縄文草創期	11,555 ± 35	13,510-13,280	− 25.13 ± 0.14	PLD-15893

　切り分けた試料を遠沈管に入れ，蒸留水で超音波洗浄を行い，試料に付着した土壌やホコリなどを除去した。次に，埋蔵中に生成・混入したフミン酸や炭酸塩などを溶解・除去するため，酸－アルカリ－酸（AAA）処理を行った。アルカリ処理は，試料の状態に応じて0.001〜1.2M水酸化ナトリウム（NaOH）水溶液により，室温〜80℃の処理を行った（吉田 2004）。徐々にNaOHの濃度を濃くして，水溶液が着色しなくなるまでこの操作を繰り返し，最終的にすべての試料について80℃，1.2Mの濃度まで処理を行った。AAA済の試料のCO_2化からグラファイト化まではパレオ・ラボに委託し，同社の加速器質量分析計（パレオ・ラボ，コンパクトAMS：NEC製1.5SDH）で¹⁴C濃度の測定を行った。

4— 分析結果

　¹⁴C年代測定結果を表8 - 1に示した。得られた¹⁴C年代はOxCal4.1（Ramsey 2009）を用いて，IntCal09（Reimer et al. 2009）で較正した。測定結果は2点ともに非常によく一致し，HK-1が11,530 ± 35 ¹⁴C BP，HK-2が11,555 ± 35 ¹⁴C BPであった。IntCal09による較正年代では，HK-1が13,480〜13,270 cal BP（2σ），HK-2が13,510〜13,280 cal BP（2σ）となり，おおよそ13,400 cal BP前後に位置づけられた。1981年に測定されたβ線計測法による¹⁴C年代測定結果（瀬戸口1981）よりも中央値で250年程度古いが，おおよそ過去の測定例とも整合的であった。

5— 南九州における縄文時代草創期から早期初頭の年代と東黒土田遺跡の年代

①東黒土田遺跡の較正年代とその位置づけ

　東黒土田遺跡の貯蔵穴から出土したコナラ属炭化子葉は，IntCal09による較正年代で13,400 cal BP頃であることがわかった。これは縄文時代草創期の前半に相当する年代であり，現在までにみつかっている縄文時代の貯蔵穴出土堅果類のうち，最古のものであることがあらためて確認できた。これが，縄文時代草創期の編年上，どのような時期に位置づけられるのかが問題となる。そこで，これまで得られている九州の縄文時代草創期の¹⁴C年代測定例を集成して年代を比較し，

本州島の土器群の年代とも対比しながら，東黒土田遺跡の年代的位置づけを整理してみたい。

九州の縄文時代草創期の編年については，細石刃石器群や石鏃と土器の共伴関係，本州の隆起線文土器群との型式学的な比較，桜島起源の薩摩火山灰（Sz-S）との層位的関係などから議論されている（雨宮 1992；宮田 2010 など）。また，隆帯文土器群以前の段階から岩本式土器までを，前葉（非太めの隆起線文土器群）・中葉（太めの隆起線文土器群）・後葉（数条の隆起線文・連続爪形文，岩本段階）の3段階に大きく区分する編年（雨宮 1994, 1997）や，隆帯文土器群をⅠ～Ⅳ期に分ける編年が提示されている（児玉 1999, 2008）。

第5章でみてきたように南九州の隆帯文土器群については，鹿児島県志風頭遺跡で11,860～11,780 ^{14}C BP，種子島の三角山Ⅰ遺跡で12,080～11,050 ^{14}C BP，奥ノ仁田遺跡で11,740±60 ^{14}C BP，二本松遺跡の隆帯文土器で11,630±60 ^{14}C BP，鬼ヶ野遺跡で11,880±60 ^{14}C BPと12,180±40 ^{14}C BPなどのデータがあり，^{14}C年代で11,000年代のものが多い。

ただし，鬼ヶ野遺跡の土器付着物は，海洋リザーバー効果の影響によって年代が若干古く出ている可能性があり（小林 2007），隆帯文土器が12,000 ^{14}C BPを遡るかどうかは判断が難しい。また，三角山Ⅰ遺跡の場合も複数の機関によって土器付着物の測定結果が報告されているが，第5章で述べたように測定結果は ^{14}C年代で最大1,000年の開きがある。海洋リザーバー効果の問題を考える必要があるが，安定同位体比のデータが得られていないものも多いため詳細な議論はできない。三角山Ⅰ遺跡については1号住居跡の炭化材の年代（11,640±50 ^{14}C BP）を中心に考えておくのが整合的だろうか。

南九州の隆帯文土器は ^{14}C年代で12,000 ^{14}C BPよりも新しく，較正年代でみると14,000 cal BPよりも新しい時期に集中する。これらの隆帯文土器の年代と対比すると，東黒土田遺跡の貯蔵穴の時期は，隆帯文土器群のなかでも後半段階に位置づけられるようである（図8－4）。

②草創期土器群との年代的対比

南九州の隆帯文土器群および東黒土田遺跡の貯蔵穴の ^{14}C年代を，九州や本州島の草創期の土器群の年代と比較してみたい。

本州島で隆起線文土器群に先行する青森県大平山元Ⅰ遺跡の無文土器の付着炭化物や，神奈川県宮ヶ瀬遺跡群北原遺跡の炭化材の年代は ^{14}C年代で13,000年代であり，較正年代では15,000 cal BPを遡る（工藤 2005a, 2010, 2012）。これに対し，九州島では ^{14}C年代で13,000年代に遡る土器の測定例は現在のところ報告されていない。

一方，西北九州の福井洞窟や泉福寺洞窟から出土している隆起線文土器群の年代と対比してみると，南九州の隆帯文土器群の年代は，これらよりもやや新しいようである（図8－4）。福井洞窟のⅡ層およびⅢ層から細石刃石器群と共に爪形文土器や隆起線文土器が出土し，β線計測法によってⅡ層の炭化材で12,400±350 ^{14}C BP，Ⅲ層の炭化材では12,700±500 ^{14}C BPと測定された（芹沢 1967）。当時の測定は誤差が大きくAMS法による年代と比較するのは難しいが，最近，泉福寺洞窟の隆起線文土器の付着炭化物でも測定が行われており，12,220±80 ^{14}C BPの結果が得られている（西本編 2009）。また，熊本県の河陽F遺跡では，細石刃や石鏃とともに爪形文土器

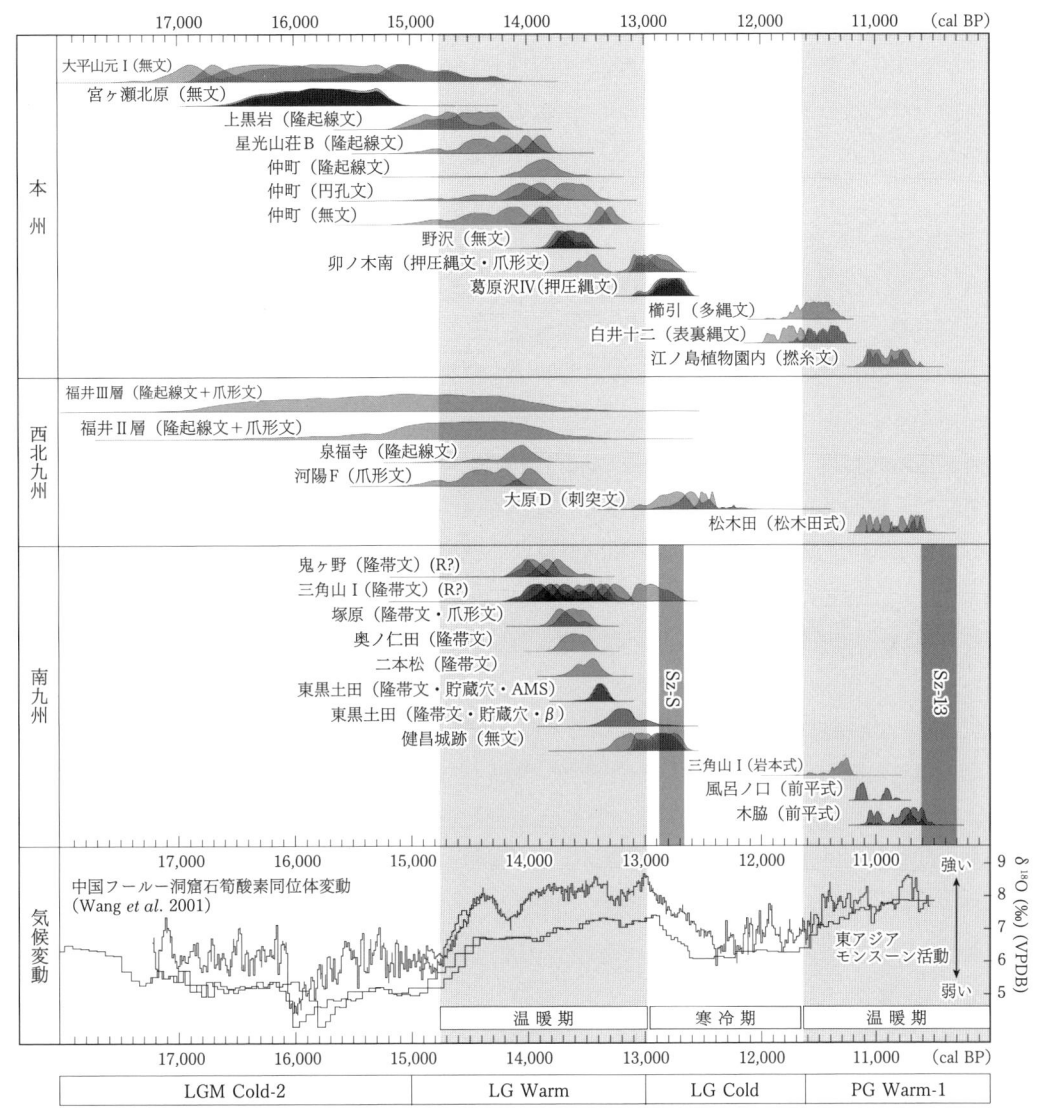

図8-4 東黒土田遺跡貯蔵穴出土コナラ属子葉の較正年代と南九州の隆帯文土器の較正年代の対比（工藤 2011に加筆）
較正曲線はIntCal09 (Reimer et al. 2009) を使用した。遺跡名の後に（R？）とあるものは、リザーバー効果の影響によって^{14}C年代が古く出ている可能性があるものが含まれている。

が出土し、炭化材の^{14}C年代は12,100±50 ^{14}C BP、12,340±50 ^{14}C BPである（熊本県教育委員会編 2003）。河陽F遺跡の試料は包含層の炭化材であるため、爪形文土器の年代を正確に反映しているかどうかは慎重な検討が必要であるが、これらのデータを基にすると、西北九州の隆起線文土器群・爪形文土器群の較正年代は、おおよそ15,000～14,000 cal BP前後に位置づけられ、南九州の隆帯文土器群よりも年代的に古いようである（図8-4）。鹿児島県加治屋園遺跡などの隆帯文以前（児玉 2008）の土器群が、西北九州の隆起線文土器群と同時期の可能性があるが、現時点では比較できる^{14}C年代測定例はない。

本州島の隆起線文土器群の^{14}C年代は12,000年代のものが多く、較正年代では15,000～13,500

cal BPの範囲に収まり，西北九州の隆起線文土器の年代とほぼ一致している。南九州の隆帯文土器群および東黒土田遺跡の年代を本州島の土器群と対比した場合，長野県仲町遺跡の円孔文土器や栃木県野沢遺跡の無文土器の時期に近い（図8－4）。本州島および北部九州で隆起線文土器が使用された時期と，南九州の隆帯文土器が最盛期を迎えた時期は時間的に異なるようである。

③隆帯文土器群と薩摩火山灰との関係

　では，隆帯文土器群よりも編年的に後出とされる土器群の年代と東黒土田遺跡との年代的な関係はどうだろうか。宮崎県塚原遺跡では隆帯文上に爪形文を施文する土器で，$11,750 \pm 60$ ^{14}C BP，$11,850 \pm 60$ ^{14}C BPの年代が得られており（遠部・宮田 2008），較正年代では13,700 cal BP前後の時期を中心とする。これらの土器の年代は，東黒土田遺跡の年代よりも若干古く，また他の隆帯文土器の年代とほとんど変わらない。鹿児島県建昌城跡遺跡では，薩摩火山灰（Sz-SもしくはP14，約12,800 cal BP）の下位から竪穴住居跡や集石とともに，隆帯文土器直後の時期に位置づけられる無文土器がみつかっている（姶良町教育委員会編 2005）。住居跡や包含層出土の炭化材の年代は$11,000$ ^{14}C BP前後，較正年代では$13,000 \sim 12,800$ cal BP前後であり，東黒土田遺跡の直後の時期に位置づけられる。なお，桜島薩摩火山灰は，南九州において縄文時代草創期の編年を行ううえできわめて重要な指標となる火山灰であるが，その年代は12,800 cal BP頃と推定されており（Okuno et al. 1997），年代的にみても薩摩火山灰前後の土器群とも矛盾はない。

　薩摩火山灰の降灰範囲外には，宮崎県堂地西遺跡（宮崎県教育委員会編 1985）や椎屋形第一遺跡（宮崎市教育委員会編 1996）など，口縁部に爪形文を密集して施文した土器が分布する。これらの爪形文土器は薩摩火山灰の降灰の時期にその影響の少ない縁辺部に継続して存在した土器型式と推定されていることから（新東 1995），$11,000$ ^{14}C BP（約13,000 cal BP）前後に位置づけられる可能性があるが，現時点では^{14}C年代測定例がない。

　一方，貝殻文系土器群の最古段階の岩本式は草創期から早期の過渡期に位置づけられているが，鹿児島県三角山Ⅰ遺跡で$9,890 \pm 60$ ^{14}C BPの測定例があり，較正年代では約11,300 cal BP前後を中心とする（小林ほか 2007；遠部 2010）。岩本式に後続する鹿児島県風呂ノ口遺跡や宮崎県木脇遺跡の前平式土器の付着物は$9,560 \sim 9,430$ ^{14}C BPの測定例があり（遠部・宮田 2008），較正年代で$11,000 \sim 10,600$ cal BP前後である。

　薩摩火山灰降灰から岩本式までは，年代的にみて1,300年近い時間幅がある。隆帯文土器と貝殻文系土器の間を埋めるとされる，水迫1式や水迫2式土器（指宿市教育委員会編 2002）がこの間に位置づけられるのか，あるいは南九州では約1,300年の間ほとんど人の活動がなかったのか。今後，水迫式など未測定の土器の^{14}C年代測定を行い，検証していくことが必要である。なお，福岡県大原D遺跡の刺突文土器は$10,480 \pm 30$ ^{14}C BPであり（西本編 2009），較正年代では12,600 cal BP前後の時期を中心とし，南九州での空白期間に対応する時期の測定結果が得られている。

　以上，^{14}C年代測定例が不足している部分があるものの，これまでの^{14}C年代測定例を大まかに区分するならば，南九州の草創期から早期初頭までをおおよそ年代的に4つの段階に整理できるのではないだろうか。

1）15,000〜14,000 cal BP 前後

　南九州では隆帯文土器以前の土器群が位置づけられる可能性があるが，年代が得られている例がないため，不明な時期である。北部九州では細石刃をともなって隆起線文土器や爪形文土器が使用され，本州島では隆起線文土器が使用された時期に相当する。

2）14,000〜12,800 cal BP 前後

　南九州では隆帯文土器の最盛期であり，後半には一部の爪形文土器や無文土器が使用されはじめる時期である。東黒土田遺跡の貯蔵穴はこの段階にあたる。本州島では隆起線文土器の直後の円孔文土器や無文土器などが使用されている。

3）12,800〜11,650 cal BP 前後

　薩摩火山灰の降灰以降の段階であり，薩摩火山灰の降灰範囲の周囲で爪形文土器が使用され，水迫式土器なども使用された時期と推定されるが，南九州ではこの間のデータがほとんどないため不明な点が多い。北部九州では大原D遺跡などの刺突文土器がある。本州島では爪形文・多縄文系土器が使用される時期である。

4）11,650 cal BP 以降

　完新世初頭の段階であり，南九州では貝殻文系土器が使用された時期である。

6── 隆帯文土器群および東黒土田遺跡の年代とその環境的背景

　前述の年代的整理によって，南九州の隆帯文土器群は 14,000〜13,000 cal BP の間に集中することがわかった。これは環境史的にみてみると，最終氷期末期にあたる，晩氷期のなかでも温暖な時期（約 15,000〜13,000 cal BP）に相当し，その後半段階にあたる（図 8-4）。なお，本書の区分では，LG Warm（15,000〜13,000 cal BP）に相当する（第4章参照）。

　東黒土田遺跡の貯蔵穴は LG Warm の終わり頃にあたる。福井県水月湖の年縞堆積物の花粉分析では，15,000 varve BP を境として急激な気候の温暖化と植生変化が確認され，コナラ亜属やカバノキ属などの落葉広葉樹とツガ属やマツ属単維管束亜属，トウヒ属などの針葉樹が混じる植生からコナラ属とブナ属を中心とした植生への変化がおこっている（Nakagawa et al. 2005）。

　九州の最終氷期から後氷期への植生変化を大局的にみてみると，熊本平野では約 18,000 ^{14}C BP（約 21,500 cal BP）前後の時期に，冷温帯上部の針葉樹・落葉広葉樹混交林が広がっており，マツ属やトウヒ属，モミ属，ツガ属などの針葉樹に，コナラ亜属やクマシデ属，カバノキ属，ニレ属－ケヤキ属などの落葉広葉樹が混じる植生が成立していた。アカガシ亜属も少量ながら検出されていることから，低地には常緑のカシ類が生育していたと推定されている（岩内・長谷 1992）。宮崎平野の大淀川周辺では，最終氷期には山間部にマツ属やモミ属，ツガ属，トウヒ属などの針葉樹を主とし，平野部ではハンノキ属やブナ属，コナラ亜属からなる落葉広葉樹林が発達する寒冷〜冷涼な気候から，晩氷期にコナラ亜属を主とする落葉広葉樹が進出して針広混交林を形成する漸暖期の気候に変化したと推定されている（外山 1982）。

大隅半島の串良川吉元橋のコアの分析では，完新世初頭の段階（9,910 ^{14}C BP：約11,300 cal BP）でコナラ亜属やニレ－ケヤキ属，クマシデ属，シナノキ属などの落葉広葉樹と，イヌガヤ科－イチイ科－ヒノキ科の針葉樹が混じる植生が広がっており，アカガシ亜属やシイ属などの照葉樹林の要素は定率であった（松下 2002）。植物珪酸体の分析でも，薩摩火山灰下では薩摩半島側で照葉樹林の要素であるシイ属とクスノキ科が沿岸部で拡大を開始したことが指摘されているが，大隅半島側では照葉樹林の要素は確認されていない（杉山 1999）。

　南九州における照葉樹林の要素の本格的な拡大は，約8,000 ^{14}C BP（約8,900 cal BP）以降であることから（松下 2002），東黒土田遺跡が残された晩氷期の温暖期においても，南九州のほとんどの部分で照葉樹林はまだ分布拡大前であったと推定される。

　以上の点から，隆帯文土器の時期の南九州には，コナラ亜属を主体とする落葉広葉樹林が広がっていたと推定され，低地の一部にアカガシ亜属が分布していたようである。この時期の南九州では，鹿児島県奥ノ仁田遺跡（西之表市教育委員会編 1995）や掃除山遺跡（鹿児島市教育委員会編 1992）の例にみられるように，植物質食料の粉砕・加工具である大型の石皿や磨石が多数出土しており，ドングリ類の利用が積極的に行われていたと推定されている（雨宮 1994；中原 1999）。また，2011年に発掘調査が行われた宮崎県都城市の王子山遺跡では，隆帯文土器とともに煙道付炉穴や住居跡が検出されているが，炉穴からはコナラ属炭化子葉や炭化鱗茎類が多数出土した。これらの植物利用の証拠がみつかっており注目すべき資料である（桑畑 2011）。

　東黒土田遺跡出土のコナラ属炭化子葉については，形態から種を判別可能な個体についてはクヌギとコナラであると報告されている（小畑 2004）。また，九州での堅果類利用は縄文時代早期まではコナラ亜属が多く，縄文時代前期以降アカガシ亜属やイチイガシが多くなることが指摘されており（小畑 2006），東黒土田遺跡の堅果類をコナラ亜属，特にクヌギやコナラと考えることは，九州の堅果類利用の変遷や植生環境をみても整合的である。15,000 cal BP以降，地球規模で急激に温暖化した環境の下で本州島では冷温帯性の落葉広葉樹林が急速に拡大し，隆起線文土器が広く分布するようになるが，南九州でもこの時期にコナラ亜属主体の落葉広葉樹林が拡大し，これらの植物資源が利用しやすい環境が広がったと考えられる。隆帯文期の遺跡群や東黒土田遺跡の貯蔵穴も，そのような背景のなかで残されたものである点は間違いないだろう。今後，これらの資源利用と，煮沸具としての隆帯文土器との関係について，土器内面付着炭化物の^{14}C年代測定や同位体分析，南九州における晩氷期のより詳細な古環境変遷のデータとの対比を行うことで，より具体化していくことが必要である。

　一方，年代的な対比から，薩摩火山灰の降灰は，おおよそヤンガー・ドリアス期に対応するLG Cold（13,000～11,500 cal BP）の寒冷化の開始頃に位置づけられることがわかった（図8－4）。薩摩火山灰をもたらした噴火は桜島火山のなかでもっとも大規模であり，南九州一帯に降灰被害をもたらした（小林・溜池 2002）。薩摩火山灰の分布範囲では遺跡が壊滅状態となり，この一帯が無人化した可能性も指摘されている（新東 1995）。南九州における隆帯文土器群の後，早期初頭の岩本式までの間の約1,300年間の空白には，火山噴火による災害と，地球規模での気候寒冷化という2つのイベントが関係していたのかもしれない。

7 ── 課題

　本章では，鹿児島県東黒土田遺跡の貯蔵穴から出土したコナラ属炭化子葉の最新の^{14}C年代測定結果を示し，九州島の縄文時代草創期から早期初頭の^{14}C年代測定例などと対比し，また南九州の晩氷期前後の植生変化の概要を示すことで，その年代的・編年的・環境史的位置づけについて考察を行った。本章で議論した南九州の草創期から早期初頭の土器群の年代と，それぞれの環境史的な位置づけを年代ごとに整理して図8－5に示した。

　日本列島における土器の出現の背景および草創期の土器の用途として，最終氷期から後氷期への環境変化と植物質食料資源の開発が特に注目されてきた。しかし，「なにを煮炊きするための道具だったのか」，「環境変化とどのように対応するのか」という点をより具体化し，また縄文時代草創期における土器利用の列島内での地域格差などを検討していくことは重要な研究課題である（谷口 2010）。南九州の隆帯文土器群はその主要な分析対象の一つとなる。これらの問題に取り組んでいくためには，東黒土田遺跡の堅果類のように，重要な植物遺体の^{14}C年代測定やそれらの考古植物学的分析を行うだけでなく，当時の古環境変遷との対応関係の整理や，土器付着炭化物の安定同位体分析による煮炊きの内容物の解明などが，今後の重要な課題となろう。本章はそのための基礎となるものである。

　今後は南九州における図8－5の1)～4)の各時期に，どのような生業活動が行われていたのか，またそれが時間的にどのように変化していったのかといった問題を，環境史との関係も考慮しながら具体的に検討を行っていきたい。

時間の流れ	西北九州	南九州			
↑	撚糸文土器・押型文土器 松木田式：約11,200～10,600 cal BP （例）松木田など	4) 貝殻文系土器 桜島13火山灰（Sz-13）：約10,600 cal BP 岩本式：約11,300 cal BP～？	温暖期	後氷期	完新世
	刺突文土器・条痕文土器など （約12,800～12,500 cal BP） （例）大原Dなど	3) 不明な時期（爪形文土器？）（水迫式？） （約12,800～11,650 cal BP） 桜島薩摩火山灰（Sz-S）：約12,800 cal BP	寒冷期		
	（測定例がなく不明）	2) 隆帯文土器（前半）爪形文土器・無文土器（後半） （約14,000～12,800 cal BP） （例）東黒土田，三角山Ⅰ，奥ノ仁田，鬼ヶ野，屋久川，塚原，建昌城跡など	温暖期	晩氷期	後期更新世
	隆起線文土器＋爪形文土器 （約15,000～14,000 cal BP） （例）福井洞窟，泉福寺洞窟，河陽Fなど	1) 隆帯文土器以前の土器？ （約14,000 cal BP以前？） （例）加治屋園，横井竹ノ山など？			

図8-5　南九州と西北九州の縄文時代草創期から早期初頭の土器群の年代的位置づけ（工藤 2011）

第3部
後氷期の環境文化史

Environment and Culture History of the Post Glacial

第 9 章

後氷期の古環境変遷

1 — 後氷期の気候変動と海水準変動

　最終氷期末の晩氷期に地球環境は激変し，後氷期には相対的に温暖な気候が卓越した。後氷期の環境は最終氷期と比較して安定しているが，その間の古環境の変化が人類活動に与えた影響についても十分に考慮していく必要がある。そこでここでは，後氷期における環境変化のいくつかの研究事例を取り上げ，現時点までに明らかになっている環境変化の概要を示し，環境史上の画期を設定してその年代を提示したい。なお，寒冷気候が卓越する最終氷期においては急激な温暖化イベントが画期の目安となるが，温暖気候が卓越する後氷期においては寒冷化イベントが画期の目安となる（辻 2009）。後氷期については，第10章で扱う考古編年に関する資料は関東平野を中心とした地域に限定しているため，おもに関東平野周辺地域での古環境変遷の研究をまとめた。

①辻誠一郎（1988, 1989）による後氷期の環境史における画期の設定

　後氷期の環境史の概要を整理している研究として，辻誠一郎による画期の設定が重要である。辻は，縄文時代以降の環境史を議論するなかで，海水準変動と谷の形成などを指標として縄文時代以降現在までに4つの大きな画期があることを指摘した（表9-1）。

　辻が設定した「第1の画期」は約11,000 ^{14}C BP頃に起こった完新世基底礫層（HBG）の形成期である。この画期は，7号地海進と縄文海進を画する大きな事件であったと辻は指摘している。7号地海進は，第4章で述べた晩氷期の温暖化に，HBGの形成は最終氷期の最末期の寒冷化（LG Cold：約13,000〜11,500 cal BP）に対応すると考えられる。

　この「第1の画期」後の縄文海進は，約10,000 ^{14}C BP以降，約6,000 ^{14}C BPにかけて急速に海

表9-1　辻誠一郎（1988）による後氷期の環境史における4つの画期

画期	時期	イベント
第1の画期	約11,000 ^{14}C BP	完新世基底礫層（HBG）の形成。7号地海進と縄文海進を区分
第2の画期	約8,000 ^{14}C BP	縄文海進期の堆積物を二分する河川成砂礫層の形成
第3の画期	縄文時代中期頃	縄文海進後のはじめての急激な小海退期。浅谷の形成。「縄文中期の小海退」
第4の画期	縄文時代晩期から弥生時代	二番目の浅谷の形成。「弥生の小海退」

水準が上昇した現象を指しているが，その間に，8,000 ^{14}C BP前後を境として環境が急変した変化点が山岳地帯から海に至るまで読み取れると指摘し，約8,000 ^{14}C BP前後を「第2の画期」とした。第2の画期においては，縄文海進を二分する河川成の砂礫層が形成され，一時的に谷を削るイベントがあったことが確認されている。辻は，「第2の画期」以前の海面上昇は急速で，「第2の画期」以降の海面は緩やかに上昇したと指摘する。

「第3の画期」は，縄文時代中期から後期初頭にかけて浅い浸食谷が形成され，後期から晩期にかけて集中的に埋積したことを広域的な現象として捉え，この浅谷の形成を画期としたものである。東京都北江古田遺跡では，この浅谷は縄文時代中期五領ヶ台式期から勝坂式期に形成され（辻ほか 1987），縄文時代後期堀之内式期まで乾陸地の環境が継続したと推定し，やや長い時間幅でこの画期を捉えている（辻 1988）。縄文時代以降の4つの画期のなかで，辻は特にこの「第3の画期」を重視した。最後の「第4の画期」は縄文時代晩期から弥生時代にかけて形成される2番目の浅谷を指標としたもので，気候の寒冷化を示すものであるとした。

また，埼玉県川口市の赤山陣屋跡遺跡では，^{14}C年代で約7,000年前から現在までの環境史が6期に区分されている（辻 1989）。辻（1988）が重視した「第3の画期」は，赤山陣屋跡遺跡ではイベント3（E3）に対比され，約4,000 ^{14}C BP頃と推定されており，「第4の画期」はイベント4（E4）と対比され，約2,200 ^{14}C BP頃と推定されている。考古学的には出土遺物から，赤山陣屋跡遺跡での第Ⅰ期と第Ⅱ期が縄文時代早期・前期，第Ⅲ期が中期，第Ⅳ期が後晩期，第Ⅴ期・第Ⅵ期が弥生時代以降と対比されている。

また，辻（2002, 2009）は後氷期を大きく二つの時期に分け，「海進の時代」と「海退の時代」と呼んでいる。前者を縄文時代中期まで，後者を縄文時代後期以降，弥生・古墳時代までとし，後者の開始を4,500 ^{14}C BPとしている（辻 2009）。後氷期をこのように大きく2つの時期に分ける考え方は，今後の研究を進めていくうえで重要な視点であろう。

②古流山湾における古環境変遷（遠藤ほか 1989）

遠藤邦彦ほか（1989）は，古流山湾における海水準変動，古植生変遷などについて総合的な研究を実施し，潮間帯に生息する貝類や木材の^{14}C年代測定から，過去10,000年間の海水準変動の根拠として，4つの点を挙げている（表9-2，図9-1）。一つ目は^{14}C年代で9,500～9,000

表9-2 古流山湾における海水準変動 (遠藤ほか 1989)

年代 (^{14}C BP)	海水準変動
9,500〜9,000	海水準は−36m付近に安定。カキ礁を含む貝が−40m前後に産出する。
6,500〜5,300	海水準は+3m付近に停滞。
5,300〜3,500	海水準は5,300〜4,500 ^{14}C BPに+3mから+1m前後まで低下した後，4,500〜3,500 ^{14}C BPには+1〜0m付近に安定。小規模なカキ礁が4,200 ^{14}C BPに形成され，海水準の安定を示す。
3,500〜1,800	海水準は−1〜−2m付近まで低下。

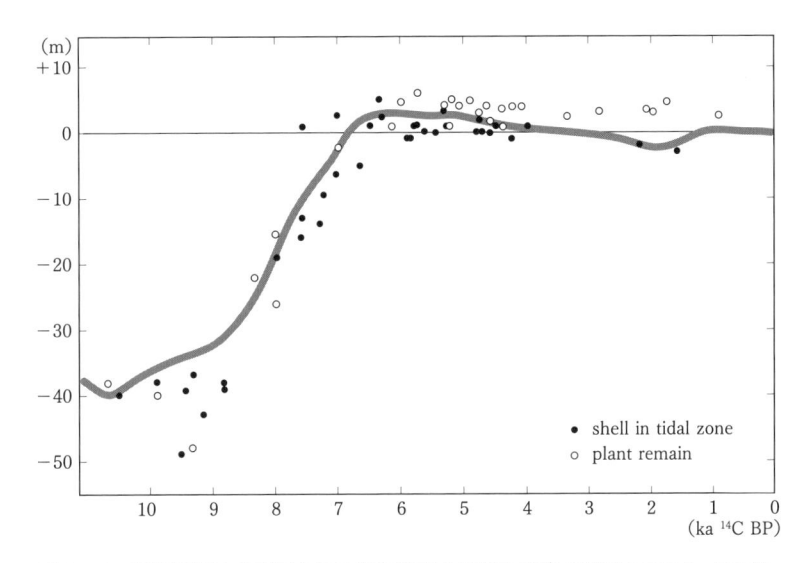

図9-1 関東平野中央部における相対的海水準変動曲線 (遠藤ほか 1989を一部改変)

^{14}C BPの頃であり，海水準がマイナス36m付近で安定する時期である。カキ礁を含む貝がマイナス40m前後に産出することが根拠となっている。二つ目は6,500〜5,300 ^{14}C BPである。これは，縄文海進のピークに対応する時期であり，海成層による浸食のない地点での年代を根拠とする。海水準はプラス3m付近で安定する時期である。三つ目の5,300〜3,500 ^{14}C BPの時期は，そのなかでさらに2段階に分けられており，5,300〜4,500 ^{14}C BPにかけて海水準が低下した後，4,500〜3,500 ^{14}C BPには海水準はプラス1m〜0m付近で安定する。特に，4,200 ^{14}C BP頃にカキ礁が形成されることから，この時期に海水準の安定期があったことを指摘している。最後の3,500〜1,800 ^{14}C BPは再び海水準が低下する時期であり，特に浅い谷を埋める泥炭が2,000 ^{14}C BP頃であることを根拠としている。

③関東平野における後氷期の海水準変動の復元 (遠藤・小杉 1990；小杉 1990)

遠藤邦彦ほか (1989) の成果にもとづき，遠藤邦彦・小杉正人 (1990) は，関東平野における旧汀線地形や生物群集の変化，河成礫層，埋積浅谷などの諸現象を総合し，後氷期の海水準変動

表9-3 関東平野における海水準変動 (遠藤・小杉 1990)

時期	指標となるもの	海水準の変化
11,000 ^{14}C BP頃	HBGや有機質シルトの存在	海水準は−45m以深
9,000 ^{14}C BP頃	顕著なカキ礁の発達	海水準は−35〜−40m付近で停滞
8,000〜7500 ^{14}C BP頃	海水準の一時的停滞ないし小海退	
6,500〜5,500 ^{14}C BP頃	海進最盛期	最高海水準は+2.5〜2mで安定
5,300 ^{14}C BP頃	浅谷の形成，小海退の開始	
4,500〜3,500 ^{14}C BP頃	小規模なカキ礁の形成，内湾が縮小	海水準は+1.5〜1mで付近で停滞
3,000〜1,800 ^{14}C BP頃	再び浅谷の形成など，小海退	海水準は現海水準下まで低下
1,800 ^{14}C BP以降	地下水位の上昇，小海進	海水準は現海水準まで上昇

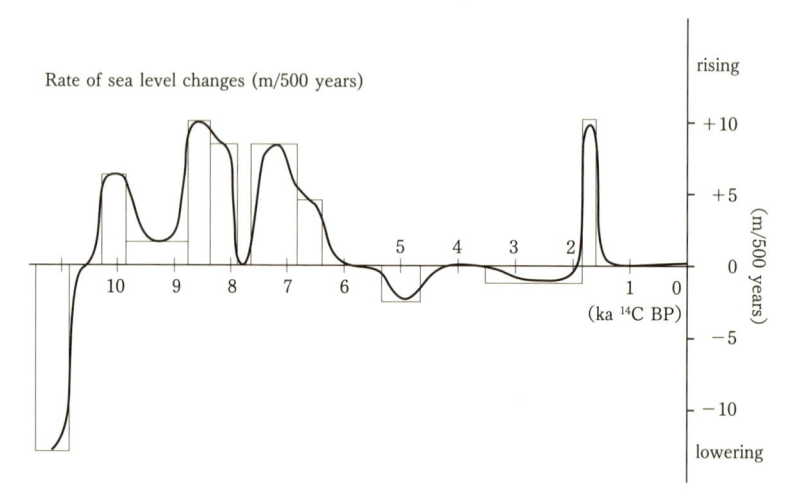

図9-2 関東平野の海水準の変化速度 (遠藤・小杉 1990)

についてまとめている（表9-3，図9-2）。

縄文海進のピークにいたる約5,500 ^{14}C BPまでの間に，約9,000 ^{14}C BPに海水準上昇の停滞期があり，また8,000〜7,500 ^{14}C BPの間にも，海水準の上昇の停滞期もしくは小海退があったことが示されている。加えて，約5,300 ^{14}C BPに縄文海進が終了して海退に転じた後，3,000〜1,800 ^{14}C BP頃の小海退期までの間に，4,500〜3,500 ^{14}C BP頃に海水準の安定期が存在していることを示した。遠藤ほか（1989）で示した相対的海水準変動曲線だけでなく，遠藤・小杉（1990）では，海水準の変化速度についても復元している（図9-2）。この図からは，環境の変化期と安定期を読み取ることが可能であり，環境変動と人類活動との関係を考えるうえで重要であろう。後氷期には4回のカキ礁の形成時期があり，海水準の安定期が4回あったことが示されている。しかしながら，復元された海水準変動曲線は貝類の ^{14}C年代値にもとづいている部分も多く，それらは海洋リザーバー効果の影響を受けているものと考えられ，試料によっては数百年単位で ^{14}C年代がずれている可能性がある。この画期の年代についてはおおよその目安としておきたい。

④吉川昌伸（1999a）による関東平野の古環境変遷とその画期

吉川昌伸（1999a）は，遠藤邦彦・小杉正人（1990）や小杉正人（1990）による関東平野の海岸線の変化と，花粉分析による植生変化とを対比して，^{14}C年代で約12,000年前から現在までの間の環境変化について，HE1からHE6まで計6回の画期を設定した（図9−3）。

「HE1」は辻（1988）や遠藤・小杉（1990）と同様に，完新世基底礫層の形成を基準としている。これは，前述したように，晩氷期最後の寒冷化イベントによって形成された礫層であると考えられ，本書で設定したLG Cold（約13,000〜11,500 cal BP）に相当するイベントである。

「HE2」は約7,500 ^{14}C BPに，約9,000 ^{14}C BP以降急上昇した海水準が一時的に停滞したあと，再び上昇を開始した時期とされている。辻（1988）が縄文海進を二分する河川成の砂礫層の形成から指摘した「第2の画期」，遠藤・小杉（1990）が約8,000〜7,500 ^{14}C BPとした海水準上昇の停滞ないし小海退期とした時期と共通する。

「HE3」は5,000 ^{14}C BP頃で，縄文海進のピークから海水準の低下に転じた時期である。遠藤・小杉（1990）では約5,300 ^{14}C BPとしているが，吉川（1999a）は「300年という端数がつけられるような精度で年代測定がなされていない」という理由から，約5,000 ^{14}C BPとした。約4,500 ^{14}C BPには海水準が低下から停滞に転じることも指摘しているが，これは遠藤・小杉（1990）が指摘する4,500〜3,500 ^{14}C BPの海水準低下の停滞期と，その開始については共通している。

「HE4」は4,000 ^{14}C BP頃とされ，海水準の停滞から再び海水準が急激な低下に転じる時期で，台地の開析谷内では浅谷が形成される。遠藤・小杉（1990）では，この間の海水準の急激な低下は指摘されておらず，吉川（1999a）はこの画期を認めている点で異なっている。なお，この

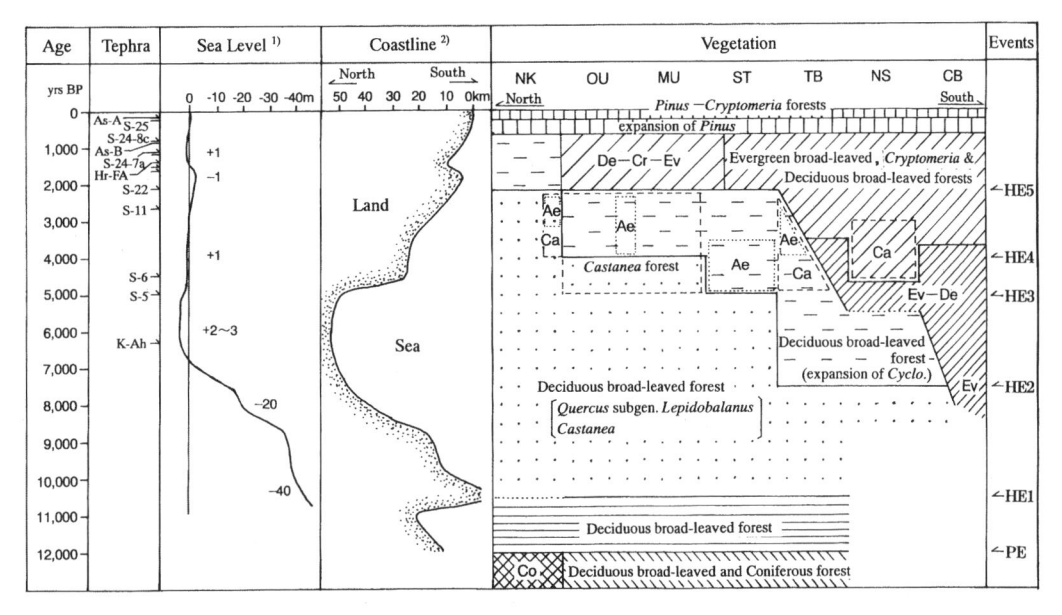

図9−3　関東平野における後氷期の古環境変遷（吉川 1999a）
1）遠藤・小杉（1990），2）小杉（1990）
Co：針葉樹林, De：落葉広葉樹林, Ev：常緑広葉樹林, Cr：スギ林, Ca：クリ林, As：トチノキ林, NK：北関東, OU：大宮台地, MU：武蔵野台地, ST：狭山丘陵・多摩丘陵, TB：東京湾沿岸, NS：相模湾北部, CB：房総半島太平洋岸

「HE4」は，辻（1988）が「第3の画期」とした時期とおおよそ一致するが，辻（1988）はこの画期を縄文時代中期から後期前葉までのやや長い時間幅で捉えている点で異なっている。辻（1988）の論文が発表された当時の資料の蓄積の問題も関係していると考えられるが，時期的には吉川（1999a）と共通しているものの，画期の意味合いが辻（1988）と吉川（1999a）ではやや異なる点には注意が必要である。「第3の画期」は吉川（1999a）の「HE3」と「HE4」の両者が含まれている（第15章参照）。

「HE5」は，いわゆる「弥生の小海退」に対応する海水準の低下による浅谷の形成を基準とし，約2,200 ^{14}C BPとされている。これは，辻（1988）の「第4の画期」と共通しており，辻（1989）による赤山陣屋跡遺跡の古環境変遷では「E4」に相当し，年代も2,200 ^{14}C BPと共通しているが，遠藤・小杉（1990）では，この画期はやや長い時間幅（約3,000〜1,800 ^{14}C BP）のなかで捉えられている。

2── 環境変遷の同時性と画期の年代について

後氷期における環境史の画期について，関東平野における海水準変動と谷の形成や，その埋積を指標としたいくつかの研究を概観したが，これらの海水準変動はたんに関東平野のみにとどまるものではなく，グローバルな気候変化とも関係していると考えられる。ただし，これらの研究の画期の年代は，これまで蓄積されてきた未較正の^{14}C年代によって求められたものであり，たとえば吉川（1999a）が「HE3」を300年程度の端数で求められる精度で年代測定が為されていないと述べ，約5,000年前としていることからも明らかなように，大まかな^{14}C年代による区分である。また，遠藤ほか（1989），遠藤・小杉（1990）の海水準変動曲線は，貝類の^{14}C年代にもとづいている部分も多い。しかし，これらがグローバルな気候変動，海水準変動と連動して起こったイベントであると考えるならば，最近の高精度で復元されている気候変動や海水準変動の画期の年代とある程度対比することができるのではないだろうか。谷形成や不整合面を指標として画期としている場合，たとえば寒冷化の開始時期の堆積物は削り取られて残っていない可能性もあることから，イベントの開始年代を正確に把握するのが難しい場合もある。辻誠一郎（1988）の「第3の画期」はそのような例の一つである。

そこで，近年の湖沼年縞堆積物による研究（福澤ほか 1999）や，北大西洋深海底堆積物による研究（Bond *et al.* 1997），中国南部の洞窟の石筍による酸素安定同位体比の研究（Wang *et al.* 2005），グリーンランド氷床コアの酸素同位体変動の諸データ（NGRIP members 2004；Alley *et al.* 1997）などと比較しながら，これらの画期と対応するイベントの年代をみていきたい。

①北大西洋の8.2 kaイベント

最終氷期にはダンシュガード・オッシュガーサイクルにみられるように，急激な気候変動が何度も起こっていたことが，グリーンランド氷床コアの酸素同位体変動の研究によって明らかにさ

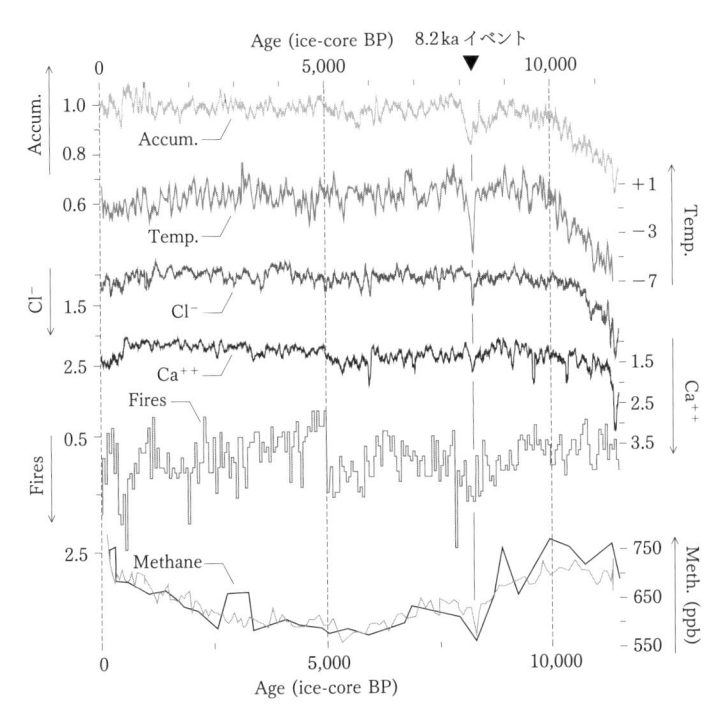

図9-4 グリーンランド氷床コアのGISP2に記録された8.2kaイベント
(Alley and Ágústsdóttir 2005に加筆)

れてきたが，これに対して後氷期についてみてみると，氷床コアの酸素同位体比の変動はきわめて小さい（図9-4）。ただし，唯一氷床コアの諸データでも明確な変動が記録されている箇所があり，一般的に8.2kaイベントとして認識されている（Alley et al. 1997; Alley and Ágústsdóttir 2005など）。

8.2kaイベントは，後氷期の温暖化によって北米大陸の氷床が融けた巨大な湖が，8,400 cal BP前後に2～3世紀の間急激に海に流れ込んだことによって生じたと推定されるものであり，北大西洋ではその影響による気候変動が広く記録されている（図9-4）。北大西洋ではこの間に顕著な寒冷化・乾燥化が起こったことが指摘されている。このイベントに対応する変化は，中国のドンゲ洞窟の石筍のデータにもあらわれており，北半球全体で関連するイベントと推定される。

②北大西洋深海底堆積物から復元された後氷期の融氷イベント

Bond et al.（1997）は，北大西洋深海底堆積物の分析を通じて，氷山の融氷イベントの年代を明らかにし，後氷期における1,000年スケールの気候変化を復元した。

Bondらは，後氷期に計8回の融氷イベントがあったとし，それぞれ較正年代で11,100 cal BP（9,800 ^{14}C BP），10,300 cal BP（9,100 ^{14}C BP），9,500 cal BP（8,600 ^{14}C BP），8,200 cal BP（7,400 ^{14}C BP），5,900 cal BP（5,200 ^{14}C BP），4,300 cal BP（4,000 ^{14}C BP），2,800 cal BP（2,700 ^{14}C BP），1,400 cal BP（1,600 ^{14}C BP）であることを示した（図9-5）。Bond et al.（1997）は，融氷イベントの原因は北大西洋における表層水温の低下にあり，それは北大西洋の表層水の循環の

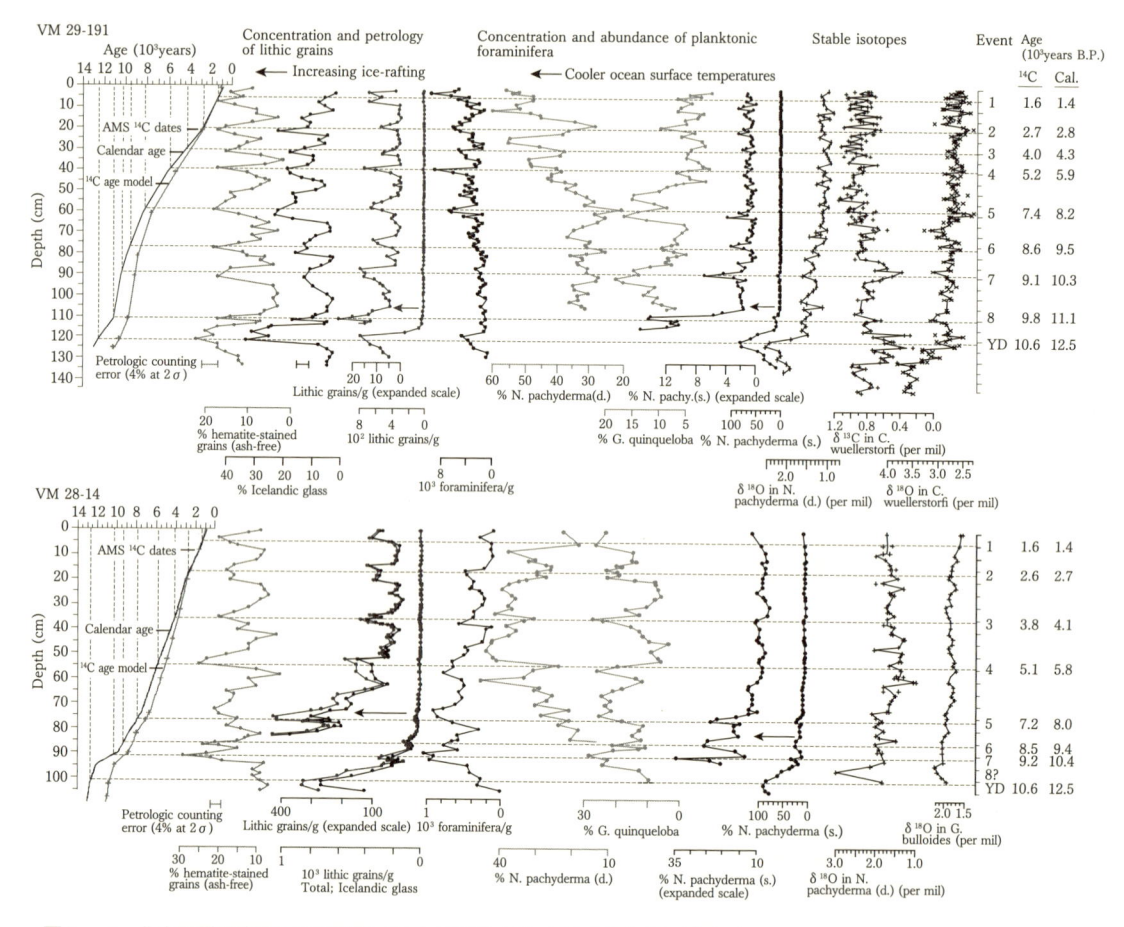

図9-5 北大西洋深海底コアVM29-191とVM28-14における後氷期の融氷イベント（Bond *et al.* 1997）

重要な変化に起因するものであると主張している。また，これらのイベントがグリーンランドの後氷期における気候や大気循環と非常によく一致していることを示した。

③中国南部，ドンゲ洞窟の石筍の酸素同位体変動

　Wang *et al.*（2005）は，中国南部のドンゲ（Dongge）洞窟の石筍の酸素安定同位体比から復元された過去9,000年間のアジアモンスーン変動と，Bond *et al.*（1997）の北大西洋の融氷イベントの対比を行った。石筍の年代はウラン－トリウム年代測定法によって求められたものであり，^{14}C年代の較正年代と対比可能である。ドンゲ洞窟の酸素安定同位体比では，8,300^{230}Th BP, 7,200^{230}Th BP, 6,300^{230}Th BP, 5,500^{230}Th BP, 4,400^{230}Th BP, 2,700^{230}Th BP, 1,600^{230}Th BP, 500^{230}Th BPを中心とする計8回のアジアモンスーンが弱まるイベントがあり，約8,400～8,100^{230}Th BPと約4,400～4,000^{230}Th BPは特に顕著であった。これらはBond *et al.*（1997）のイベントと時間的にもよく一致しており（図9-6），これらの変化がグローバルな気候変化と関連するイベントであることを示した（Wang *et al.* 2005）。8,400～8,100^{230}Th BPのイベントは，前

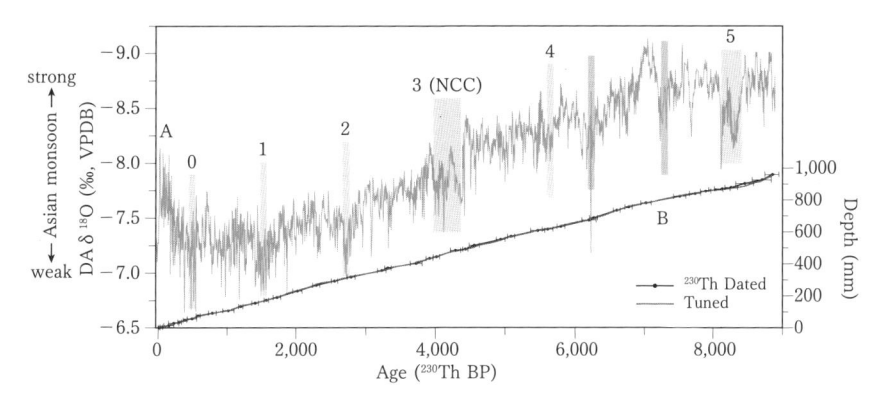

図9-6 中国南部ドンゲ洞窟の石筍の酸素安定同位体変動 (Wang *et al.* 2005)
網かけ部分はBond *et al.* (1997) のイベント。

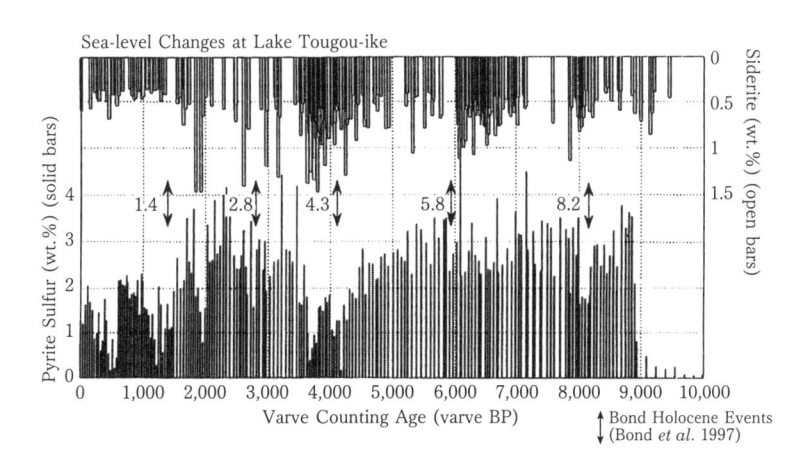

図9-7 東郷池の年縞堆積物における後氷期の海水準変動 (福澤ほか 1999)

述の8.2kaイベントと年代的によく一致している。

④鳥取県東郷池の年縞堆積物にもとづく海水準変動

　福澤仁之ら（福澤 1998；福澤ほか 1999）は鳥取県の東郷池の年縞堆積物の分析から，年縞年代で約8,200〜7,800 varve BP，6,800〜6,000 varve BP，5,800〜5,200 varve BP，4,500〜3,600 varve BP，3,000〜2,800 varve BP，2,000〜1,900 varve BPに海水準の低下が認められることを示した（図9-7）。このうち，約8,200〜7,800 varve BP，4,500〜3,600 varve BP，2,000〜1,900 varve BPの海水準の低下は顕著である。福澤（1998）はこれらの海水準下降イベントがBond *et al.* (1997) の融氷イベントと同時性を示すことから，東郷池の年縞堆積物が示す海水準変動が，グローバルな気候変動と連動していると述べている。

3 ── 後氷期における環境史の段階設定

　これまでに取り上げた諸研究の区分を年代的に対比したのが図9－8である。関東平野の古環境変遷は ^{14}C 年代で区切られたものであるため，これらをおおよその較正年代に変換して，Bond et al.（1997）の年代や東郷池の年縞堆積物の年代と比較した。ただし，前述のように海水準変動のデータなどは貝類の ^{14}C 年代にもとづいているものが多く厳密な対比ではない。今後，より精度を上げていく必要があるが，画期の年代の目安として捉えていただきたい。

　8.2ka イベントや Bond et al.（1997）のイベント，東郷池の海水準変動，Wang et al.（2005）などの研究が示すように，これらの堆積物から復元された古環境変遷イベントは，グローバルな気候変化と関係していると考えられるものであり，前述した関東平野における海水準変動や気候変動も，このような環境変化と連動して起こった現象であると推定される。そこで，これらのデータにもとづいて，後氷期における環境変化イベントを基準として，本書で扱う環境史の時期区分を以下のように整理してみたい。

　なお，下記の区分は，第4章で設定した最終氷期の時期区分と連続するものである。第4章で最終氷期については MIS 3 と MIS 2 に大きく分け，7つの段階を設定した。後氷期については，MIS 1 に対応することから，大きくは MIS 1 として，そのなかで段階を設定した。なお，以下で述べる PG は Post Glacial の略である。

　まず，大きく分けて，前半の温暖化傾向にある時期（PG Warm：約11,500～5,900 cal BP）と，後半の寒冷化傾向にある時期（PG Cold：約5,900 cal BP以降）に分けることができ，そのなかにいくつかの画期が存在する。後氷期を2つの時期に大きく分ける考え方は，辻誠一郎（2002, 2009）による「海進の時代」「海退の時代」を参考としたものだが，本書では，寒冷化の開始の時期を辻（2002, 2009）よりも古く捉えている。

　　MIS 1　PG Warm-1：約11,500～8,400 cal BP（約10,000～7,500 ^{14}C BP）
　　MIS 1　PG Warm-2：約8,400～5,900 cal BP（約7,500～5,200 ^{14}C BP）
　　MIS 1　PG Cold-1：約5,900～4,400 cal BP（約5,200～4,000 ^{14}C BP）
　　MIS 1　PG Cold-2：約4,400～2,800 cal BP（約4,000～2,700 ^{14}C BP）
　　MIS 1　PG Cold-3：約2,800 cal BP～（約2,700 ^{14}C BP～）

①PG Warm-1：約11,500～8,400 cal BP

　辻誠一郎（1988）の「第1の画期」や吉川昌伸（1999a）の「HE1」では，HBG の形成を画期としているが，本書では HBG の形成期は MIS 2 の LG Cold（約13,000～11,500 cal BP）に含めているため，後氷期（完新世）の開始を指標とし，約11,500 cal BP とした。PG Warm-1 は後氷期の開始直後の気候が急激に温暖化する時期に相当するが，北大西洋ではこの間にも，約11,100 cal BP（9,800 ^{14}C BP），約10,300 cal BP（9,100 ^{14}C BP），約9,500 cal BP（8,600 ^{14}C BP）頃の，計

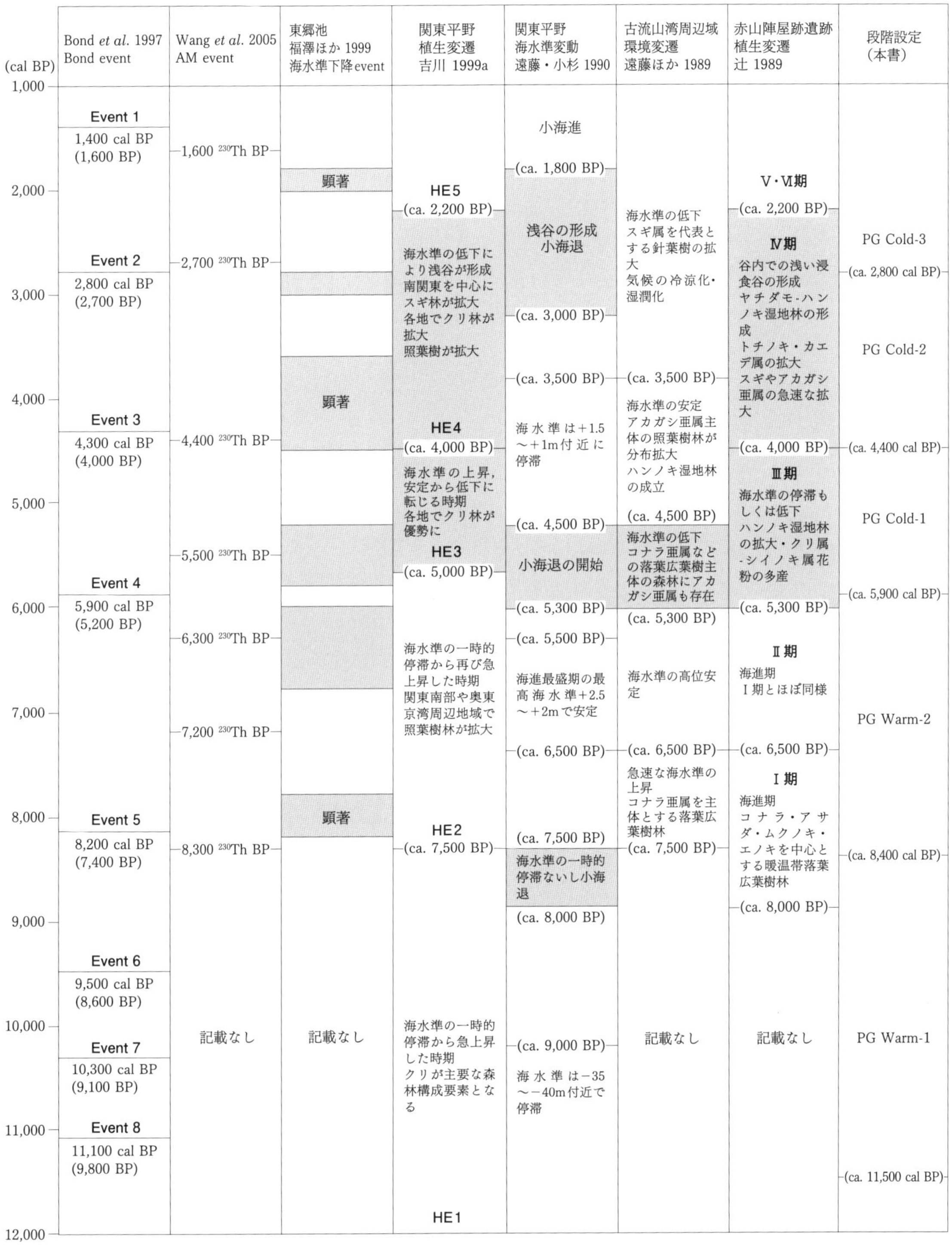

(cal BP)	Bond et al. 1997 Bond event	Wang et al. 2005 AM event	東郷池 福澤ほか 1999 海水準下降event	関東平野 植生変遷 吉川 1999a	関東平野 海水準変動 遠藤・小杉 1990	古流山湾周辺域 環境変遷 遠藤ほか 1989	赤山陣屋跡遺跡 植生変遷 辻 1989	段階設定 (本書)
1,000	Event 1 1,400 cal BP (1,600 BP)	1,600 ²³⁰Th BP			小海進 (ca. 1,800 BP)		V・VI期 (ca. 2,200 BP)	
2,000			顕著	HE5 (ca. 2,200 BP)				PG Cold-3
	Event 2 2,800 cal BP (2,700 BP)	2,700 ²³⁰Th BP		海水準の低下により浅谷が形成 南関東を中心にスギ林が拡大 各地でクリ林が拡大 照葉樹が拡大	浅谷の形成 小海退 (ca. 3,000 BP)	海水準の低下 スギ属を代表とする針葉樹の拡大 気候の冷涼化・湿潤化	IV期 谷内での浅い浸食谷の形成 ヤチダモ・ハンノキ湿地林の形成 トチノキ・カエデ属の拡大 スギやアカガシ亜属の急速な拡大	(ca. 2,800 cal BP) PG Cold-2
3,000					(ca. 3,500 BP)	(ca. 3,500 BP)		
4,000	Event 3 4,300 cal BP (4,000 BP)	4,400 ²³⁰Th BP		HE4 (ca. 4,000 BP)	海水準は+1.5～+1m付近に停滞	海水準の安定 アカガシ亜属主体の照葉樹林が分布拡大 ハンノキ湿地林の成立	(ca. 4,000 BP)	(ca. 4,400 cal BP) PG Cold-1
5,000				海水準の上昇、安定から低下に転じる時期 各地でクリ林が優勢に	(ca. 4,500 BP)	(ca. 4,500 BP)	III期 海水準の停滞もしくは低下 ハンノキ湿地林の拡大・クリ属-シイノキ属花粉の多産	
	Event 4 5,900 cal BP (5,200 BP)	5,500 ²³⁰Th BP		HE3 (ca. 5,000 BP)	小海退の開始	海水準の低下 コナラ亜属などの落葉広葉樹主体の森林にアカガシ亜属も存在		(ca. 5,900 cal BP)
6,000		6,300 ²³⁰Th BP			(ca. 5,300 BP)	(ca. 5,300 BP)		
7,000		7,200 ²³⁰Th BP		海水準の一時的停滞から再び急上昇した時期 関東南部や奥東京湾周辺地域で照葉樹林が拡大	(ca. 5,500 BP) 海進最盛期の最高海水準+2.5～+2mで安定 (ca. 6,500 BP)	海水準の高位安定 (ca. 6,500 BP)	II期 海進期 I期とほぼ同様 (ca. 6,500 BP)	PG Warm-2
8,000	Event 5 8,200 cal BP (7,400 BP)	8,300 ²³⁰Th BP	顕著	HE2 (ca. 7,500 BP)	(ca. 7,500 BP) 海水準の一時的停滞ないし小海退	急速な海水準の上昇 コナラ亜属を主体とする落葉広葉樹林	I期 海進期 コナラ・アサダ・ムクノキ・エノキを中心とする暖温帯落葉広葉樹林	(ca. 8,400 cal BP)
9,000					(ca. 8,000 BP)		(ca. 8,000 BP)	
10,000	Event 6 9,500 cal BP (8,600 BP)	記載なし	記載なし	海水準の一時的停滞から急上昇した時期 クリが主要な森林構成要素となる	(ca. 9,000 BP)	記載なし	記載なし	PG Warm-1
	Event 7 10,300 cal BP (9,100 BP)				海水準は-35～-40m付近で停滞			
11,000	Event 8 11,100 cal BP (9,800 BP)							(ca. 11,500 cal BP)
12,000				HE1				

図9-8 後氷期における環境変動に関する諸研究の時間的対比

関東平野の古環境変遷は¹⁴C年代で区切られたものであるため，これらをおおよその較正年代に変換して，Bond et al. 1997の年代や東郷池の年縞堆積物の年代と比較した。ドンゲ洞窟の石筍はウラン−トリウム年代。アジアモンスーンが弱まる8つのイベントのうち7つのピークの年代を示している。

3回の融氷イベントが確認されている（Bond *et al.* 1997）。約10,300 cal BP（9,100 ^{14}C BP）頃のイベントは，遠藤・小杉（1990）が，9,000 ^{14}C BP頃に関東平野では顕著なカキ礁が発達し，海水準が停滞した時期と時間的には一致しているが，これらに対応するものかどうかは明確ではない。

PG Warm-1に相当する時期の関東平野の花粉分析例は少ない。吉川昌伸（1999a）によれば，PG Warm-1においては関東平野でコナラ亜属を主とする落葉広葉樹林が成立していたが，この段階以降，花粉でもクリが主要な森林構成要素になっている。アカガシ亜属の増加はみられないが，房総半島南端部では，PG Warm-1の初頭にすでにアカガシ亜属が優占し，海岸沿いにはタブノキやモチノキ，ヤブツバキなどからなる照葉樹林が成立していたことが大型植物遺体と花粉分析から明らかになっている（百原ほか 2006）。

②PG Warm-2：約8,400～5,900 cal BP

PG Warm-2は，いわゆる8.2kaイベントに対応する短期間の急激な寒冷化イベントの開始を指標とした。Bond *et al.*（1997）の8,200 cal BP（7,400 ^{14}C BP）のイベントに相当する。このイベントは前述のように，古くから北半球における短期間の寒冷化・乾燥化イベントとして知られており（Denton and Karlén 1973），グリーンランド氷床コアにおいても8kイベントあるいは8.2kaイベント（Alley *et al.* 1997）として確認されているものである。

Wang *et al.*（2005）によれば，顕著にアジアモンスーンの活動が弱まった時期が約8,400～8,100 ^{230}Th BPとされている。福澤仁之ほか（1999）の東郷池では，8,200～7,800 varve BPとされ，やや時間がずれている。Bond *et al.*（1997）の8,200 cal BPという年代は，8.2kaイベントの寒冷化のピークの時期であり，寒冷化の開始を画期とするならば，Wang *et al.*（2005）の年代がより重要だと考えておきたい。なお，PG Warm-2の画期は吉川昌伸（1999a）の「HE2」（約7,500 ^{14}C BP）に対応するものと考えられ，辻誠一郎（1988）が「第2の画期」としたイベントである。赤山陣屋跡遺跡における第Ⅰ期と第Ⅱ期は，本書でのPG Warm-2に含まれる。

遠藤・小杉（1990）では，この短期間の海退期が8,000～7,500 ^{14}C BPに求められており，較正年代にすると，Bond *et al.*（1997）やWang *et al.*（2005），福澤仁之ほか（1999）などの年代と比較してやや古い。

なお，このイベントによって海水準の上昇が一時的に停滞もしくは低下した後，再び急激に海水準が上昇したことが明らかにされており（遠藤・小杉 1990），その変化の速度も急激である（図9-2）。またその後，海水準は高位安定に向かう傾向が示されている。遠藤・小杉（1990）では，この海水準の高位安定期は^{14}C年代で約6,500～5,500 ^{14}C BPとされている。将来的には，おおよそ7,000 cal BP頃を目安として急激な温暖化が進行している前半と安定期の後半に，PG Warm-2は区分できるかもしれない。

吉川昌伸（1999a）によれば，照葉樹林の主要素であるアカガシ亜属は関東平野南部の大磯丘陵や多摩川低地，奥東京湾の中川低地などで，この時期以降拡大を開始する。外房の九十九里平野や銚子半島ではPG Warm-2の後半に，相模川の低地周辺でもこの時期には照葉樹が落葉広葉樹

と共存していたとされている。神奈川県小田原市の羽根尾貝塚では，PG Warm-2の後半に相当する時期の堆積物の花粉分析が実施されており，コナラ亜属を主体とし，ニレ属－ケヤキ属，ムクノキ属－エノキ属，クマシデ属－アサダ属などにアカガシ亜属をまじえる植生であったと推測されている。クリの花粉も少量ながら検出されているが，この段階の後のPG Cold-1（約5,900～4,400 cal BP）のようにクリが顕著にみられるということはない（玉川文化財研究所 2003）。赤山陣屋跡遺跡では，この時期まではコナラ亜属とエノキ属－ムクノキ属，クマシデ属－アサダ属などからなる落葉広葉樹林が成立しており，アカガシ亜属はほとんどみられない（辻 1989）。

　一方で，古流山湾の坂川低地の花粉分析（遠藤ほか 1989）のように，この段階に相当する年代で，コナラ亜属が卓越するものの，すでにクリ属が多く検出されている例もある。図示されている^{14}C年代値から考えて，花粉帯Iの下半部がPG Warm-2に対応する時期であると考えられる。この時期の正確な年代は不明だが，コナラ亜属を主体として，ツガ属，クマシデ属，エノキ属－ムクノキ属，ニレ属－ケヤキ属，クリ属などからなる落葉広葉樹林が成立していたと推測されているが，より上部ではアカガシ亜属やシイ属がこれに加わっている。

③PG Cold-1：約5,900～4,400 cal BP

　いわゆる「縄文海進」後の海退期の開始を指標とした。東郷池では5,800 varve BPから開始される海水準の下降期として言及されており，Bond et al. (1997)では，5,900 cal BP（5,200 ^{14}C BP）のイベントが時間的に対応する。ただし，これはピークの年代であり，寒冷化の開始はやや遡るかもしれない。Wang et al. (2005)ではその開始については言及していないが，5,500 ^{230}Th BPにアジアモンスーンが弱まる時期があることが指摘されている。

　吉川昌伸（1999a）が提示した約5,000 ^{14}C BPの「HE3」のイベントは，年代的にはやや新しいが，PG Cold-1に対応するものであると考えられる。赤山陣屋跡遺跡では，第II期から第III期への画期E2がおおよそ対応する。PG Cold-1は縄文海進後はじめての海退期であるが，遠藤・小杉はこの間の約4,500～3,500 ^{14}C BPの間にカキ礁が発達し，海水準が停滞することを指摘している。ただし，この安定期はPG Cold-1とPG Cold-2の画期とした4,500 cal BPの寒冷化イベント前後の時期の，両方を含んでいる可能性がある。

　PG Cold-1においては武蔵野台地などの台地上でクリ林が優勢になる。狭山丘陵や多摩丘陵では谷筋にトチノキ林が拡大する（吉川 1999a）。武蔵野台地東部の溜池遺跡ではコナラ亜属が卓越し，ハンノキ属，ニレ属－ケヤキ属，エノキ属－ムクノキ属などからなる落葉広葉樹林が成立しており，アカガシ亜属やクリ属などもこれに加わっている（吉川 1999b）。一方，狭山丘陵に位置する下宅部遺跡ではコナラ亜属が卓越し，アカガシ亜属は少ない。クリ属の花粉はPG Cold-2以降よりもやや多く出現する傾向がある（パリノ・サーヴェイ 2006；工藤 2006）。赤山陣屋跡遺跡では，PG Cold-1に対応すると思われるIII期に，クリ属が顕著に拡大する時期があり，周辺台地ではクリ林が成立していたと推測されている（辻 1989）。相模平野南部の伊勢原での花粉分析では，この時期に相当する4,550±110 ^{14}C BP前後の層準でクリが最優占しており，3,120±90 ^{14}C BPまでの間のAwk-III帯ではクリ属の花粉は低率となっている（清永 1993）。清永（1993）は，相

模平野周辺で約5,000～3,500 ^{14}C BPの間にクリが多く生育していたことを指摘している。坂川低地の花粉分析（遠藤ほか 1989）でも，PG Cold-1に対応すると考えられる花粉帯Ⅰの上部でクリ属の花粉が多く産出している。PG Cold-2において関東平野でクリが増加する傾向は広く捉えられるようである。

④ PG Cold-2：約4,400～3,000 cal BP

　PG Cold-2は，4,400 cal BP頃に起こった顕著な寒冷化イベントを画期とした。東郷池（福澤ほか 1999）では4,500～3,600 varve BPの顕著な海水準低下イベントとして提示され，Wang et al.（2005）では約4,400～4,000 ^{230}Th BPのアジアモンスーンが顕著に弱まるイベント，Bond et al.（1997）における4,300 cal BP（4,000 ^{14}C BP）のイベントに対応する。Wang et al.（2005）では後氷期において8.2kaイベントと同様に顕著でかつ期間の長い寒冷化イベントとして示されている。福澤仁之ほか（1999）とはこのイベントの継続時間がやや長く見積もられている点で異なる。ここでは，Wang et al.（2005）のデータにみられる4,400 ^{230}Th BPの急激な変動を指標とした。

　ただし，4,400 cal BP以降，3,000 cal BPまで寒冷化が継続していたというよりも，約4,000 cal BP以降，気候はやや回復し，安定したと考える必要があるだろう。ここでは，前半の寒冷イベントに対応する時期を，PG Cold-2aとし，後半の安定期をPG Cold-2bとしたい。その時期は，Wang et al.（2005）を参考として，約4,000 cal BP前後としておくが，あくまで暫定的な区分である。

　吉川昌伸（1999a）の約4,000 ^{14}C BPの「HE4」は，このイベントに対応するものと考えられる。また，辻誠一郎（1988）の「第3の画期」も，この4,500 cal BP前後に起こった寒冷化イベントに関連するものと考えられる。このイベントで形成された谷がその後急激に埋積されたことから，辻誠一郎（1988）は，気候の緩和，海面の小上昇，降水量の増加が起こったと推定している。

　吉川昌伸（1999a）によれば，PG Cold-2においては開析谷内にはハンノキやヤチダモの湿地林が形成され，谷筋にはトチノキ林が拡大する。また，台地上ではクリ林が目立って分布し，武蔵野台地ではクリ林の拡大が著しい。東京湾奥部の沿岸地域や下総台地西部でもこの時期の後半に照葉樹林が成立していたが，内陸部ではアカガシ亜属がやや増加するものの，落葉広葉樹林が卓越していた。

　武蔵野台地東部の溜池遺跡では，この時期にハンノキ属が拡大している。台地上ではクリ属がPG Cold-1に比べて増加している。また，この時期以降，スギ属が増加している（吉川 1999b）。年代的にみてこの時期の終わり頃に，溜池遺跡ではトチノキ属の花粉が増加する時期がある。狭山丘陵縁辺部の下宅部遺跡では，この時期になってアカガシ亜属が増加するとともに，後半になるとトチノキ属の花粉が多くなっている（パリノ・サーヴェイ 2006；工藤 2006）。赤山陣屋跡遺跡では，この時期の後半にはクリ属が著しく減少している。赤山陣屋跡遺跡でこの時期にみられるヤチダモやトチノキ，イタヤカエデなどの冷温帯要素の拡大を，気候の寒冷化に対応したものであると辻誠一郎（1989）は指摘している。東京湾東岸，下総台地の村田川流域では，3,500 ^{14}C BP頃に暖温帯落葉広葉樹林から照葉樹林へ移行したと推定されており（辻ほか 1983），おおよそPG Cold-2の後半に相当する時期である。

⑤ PG Cold-3：約2,800 cal BP以降

　PG Cold-2の後半に安定していた気候が，再び寒冷化に向かうイベントを画期とした。福澤仁之ほか（1999）の東郷池では，約3,000～2,800 varve BPに海水準の低下があったことが指摘され，Bond et al.（1997）による北大西洋深海底コアでは，約2,800 cal BPをピークとした融氷イベントが確認されている。Wang et al.（2005）では，$2,700\ ^{230}$Th BPをピークとしたアジアモンスーンが弱まるイベントが確認されている。関東平野周辺のこれまでの研究ではこのイベントは明確に捉えられていないが，考古学的イベントとの対比のうえでも重要であると考え，段階を設定した。

　PG Cold-3に対応する段階は，吉川昌伸（1999a）では区分されていない。溜池遺跡（吉川 1999b）では花粉帯が区分されており，この時期に低地でハンノキ属が卓越し，台地上ではコナラ亜属が減少するとともにアカガシ亜属がコナラ亜属の比率を上回る。PG Cold-2までみられたクリ属の花粉は減少し，上位では検出されなくなっている。トチノキ属も上位では減少している。

　吉川昌伸（1999a）などが「弥生の小海退」を指標とした約$2,000\ ^{14}$C BPの「HE5」のイベントは，東郷池の年縞堆積物においては2,000～1,900 varve BPの海水準の低下が指摘されている。「弥生の小海退」は鎮西清高ほか（1984）によって指摘された2,500～$2,000\ ^{14}$C BPの海水温の低下期が対応することを辻誠一郎（2009b）は指摘している。大きくみれば，PG Cold-3も「弥生の小海退」として捉えられてきたイベントと重なってくるのかもしれない。

　関東平野ではこの時期以降浅谷が形成され，谷内ではハンノキ・ヤチダモ湿地林から草本が繁茂する湿地林に変化した（辻 1989）。武蔵野台地や大宮台地，関東平野北部においても照葉樹の拡大がみられ，特に狭山丘陵や多摩丘陵では照葉樹が目立った要素になる。スギ林も各地で主要な要素となるが，北関東での勢力は小さい（吉川 1999a）。

　なお，PG Cold-3は縄文時代の終焉と弥生時代の開始を考えるうえできわめて重要な時期にあたるが，本書では考古学的な検討の対象外とした。今後の課題としたい。

　以上，関東平野の古環境変遷に関する研究を概観し，較正年代と対比可能なタイムスケールでデータが提示されている研究成果と対比することで，後氷期の環境史の各段階について整理した。より詳細な区分が必要な箇所もあると思うが，本書ではこの段階区分にもとづいて考古編年との時間的対応関係を議論してみたい。

第10章

後氷期の考古編年と ^{14}C年代

1── 後氷期の土器の ^{14}C年代

　近年，先史考古学における年代研究は非常に活発化しつつある。縄文時代全般の ^{14}C年代測定結果については，古くは渡辺直経（1966）や芹沢長介（1967），キーリ・武藤（1982），最近では谷口康浩（2001）などによって概要が示されている。また，中村俊夫らがAMSによる土器付着炭化物の ^{14}C年代を実施して以降（中村ほか 1990），縄文時代の土器付着炭化物の ^{14}C年代測定がさかんに実施され， ^{14}C年代を用いて土器型式の時間幅の問題，集落の変遷，同時存在の竪穴住居の問題などが議論されるようになってきた。

　山本直人は，縄文時代における土器型式の ^{14}C年代を明らかにすることの意義を，①土器を伴出しない遺構の時期決定，②縄文時代の6期区分における各時期の絶対年代の解明，③縄文土器型式の時間幅の問題の解明，④縄文文化と他の先史文化との国際的比較問題，⑤自然地理学などの関連科学との共同研究，の5つの項目で整理している（山本 1997, 1999a）。その具体的実践として，山本直人は北陸地方における縄文時代前期から晩期の土器付着炭化物の ^{14}C年代測定を体系的に実施し，縄文時代における集落の存続期間と，土器型式の時間幅の問題を検討している（山本 1998, 1999b, 2002；小田・山本 2001）。

　一方，今村峯雄を中心とした国立歴史民俗博物館の研究グループは縄文・弥生時代の高精度年代体系の構築を目指し，旧石器時代から縄文時代草創期・早期，縄文時代中期，縄文時代から弥生時代移行期の年代学的研究を行っている（今村編 2004）。小林謙一は，関東地方の縄文時代前期末から中期を対象として， ^{14}C年代を積極的に活用した集落研究を展開している（小林ほか 2003；今村ほか 2003；小林 2004）。土器型式の時間幅と集落の継続期間の復元に焦点を当て

ている点で山本直人と小林謙一は共通しているが，山本直人が土器型式の年代決定を介して集落の継続期間を大まかに求めようとしたのに対し，小林謙一はより細かい土器型式編年（黒尾ほか1995）に^{14}C年代を与えることに加え，竪穴住居出土炭化材の^{14}C年代測定と住居のライフサイクルの分析を通じて，集落の存続期間や住居の改築期間の問題まで踏み込み，数十年単位での集落変遷の復元を目指した研究を行っている。

　このほかにも，火炎土器の土器付着炭化物の^{14}C年代測定を実施している吉田邦夫の重要な研究もあり（吉田 2004），縄文土器の^{14}C年代測定を通じて土器型式の時間幅の問題がさまざまな角度から活発に議論されている。また吉田邦夫らは，早期末から前期の繊維土器を用いた^{14}C年代研究も行っている（Yoshida *et al.* 2004）。近年では，たんに土器付着炭化物の^{14}C年代測定を行うだけでなく，それと組み合わせて炭素・窒素安定同位体比やC/N比を分析することによって，海洋リザーバー効果の問題や古食性の問題についての研究も進展しつつあり（坂本 2004a；小林ほか 2005；工藤ほか 2008 など），土器付着炭化物を用いた^{14}C年代研究は多角的に展開している。

　当該期の土器型式の数値年代を把握することは，相対的な土器型式の時間幅や時間的位置づけの問題を解明するだけではなく，環境変化や食料資源の利用形態の変化などの問題，つまり生態系史を議論するうえでも必要不可欠である。後氷期の環境変化と人類活動との関係を議論するためには，これらの考古編年と，古環境変遷にかかわるデータとを時間的に対応させる必要があるが，このような問題が十分に議論されているとはいえない状況である。

2— 分析の方法

　そこで，これまでに公表された関東平野周辺地域の考古遺跡における^{14}C年代測定のデータを集成して検討する。ただし，後氷期については，その測定点数も膨大であり，すべての測定事例を網羅することは到底不可能である。そこで，前期・中期については小林謙一の研究（小林2004），後期から晩期については筆者ら（工藤ほか 2007a）（第14章参照）による研究成果をおもに使用し，不足する部分については，個別に各遺跡で実施された^{14}C年代測定事例を使用して検討することにした。また，国立歴史民俗博物館による研究成果（今村編 2004；西本編 2005, 2006, 2009）や，早期～前期の年代測定例の一部については三好元樹（2011）による静岡県内の集成などを参考とした。基本的には関東平野の事例を扱っているが，特に早期の場合，測定例が少ないため周辺地域の例も含めている。本章で取り上げた年代測定事例については章末に一覧として提示した。ただし，点数が膨大になるため，個別の土器の実測図などは提示していない。また，土器型式はそれぞれの報告書の記載にもとづいている。

　なお，以下で提示する測定試料についてはその試料と土器型式との共時性を評価するために，A・B・Cという3つのカテゴリーに区分している（図10－1）。

```
高
↑
土器との共時性
↓
低
```

- A ・土器そのものから採取した試料
   （例）土器付着炭化物（海洋起源の炭素の影響がないもの），漆塗り土器の漆皮膜，土器胎土内繊維など

- B ・明確に土器がともなう遺構から採取した試料
   （例）竪穴住居跡の炉から採取した炭化材など

- C ・遺物包含層出土試料
   （例）土器が出土した層準から採取した炭化材だが，共時的関係は必ずしも明確ではないもの

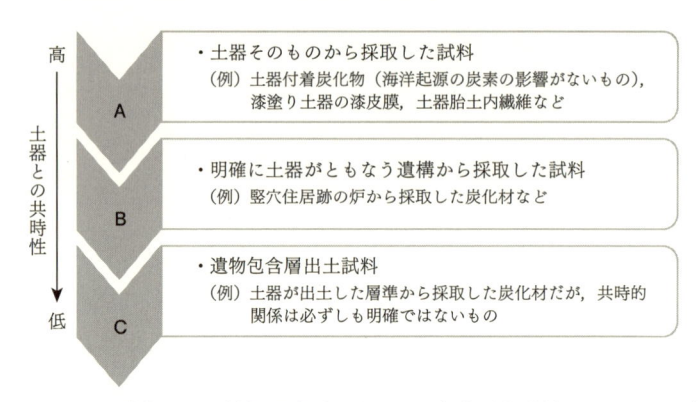

図10‐1　土器型式との共時性を評価するうえでの年代測定試料の３つのカテゴリー

A：土器そのものから採取した試料

土器付着炭化物，土器胎土内繊維，漆塗り土器の漆皮膜などが含まれる。ただし，土器付着炭化物で明らかに海洋リザーバー効果を受けている可能性がある試料については本書では除外した。

B：明確に土器がともなう遺構から採取した試料

竪穴住居跡の炉などから検出された炭化材，土器をともなう土坑から検出された炭化材など，土器と年代測定試料との関係が比較的明確なものである。

C：遺物包含層出土試料

遺物包含層から検出された炭化材などである。土器との共時性の評価が困難な場合が多いため，本書では基本的に土器型式の年代対比のデータとしてAまたはBを用いるが，早期や前期などほかに比較となる試料が得られていない場合は，Cのカテゴリーの試料についても言及している。ただし，貝塚の貝層に土器と炭化材が含まれている場合は一括性が高いものもあり，Bと同様に共時性を評価できる。

土器型式の年代を把握するための試料としては，A→B→Cという順に共時性を示す可能性が低くなるが，土器付着物に海洋リザーバー効果などの問題がある場合，AよりもBやCのデータが重要になる。前期の土器群は貝塚出土の土器付着炭化物の測定例が多く，BやCが有効なケースも多い。また，前述した吉田邦夫らによる土器胎土内繊維による^{14}C年代測定（Yoshida *et al.* 2004）については，方法的に開発途上であり，他の土器付着炭化物の^{14}C年代測定結果と整合性がみられない例があるため，ここでは参考例とした。

3── 土器型式の^{14}C年代

①早期

早期前葉

早期前葉で土器付着炭化物の年代測定結果が得られている遺跡はきわめて少ない。最近，北関東から中部地方に広く分布する表裏縄文土器の付着炭化物が，群馬県白井十二遺跡（群馬県埋蔵

文化財調査事業団 2008b）や長野県栃原岩陰遺跡（藤森 2010），静岡県丸尾北遺跡（静岡県埋蔵文化財調査研究所編 2009d）で実施され，おおよそ10,000～9,500 ^{14}C BP前後の測定結果が得られている。白井十二遺跡と丸尾北遺跡のデータはよく一致しており，10,000～9,900 ^{14}C BP前後に集中し，晩氷期の終わりから後氷期初頭に位置づけられる土器である（第5・6章参照）。

関東の撚糸文土器群については，最古段階の井草式の年代は得られていない。夏島貝塚で夏島Ⅱ式の貝層から得られた炭化材の年代が9,240±500 ^{14}C BPと報告され（杉原 1959；杉原・芹沢 1962），学史的にも重要な測定例だが，1950年代から1960年代に測定されたデータは測定誤差が大きいため，参考値としておきたい。一方，正報告が刊行されていないが，神奈川県藤沢市の江ノ島植物園内遺跡から出土した稲荷台式土器に付着した炭化物で1点の年代測定が実施され，9,560±50 ^{14}C BPという測定結果が得られている。江ノ島植物園内遺跡では撚糸文土器（稲荷台式）がともなう住居跡でも炭化材の年代測定が実施されており，9,510±50 ^{14}C BPといずれも9,500年代の^{14}C年代測定結果が得られていることから，稲荷台式の年代の基準の一つとなる（今村編 2004）。

土器付着炭化物以外では，千葉県の取掛西遺跡で大浦山式土器が出土した住居跡の貝層中の炭化材で，9,320±70 ^{14}C BP，9,140±70 ^{14}C BPの2点の測定例がある（西本編 2009）。また，撚糸文土器群最終末の大浦山式や平坂式の遺物が出土した，千葉県館山市の沖ノ島遺跡のアサ果実について年代測定が実施されており，8,955±45 ^{14}C BPという^{14}C年代測定結果が得られている（第12章参照）。このほか，栃木県の登谷遺跡では，北関東の天矢場式（平坂式並行）の土器をともなう土坑で8,810±60 ^{14}C BPの年代の^{14}C年代測定結果が得られている（登谷遺跡発掘調査団 2002）。

関東平野からは外れてしまうが，新潟県入広瀬村の黒姫洞窟遺跡（入広瀬村教育委員会・魚沼地域洞窟遺跡発掘調査団編 2004）から出土した撚糸文土器の土器付着炭化物で年代測定が実施されており，9,850±40 ^{14}C BP，9,720±40 ^{14}C BPという測定結果が得られている（小林ほか 2004）。静岡県沼津市の池田B遺跡（静岡県埋蔵文化財調査研究所 2000）では，撚糸文土器にともなう2基の集石遺構で，9,480±50 ^{14}C BPと9,590±50 ^{14}C BPという測定結果が得られている（静岡県埋蔵文化財調査研究所 2000）。

これらの結果を総合すると，早期前葉の表裏縄文土器や撚糸文土器の^{14}C年代は10,000～9,000 ^{14}C BPにその中心があり，撚糸文土器群の終末は8,800 ^{14}C BP頃であると考えられる。

早期中葉

早期中葉については，残念ながら土器型式の年代を知るための十分な測定結果が得られていない。この時期の土器付着炭化物の年代測定が実施されていないためである。この時期前後に多く検出される陥し穴や集石遺構などで年代測定事例はいくつかあるものの，土器型式の年代を把握することができる事例はほとんどない。神奈川県の青根馬渡No.4遺跡（かながわ考古学財団 1999cなど）の14号集石から検出された炭化材で8,450±90 ^{14}C BPといった測定結果がある。これらの集石遺構は土器がともなっている例がきわめて少ないが，同一層準からは，田戸下層式な

どの早期中葉の土器が出土している。この時期に関しては，今後の成果を待ちたい。

なお，おおよそ三戸式から田戸下層式に並行する，押型文土器（細久保式）がともなう住居跡の炭化材の測定が長野県山の神遺跡で実施されており，$8,130 \pm 120$ ^{14}C BP，$8,230 \pm 110$ ^{14}C BPの測定結果が得られている（長野県埋蔵文化財センター 2003）。参考のために提示しておきたい。

早期後葉

早期後葉の条痕文系土器群についても，年代測定事例はきわめて少ない。吉田邦夫らによって，市兵衛谷遺跡から出土した野島式の土器胎土内繊維の年代測定が2点実施されており，$7,710 \pm 80$ ^{14}C BP，$7,620 \pm 120$ ^{14}C BPという測定結果が得られている（Yoshida et al. 2004）が，参考例としておきたい。野島式のデータはこれ以外になく，詳細な年代的位置づけが不明である。

鵜ヶ島台式については，千葉県間見穴遺跡で炉穴の炭化材の測定が行われ，$7,155 \pm 45$ ^{14}C BP，$7,420 \pm 40$ ^{14}C BPの2点の測定例が得られており，鵜ヶ島台式〜茅山下層式の土器の付着炭化物でも$7,170 \pm 50$ ^{14}C BP，$7,110 \pm 45$ ^{14}C BPの測定例がある（西本編 2009）。炭化材1点のみがやや古いことから，鵜ヶ島台式は$7,200 \sim 7,100$ ^{14}C BP頃と考えておくのが整合的だろうか。

茅山下層式については，同じく千葉県間見穴遺跡の土器付着炭化物で$7,225 \pm 45$ ^{14}C BP（西本編 2009），静岡県イタドリA遺跡の土器付着炭化物で$7,180 \pm 40$ ^{14}C BPの測定例がある（三好 2010）。茅山上層式については，これまでのところ測定例はないようである。なお，β線計測法による試料となるが，狭間貝塚から出土した鵜ヶ島台式土器の土器胎土内繊維で$7,290 \pm 145$ ^{14}C BP，神奈川県の茅山貝塚から出土した茅山式土器の土器胎土内繊維で$7,080 \pm 150$ ^{14}C BPという測定結果が得られている（Koyama 1978；キーリ・武藤 1982）。これらも参考値としておきたい。

打越式については，静岡県で土器付着炭化物の測定例が蓄積されており，下ノ大窪遺跡，佛ヶ尾遺跡で$6,600 \sim 6,350$ ^{14}C BPに集中する7点の測定結果が得られている（三好 2010）。東京都神明上遺跡では，打越式から神之木台式の住居跡にともなう炭化材で3点の測定があり，$6,460 \pm 70$ ^{14}C BP，$6,390 \pm 40$ ^{14}C BP，$6,495 \pm 45$ ^{14}C BPのデータが得られている（西本編 2009）。

早期最終末の下吉井式も静岡県で土器付着物の測定例が蓄積されつつある。尾壱遺跡，桜畑上遺跡，野台南遺跡で4点の測定例があり（三好 2010），また池田B遺跡の住居覆土の炭化材で2点の測定例がある（静岡県埋蔵文化財調査研究所 2000）。土器付着物1点のみ古いが，ほかは$6,240 \sim 6,120$ ^{14}C BPの間にまとまっており，下吉井式はこの年代域として理解して問題ないだろう。

②前期

前期前半

花積下層式では，吉田邦夫らによって土器胎土内繊維の年代測定が実施されている。試料は埼玉県の坂堂貝塚，滝の宮坂遺跡，宿上遺跡のものであるが，年代測定結果はばらついている。宿上遺跡の試料は$7,210 \pm 90$ ^{14}C BPと突出して古い。滝の宮坂遺跡の4点の試料は$6,710 \sim 6,420$ ^{14}C BPに分布している。坂堂貝塚の試料はもっとも新しく$6,170 \pm 90$ ^{14}C BPである。前述の早期後葉の条痕文系土器群の年代から考えると，これらの年代は坂堂貝塚の例を除いて大幅に古く

出ている可能性がある。関山式についても，土器胎土内繊維の2点の測定事例があるが，信頼性が不十分であるため除外して考えたい。

関山式については，羽根尾貝塚で土器付着物と木材や種実のまとまった測定例がある（玉川文化財研究所編 2003；西本編 2009）。植物遺体では関山Ⅰ～Ⅱ式で5,751～5,475 ^{14}C BPであるが，土器付着物は関山Ⅰ式で5,930±25 ^{14}C BPという他と比べて古い年代も含まれる。また，黒浜式古段階の測定例をみると，植物遺体の5,475±50 ^{14}C BPという年代はやや新しすぎるようである。関山式はおおよそ5,700～5,600年代と考えておくのがよいだろうか。

黒浜式では，千葉県の大坪遺跡の試料で土器付着炭化物の年代測定が実施されている例があるが（今村編 2004；西本編 2009），海洋リザーバー効果の影響が疑われる試料が含まれる。埼玉県の水子貝塚で黒浜式土器が含まれる貝層中の種実の年代測定が実施されている。16号住居跡の貝層出土土器は，黒浜式古段階新相～中段階で，この貝層に含まれていた種実で5,420～5,285 ^{14}C BPの間に6点の試料がまとまっている。また，15号住居跡の貝層出土土器は，黒浜式中段階で，この貝層に含まれていた種実で5,290～5,235 ^{14}C BPの間に6点の試料がよく一致している（小林ほか 2005）。千葉県野田貝塚では，黒浜式の住居の貝層に含まれる炭化材の測定例があり，5,160±60 ^{14}C BP，5,245±30 ^{14}C BPの2点の測定例がある。

一方，吉田邦夫らの土器胎土内繊維の分析でも黒浜式の年代測定結果があるが（Yoshida et al. 2004），1点のみ明らかに古すぎる埼玉県宿上遺跡の試料を除いても，4点の試料で5,970～5,380 ^{14}C BPとばらついており，土器型式の年代値としては採用できない。

以上の結果を総合すると，花積下層式土器の^{14}C年代は現時点では不明であるものの，前後の土器型式の年代から考えると，6,100～6,000 ^{14}C BPが予想される。関山式についてはその最古段階は不明であるが，おおよそ5,700～5,600年代を中心とした時期と考えられる。黒浜式古段階は5,500～5,300 ^{14}C BPを中心とした時期に，黒浜式中段階は5,300～5,200 ^{14}C BPを中心とした時期を考えておくのが整合的だろうか。

前期後半

諸磯式土器については，関東平野からはやや外れるが，長野県の荒城遺跡で諸磯a式期の住居址から検出された炭化材の年代測定例があり，5,295±40 ^{14}C BP，5,270±40 ^{14}C BPという測定結果が得られている（小林ほか 2004）。これは，前述の関山式中段階の水子貝塚の炭化材の年代とも重なっており，どちらがより正しい年代を示しているのかを判断するのは難しい。

荒城遺跡では諸磯b式期の集石から検出された炭化材の年代測定も実施され，5,100±40 ^{14}C BPという測定結果が得られている（小林ほか 2004）。東京都の多摩ニュータウンNo.520遺跡と群馬県の向原遺跡で住居跡から採取した炭化材の年代測定もあり，多摩ニュータウンNo.520遺跡では諸磯b式の住居跡14の炭化材で5,110±30 ^{14}C BP（小林ほか 2004b），向原遺跡も諸磯b式の住居跡2の炉とピットで5,100±35 ^{14}C BPと5,115±35 ^{14}C BPの測定結果が得られている（小林ほか 2004a）。また，山梨県の寺前遺跡で諸磯c式の土器付着炭化物の年代測定が実施されており，4,830±30 ^{14}C BPという測定結果が得られている（今村編 2004）。

十三菩提式については，神奈川県南鍛冶山遺跡や新崎町遺跡，下ノ根遺跡で6点の土器付着炭化物の測定事例があり，4,790～4,550 ^{14}C BPに分布している。（小林・今村 2003a；西本編 2009）。

　以上の結果を総合すると，諸磯式土器はおおよそ5,300～4,800 ^{14}C BP前後に収まり，諸磯a式は5,300～5,200 ^{14}C BP前後にピークをもち，諸磯b式は5,100 ^{14}C BP前後，諸磯c式は4,800 ^{14}C BP前後にピークをもつと推測される。ただし，諸磯b式と諸磯c式の間で測定例が少ないため，両土器型式の継続時間については今後の課題となろう。十三菩提式については，4,700 ^{14}C BP前後を中心とした時期を予想できるが，後述するように中期初頭の五領ヶ台1式の土器の年代が不明であるため，どの程度の時間幅があるのかを明確に述べることは難しい。

③中期

　中期については，すでに小林謙一（2004）が土器型式の年代について詳細にまとめており，本書はその成果を活用している。小林（2004）の成果と重複する部分も多いが，本書では基本的に関東平野の事例のみに絞り（五領ヶ台式のみ測定事例がないため，周辺地域を含めた），土器付着炭化物の年代をおもな対象として，簡単にまとめておきたい。

中期前半

　五領ヶ台式土器については，五領ヶ台1式の年代測定事例は関東平野周辺においては見当たらない。五領ヶ台2式は，東京都の多摩ニュータウンNo.520遺跡で1点の土器付着炭化物の年代測定が実施されており，4,510±30 ^{14}C BPという測定結果が得られている（小林ほか 2004c）。また，山梨県の桑森遺跡でも3点の土器付着炭化物の年代測定が実施され，4,590±50 ^{14}C BP，4,580±50 ^{14}C BP，4,570±30 ^{14}C BPという測定結果が得られている（小林 2004）。

　勝坂式については，勝坂1式の土器付着炭化物の年代測定事例がなく，東京都の多摩ニュータウンNo.520遺跡で勝坂1式（新道式）期の住居址から検出された炭化材の年代測定が実施されているのみであり（小林ほか 2004c），4,490±50 ^{14}C BPという測定結果が得られている。

　勝坂2式については測定事例も多く，東京都の多摩ニュータウンNo.520遺跡，向郷遺跡（小林・今村 2002），神奈川県の高山遺跡（小林 2004）で，合計9点の土器付着炭化物の年代測定事例がある。4,590±40 ^{14}C BP～4,370±40 ^{14}C BPまでとややばらついているが，4,500～4,400 ^{14}C BPの間の年代が多い傾向がある。

　勝坂3式については，神奈川県の慶応SFC遺跡（小林 2004），千葉県の南作遺跡（小林 2004），群馬県の旭久保C遺跡（小林ほか 2004c）で各1点ずつ土器付着炭化物の年代測定事例がある。それぞれ，4,370±40 ^{14}C BP，4,410±40 ^{14}C BP，4,410±40 ^{14}C BPという年代が得られている。

　以上をまとめると，五領ヶ台2式土器は，おおよそ4,600～4,500 ^{14}C BP前後にそのピークがあると推測される。勝坂1式は測定事例も少なく，勝坂2式と重複しているが，おおよそ4,500 ^{14}C BPと考えることができるだろうか。勝坂2式と3式は，4,500～4,400 ^{14}C BP前後にピークがあるようである。しかしながら，五領ヶ台2式から勝坂3式までは相互に年代測定結果が重なる部分が多く，厳密に区分するのは難しい。

中期後半

　加曽利E1式については，東京都の多摩ニュータウンNo.520遺跡と三矢田遺跡（小林 2004），栃木県の仲内遺跡（小林 2004）で土器付着炭化物の測定事例があり，4,350±40 ^{14}C BP，4,340±40 ^{14}C BP，4,360±40 ^{14}C BPという測定結果が得られている。

　加曽利E2式では，仲内遺跡，神奈川県の油壺遺跡（小林・今村 2003b），慶応SFC遺跡で合計4点の測定事例があり，4,400±40 ^{14}C BP，4,380±40 ^{14}C BP，4,340±40 ^{14}C BP，4,170±40 ^{14}C BPとややばらついている。前二者は上述の加曽利E1式の測定結果よりも古く，最後の1点は他と比較してもやや新しい感がある。

　加曽利E3式では，東京都の大橋遺跡と西ヶ原貝塚（小林 2004）で合計4点の測定事例があり，4,270〜4,150 ^{14}C BPの測定結果が得られている。

　加曽利E4式では，神奈川県の油壺遺跡，二の丸3遺跡，伊勢山遺跡，埼玉県の中小前田2遺跡で合計5点の測定結果があり，4,170±40 ^{14}C BP〜4,010±40 ^{14}C BPまでやや分散しているが，うち4点は4,100〜4,000 ^{14}C BPの間に集中している。

　以上をまとめると，加曽利E1式はおおよそ4,400〜4,300 ^{14}C BPの間にピークがある可能性が高いが，加曽利E2式も同様の年代であり，明確な線は引きにくい。加曽利E3式はそれらよりもやや新しく，4,300〜4,100 ^{14}C BPの間で，4,200 ^{14}C BP前後にピークがあると推定される。また，加曽利E4式は一部古い年代が出ているが，その中心は4,100〜4,000 ^{14}C BPにあると推測される。

④後期

　後期から晩期については，筆者らが下宅部遺跡で土器付着炭化物の体系的な年代測定を実施しており（国立歴史民俗博物館年代測定研究グループ・工藤 2006），これについては第14章で詳細に検討する。ここではその概要を述べ，他の遺跡のデータについても触れておきたい。ただし，稲荷山貝塚の試料については，海洋リザーバー効果の影響がすでに指摘されているので（小林ほか 2005），ここでは除外した。

後期初頭

　称名寺1式については下宅部遺跡では測定例がなく，称名寺2式の土器付着炭化物について2点の測定事例がある。3,890±35 ^{14}C BPと3,860±40 ^{14}C BPと，いずれも3,800年代の測定結果が得られている。また，群馬県の陣馬場遺跡（今村編 2004）と道前久保遺跡（小林 2004）で称名寺1式の土器付着炭化物の年代測定事例が1点ずつあり，3,900±40 ^{14}C BP，3,895±30 ^{14}C BPという測定結果が得られている。これらの事例から考えて，後期初頭の称名寺1式から称名寺2式は，4,000〜3,800 ^{14}C BPの間にそのピークがあると考えることができるだろう。

後期前葉

　後期前葉の堀之内1式については，下宅部遺跡で土器付着炭化物と漆で2点の測定結果があるほか，東京都の多摩ニュータウンNo.243遺跡で7点の土器付着炭化物の年代測定結果が得られて

いる。これらは3,770〜3,660 ^{14}C BPの間に集中している（小林ほか 2004）。このほか，千葉県の三輪野山遺跡の土器付着炭化物で3,760±40 ^{14}C BP（西本編 2006），神奈川県の高山遺跡の土器付着炭化物で3,770±40 ^{14}C BPという測定結果が得られている（今村編 2004）。

堀之内2式は下宅部遺跡で3,735±40 ^{14}C BP，3,630±40 ^{14}C BPという2点の年代測定結果があるほか，関東平野からはやや離れるが，新潟県の分谷地A遺跡の土器付着炭化物で3,590±40 ^{14}C BP，3,560±40 ^{14}C BPという測定結果が得られている（小林ほか 2003b）。

これらを総合すると，おおよそ堀之内1式土器は3,800〜3,700 ^{14}C BPの間にそのピークがあり，堀之内2式土器は3,700〜3,600 ^{14}C BPにピークがあると考えられるが，堀之内2式は3,600〜3,550 ^{14}C BPにかけて継続していた可能性も考えられる。

後期中葉

後期中葉の加曽利B式土器については，下宅部遺跡で体系的な測定事例があるほか，千葉県西根遺跡でも多数の試料が測定されている（西本・小林 2003；小林ほか 2005）。加曽利B1式については，下宅部遺跡の土器付着炭化物で3,525±35 ^{14}C BPと3,470±40 ^{14}C BPという2点の測定結果がある。西根遺跡の土器付着炭化物では3,645±30 ^{14}C BP〜3,425±30 ^{14}C BPまでの10点の年代値があり，ややばらついているが，3,500 ^{14}C BP前後が多い。

加曽利B2式については，下宅部遺跡で3,395±35 ^{14}C BPと3,345±40 ^{14}C BPという2点の土器付着炭化物の測定結果があるほか，西根遺跡では3,500〜3,270 ^{14}C BPの15点の年代測定結果があり，ややばらついているが，その多くは3,450〜3,350 ^{14}C BPの間に集中している。

加曽利B3式については，下宅部遺跡で3,230±35 ^{14}C BP，3,215±25 ^{14}C BPという2点の土器付着炭化物の測定結果，西根遺跡で3,335〜3,230 ^{14}C BPの6点の測定結果が得られている。

これらの結果を総合すると，加曽利B1式についてはおおよそ3,550〜3,450 ^{14}C BPの間にピークがあり，加曽利B2式については3,450〜3,350 ^{14}C BP前後，加曽利B3式については，3,350〜3,200 ^{14}C BP前後にピークがあると考えてよいだろう。

後期後葉

後期後葉の曽谷式土器については，下宅部遺跡の土器付着炭化物で3,260±35 ^{14}C BP，3,230±35 ^{14}C BPという測定結果が得られている。また，千葉県の道免き谷津遺跡の土器付着炭化物で3,275±35 ^{14}C BP，3,180±35 ^{14}C BPという2点の測定結果が得られている（西本編 2006）。

高井東式では下宅部遺跡で6点（個体数は3点）の年代測定結果があり，3,295〜3,150 ^{14}C BPまでやや分散している。しかし，年代値が古く出ているのはいずれも内面付着炭化物であり，それを除けばおおよそ3,200 ^{14}C BP前後に集中している。

安行1式・2式では，下宅部遺跡で安行1式の土器付着炭化物の年代測定結果が1点あるのみであり，3,140±35 ^{14}C BPの測定結果が得られている。

これらの結果を総合すると，曽谷式と高井東式はおおよそ3,300〜3,150 ^{14}C BPの間に集中するようであり，次で述べる晩期安行式が3,000 ^{14}C BPより新しい試料が多いことを考慮すれば，

後期安行式はおおよそ3,200～3,000 ^{14}C BPにそのピークがあると推測できるだろう。

⑤晩期

晩期前葉

晩期安行式期でこれまでにまとまった測定結果が得られているのは，下宅部遺跡の事例が唯一である。しかし，第14章で後述するように，安行3a～3c式期までの間については必ずしも土器型式の先後関係と整合性のある測定結果が得られていない。ここでは，その概要を述べるだけにとどめ，詳細については，第14章に記載した。

安行3a式については，下宅部遺跡で1点の土器付着炭化物の測定事例があり，2,975±35 ^{14}C BPという測定結果が得られているほか，安行3a～3b式の土器で2,935±25 ^{14}C BP，2,910±50 ^{14}C BPという測定結果も得られている。一方，安行3b式では3点の測定結果があるが，2,995～2,970 ^{14}C BPと安行3a式よりも古い年代が得られている。ただし，群馬県の天神原遺跡で安行3b式の土器付着炭化物の年代測定結果があり，2,850±35 ^{14}C BPと下宅部遺跡よりも新しい測定結果が得られている（西本編 2006）。

晩期中葉以降

下宅部遺跡で安行3c式の土器付着炭化物6点（4個体）の年代測定結果が得られている。海洋リザーバー効果を受けている可能性のある1点を除き，3,070～2,730 ^{14}C BPと一致していない。このうち，もっとも新しい2,730±60 ^{14}C BPの試料は安行3d式土器の可能性も指摘されていることから，3d式の年代と考えてよいかもしれない。他の試料の年代値はなんらかの理由で年代値が古く出ている可能性が残る。

安行3d式については，下宅部遺跡で3点の測定結果があり，2,800～2,750 ^{14}C BPでおおよそ一致している。したがって，晩期前葉から中葉の晩期安行3式の土器群は，おおよそ3,000～2,750 ^{14}C BP頃の土器群と考えてよいだろう。

安行3d式よりも新しい千網式や荒海式は年代測定事例がなく，不明である。なお，並行関係にある東北の大洞A1・大洞A2式の年代は，2,760 ^{14}C BP頃からと推定されている（小林 2007）。また，弥生時代前期末の神奈川県中屋敷遺跡で出土した炭化アワや土器付着炭化物の年代が約2,430～2,350 ^{14}C BPであることから（中屋敷遺跡発掘調査団 2008），晩期の最終末はこれよりも古いことは確実であろう。

以上，本章で記述してきた後氷期の土器型式の ^{14}C年代測定事例をまとめると表10－1のように整理できる。これは各土器型式の年代が集中するおおよその年代を示したもので，厳密な区分ではない。表にはその根拠となる測定事例がある遺跡を記している。これらの年代にもとづき，第9章で提示した，後氷期の環境史の段階区分との対比を行ってみたい。

表10 - 1　各土器型式の ^{14}C 年代の概要

各土器型式の年代が集中するおおよその年代を示したもので厳密な区分ではない。表にはその根拠となる測定事例がある遺跡を記した。

大別		土器型式	^{14}C 年代	測定例のある遺跡
(参考：弥生前期)		中屋敷	2,430 〜 2,350 ^{14}C BP 前後か	中屋敷遺跡
晩期	末葉後葉	荒海・千網	データなし	
	中葉	安行3d	2,800 〜 2,700 ^{14}C BP 前後か	下宅部遺跡
		安行3c	2,900 〜 2,800 ^{14}C BP 前後か	下宅部遺跡
	前葉	安行3b	2,900 〜 2,800 ^{14}C BP 前後か	下宅部遺跡，天神原遺跡
		安行3a	3,000 〜 2,900 ^{14}C BP 前後か	下宅部遺跡
後期	後葉	安行2	(3,100 〜 3,000 ^{14}C BP 前後か)	(前後の土器型式の年代から推定)
		安行1	3,100 ^{14}C BP 前後か	下宅部遺跡
		曽谷・高井東	3,300 〜 3,100 ^{14}C BP 前後か	下宅部遺跡，道免き谷津遺跡
	中葉	加曽利B3	3,300 〜 3,200 ^{14}C BP 前後か	下宅部遺跡，西根遺跡
		加曽利B2	3,500 〜 3,300 ^{14}C BP 前後か	下宅部遺跡，西根遺跡
		加曽利B1	3,600 〜 3,400 ^{14}C BP 前後か	下宅部遺跡，西根遺跡
	前葉	堀之内2新	3,700 〜 3,500 ^{14}C BP 前後か	下宅部遺跡，分谷地A遺跡
		堀之内1新	3,800 〜 3,700 ^{14}C BP 前後か	下宅部遺跡，三輪野山遺跡，高山遺跡，TNT No.243遺跡
	初頭	称名寺2	3,900 〜 3,800 ^{14}C BP 前後か	下宅部遺跡
		称名寺1	4,000 〜 3,900 ^{14}C BP 前後か	陣馬場遺跡，道前久保遺跡
中期	後半	加曽利E4	4,100 〜 4,000 ^{14}C BP 前後か	油壺遺跡，二の丸遺跡，伊勢山遺跡，中小前田遺跡
		加曽利E3	4,300 〜 4,100 ^{14}C BP 前後か	大橋遺跡，西ヶ原貝塚
		加曽利E2	4,400 〜 4,300 ^{14}C BP 前後か	仲内遺跡，慶応SFC遺跡，油壺遺跡
		加曽利E1	4,400 〜 4,300 ^{14}C BP 前後か	TNT No.520遺跡，三矢田遺跡，仲内遺跡
	前半	勝坂3	4,400 ^{14}C BP 前後か	慶応SFC遺跡，南作遺跡，旭久保C遺跡
		勝坂2	4,500 〜 4,400 ^{14}C BP 前後か	TNT No.520遺跡，向郷遺跡，高山遺跡
		勝坂1	4,500 ^{14}C BP 前後か	TNT No.520遺跡
		五領ヶ台2	4,600 〜 4,500 ^{14}C BP 前後か	桑森遺跡，TNT No.520遺跡
		五領ヶ台1	(4,700 〜 4,600 ^{14}C BP 前後か)	(前後の土器型式の年代から推定)
前期	後半	十三菩提	4,800 〜 4,700 ^{14}C BP 前後か	南鍛冶山遺跡，新崎町遺跡，下ノ根遺跡
		諸磯c	4,900 〜 4,800 ^{14}C BP 前後か	寺前遺跡
		諸磯b	5,200 〜 5,100 ^{14}C BP 前後か	荒城遺跡，向原遺跡，多摩NT No.520遺跡
		諸磯a	5,300 〜 5,200 ^{14}C BP 前後か	荒城遺跡
		黒浜	5,500 〜 5,200 ^{14}C BP 前後か	大坪遺跡，吉岡遺跡，宿下遺跡，水子貝塚
	前半	関山II	5,700 〜 5,500 ^{14}C BP 前後か	羽根尾貝塚
		関山I	5,900 〜 5,700 ^{14}C BP 前後か	羽根尾貝塚
		花積下層	(6,100 〜 6,000 ^{14}C BP 前後か)	(前後の土器型式の年代から推定)
早期	後葉	下吉井	6,300 〜 6,100 ^{14}C BP 前後か	尾壱遺跡，桜畑上遺跡，野台南遺跡，池田B遺跡
		神之木台	(6,500 〜 6,400 ^{14}C BP 前後か)	(神明上遺跡)
		打越	6,600 〜 6,400 ^{14}C BP 前後か	下ノ大窪遺跡，佛ヶ尾遺跡，神明上遺跡
		茅山上層	データなし	茅山貝塚
		茅山下層	7,200 〜 7,100 ^{14}C BP 前後か	間見穴遺跡，イタドリA遺跡
		鵜ヶ島台	7,400 〜 7,100 ^{14}C BP 前後か	間見穴遺跡
		野島	(7,700 〜 7,600 ^{14}C BP 前後か)	(市兵衛谷遺跡，信頼性不明，参考値)
		子母口	データなし	
	中葉	田戸上層	データなし	
		田戸下層	(8,500 〜 8,400 ^{14}C BP 前後か)	(青根馬渡No.4遺跡，参考値)
		三戸	(8,400 〜 8,300 ^{14}C BP 前後か)	(山の神遺跡，参考値)
	前葉	東山・平坂	9,000 〜 8,800 ^{14}C BP 前後か	登谷遺跡，沖ノ島遺跡など
		大浦山	9,300 〜 9,100 ^{14}C BP 前後か	取掛西遺跡
		稲荷台	9,600 〜 9,500 ^{14}C BP 前後か	江ノ島植物園内遺跡
		夏島	データなし	
		井草	データなし	
		表裏縄文	10,000 〜 9,500 ^{14}C BP 前後か	白井十二遺跡，栃原岩陰遺跡，丸尾北遺跡

¹⁴C年代測定結果一覧

都道府県	遺跡名	出土	分類	種類	型式	大別	¹⁴C年代 (¹⁴C BP)	Labo-code	1σ		IntCal09 2σ		平均値	β or AMS	δ¹³C (‰)	文献
神奈川	江ノ島植物園内	2住居址ピ	B	炭化材	稲荷台	早期	9,510 ± 50	IAAA-30040	11,070	10,690	11,090	10,600	10,860	AMS	—	1
神奈川	江ノ島植物園内	2住居址ピ	A	土器付着植物化物	稲荷台	早期	9,560 ± 50	IAAA-30039	11,080	10,760	11,110	10,710	10,920	AMS	—	1
神奈川	夏島貝塚	夏島Ⅱ文化層	C	土器付着炭化物	夏島	早期	9,240 ± 500	M.770 (771)	11,180	9,770	12,120	9,280	10,590	β	—	2
静岡	池田B	集石遺構No.1	C	炭化材	撚糸文	早期	9,590 ± 50	Beta-127647	11,100	10,780	11,150	10,740	10,940	AMS	—	3
静岡	池田B	集石遺構No.2	C	炭化材	沈線文	早期	9,480 ± 50	Beta-127648	11,070	10,600	11,070	10,580	10,790	AMS	—	3
新潟	黒姫洞窟	土器片1・2次326	A	土器付着炭化物	撚糸文	早期	9,050 ± 50	IAAA-40495	10,250	10,190	10,380	9,960	10,210	AMS	(−24.1)	4
新潟	黒姫洞窟	土器片 2003年度 440	A	土器付着炭化物	撚糸文	早期	9,850 ± 40	Beta-194820	11,270	11,210	11,330	11,190	11,250	AMS	−23.2	4
新潟	黒姫洞窟	土器片 2003年度 446	A	土器付着炭化物	撚糸文	早期	9,720 ± 40	Beta-194819	11,210	11,130	11,240	10,880	11,150	AMS	−24.8	4
栃木	登谷	B28陥し穴	C	炭化物	天矢場（平坂）	早期	8,810 ± 60	Beta-98257	10,120	9,690	10,160	9,630	9,880	AMS	−25.6	5
千葉	取掛西	2008年度 SI-002貝層下部灰層	C	炭化材	大浦山	早期	9,320 ± 70	MTC-11932	10,660	10,410	10,700	10,280	10,510	AMS	—	6
千葉	取掛西	2008年度 SI-002貝層下部灰層	C	炭化材	大浦山	早期	9,140 ± 70	MTC-11933	10,400	10,230	10,500	10,190	10,330	AMS	—	6
千葉	沖ノ島	D-1区9.③層	C	植物遺体（葉など）	大浦山・平坂？	早期	8,705 ± 45	PLD-3966	9,700	9,550	9,890	9,540	9,670	AMS	(−29.3)	7
千葉	沖ノ島	A-1区9階段下部（9b階）	C	木材	大浦山・平坂？	早期	8,735 ± 45	PLD-3966	9,780	9,560	9,890	9,550	9,720	AMS	−26.7	7
長野	山の神	住居跡SB03覆土	B	炭化材	細久保（三戸式並行）	早期	8,310 ± 120	PLD-1012	9,460	9,130	9,520	9,020	9,280	AMS	(−25.9)	8
長野	山の神	住居跡SB06覆土	B	炭化材	細久保（三戸式並行）	早期	8,230 ± 110	PLD-1013	9,400	9,030	9,490	8,810	9,210	AMS	(−26.4)	8
神奈川	青根馬渡No.4	14号集石覆土中層	C	炭化材	田戸下層	早期	8,450 ± 90	Beta-102205	9,540	9,320	9,600	9,140	9,430	AMS	−25.4	9
埼玉	市兵衛谷	—	A?	土器胎土内繊維	野島	早期	7,620 ± 120	Tka-11882	8,560	8,320	8,700	8,170	8,430	AMS	−26.0	10
埼玉	市兵衛谷	—	A?	土器胎土内繊維	野島	早期	7,710 ± 80	Tka-11943	8,560	8,410	8,650	8,360	8,500	AMS	−21.6	10
千葉	炭間貝塚	—	B	繊維	鵜ヶ島台	早期	7,290 ± 145	N-372	8,300	7,960	8,390	7,840	8,120	β	—	11・12
千葉	間見穴	40B土坑（ドウ穴）焼土内炭化物	B	炭化材	鵜ヶ島台	早期	7,155 ± 45	MTC-05081	8,010	7,940	8,110	7,860	7,980	AMS	—	6
千葉	間見穴	40A土坑（ドウ穴）	B	炭化材	鵜ヶ島台	早期	7,420 ± 40	Beta-197018	8,310	8,180	8,350	8,170	8,260	AMS	−26.9	6
千葉	間見穴	SB16A住居跡	A	土器付着炭化物	鵜ヶ島台〜茅山下層	早期	7,170 ± 50	MTC-05218	8,020	7,940	8,160	7,870	7,990	AMS	−24.2	6
千葉	間見穴	SK32竪穴状遺構	A	土器付着炭化物	鵜ヶ島台〜茅山下層	早期	7,110 ± 45	MTC-05219	7,980	7,870	8,020	7,840	7,930	AMS	−24.1	6
神奈川	茅山貝塚	—	A?	繊維（土器胎土内）	茅山	早期	7,080 ± 150	N-514	8,030	7,720	8,190	7,610	7,910	β	—	11・12
千葉	間見穴	SK15土坑	A	土器付着炭化物	茅山下層	早期	7,225 ± 45	MTC-05220	8,160	7,970	8,170	7,960	8,050	AMS	−23.4	6
静岡	イタドリA	—	A	土器付着炭化物	茅山下層	早期	7,180 ± 40	IAAA-80619	8,020	7,960	8,160	7,930	8,000	AMS	—	13
静岡	下ヶ大窪	SJ37住居跡	A	土器付着炭化物	打越	早期	6,600 ± 50	IAAA-51651	7,560	7,430	7,570	7,430	7,500	AMS	—	13
静岡	佛ヶ尾	SJ37住居跡	A	土器付着炭化物	打越	早期	6,560 ± 40	IAAA-50815	7,490	7,420	7,570	7,420	7,470	AMS	—	13
静岡	佛ヶ尾	SJ37住居跡	A	土器付着炭化物	打越	早期	6,520 ± 40	IAAA-50810	7,480	7,410	7,560	7,320	7,430	AMS	—	13
静岡	佛ヶ尾	—	A	土器付着炭化物	打越	早期	6,460 ± 40	IAAA-50809	7,430	7,320	7,440	7,280	7,370	AMS	—	13
静岡	佛ヶ尾	—	A	土器付着炭化物	打越	早期	6,450 ± 40	IAAA-50814	7,430	7,320	7,430	7,280	7,370	AMS	—	13
静岡	佛ヶ尾	—	A	土器付着炭化物	打越	早期	6,450 ± 40	IAAA-50808	7,420	7,320	7,430	7,280	7,370	AMS	—	13
静岡	佛ヶ尾	—	A	土器付着炭化物	打越〜神之木台	早期	6,350 ± 40	IAAA-50806	7,420	7,180	7,420	7,170	7,290	AMS	—	13
東京	神明上	—	B	炭化材	打越〜神之木台	早期	6,460 ± 70	MTC-05669	7,440	7,310	7,510	7,250	7,370	AMS	—	6
東京	神明上	—	B	炭化材	打越〜神之木台	早期	6,390 ± 40	MTC-05670	7,420	7,260	7,420	7,250	7,330	AMS	—	6
東京	神明上	—	B	炭化材	打越〜神之木台	早期	6,495 ± 45	MTC-05671	7,460	7,320	7,500	7,310	7,400	AMS	—	6
静岡	尾壱	—	A	土器付着炭化物	下吉井	早期	6,370 ± 40	IAAA-50806	7,420	7,250	7,420	7,180	7,310	AMS	—	13
静岡	尾壱	—	A	土器付着炭化物	下吉井	早期	6,240 ± 40	IAAA-82051	7,270	7,030	7,260	7,010	7,160	AMS	—	13
静岡	桜畑上	—	A	土器付着炭化物	下吉井	早期	6,220 ± 30	IAAA-82052	7,240	7,020	7,250	7,010	7,120	AMS	—	13
静岡	野台南	—	A	土器付着炭化物	下吉井	早期	6,120 ± 40	IAAA-80965	7,160	6,930	7,160	6,900	7,020	AMS	—	13
静岡	池田B	5号住居跡覆土	C	炭化材	下吉井	早期	6,200 ± 50	Beta-127650	7,170	7,000	7,250	6,970	7,100	AMS	—	3

都道府県	遺跡名	出土	分類	種類	型式	大別	¹⁴C年代 (¹⁴C BP)	Labo-code	IntCal09 1σ		IntCal09 2σ		平均値	β or AMS	δ¹³C (‰)	文献
静岡	池田 B	8号住居跡覆土	C	炭化材	下吉井	早期	6,240±50	Beta-127652	7,260	7,020	7,270	7,000	7,150	AMS	—	3
埼玉	坂堂貝塚	—	A?	土器胎土内繊維	花積下層	前期	6,170±90	Tka-11886	7,230	6,940	7,270	6,800	7,060	AMS	−24.8	10
埼玉	滝の宮坂	—	A?	土器胎土内繊維	花積下層	前期	6,420±90	Tka-11883	7,430	7,270	7,500	7,160	7,340	AMS	−25.5	10
埼玉	滝の宮坂	—	A?	土器胎土内繊維	花積下層	前期	6,420±100	Tka-11944	7,430	7,250	7,570	7,160	7,340	AMS	—	10
埼玉	滝の宮坂	—	A?	土器胎土内繊維	花積下層	前期	6,630±150	Tka-11890	7,670	7,410	7,800	7,250	7,520	AMS	−25.3	10
埼玉	滝の宮坂	—	A?	土器胎土内繊維	花積下層	前期	6,710±90	Tka-11941	7,660	7,500	7,710	7,420	7,580	AMS	−25.1	10
埼玉	宿上	—	A?	土器胎土内繊維	花積下層	前期	7,210±90	Tka-11946	8,160	7,950	8,280	7,840	8,040	AMS	−25.8	10
埼玉	関山貝塚	—	A?	土器胎土内繊維	関山	前期	5,870±120	Tka-11997	6,850	6,500	6,990	6,400	6,700	AMS	−25.1	10
埼玉	戸崎前	—	A?	土器胎土内繊維	関山	前期	6,010±90	Tka-11884	6,970	6,730	7,160	6,660	6,870	AMS	−25.4	10
神奈川	羽根尾貝塚	3C区　8層中部	C	木材(枝)	関山Ⅰ〜Ⅱ	前期	5,751±55	TERRA-b022102a09	6,640	6,490	6,670	6,410	6,550	AMS	−29.6	14
神奈川	羽根尾貝塚	3C区　8層下部	C	ヒシ種子	関山Ⅰ〜Ⅱ	前期	5,475±50	TERRA-b022102a10	6,320	6,210	6,400	6,180	6,270	AMS	−28.8	14
神奈川	羽根尾貝塚	3C区　9層	C	木材(枝)	関山Ⅰ〜Ⅱ	前期	5,647±57	TERRA-b022102a05	6,500	6,320	6,570	6,300	6,430	AMS	−29.1	14
神奈川	羽根尾貝塚	3C区　8層最上部	C	ヒシ種子	関山Ⅱ〜黒浜(古)	前期	5,352±56	TERRA-b022102a07	6,270	6,010	6,280	5,990	6,130	AMS	−26.2	14
神奈川	羽根尾貝塚	3C区　8層上部	C	ヒシ種子	関山Ⅱ〜黒浜(古)	前期	5,341±57	TERRA-b022102a08	6,210	6,000	6,280	5,990	6,120	AMS	−24.6	14
神奈川	羽根尾貝塚	3C区　5層下部	C	木材(枝)	関山Ⅱ〜諸磯a	前期	5,386±53	TERRA-b100402a39	6,290	6,030	6,290	6,000	6,170	AMS	−28.6	14
神奈川	羽根尾貝塚	3C区　5層下部	C	イノシシ中足骨	関山Ⅱ〜諸磯a	前期	5,386±52	TERRA-b022102a16	6,290	6,030	6,300	6,000	6,170	AMS	−19.3	14
神奈川	羽根尾貝塚	3C区　6層	C	イヌガヤ?種子	関山Ⅱ〜諸磯a	前期	5,398±55	TERRA-b022102a17	6,290	6,120	6,300	6,000	6,180	AMS	−25.7	14
神奈川	羽根尾貝塚	3C区　6層/8層	C	種実	関山Ⅱ〜諸磯a	前期	5,437±54	TERRA-b022102a06	6,210	6,000	6,280	5,990	6,120	AMS	−24.8	14
神奈川	羽根尾貝塚	105図1	A	土器付着炭化物	関山Ⅰ	前期	5,730±25	PLD-10722	6,570	6,470	6,640	6,440	6,530	AMS	—	6
神奈川	羽根尾貝塚	105図2	A	土器付着炭化物	関山Ⅰ	前期	5,930±25	PLD-10728	6,800	6,720	6,830	6,670	6,750	AMS	—	6
神奈川	羽根尾貝塚	106図9	A	土器付着炭化物	関山Ⅱ	前期	5,740±25	PLD-10727	6,600	6,490	6,640	6,460	6,540	AMS	—	6
神奈川	羽根尾貝塚	48図23	A	土器付着炭化物	関山Ⅱ	前期	5,715±25	PLD-10729	6,540	6,450	6,620	6,410	6,500	AMS	—	6
神奈川	羽根尾貝塚	52図49	A	土器付着炭化物	清水Ⅱ・上Ⅱ	前期	5,915±25	PLD-10735	6,780	6,670	6,790	6,640	6,730	AMS	—	6
神奈川	羽根尾貝塚	3C区2　6層　54図68	A	土器付着炭化物	清水Ⅱ・上Ⅱ〜上の坊	前期	5,760±25	PLD-10719	6,630	6,500	6,640	6,490	6,560	AMS	—	6
神奈川	羽根尾貝塚	8層　144図62	A	土器付着炭化物	清水Ⅱ・上Ⅱ〜上の坊	前期	5,760±25	PLD-10720	6,630	6,500	6,640	6,490	6,560	AMS	—	6
神奈川	羽根尾貝塚	131図102	A	土器付着炭化物	釈迦堂ZⅢ	前期	5,450±25	PLD-10724	6,290	6,210	6,300	6,200	6,250	AMS	—	6
神奈川	羽根尾貝塚	50図40	A	土器付着炭化物	釈迦堂ZⅢ	前期	5,390±25	PLD-10733	6,280	6,180	6,290	6,120	6,220	AMS	—	6
神奈川	羽根尾貝塚	130図89	A	土器付着炭化物	釈迦堂ZⅢ	前期	5,560±25	PLD-10734	6,400	6,300	6,400	6,300	6,350	AMS	—	6
神奈川	羽根尾貝塚	130図89　83図4	A	土器付着炭化物	黒浜	前期	5,425±25	PLD-10718	6,290	6,210	6,290	6,190	6,240	AMS	—	6
神奈川	羽根尾貝塚	83図7	A	土器付着炭化物	黒浜	前期	5,315±25	PLD-10721	6,180	6,000	6,190	6,000	6,090	AMS	—	6
神奈川	羽根尾貝塚	83図5	A	土器付着炭化物	黒浜	前期	5,335±25	PLD-10723	6,190	6,020	6,210	6,000	6,100	AMS	—	6
神奈川	羽根尾貝塚	3C区　6層　83図4	A	土器付着炭化物	黒浜	前期	5,440±25	PLD-10725	6,290	6,210	6,300	6,200	6,250	AMS	—	6
神奈川	羽根尾貝塚	131図98	A (R?)	土器付着炭化物	黒浜(古)	前期	5,860±25	PLD-10726	6,730	6,650	6,750	6,630	6,690	AMS	—	6
神奈川	羽根尾貝塚	93図11	A	土器付着炭化物	黒浜(古)	前期	5,325±25	PLD-10731	6,190	6,010	6,190	5,990	6,100	AMS	—	6
神奈川	羽根尾貝塚	131図99	A (R?)	土器付着炭化物	黒浜(古)	前期	5,910±25	PLD-10732	6,780	6,670	6,790	6,670	6,730	AMS	—	6
神奈川	羽根尾貝塚	131図99	A (R?)	土器付着炭化物	黒浜	前期	5,710±25	IAAA-31129	6,540	6,440	6,600	6,410	6,490	AMS	—	6
千葉	大坪	—	A (R?)	土器付着炭化物	黒浜(古)	前期	5,810±50	Beta-189954	6,680	6,540	6,740	6,490	6,610	AMS	—	1
千葉	大坪	—	A (R?)	土器付着炭化物	黒浜(古)	前期	5,860±50	IAAA-31130	6,750	6,570	6,800	6,530	6,670	AMS	—	6
千葉	大坪	—	A	土器付着炭化物	黒浜(古)	前期	5,600±40		6,410	6,310	6,460	6,300	6,370	AMS	—	1

都道府県	遺跡名	出土	分類	種類	型式	大別	^{14}C年代 (^{14}C BP)	Labo-code	IntCal09 1σ		IntCal09 2σ		平均値	β or AMS	$δ^{13}C$ (‰)	文献
千葉	大坪	—	A	土器付着炭化物	黒浜(古)	前期	5,590±40	Beta-189955	6,410	6,310	6,450	6,290	6,370	AMS	—	6
千葉	大坪	—	A	土器付着炭化物	黒浜	前期	5,545±25	PLD-4455	6,400	6,290	6,400	6,290	6,340	AMS	—	6
千葉	大坪	—	A	土器付着炭化物	黒浜	前期	5,630±25	PLD-4456	6,450	6,350	6,480	6,310	6,400	AMS	—	6
千葉	大坪	—	A	土器付着炭化物	黒浜	前期	5,560±25	PLD-4457	6,400	6,300	6,400	6,300	6,350	AMS	—	6
埼玉	宿下	—	A?	土器胎土内繊維	黒浜	前期	5,380±90	Tka-11638	6,290	6,020	6,320	5,930	6,150	AMS	-25.6	10
埼玉	宿下	—	A?	土器胎土内繊維	黒浜	前期	5,660±90	Tka-11885	6,540	6,310	6,660	6,290	6,460	AMS	-25.0	10
神奈川	吉岡	—	A?	土器胎土内繊維	黒浜	前期	5,780±120	Tka-11942	6,730	6,440	6,860	6,310	6,590	AMS	-24.9	10
神奈川	吉岡	—	A?	土器胎土内繊維	黒浜	前期	5,970±90	Tka-11888	6,910	6,670	7,160	6,560	6,820	AMS	-25.8	10
埼玉	宿上	—	A?	土器胎土内繊維	黒浜	前期	9,860±210	Tka-11887	11,760	10,870	12,080	10,680	11,380	AMS	(-30.0)	15
埼玉	水子貝塚	15号住居跡 東SB17B区6層	B	オニグルミ	黒浜(中)	前期	5,260±30	PLD-4136	6,180	5,940	6,180	5,930	6,040	AMS	(-26.2)	15
埼玉	水子貝塚	15号住居跡 3D区40層	B	オニグルミ	黒浜(中)	前期	5,280±30	PLD-4137	6,180	5,990	6,190	5,940	6,070	AMS	(-26.2)	15
埼玉	水子貝塚	15号住居跡 19A区26層	B	オニグルミ	黒浜(中)	前期	5,280±30	PLD-4138	6,180	5,990	6,190	5,940	6,070	AMS	(-27.2)	15
埼玉	水子貝塚	15号住居跡 南北SB南半13B区22層	B	オニグルミ	黒浜(中)	前期	5,235±30	PLD-4139	6,000	5,920	6,180	5,910	6,000	AMS	(-26.9)	15
埼玉	水子貝塚	15号住居跡 13D区16層	B	オニグルミ	黒浜(中)	前期	5,290±30	PLD-4140	6,180	5,990	6,190	5,950	6,080	AMS	(-26.6)	15
埼玉	水子貝塚	15号住居跡 13D区14層	B	オニグルミ	黒浜(中)	前期	5,220±30	PLD-4141	6,000	5,930	6,190	5,910	5,970	AMS	(-26.6)	15
埼玉	水子貝塚	15号住居跡 13D区11層	B	オニグルミ	黒浜(中)	前期	5,290±30	PLD-4142	6,180	5,990	6,190	5,950	6,080	AMS	(-28.3)	15
埼玉	水子貝塚	25C区10層No.1787	B	オニグルミ	黒浜(古新〜中)	前期	5,285±40	MTC-05224	6,180	5,990	6,190	5,940	6,070	AMS	(-28.0)	15
埼玉	水子貝塚	25C区4層	B	不明堅果	黒浜(古新〜中)	前期	5,375±40	PLD-4143	6,280	6,120	6,280	6,010	6,180	AMS	(-27.3)	15
埼玉	水子貝塚	25D区5層	B	オニグルミ	黒浜(古新〜中)	前期	5,420±30	PLD-4144	6,280	6,200	6,290	6,180	6,240	AMS	(-26.0)	15
埼玉	水子貝塚	16号住居跡 2B東SB SB区5層 No.2005	B	堅果	黒浜(古新〜中)	前期	5,355±40	MTC-05225	6,270	6,020	6,280	6,000	6,140	AMS	(-29.0)	15
埼玉	水子貝塚	16号住居跡 5D南北SB南半15層 No.2372	B	オニグルミ	黒浜(古新〜中)	前期	5,315±30	PLD-4145	6,180	6,000	6,190	5,990	6,090	AMS	(-29.0)	15
埼玉	水子貝塚	16号住居跡 5D南北SB南半3層 No.2333	B	オニグルミ	黒浜(古新〜中)	前期	5,300±40	MTC-05226	6,180	5,990	6,210	5,940	6,080	AMS	(-31.1)	15
千葉	野田貝塚	22次2号住居,覆土中貝層下	C	炭化材	黒浜	前期	5,160±60	PLD-5972	6,000	5,760	6,180	5,740	5,910	AMS	—	6
千葉	野田貝塚	22次3号住居,覆土中上層	C	炭化材	黒浜	前期	5,245±30	PLD-5973	6,170	5,930	6,180	5,920	6,010	AMS	—	6
長野	荒城	住居址4,双口土器内	B	炭化材	諸磯a	前期	5,295±40	MTC-03326	6,180	5,990	6,190	5,940	6,080	AMS	-29.2	16
長野	荒城	住居址4	B	炭化材	諸磯a	前期	5,270±40	MTC-03327	6,180	5,940	6,190	5,930	6,060	AMS	-22.9	16
長野	荒城	住居址4の上の1号集石遺構	B	炭化材	諸磯b	前期	5,100±40	MTC-03328	5,920	5,750	5,930	5,740	5,830	AMS	-28.7	16
群馬	向原	J2住,ピット9	B	炭化材	諸磯b	前期	5,100±35	IAAA-11633	5,910	5,750	5,920	5,740	5,830	AMS	—	17
群馬	向原	J2住軒	B	炭化材	諸磯b	前期	5,115±35	IAAA-11634	5,920	5,760	5,930	5,740	5,840	AMS	—	17
群馬	松原	G21, P.J66 14P-2	B	炭化材	諸磯b	前期	5,080±40	Beta-194401	5,910	5,750	5,920	5,730	5,820	AMS	-26.0	6
東京	多摩NT No.520	住居址14	B	炭化材	諸磯b	前期	5,110±40	IAAA-11629	5,920	5,760	5,930	5,740	5,830	AMS	—	18
千葉	寺前	住居跡6A.5 PJ-2埋設炉②	A	土器付着炭化物	諸磯b1	前期	5,320±40	Beta-189576	6,190	6,000	6,270	5,990	6,100	AMS	-26.0	6
千葉	寺前	住居跡6A.5 PJ-6	A	土器付着炭化物	諸磯c	前期	4,830±30	IAAA-31583	5,610	5,480	5,650	5,470	5,550	AMS	-25.6	19
神奈川	南鍛冶山	6層	A	土器付着炭化物	十三菩提2段階	前期	4,750±40	Beta-160327	5,590	5,330	5,590	5,320	5,490	AMS	-25.6	20
神奈川	南鍛冶山	包含層	A	土器付着炭化物	十三菩提4段階	前期	4,760±40	Beta-160325	5,590	5,470	5,590	5,320	5,490	AMS	-24.8	20
神奈川	新崎町	新崎町二-1,ピット62	A	土器付着炭化物	十三菩提	前期	5,100±40	IAAA-30038	5,320	5,060	5,450	5,040	5,190	AMS	—	6
神奈川	新崎町	新崎町二-1,ピット62	A	土器付着炭化物	十三菩提2	前期	4,790±40	Beta-189942	5,590	5,470	5,610	5,330	5,520	AMS	-24.6	6
神奈川	下ノ根	6層	A	土器付着炭化物	十三菩提2	前期	4,750±40	Beta-160327	5,590	5,330	5,590	5,320	5,490	AMS	-25.6	6
神奈川	下ノ根	包含層	A	土器付着炭化物	十三菩提4	前期	4,760±40	Beta-160325	5,590	5,470	5,590	5,320	5,490	AMS	-24.8	6
山梨	桑森	C_4包含層	A	土器付着炭化物	五領ヶ台2	中期	4,570±30	IAAA-31582	5,320	5,080	5,450	5,050	5,230	AMS	—	19
山梨	桑森	C_5包含層	A	土器付着炭化物	五領ヶ台2	中期	4,580±50	IAAA-30271	5,590	5,470	5,610	5,320	5,500	AMS	—	19
山梨	桑森	C_5包含層	A	土器付着炭化物	五領ヶ台2	中期	4,590±50	IAAA-30272	5,590	5,470	5,610	5,320	5,510	AMS	—	19

都道府県	遺跡名	出土	分類	種類	型式	大別	¹⁴C年代 (¹⁴C BP)	Labo-code	IntCal09 1σ		IntCal09 2σ		平均値	β or AMS	δ¹³C (‰)	文献
東京	多摩 NT No.520	土器捨場	A	土器付着炭化物	五領ヶ台2	中期	4,510±30	Beta-171632	5,290	5,060	5,310	5,040	5,170	AMS	−25.6	21
東京	多摩 NT No.520	20住下層	A	土器付着炭化物	勝坂1（新道）	中期	4,490±50	Beta-171629	5,290	5,050	5,300	5,030	5,160	AMS	−25.4	21
東京	多摩 NT No.520	土器捨場	A	土器付着炭化物	勝坂2	中期	4,590±30	Beta-171630	5,450	5,080	5,470	5,050	5,290	AMS	−26.3	21
東京	向郷	3層	A	土器付着炭化物	勝坂2	中期	4,420±30	Beta-171631	5,220	4,890	5,270	4,860	5,020	AMS	−25.8	21
東京	向郷	3層	A	土器付着炭化物	勝坂2	中期	4,460±40	Beta-162293	5,280	4,970	5,300	4,890	5,120	AMS	−26.6	22
東京	向郷	3層	A	土器付着炭化物	勝坂2	中期	4,460±40	Beta-162290	5,280	4,970	5,300	4,890	5,120	AMS	−26.4	22
東京	向郷		A	土器付着炭化物	勝坂2	中期	4,450±40	Beta-165962	5,280	4,960	5,290	4,880	5,100	AMS	−27.0	22
東京	向郷		A	土器付着炭化物	勝坂2	中期	4,440±40	Beta-162292	5,280	4,960	5,290	4,870	5,080	AMS	−26.4	22
東京	向郷	土坑1K1	A	土器付着炭化物	勝坂2	中期	4,440±40	Beta-162291	5,280	4,960	5,290	4,870	5,080	AMS	−25.5	22
神奈川	高山	土坑1K1	A	土器付着炭化物	勝坂2	中期	4,370±40	Beta-163298	5,280	4,860	5,290	4,870	5,080	AMS	−25.3	22
神奈川	慶応 SFC	住居跡364	A	土器付着炭化物	勝坂2	中期	4,440±40	IAAA-30035	4,980	4,860	5,050	4,850	4,940	AMS	−24.5	19
千葉	南作	住居跡4-K1	A	土器付着炭化物	勝坂3	中期	4,410±40	Beta-163299	4,980	4,860	5,050	4,860	4,940	AMS	−24.7	19
群馬	旭久保C	住居跡246	A	土器付着炭化物	勝坂3	中期	4,410±40	Beta-161099	5,050	4,870	5,280	4,860	5,010	AMS	−27.1	21
東京	多摩 NT No.520	包含層	A	土器付着炭化物	加曽利E1	中期	4,350±40	Beta-164148	5,050	4,850	5,280	4,840	5,010	AMS	−24.9	21
栃木	三矢田	住居跡27	A	土器付着炭化物	加曽利E1	中期	4,340±40	Beta-168190	4,970	4,850	5,040	4,830	4,930	AMS	−	19
栃木	仲内	住居跡J10, 床上	A	土器付着炭化物	加曽利E2	中期	4,360±40	IAAA-30068	4,960	4,850	5,040	4,840	4,920	AMS	−23.0	19
栃木	仲内	住居跡703	A	土器付着炭化物	加曽利E2	中期	4,400±40	Beta-167427	4,970	4,860	5,270	4,850	4,930	AMS	−26.6	19
神奈川	慶応 SFC	住居跡704	A	土器付着炭化物	加曽利E2	中期	4,380±40	Beta-165959	5,040	4,870	5,220	4,850	4,990	AMS	−25.3	19
神奈川	油壷	住居跡704	A	土器付着炭化物	加曽利E2	中期	4,170±40	Beta-167426	5,030	4,620	4,840	4,570	4,960	AMS	−26.1	19
東京	大橋	住居跡6, K2	A	土器付着炭化物	加曽利E3	中期	4,340±40	Beta-158197	4,830	4,850	4,840	4,570	4,710	AMS	−23.2	23
東京	大橋	住居跡6-20	A	土器付着炭化物	加曽利E3	中期	4,270±40	Beta-163297	4,960	4,850	5,040	4,830	4,920	AMS	−27.9	19
東京	西ヶ原貝塚	土坑252, 床面	A	土器付着炭化物	加曽利E3	中期	4,220±50	Beta-183452	4,870	4,820	4,960	4,650	4,830	AMS	−27.9	19
東京	油壷	集石20	A	土器付面漆	加曽利E3	中期	4,210±40	Beta-158770	4,850	4,650	4,870	4,580	4,740	AMS	−26.4	19
神奈川	油壷	住居跡10-107	A	土器付着炭化物	加曽利E4	中期	4,150±30	Beta-160329	4,820	4,610	4,860	4,610	4,700	AMS	−	19
神奈川	油壷	住居跡10-331	A	土器付着炭化物	加曽利E4	中期	4,170±40	IAAA-31596	4,830	4,620	4,840	4,570	4,710	AMS	−26.0	23
神奈川	二の丸	住居跡チ-3385P-9.8.10	A	土器付着炭化物	加曽利E4	中期	4,060±40	Beta-171776	4,790	4,440	4,810	4,420	4,570	AMS	−26.2	23
埼玉	伊勢山	敷石住居5	A	土器付着炭化物	加曽利E4	中期	4,050±40	Beta-171775	4,780	4,430	4,800	4,420	4,550	AMS	−	19
	中小前田2		A	土器付着炭化物	加曽利E4	中期	4,030±40	IAAA-30464	4,570	4,420	4,810	4,410	4,530	AMS	−	19
			A	土器付着炭化物	加曽利E4	中期	4,010±40	Beta-187222	4,530	4,420	4,790	4,410	4,490	AMS	−25.3	19
群馬	陣馬場		A	土器付着炭化物	称名寺1	後期	3,900±40	Beta-165960	4,420	4,290	4,430	4,160	4,330	AMS	−	1
群馬	道前久保	土坑D23	A	土器付着炭化物	称名寺1	後期	3,895±30	IAAA-11635	4,410	4,290	4,420	4,240	4,330	AMS	−	17
東京	下宅部	調査区III, 主C, C16, 296, 河道1	A	土器付着炭化物	称名寺2	後期	3,890±35	MTC-06221	4,410	4,290	4,420	4,180	4,330	AMS	−25.9	24・25
東京	下宅部	調査区III, 主C, C16, 388, 河道1	A	土器付着炭化物	称名寺2	後期	3,860±40	IAAA-31596	4,410	4,180	4,420	4,150	4,290	AMS	−	24・25
東京	下宅部	調査区III, 主C, C16, 258, 河道1	A	土器付着炭化物	称名寺〜堀之内	後期	3,870±60	MTC-06717	4,420	4,230	4,440	4,090	4,290	AMS	−26.5	24・25
東京	下宅部	調査区II, 主D, D9, 5115, 河道1, 7WF	A	土器付着炭化物	堀之内1	後期	3,740±35	MTC-06216	4,150	4,000	4,230	3,980	4,090	AMS	−26.8	24・25
東京	下宅部	調査区II, 主E, D8, 1875, 河道1	A	漆	堀之内1	後期	3,710±35	MTC-04599	4,140	3,980	4,160	3,920	4,050	AMS	−	24・25
千葉	三輪野山		A	土器付着炭化物	堀之内1古	後期	3,760±40	IAAA-31049	4,240	4,000	4,250	3,980	4,120	AMS	−	1
神奈川	高山	住居祉304	A	土器付着炭化物	堀之内1新	後期	3,730±40	IAAA-30037	4,150	3,980	4,230	3,930	4,080	AMS	−	26
東京	多摩 NT No.243	自然流路内	A	土器付着炭化物	堀之内1新	後期	3,750±40	IAAA-31093	4,220	3,990	4,240	3,980	4,110	AMS	−	26
東京	多摩 NT No.243	自然流路内	A	土器付着炭化物	堀之内1新	後期	3,770±40	IAAA-31094	4,240	4,080	4,290	3,980	4,140	AMS	−	26
東京	多摩 NT No.243	自然流路内	A	土器付着炭化物	堀之内1新	後期	3,660±40	IAAA-31095	4,080	3,910	4,140	3,870	3,990	AMS	−	26
東京	多摩 NT No.243	自然流路内	A	土器付着炭化物	堀之内1新	後期	3,740±40	IAAA-31096	4,160	3,980	4,230	3,920	4,050	AMS	−	26
東京	多摩 NT No.243	自然流路内	A	土器付着炭化物	堀之内1新	後期	3,740±40	IAAA-31097	4,160	3,990	4,240	3,970	4,090	AMS	−	26

都道府県	遺跡名	出土	分類	種類	型式	大別	¹⁴C年代(¹⁴C BP)	Labo-code	IntCal09 1σ		IntCal09 2σ		平均値	β or AMS	δ¹³C (‰)	文献
東京	多摩NT No.243	自然流路内	A	土器付着炭化物	堀之内1新	後期	3,680±40	IAAA-31098	4,090	3,930	4,150	3,890	4,020	AMS	—	26
東京	下宅部	調査区II, 主D, E9, 1631, 河道1	A	土器付着炭化物	堀之内2	後期	3,735±40	MTC-06217	4,150	3,990	4,240	3,970	4,080	AMS	−25.5	24・25
東京	下宅部	調査区II, 主D, D10, 207, 河道1	A	土器付着炭化物	堀之内2	後期	3,630±40	Beta-211229	4,070	3,880	4,090	3,840	3,950	AMS	−27.3	24・25
新潟	分谷地A	土器片	A	土器付着炭化物	堀之内2	後期	3,560±40	IAAA-30044	3,930	3,730	3,980	3,720	3,850	AMS	−29.7	27
新潟	分谷地A	土器片	A	土器付着炭化物	堀之内2	後期	3,590±40	Beta-162284	3,970	3,840	4,070	3,720	3,900	AMS	−26.1	27
東京	下宅部	調査区VI, 主B, B21, 609, 河道1	A	土器付着炭化物	加曽利B1	後期	3,470±40	MTC-06219	3,830	3,690	3,840	3,630	3,750	AMS	−26.2	24・25
東京	下宅部	調査区II, 主D, D9, 3698, 河道1	A	土器付着炭化物	加曽利B1	後期	3,525±35	MTC-06220	3,860	3,720	3,900	3,690	3,800	AMS	−25.6	24・25
千葉	西根	自然流路	A	土器付着炭化物	加曽利B1	後期	3,425±35	MTC-03312	3,720	3,630	3,830	3,580	3,680	AMS	—	28
千葉	西根	自然流路	A	土器付着炭化物	加曽利B1	後期	3,535±35	MTC-03600	3,860	3,720	3,900	3,690	3,800	AMS	—	28
千葉	西根	自然流路	A	土器付着炭化物	加曽利B1前半	後期	3,615±35	MTC-03308	3,980	3,880	4,080	3,830	3,930	AMS	—	28
千葉	西根	自然流路	A	土器付着炭化物	加曽利B1前半	後期	3,460±30	MTC-03514	3,830	3,640	3,830	3,640	3,740	AMS	—	28
千葉	西根	自然流路	A	土器付着炭化物	加曽利B1前半	後期	3,570±30	MTC-03516	3,910	3,830	3,980	3,720	3,870	AMS	—	28
千葉	西根	3C-67	A	漆	加曽利B1後半	後期	3,500±35	MTC-03307	3,840	3,720	3,880	3,680	3,770	AMS	—	28
千葉	西根	自然流路	A	漆	加曽利B1後半	後期	3,440±35	MTC-03309	3,820	3,630	3,830	3,610	3,710	AMS	—	28
千葉	西根	自然流路	A	土器付着炭化物	加曽利B1後半	後期	3,485±30	MTC-03310	3,830	3,700	3,840	3,640	3,760	AMS	—	28
千葉	西根	自然流路	A	土器付着炭化物	加曽利B1後半	後期	3,640±40	Beta-184563	4,070	3,890	4,090	3,850	3,960	AMS	−24.6	28
千葉	西根	自然流路	A	土器付着炭化物	加曽利B1後半	後期	3,645±30	MTC-03515	4,070	3,900	4,090	3,870	3,970	AMS	—	28
千葉	西根	自然流路	A	土器付着炭化物	加曽利B1〜B2	後期	3,475±30	MTC-03598	3,830	3,690	3,840	3,640	3,750	AMS	—	28
千葉	西根	自然流路	A	土器付着炭化物	加曽利B1後半〜B2前半	後期	3,335±30	MTC-03601	3,640	3,480	3,640	3,470	3,560	AMS	—	28
東京	下宅部	調査区III, 試掘トレンチ6, Noなし	A	土器付着炭化物	加曽利B2	後期	3,345±40	MTC-06218	3,640	3,480	3,690	3,470	3,580	AMS	−26.7	24・25
東京	下宅部	調査区III, 主C, G12, 1604, 河道1	A	土器付着炭化物	加曽利B2前半	後期	3,395±35	MTC-06224	3,690	3,580	3,820	3,510	3,640	AMS	−25.8	24・25
千葉	西根	自然流路	A	土器付着炭化物	加曽利B2前半	後期	3,500±60	MTC-03313	3,850	3,690	3,960	3,630	3,780	AMS	—	28
千葉	西根	自然流路	A	土器付着炭化物	加曽利B2	後期	3,475±35	MTC-03311	3,830	3,690	3,840	3,640	3,750	AMS	—	28
千葉	西根	自然流路	A	土器付着炭化物	加曽利B2	後期	3,435±35	MTC-03602	3,820	3,630	3,830	3,580	3,700	AMS	—	28
千葉	西根	自然流路	A	土器付着炭化物	加曽利B2	後期	3,420±35	MTC-03603	3,720	3,630	3,830	3,570	3,680	AMS	—	28
千葉	西根	自然流路	A	土器付着炭化物	加曽利B2	後期	3,415±35	MTC-03314	3,710	3,610	3,830	3,570	3,670	AMS	—	28
千葉	西根	自然流路	A	土器付着炭化物	加曽利B2	後期	3,380±35	MTC-03315	3,690	3,570	3,710	3,480	3,620	AMS	—	28
千葉	西根	自然流路	A	土器付着炭化物	加曽利B2	後期	3,430±35	MTC-03317	3,820	3,630	3,830	3,580	3,690	AMS	—	28
千葉	西根	自然流路	A	土器付着炭化物	加曽利B2	後期	3,340±35	MTC-03322	3,640	3,480	3,690	3,470	3,570	AMS	—	28
千葉	西根	自然流路	A	土器付着炭化物	加曽利B2	後期	3,365±35	MTC-03323	3,680	3,560	3,700	3,480	3,600	AMS	—	28
千葉	西根	自然流路	A	土器付着炭化物	加曽利B2	後期	3,370±35	MTC-03604	3,690	3,570	3,700	3,480	3,610	AMS	—	28
千葉	西根	自然流路	A	土器付着炭化物	加曽利B2後半	後期	3,370±35	MTC-03606	3,680	3,570	3,700	3,480	3,610	AMS	—	28
千葉	西根	自然流路	A	土器付着炭化物	加曽利B2後半	後期	3,530±30	MTC-03599	3,870	3,720	3,900	3,700	3,800	AMS	—	28
千葉	西根	自然流路	A	土器付着炭化物	加曽利B2後半	後期	3,270±60	MTC-03316	3,570	3,410	3,640	3,380	3,500	AMS	—	28
千葉	西根	自然流路	A	土器付着炭化物	加曽利B2後半	後期	3,360±60	MTC-03320	3,690	3,480	3,820	3,440	3,600	AMS	—	28
千葉	西根	自然流路	A	土器付着炭化物	加曽利B2後半	後期	3,350±40	MTC-03321	3,680	3,480	3,690	3,470	3,580	AMS	—	28
東京	下宅部	調査区III, 主C, F13, 1879, 河道1	A	土器付着炭化物	加曽利B2〜B3	後期	3,270±35	MTC-06222	3,560	3,440	3,580	3,400	3,500	AMS	−26.3	24・25
千葉	西根	自然流路	A	土器付着炭化物	加曽利B2〜B3	後期	3,255±30	MTC-03607	3,560	3,410	3,570	3,400	3,480	AMS	—	28
千葉	西根	自然流路	A	土器付着炭化物	加曽利B2前半〜B3	後期	3,355±30	MTC-03318	3,640	3,550	3,690	3,480	3,590	AMS	—	28
千葉	西根	自然流路	A	土器付着炭化物	加曽利B2後半〜B3	後期	3,340±50	MTC-03605	3,640	3,480	3,700	3,450	3,570	AMS	—	28
千葉	西根	自然流路	A	土器付着炭化物	加曽利B3	後期	3,290±35	MTC-03517	3,560	3,470	3,620	3,440	3,520	AMS	—	28
千葉	西根	自然流路	A	土器付着炭化物	加曽利B3	後期	3,235±35	MTC-03518	3,480	3,390	3,560	3,380	3,460	AMS	—	28
千葉	西根	自然流路	A	土器付着炭化物	加曽利B3	後期	3,335±35	MTC-03319	3,640	3,480	3,690	3,470	3,560	AMS	—	28
千葉	西根	自然流路	A	土器付着炭化物	加曽利B3	後期	3,330±35	MTC-03324	3,620	3,480	3,680	3,460	3,560	AMS	—	28

都道府県	遺跡名	出土	分類	種類	型式	大別	¹⁴C年代 (¹⁴C BP)	Labo-code	IntCal09 1σ		IntCal09 2σ		平均値	β or AMS	δ¹³C (‰)	文献
千葉	西根	自然流路	A	土器付着炭化物	加曽利B3	後期	3,295±40	MTC-03519	3,570	3,470	3,640	3,410	3,520	AMS	—	28
千葉	西根	自然流路	A	土器付着炭化物	加曽利B3	後期	3,230±25	MTC-03325	3,480	3,390	3,560	3,370	3,450	AMS	—	28
東京	下宅部	調査区Ⅲ, 主C, E13, 774, 河道1	A	土器付着炭化物	加曽利B3	後期	3,215±25	PLD-4633	3,450	3,400	3,480	3,370	3,430	AMS	-26.5	24・25
東京	下宅部	HM149, H12区, 3613, ②	A	土器付着炭化物	加曽利B3	後期	3,230±35	MTC-4600	3,480	3,390	3,560	3,370	3,450	AMS	—	24・25
東京	下宅部	調査区Ⅲ, 主C, F13, 2256, 河道1	A	土器付着炭化物	加曽利B3	後期	3,220±35	MTC-06223	3,470	3,390	3,560	3,360	3,440	AMS	-26.0	24・25
東京	下宅部	調査区Ⅴ, 主A, E19, 2000, 河道1	A	土器付着炭化物	加曽利B3〜曽谷	後期	3,260±35	MTC-04603	3,560	3,440	3,570	3,390	3,490	AMS	-26.0	24・25
東京	下宅部	調査区Ⅲ, 主C, F13, 2382, 河道1	A	土器付着炭化物	曽谷	後期	3,230±35	MTC-04601	3,480	3,390	3,560	3,370	3,450	AMS	-26.9	24・25
千葉	道免き谷津	—	A	土器付着炭化物	曽谷	後期	3,275±35	MTC-04305	3,560	3,450	3,590	3,400	3,500	AMS	—	6
千葉	道免き谷津	—	A	土器付着炭化物	曽谷	後期	3,180±35	MTC-04306	3,450	3,370	3,470	3,350	3,410	AMS	—	6
東京	下宅部	調査区Ⅴ, 主A, D20, 1600, 河道1	A	土器付着炭化物	髙井東	後期	3,150±30	PLD-4634	3,440	3,350	3,450	3,270	3,380	AMS	-26.2	24・25
東京	下宅部	調査区Ⅴ, 主A, C19, 890, ①	A	土器付着炭化物	髙井東	後期	3,295±20	PLD-4635	3,560	3,480	3,580	3,460	3,520	AMS	-24.5	24・25
東京	下宅部	49aと同一個体 (49aの再測定試料)	A	土器付着炭化物	髙井東	後期	3,285±30	MTC-07164	3,560	3,470	3,590	3,440	3,510	AMS	-24.5	24・25
東京	下宅部	49aと同一個体	A	土器付着炭化物	髙井東	後期	3,160±25	PLD-4636	3,440	3,360	3,450	3,340	3,390	AMS	-24.8	24・25
東京	下宅部	52aと同一個体	A	土器付着炭化物	髙井東	後期	3,250±25	PLD-4637	3,560	3,400	3,560	3,400	3,470	AMS	-26.3	24・25
東京	下宅部	—	A	土器付着炭化物	安行1	後期	3,185±25	PLD-4638	3,450	3,380	3,450	3,360	3,410	AMS	-25.5	24・25
東京	下宅部	調査区Ⅴ, 主A, E19, 1535, 河道1	A	土器付着炭化物		後期	3,140±35	MTC-04602	3,410	3,330	3,450	3,260	3,370	AMS	-26.1	24・25
東京	下宅部	調査区ⅤⅠ, 主B, B22, 1742, 河道1	A	土器付着炭化物	安行3a	晩期	2,975±35	MTC-04607	3,220	3,070	3,320	3,000	3,160	AMS	—	24・25
東京	下宅部	調査区ⅤⅠ, 主B, B23, 697, 河道1	A	土器付着炭化物	安行3a〜3b	晩期	2,935±25	PLD-4643	3,170	3,000	3,220	2,970	3,100	AMS	-26.8	24・25
東京	下宅部	調査区ⅤⅠ, 主B, B23, 945, 河道1	A	土器付着炭化物	安行3a〜3b	晩期	2,910±50	MTC-04606	3,150	2,960	3,220	2,880	3,060	AMS	-25.9	24・25
東京	下宅部	調査区ⅤⅠ, 主B, B22, 2396, 河道1	A	土器付着炭化物	安行3b	晩期	2,995±35	MTC-04605	3,260	3,080	3,330	3,070	3,190	AMS	-25.5	24・25
東京	下宅部	調査区ⅤⅠ, 主B, B23, 586, 河道1	A	土器付着炭化物	安行3b	晩期	2,995±35	MTC-04608	3,260	3,080	3,330	3,070	3,190	AMS	-26.0	24・25
東京	下宅部	調査区ⅤⅠ, 主B, B22, 2282, 河道1	A	土器付着炭化物	安行3b	晩期	2,970±20	PLD-4642	3,210	3,080	3,240	3,070	3,150	AMS	-25.9	24・25
群馬	天神原	—	A	土器付着炭化物	安行3b	晩期	2,850±35	MTC-04328	3,010	2,880	3,080	2,860	2,970	AMS	—	6
東京	下宅部	調査区ⅤⅠ, 主B, B21, 155, 河道1	A	土器付着炭化物	大洞BC	晩期	2,930±35	MTC-06718	3,160	3,000	3,210	2,960	3,090	AMS	-25.7	24・25
東京	下宅部	調査区ⅤⅠ, 主B, B21, 43, 河道1	A	土器付着炭化物	安行3c	晩期	2,895±30	MTC-04604	3,080	2,970	3,160	2,920	3,030	AMS	-26.2	24・25
東京	下宅部	調査区Ⅰ, 主E, D8, 490, 河道1	A	土器付着炭化物	安行3c	晩期	3,070±25	PLD-4640	3,350	3,260	3,360	3,210	3,300	AMS	-27.4	24・25
東京	下宅部	69aと同一個体 (69aの再測定試料)	A	土器付着炭化物	安行3c	晩期	3,035±30	MTC-07165	3,330	3,210	3,360	3,160	3,260	AMS	-27.4	24・25
東京	下宅部	69aと同一個体	A (R?)	土器付着炭化物	安行3c	晩期	2,940±25	PLD-4641	3,200	3,060	3,210	3,000	3,110	AMS	-25.9	24・25
東京	下宅部	調査区ⅤⅠ, 主B, B24, 102, 河道1	A	土器付着炭化物	安行3c	晩期	2,995±30	MTC-04609	3,260	3,080	3,330	3,070	3,190	AMS	-23.2	24・25
東京	下宅部	調査区Ⅲ, 主B, H12, 573, 河道2	A	土器付着炭化物	安行3c	晩期	2,920±40	Beta-193770	3,160	2,990	3,210	2,950	3,070	AMS	-26.4	24・25
東京	下宅部	調査区Ⅲ, 主E, G12, 2593, 河道2	A	土器付着炭化物	安行3c	晩期	2,730±60	IAAA-40508	2,880	2,760	2,960	2,740	2,840	AMS	-22.6	24・25
東京	下宅部	調査区Ⅲ, 主E, H12, 2610, 河道2	A	土器付着炭化物	安行3d	晩期	2,800±40	IAAA-40507	2,960	2,850	3,000	2,780	2,900	AMS	-23.6	24・25
東京	下宅部	調査区Ⅲ, 主E, H12, 2582, 河道2	A	土器付着炭化物	安行3d	晩期	2,750±40	IAAA-40506	2,880	2,780	2,950	2,760	2,850	AMS	-23.6	24・25
東京	下宅部	調査区Ⅲ, 主E, G12, 1592, 河道2	A	土器付着炭化物	安行3d	晩期	2,750±30	MTC-04610	2,870	2,790	2,930	2,770	2,840	AMS	-26.6	24・25

¹⁴C 年代測定結果一覧◎引用文献

1— 今村峯雄編 2004『縄文時代・弥生時代の高精度編年体系の構築　平成13〜15年度文部科学省研究費補助金　基盤研究（A）(1)研究成果報告書』, 国立歴史民俗博物館
2— 杉原荘介 1959「縄文文化初頭の夏島貝塚の土器」『科学読売』11-9, pp.17-21
3— 静岡県埋蔵文化財調査研究所 2000『池田B遺跡』（静岡県埋蔵文化財調査研究所調査報告第122集）, 静岡県埋蔵文化財調査研究所
4— 入広瀬村教育委員会・魚沼地域洞窟遺跡発掘調査団 2004『黒姫洞窟遺跡第1期発掘調査報告書』, 入広瀬村教育委員会
5— 登谷遺跡調査団 2002『登谷遺跡調査報告書』（茂木町埋蔵文化財調査報告書第3集）, 登谷遺跡調査団
6— 西本豊弘編 2009『弥生農耕の起源と東アジア—炭素14年代測定による高精度編年体系の構築—平成16〜20年文部科学省・科学研究費学術創成研究費　研究成果報告書』, 国立歴史民俗博物館
7— 千葉大学文学部考古学研究室編 2006『千葉県館山市沖ノ島遺跡第2・3次発掘調査概報』, p.45, 千葉大学文学部考古学研究室
8— 長野県埋蔵文化財センター 2003『山の神遺跡』（長野県埋蔵文化財センター発掘調査報告書60）, 長野県埋蔵文化財センター
9— かながわ考古学財団編 1999『道志道水路関連遺跡　青根馬渡 No.1・2・3・4・5遺跡・青根引山遺跡』（かながわ考古学財団調査報告59）, かながわ考古学財団
10— Yoshida, K., Ohmichi, J., Kinose, M., Iijima, H., Oono, A., Abe, N., Miyazaki, Y. and Matsuzaki, H. 2004 "The application of ¹⁴C dating to potsherds of the Jomon Period. Nuclear Instruments and Methods in Physics Research B 223-224,"pp.716-722
11— Koyama, S., 1978. "Jomon Subsistence and Population."Miscellanea Ⅰ, Senri Ethnological Studies 2. National Museum of Ethnology
12— キーリ, C. T.・武藤康弘 1982「縄文時代の年代」加藤晋平・小林達雄・藤本強編『縄文文化の研究1　縄文人とその環境』, pp.246-275, 雄山閣
13— 三好元樹 2010『静岡県における縄文時代の¹⁴C年代の集成と検討』『研究紀要』17, pp.15-24, 静岡県埋蔵文化財調査研究所
14— 玉川文化財研究所 2003『羽根尾貝塚　羽根尾工業団地建設に伴う埋蔵文化財調査報告書Ⅰ』, 小田原市教育委員会
15— 小林謙一・新免歳靖・坂本稔・松崎浩之・村本周三・早坂廣人 2005「埼玉県富士見市水子貝塚出土堅果類の¹⁴C年代測定」『富士見市立資料館要覧2005』, pp.31-38, 富士見市立資料館
16— 小林謙一・今村峯雄・坂本稔・松崎裕之 2004「長野県箕輪町荒城遺跡2次調査出土炭化材の¹⁴C年代測定」『荒城遺跡　平成13年度箕輪町営住宅建替事業に伴う埋蔵文化財第2次緊急発掘調査出土炭化材の炭素14年代測定』, 箕輪町教育委員会
17— 小林謙一・今村峯雄・坂本稔 2004「群馬県安中市向原遺跡出土試料の¹⁴C年代測定」『天神林遺跡・砂押Ⅲ遺跡・大道南Ⅱ遺跡・向原Ⅱ遺跡』, pp.417-421, 安中市教育委員会
18— 小林謙一・今村峯雄・坂本稔 2004「第Ⅶ自然科学分析　多摩ニュータウンNo.520遺跡出土試料の炭素年代測定」『多摩ニュータウンNo.520遺跡』（東京都埋蔵文化財センター調査報告第137集）, 東京都埋蔵文化財センター
19— 小林謙一 2004『縄紋社会研究の新視点：炭素14年代測定の利用』, 六一書房
20— 小林謙一・今村峯 2003「藤沢市南鍛冶山遺跡下の根地区出土土器の炭素年代測定」『南鍛冶山遺跡発掘調査報告書第10巻　古代6・附編』, 藤沢市教育委員会
21— 小林謙一・今村峯雄・坂本稔 2004「焼町土器の炭素年代と暦年較正」『国立歴史民俗博物館研究紀要』120, pp.37-55
22— 小林謙一・今村峯雄 2002「向郷遺跡出土試料の炭素年代測定」『向郷遺跡Ⅵ』（立川市埋蔵文化財調査報告）12, pp.88-92, 立川市教育委員会
23— 小林謙一・今村峯雄 2003「油壺遺跡出土土器の炭素年代測定」『油壺遺跡』（三浦市埋蔵文化財調査報告書第11集）, pp.157-160
24— 国立歴史民俗博物館年代測定研究グループ・工藤雄一郎 2006「東京都東村山市下宅部遺跡出土土器付着物及び土器付着漆の¹⁴C年代測定」『下宅部遺跡Ⅰ』, pp.301-312, 下宅部遺跡調査会
25— 工藤雄一郎・小林謙一・坂本稔・松崎浩之 2007「下宅部遺跡における¹⁴C年代研究—縄文時代後期から晩期の土器付着炭化物と漆を例として—」『考古学研究』53-4, pp.51-71
26— 小林謙一・今村峯雄・坂本稔・陳建立 2004「多摩ニュータウン内No.243遺跡出土土器付着物の¹⁴C年代測定」『多摩ニュータウン遺跡—No.243・244遺跡—（古墳時代以降）第2分冊』（東京都埋蔵文化財センター調査報告第155集）, pp.1-11, 東京都埋蔵文化財センター
27— 小林謙一・今村峯雄・坂本稔 2003「新潟県黒川村分谷地A遺跡出土試料の炭素年代測定」『分谷地A遺跡Ⅱ下段（Ⅴ区）編—縄文時代漆製品—』, 黒川村教育委員会
28— 小林謙一・坂本稔・尾嵜大真・新免歳靖・西本豊弘・永嶋正春・松崎浩之 2005「千葉県印西市西根遺跡出土試料の¹⁴C年代測定」『印西市西根遺跡』（千葉県文化財センター調査報告第500集）, pp.304-321, 千葉県埋蔵文化財センター

第11章

後氷期の環境史と考古編年との時間的対応関係

1── 比較の方法と使用した較正曲線

　後氷期の環境史と考古編年との対比を行ううえで，第10章で取り上げた各土器型式の^{14}C年代測定結果を使用し，それらを較正年代に変換することで，環境史と対比する。早期から前期までの土器については点数が少ないため，すべての土器型式について較正年代が得られているわけではない。また，中期以降については比較的測定事例が多いため，型式認定が不確かで，複数の土器型式にまたがる土器の試料（たとえば加曽利B1〜B2式とされた土器片など）は除外することにした。較正曲線についてはIntCal09（Reimer et al. 2009）を使用した（図11−1）。なお，ここでは各土器型式に関係する^{14}C年代を，まとめて一つにして表示している。方法については第6章の図6−6を参照していただきたい。

2── 後氷期の関東平野の環境史と考古編年との時間的対応関係

①PG Warm-1（ca. 11,500〜8,400 cal BP）

　PG Warm-1は後氷期（完新世）の開始をその画期とし，次の画期である8.2kaイベントの開始までの時期を含んでいる。土器群の較正年代をみてみると，表裏縄文土器群の較正年代は，約11,700〜10,700 cal BP前後に分布している（図11−2）。ただし，白井十二遺跡と丸尾北遺跡のデータにかぎれば，11,700〜11,400 cal BPを中心とした年代に集中する。これは晩氷期のLG Cold（13,000〜11,500 cal BP）の終末からPG Warm-1の初頭の年代であることから，表裏縄文

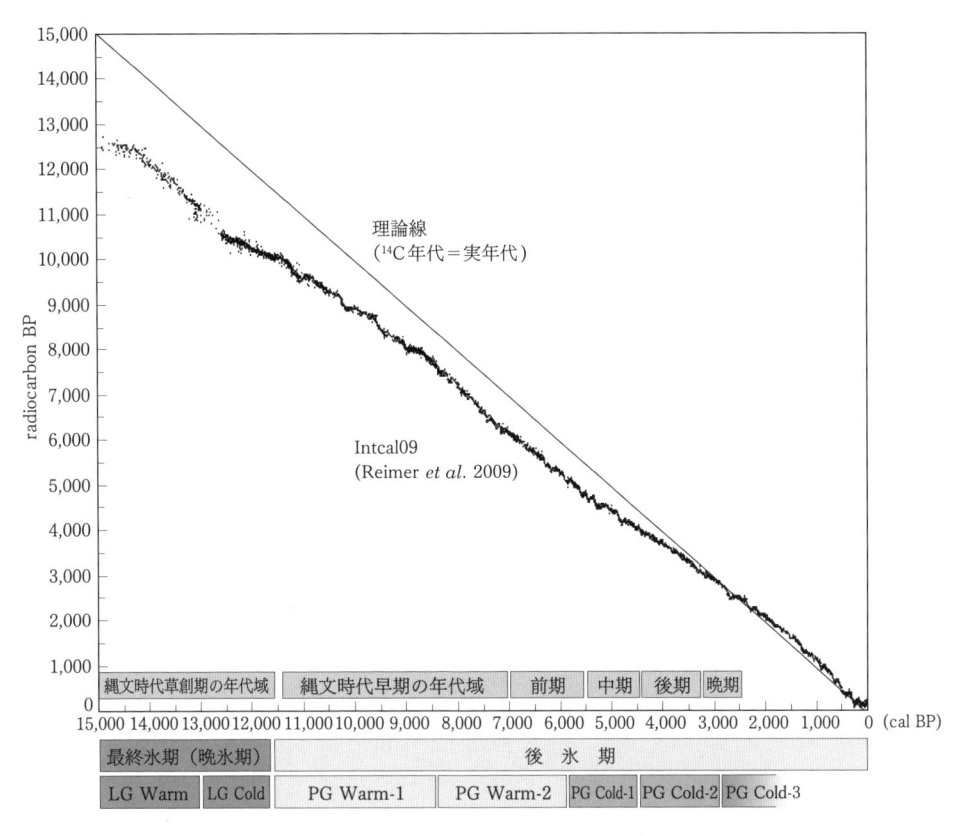

図11‐1　較正曲線Intcal09（Reimer *et al.* 2009）と縄文土器の大別編年の年代域

土器群はちょうど更新世－完新世の境界にあたる時期に位置づけられる。

　撚糸文土器群の稲荷台式は10,900 cal BP前後，大浦山式は10,400 cal BP前後，平坂式は10,000〜9,900 cal BP前後を中心とした時期と考えられる。以上の点から，早期初頭の撚糸文土器群は，約11,500〜9,900 cal BPのおおよそ1,600年間の範囲を中心とした土器群と考えることができる。つまり，これらが後氷期の最初期段階に位置づけられる土器である。

　関東平野における沈線文系土器群の年代測定例がきわめて少ないが，田戸下層式の時期と推定される青根馬渡No.4遺跡の炭化材は9,400 cal BP頃と考えられる。比較資料として示した押型文土器の細久保式がともなう住居覆土炭化材は，9,300〜9,200 cal BPを中心とした時期に位置づけられそうである。ただし，早期中葉の沈線文系土器群およびそれに並行する土器については，今後，土器付着炭化物による年代測定例を蓄積してから再検討を行いたい。

　条痕文系の野島式土器は，土器胎土内繊維の年代しかなく，その信頼性については測定例の蓄積をまって再評価したいが，おおよそ8,500〜8,400 cal BPを中心とした時期に位置づけられる可能性がある。この年代は，いわゆる8.2kaイベントの直前に相当する。以上の結果から，PG Warm-1に相当する時期に対応する土器型式を以下のようにまとめることができる。

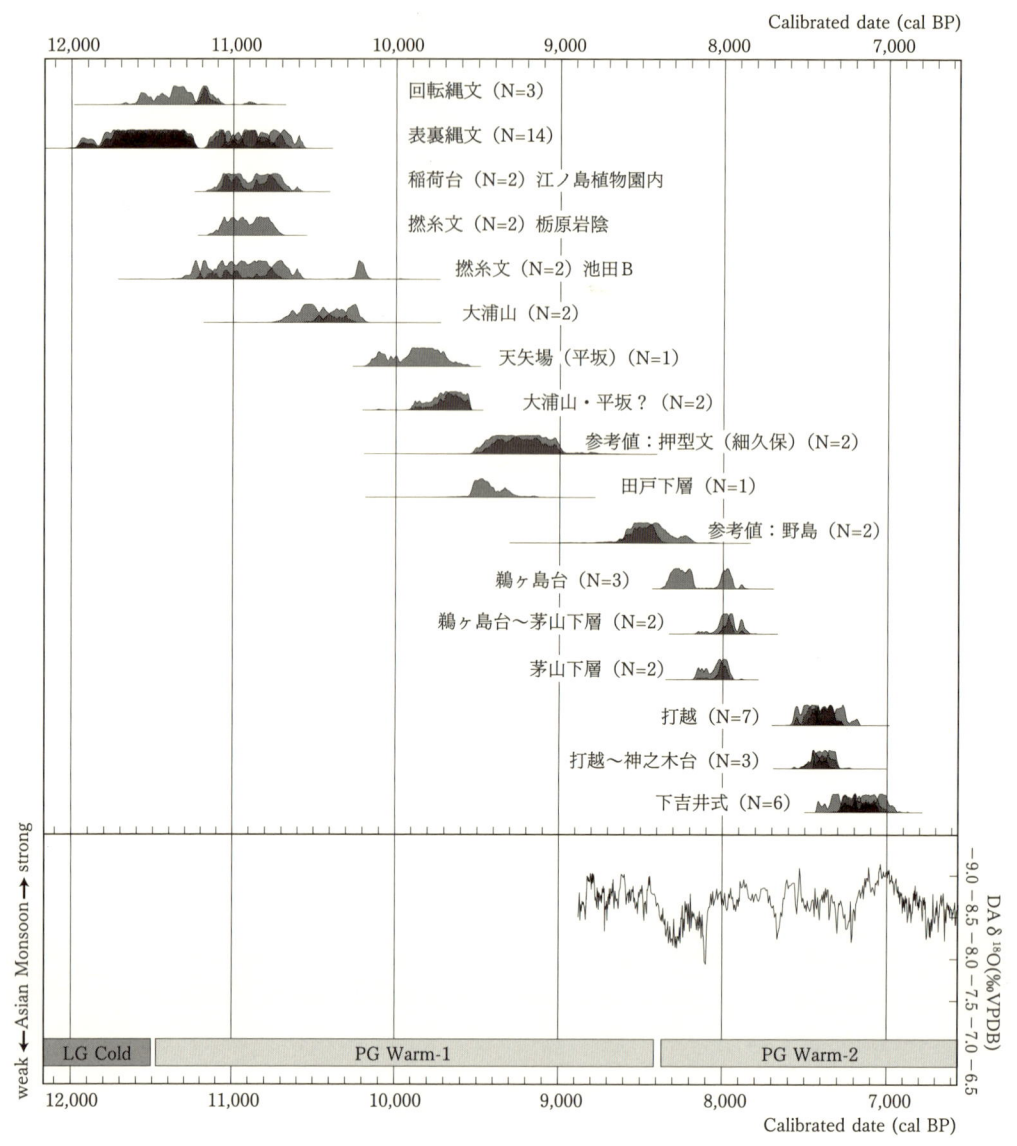

図11-2 後氷期における関東平野の各土器型式の較正年代（早期）
較正年代の下のグラフは中国ドンゲ洞窟の酸素同位体変動曲線。

PG Warm-1：約11,500〜8,400 cal BP

対応する土器群：表裏縄文土器群の一部，撚糸文土器群，沈線文系土器群，条痕文系土器群（子母口式，野島式頃までか）。

　後氷期初頭にあたるPG Warm-1は，晩氷期の最後の寒冷期であるLG Cold（13,000〜11,500 cal BP）の直後から気温が急激に上昇するとともに，海水準も急激に上昇する時期である。遠藤邦彦・小杉正人（1990）によると9,500〜9,000 ^{14}C BP前後の時期（較正年代では約10,700〜

10,200 cal BP 前後？）にかけて，海水準の上昇が停滞した時期があったことが示されている。これはカキ礁の形成などから得られたデータであるが，撚糸文土器群の前半の時期の一部は，後氷期初頭の海水準の上昇期において，環境が一時的に安定した時期であったことが推測される。その後，撚糸文土器群の終末期にかけて再び海水準が上昇を開始する。現時点では明確な年代を示すことができないが，PG Warm-1 は，この「温暖・安定期」を一つの基準とし，前半の温暖・安定期と後半の温暖化が進行する時期に，将来的には区分することができるかもしれない。

　PG Warm-1 は，最終氷期が終了し，世界的に温暖化が進行しはじめた段階である。関東平野沿岸部においても貝塚の形成や海洋適応，住居跡をともなう集落遺跡の増加，石器組成の変化など，人類活動にも多くの変化がみられる時期であり，谷口康浩（2002, 2010）は，「縄文文化のはじまり」と評価している。

　撚糸文土器群の時期には関東平野で多数の住居跡がみつかっているが，それが拡大するのは稲荷台式の時期である（谷口 1998）。このような集落の拡大は，気候の温暖化が進行している時期ではなく，その間の安定した時期に位置づけられる点は興味深い。早期中葉の沈線文土器群や条痕文系土器群の野島式の前後までは，逆に気温や海水準が再び急激に上昇する，不安定な時期に相当すると考えることができるだろうか。

　なお，PG Warm-1 においては，関東平野においてコナラ亜属を主とする落葉広葉樹林が成立していたが，この段階以降，クリが主要な森林構成要素になると吉川昌伸（1999a）は指摘している。ただし，中川毅ら（Nakagawa *et al.* 2002）のデータが示すように，PG Warm-1 の前半の時期までは，まだ現在よりもやや寒冷な時期であったと推測される。

②PG Warm-2（ca. 8,400 〜 5,900 cal BP）

　PG Warm-1 と PG Warm-2 の画期は，後氷期の前半に北半球全域で起こった顕著な寒冷化イベントである，8.2ka イベントの開始（約 8,400 cal BP）を指標とする。

　前述の野島式は 8,500 cal BP 前後にピークをもつことから PG Warm-1 の終末から 8.2ka イベントの直前頃に位置づけられる可能性があるが，正確には新たな測定例を待って判断したい。鵜ヶ島台式も正確には不明だが 8,300 〜 8,000 cal BP 頃に位置づけられる可能性が高いことから，おおよそ 8.2ka イベントの時期に相当する。したがって，PG Warm-2 は鵜ヶ島台式前後の時期からと考えられる。

　早期後葉の条痕文系土器群の較正年代をみてみると，茅山下層式は 8,100 〜 8,000 cal BP 前後を中心とし，打越式は 7,500 〜 7,300 cal BP を中心とした時期に位置づけられるようである。また，下吉井式が 7,200 〜 7,000 cal BP を中心とした時期と推定されることから，神之木台式は 7,300 〜 7,200 cal BP を中心とした時期が想定できるだろうか。

　一方，前期の関山式は 6,700 〜 6,300 cal BP に分布し，黒浜式は 6,400 〜 5,900 cal BP 前後に分布している（図 11 - 3）。それぞれ年代が重なっているものも多く，両者を正確に区分するのは現時点では難しい。小林謙一（2008）は黒浜式を 6,450 〜 6,050 cal BP と推定している。

　諸磯式についても年代測定例が十分ではなく，その位置づけを明確に示すことは難しいが，諸

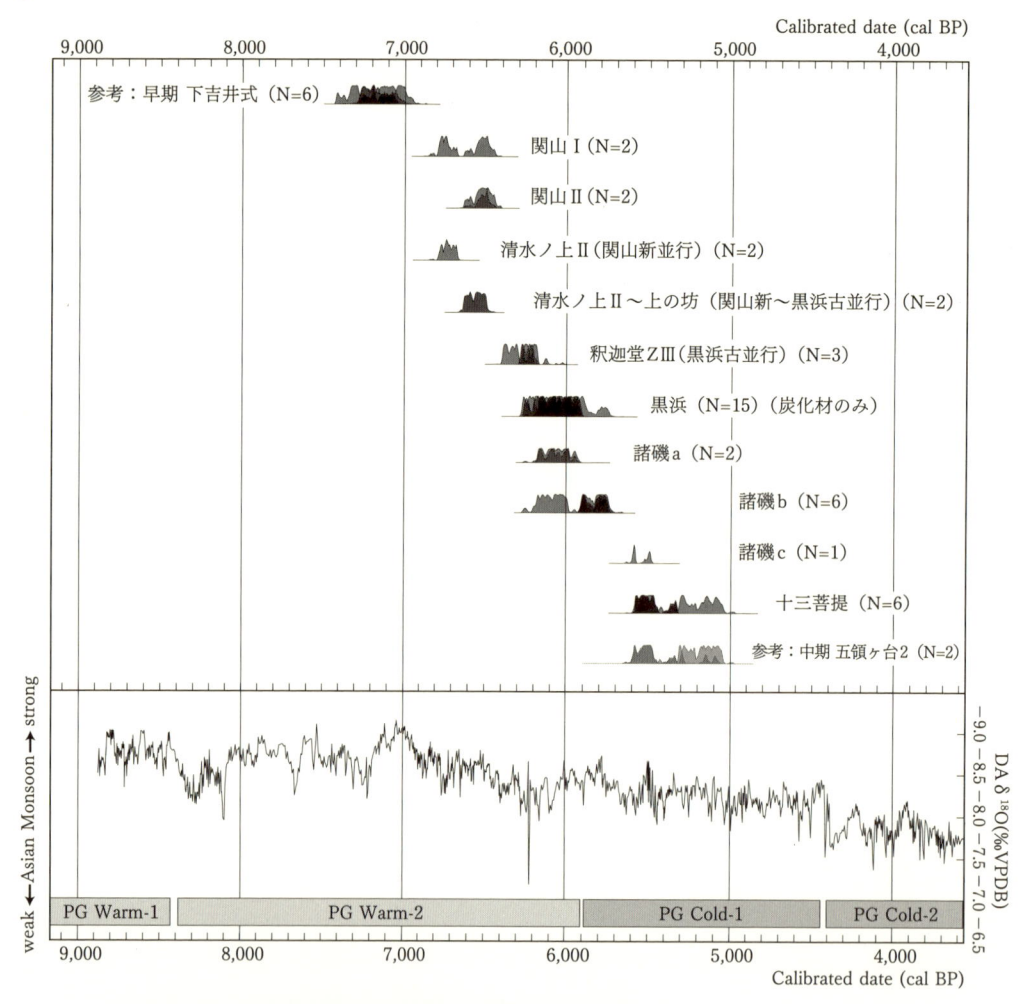

図11‐3　後氷期における関東平野の各土器型式の較正年代（前期）
較正年代の下のグラフは，中国ドンゲ洞窟の酸素同位体変動曲線。

磯a式は6,100〜6,000 cal BP前後，諸磯b式は5,900〜5,800 cal BP前後，諸磯c式は測定例が1点のみであり正確なところは不明だが，5,600 cal BP前後に位置づけられる可能性がある。

以上の土器型式の較正年代から，PG Warm-2（約8,400〜5,900 cal BP）は，おおよそ早期後葉の鵜ヶ島台式前後から，前期後半の諸磯b式頃までであると考えられる。なお，PG Warm-2では8.2kaイベントの急激な海水準の低下期および海水準の急上昇期（約8,400〜7,000 cal BP）と，その後の高位安定期（約7,000〜5,900 cal BP）が含まれる。あくまで暫定的なものだが，それぞれをa，bと細分すると，以下のように区分できるだろうか。

PG Warm-2a：約8,400〜7,000 cal BP
　対応する土器群：条痕文系の鵜ヶ島台式，茅山下層式，茅山上層式，打越式，神之木台式，下吉井式あるいは花積下層式頃まで。

PG Warm-2b：約7,000～5,900 cal BP
対応する土器群：（花積下層式？），関山式，黒浜式，諸磯a式，諸磯b式頃まで。

　遠藤邦彦・小杉正人（1990）によれば，海水準の高位安定期は6,500～5,500 ^{14}C BP頃（約7,400～6,300 cal BP前後？）と推定されているが，これらの年代の根拠の多くは貝を試料としたものであり，海洋リザーバー効果の影響で年代がやや古く出ている可能性がある点にも注意したい。
　なお，海進のピークの時期については，貝塚遺跡の分布などからも古くから検討がなされてきた。酒詰仲男（1942）は，東京湾沿岸地域の貝塚分布を検討し，前期後半の諸磯b式期に海進が絶頂期に達し，諸磯c式期には海退に転じたことを指摘した。また，江坂輝弥（1954）は，縄文時代前期末に海進は停止し，それ以降海退が徐々に進行したことを指摘した。西野雅人（2009）によると，東京湾沿岸の貝塚は，黒浜式期までに東京湾湾奥部で増加した後，諸磯a式・諸磯b式期に湾奥部で減少する。増渕和夫・杉原重夫（2010）は，古鬼怒湾の貝塚分布および貝塚遺跡数の増減から，黒浜式期に貝塚数がピークに達し，その後減少していくことを指摘した。
　後氷期の海進・海退現象はグローバルな海水準の変動だけでなく，特に海進がピークに達した7,000 cal BP以降は，ローカルな地殻変動や沖積作用による谷の埋没などとも関係していることから（横山 2009），遺跡立地と海進・海退イベントとの関係について，より高精度な時間軸を用いて対比していく必要があるだろう。今後の研究の課題としておきたい。
　なお，PG Warm-2に対応する時期の植生変遷をみてみると，照葉樹林の主要素であるアカガシ亜属は関東平野南部の大磯丘陵や多摩川低地，奥東京湾の中川低地などで，この期以降拡大を開始する。外房の九十九里平野や銚子半島ではPG Warm-2の後半に，相模川の低地周辺でもこの時期には照葉樹が落葉広葉樹と共存していたとされている（吉川 1999a）。関東平野の内陸部では，アカガシ亜属の拡大はみられず，暖温帯落葉広葉樹林が広がっていた。
　一方で，古流山湾の坂川低地の花粉分析（遠藤ほか 1989）のように，この段階に相当する年代で，すでにクリ属が多く検出されている例もある。ただし，武蔵野台地などでクリ林が顕著に拡大するのはこの後のPG Cold-1（5,900～4,400 cal BP）に対応する時期である（吉川 1999a）。

③PG Cold-1（約5,900～4,400 cal BP）

　PG Cold-1の開始は，縄文海進のピーク後の海退の開始を画期とし，4,400 cal BP前後にはじまる急激な寒冷化イベントの開始期までの間の時期を含む。東郷池では5,800～5,200 varve BPとして示されているイベントである。北ヨーロッパの花粉帯区分でも，寒冷化が始まるサブ・ボレアル期の開始がおおよそこの年代に相当する。なお，辻誠一郎（1988）の「第3の画期」は，この時期から始まる谷形成イベントを指しているが，PG Cold-1と，PG Cold-2（約4,400～2,800 cal BP）の2つの段階にまたがっている。
　PG Cold-1も，前半の海水準の低下期であるPG Cold-1aと，後半の安定期であるPG Cold-1bとに区分できると考えられ，遠藤邦彦・小杉正人（1990）では，4,500 ^{14}C BP前後から海水準が安定した時期であると指摘している。較正年代にすると，おおよそ5,300～4,900 cal BP前後であ

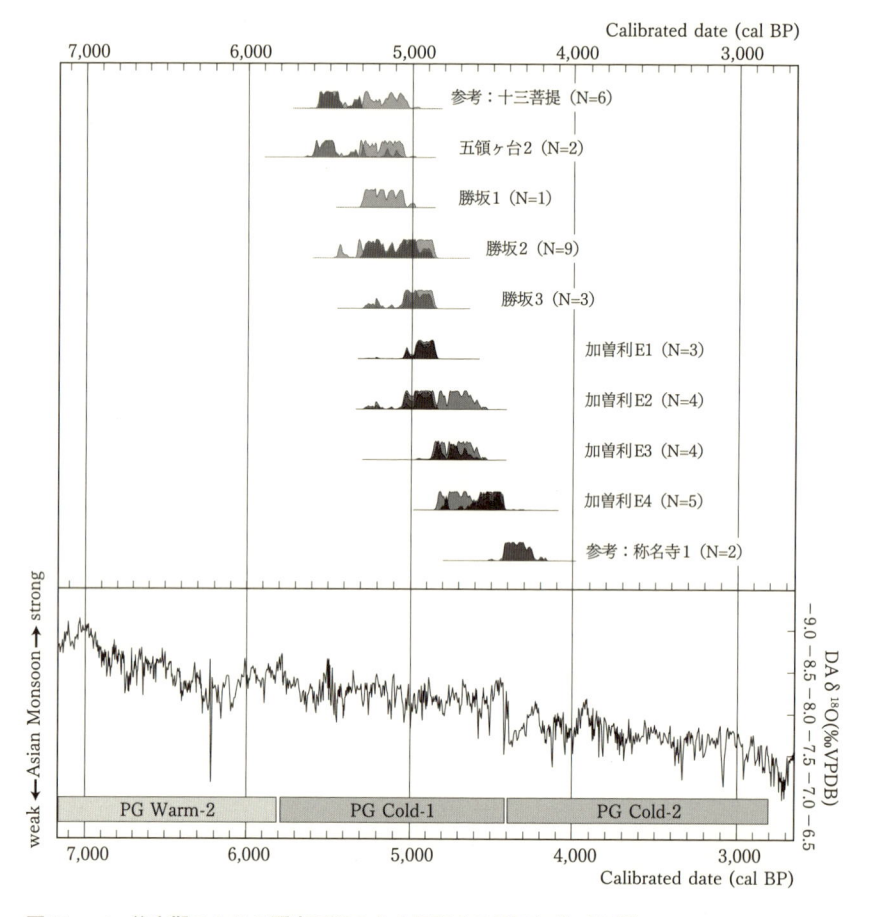

図11－4　後氷期における関東平野の各土器型式の較正年代（中期）

るが，海洋リザーバー効果の問題があることから，PG Cold-1a と PG Cold-1b の画期の明確な年代については保留しておきたい。

　前述のように諸磯c式は5,600 cal BPにピークをもつことから，PG Cold-1の最初の時期に相当すると考えられる（図11－3）。諸磯b式も年代がばらついており不明だが，PG Cold-1に入る可能性がある。前期末葉の十三菩提式も5,500 cal BP前後にピークをもつ。中期初頭の五領ヶ台1式の測定結果は得られていないが，五領ヶ台2式はおおよそ5,400～5,000 cal BPにピークがあり，勝坂1式も1点のみであるが，ほぼ同様の結果となっている（図11－4）。勝坂2式は5,300～4,900 cal BP前後にピークがくるが，1点のみ古い値を示している多摩ニュータウンNo.520遺跡の試料を除けば，5,200～4,900 cal BP前後のものが多いといえるだろう。勝坂3式，加曽利E1式とほぼ同様である。東京都下宅部遺跡では谷が削られたあと，それを埋める砂礫層に含まれる一番古い土器が勝坂式であること（下宅部遺跡調査団 2006；工藤ほか 2007），中里遺跡でも縄文時代中期から後・晩期に形成された泥炭層の最下部に勝坂式の土器が含まれることから，勝坂式期からPG Cold-1bと対比できるのではないだろうか。

ただし，この間は較正曲線が平坦になる箇所に相当するため，年代測定結果から土器型式の較正年代を絞っていくことがきわめて難しい領域である。これを，「縄文時代中期の4,500年問題」と呼んでおきたい（図11-5）。なお，^{14}C年代で4,500 ^{14}C BPほどではないが，4,200〜4,100 ^{14}C BPの範囲も較正曲線が平坦になり，年代が絞りにくい時期である。これはおおよそ加曽利E3式から加曽利E4式の頃に相当する。

加曽利E2式は年代測定結果に大きなばらつきがみられるため，時期を特定しにくいが，加曽利E3式はおおよそ4,900〜4,600 cal BPの範囲に収まり，4,800〜4,700 cal BP前後にピークがある。また，加曽利E4式は1点のみ古い測定結果を示している油壺遺跡の試料を除けば，おおよそ4,600〜4,400 cal BPの範囲に収まり，4,500 cal BP前後にピークが来ている。加曽利E4式の一部はPG Cold 2（約4,400〜2,800 cal BP）に含まれるかもしれない。後期初頭の称名寺1式や称名寺2式は，4,400 cal BPよりも新しい時期にピークがあることから（図11-6），PG Cold-2に含まれることは確実である。

PG Cold-1後半の海水準の安定期をどの時期からとするかは難しいが，現時点での見通しとしては，おおよそ勝坂式期以降はPG Cold-1の後半に位置づけられそうである。したがって，海水準の低下期をPG Cold-1aとしておおよそ諸磯b式または諸磯c式から五領ヶ台式期頃まで，後半の安定期であるPG Cold-1bを勝坂式期頃から加曽利E4式までとして考えておきたい。

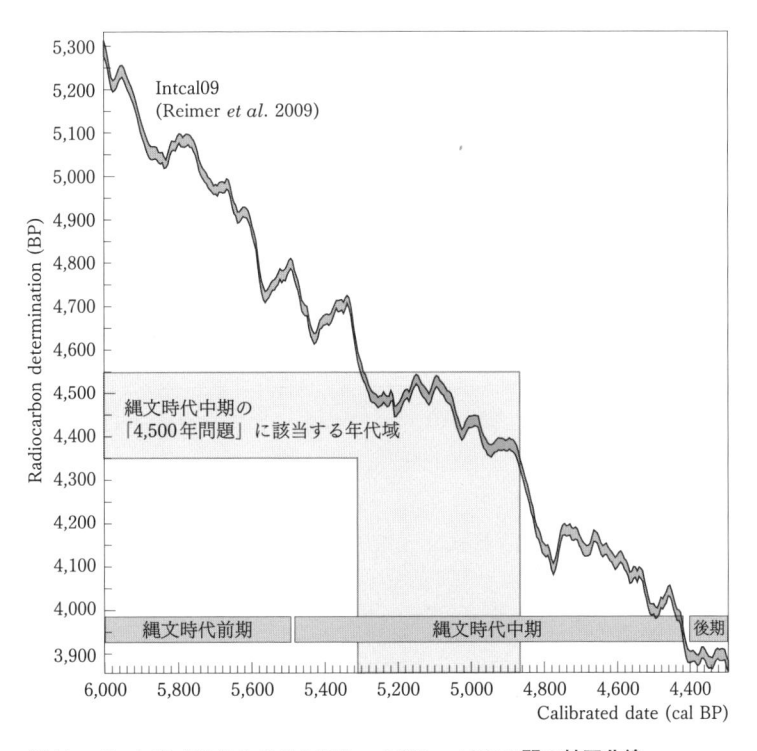

図11-5　IntCal09における6,000〜4,300 cal BPの間の較正曲線

おおよそ五領ヶ台2式から勝坂3式までは「4,500年問題」の領域に相当するため，年代の特定が困難である。

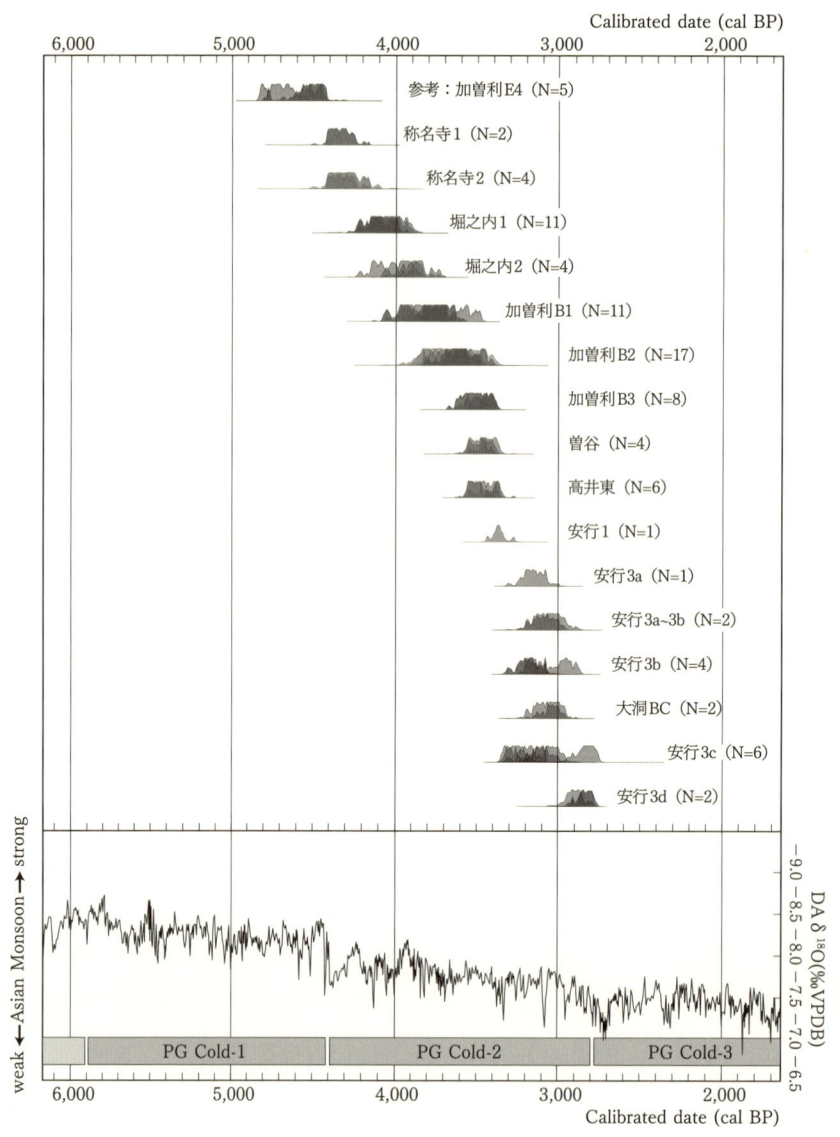

図11‐6 後氷期における関東平野の各土器型式の較正年代（後・晩期）
較正年代の下のグラフは，中国ドンゲ洞窟の酸素同位体変動曲線。

PG Cold-1a：約5,900～5,300 cal BP

対応する土器群：諸磯c式，十三菩提式，五領ヶ台1式，五領ヶ台2式，（勝坂1式）

PG Cold-1b：約5,300～4,400 cal BP

対応する土器群：（勝坂1式），勝坂2式，勝坂3式，加曽利E1式，加曽利E2式，加曽利E3式，加曽利E4式

　PG Cold-1は，武蔵野台地などの台地上でクリ林が優勢になる時期である。狭山丘陵や多摩丘陵では谷筋にトチノキ林も拡大しはじめる（吉川 1999a）。武蔵野台地東部の溜池遺跡では，この

時期はコナラ亜属が卓越し，ハンノキ属，ニレ属－ケヤキ属，エノキ属－ムクノキ属などからなる落葉広葉樹林が成立しており，アカガシ亜属やクリ属などもこれに加わっている（吉川 1999b）。吉川はこの時期における台地上でのクリ林の拡大について人為の可能性を指摘している。この時期は，後半のPG Cold-1bに相当する勝坂式期から特に加曽利E式期にかけて，関東平野周辺において集落数の顕著な増加が確認されており，人類の植生への関与と人為的生態系の広がりについて，注目していく必要がある（第15章参照）。

④ PG Cold-2（約4,400～2,800 cal BP）

　PG Cold-2の開始は，約4,400 cal BP前後にはじまる急激な寒冷化イベントの開始を画期として区分し，2,800 cal BP前後から始まる寒冷化イベントまでの時期を含んでいる。中国のドンゲ洞窟の酸素安定同位体のデータが示すように（Wang et al 2005），この4,400～4,000 cal BP頃までの寒冷化イベントは，8.2kaイベントよりも長期間なものであった可能性も考えられる。

　この間は，吉川昌伸（1999a）が「HE4」として画期を設定しているように，浅谷の形成などが起こっているようである。ただし，PG Cold-2において寒冷化が継続していたと考えるよりも，辻誠一郎（1988）が浅谷が堀之内式期からその後の時期にかけて集中的に埋められたことを指摘している点や，後期の堀之内式から加曽利B式頃の小海進（阪口・谷村 1988；佐藤 1996：増渕・杉原 2010）なども考慮して，堀之内2式期頃から気候は安定化にむかったと考えておきたい。この安定期はおおよそ2,800 cal BP頃まで継続していたと考えられる。以上の理由から，PG Cold-2を前半のPG Cold-2aと後半のPG Cold-2bとに区分しておきたい。

　後期初頭の称名寺1式と2式の土器は，おおよそ4,400～4,300 cal BP前後にピークがみられることから，PG Cold-2の最初期の段階に位置づけられるようである（図11－6）。

　後期前葉の堀之内1式は称名寺式とは有意な差がみられ，おおよそ4,200～4,000 cal BP前後で，4,100 cal BPに集中している（図11－6）。堀之内2式は下宅部遺跡で1点のみやや古い年代測定結果があるが，そのほかは4,000～3,800 cal BPの間に集中しているようである。

　後期中葉の加曽利B1式は，点数が多いものの西根遺跡の試料がややばらついており，一部の試料は堀之内2式と近い値を示している（図11－6）。しかし，その中心は3,800～3,700 cal BP前後であると考えられ，古い年代値には加曽利B1式後半の土器も含まれており，なんらかの原因で年代測定結果が古く出ている可能性を考慮しておきたい。一方，加曽利B2式についても年代測定結果にばらつきがみられるが，その中心は3,700～3,600 cal BP前後であると推定される。古い測定値が出ている試料はいずれも西根遺跡の一部の試料である。加曽利B3式は測定結果がよく一致しており，おおよそ3,600～3,400 cal BPの間にピークがみられる。

　後期後葉の曽谷式と高井東式も，加曽利B3式とほぼ同様の較正年代を示している（図11－6）。ただし，下宅部遺跡の高井東式の土器には，同一個体の内外面の試料で年代測定結果が異なっているものも含まれている。古い値を示した内面付着炭化物の測定結果は3,500 cal BP前後にピークがあり，外面付着炭化物は3,400 cal BP前後にピークがある。他の土器型式の年代測定結果と比較すれば，内面付着炭化物の年代測定結果がやや古く出ている可能性が考えられる（第14章参

照）。いずれにしろ，加曽利B3式から安行1式までは，非常に近い時期に集中している。

晩期の安行3a式から安行3c式については，下宅部遺跡での測定結果が3,300～3,000 cal BP前後に分散しており（図11-6），これらの年代測定結果が正確な土器の年代を反映しているかどうかについて疑問が残る。特に，安行3b式と3c式でその傾向が強い。安行3a～安行3c式までの土器型式の較正年代については，現時点では3,300～3,000 cal BPの間として大まかに把握しておくにとどめたい。晩期中葉の安行3d式の年代は3,000～2,800 cal BP前後にピークをもつことから，PG Cold-2の最終末からPG Cold-3への移行期に位置づけられる。

以上をまとめると，以下のように整理できる。

PG Cold-2a：約4,400～4,000 cal BP
　対応する土器群：称名寺1式，称名寺2式，堀之内1式頃まで。
PG Cold-2b：約4,000～2,800 cal BP
　対応する土器群：堀之内2式，加曽利B1式，加曽利B2式，加曽利B3式，曽谷式，高井東式，安
　　　　　　　　　行1式，安行2式，安行3a式，安行3b式，安行3c式もしくは安行3d式頃まで。

PG Cold-2においては植生にもいくつかの変化が確認されている。開析谷内にはハンノキやヤチダモの湿地林が形成され，谷筋にはトチノキ林が拡大する。また，台地上ではクリ林が目立って分布し，武蔵野台地で著しい（吉川 1999a）。東京湾湾奥部の沿岸地域や下総台地西部でもこの時期の後半に照葉樹林が成立していたが，内陸部ではアカガシ亜属の漸増がみられるものの，落葉広葉樹林が卓越していたと考えられる（吉川 1999a）。関東平野ではこの時期に低地遺跡が増加し，トチノキの利用に関係する遺構が多くみつかることから，クリからトチノキへと植物利用の重点が変化したという意見もある（辻 2002；吉川 1999a；今村 1999, 2002など）。下宅部遺跡などでトチノキの利用が顕著にみられるのも，PG Cold-2bを中心とした時期である（第15章参照）。今後，PG Cold-1からPG Cold-2への気候変化と生業活動の変化との関係について，より具体的に議論を進めていく必要があるだろう。

⑤PG Cold-3（約2,800 cal BP以降）
　福澤ほか（1999）は東郷池の年縞堆積物では約3,000～2,800 varve BPに海水準の低下があったことを指摘しており，PG Cold-2の後半に安定した海水準が，再び低下するイベントを画期とした。Bondほか（1997）による北大西洋深海底コアでは，約2,800 cal BPをピークとした融氷イベントが確認されており，Wang et al.（2005）のデータでも，2,700 cal BPをピークとしたアジアモンスーンが弱まる時期がみられる。今村峯雄・藤尾慎一郎（2009）は，炭素生成率の変動から太陽活動の変動を検討し，紀元前800年頃から紀元前600年（約2,850～2,650 cal BP）頃まで顕著な太陽活動の低下期があり，その後，紀元前400年（2,450 cal BP）頃まで太陽活動が平常で，比較的温暖な気候であったことを指摘している。

晩期後葉の土器群の年代測定結果は得られていないが，安行3d式に後続する浮線文土器など

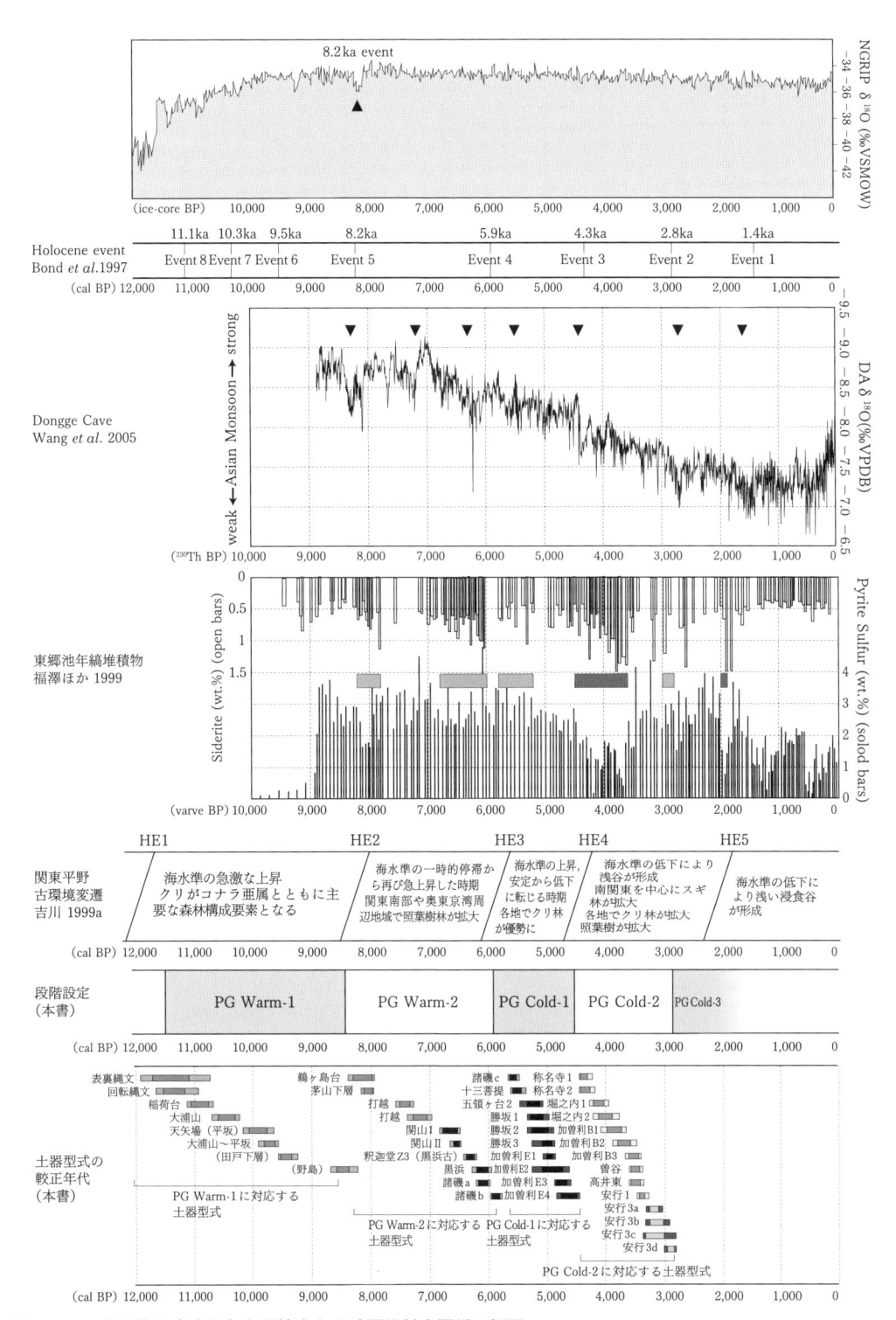

図11-7 後氷期の考古編年と環境史との時間的対応関係の概要

土器型式の較正年代は，図11-2,3,4,6で提示した各土器型式をグループ化して較正した年代の，確率分布の2σと1σの範囲をバーで示した。外側の線が2σ，内側の線が1σの範囲を示す。Bondほかの年代は¹⁴C年代の較正年代，ドンゲ洞窟の年代はウラン－トリウムによる年代，東郷池の年代は年縞堆積物による年代，吉川昌伸（1999a）のイベントの時期は，¹⁴C年代をおおよその較正年代に置き換えて提示した。東郷池の図には，海水準低下期をバーで示した。濃い色が海水準の低下が顕著な時期を意味している。

第11章 後氷期の環境史と考古編年との時間的対応関係

がこの時期に位置づけられ，弥生時代前期までの年代を含む。PG Cold 3以降は分析の対象から除外したが，この時期の古環境と人類活動との関係についても，今後より詳細な検討が必要である。

3 — 対応関係の整理

　以上の結果をまとめた概要を，図11-7に提示した。図にはグリーンランド氷床コアNGRIPの酸素同位体比，Bond *et al.*（1997）のイベント，Wang *et al.*（2005）の酸素同位体比，福澤ほか（1999）の東郷池，吉川昌伸（1999a）による関東平野の古植生変遷の概要，土器型式の較正年代を基軸に対応させている。各段階は，寒冷化の開始を画期として区分しているが，各段階にみられる気候の安定期は，人類活動を考えるうえでも重要である。それらの画期の年代について本章では明確に示せなかったものも多いが，今後この問題についてはさらに議論を深めていきたい。

　本書では，後氷期の環境文化史の個別的な事例研究として，以下の3つの研究を取り上げる。
①千葉県沖ノ島遺跡の縄文時代早期のアサ果実の年代
②東京都下宅部遺跡における縄文時代中期から晩期の植物利用とその年代
③栃木県寺野東遺跡の縄文時代後期から晩期の遺構群の年代
　沖ノ島遺跡はPG Warm-1（約11,500～8,400 cal BP）における栽培植物利用に関連するものであり，下宅部遺跡と寺野東遺跡はPG Cold-1（5,900～4,400 cal BP）からPG Cold-2（4,400～2,800 cal BP）の植物利用の時間的変遷について議論したものである。
　これらの個別研究と，第9章から第11章で示した後氷期の環境史と考古編年との対応関係の議論は，相互にフィードバックしていくものであり，こうした個別研究を，今後積み重ねていくことで，「後氷期の環境文化史」についてより一層理解を深めていきたいと考えている。

第12章
千葉県沖ノ島遺跡から出土したアサ果実の^{14}C年代

1── 日本列島最古のアサ果実？

　1980年代以降，低湿地遺跡の発掘調査事例が増加したことから，通常の遺跡では残りにくい植物遺体の検出例やそれらに対する研究が蓄積されてきている。その結果，この20年で縄文時代の植物利用に関する研究が著しく進展し，植物利用の実態が解明されてきた。特に，縄文時代早期の段階でウルシやアサ，ヒョウタンといった外来植物が存在していたことや，縄文時代前期以降の東日本では，定住的な集落遺跡周辺にクリなどの人為的な生態系が維持され，野生植物を利用するだけでなく，植物の生育環境にも積極的に働きかけた植物利用が行われていたことなどが明らかになってきた。このなかには，食料資源として利用したものだけではなく，建築・土木用材，塗料，繊維など，さまざまな形で利用されていた植物が含まれている。

　縄文時代の人々が高度な植物利用技術を有していたことは一般的に理解されつつあるが，それぞれの種の利用が「いつ」，「どのように」始まったのか，また，縄文時代以降の環境変動史とどのように関係していたのか，またどの程度，縄文時代の人々が生態系を改変し，人為的な環境がつくられていたのか，これらの点が正確には把握されていない。

　千葉県館山市沖ノ島遺跡の縄文時代早期の遺物包含層から出土した大型植物遺体を分析した小林真生子ら（2008）は，種実の形態観察などからアサ*Cannabis sativa*の果実が含まれていることを確認した。アサ果実が検出された遺物包含層である9a層は，有機質の泥質砂層で，その下位には縄文時代早期の遺物包含層である9b層と，考古遺物や植物遺体をほとんど含まないシルト層（11層以下）がある。9a層の上位は，植物遺体密集層をもつ砂層である9－③層に覆われている。9－③層より上位の砂層は，現世の海浜砂層で覆われており（岡崎ほか 2006；百原ほか

2006），他時代の遺物包含層や人為的活動の痕跡はないことから，上位の地層からの人為的な攪乱や堆積物の混入によって，縄文時代早期よりも新しい時期のアサ果実が混ざりこんだ可能性は低いと推定した（小林ほか 2008）。また，アサが検出された遺物包含層の上下の層準から検出されたタブノキ葉と木材の^{14}C年代測定結果が，8,705 ± 45 ^{14}C BP，8,735 ± 45 ^{14}C BPという値を示したことから（パレオ・ラボAMS年代測定グループ 2006），アサ果実の年代も 8,750 〜 8,700 ^{14}C BP前後であると推定された。

しかしながら，アサの果実は非常に小さく，なんらかの要因で，後世のアサが縄文時代早期の遺物包含層まで落ち込んでしまった可能性を完全には排除できなかった。そこで，出土したアサ果実そのものの^{14}C年代測定を実施することによって，沖ノ島遺跡から出土したアサの年代的位置づけを明確化することにした。

2— 調査地点の概要

沖ノ島遺跡は千葉県館山市の沖ノ島東岸に位置する。沖ノ島は館山市の南岸にある周囲1km，海抜約13mの小さな島で，砂州で房総半島とつながっている（図12 − 1）。沖ノ島遺跡の発掘調査は，千葉大学考古学研究室と千葉県立安房博物館により，2003年から2005年にかけて，計3回行われた。内陸部の海抜7m付近の試掘坑からは古墳時代の土師器片が，海抜0m付近の海岸部

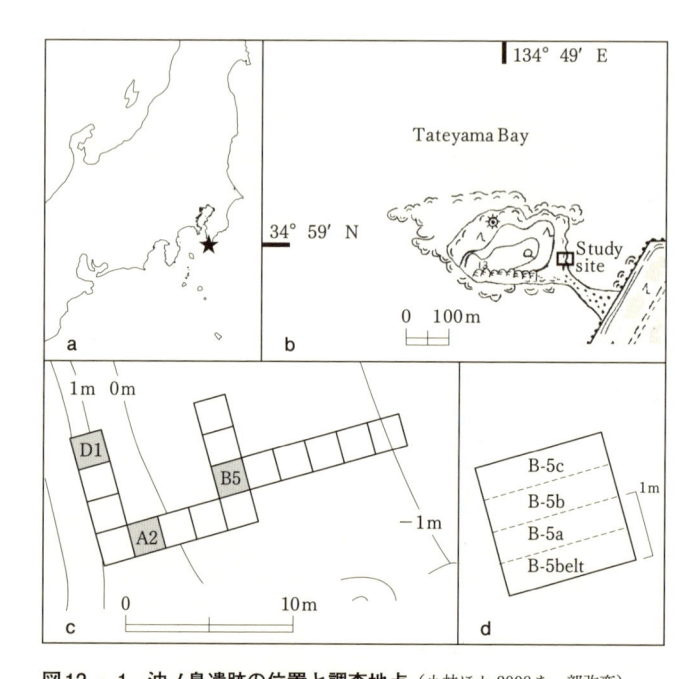

図12 − 1　沖ノ島遺跡の位置と調査地点（小林ほか 2008を一部改変）
a．沖ノ島の位置　b．沖ノ島遺跡の位置　c．図12 − 2の柱状図のグリッド位置
d．グリッドB-5の小グリッド

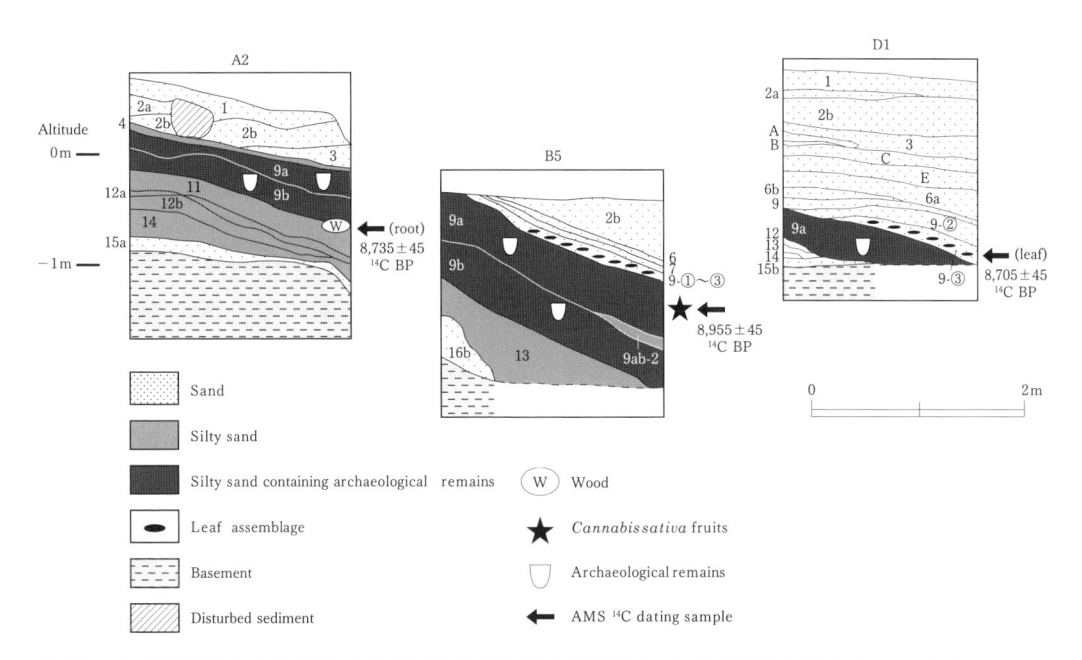

図 12 - 2　試料採取地点の柱状図および年代測定試料の採取位置（千葉大学文学部考古学研究室 2006 を改変）

のトレンチからは，撚糸文土器，無文土器，押型文土器などが，石器や骨角器，イルカ骨や魚骨，植物遺体とともに出土した。沖ノ島遺跡は，イルカ漁などの季節的漁場やキャンプサイトとして利用されていた可能性が高いと考えられている（千葉大学文学部考古学研究室 2006）。

なお，撚糸文土器群は，縄文時代草創期後半に位置づける区分（山内・佐藤 1962）と，早期初頭に位置づける区分（小林 1981）がある。千葉大学文学部考古学研究室（2006）では前者を採用しているため，遺物包含層である9a・9b層の時期を「草創期後半～早期前半」と記載している。本書では撚糸文土器群を早期初頭として扱っているため，ここでも撚糸文土器群を早期初頭として扱った。

百原新ほか（2006）が年代測定試料としたタブノキ葉は，D-1区の9－③層から検出されたものである（図12－2の柱状図参照）。A2区9b層最下部から検出された木材は，直径3～6cmの立ち株由来の根材と考えられる木材であり，一本の木の根が広がった状態で多数の木材が出土した。このうちの一部を年代測定試料としている。沖ノ島遺跡から出土した木材についてはすでに樹種同定が実施されており（能城修一，未公表），年代測定試料を含む一群であるA2区9b層最下部の立ち株由来と考えられる木材のうち7本についても，樹種同定結果が得られている。7本のうち，4本の木材は，径60～20μmほどの孤立道管が成長輪内で徐々に小型化しながら密に散在する散孔材で，髄を欠き，成長輪の幅が不規則に変化することなどから，ツバキ属の根材と同定されている。年代測定試料そのものは樹種同定が実施されていないが，木材の出土状況から，ツバキ属の木材の可能性が高い。

3── 試料と分析方法

　出土したアサ果実4点は，B5グリッドB-5ベルトの9a層堆積物の水洗選別によって検出されたものである（小林ほか 2008）（図12−2，図12−3）。このうち，3点のアサ果実を年代測定試料とした。3点のうち1点は果実形態を観察するために2つに切った1粒分のアサで，エタノール70％水溶液で液浸保存されていたものである。もう1点は小林らがSEMで観察するためにエタノールとブタノールで脱水処理したアサ果実1粒である。これに破片のアサ1点を加えた。3点の乾燥重量は合計で11.8mgときわめて少量だったため，3点をまとめて一つの年代測定試料とした。

　試料は名古屋大学年代測定総合研究センターで処理・調製を行った。まず，試料を遠沈管に入れて蒸留水で超音波洗浄を行い，試料に付着した土壌などを除去した。次に，80℃の蒸留水で1時間の洗浄を5回繰り返し，エタノールを除去した。埋蔵中に生成・混入したフミン酸や炭酸塩などを溶解・除去するため，酸−アルカリ−酸（AAA）処理を行った。アルカリ処理は，0.01〜1.2mol水酸化ナトリウム（NaOH）水溶液により常温〜80℃の処理を行い，溶液を交換しながら徐々に濃度を上げ，最終的に1.2molの濃度で溶液が着色しなくなるまで操作を繰り返した。AAA処理終了後，乾燥させて秤量した。AAA処理後の試料は乾燥重量で4.5mgであった。この試料全量を，酸化銅500mgと共に石英ガラス管に入れて真空にして封入し，電気炉850℃で4時間加熱して試料中の炭素を二酸化炭素に変換した。炭素量に換算して1.65mgであった。これを真空ガラスラインで精製し，鉄触媒を用いた水素還元によってグラファイトを合成した。^{14}C年代測定は，^{14}C標準試料とブランク試料とともに名古屋大学年代測定総合研究センターのタンデトロン加速器質量分析計（High Voltage Engineering Europe社製Model 4130-AMS）で行った（機関番号NUTA2）。

　なお，較正年代の算出にはIntCal04（Reimer *et al.* 2004）を用いているが，後氷期の年代域ではIntCal04とIntCal09（Reimer *et al.* 2009）に変更点はないため，工藤雄一郎ほか（2009）で提示したIntCal04でのデータのまま変更は加えていない。

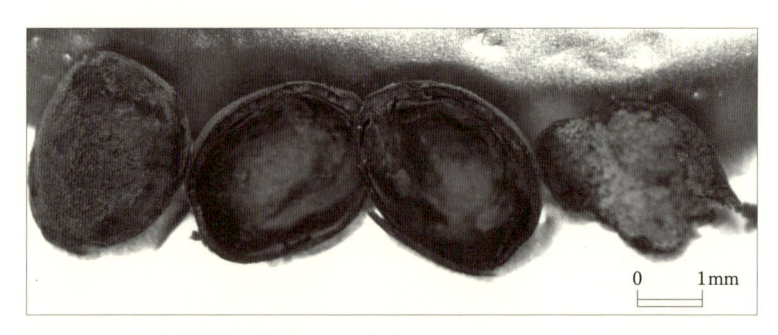

図12−3　^{14}C年代測定に用いたアサ果実
3点のうち1点（中央の2つ）は，果実形態を観察するために2つに切った1粒分のアサ果実。

表12-1 沖ノ島遺跡から出土したアサ果実の^{14}C年代測定結果およびタブノキ葉・木材の^{14}C年代測定結果

Sample	number	Grid	layer	material		^{14}C BP (±1σ)	Labo-code
OKI	1	B-5	9a	*Cannabis sativa* fruits	アサ果実	8,955 ± 45	NUTA2-12809
—	—	D-1	9-③	*Machilus thunbergii* leaf	タブノキ葉	8,705 ± 45	PLD-3966
—	—	A-2	9b-lower	Wood (root)	木材（根材）	8,735 ± 45	PLD-3967

4— ^{14}C年代測定結果

　アサ果実の^{14}C年代測定結果は，8,955 ± 45 ^{14}C BP（NUTA2-12809）であった（表12-1）。この年代は，タブノキ葉・木材の^{14}C年代と比較しても整合的である。したがって，沖ノ島遺跡から出土したアサ果実は後世のアサ果実の落ち込みではなく，沖ノ島遺跡から出土した，縄文時代早期初頭の撚糸文土器をともなう遺物群と同時期であることが確認された。ただし，タブノキ葉と木材の年代よりも^{14}C年代で200年程度古い値を示した。

5— 堆積層と^{14}C年代測定試料との関係

　試料が微量であったため，3点のアサ果実を一つの年代測定試料としたが，8,955 ± 45 ^{14}C BPという測定結果は，これらの3点がいずれも後世の試料の混ざりこみではないことを示している。仮に，3点のうち1点でも後世のアサの混ざりこみであり，それが縄文時代前期の6,000 ^{14}C BP頃の試料で，重量にして30％程度含まれているとした場合，測定結果は8,900 BPよりも1,000年ほど新しくなっているはずである。また，より新しいアサ果実が含まれていた場合にはさらに新しくなる。したがって今回の測定によって，後世の試料の混入の可能性は排除できたといえる。

　年代測定結果をより詳細にみてみると，今回測定したアサ果実の年代は，すでに測定されていたタブノキ葉・ツバキ属の根材と推定される木材より^{14}C年代で200年古い結果となったが，百原ほか（2006）や小林ほか（2008）では，9b層から9-③層まではきわめて短期間に堆積した層であると推定されていたため，この見解とはやや異なっている。また，木材化石はA2区の9b層下部から検出されたものであり，9b層の上位層準にあたる9a層から検出されたアサ果実の年代と逆転している（図12-2）。

　木材の^{14}C年代は，9-③層のタブノキ葉とほぼ同一の年代である点を評価すれば，9b層から9-③層まで，堆積が一気に進んだと考えるよりも，9a層と9-③層の堆積にはやや時間差があり，9-③層が形成された頃に生育していた木の根が，9b層最下部まで侵入していたと考えるほうがより整合的ではないだろうか。その場合，木材の年代とアサの年代が逆転していても矛盾はない。したがって，縄文時代早期初頭の撚糸文土器群終末期の大浦山式や平坂式，押型文土器，沈線文

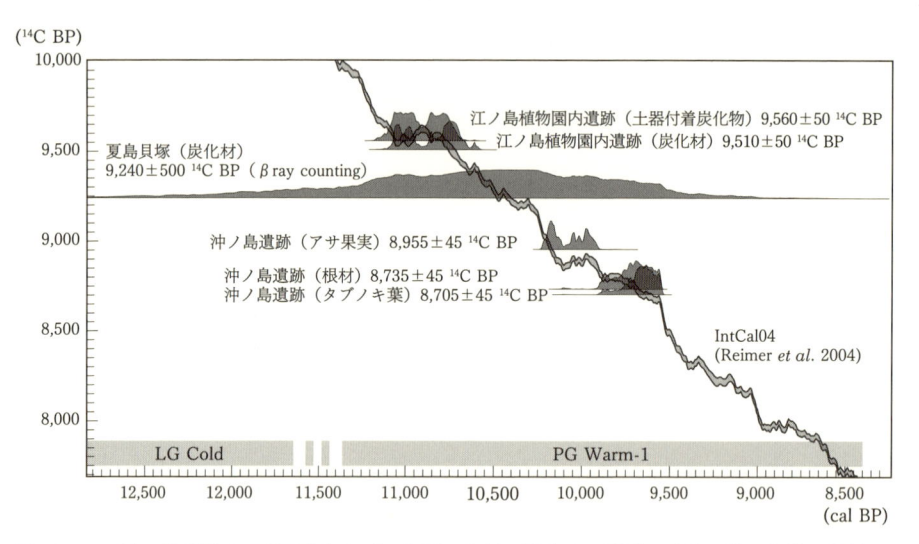

図12‐4　沖ノ島遺跡のアサ果実とタブノキ葉・木材，撚糸文土器群の遺跡の較正年代の比較
（工藤ほか2009を一部改変）

較正曲線はIntCal04（Reimer et al. 2004）を使用した。参考として，撚糸文期の集落遺跡である神奈川県江ノ島遺跡から出土した，稲荷台式の土器付着物と住居から出土した炭化材の年代測定結果（小林2007），撚糸文期の貝塚遺跡である神奈川県夏島貝塚の炭化材の年代測定結果（杉原1959）を加えた。夏島貝塚の試料はβ線計測法，ほかはAMS法による。

土器が検出された9a層（千葉大学文学部考古学研究室 2006）の形成時期も，アサの年代測定結果が示す年代がより近い，8,950 ^{14}C BP前後の時期と推定される。

　沖ノ島遺跡のアサ果実の較正年代は約10,000 cal BP前後であり，完新世初頭にあたる（図12‐4）。本書で設定した区分だと，PG Warm-1（約11,500～8,400 cal BP）に含まれる（第9章参照）。今回測定したアサ果実は，撚糸文土器群の終末段階にあたる大浦山式，平坂式の土器が出土した層準から出土している。撚糸文土器群をともなう遺跡の年代測定例は東京湾周辺では多くないが，他の遺跡の^{14}C年代測定例と比較しても，この年代は整合的である。

6── アサの年代と縄文時代早期の栽培植物

　福井県鳥浜貝塚で縄文時代草創期の層準からアサ縄類が，前期の層準からアサ果実とアサの繊維がみつかっている（布目1984）。また，これまで直接年代が測定されたアサ果実の最古の例は，秋田県菖蒲崎貝塚から出土した縄文時代早期（6,745±50 ^{14}C BP：7,600 cal BP前後）の土器内面に，炭化した状態で付着していたものである（辻・南木2007；國木田・吉田2007）。沖ノ島遺跡から検出されたアサ果実は菖蒲崎貝塚のものよりも古く，果実の出土例としては現時点で日本列島最古の検出例であり，また世界的にも，直接^{14}C年代を測定したアサ果実としては最古の事例であろう。今回の沖ノ島遺跡から出土したアサ果実の^{14}C年代測定の結果から，10,000 cal BP頃には，確実にアサが存在していたことが明らかとなった。沖ノ島遺跡での利用法は現在のとこ

ろ不明だが，鳥浜貝塚や菖蒲崎貝塚の出土例を考慮すれば，日本列島では縄文時代のかなり古い段階から繊維や果実を利用するためにアサが栽培されていた可能性が考えられる。

　アサはいわゆる「栽培植物」と考えられる植物であるが，縄文時代において出土している「栽培植物」の可能性があるものには，アサのほかにもヒョウタン仲間，マメ科ササゲ属やダイズ属（ただし栽培型の可能性が指摘されているササゲ属やダイズ属の証拠は縄文時代中期以降，それ以前は野生種の利用），エゴマ，ゴボウ，ウルシなどがある。このうち，ヒョウタン仲間とササゲ属，エゴマ，ゴボウは縄文時代早期初頭の滋賀県粟津湖底遺跡で，クリ塚（約9,600〜9,200 ^{14}C BP）から出土している（南木・中川 2000）。南木・中川（2000）は，いわゆる栽培植物・外来植物とされるものが一群のセットとしてすでに縄文時代早期初頭には存在していた可能性を指摘している。沖ノ島遺跡ではアサ以外に栽培植物・外来植物とされる種類の植物遺体は検出されていないが，後氷期の開始期にあたる縄文時代早期初頭の段階，本書の区分ではPG Warm-1（11,500〜8,400 cal BP）の段階には，基本的なセットの一要素としてアサがすでに存在していたものと考えられる。

7── 課題

　沖ノ島遺跡から出土したアサ果実の年代測定によって，縄文時代早期初頭から，栽培植物であるアサが日本列島で存在していたことが明らかになった。問題は，その利用の実態がどうだったのか，またいつ，どのように日本列島にこれらの栽培植物が入ってきたのかといった点である。現在筆者らは，縄文時代のアサ利用についてさまざまな角度から研究を進めているところである。今後，その成果を踏まえてこれらの栽培植物の利用について検討を行っていきたい。

第13章
下宅部遺跡の環境文化史

1— 下宅部遺跡の位置と概要

　下宅部遺跡は関東平野西部の東京都東村山市多摩湖町4丁目3番地他に所在し，北緯35°35′47″，東経139°27′14″に位置する（図13－1）。都営多摩湖町四丁目団地の建替工事にともない，1995年から2003年3月まで発掘調査が実施された。調査地点は狭山丘陵南端の丘陵緩斜面から荒川の支流である現在の北川の低地部にかけて立地し，おおよそ北川の谷が丘陵から台地部に出る出口付近に相当する。北川は狭山丘陵に端を発する小河川で，下流では柳瀬川となり，埼玉県の志木付近で新河岸川と合流する。北川の縄文時代の河道からは，水場遺構，クルミ塚，トチ塚，編組製品といった有機質の遺構や遺物が多数出土しており，弓と獣骨の集中や石棒などの祭祀的遺物も多く出土する。調査範囲内からは住居址は検出されておらず，水辺での作業場的な活動痕跡が多く残されている遺跡である（下宅部遺跡調査団編 2006a, 2006b；千葉 2009）（図13－2）。
　下宅部遺跡では諸磯式，勝坂式，加曽利E式などの土器片も少量ながら出土しているが，人間の活動がもっとも活発になるのは，土器の出土量や遺構群の構成などから考えて，おおよそ縄文時代後期の堀之内式期から加曽利B式期にかけての時期である。また，下宅部遺跡では安行3d式期を最後に人間の活動はきわめて希薄になる。安行3d式期以降，古墳時代後期までの間は，下宅部遺跡周辺では人の活動痕跡がほとんどみられなくなる。河道から検出された水場遺構やクルミ塚，トチ塚などは，おおよそ縄文時代中期中葉から晩期中葉までの間に形成されたことが，出土土器型式や遺構の堆積状況，^{14}C年代測定の結果から明らかになっている（工藤・国立歴史民俗博物館年代測定研究グループ 2006a, 2006b）。
　河道内堆積物は，砂礫が主体の河川成堆積物が大半を占める河道1と，未分解有機質シルト層

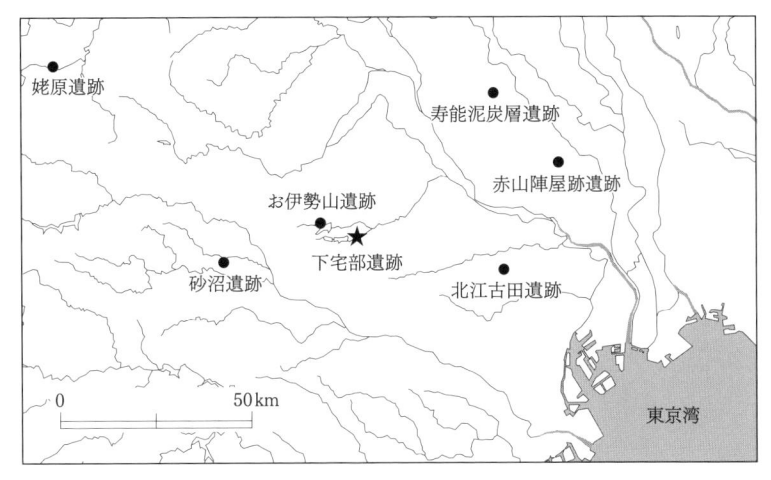

図13‐1　下宅部遺跡の位置

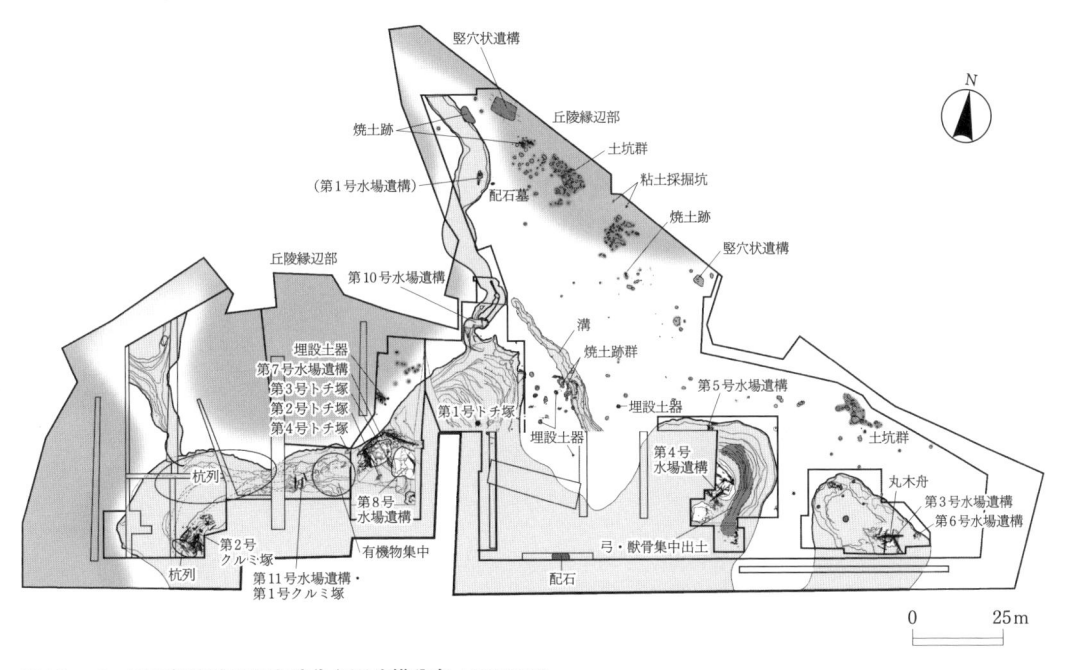

図13‐2　下宅部遺跡の縄文時代主要遺構分布（千葉 2009）

を主体とする河川成および湿地成堆積物からなる河道2に区分される（図13‐3）。河道1は時期によって流れを変える流路によっていくつかの時期に細分されている。河道1の全面を覆う厚いシルト層（図13‐3の河道1の点線より上部）は，縄文時代晩期中葉頃に洪水的なイベントによってごく短期間に堆積したと推測されている。その後，このシルト層と，最下部では河道1の砂礫層を削りこんだ河道2の流れの後に，ゆるやかに河道2を埋める有機質シルト層が堆積する。河道1からは，おもに縄文時代後期前葉の堀之内式の土器から晩期の安行3c式の土器が，河道2からは安行3c式・安行3d式の土器が出土することから，安行3c式期の間に，堆積環境の変化があったことが確認されている。

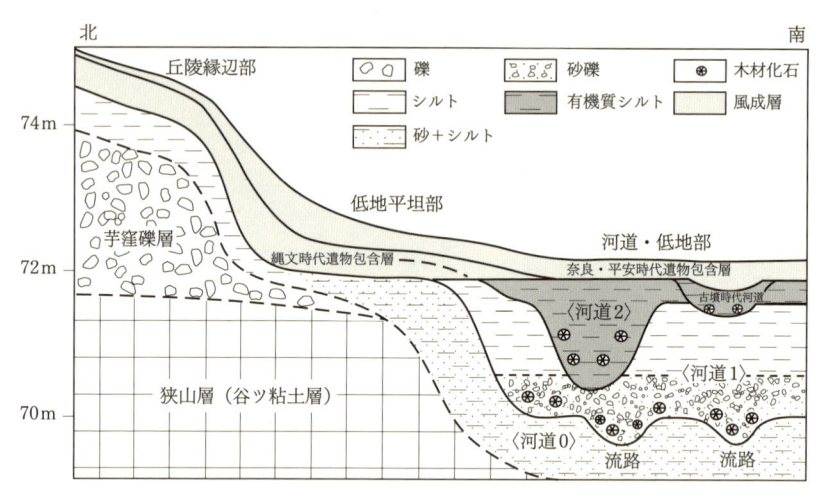

図13‐3 下宅部遺跡東部の河道堆積模式図（下宅部遺跡調査団編 2003を改変）
縦幅（標高）を拡大して表示しているため，縦横比は実際と異なる。

2— 問題の所在

　関東平野における縄文時代後・晩期の生態系の変化と生業活動の関係の解明は，多くの研究者が注目するテーマである。関東平野を含む本州東半部における，縄文時代中期から後・晩期への植物質食料資源利用の変化については，これまで蓄積されてきた低湿地遺跡の発掘調査の成果から，「クリからトチノキの利用へ」と植物利用の重点が変化したという意見がある。また，この要因を縄文時代後期以降の気候の寒冷化に求める意見や，トチノキの栽培の可能性を考える意見がある（今村 1999, 2002；吉川 1999a；辻 2002など）。

　関東平野における植物利用の変化を考古学的証拠から提示している研究として，クリ利用については千野裕道（1983, 1991）による遺構出土炭化材の樹種同定のデータが，後期から晩期のトチノキ利用については埼玉県赤山陣屋跡遺跡などの水場遺構と破砕したトチノキ種皮が集積したトチ塚の検出事例（金箱編 1989）が引用される場合が多い。赤山陣屋跡遺跡の事例は縄文時代晩期安行式期を中心とした遺構であり，中期末との間には約1,200年以上の時間が流れている。この間にもさまざまな遺跡で低湿地遺跡が確認されているが，植物質食料資源利用にどのような変化が起こっていたのか，それがこの時期の環境変化とどのように関係していたのかを，縄文時代中期や後期，晩期といった時期別の単位ではなく，より細かい土器型式の単位でその変遷過程を詳細に議論した研究は，関東平野周辺域では行われていない。縄文時代中期から晩期まで時間的に連続した有機質の遺構や遺物が検出された遺跡がこれまでほとんどなかったことや，栃木県小山市寺野東遺跡（栃木県文化振興事業団 1998）のように多数の水場遺構やトチノキ種子の集積が発見されても，共伴土器では明確な時期を特定しにくいためである。

　辻誠一郎（1988）はこの時期の自然環境変化について，後氷期の人類史における「第3の画期」として評価している（第9章参照）。一般的に「縄文時代中期から後・晩期へ」と一括されている

長い時間幅のなかで，いつ，どのように生業活動の変化が起こったのか，あるいは，その変化にはどの程度の普遍性があり，またどの程度の地域性があるのか，といった問題を議論することは，自然環境の変化と人類活動の相関関係を議論するうえでもきわめて重要である。

　下宅部遺跡は植物利用の変遷過程を議論するための有機質の遺体が非常に豊富である。しかし，これらはおもに埋積している流路から出土した土器や，遺構にともなって出土した土器によって時期が推定されていた。そのため流路の重複によって出土土器が複数型式にまたがった場合，時期が特定できないことも多かった。トチ塚などの種実集積遺構はその性格上，基本的に土器などの人工遺物をともなわないため，層位や共伴遺物のみでは詳細な年代的位置づけが困難であった。

3── 下宅部遺跡における環境文化史研究の意義

　下宅部遺跡の河道から出土した土器には，炭化物や漆が非常に良好な状態を保ったまま付着していた。また，縄文時代後期初頭から晩期中葉までのほぼすべての細別型式の土器が出土しており，これまでに，45点の土器付着物の試料の年代測定を実施している。また，下宅部遺跡は比較的内陸の丘陵部に立地するため海岸線からの距離も遠く，海産物が主要な生業活動の基盤になっていたとは考えにくい。この点から，土器付着炭化物の^{14}C年代を議論するうえでつねに問題となる海洋リザーバー効果の影響（藤尾・今村 2004；小林・坂本・松崎 2005）も少ないと考えられ，土器型式の数値年代を議論するうえでも非常に有利な状況にある。

　加えて，下宅部遺跡から出土した水場遺構の構成材や種実遺体，飾り弓，木道，漆の樹液採取を行った痕跡のある杭など，さまざまな有機質の遺体について，これまでに合計66点のAMS（加速器質量分析計）による^{14}C年代測定を実施して測定結果の概要を報告し，これらの年代を明らかにしている（工藤・国立歴史民俗博物館年代測定研究グループ 2006a, 2006b）。

　そこで，本書では，第14章「下宅部遺跡から出土した縄文時代後・晩期土器の^{14}C年代」で，下宅部遺跡から出土した縄文時代後・晩期土器に付着していた炭化物と漆の^{14}C年代測定結果を提示し，その数値年代について検討する。その際，炭化物の炭素・窒素安定同位体比，C/N比の分析結果を検討し，海洋リザーバー効果の影響の有無を判断し，土器型式の^{14}C年代を検討する前に試料に問題がある場合はそれを明確化する。これらにもとづいて^{14}C年代測定結果の較正年代を検討することで，下宅部遺跡から出土した各土器型式の年代的位置づけを提示したい。

　第15章「下宅部遺跡における植物利用の変遷」では，第14章の成果にもとづいて，下宅部遺跡から検出された植物利用に関連する遺構や遺物の時間的変遷を，これらの^{14}C年代測定結果にもとづいて，年代学的な視点から提示する。また，その変化の背景となった関東平野の環境史の画期（辻 1988；吉川 1999a）と時間的に対比することによって，縄文時代中期から晩期における食料資源としての植物利用の変化を，年代学的な視点から明らかにする。

　下宅部遺跡ではウルシ利用に関係する遺物もきわめて豊富であるが，特に注目される遺物に，縄文時代後期の河道中に打ち込まれた1,000本もの杭列のなかから発見された，線状の傷跡のあ

```
                            ┌─ 考古編年の数値年代化 ──┬─ 土器付着炭化物の ¹⁴C年代測定 ──── 第14章へ
                            │                          
下宅部遺跡の ─┤                          ┌─ 遺構群の¹⁴C年代測定と環境史との対比 ── 第15章へ
環境文化史研究   │                          │
                            └─ 植物利用の時間的変遷 ─┼─ ウルシ杭の¹⁴C年代測定 ──────── 第16章へ
                                                      │
                                                      └─ 土器付着植物遺体の¹⁴C年代測定と同位体分析 ─ 第17章へ
```

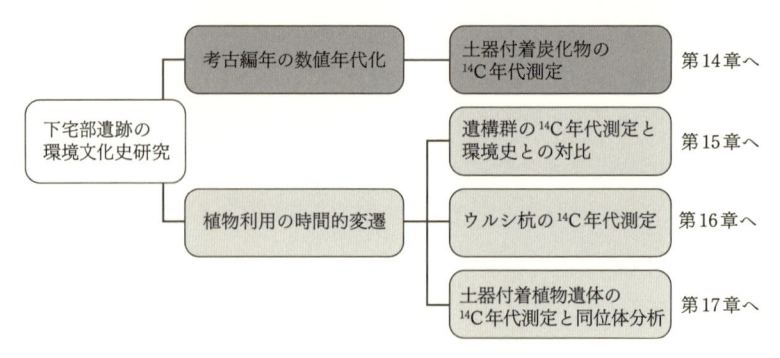

図13‐4　下宅部遺跡の環境文化史に関する研究の枠組み

るウルシの杭がある。これは縄文時代の人々がウルシの幹に傷を付けて樹液を採取していた具体的な証拠となるものである（能城・佐々木 2006；千葉 2006）。ただし，河道に縦に打ち込まれた杭であったため，その年代的な位置づけが不明確であった。そこで，第16章「下宅部遺跡から出土したウルシ杭の年代」では，これらの年代的位置づけを明確化する。

　一方，縄文時代の植物利用を議論するうえで，近年特にその重要性が認識されつつあるのが，土器付着植物遺体である。これは，土器の内部に炭化し付着した種実や鱗茎などの植物の部位や，繊維，編組製品など植物起源の製品を総称したもので，いずれも二次的に付着したものではなく，土器を用いた調理や植物加工のときに付着したものである（佐々木 2006）。土器付着植物遺体の形状観察だけでなく，炭素・窒素安定同位体比，C/N比の分析などを組み合わせることで，利用した食材と土器を用いた調理方法を解明する大きな手がかりが得られると考えられる。そこで，第17章「下宅部遺跡から出土した土器付着植物遺体の分析」では，下宅部遺跡から出土した縄文時代中期から後・晩期の土器付着植物遺体および種実遺体の¹⁴C年代測定，炭素・窒素安定同位体比分析，C/N比の分析から，その使用時期や内容物，調理方法についての検討を行った。

　なお，これらの下宅部遺跡における環境文化史に関する研究は，本書で設定したPG Cold-1（約 5,900～4,400 cal BP）およびPG Cold-2（4,400～2,800 cal BP）の，関東平野西部における環境と人類活動との相関関係に関する一つのケーススタディである。

　第14章，第15章，第17章で示した¹⁴C年代は，IntCal09が公開される前の論文（工藤ほか 2007a, 2007b；工藤・佐々木 2010）にもとづいているため，較正年代の算出は，すべてIntCal04を用いている。しかし，IntCal04とIntCal09で，後氷期の年代域においては変更点はないため，新たにIntCal09で較正し直すことはしていない。これらの論文が発表された当時のままであることを断っておきたい。ただし，第16章で述べるウルシ杭の¹⁴C年代測定については，工藤・国立歴史民俗博物館年代測定研究グループ（2006）で報告した9点に，最近になって1点新たな年代測定資料が追加されているため，ウルシ杭全点の¹⁴C年代をIntCal09で較正し直している。

第14章

下宅部遺跡から出土した縄文時代後・晩期土器の ^{14}C 年代

1── 土器型式の年代を決める

　土器型式の数値年代を把握することは，相対的な土器型式の時間幅やその時間的位置づけの問題を解明するだけではなく，生態系の変化と食料資源の利用形態の変化との関係などの問題を議論するうえでも必要不可欠であり，考古学研究における時間的枠組みの主軸である土器型式の ^{14}C 年代と，その較正年代について厳密に把握していくことが必要である。

　下宅部遺跡は縄文時代後・晩期を中心とした低湿地遺跡であり，有機質の遺構群や遺物が多数検出されており，河道から出土した土器には，炭化物や漆が非常に良好な状態を保ったまま付着している。また，下宅部遺跡が比較的内陸の丘陵部に立地し海岸線からの距離も遠いことから，海産物が生業活動の主要な基盤になっていたとは考えにくい。この点から，土器付着炭化物の ^{14}C 年代を議論するうえでつねに問題となる海洋リザーバー効果の影響（藤尾・今村 2004；小林・坂本・松崎 2005）も少ないと考えられ，土器型式の数値年代を議論するうえで有利な状況にある。

　本章では下宅部遺跡から出土した，縄文時代後・晩期土器に付着していた炭化物と漆皮膜の ^{14}C 年代測定結果を提示し，その数値年代について検討する。その際，炭化物の炭素・窒素安定同位体比，C/N比の分析結果を検討し，海洋リザーバー効果の影響の有無を判断し，土器型式の ^{14}C 年代を検討する前に試料に問題がある場合はそれを明確化する。これらの検討にもとづいて ^{14}C 年代の較正年代を検討し，各土器型式の年代的位置づけを提示する。

2── 分析対象

　年代測定を実施した試料は，下宅部遺跡から出土した39点の土器片に付着した，42点の炭化物と2点の漆皮膜である（表14‒1，図14‒1，図14‒2，図14‒3）。漆は陸上植物起源であることが明白であり，塗布後速やかに固化するため，使用時の年代を示す良好な試料と考えられる。下宅部遺跡からは縄文時代前期や中期の土器も出土しているが，良好な状態で炭化物が付着していた土器片は縄文時代後期の称名寺2式期以降の土器である。測定試料は，学術創成研究費「弥生農耕の起源と東アジア──炭素年代測定による高精度編年体系の構築」の一環として，縄文時代から弥生時代の土器型式の数値年代を研究することを目的として小林謙一が採取したもので，縄文時代後期末葉〜晩期前葉の土器を中心に27点の分析を実施した。その後，筆者が下宅部遺跡から出土した植物遺体の年代的対比を目的として，縄文時代後期前葉から晩期中葉の土器の14点の分析結果を追加し，土器付着炭化物の炭素・窒素安定同位体比の比較用に分析を行った3点の晩期安行式期の粗製土器の分析結果も含む。

　TTHSという記号は「東京都東村山市下宅部遺跡」の略号で，TTHSのあとの番号は，年代測定試料1点（たとえば1点の土器片，あるいは接合した1個体の土器）ごとに付した管理番号である。1点の土器の内面と外面の両方から炭化物を採取した場合は，番号のあとにa・bという記号を加えた。土器付着物の状態は吹きこぼれ，焦，煤，漆に分類した。内面付着炭化物は基本的に煮炊きした内容物が焦げついて残ったものと考えられ，外面付着の煤は，燃料材に起因する可能性が

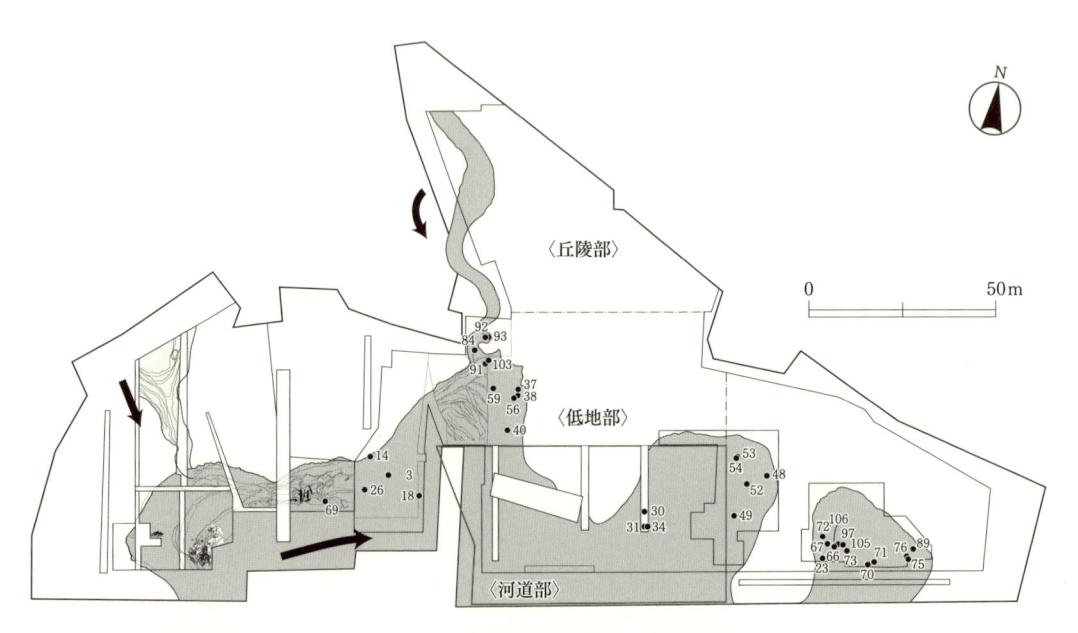

図14‒1　下宅部遺跡の位置と調査範囲における縄文時代の河道と試料採取した土器の分布
TTHS-22は試掘トレンチ試料のため出土位置は記録されていない。図中の矢印は水流の方向を示す。

高い粒子の細かい炭化物である。吹きこぼれは，おもに口縁部から胴部外面にかけて付着し，煮炊きした内容物が煮こぼれて炭化したものが残ったと考えられるが，燃料材に起因する炭化物も混入していると考えられる。以下に分析に用いた土器について記載する。土器型式の判別は，小林謙一が行った。また，下宅部遺跡調査団の芝原祐子，内田和典の両氏からご教示をいただいた。

①後期初頭の土器

　TTHS-31は深鉢の胴部破片で，沈線間に櫛歯状工具による条線が施されたJ字文をもつ。TTHS-30は深鉢の胴部破片で，沈線でJ字文が描かれるが沈線間は無文である。TTHS-34は頸部が屈曲する深鉢の口縁部破片で，平行する沈線間に隆帯で渦巻き状の文様が施される。TTHS-31とTTHS-30は称名寺式2式，TTHS-34は称名寺2式〜堀之内1式である。

②後期前葉の土器

　TTHS-NG22は胴部破片で，内面には黒漆が塗布されている。沈線文，充填縄文が施される。TTHS-3は深鉢の胴部破片で，括れ部には刻み隆帯があり，胴部には垂下沈線と充填縄文が施される。TTHS-14は朝顔形深鉢の口縁部〜胴部破片で，口縁部には刻み隆帯が施され，内面に一条の沈線がめぐり，胴部には枠状文をもつ。TTHS-18は深鉢の口縁部破片で，「8」字状貼付文を起点として2条の刻み隆帯がめぐり，上下を区画する幅広の帯状縄文をもつ。TTHS-NG22，TTHS-3は堀之内1式，TTHS-14，TTHS-18は堀之内2式である。

③後期中葉の土器

　TTHS-26は深鉢の口縁部破片で，外面には横帯文，内面には刺突列文と数条の沈線文がめぐる。TTHS-23は三単位突起深鉢の口縁部破片で，体部には横帯文が施される。二段の横帯文は突起の真下では，縦の短い沈線によって区切られる結節状のモチーフが描かれる。TTHS-22は平縁深鉢の口縁部破片で，口縁部外面には沈線区画をともなう刻文帯が巡り，矢羽状沈線が施される。内面には2条の沈線が巡る。TTHS-59は粗製深鉢の口縁部破片で，口縁部に紐線文がめぐり，体部には縄文と条線文が施される。TTHS-37は深鉢の口縁部破片で，波状口縁で斜沈線が施される。TTHS-40は口縁部破片で，波状口縁を呈し，沈線区画をともなう刻文帯があり，直下に斜沈線の区画帯がある。その下部に再び沈線区画をともなう刻文帯がめぐる。TTHS-NG25は深鉢の口縁部破片で，内面に付着する黒漆を採取した。口縁部に沈線が一条めぐり，その直下に斜線文が施される。TTHS-26，TTHS-23は加曽利B1式，TTHS-22，TTHS-59は加曽利B2式，TTHS-37は加曽利B2〜B3式，TTHS-40，TTHS-NG25は加曽利B3式である。

④後期後葉の土器

　TTHS-56は粗製深鉢の口縁部破片で，いわゆる2条2帯の紐線文土器である。TTHS-38は3単位の小波状口縁深鉢の口縁部破片で，口縁には刻文列があり，平行する沈線下部に条線が施される。TTHS-54は波状口縁深鉢の口縁部破片で，口縁部をめぐる刻み隆帯をもち，波頂部では隆帯

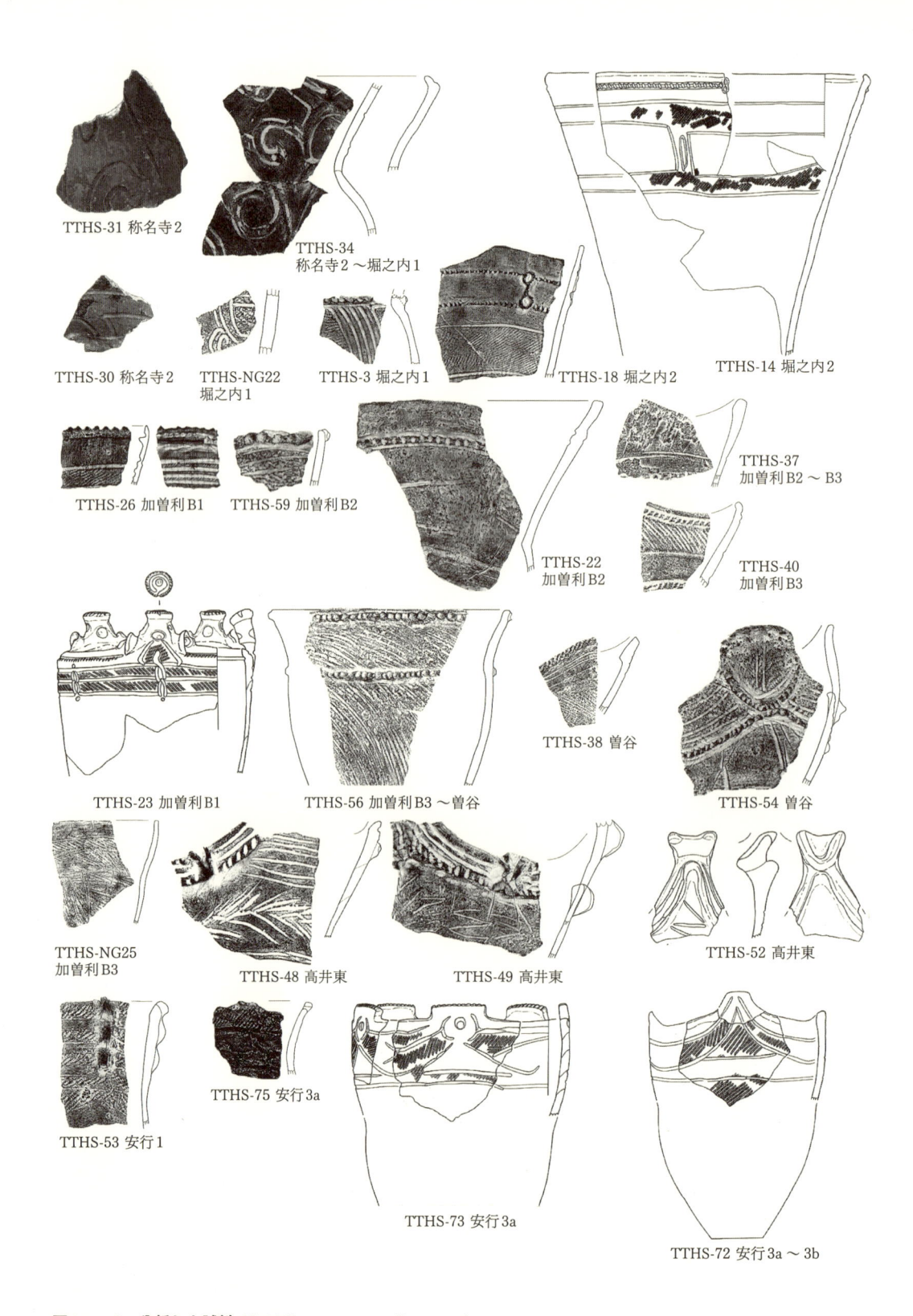

図14‐2　分析した試料（復元個体：S＝1/6, その他：S＝1/5）

258　第3部　後氷期の環境文化史

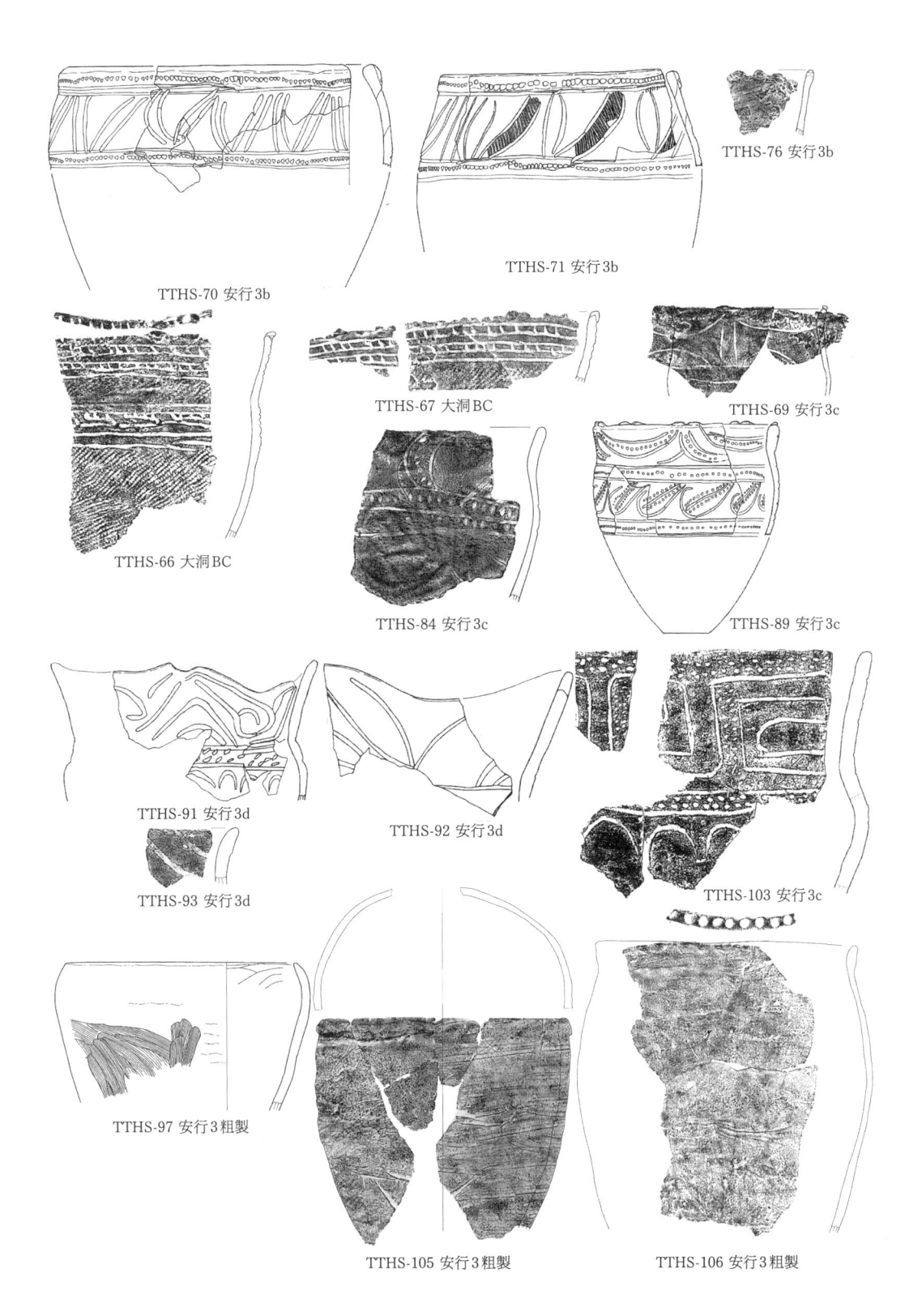

図14-3 分析した試料（復元個体：S = 1/6，その他：S = 1/5）

第14章 下宅部遺跡から出土した縄文時代後・晩期土器の^{14}C年代

が半円形状に配付される。TTHS-48は大波状口縁深鉢の口縁部破片で，口縁部文様帯は肥厚して隆帯風につくり，その間を2本の沈線が横走する。波底部には縦長の貼瘤をもつ。体部には矢羽状沈線が施されている。TTHS-49は大波状口縁の深鉢の口縁部破片で，内面と外面から炭化物を採取し，内面をTTHS-49a，外面をTTHS-49bとした。TTHS-48とほぼ同様の文様構成をとるが，体部には稲妻状沈線が施されている。TTHS-52は大波状口縁の深鉢の突起部で，内面と外面から炭化物を採取し，内面をTTHS-52a，外面をTTHS-52bとした。口縁部は隆帯で縁どられ，隆帯の間には沈線が2条施される。TTHS-56は加曽利B3式～曽谷式，TTHS-38，TTHS-54は曽谷式，TTHS-48，TTHS-49，TTHS-52は高井東式である。

⑤後期末葉の土器

TTHS-53は平縁深鉢の口縁部破片で，口縁部には帯縄文が4段施され，縦長の貼瘤をもつ。安行1式である。

⑥晩期前葉の土器

TTHS-73は平縁深鉢の口縁部破片で，口唇部には平板化した横長の突起がつき，突起上面には横方向に刻みが施される。玉抱き三叉文を配し，下端区画として帯縄文がめぐる。TTHS-75は平縁の土器の口縁部破片で，玉抱き三叉文を配し，口縁部直下に磨消縄文が施され，口唇部にはB突起が貼りつけられている。TTHS-72は波状縁深鉢の口縁部破片で，波状縁にそった帯縄文と平行沈線により三角区画を描き，縄文を充填する。TTHS-71は紐線文系土器の口縁部破片で，口縁部はやや内湾してやや張った胴部となる。紐線文は下端に沈線区画を有し，連続刺突が施される。また，弧線によって三日月文や木の葉状文が施され，文様内には交互に縄文が充填される。TTHS-70は紐線文系土器の口縁部破片で，紐線は隆帯の貼付が認められず，平行沈線間に連続刺突が施される。平行沈線間には弧線文が施される。TTHS-76は小波状口縁で入り組み文が施される。TTHS-66，TTHS-67は深鉢の口縁部破片であり，頸部が屈曲し，平行線化した羊歯状文が施される。TTHS-73，TTHS-75は安行3a式，TTHS-72は安行3a～3b式，TTHS-70，TTHS-71，TTHS-76は安行3b式，TTHS-66，TTHS-67は大洞BC式である。ただし，TTHS-66，TTHS-67の羊歯状文は形骸化し，二溝間の截痕がみられることから大洞C1式に近いと考えられるが，ここでは大洞BC式とした。

⑦晩期中葉の土器

TTHS-69は深鉢の口縁部破片で，内外面から炭化物を採取し，内面付着炭化物をTTHS-69a，外面付着炭化物をTTHS-69bとした。口縁端部にB突起をもち，口縁部には沈線間に条線を充填した区画文があり，上下に対向弧線文が配されている。TTHS-84は平縁の深鉢の口縁部破片で，口縁部は沈線によって区画され，沈線間には列点が施される。TTHS-89は平縁深鉢の口縁部破片で，口縁端部にはB突起がつき，三叉文を起点として二条の沈線による弧線文が配され，刺突列が施される。胴部には区画帯がめぐり，その間には木葉文が施文され，列点が配される。TTHS-

103は平縁の深鉢の口縁部破片で、平行沈線で区画し、列点文、弧線文などが施される。TTHS-91は波状口縁の深鉢の口縁部破片で、太い沈線によって三叉状入組文が施される。括れ部には平行する沈線間に列点が施され、半弧状沈線文をもつ。TTHS-92は波状口縁の深鉢の口縁部破片で、太い沈線のみによって文様が施される。TTHS-93は平縁の土器の口縁部破片で、太い沈線が施される。TTHS-69，TTHS-84，TTHS-89，TTHS-103は安行3c式，TTHS-91，TTHS-92，TTHS-93は安行3d式である。

⑧安行3式期の粗製土器

TTHS-97は粗製深鉢の口縁部破片で、口縁部はやや内湾し胴部左上がり方向にケズリ調整が行われる。TTHS-105は粗製土器の口縁部〜胴部破片である。口縁部は肥厚する複合口縁で、口唇部に指頭押圧が施される。胴部は無文である。TTHS-106は口縁部〜胴部破片で外面から炭化物を採取した。口唇部に指頭押圧が施される。胴部は無文である。これらはいずれも安行3式土器にともなう粗製土器である。

3── 分析方法

測定試料のアセトン洗浄、酸－アルカリ－酸（AAA）処理、二酸化炭素の精製・分離、グラファイト精製は定法（今村ほか 2003；坂本 2004b）にしたがって国立歴史民俗博物館の年代測定資料実験室で実施し、^{14}C年代測定は、^{14}C標準試料とブランク試料とともに東京大学大学院工学研究科のタンデム加速器研究施設に設置されている加速器質量分析計で行った（機関番号MTC）。二酸化炭素の回収量が少なかった試料や、一部の試料については、Beta Analytic社（機関番号Beta），加速器分析研究所（機関番号IAAA），パレオ・ラボ（機関番号PLD）で測定を行った。この場合、AAA処理までを国立歴史民俗博物館で行い、その後の処理を依頼したものも含まれる。なお、TTHS-49，TTHS-52，TTHS-69は内外面の試料をパレオ・ラボで測定しているが、このうち、内面のTTHS-49aとTTHS-69aについては東京大学で再測定を実施した。

安定同位体質量分析計（Isotope Ratio Mass Spectrometer: IR-MS）による測定試料の炭素・窒素安定同位体比（δ^{13}C, δ^{15}N），炭素と窒素の重量比（C/N比）の分析は昭光通商で行った。AAA処理後の試料の残量が十分でなかったTTHS-69b，73，93，106に関しては、IR-MSによる炭素・窒素安定同位体比の測定ができていない。TTHS-40，48，49a，49b，52a，52b，69a，71a，75の9点の試料に関しては、二酸化炭素を精製後分離して残った試料を用いて、IR-MSによる炭素安定同位体比の分析を加速器分析研究所で行った。漆塗膜は陸上植物起源であることが明らかであるため、IR-MSによる分析は行っていない。

4 ── 分析結果

　分析結果を表14-1に示した。表中の炭素安定同位体比（δ^{13}C値）は，IR-MSによって測定した値である。測定した土器付着炭化物のδ^{13}C値は多くが−26‰前後の値を示したのに対し，一部の試料は−24‰より高い値を示した。^{14}C年代測定結果は，おおよそ土器型式の順序との対応関係が確認できる結果が得られた。しかし，堀之内2式土器のTTHS-14は堀之内1式の年代とほぼ同じであったり，安行3a～3c式期の土器のように，型式学的な順序と年代測定結果が整合しない一群もみられた。TTHS-49，TTHS-69のように，同一の土器片の内面と外面から採取した試料の^{14}C年代値が一致しないといった結果もみられた。TTHS-49とTTHS-69の年代測定結果は内面と外面で130年程度（中央値）異なり，内面付着炭化物のほうが古い年代が測定された。このため，CO_2の状態で保存していた試料の再測定を実施したが（TTHS-49a（r），TTHS-69a（r）），内外面で年代値が異なっていることを裏づける結果が得られた。

5 ── 炭素・窒素安定同位体比の検討

　δ^{13}C値は通常，陸上起源の動植物の場合，−25‰前後，あるいはそれよりも低い値を示す。土器付着炭化物のδ^{13}C値がそれよりも高い値を示す要因としては，大きく分けて以下の二通りが考えられる（藤尾・今村 2004）。
　①海産性の食料を煮炊きした結果，それが土器付着炭化物に含まれている場合。
　②C_4植物を煮炊きした結果，それが土器付着炭化物に含まれている場合。
　海洋性の動植物が土器付着炭化物に混入している場合，海洋リザーバー効果によって^{14}C年代値は見かけ上古くなる。下宅部遺跡では魚骨は出土していないが，これまでにハマグリなどの鹹水性の貝類が約50点前後出土している（下宅部遺跡調査団編 2006）。これらはおもに縄文時代後期から晩期の流路から出土したものである。植物質の遺体やシカやイノシシなどの獣骨と比較すれば，その出土量はきわめて少量である。遺跡は現在の海岸線までの最短直線距離で約30km，柳瀬川と新河岸川の合流点付近まででも約15kmと内陸丘陵部に位置することから，下宅部遺跡で海産性食料資源が生業活動の主要な位置を占めていたとは考えにくい。ただし下宅部遺跡から北川を挟んで200mの微高地に立地する縄文時代晩期の日向北遺跡（高橋 2001）では製塩土器が出土しており，安行3式期には海浜部となんらかの関係があった可能性も考えられる。土器付着炭化物に海洋リザーバー効果の影響がみられる地域は，海洋資源への依存率が高い北海道や本州島北部の沿岸部の遺跡に多い。しかし，関東平野においても海岸に直線距離で1.5kmと近く，貝類なども豊富に出土している稲荷山貝塚では，堀之内式期の土器付着炭化物が海洋リザーバー効果を受けている事例が報告されている（小林・坂本・松崎 2005）。
　下宅部遺跡の土器付着炭化物のIR-MSによるδ^{13}C値を図14-4に示した。IR-MSによるδ^{13}C

表14-1　下宅部遺跡における土器付着炭化物および漆の^{14}C年代測定および炭素・窒素安定同位体分析結果

試料番号	出土区	種類	部位	型式	Labo-code	^{14}C年代 (^{14}C BP)	δ^{13}C (‰)	δ^{15}N (‰)	C/N Ratio
TTHS-3	調査区Ⅱ, 主要調査地点D, D9, 5115, 河道1, 第7号水場遺構	吹きこぼれ	胴外	堀之内1式	MTC-06216	3,740±35 BP	−26.8	11.2	30.19
TTHS-14	調査区Ⅱ, 主要調査地点D, E9, 1631, 河道1	吹きこぼれ	口縁外	堀之内2式	MTC-06217	3,735±40 BP	−25.5	12.0	27.39
TTHS-18	調査区Ⅱ, 主要調査地点D, D10, 207, 河道1	煤	口縁外	堀之内2式	Beta-211229	3,630±40 BP	−27.3	—	—
TTHS-22	調査区Ⅲ, 試掘トレンチ6, Noなし	吹きこぼれ	口縁外 胴外	加曽利B2式	MTC-06218	3,345±40 BP	−26.7	11.1	21.68
TTHS-23	調査区Ⅵ, 主要調査地点B, B21, 609, 河道1 (接合 No.B105)	吹きこぼれ	口縁外	加曽利B1式	MTC-06219	3,470±40 BP	−26.2	11.1	20.13
TTHS-26	調査区Ⅱ, 主要調査地点D, D9, 3698, 河道1	吹きこぼれ	口縁外	加曽利B1式	MTC-06220	3,525±35 BP	−25.6	12.1	23.72
TTHS-30	調査区Ⅲ, 主要調査地点C, C16, 388, 河道1	吹きこぼれ	胴外	称名寺2式	Beta-193771	3,860±40 BP	−25.9	—	—
TTHS-31	調査区Ⅲ, 主要調査地点C, C16, 296, 河道1	吹きこぼれ	胴外	称名寺2式	MTC-06221	3,890±35 BP	−26.0	11.5	20.30
TTHS-34	調査区Ⅲ, 主要調査地点C, C16, 258, 河道1	焦	口縁内	称名寺〜堀之内1式	MTC-06717	3,870±60 BP	−26.5	3.7	9.19
TTHS-37	調査区Ⅲ, 主要調査地点C, F13, 1879, 河道1	吹きこぼれ	口縁外	加曽利B2〜B3式	MTC-06222	3,270±35 BP	−26.3	10.1	21.21
TTHS-38	調査区Ⅲ, 主要調査地点C, F13, 2382, 河道1	煤	口縁外	曽谷式	MTC-04601	3,230±35 BP	−26.9	12.6	17.64
TTHS-40	調査区Ⅲ, 主要調査地点C, E13, 774, 河道1	吹きこぼれ	口縁外	加曽利B3式	PLD-4633	3,215±25 BP	−26.5	—	—
TTHS-48	調査区Ⅴ, 主要調査地点A, D20, 1600, 河道1	煤	口縁外	高井東式	PLD-4634	3,150±30 BP	−26.2	—	—
TTHS-49a	調査区Ⅴ, 主要調査地点A, C19, 890, 河道1	焦	口縁内	高井東式	PLD-4635	3,295±20 BP	−24.5	—	—
TTHS-49a(r)	(49aの再測定試料)	焦	口縁内	高井東式	MTC-07164	3,285±30 BP	−24.5	—	—
TTHS-49b	(49の外面付着炭化物)	煤	口縁外	高井東式	PLD-4636	3,160±25 BP	−24.8	—	—
TTHS-52a	調査区Ⅴ, 主要調査地点A, D19, 2948, 河道1	焦	口縁内	高井東式	PLD-4637	3,250±25 BP	−26.3	—	—
TTHS-52b	(52の外面付着炭化物)	吹きこぼれ	口縁外	高井東式	PLD-4638	3,185±25 BP	−25.5	—	—
TTHS-53	調査区Ⅴ, 主要調査地点A, E19, 1535, 河道1	煤	口縁外	安行1式	MTC-04602	3,140±35 BP	−26.1	10.2	20.03
TTHS-54	調査区Ⅴ, 主要調査地点A, E19, 2000, 河道1	煤	口縁外	曽谷式	MTC-04603	3,260±35 BP	−26.0	10.5	19.38
TTHS-56	調査区Ⅲ, 主要調査地点C, F13, 2256, 河道1	吹きこぼれ	口縁外	加曽利B3〜曽谷式	MTC-06223	3,220±35 BP	−26.0	12.5	16.15
TTHS-59	調査区Ⅲ, 主要調査地点C, G12, 1604, 河道1	吹きこぼれ	口縁外	加曽利B2式	MTC-06224	3,395±35 BP	−25.8	12.9	16.17
TTHS-66	調査区Ⅵ, 主要調査地点B, B21, 155, 河道1	吹きこぼれ	胴内	大洞BC式	MTC-06718	2,930±35 BP	−25.7	4.6	6.10
TTHS-67	調査区Ⅵ, 主要調査地点B, B21, 43, 河道1	煤	口縁外	大洞BC式	MTC-04604	2,895±30 BP	−26.2	9.1	19.75
TTHS-69a	調査区Ⅰ, 主要調査地点F, D8, 490, 河道1	焦	胴内	安行3c式	PLD-4640	3,070±25 BP	−27.4	—	—
TTHS-69a(r)	(69aの再測定試料)	焦	胴内	安行3c式	MTC-07165	3,035±30 BP	−27.4	—	—
TTHS-69b	(69の外面付着炭化物)	煤	胴外	安行3c式	PLD-4641	2,940±25 BP	—	—	—
TTHS-70	調査区Ⅵ, 主要調査地点B, B22, 2396, 河道1	煤	口縁外	安行3b式	MTC-04605	2,995±35 BP	−25.5	8.4	15.79
TTHS-71a	調査区Ⅵ, 主要調査地点B, B22, 2282, 河道1	焦	胴内	安行3b式	PLD-4642	2,970±20 BP	−25.9	—	—
TTHS-72	調査区Ⅵ, 主要調査地点B, B23, 945, 河道1	煤	口縁外	安行3a〜3b式	MTC-04606	2,910±50 BP	−25.9	10.0	15.39
TTHS-73	調査区Ⅵ, 主要調査地点B, B23, 1742, 河道1	吹きこぼれ	口縁外	安行3a式	MTC-04607	2,975±35 BP	—	—	—
TTHS-75	調査区Ⅵ, 主要調査地点B, B23, 697, 河道1	吹きこぼれ	口縁外	安行3a〜3b式	PLD-4643	2,935±25 BP	−26.8	—	—
TTHS-76	調査区Ⅵ, 主要調査地点B, B23, 586, 河道1	焦	口縁内	安行3b式	MTC-04608	2,995±35 BP	−26.0	8.9	23.09
TTHS-84	調査区Ⅲ, 主要調査地点E, H12, 573, 河道2	焦	胴外	安行3c式	Beta-193770	2,920±40 BP	−26.4	—	—
TTHS-89	調査区Ⅵ, 主要調査地点B, B24, 102, 河道1	焦	胴内	安行3c式	MTC-04609	2,995±30 BP	−23.2	8.4	8.65
TTHS-91	調査区Ⅲ, 主要調査地点E, G12, 1592, 河道2	煤	口縁外	安行3d式	MTC-04610	2,750±30 BP	−26.6	9.3	32.49
TTHS-92	調査区Ⅲ, 主要調査地点E, H12, 2582, 河道2	吹きこぼれ	口縁外	安行3d式	IAAA-40506	2,750±40 BP	−23.6	6.1	19.24
TTHS-93	調査区Ⅲ, 主要調査地点E, H12, 2610, 河道2	吹きこぼれ	口縁外	安行3d式	IAAA-40507	2,800±40 BP	—	—	—
TTHS-97	調査区Ⅵ, 主要調査地点B, B22, 487, 河道1	焦	胴内	安行3式粗製	MTC-06719	2,905±30 BP	−25.2	5.4	5.76
TTHS-103	調査区Ⅲ, 主要調査地点E, G12, 2593, 河道2	焦	胴内	安行3c式	IAAA-40508	2,730±60 BP	−22.6	2.7	19.57
TTHS-105	調査区Ⅵ, 主要調査地点B, B22, 498, 河道1	吹きこぼれ	胴外	安行3式粗製	MTC-06733	2,950±35 BP	−24.4	6.3	20.42
TTHS-106	調査区Ⅵ, 主要調査地点B, B21, 124, 河道1 (接合B-142)	吹きこぼれ	胴外	安行3式粗製	MTC-06734	2,940±35 BP	—	—	—
TTHS-NG22	調査区Ⅰ, 主要調査地点F, D8, 1875, 河道1	漆	胴内	堀之内1式	MTC-04599	3,710±35 BP	—	—	—
TTHS-NG25	調査区Ⅲ, H12, 3613, 河道2	漆	胴内	加曽利B3式	MTC-04600	3,230±35 BP	—	—	—

値が測定されていないTTHS-73, TTHS-69b, TTHS-93, TTHS-106は含めていない。左側から右側へいくにつれて土器型式が新しくなる。ただし，同一型式の土器は便宜的に資料番号の順に並べ，型式学的位置づけが難しい安行3式期の粗製土器の一群は最後に置いた。また，先後関係の判断が難しい加曽利B3式・曽谷式・高井東式土器も，便宜的にその順で並べている。図14－4をみると，多くの土器付着炭化物のδ^{13}C値が－26‰前後の値を示している。この結果から，分析試料のほとんどが陸上起源の動植物に起因する炭化物であると考えられ，下宅部遺跡から検出された有機質の遺跡出土資料に，海洋起源の貝や魚骨がほとんど含まれていないことと調和的である。ただし，晩期前葉の安行3c式期以降の試料であるTTHS-89以降については，それ以前と比較して安定同位体比の変動幅が大きい。多くの試料のδ^{13}C値が－25‰より低い値を示しているのと対照的に，安行3c式のTTHS-89とTTHS-103，安行3d式のTTHS-92，安行3式期の粗製土器のTTHS-105の4点の試料は，他の一群からやや外れている。同一型式の土器よりも^{14}C年代測定結果がやや古いのはTTHS-89である（表14－1）。内面と外面で^{14}C年代値が異なるTTHS-49とTTHS-69については，TTHS-49がややδ^{13}C値が高いものの，内面と外面ともにδ^{13}C値は近似した値であり，海洋リザーバー効果では説明できない。

　土器付着炭化物および，下宅部遺跡で測定した種実遺体（表14－2）の炭素・窒素安定同位体比（δ^{13}C，δ^{15}N）を図14－5に，試料に含まれる炭素・窒素の重量比（C/N比）とδ^{13}C値を図14－6に示した。十分な試料の量が確保できず，すべての試料の窒素安定同位体比の分析ができていないため，図14－5よりは点数が少ない。ササゲ属種子以外の種実遺体は，食用とする部分そのものではないが，参考資料として提示した。

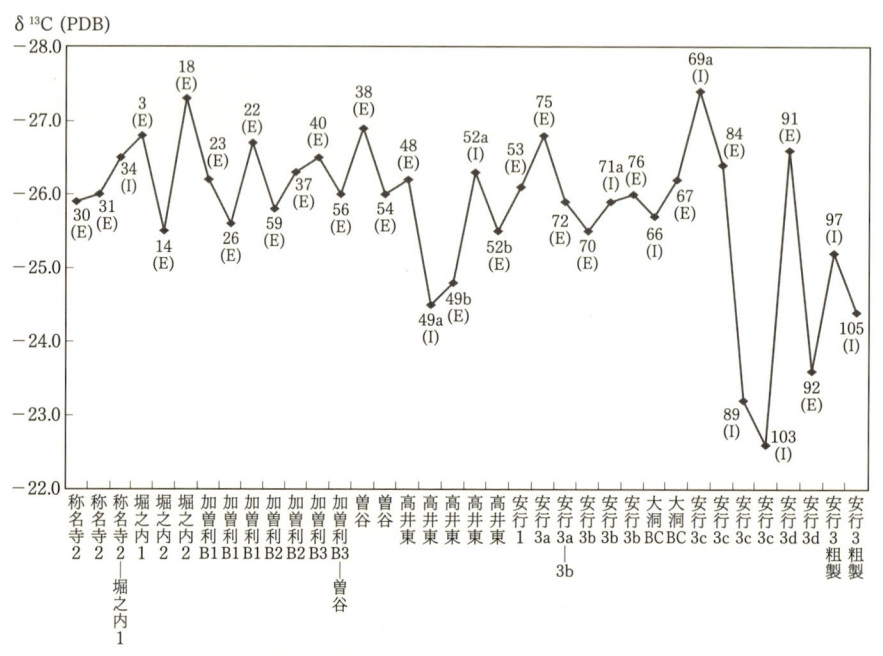

図14－4　土器付着炭化物の炭素安定同位体比（δ^{13}C）
図中のIは土器の内面，Eは外面から採取した試料を示す。

表14-2 下宅部遺跡から出土した種実遺体の炭素・窒素安定同位体比とC/N比

試料番号	出土区	種類	分類群	測定部位	Labo-code	^{14}C年代 (^{14}C BP)	δ^{13}C (‰)	δ^{15}N (‰)	C/N Ratio
TTHS-C8	調査区Ⅰ，主要調査地点F，D7，河道1，1号クルミ塚，S73-①	種実	オニグルミ	核	Beta-201266	4,440±40 BP	-26.6	4.63	140.86
TTHS-C12	調査区Ⅰ，主要調査地点F，B4，河道1，2号クルミ塚，東西ベルト，S131-③	種実	トチノキ	種子	MTC-05835	4,110±40 BP	-25.7	1.22	66.51
TTHS-C13	調査区Ⅰ，主要調査地点F，B4，河道1，2号クルミ塚，S131-③	種実	ナラガシワ	果実	MTC-05836	4,070±45 BP	-28.0	3.43	48.51
TTHS-C14	調査区Ⅰ，主要調査地点F，C5，河道1，2号クルミ塚，3-①層-④	種実	ササゲ属	種子	MTC-05837	4,515±45 BP	-23.6	1.79	8.64

図14-5をみるとδ^{13}C値に異常はみられないが，外面付着炭化物のδ^{15}N値は非常に高い値を示した。復元土器を使用した炭化物生成実験では，炭化によって重いδ^{15}Nが最大5‰程度増加する傾向があることがわかっているため（吉田 2006），内面・外面共にδ^{15}N値がやや高い値を示すことに違和感はない。ただし，外面付着炭化物のδ^{15}N値は平均値から大きく外れるため，燃焼・炭化の過程で窒素に同位体分別効果が起こったことに加え，燃料材や煮炊きした内容物とは異なる起源の窒素が影響している可能性も考えられる。

一方，内面付着炭化物をみると，TTHS-89は他の一群とやや異なり，陸上起源の動植物と海生魚類・海生貝類との中間的な位置に分布している（図14-5）。また，TTHS-89はC/N比が低いため，窒素含有率が高い（図14-6）。一般的にC/N比はタンパク質などの窒素を含む有機物が混入することで低下する（坂本 2004a）。セルロースを主成分とする植物は窒素に乏しい。TTHS-C14のササゲ属種子のように，植物性タンパク質を蓄えるマメ科の種子はC/N比が低く，窒素含有率が高い例もあるが，この場合δ^{15}N値は低い。したがって，δ^{13}C値とδ^{15}N値が高く，C/N比が低い試料については，海洋起源のタンパク質を含んでいる可能性が考えられる。今回の試料では，TTHS-89がそれに該当する。これらを総合的に判断した場合，TTHS-89については，海洋リザーバー効果の影響を受けている可能性を考慮する必要があるだろう。

TTHS-103も内面付着炭化物であるが，他の試料とは異なる傾向を示し，図14-5のやや右下に位置する。C_3植物と海生貝類起源の食料との混合モデルで考えれば，その中間的な位置といえないこともない。この場合，年代測定結果は古くなるはずであるが，安行3c式としては新しい年代測定結果が得られている（表14-1）。この点から，上記の混合モデルでは考えにくい。図14-6をみるとC/N比は20前後と，窒素の含有率は高くない。C_4植物との混合モデルで考えるとしても，アワ・ヒエ・キビなどのC_4植物のδ^{13}C値は-10‰前後であり（Chisholmほか 1988；南川 2001），C_4植物そのもの，あるいはそれらの混入は考えにくい。仮にC_4植物であるのなら年代値を議論するうえでの問題は生じない。外面付着炭化物のTTHS-92とTTHS-105もC/N比ではTTHS-103と近似している（図14-6）。

^{14}C年代測定試料とした土器付着炭化物の炭素・窒素安定同位体比，炭素・窒素重量比のデータ

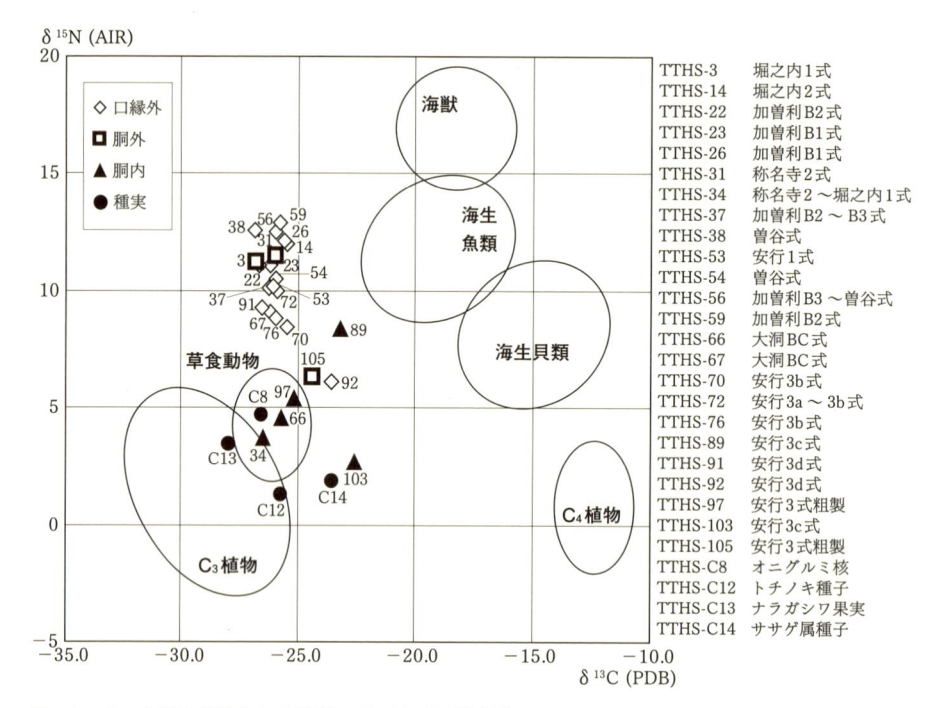

図 14‐5　土器付着炭化物の炭素・窒素安定同位体比

図中の代表的な食物群の安定同位体比は Yoneda *et al*. 2002；米田 2004 を使用した。

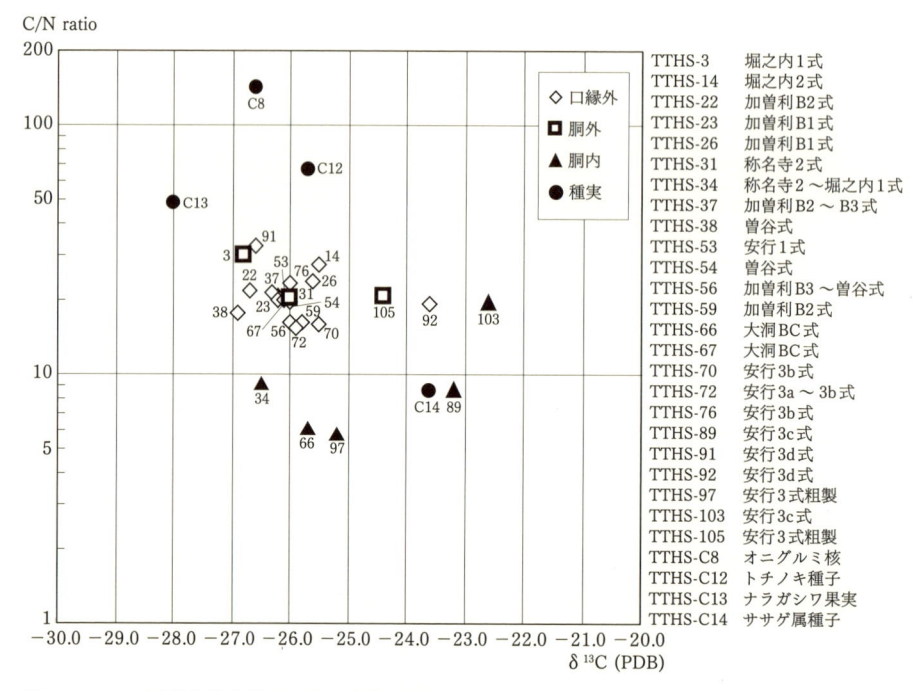

図 14‐6　土器付着炭化物の炭素・窒素質量比（C/N比）

266　第3部　後氷期の環境文化史

の上記の検討の結果を以下にまとめる。

①多くの試料で海洋リザーバー効果の影響は受けていないと判断でき，土器型式と^{14}C年代値の比較を行ううえでの問題はないと考えられる。

②しかし，晩期安行3c式期以降の試料はδ^{13}C値がばらついており，そのうちTTHS-89については，炭化物に海洋起源の有機物が混合している可能性が考えられる。

③TTHS-92, TTHS-103, 粗製土器のTTHS-105はδ^{13}C値はやや高いが，TTHS-103はδ^{15}N値も低く，主成分が海洋起源の動物性タンパク質であるとは考えにくい。TTHS-92, TTHS-105も含めて，これらの^{14}C年代測定結果が他と比較して古いという傾向もみられない。ここでは，通常の試料として扱うことにする。

④^{14}C年代値が土器片の内面と外面で中央値が130年程度異なるTTHS-49は，内面・外面ともにδ^{13}C値は同様の値であり，海洋リザーバー効果の影響では説明できない。TTHS-69aもδ^{13}C値は正常値である。年代測定値のばらつきには海洋リザーバー効果以外のなんらかの要因があったと考えられるが，その理由については現時点では不明である。

⑤以上の結果から，海洋リザーバー効果の影響を受けている可能性が考えられたTTHS-89は土器型式と^{14}C年代の対比からは除き，同一試料で年代値がややばらついているTTHS-49とTTHS-69, IR-MSによるδ^{13}C値が測定できていないTTHS-73とTTHS-93は，ここでは参考資料とする。

6── 下宅部遺跡から出土した各土器型式の較正年代

^{14}C年代測定結果をOxcal3.10を使用して，IntCal04（Reimer *et al*. 2004）の較正曲線で較正を行い，図14 - 7には較正年代を確率分布法で示した。図14 - 7の上方から下方へいくにつれて土器型式が新しくなる。同一型式の土器は年代測定結果の古い順に並べた。加曽利B3式，曽谷式，高井東式は，便宜的にその型式順で並べ，各型式内での先後関係についてはここでは議論しない。土器付着炭化物の内容物についての比較試料として用いた，安行3式期の粗製土器については，図14 - 7・図14 - 8の土器型式の較正年代の検討には含めていない。また，前述の理由から年代値の検討からは除外したTTHS-89は白抜きで示し，参考資料としたTTHS-49, TTHS-69, TTHS-73, TTHS-93についてはグレーで示した。この結果，今回測定した称名寺2式から安行3d式までの土器は，おおよそ4,400〜2,800 cal BPの間に集中することが明らかとなった。

較正年代をIntCal04の較正曲線に重ねたのが図14 - 8である。より確実な範囲で示すのであれば2σの値を用いるべきだが，図が煩雑になるため，較正年代は1σの範囲をブロックで示した。TTHS-89, TTHS-49, TTHS-69, TTHS-73, TTHS-93は図14 - 8には含めていない。土器付着炭化物の年代値を年輪年代のウイグルマッチング的な手法でより時間幅を特定していく試みが，藤尾慎一郎（2006）や小林謙一（2004）によって行われているが，図14 - 8はあくまで確率分布の範囲をブロックでそのまま較正曲線に投影したもので，それぞれの土器型式の時間的位置

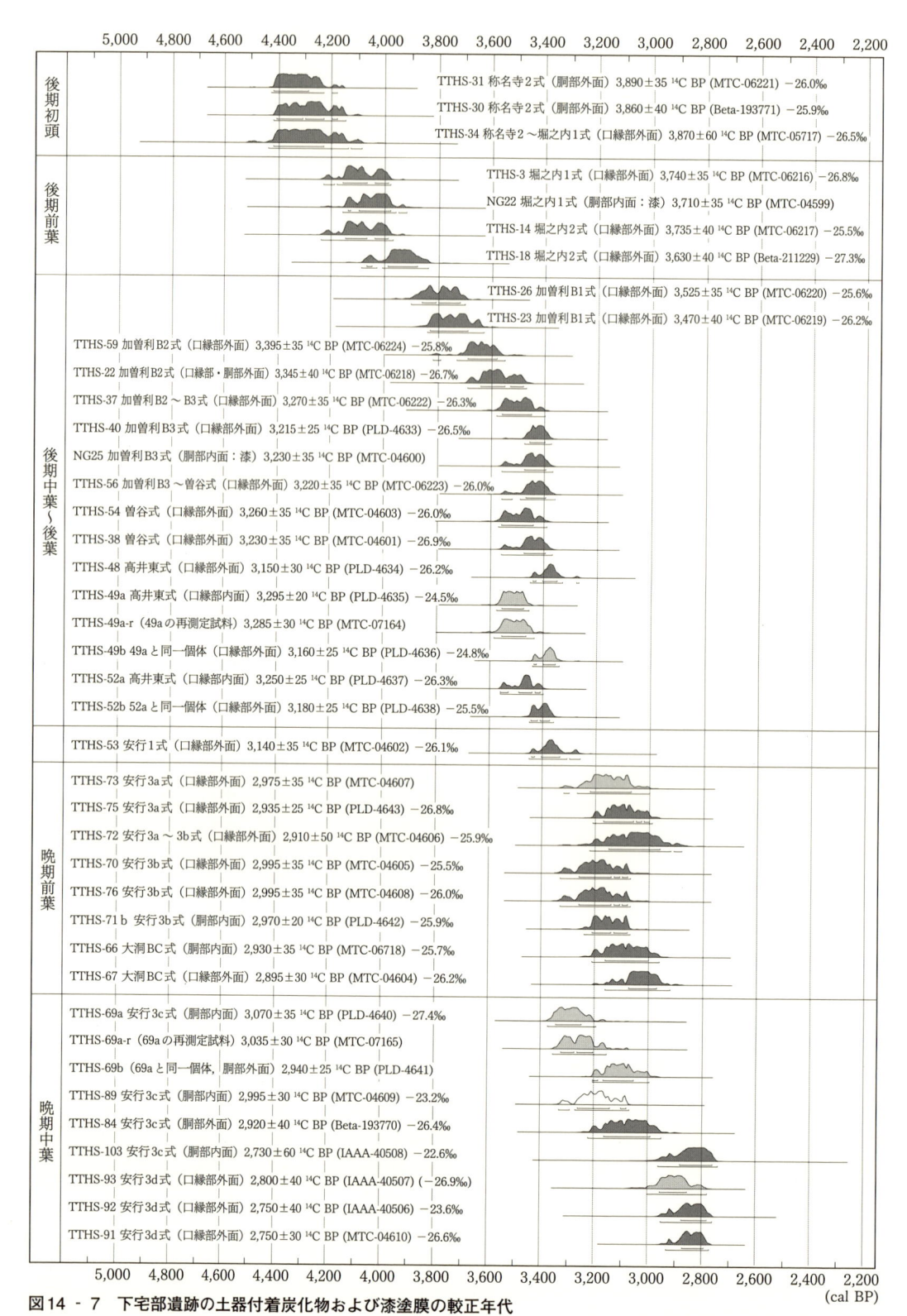

後期初頭	TTHS-31 称名寺2式（胴部外面）3,890±35 ¹⁴C BP (MTC-06221) −26.0‰ TTHS-30 称名寺2式（胴部外面）3,860±40 ¹⁴C BP (Beta-193771) −25.9‰ TTHS-34 称名寺2～堀之内1式（口縁部外面）3,870±60 ¹⁴C BP (MTC-05717) −26.5‰
後期前葉	TTHS-3 堀之内1式（口縁部外面）3,740±35 ¹⁴C BP (MTC-06216) −26.8‰ NG22 堀之内1式（胴部内面：漆）3,710±35 ¹⁴C BP (MTC-04599) TTHS-14 堀之内2式（口縁部外面）3,735±40 ¹⁴C BP (MTC-06217) −25.5‰ TTHS-18 堀之内2式（口縁部外面）3,630±40 ¹⁴C BP (Beta-211229) −27.3‰
後期中葉～後葉	TTHS-26 加曽利B1式（口縁部外面）3,525±35 ¹⁴C BP (MTC-06220) −25.6‰ TTHS-23 加曽利B1式（口縁部外面）3,470±40 ¹⁴C BP (MTC-06219) −26.2‰ TTHS-59 加曽利B2式（口縁部外面）3,395±35 ¹⁴C BP (MTC-06224) −25.8‰ TTHS-22 加曽利B2式（口縁部・胴部外面）3,345±40 ¹⁴C BP (MTC-06218) −26.7‰ TTHS-37 加曽利B2～B3式（口縁部外面）3,270±35 ¹⁴C BP (MTC-06222) −26.3‰ TTHS-40 加曽利B3式（口縁部外面）3,215±25 ¹⁴C BP (PLD-4633) −26.5‰ NG25 加曽利B3式（胴部内面：漆）3,230±35 ¹⁴C BP (MTC-04600) TTHS-56 加曽利B3～曽谷式（口縁部外面）3,220±35 ¹⁴C BP (MTC-06223) −26.0‰ TTHS-54 曽谷式（口縁部外面）3,260±35 ¹⁴C BP (MTC-04603) −26.0‰ TTHS-38 曽谷式（口縁部外面）3,230±35 ¹⁴C BP (MTC-04601) −26.9‰ TTHS-48 髙井東式（口縁部外面）3,150±30 ¹⁴C BP (PLD-4634) −26.2‰ TTHS-49a 髙井東式（口縁部内面）3,295±20 ¹⁴C BP (PLD-4635) −24.5‰ TTHS-49a-r（49aの再測定試料）3,285±30 ¹⁴C BP (MTC-07164) TTHS-49b 49aと同一個体（口縁部外面）3,160±25 ¹⁴C BP (PLD-4636) −24.8‰ TTHS-52a 髙井東式（口縁部内面）3,250±25 ¹⁴C BP (PLD-4637) −26.3‰ TTHS-52b 52aと同一個体（口縁部外面）3,180±25 ¹⁴C BP (PLD-4638) −25.5‰ TTHS-53 安行1式（口縁部外面）3,140±35 ¹⁴C BP (MTC-04602) −26.1‰
晩期前葉	TTHS-73 安行3a式（口縁部外面）2,975±35 ¹⁴C BP (MTC-04607) TTHS-75 安行3a式（口縁部外面）2,935±25 ¹⁴C BP (PLD-4643) −26.8‰ TTHS-72 安行3a～3b式（口縁部外面）2,910±50 ¹⁴C BP (MTC-04606) −25.9‰ TTHS-70 安行3b式（口縁部外面）2,995±35 ¹⁴C BP (MTC-04605) −25.5‰ TTHS-76 安行3b式（口縁部外面）2,995±35 ¹⁴C BP (MTC-04608) −26.0‰ TTHS-71b 安行3b式（胴部内面）2,970±20 ¹⁴C BP (PLD-4642) −25.9‰ TTHS-66 大洞BC式（胴部内面）2,930±35 ¹⁴C BP (MTC-06718) −25.7‰ TTHS-67 大洞BC式（口縁部外面）2,895±30 ¹⁴C BP (MTC-04604) −26.2‰
晩期中葉	TTHS-69a 安行3c式（胴部内面）3,070±35 ¹⁴C BP (PLD-4640) −27.4‰ TTHS-69a-r（69aの再測定試料）3,035±30 ¹⁴C BP (MTC-07165) TTHS-69b（69aと同一個体，胴部外面）2,940±25 ¹⁴C BP (PLD-4641) TTHS-89 安行3c式（胴部内面）2,995±30 ¹⁴C BP (MTC-04609) −23.2‰ TTHS-84 安行3c式（胴部外面）2,920±40 ¹⁴C BP (Beta-193770) −26.4‰ TTHS-103 安行3c式（胴部内面）2,730±60 ¹⁴C BP (IAAA-40508) −22.6‰ TTHS-93 安行3d式（口縁部外面）2,800±40 ¹⁴C BP (IAAA-40507) (−26.9‰) TTHS-92 安行3d式（口縁部外面）2,750±40 ¹⁴C BP (IAAA-40506) −23.6‰ TTHS-91 安行3d式（口縁部外面）2,750±30 ¹⁴C BP (MTC-04610) −26.6‰

図14−7　下宅部遺跡の土器付着炭化物および漆塗膜の較正年代

較正曲線はIntCal04，プログラムはOxcal3.10を使用。白はリザーバー効果を受けている可能性がある試料，薄いグレーは参考資料とした試料。

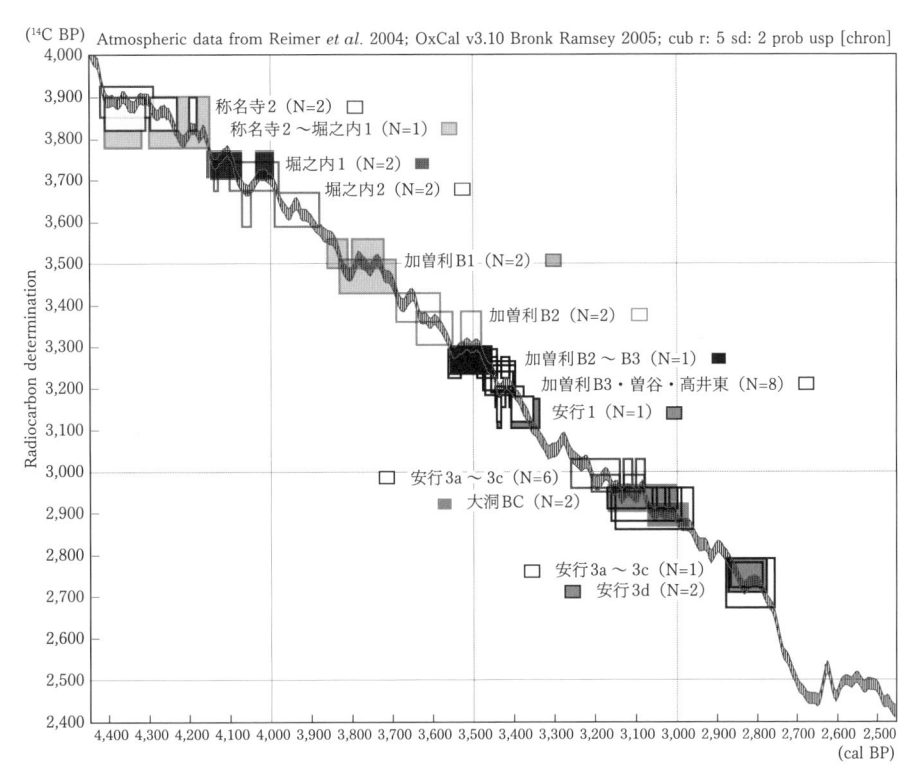

図14-8　下宅部遺跡の土器付着炭化物および漆塗膜の較正年代と較正曲線（IntCal04）との関係

づけと較正曲線の状況を比較するための資料である。

　後期初頭の3点は、^{14}C年代値が3,800年代に集中した。TTHS-34は型式学的には堀之内1式に近いと推定されるが、年代的には他の称名寺2式土器とほぼ変わらない結果となっている。較正年代では約4,400～4,200 cal BPの間にピークがくる。この間は較正曲線がやや フラットになる箇所に相当するため（図14-8）、年代を絞るのが難しい領域である。称名寺1式土器については良好な試料が得られず、称名寺式の開始期の年代は議論できないが、これらの3点の土器と堀之内1式土器のTTHS-3とTTHS-NG22の年代とは明確に分かれる傾向がある。

　後期前葉の土器4点についてみると、堀之内1式の^{14}C年代値は3,700年代に、堀之内2式の土器は3,700～3,600年代に位置づけられる。較正年代では、堀之内2式のTTHS-14の年代が4,200～4,000 cal BPの間でほぼ重なり、堀之内1式のTTHS-3、TTHS-NG22とは明確には区分できないだけでなく、ピークの位置がTTHS-NG22と逆転している。TTHS-14とTTHS-18との間で、型式的な時間差は大きくないと推測されるが、堀之内2式のTTHS-18は4,100～3,900 cal BP前後にピークがある。TTHS-NG22の漆皮膜の年代を考慮すれば、TTHS-14の堀之内2式土器の年代がやや古く出ている可能性が考えられる。いずれにしろ、おおよそ堀之内式としては4,200～3,900 cal BP前後にピークをもつ。

　後期中葉から末葉をみてみると、加曽利B1式土器の2点が^{14}C年代値で約3,550～3,450 ^{14}C BPの間、較正年代では3,900～3,700 cal BPにピークをもつ。加曽利B2式土器の2点は、^{14}C年代で

約3,400〜3,300 ^{14}C BPの間，較正年代では3,700〜3,500 cal BPの間にピークがくる。加曽利B3式，曽谷式，高井東式土器の^{14}C年代で約3,250〜3,150 ^{14}C BPのきわめて狭い時間幅のなかに集中する。土器片の内面と外面で年代値が異なり，参考資料としたTTHS-49を除けば，^{14}C年代測定結果にして50〜100年程度の差でしかなく，^{14}C年代でこれ以上絞るのは困難である。加曽利B3式，曽谷式，高井東式，安行1式の土器の一部分は，3,600〜3,400 cal BPの約200年の間に中心があると推定されるが，きわめて狭い時間に集中していることが図14 - 7，図14 - 8からも理解できる。また，安行3a式の土器の年代値との間にはやや時間差があるため，安行1式から安行2式にかけては3,400〜3,200 cal BP前後に位置づけられる可能性が高い。

　安行3a〜3c式の土器の年代値は相互に大きく重なり，型式的な序列との整合性が取れていない。安行3a〜3c式期の土器の^{14}C年代は，海洋リザーバー効果を受けている可能性が高いTTHS-89，参考資料としたTTHS-69，1点のみ他と異なり新しい年代値を示したTTHS-103を除けば，3,000〜2,900 ^{14}C BPの間に集中する。この間の較正曲線は，逆行する3,100 cal BPを挟んで前後で較正曲線が平坦になる傾向がみられるため（図14 - 8），この影響で較正年代では3,300〜3,000 cal BPの間にやや広がり，時期を特定しにくい。また，安行3b式並行の大洞式系の土器であるTTHS-66とTTHS-67も，年代値的には安行3c式のTTHS-84などと近似している。これに対し，安行3d式の土器は，^{14}C年代で2,800〜2,700 ^{14}C BPの間に集中し，較正年代では3,000〜2,800 cal BPの間に集中する。安行3c式のTTHS-103のみが他と大きく外れ，安行3d式土器の年代と重なっている。TTHS-103は列点の有無から安行3c式と考えたが（図14 - 3），頸部の弧線文はTTHS-91と類似しており，型式学的な再検討も必要である。

7 — 結論

　各土器型式の年代的な位置づけを要約して表14 - 3に示した。小林謙一ら（2004）は，称名寺1式から安行2式までの較正年代を10年単位で推定しているが，その結果は今回提示した表14 - 3の範囲におおよそ含まれる。しかし，較正年代値の確率分布範囲を含めて考えると，今回の下宅部遺跡の試料では，必ずしもすべての場合において，型式学的組列の厳密な先後関係の区分と^{14}C年代とを対応させていくことが可能なわけではない。表14 - 3は下宅部遺跡から出土した各土器を型式ごとに，較正年代の確率分布のピークの値が集中する範囲を100年単位で示したもので，土器型式の継続時間幅を示したものではない。論理的には，個々の土器はこの数値内，あるいはこの数値の範囲に近い時期の，ごく短い期間に使用されたと推定される。

　称名寺2式から堀之内1式の前半の時期にかけての較正曲線は約150年ほど平坦になるため，重複した年代を厳密に特定していくことは難しい。また，安行3a式から安行3c式にかけては年代値が相互に重なる部分が大きく，安行3d式を除いて明確に区分することは困難であった。1点のみ明らかに新しい年代を示したTTHS-103を除いて，安行3a式から安行3c式までは，ほぼ3,300〜3,000 cal BPの間に集中する。仮に安行3式期の土器一型式の存続時間幅を型式学的に

表14‐3　下宅部遺跡から出土した各土器の型式ごとの¹⁴C年代と較正年代

年代測定値のピークが集中する範囲を、¹⁴C年代は50年単位、較正年代は100年単位で提示した。括弧つきの値は、型式認定が両者にまたがるものを含めた場合の値。備考のC（Calibration Curve）は較正曲線が平坦になったり大きく逆行したりする箇所に相当する場合。T（Type）は採取した土器の型式学的検討が必要なものである。TTHS-89と参考資料は含めていない。

土器型式	試料数	¹⁴C年代	較正年代（cal BP）	備考	
称名寺2式	2 (3)	約3,950～3,800 BP	約4,400～4,100 cal BP前後	C	T
堀之内1式	2 (3)	約3,800 (3,950)～3,650 BP	約4,400 (4,200)～3,900 cal BP前後		
堀之内2式	2	約3,800～3,600 BP	約4,200～3,800 cal BP前後	C	
加曽利B1式	2	約3,550～3,400 BP	約3,900～3,600 cal BP前後	C	
加曽利B2式	2 (3)	約3,450～3,300 (3,250) BP	約3,700～3,500 (3,400) cal BP前後		
加曽利B3式	2 (4)	約3,250 (3,300)～3,200 BP	約3,600～3,400 cal BP前後		
曽谷式	2 (3)	約3,300～3,200 BP	約3,600～3,400 cal BP前後		
高井東式	3	約3,300～3,100 BP	約3,600～3,300 cal BP前後		
安行1式	1	約3,200～3,100 BP	約3,500～3,300 cal BP前後		
安行3a～3c式	9	約3,050～2,850 (2,700?) BP	約3,300～3,000 (2,800?) cal BP前後	C	T
大洞BC式	2	約2,950～2,850 BP	約3,200～2,900 cal BP前後	C	T
安行3d式	2	約2,800～2,700 BP	約2,900～2,800 cal BP前後		T

50年程度に細分可能であったとしても、今回の下宅部遺跡のデータで、各土器型式の年代的位置づけをそれと同じ程度の時間幅で特定することは難しい。図14‐4にもみられるように、安行3式期の土器付着炭化物の炭素安定同位体比が一定しておらず、型式的な順序と年代測定結果との不一致は、較正曲線や土器型式以外の問題と関係している可能性がある。安行3式期については周辺遺跡でも年代測定事例は多くないため、今後より一層検討を進めていく必要がある。

8── 課題と展望

　本章では、下宅部遺跡から出土した称名寺2式から安行3d式までの各土器に付着した炭化物と漆を用いて、炭素・窒素安定同位体比と¹⁴C年代による年代的位置づけについて検討を行った。周辺遺跡における縄文時代後期から晩期の各土器型式の年代測定事例についても、現在小林謙一らによって蓄積されつつある。土器型式の年代的位置づけの問題は、下宅部遺跡のデータのみで決定できるものではないが、下宅部遺跡のような、年代測定を実施する条件が整った特定の遺跡でのケーススタディによって検証を加え、フィードバックしていくことも重要であろう。下宅部遺跡では漆塗りの土器も多数出土している。同一型式間の土器付着物炭化物と漆皮膜の年代測定結果の比較は、海洋リザーバー効果の影響を議論していくうえでも有効であろう。土器の内外面で年代値が異なった例なども含めて、その原因、試料の適性の問題、炭化物の生成過程での同位体分別効果の問題（吉田 2006）、炭化物がそもそもなんであるのかといった問題を、炭素・窒素安定同位体比やC/N比の分析などを活用し、今後注意深く検討していきたい。

第15章
下宅部遺跡における植物利用の変遷

1── 有機質の遺物群・遺構群の年代決定

　筆者らは，下宅部遺跡から出土した水場遺構の構成材や種実遺体，木製品などのさまざまな有機質の遺体について，これまでにAMSによる^{14}C年代測定を合計47点実施して測定結果の概要を報告し，これらの年代を明らかにした（工藤・国立歴史民俗博物館年代測定研究グループ 2006a, 2006b）。加えて，土器付着物（炭化物と漆）の^{14}C年代測定によって，各土器型式の時間的位置づけについても明らかにした（第14章参照）。

　本章の目的は，下宅部遺跡から検出された植物利用に関連する遺構や遺物の時間的変遷を，^{14}C年代測定結果にもとづいて，年代学的な視点から提示することである。また，その変化の背景となった関東平野の環境史の画期（辻 1988；吉川 1999a）と時間的に対比することも目的とした。そのため，本章で扱う^{14}C年代測定試料は，種実利用に関連する種実集積遺構と水場遺構などに限定した。水場遺構は本来多目的な用途に使用された可能性が高く（佐々木 2000），種実利用そのものと関係するかどうかを判断することは難しいが，今回は検討対象に含めた。本章では，種実遺体の分析結果については概要のみを提示する。詳細は佐々木由香・工藤雄一郎（2006），佐々木由香ほか（2007）を参照されたい。なお，本章で扱う木材の樹種は能城修一ほか（2006），能城修一・佐々木由香（2007）の成果によるものである。

2 — ^{14}C年代測定の対象とした遺構・遺物

①河道1から検出された遺構

第11号水場遺構と第1号クルミ塚（図15‐2‐1，図15‐2‐2）

　第11号水場遺構は調査区内の上流側の河道内に位置し，並行して出土した直径50cm程度のコナラ属コナラ節の2本の大径材を中心として構成される。規模は5×5m程度である。約2m離れた2本の大径材の間から検出された大量の破砕したクルミ核の集積が第1号クルミ塚である。推定で9,000個以上のクルミ核が集積していた。クルミ塚の堆積物中からは，ナラガシワを含めてコナラ亜属の果実・殻斗・幼果・未熟果が多く産出し，クリ果実，ササゲ属炭化種子，トチノキ種子なども産出した（佐々木・工藤 2006）。年代測定試料には第11号水場遺構の構成材である1号材と100号材を用いた。また，廃棄された大量のクルミ核の年代を明らかにするため，第1号クルミ塚のオニグルミ核3点を測定試料とした。

第2号クルミ塚（図15‐2‐3）

　第2号クルミ塚は調査区内のもっとも上流側に位置する遺構で，東西約15m，南北約20mの範囲に推定で約2万個以上のクルミ核が堆積していた。平面的には大きく北東部と南西部の集中に区分できる。第2号クルミ塚からはナラガシワなどのコナラ亜属果実・殻斗・幼果・未熟果が多く産出し，トチノキ種子，ササゲ属炭化種子，クリ果実なども産出した。クリ果実は堆積物中に疎らにみられる程度であったが，南西部集中ではトチノキ種子が多く産出した（佐々木・工藤 2006）。年代測定試料は10点で，オニグルミ核のほか，ナラガシワ果実，トチノキ種子，ササゲ属炭化種子を用いた。これらの種実はクルミと同様に食料として利用された可能性があるため，同

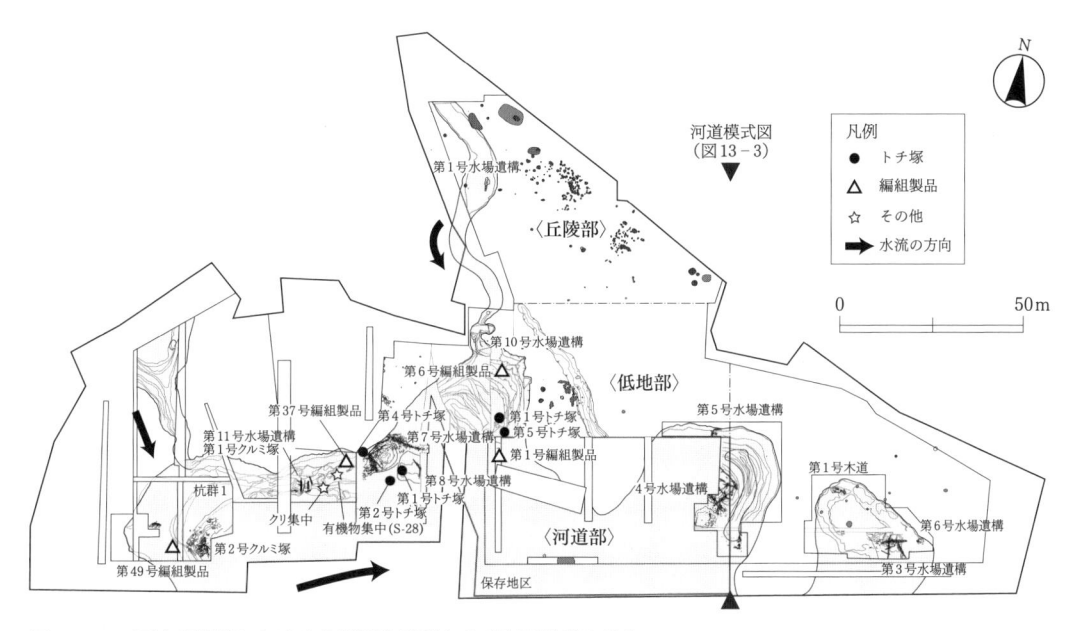

図15‐1　下宅部遺跡における分析対象遺構および主要遺構の分布

時性を検討するための試料とした。

第1号～第5号トチ塚（図15－2－4～図15－2－8）

下宅部遺跡ではこれまで5基のトチ塚が検出された。いずれも平面的な規模は長軸1～3m，短軸1m前後で，堆積物の厚さは10cm程度である。分布密度には若干の違いがあるが，それぞれ数千点の破砕したトチノキ種子が集積していた（佐々木・工藤 2006）。各トチ塚のトチノキ種子を数点ずつ採取し，年代測定試料とした。

第4号水場遺構（図15－2－9）

第4号水場遺構は調査区内の下流側の河道内にあり，袋状の窪地に礫や石器，石器未成品，破損品が集石状に敷き詰められている。また，集石の北側には木組遺構が検出された。水を利用した作業場と考えられるが，具体的な用途は不明である。第4号水場遺構の木組遺構の構成材2本を年代測定試料とした。

第8号水場遺構（図15－2－10）

第8号水場遺構は丘陵部からの支流と河道との合流点付近に位置し，大規模な木組遺構である第7号水場遺構の南側に隣接している。河床を掘り込み，水をためる構造をもつ機能が推定されるが，具体的な用途は不明である（佐々木 2000）。遺構構成材2本を年代測定試料とした。

②河道1から検出された遺物

1号編組製品および6号編組製品（図15－2－11，図15－2－12）

1号・6号編組製品はともに，河道合流点付近から出土した。これまで下宅部遺跡では編組製品が約50点出土したが，この合流点付近からの出土がきわめて多く，周辺にはトチ塚なども多い。トチノキ種子やドングリ類の貯蔵などを含めたさまざまな用途に使用されたと推定される。1号・6号編組製品のヒゴ2点を年代測定試料とした。

49号編組製品（図15－2－13）

調査対象範囲のもっとも上流側で検出された49号編組製品上からは，アカガシまたはツクバネガシ果実が推定で600～700個出土した（佐々木・工藤 2006）。編組製品検出時に一括で取り上げた完形のアカガシ－ツクバネガシ果実2点を年代測定試料とした。

③河道1から採取した堆積物

37号編組製品周辺堆積土（図15－2－14）

第11号水場遺構の東側の河道内から，37号編組製品と一緒に破砕されたトチノキ種子とコナラ属果実が非常に多く含まれる堆積物が検出された。コナラ属果実はいずれも破損していたが，着点が遺存するものはクヌギ節の特徴を有していたため，コナラ属果実破片のほとんどはクヌギ節と考えられる。そのほか，クリ果実，オニグルミ核などが少量産出している（佐々木・工藤 2006）。オニグルミ核2点を年代測定試料とした。

有機物集中S28

37号編組製品の約2m南側に，4×2m程度の範囲に木材などの有機物が堆積していた。この有

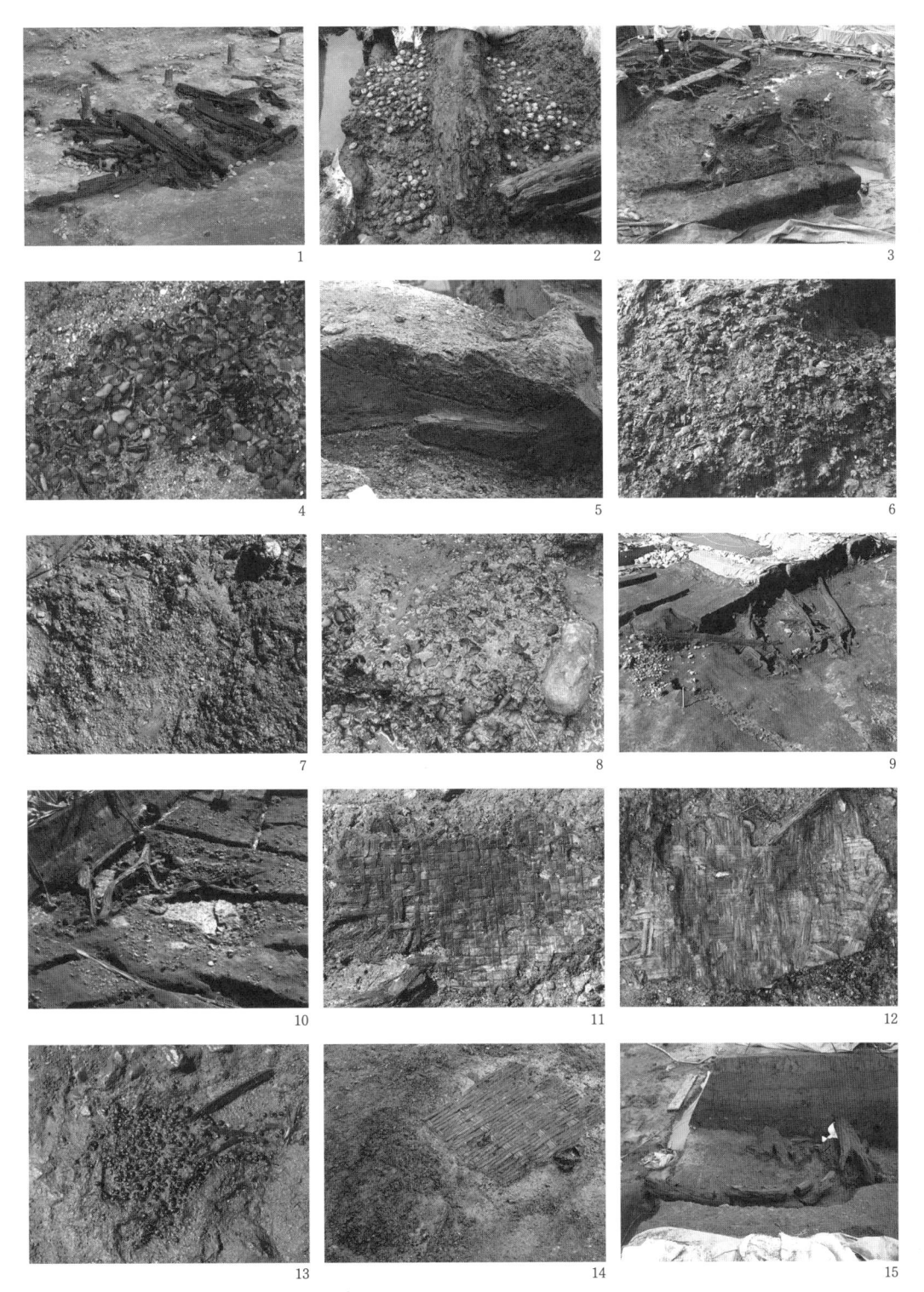

図15 - 2 年代測定を実施した遺構と遺物

1. 第11号水場遺構 2. 第1号クルミ塚 3. 第2号クルミ塚 4. 第1号トチ塚 5. 第2号トチ塚 6. 第3号トチ塚 7. 第4号トチ塚 8. 第5号トチ塚 9. 第4号水場遺構 10. 第5号水場遺構 11. 1号編組製品 12. 6号編組製品 13. 49号編組製品とアカガシーツクバネガシ果実 14. 37号編組製品周辺堆積土 15. 第5号水場遺構

第15章　下宅部遺跡における植物利用の変遷　275

機物集中には破砕したトチノキ種子やクリ果実が含まれていたため，堆積物を採取した（サンプルNo.28，以下S28とする）（佐々木・工藤 2006）。このトチノキ種子1点を年代測定試料とした。

④河道2から検出された遺構

第5号水場遺構（図15－2－15）

調査区の下流側に位置し，板材および樹皮をほぼ水平にして一定方向に敷いた構造をもつ。遺構の性格は不明だが，きれいな水を確保するための施設と考えられ，水さらしに関連する遺構と推定されている（佐々木 2000）。第5号水場遺構の構成材のうち2点を年代測定試料とした。

3── 分析方法

測定試料は下宅部遺跡で採取し，乾燥後秤量し，乾燥済みの試料を20～30mg程度に切り分けた。木材の場合は最外年輪に近い部分を採取した。測定試料の酸－アルカリ－酸（AAA）処理，グラファイト精製は定法（坂本 2004b；Sakamoto et al. 2004）に従って国立歴史民俗博物館の年代測定資料実験室で実施した。エタノール（CH_3CH_2OH）やプロピレン・グリコール（$CH_3CH(OH)CH_2OH$）などの有機溶媒で含浸・塗布して一時保存していた木材や種実については，試料採取後，乾燥させる前にミリポア水での煮沸をくり返し，有機溶媒の溶出を行った。溶出後，試料を乾燥，秤量し，他の試料と同様にAAA処理，グラファイト精製を行った。第5号トチ塚の試料を用いた比較実験の結果から，エタノールは上記の方法で溶出できると考え（工藤・国立歴史民俗博物館年代測定研究グループ 2006a），プロピレン・グリコールを塗布した試料も，同様の処理方法で問題がないと考えた（工藤・吉田 2006）。^{14}C年代測定は東京大学のタンデム加速器研究施設に設置されている加速器質量分析計（AMS）を用いて行った（機関番号MTC）。一部の試料についてはベータアナリティック社（機関番号Beta）に委託して測定を行った（表15－1）。^{14}C年代については較正プログラムOxcal3.10を使用して，IntCal04（Reimer et al. 2004）で較正を行った。

4── 分析結果

①下宅部遺跡における遺構の形成とその時間幅

^{14}C年代測定の結果，測定対象とした遺構・遺物は約5,300～2,800 cal BPの約2,500年の間に形成されたことが判明した。当初は，出土土器が堀之内式期から多くなることから，下宅部遺跡は縄文時代後期から晩期を中心とした遺跡であると考えていた（下宅部遺跡調査団編 2003）。土器付着物年代測定の結果，後期初頭の称名寺2式から晩期中葉の安行3d式までは，おおよそ4,500～2,800 cal BPの範囲に収まることが判明している（第14章）。これに対し，もっとも古い第11

表15-1　下宅部遺跡における遺構・遺物の¹⁴C年代測定結果

試料番号の（r）は再測定を行った試料，δ¹³C値は安定同位体質量分析計で計測した値で，それ以外はAMSによって測定した同位体分別効果補正用の値を参考として括弧つきで示した。

試料番号	河道	遺構および試料採取位置	分類群	測定部位	測定前推定年代	測定前の保存状態	Labo-Code	¹⁴C年代(BP)	δ¹³C
TTHS-C1	河道1	第2号クルミ塚，南北ベルト柱状サンプル，S-106-⑤	オニグルミ	核	前期～中期？	乾燥保存	Beta-201262	4,330 ± 40	−26.5
TTHS-C2	河道1	第2号クルミ塚，東西ベルト柱状サンプル，S-131-②	オニグルミ	核	前期～中期？	乾燥保存	Beta-201263	4,110 ± 40	−27.4
TTHS-C3	河道1	第2号クルミ塚，東西ベルト柱状サンプル，S-134-①+②	オニグルミ	核	前期～中期？	乾燥保存	Beta-201264	4,210 ± 40	−28.2
TTHS-C7	河道1	第1号クルミ塚，柱状サンプル，S-73-③-2	オニグルミ	核	前期～中期？	乾燥保存	Beta-201265	4,380 ± 40	−28.2
TTHS-C8	河道1	第1号クルミ塚，柱状サンプルS-73-①	オニグルミ	核	前期～中期？	乾燥保存	Beta-201266	4,440 ± 40	−26.6
TTHS-C12	河道1	第2号クルミ塚，東西ベルト柱状サンプルS-131-③	トチノキ	種子	前期～中期？	乾燥保存	MTC-05835	4,110 ± 40	(−25.5)
TTHS-C13	河道1	第2号クルミ塚，東西ベルト柱状サンプル，S-131-③	ナラガシワ	果実	前期～中期？	乾燥保存	MTC-05836	4,070 ± 45	(−28.3)
TTHS-C14	河道1	第2号クルミ塚，南北ベルト層位別サンプル，3-①層-④	ササゲ属	種子	前期～中期？	乾燥保存	MTC-05837	4,515 ± 45	(−24.8)
TTHS-C15	河道1	第1号クルミ塚，柱状サンプル，S-73-②	オニグルミ	核	前期～中期？	土壌サンプル	MTC-05838	4,475 ± 45	(−26.2)
TTHS-C16	河道1	第2号クルミ塚，東西ベルト柱状サンプル，S-131-①	オニグルミ	核	前期～中期？	乾燥保存	MTC-05839	4,155 ± 45	(−26.4)
TTHS-C17	河道1	第2号クルミ塚，南北ベルト柱状サンプル，S-106-①	オニグルミ	核	前期～中期？	乾燥保存	MTC-05840	4,475 ± 45	(−26.5)
TTHS-C18	河道1	第2号クルミ塚，南北ベルト層位別サンプル3-②層	オニグルミ	核	前期～中期？	乾燥保存	MTC-05841	4,420 ± 45	(−29.7)
TTHS-C19	河道1	第2号クルミ塚，ブロックサンプルA2，36cm	オニグルミ	核	前期～中期？	乾燥保存	MTC-05842	4,175 ± 40	(−27.2)
TTHS-C20	河道1	37号編組製品周辺堆積土，S-30	オニグルミ	核	後期前葉～中葉	乾燥保存	MTC-05843	3,485 ± 45	(−27.9)
TTHS-C21	河道1	37号編組製品周辺堆積土，S-59-①	オニグルミ	核	後期前葉～中葉	乾燥保存	MTC-05844	3,480 ± 45	(−27.7)
TTHS-C22	河道1	有機物集中範囲，S-28	トチノキ	種子	晩期	乾燥保存	MTC-05845	2,955 ± 40	(−24.9)
TTHS-C23	河道1	第5号トチ塚，S-10	トチノキ	種子	後期中葉	エタノール70%水溶液	MTC-05846	3,280 ± 40	(−24.0)
TTHS-C24	河道1	第5号トチ塚，S-10	トチノキ	種子	後期中葉	土壌サンプル	MTC-05847	3,315 ± 40	(−24.8)
TTHS-C25	河道1	第2号トチ塚，柱状サンプル-1	トチノキ	種子	後期中葉	土壌サンプル	MTC-06376	3,420 ± 35	(−24.2)
TTHS-C27	河道1	第3号トチ塚，サンプル②-1	トチノキ	種子	後期中葉	土壌サンプル	MTC-06377	3,360 ± 50	(−20.4)
TTHS-C28	河道1	第3号トチ塚，サンプル②-2	トチノキ	種子	後期中葉	土壌サンプル	MTC-06378	3,415 ± 35	(−22.2)
TTHS-C29	河道1	第4号トチ塚，サンプル③-1	トチノキ	種子	後期中葉	土壌サンプル	MTC-06379	3,815 ± 35	(−22.9)
TTHS-C31	河道1	第5号トチ塚，堆積土①	トチノキ	種子	後期中葉	土壌サンプル	MTC-06380	3,335 ± 35	(−24.5)
TTHS-C36	河道1	第4号水場遺構，材No.220	クリ	自然木	後期前葉～中葉	エタノール70%水溶液	MTC-06384	3,050 ± 45	(−26.6)
TTHS-C37	河道1	第4号水場遺構，材No.221	未同定	自然木	後期前葉～中葉	エタノール70%水溶液	MTC-06385	2,980 ± 40	(−27.8)
TTHS-C39	河道1	第8号水場遺構，材No.3878，外側	コナラ節	自然木	後期中葉？	エタノール70%水溶液	MTC-06720	3,905 ± 30	(−24.5)
TTHS-C41	河道1	第8号水場遺構，材No.3909	キハダ	自然木	後期中葉？	エタノール70%水溶液	MTC-06386	3,935 ± 40	(−26.6)
TTHS-C42	河道1	第11号水場遺構，1号材，No.1927	コナラ節	構成材	前期～中期？	水道水	MTC-06387	4,555 ± 40	(−27.8)
TTHS-C43	河道1	第11号水場遺構，100号材，No.1952	コナラ節	構成材	前期～中期？	水道水	MTC-06388	4,550 ± 40	(−25.8)
TTHS-C44	河道2	第5号水場遺構，材No.551	未同定	構成材	晩期中葉	エタノール70%水溶液	MTC-06389	2,930 ± 30	(−25.0)
TTHS-C45	河道2	第5号水場遺構，材No.553	未同定	構成材	晩期中葉	エタノール70%水溶液	MTC-06390	2,830 ± 30	(−24.1)
TTHS-C65	河道1	第1号トチ塚	トチノキ	種子	後期中葉	エタノール70%水溶液	MTC-07436	3,155 ± 35	(−27.2)
TTHS-C66	河道1	第4号トチ塚ブロックサンプル①	トチノキ	種子	後期中葉	エタノール30%水溶液	MTC-07158	3,750 ± 25	(−23.8)
TTHS-C66(r)		(TTHS-66の再測定試料)					Beta-216228	3,730 ± 40	—
TTHS-C68	河道1	1号編組製品，ヒゴ	タケ亜科	稈	後期前葉～中葉	エタノール60%水溶液	MTC-07159	3,420 ± 30	(−33.3)
TTHS-C68(r)		(TTHS-68の再測定試料)					Beta-216229	3,320 ± 40	—
TTHS-C69	河道1	6号編組製品，ヒゴ	未同定	不明	後期前葉～中葉	エタノール60%水溶液	MTC-07160	3,290 ± 30	(−30.4)
TTHS-C69(r)		(TTHS-69の再測定試料)					Beta-216230	3,260 ± 40	−30.7
TTHS-C70	河道1	49号編組製品，ドングリ2枚目一括	アカガシ亜属	果実	後期前葉～中葉	PG塗布→エタノール70%	MTC-07161	3,780 ± 30	(−25.1)
TTHS-C70(r)		(TTHS-70の再測定試料)					Beta-216231	3,760 ± 40	−27.6
TTHS-C71	河道1	49号編組製品，ドングリ2枚目一括	アカガシ亜属	果実	後期前葉～中葉	PG塗布→エタノール70%	MTC-07162	3,810 ± 30	(−30.2)
TTHS-C71(r)		(TTHS-71の再測定試料)					Beta-216233	3,800 ± 40	−28.2

号水場遺構や第1号クルミ塚，第2号クルミ塚は較正年代で5,000 cal BPを遡る。このことから，谷における遺構の形成の開始時期が当初の想定よりも数百年古くなり，河道周辺での人の活動痕跡が中期の勝坂式期まで確実に遡ることが判明した。

②遺構・遺物の時期区分と土器編年との時間的対比

年代測定結果の集中度から考えて，下宅部遺跡の遺構や遺物は，おおよそ5つのグループに区分できることが判明した（図15 – 3）。そこで，年代が集中する各グループを一つの時期としてまとめ，S-1期からS-5期に区分した。各時期の年代幅は，年代値の確率分布が集中する範囲を示したもので，遺構や遺物の継続期間を意味するものではない。

S-1期（ca. 5,300 ～ 4,800 cal BP前後）

第11号水場遺構と第1号クルミ塚，第2号クルミ塚北東部集中がこの時期に位置づけられる。土器型式では，縄文時代中期中葉の勝坂式期前後の時期に相当する。中心は勝坂2式期頃と考えられるが，五領ヶ台2式や勝坂3式，加曽利E1式土器までの年代値が重複している。この間は較正曲線が平坦に近くなる箇所に相当し，較正年代の確率分布が広がるため，時期の特定は困難である。おおよそ勝坂式期と考えておきたい。

S-2期（ca. 4,800 ～ 4,400 cal BP前後）

第2号クルミ塚南西部集中が形成される。第2号クルミ塚は発掘調査時には同一時期に集積したものと判断されていたが（下宅部遺跡調査団編 2003），東西ベルト側の南西部集中と南北ベルト側の北東部集中で，大きく2つの異なる時期に集積した遺構であることが判明した。第2号クルミ塚の南西部集中から検出されたトチノキ種子の集中は，S-2期に含まれる。考古学的には縄文時代中期後葉の加曽利E式期に相当する。加曽利E2 ～ E3式期の可能性が高い。

S-3期（ca. 4,500 ～ 3,900 cal BP前後）

第8号水場遺構と第4号トチ塚，アカガシ－ツクバネガシ果実をのせていた49号編組製品がこの時期に位置づけられる。S-3期は4,200 cal BPを境としてS-3a期とS-3b期に細分できる可能性もある。その場合，第8号水場遺構がS-3a期で，縄文時代後期初頭の称名寺式期に，49号編組製品と第4号トチ塚がS-3b期に相当し，称名寺2式から縄文時代後期前葉の堀之内式期頃に相当するが，堀之内式期でも堀之内1式期に含まれる可能性が高い。第4号トチ塚は120 × 38 × 5cm程度の規模であり，時間差を考えることは難しいが，2点の試料は中央値で80年前後のずれがあった。その原因と，より正確な年代については，追加の測定による検証が必要である。

S-4期（ca. 3,800 ～ 3,300 cal BP前後）

37号編組製品周辺堆積土と第1号トチ塚，第2号トチ塚，第3号トチ塚，第5号トチ塚，1号編組製品，6号編組製品がこの時期に含まれる。土器型式との対比では縄文時代後期中葉の加曽利B式期に相当し，中心は加曽利B1 ～ B2式期であると考えられる。このうち，37号編組製品周辺堆積土は加曽利B1式期に，第3・第5号トチ塚と1号・6号編組製品は加曽利B1 ～ B2式期に中心があると考えられる。第1号トチ塚のみ年代測定結果がやや新しく，加曽利B3式および縄文時代後期後葉の曽谷・高井東式期から，後期末葉の安行1式期頃に位置づけられる可能性がある。

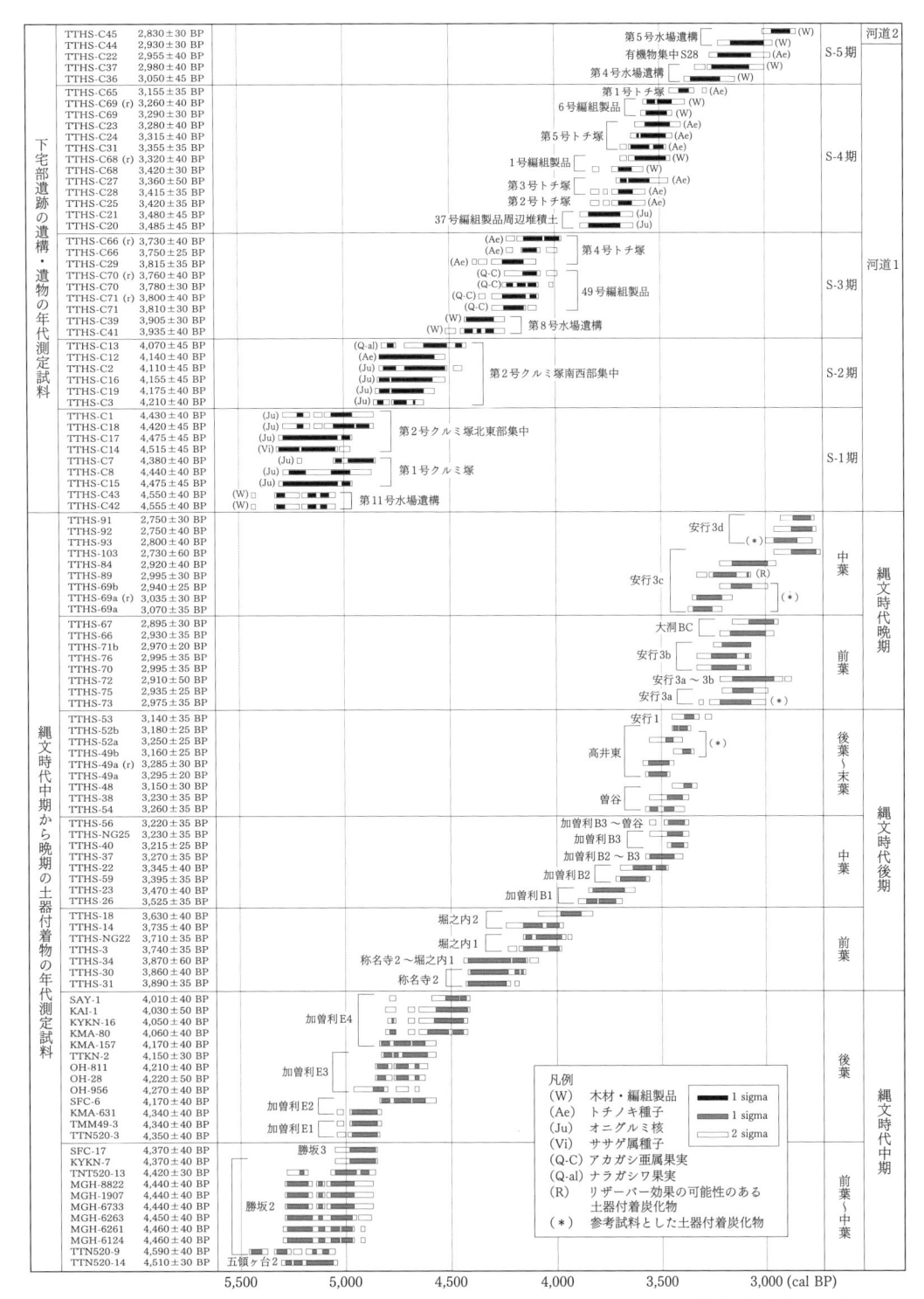

図15-3　下宅部遺跡における遺構・遺物群の較正年代（上段）と土器付着物の較正年代（下段）との対比

確率分布をブロックで示した。ブロックの内側1σ（68.2％）、外側が2σ（95.4％）の範囲を示す。土器型式の年代は、縄文時代中期については小林（2004）から、縄文時代後・晩期については工藤ほか（2007）の成果にもとづいている。土器付着炭化物（試料番号TTHS）のうち、バーの横に（R）の文字があるものは、海洋リザーバー効果の影響を受け、古い年代が出ている可能性がある土器付着炭化物で、（＊）は安定同位体質量分析計によるδ¹³C値が測定されていないか、内面と外面で年代が大きく異なったために参考資料としたものである。

第15章　下宅部遺跡における植物利用の変遷

S-5期（ca. 3,400 〜 2,800 cal BP前後）

　有機物集中S28と第4号水場遺構，第5号水場遺構がこの時期に含まれる。これらは，河道1から検出された有機物集中S28と第4号水場遺構，および河道2から検出された第5号水場遺構に細分可能であり，環境変遷の観点からも両者は異なる時期として区分するべきである。しかし，河道2段階の年代測定事例が不足していること，第5号水場遺構の2点の年代測定結果が分かれてしまい，明確に区分できなかったことから，S-5期として一つにまとめた。土器型式との対比では，縄文時代晩期前葉から晩期中葉の安行3a〜3d式期に相当するが，第4号水場遺構の年代から考えると，後期末葉の安行2式の土器の時期も含む可能性がある。下宅部遺跡では安行2式土器の年代測定結果は得られていない。また，下宅部遺跡の土器付着炭化物の年代測定結果では，安行3a〜3c式の型式学的な先後関係と年代測定結果が一致していないため，厳密な対比は難しい。

5── 遺構・遺物の年代と古環境変遷の画期との関係

　下宅部遺跡の植物利用の変遷とその年代的位置づけを議論するため，遺構・遺物および土器付着物の年代測定結果と，主要な種実遺体の出土例（佐々木・工藤2006；佐々木ほか2007），関東平野の環境史の画期（辻1988；吉川1999a）とを対比した（図15-4）。

　辻誠一郎（1988）は，関東平野における縄文時代以降の環境史を議論するなかで，縄文時代中期から後期初頭にかけて浅い浸食谷が形成され，後期から晩期にかけて集中的に埋積されたことを広域的な現象として捉え，この浅谷の形成を環境変動史上の「第3の画期」と呼んだ。袋低地遺跡や中里遺跡，北江古田遺跡などでは浅谷の形成が中期の五領ヶ台式から勝坂式頃とされ（辻1988），赤山陣屋跡遺跡ではこの画期がおもに中期の第Ⅲ期と後・晩期の第Ⅳ期を区分するE3に求められており，約4,000 ^{14}C BP頃とされている（辻1989）。

　関東平野の環境変遷史をまとめた吉川昌伸（1999a）は，縄文海進のピーク後の海水準低下開始イベントを「HE3」（約5,000 ^{14}C BP）とした。また，約4,000 ^{14}C BP頃にみられる浅谷の形成を画期として「HE4」とした。「HE3」は，Bond et al.（1997）のイベント4（5,900 cal BP）や福澤ほか（1999）の5,800 varve BPから開始される海水準下降イベントなどに対応すると考えられることから，較正年代で5,900〜5,800 cal BP頃と推定される。「HE4」のイベントは，Bond et al.（1997）のイベント3（4,300 cal BP）やWang et al.（2005）の4,500〜4,000 ^{230}Th BPのアジアモンスーンの急激な弱化イベント，福澤ほか（1999）の4,500〜3,600 varve BPの海水準の低下イベントなどの，約4,500 cal BP頃に起こった気候の寒冷化や海水準下降イベントと時間的には対応している（第9章参照）。以上の点から，「HE3」を5,900〜5,800 cal BP，「HE4」を4,500〜4,400 cal BP頃と考えた（図15-4）。土器型式との年代的な対比では，「HE4」は後期初頭の称名寺式期頃にあたる。また，寒冷な時期が4,000 cal BP前後まで続いたとすれば，この寒冷期はおおよそ称名寺式〜堀之内1式頃までと推定される。

　「第3の画期」と「HE4」は浅谷の形成を指標としているが，年代的位置づけがやや異なってい

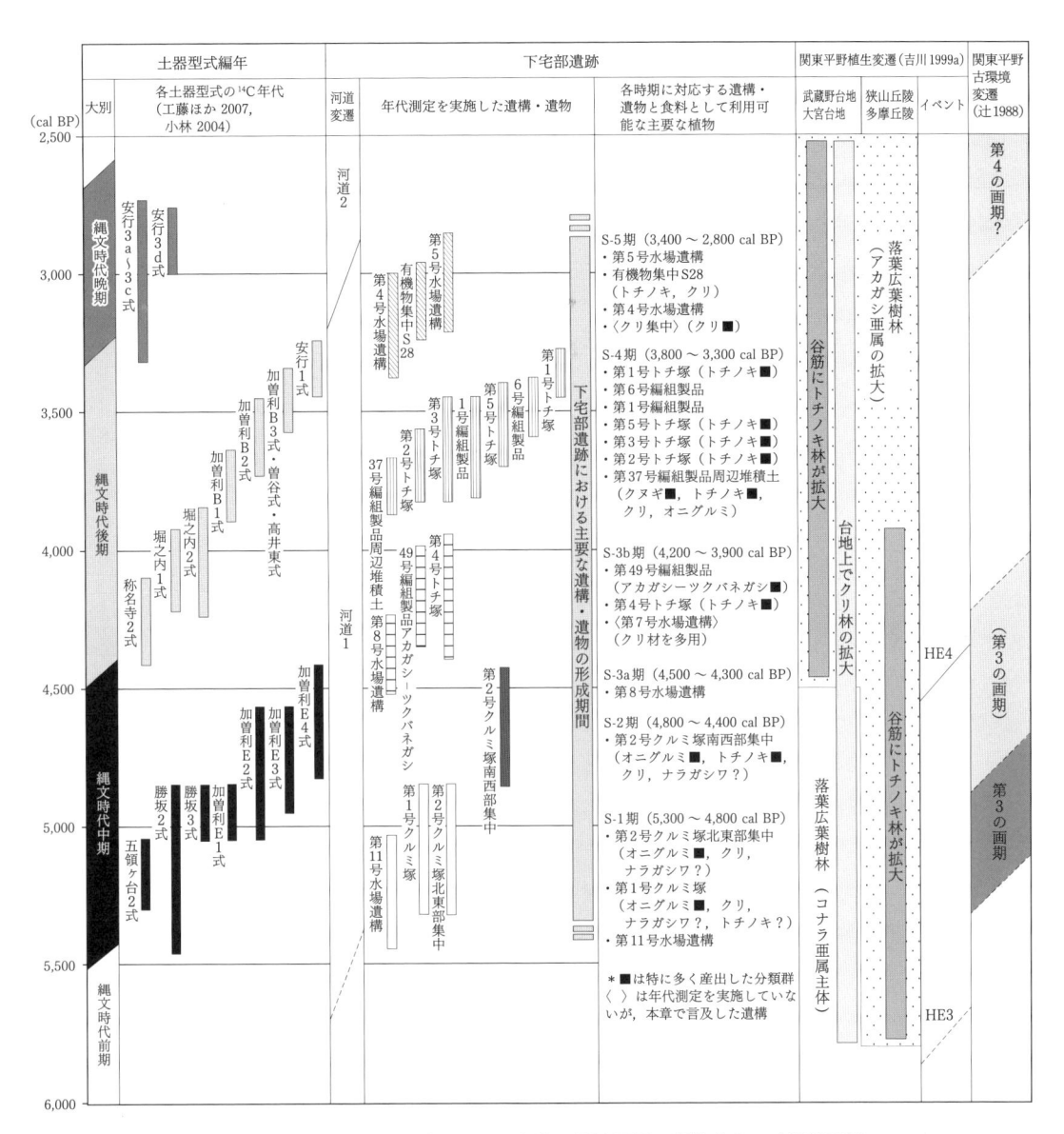

図15-4 下宅部遺跡における植物利用の変遷と土器編年，関東平野の環境史との時間的関係

食料として利用可能な主要な植物は，佐々木・工藤（2006），佐々木ほか（2007）による。土器型式と遺構・遺物の年代として使用した¹⁴C年代は図15-3と同様であるが，それらを簡略化してある。バーはそれぞれの年代測定結果の較正年代の2σの確率分布範囲が集中する箇所を示したもので，土器型式や遺構の継続時間幅を示したものではない。

る。下宅部遺跡では，おおよそ勝坂式期に相当するS-1期のクルミ塚や第11号水場遺構が河道1の河底面付近から検出されており，「第3の画期」の事例として挙げられた中里遺跡や北江古田遺跡などと対比できる。年代的にみて「第3の画期」は，「HE3」のイベントによって形成されはじめた谷が，もっとも浸食されたと推定される五領ヶ台式や勝坂式頃に画期を見出していると評価できる。また，辻（1988）は北江古田遺跡の堀之内式土器のへばりつき面（辻ほか1987）なども考慮して，「第3の画期」を中期から後期初頭頃と提示していたため，「第3の画期」は「HE4」

を含んだ概念であると考えられる。そのため，ここでは「第3の画期」を五領ヶ台式〜堀之内1式頃までと，幅をもたせて示しておいた（図15-4）。

^{14}C年代測定結果や土器型式との対比にもとづけば，S-1期とS-2期は「HE3」と「HE4」の間に，S-3期からS-5期は「HE4」以後の時期に相当する。またS-1期からS-3a期までが，辻（1988）の「第3の画期」と関係している（図15-4）。本書での段階区分と対比するなら，S-1期とS-2期はPG Cold-1（5,900〜4,500 cal BP）に，S-3期からS-5期はPG Cold-2（4,500〜2,800 cal BP）に位置づけられる。

下宅部遺跡ではS-5期に，河道1から河道2への堆積環境の変化が確認されているが，この変化は辻（1988）の晩期中葉頃から弥生時代にかけての「第4の画期」や，吉川（1999a）の「HE5」（約2,000 ^{14}C BP）と比較して，年代的にも土器型式との対比のうえでもやや古い。下宅部遺跡ではS-5期の資料が不足しており，環境史との関係は現時点では明確ではないが，土器付着炭化物の年代測定結果から考えて，おおよそ3,000 cal BP前後の時期に堆積環境に変化があったと考えられる。これらの点から，下宅部遺跡では浅谷の地形が中期中葉の勝坂式期頃から晩期中葉の安行3c式期まで継続していたと考えられる。

吉川昌伸（1999a）によれば，狭山丘陵や多摩丘陵では「HE3」まではコナラ亜属が主体の落葉広葉樹林が広がり，「HE3」の画期の後，アカガシ亜属がやや増加する。また，狭山丘陵や多摩丘陵では，「HE3」以降トチノキ林が谷筋に拡大し，武蔵野台地や大宮台地では，この時期以降，クリ林が拡大する。「HE4」の画期以降，武蔵野台地や大宮台地でも，コナラ亜属を主体とした落葉広葉樹林のなかにアカガシ亜属が分布拡大し，台地ではクリ林が顕著に拡大する。吉川（1999a）の画期との関係は明確ではないが，下宅部遺跡の各時期の水場遺構内堆積土の花粉分析（田中 2006）によれば，コナラ属コナラ亜属とエノキ属-ムクノキ属といった二次林に多い樹種がS-1期からS-5期を通じて優占し，S-3期以降にトチノキが水辺に増えたと考えられる。

6── 年代測定結果からみた植物利用の変遷

①S-1期からS-2期（ca.5,300〜4,400 cal BP前後）

S-1期からS-2期にかけて食料として利用された可能性のある主要な植物として，第1号・第2号クルミ塚から産出したクリ，オニグルミ，トチノキ，ナラガシワがある。

この時期はクルミの利用の痕跡が顕著である。S-1期からS-2期に対応する周辺遺跡でも，東京都あきる野市砂沼遺跡（あきる野市前原遺跡調査団 2001）や，東京都中野区北江古田遺跡（北江古田遺跡調査会 1987）でクルミの貯蔵穴が確認されている。砂沼遺跡の2基のクルミの貯蔵穴ではS-2期とおおよそ同時期の^{14}C年代が得られている。北江古田遺跡の事例は勝坂式や加曽利E式土器などをともなっており，おおよそS-1期からS-2期と同時期と考えられる。また，破砕されたクルミ核が大量に廃棄された例が，埼玉県秩父市姥原遺跡の水場遺構でも確認されており，加曽利E3式土器がともなっている（埼玉県埋蔵文化財調査事業団 1988）。下宅部遺跡のS-1期と

S-2期にみられるクルミ利用は，この時期の低地における植物利用の特徴の一つと考えておきたい。

第2号クルミ塚のトチノキ種子は，年代測定によりS-2期に位置づけられた。本州東半部では縄文時代後期以降にトチノキ出土事例が目立ってくるが（渡辺 1975），食用化は中期であることが指摘されている（渡辺 1996）。下宅部遺跡でもS-2期に対応する縄文時代中期後葉の加曽利E式期にはトチノキの確実な利用痕跡が確認できた。

クルミ塚堆積物中からは，ナラガシワがきわめて大量に出土した。^{14}C年代測定結果より，クルミ塚から検出されたナラガシワはクルミの堆積と同時期に堆積したことが明らかとなった。縄文時代晩期の新潟県新発田市の青田遺跡では，ナラガシワの果実のみが集積して検出され，食料として利用されていたことが明らかになっている（吉川 2004）。下宅部遺跡では幼果や未熟果，殻斗の出土がきわめて多く，河道のごく近辺にナラガシワが生育していたと考えられるため評価は難しいが，ナラガシワの成熟した果実がほとんど破片であったことから，S-1期からS-2期にかけて食料として利用された可能性を指摘したい。また，吉川（1999a）によると，S-1期からS-2期は武蔵野台地や大宮台地でクリ林が拡大する時期にあたり，クリ利用が特に注目される時期であるが，下宅部遺跡では種実遺体の産出量は少ない。

②S-3期（ca.4,500 ～ 3,900 cal BP 前後）からS-4期（ca.3,800 ～ 3,300 cal BP 前後）

S-3期は，「HE4」の画期以降の時期にあたる。S-3b期からS-4期は出土遺物の量や，遺構の年代測定結果からみても，下宅部遺跡での人の活動がもっとも活発になる時期である。特に，S-3b期とS-4期に出土遺物が多い。下宅部遺跡のS-3期に特徴的な利用植物としては，トチノキ（第4号トチ塚）とアカガシ−ツクバネガシ（第49号編組製品）がある。これらはS-3期後半のS-3b期（称名寺2式～堀之内式期）に相当する。また，後期中葉加曽利B式期を中心とするS-4期にはトチノキの利用が顕著で（第1号・2号・3号・5号トチ塚，第37号編組製品周辺堆積土），37号編組製品周辺堆積土からはクヌギ節果実も多く産出した。

アカガシ亜属の花粉はS-1期にも下宅部遺跡の堆積物中から検出されているが（田中 2006），アカガシ亜属の果実利用にかかわる痕跡はS-1期，S-2期には検出されていない。吉川昌伸（1999a）によると，「HE4」以降の時期は，アカガシ亜属が関東平野内陸部へ本格的に分布を拡大する時期にあたり，下宅部遺跡におけるアカガシ−ツクバネガシ果実の利用とアカガシ亜属の分布拡大に関連があった可能性がある。

水場遺構堆積土の花粉分析によると，トチノキはS-3期以降，下宅部遺跡周辺の谷筋に増えたと考えられる。S-3期を境として下宅部遺跡ではトチノキの利用に関連する遺構や遺物が目立ってくるが，利用の痕跡はすでにS-2期（中期後葉）に確認されていることから，花粉分析の傾向とはやや異なっている部分もある。また，トチノキ利用の痕跡はS-3b期（後期初頭～前葉），S-4期（中期中葉～後葉），S-5期（晩期前葉～中葉）を通じてみつかっているが，S-4期がもっとも顕著であった（図15−4）。黒尾和久（2001）はトチノキ利用に関連する水場遺構が後期中葉以降から晩期に多いことを指摘している。トチノキ利用を「後・晩期」として一括するのではなく，中

期末から晩期中葉の時期にかけて，トチノキ利用のあり方がどのように異なっていたのかを，遺構の規模や利用の集中度などの点から，明確化していく必要があるだろう。

S-3期からS-4期にかけては，トチノキのほかに，アカガシ − ツクバネガシ果実やクヌギ節果実なども利用され，多様な植物が食料として利用されていただけでなく，クリの用材利用（佐々木・能城 2004；能城・佐々木 2007）も明らかにされている。武蔵野台地や大宮台地ではクリ林が拡大する例があることも指摘されている（吉川 1999a）。これまでの「中期のクリから後・晩期のトチノキへ」といった議論では，トチ塚や水場遺構などの見えやすい遺構に注目しがちであったが，この時期の植物利用に関連する遺構や遺物の年代測定事例を増やし，植物利用の時間的変遷とその多様性を再検討していくことが必要であろう。

③S-5期（ca. 3,400 〜 2,800 cal BP）

後期末葉から晩期安行3式期を中心とするS-5期には，植物利用の明確な痕跡は少ない。有機物集中S28でトチノキ種子の破片がやや多く産出したことから，トチノキ利用の痕跡が確認できる。共伴した土器型式からS-5期とおおよそ同時期と考えられる赤山陣屋跡遺跡では，水場遺構とトチ塚などがセットになって発見されている（川口市遺跡調査会 1989：金箱 1996）。S-4期からS-5期と同時期と推定される寺野東遺跡（栃木県文化振興事業団 1998）では後期後半から晩期の遺構が多く，水場遺構とともにトチノキ種子の集積が検出されている例がある。下宅部遺跡では，S-5期に第4号水場遺構や第5号水場遺構などのいくつかの水場遺構が形成されているが，組織的にトチノキを利用していた痕跡は明確ではない。

一方，年代測定は実施していないが河道1の晩期流路（後期末葉から晩期前葉の流路）から，数百点のクリ果実の破片が集中していた「クリ集中」が検出されている（佐々木・工藤 2006）。有機物集中S28でもクリ果実が産出していることを考慮すれば，クリの利用もこの時期まで継続していたと考えられる。

7— 課題

本章では，東京都下宅部遺跡の植物利用に関連する遺構・遺物の ^{14}C 年代測定を実施し，土器型式の ^{14}C 年代，関東平野の環境史の画期の年代と比較することによって，下宅部遺跡の遺構・遺物の年代的位置づけと植物利用の変遷について検討を行った。下宅部遺跡での分析結果は，関東平野の植物利用の変遷について「中期のクリ，後・晩期のトチノキ」と二項対立的に整理するだけではなく，遺構や遺物のより細かな時間的変遷，気候・地形・植生の変化の特徴，利用植物の多様性も考慮にいれながら，注意深く議論する必要があることを示唆している。今後，下宅部遺跡以外にも，植物利用に関連する遺構・遺物の年代測定事例を蓄積していきたい。

第16章

下宅部遺跡から出土したウルシ杭の年代

1— 下宅部遺跡ではじめてみつかった傷跡のあるウルシ杭

　下宅部遺跡では，これまでに縄文時代後期と考えられる河道1の流路1から，1,000本の杭が列状に検出されているが，500点中70点の杭は樹種同定によってウルシ（*Toxicodendron verniciflua*）と同定され（能城・佐々木 2006），うち43点には漆液の採取に関連すると思われる線状の痕跡が1～3本ずつみつかっている（千葉 2006）。これらの資料は，当時の下宅部遺跡周辺にウルシが生育しており，ウルシの樹液を採取したあと伐採し，杭としてウルシの樹木を利用したことを示しており，縄文時代におけるウルシの体系的な利用の様子がうかがえる重要な資料である。ただし，後期の河道からみつかった資料とはいえ，縦に打ち込まれた杭であったため，このウルシの杭が「本当に縄文時代のものなのか」，「縄文時代だとすれば，そのいつ頃のものなのか」を明らかにする必要があった。そこで，これらの杭の^{14}C年代測定を実施した。

2— 測定試料と分析方法

①分析試料

　年代測定に用いた資料は，漆掻き痕跡のある40点の杭のうち，以下の8点である（図16－1）。すべて調査区Ⅰの河道1の流路1から出土した杭群1の杭である。それぞれの杭には1～3カ所に線状の傷跡が残っている。

　下宅部遺跡の漆掻き痕跡のある杭は，大型のものでも直径10cm程度で年輪数も少なく，大径

TTHS-C56 265号杭

TTHS-C53 104号杭 TTHS-C54 273号杭

□ 年代測定試料採取部位
0　　　　　　20cm

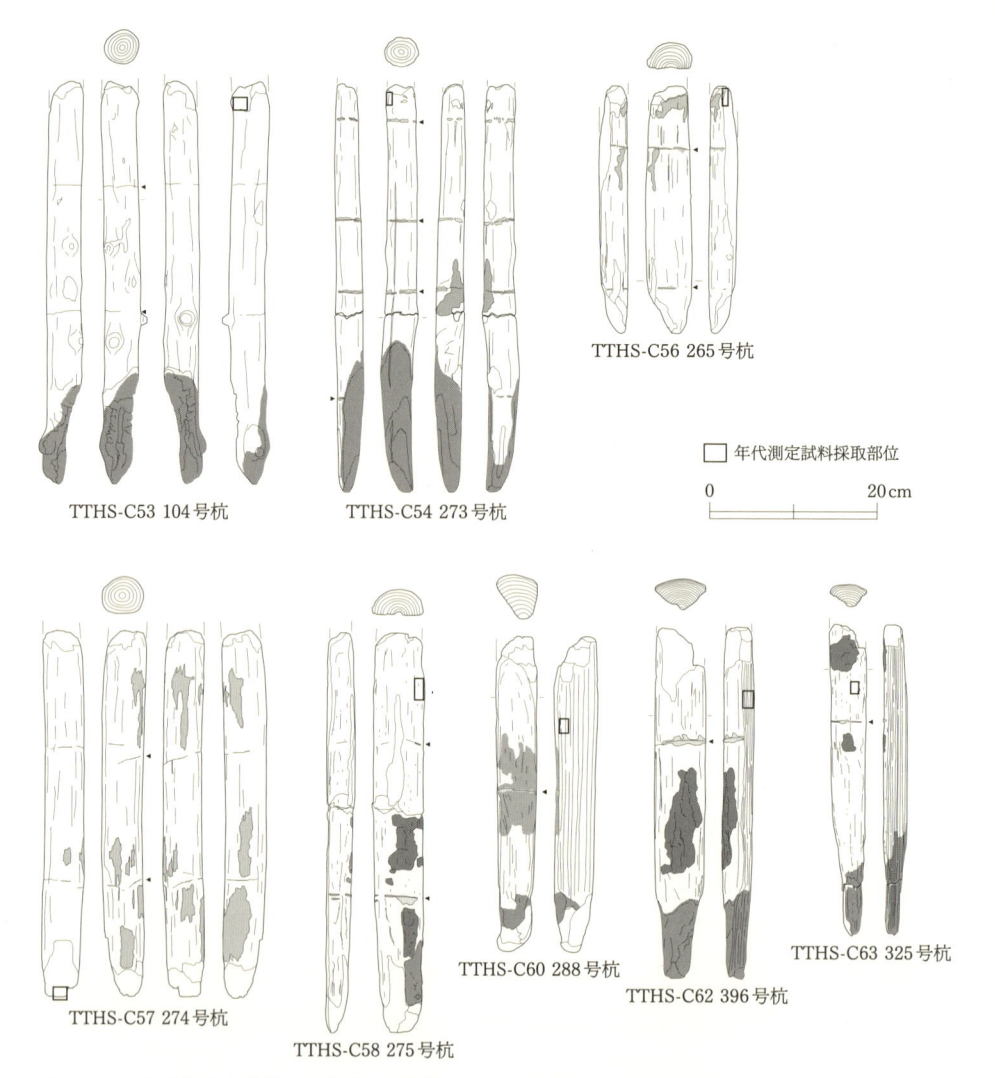

TTHS-C57 274号杭　TTHS-C58 275号杭　TTHS-C60 288号杭　TTHS-C62 396号杭　TTHS-C63 325号杭

図16‐1　年代測定を実施した傷跡のある杭および年代測定試料の採取位置

材はみられない。ほとんどが丸木あるいはみかん割りの状態で樹皮が残されているものもある。また，樹皮が残っていない資料も，表面の劣化や加工などによって木材の一部が失われているという可能性は考えられない。

　これらは生木状態であるため，劣化を防ぐために表面からPG（プロピレン・グリコール：$CH_3CH(OH)CH_2OH$）を塗布している。PGは恒久的な保存処理に使われるPEG（ポリエチレン・グリコール）とは異なる薬品であり，生木の木材の一時保存用として，発掘現場から資料整理作業時に使用したものである。刷毛塗りで簡単に塗布できること，水に容易に溶け，水の蒸発を遅くする効果があること，食品添加物として使用されることもあり人体に対する毒性も低いこと，また静菌作用（発酵抑制，抗真菌作用）がある（食品添加物公定書解説書編集委員会編 1987）ことなどの利点から，出土した水浸け木材の暫定的な保存助剤（おもに乾燥防止と微生物被害防

止）として有効であることが指摘されている（見城 1999）。

　PGの原材料となるプロピレンは石油起源であることから，PGのなかに含まれる炭素は死滅炭素である。したがって，PGが測定試料中に残されていると，正確な年代が測定できない。PGが測定試料中に残された場合，実際よりも古い値が測定されると予想される。PGが除去できるかどうかが測定を行ううえで重要であり，この点を考慮して試料の処理を行った。

　なお，これらの8点のウルシ杭の年代測定については「下宅部遺跡Ⅰ（1）」（下宅部遺跡調査団2006a）ですでに報告済みであるが，2010年に新たに1点の傷跡のある杭（D8・1864杭）がみつかったため，追加して年代測定を実施した。この試料はPGを塗布せずに水漬けのまま保存していたものであり，薬剤の影響を受けていない試料である。

②分析方法

　PGを塗布したままの状態のそれぞれの資料の破断面から，最外年輪部分を測定試料として切り取った。これをアルミホイルに包んで国立歴史民俗博物館の年代測定資料実験室に持ち込んだ。

　試料に付着・浸透したPGを溶出するため，ミリポア水を用い，80℃で1時間の加熱を，水を取り替えながら5回繰り返した。PGは水に容易に溶ける性質をもっているため，AAA処理前のミリポア水による5時間の処理と，その後の酸－アルカリ－酸（AAA）処理およびミリポア水による洗浄にかかる約20時間の過程で，PGは完全に溶出できるものと考えた。古代以降の^{14}C年代測定においても，PGを塗布した試料について年代測定を行っている（工藤・吉田 2006）。

　PGの溶出効果の比較実験として，TTHS-C63（325号杭）の試料については，試料をTTHS-C63-1とTTHS-C63-2の二つに切り分け，TTHS-C63-1については，AAA処理前のミリポア水による5時間の処理を行い，TTHS-C63-2については，AAA処理前にミリポア水での処理は行わず，PGを含んだまま乾燥した後，AAA処理を行った。

　次に埋没中の汚染を取り除くため，国立歴史民俗博物館の年代測定資料実験室にある自動AAA処理装置（Sakamoto et al. 2004）を使用して前処理を行った。ただし，比較実験用のTTHS-C63-1とTTHS-C63-2については，自動AAA処理装置を使用せずに個別に処理を行った。AAA処理後の試料は，坂本稔（2004b）の手順に従ってグラファイトを得た。測定は東京大学原子力研究センターのタンデム加速器研究施設のAMS装置を用いて行った。

　なお，追加試料のD8・1864杭については，国立歴史民俗博物館の年代測定資料実験室にて，通常の木材と同様のAAA処理を行った後，グラファイト化および^{14}C濃度の測定を，パレオ・ラボに委託して，分析結果を得た。

3── 結果

　測定結果を表16－1，図16－2に示した。また，これらの測定結果について，OxCal4.1（Ramsey 2009）を用いて，IntCal09（Reimer et al. 2009）の較正曲線によって較正したのが，図16－3で

表16 - 1　傷跡のあるウルシ杭の年代測定結果一覧

試料番号	遺物名	採取	樹種	状態	備考	^{14}C年代(BP)	Labo-code
TTHS-C53	104号杭	調査区Ⅰ D4 No.2144 KA①-5 粘土層	ウルシ	PG塗布	AAA前に超純水5時間処理	3,725±40	MTC-06722
TTHS-C54	273号杭	調査区Ⅰ D6 No.2217 KA①-5 砂礫層	ウルシ	PG塗布	AAA前に超純水5時間処理	3,420±30	MTC-06723
TTHS-C56	265号杭	調査区Ⅰ D6 No.2211 KA①-5 砂礫層	ウルシ	PG塗布	AAA前に超純水5時間処理	3,640±30	MTC-06725
TTHS-C57	274号杭	調査区Ⅰ D6 No.2218 KA①-5 粘土層	ウルシ	PG塗布	AAA前に超純水5時間処理	3,580±30	MTC-06726
TTHS-C58	275号杭	調査区Ⅰ D6 No.2219 KA①-5 粘土層	ウルシ	PG塗布	AAA前に超純水5時間処理	3,405±30	MTC-06727
TTHS-C60	288号杭	調査区Ⅰ D5 No.3456 KA①-5 砂礫層	ウルシ	PG塗布	AAA前に超純水5時間処理	3,620±50	MTC-06728
TTHS-C62	396号杭	調査区Ⅰ D5 No.3477 KA①-5 粘土層	ウルシ	PG塗布	AAA前に超純水5時間処理	3,600±30	MTC-06729
TTHS-C63-1	325号杭	調査区Ⅰ D5 No.2254 KA①-5 粘土層	ウルシ	PG塗布	AAA前に超純水5時間処理	3,375±35	MTC-06730
TTHS-C63-2	325号杭	調査区Ⅰ D5 No.2254 KA①-5 粘土層	ウルシ	PG塗布	AAA前に処理なし	3,485±30	MTC-06731
—	D7・1864号杭	調査区Ⅰ D7 No.1864 11WF 砂礫層	ウルシ	水漬け保存	通常のAAA処理	3,700±25	PLD-14821

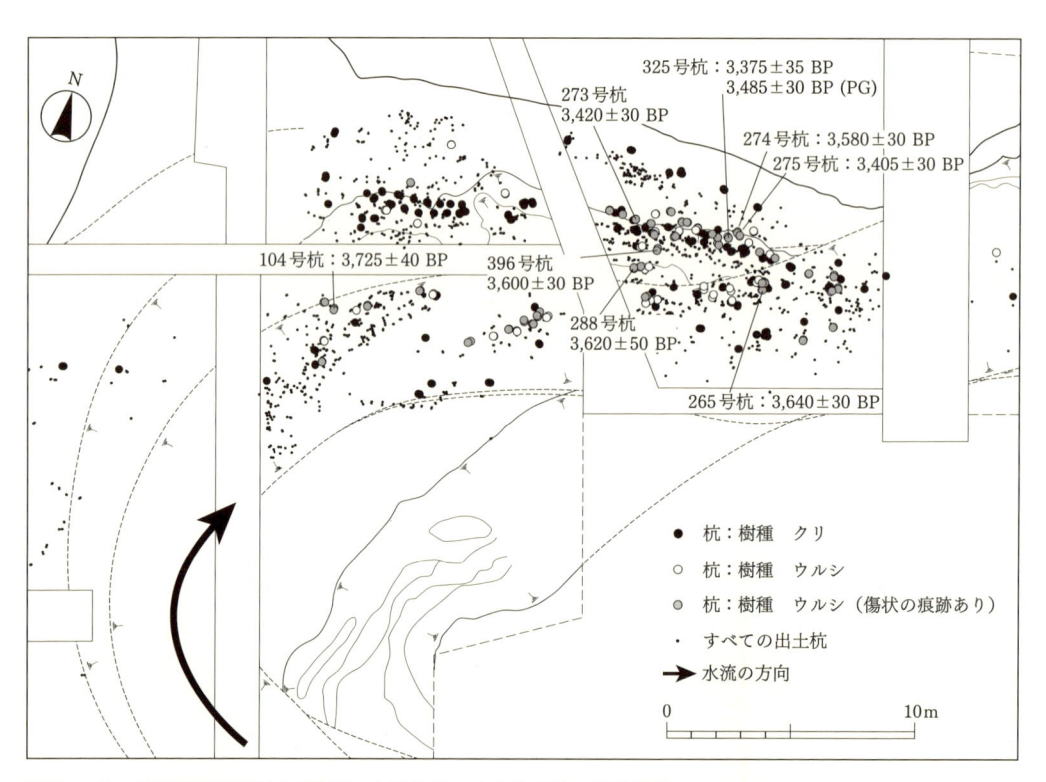

図16 - 2　下宅部遺跡のKA1-5杭列およびクリ・ウルシの杭の出土位置

325号杭は乾燥防止用に塗布したPG（プロピレン・グリコール）の除去に関する実験を行っているため，新しいほうの年代が，325号杭の年代を示していると考えられる。

104号杭	3,725±40 ¹⁴C BP
D7・1864杭	3,700±25 ¹⁴C BP
265号杭	3,640±30 ¹⁴C BP
288号杭	3,620±50 ¹⁴C BP
396号杭	3,600±30 ¹⁴C BP
274号杭	3,580±30 ¹⁴C BP
273号杭	3,420±30 ¹⁴C BP
275号杭	3,405±30 ¹⁴C BP
325号杭	3,375±35 ¹⁴C BP

縄文時代後期前葉のウルシの杭 約4,200〜3,800 cal BPの間

縄文時代後期中葉のウルシの杭 約3,700〜3,500 cal BPの間

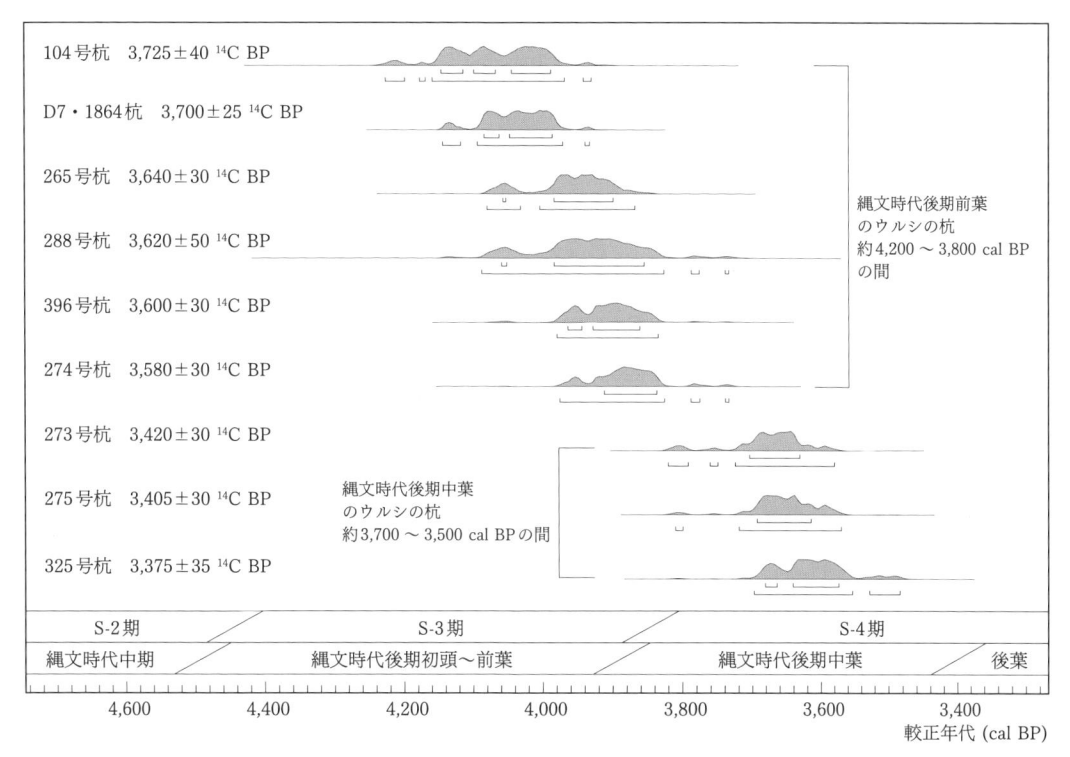

S-2期 / S-3期 / S-4期
縄文時代中期 / 縄文時代後期初頭〜前葉 / 縄文時代後期中葉 / 後葉

較正年代 (cal BP)

図16‐3　傷跡のあるウルシ杭の較正年代
OxCal4.1を用いて，IntCal09の較正曲線で較正し，古い順に上から並べた。

ある。

　¹⁴C年代値は3,725〜3,375 ¹⁴C BPの間で大きく二つのグループに分かれた。較正年代では約4,200〜3,800 cal BPの間に位置づけられる一群と，3,700〜3,500 cal BPの間に位置づけられる一群である。年代が古い一群は後期前葉の堀之内1〜2式期に位置づけられ，特に堀之内2式に対応可能である。また，新しい一群は後期中葉の加曽利B1〜B2式期に位置づけられる。これらを下宅部遺跡の遺構群の年代と対比すると，それぞれS-3期とS-4期に位置づけられる。

　なお，丘陵側に近い列の杭が新しい傾向があるが，年代測定を実施した杭の本数が少ないこともあり，杭の位置関係と¹⁴C年代測定結果の新旧関係には，明確な整合性がみられない。しかしながら，縄文時代後期前葉から中葉の下宅部遺跡およびその周辺にウルシがあり，ウルシの林が確かに存在していたことを，年代測定によって証明することができた。

4— 下宅部遺跡のウルシ杭の年代とウルシ利用モデル

　傷跡のあるウルシ杭の¹⁴C年代測定によって，縄文時代後期前葉から中葉（約4,200〜3,500 cal BP）の間の下宅部遺跡周辺には，確かにウルシの木が生育しており，当時の人々が樹液を採取し

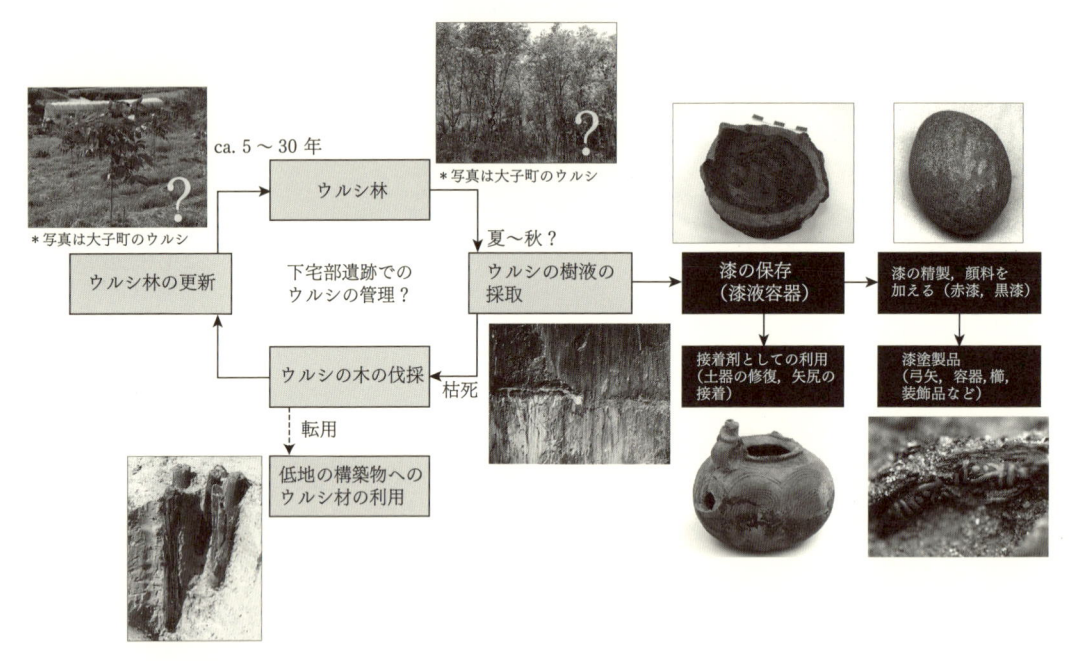

図16‐4　下宅部遺跡のウルシの杭の年代と，関連する出土遺物からわかったウルシ利用モデル

ていたことがわかった。この時期の下宅部遺跡には，漆塗り製品やその製作に関係する遺物が多く出土している（千葉 2006, 2009）。その関係は図16‐4のように模式化することができる。

　下宅部遺跡から出土した豊富な漆塗り製品や，漆の樹液をためた容器などがあることから，下宅部遺跡の周辺には，ある程度人の手によって管理されたウルシ林があったことが推測できる。能城・佐々木（2006）によればこれらの杭の年輪は10年以下のものがほとんどで，最大で27年であった。遺跡周辺にはおそらく長くとも30年程度でウルシ林は樹液を採取した後に伐採され，萌芽更新によるものか，実生によるものか，分根によるものかは不明だが，なんらかの形でウルシ林が更新され，定常的に利用可能な状態になっていたと推測される。

　伐採されたウルシの木は杭列などの低地の遺構群の構築材として利用されていることからも，当時の下宅部遺跡の周辺では，ウルシの木を栽培・管理し，ウルシの木から樹液を採取してさまざまな漆塗り製品を製作したり接着剤などに利用したほか，伐採したウルシの木材を有効に活用するなど，体系的なウルシ利用の文化があった（千葉 2006, 2009）。

　文様によって時期がわかる土器と違い，木材それ自体は時間的な位置づけが不明な場合がほとんどである。^{14}C年代測定によってウルシ杭のような重要な資料の時期を決定していくことで，縄文時代後期の「体系的なウルシ利用」を復元することができた。ただし，これらの杭列が堀之内式期から加曽利B式期の間，恒常的に維持・管理されてきたのか，あるいは途中に断絶があり，複数の時期につくられた杭列が重複しているのかは明らかになっていない。今後，ウルシ利用や低地利用との関係を含めた，より詳細な年代学的な検討が必要である。

第17章
下宅部遺跡から出土した土器付着植物遺体の分析

1 ── 土器付着炭化物から煮炊きの内容物を探る

　縄文時代の植物利用を議論するうえで，近年特にその重要性が認識されつつあるのが，土器付着植物遺体である。これは，土器の内部に炭化した状態で付着した種実や鱗茎などの植物の部位や，繊維，編組製品など植物起源の製品を総称したもので，いずれも二次的に付着したものではなく，土器を用いた調理や植物加工のときに付着したものである（佐々木 2006）。土器付着植物遺体の形状観察だけでなく，炭素・窒素安定同位体比，C/N比の分析などを組み合わせることで，利用した食材と土器を用いた調理方法を解明する大きな手がかりが得られるだろう。

　土器付着植物遺体は型式学的な特徴をもたない土器の胴部片や底部片に付着したものがほとんどである。そのため，^{14}C年代測定を用いてこれらの時間的位置づけを明確化することが必要である。土器付着炭化物を用いた，土器型式の年代学的研究が近年盛んに行われている。しかし，これまで土器付着植物遺体を分析した例は，滋賀県竜ヶ崎A遺跡の縄文時代晩期末から弥生時代初頭の土器の底部内面に付着したキビの年代測定を行った事例（宮田ほか 2007）や，秋田県菖蒲崎貝塚から出土した縄文時代早期の土器底部内面に付着したアサ果実の年代測定を行った事例（國木田・吉田 2007）などがあるが，まだ研究事例は多くない。

　土器付着炭化物の起源となった煮炊きした内容物については，炭素・窒素安定同位体比やC/N比の分析（吉田 2004；坂本 2007；工藤ほか 2007a, 2008；工藤・山本 2009；國木田ほか 2009a, 2009b など），付着炭化物の生成実験とその付着物の分析（吉田 2006；吉田・宮崎 2007）などにもとづいて，海洋起源の有機物の有無や起源となった有機物の種類について活発な議論が行われている。遺跡から出土する大多数の土器付着物は煮炊きによってすでに煮炊き前の食材の形態

は失われているため，複数種の食材が混在していた可能性も否定できない。明らかに植物遺体と推定される有機物が付着している資料の分析を行うことで，植物遺体を煮炊きした場合の炭素・窒素安定同位体比やC/N比の値の目安を知ることが必要である。

　下宅部遺跡から出土した土器付着植物遺体のうち，佐々木由香（2006）は40点を種類別に分類し，付着部位や付着した土器について検討を行っている。土器の型式からみた年代観は，時期不明の土器を除くと縄文時代後期初頭から晩期中葉と弥生時代初頭に属する。ただし，それらのほとんどが型式学的特徴に乏しい土器の底部・胴部片であるため，明確な時期を特定できていない。

　今回は40点の土器付着植物遺体のうち，試料の採取が可能であった26点について^{14}C年代測定，炭素・窒素安定同位体比分析，C/N比の分析を実施し，それらの年代観と土器を用いて調理・加工した内容物について，検討を行うことを本研究の目的とした。これに加えて，下宅部遺跡では出土した多数の種実遺体や木材によって構成されている水場遺構の年代測定がすでに実施されているが（第15章参照），単独で出土した種実遺体については，年代測定が実施されていないものがあった。塊の状態で検出されたアサ果実（佐々木ほか 2007）やマメ科炭化種子などである（佐々木・工藤 2006）。これらは植物利用を議論するうえで重要な資料であるため，今回は土器付着植物遺体と合わせて5点の種実遺体の分析を実施し，その年代について検討した。

2— 分析試料

①分析の対象とした土器付着植物遺体

　鱗茎付着土器（SY-9，SY-10，SY-11，SY-12，SY-13，SY-14，SY-15，SY-16）（図17－1，図17－2）
　鱗茎とは地下茎の葉が層状になったものである。代表的なものにノビルやアサツキなどがある。SY-9〜SY-16はユリ科と推定される炭化鱗茎（鱗茎と思われる試料も含む）が付着した土器である。全体的に広卵形〜楕円形の鱗茎が複数個体付着する。基部が遺存し，半球形になっているものが多い。内部は同心円を描くように鱗葉が層状にみられ，中心部は狭卵形でその内部は空洞であることが多い。分析試料は，土器付着植物遺体の付着状況を維持するため，いずれも鱗茎の形状が残る部位ではなく，その周囲に付着した炭化物から採取した。これは，以下で述べる繊維付着土器，種実付着土器，編組製品付着土器，不明植物遺体付着土器についても同様である。なお，鱗茎は土器片に万遍なく付着しているものがほとんどであるため，採取した炭化物も，そのほとんどは鱗葉の一部と推測される。

　繊維付着土器（SY-17，SY-18，SY-19，SY-20，SY-21，SY-39）（図17－2，図17－3，図17－4）
　繊維状の形状で付着したものを繊維とした。植物の茎や葉柄の可能性もある。下宅部遺跡では9点の出土が報告されているが，そのうちの6点から試料を採取した。分析試料のほとんどは付着した繊維そのものではなく，繊維のごく周辺の炭化物を採取した。これらは繊維が原型をすでに失ったものか，繊維とともに煮炊きした有機物が炭化したものと考えられる。このうち，SY-17

については，繊維付近の炭化物（SY-17a）に加え，繊維部分（SY-17b）についても安定同位体分析用として試料を採取した。SY-39も繊維の由来を検討するため，繊維付近の炭化物（SY-39a）と繊維（SY-39b）を採取した。

SY-17は胴下半部で，扁平で細長い繊維が4カ所付着する。SY-18は径6.3cmの底部で，最大約7.0×1.5mmの細かい繊維が，底部中央にランダムに複数付着する。SY-19は底部付近で，短く扁平な繊維が1カ所上下方向に付着する。SY-20は底部付近で，発泡状態の炭化物が全面に付くが，幅2mmの扁平な繊維が付着する。SY-21は底部付近で，幅1mm弱の細かい繊維がランダムに付着する。SY-39は底部付近で，幅1mmの扁平な繊維が斜め方向に数本みられる。

種実遺体付着土器（SY-22，SY-23，SY-24，SY-25）（図17－4）

種実もしくは種実と考えられる炭化植物遺体が付着する土器である。SY-22は底部で，炭化物が非常に厚く付着している。種実が炭化物の表面に付着，あるいは付着していた痕跡が多くみられる。形状は上面観が楕円形，側面観が角張った楕円形で，片側の側面に全体の3分の2ほどの長さの長楕円形の臍があり，厚膜（epihilum）に覆われ，臍の下端には種瘤がみられる。佐々木・工藤（2006）はササゲ属種子と同定したが，小畑ほか（2007）の識別点にもとづき属以下についても検討し，マメ科ササゲ属アズキ亜属アズキ型種子（栽培種のアズキや野生種のヤブツルアズキなどが含まれる）と同定した。SY-22の付着物にアズキ型種子以外の種実はみられない。

SY-23は底部で，全体的に円形の種皮片が多数付着する。表面は平滑だが，断面が層理状に割れる構造をしていること，トチノキ種子特有の着点がみられることからトチノキ種子とした。

SY-24は底部付近で，ニワトコ種子が多数付着する。ニワトコは通常1つの果実のなかに3〜4個の種子が含まれる。種子は果実の形に沿って2〜3個ずつ固まっていることから，果実のままもしくは種子がばらばらにならない程度の状態で土器片に付着したことが考えられる。また部分的に薄い果皮が遺存する。また種子と混ざって長さ約13.0mm，幅1.7mmの扁平な繊維状の植物遺体が上下方向に付着する。

SY-25は底部付近で，生焼け状態で端部が炭化し遺存した果皮片が2〜3カ所付着する。

編組製品付着土器（SY-27，SY-28，SY-29，SY-40）（図17－5，図17－6）

ひごを編んだり組んだりして製作した製品もしくはその痕跡が認められるものを編組製品とした。下宅部遺跡から単独で出土した未炭化の編組製品の素材は，ほぼイネ科タケ亜科が用いられている（鈴木・佐々木 2006）。分析試料は，ひごの周辺に分厚く付着した炭化物である。編組製品を土器内部に入れて「濾す」「蒸す」といった加工を行った有機物が炭化したものと推定される。

SY-27は胴部から底部に近接する破片である。ひごの幅は2.5mmで，はっきりみえるのは4本である。編組製品自体の安定同位体比を調べるため，編組製品部分（ひご）を採取した。年代測定に用いた編組製品周辺の炭化物をSY-27aとし，編組製品部分をSY-27bとした。SY-28は胴下半部であり，同一方向に扁平なヒゴ状の木材が付着する。幅3mmで，4カ所に観察できる。破片の写真左側には鱗茎が付着したような痕跡が残る。SY-29は底部付近で，縦横のひご自体はほとん

SY-9 鱗茎付着	SY-9 鱗茎拡大	SY-9 試料採取部位拡大
SY-10 鱗茎付着	SY-10 鱗茎部分拡大	SY-10 試料採取部位拡大
SY-11 鱗茎付着	SY-11 鱗茎拡大	SY-11 試料採取部位拡大
SY-12 鱗茎付着	SY-12 鱗茎拡大	SY-12 試料採取部位拡大
SY-13 鱗茎付着	SY-13 鱗茎拡大	SY-13 分析試料

図17‐1 分析した土器付着植物遺体　鱗茎付着土器
土器写真のスケールは1cm，拡大写真の一部は佐々木（2006）を使用した。

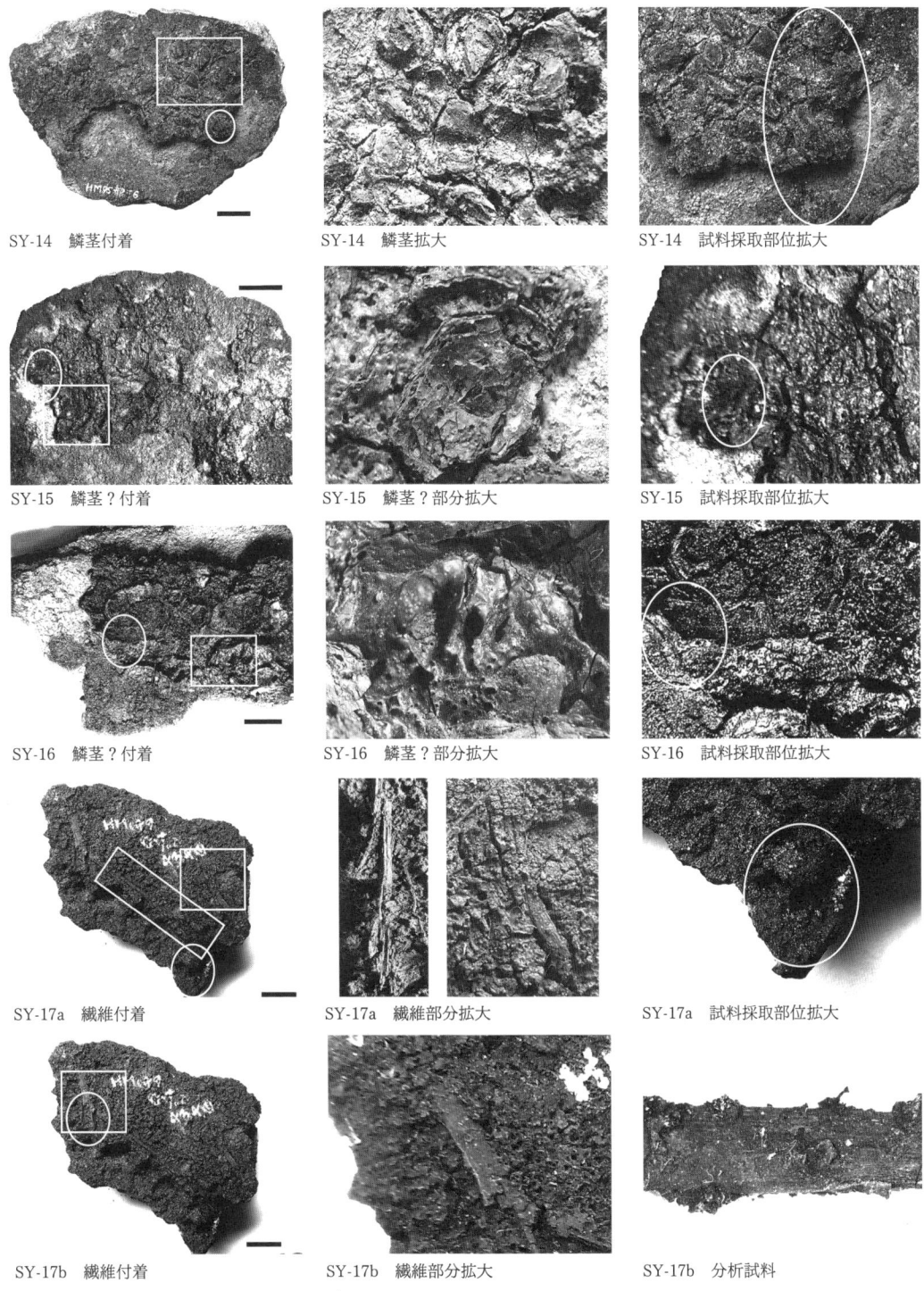

SY-14 鱗茎付着	SY-14 鱗茎拡大	SY-14 試料採取部位拡大
SY-15 鱗茎？付着	SY-15 鱗茎？部分拡大	SY-15 試料採取部位拡大
SY-16 鱗茎？付着	SY-16 鱗茎？部分拡大	SY-16 試料採取部位拡大
SY-17a 繊維付着	SY-17a 繊維部分拡大	SY-17a 試料採取部位拡大
SY-17b 繊維付着	SY-17b 繊維部分拡大	SY-17b 分析試料

図17‐2 分析した土器付着植物遺体　鱗茎付着土器，繊維付着土器
土器写真のスケールは1cm，拡大写真の一部は佐々木（2006）を使用した。

第17章　下宅部遺跡から出土した土器付着植物遺体の分析

SY-18 繊維付着	SY-18 繊維部分拡大	SY-18 試料採取部位拡大
SY-19 繊維付着	SY-19 繊維部分拡大	SY-19 試料採取部位拡大
SY-39a 繊維付着	SY-39a 繊維部分拡大	SY-39a 試料採取部位拡大
SY-39b 繊維付着	SY-39b 繊維部分拡大	SY-39b 試料採取部位拡大
SY-20 繊維付着	SY-20 繊維部分拡大	SY-20 試料採取部位拡大

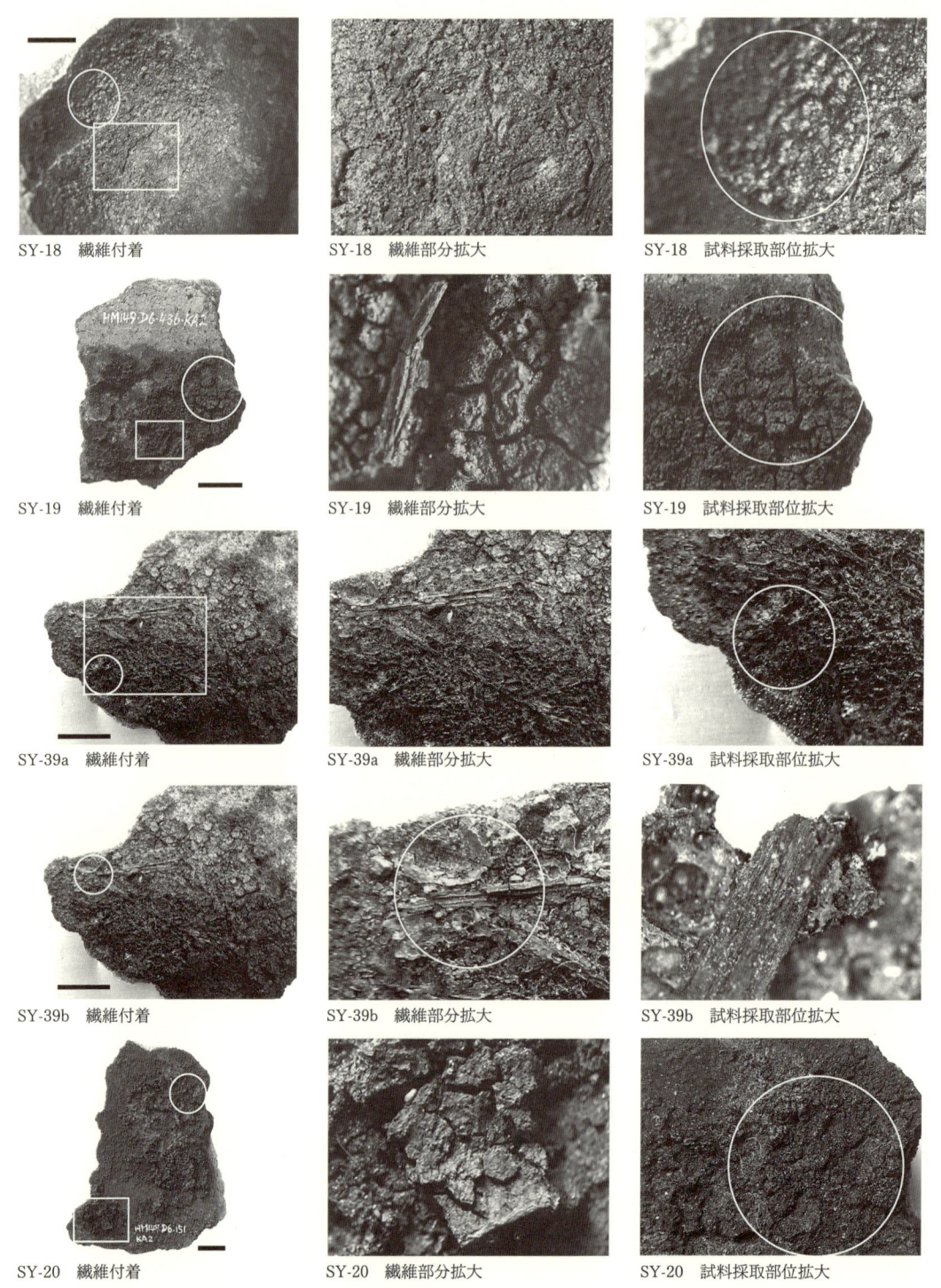

図17‑3 分析した土器付着植物遺体　繊維付着土器

土器写真のスケールは1cm, 拡大写真の一部は佐々木（2006）を使用した。

SY-21 繊維？付着　　　　　　SY-21 繊維？部分拡大　　　　SY-21 試料採取部位拡大

SY-22 ササゲ属アズキ型炭化種子付着　SY-22 種子部分拡大　　　　SY-22 試料採取部位拡大

SY-23 トチノキ炭化種子付着　　SY-23 種子部分拡大　　　　SY-23 試料採取部位拡大

SY-24 ニワトコ炭化種子付着　　SY-24 種子部分拡大　　　　SY-24 試料採取部位拡大

SY-25 不明種実付着　　　　　SY-25 種実部分拡大　　　　SY-25 試料採取部位拡大

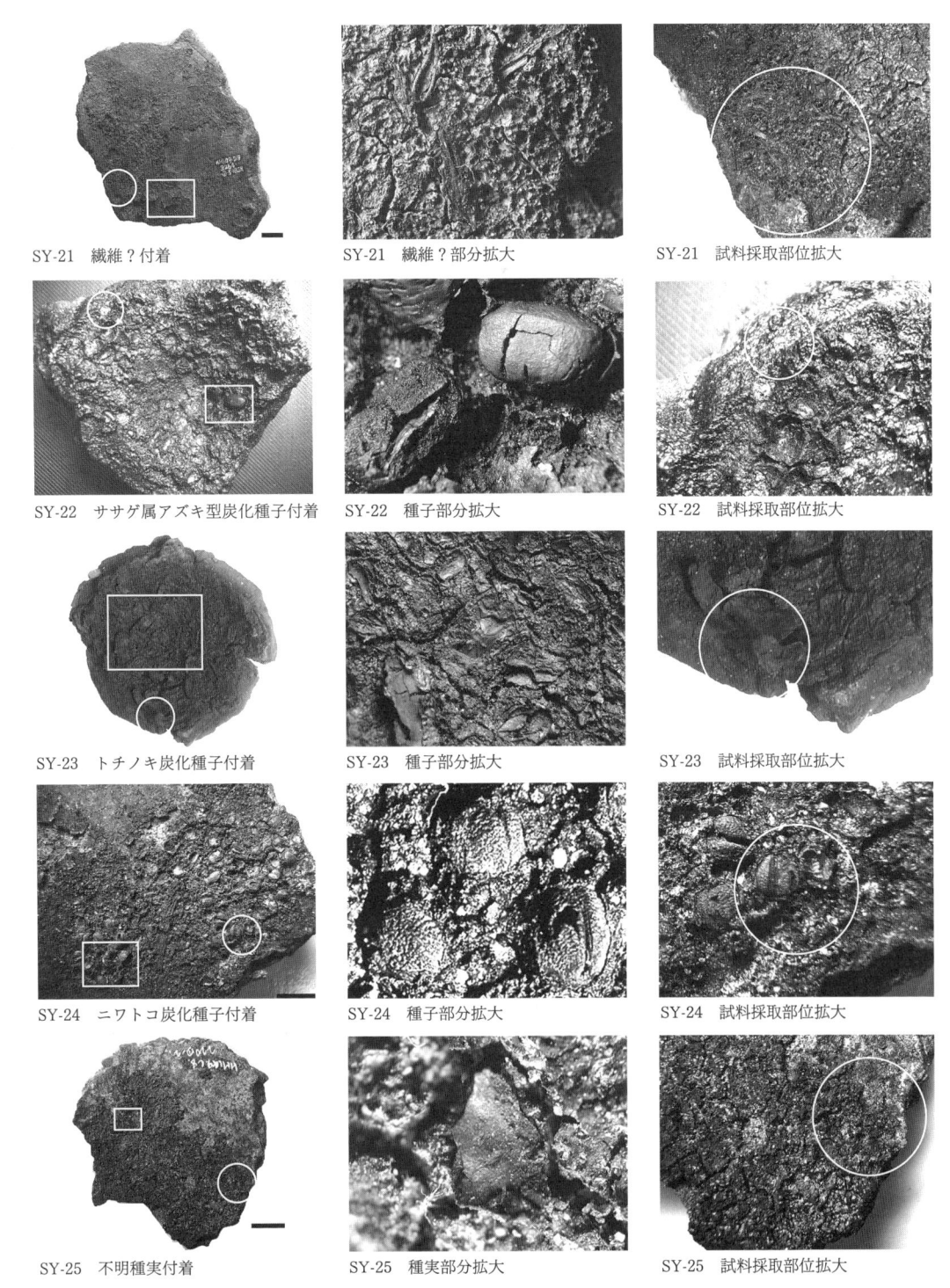

図17‐4　分析した土器付着植物遺体　繊維付着土器，種実付着土器
土器写真のスケールは1cm，拡大写真の一部は佐々木（2006）を使用した。

第17章　下宅部遺跡から出土した土器付着植物遺体の分析　　297

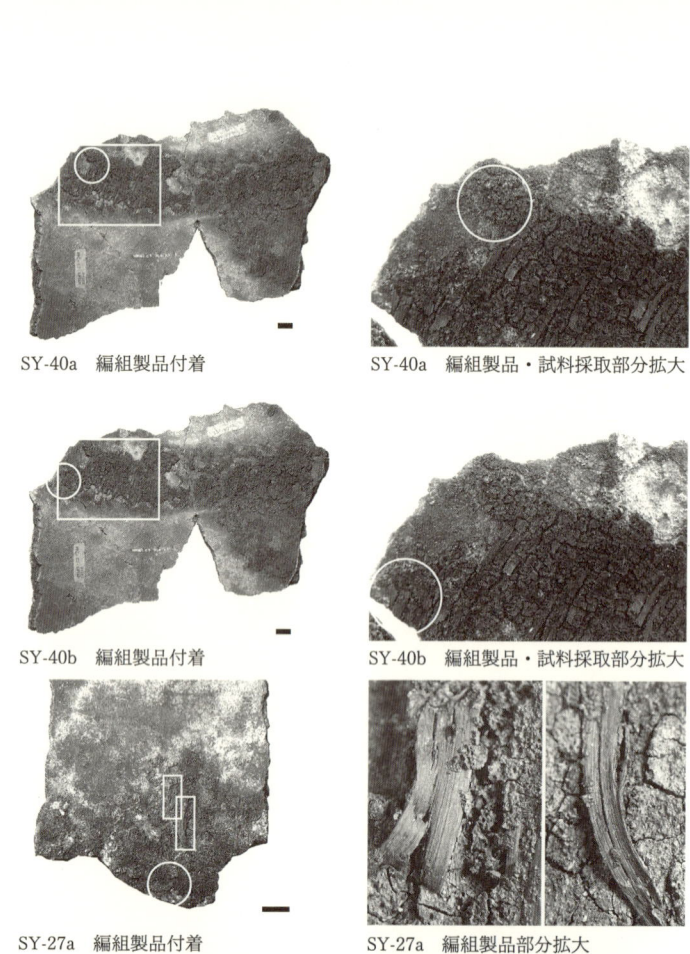

SY-40a 編組製品付着   SY-40a 編組製品・試料採取部分拡大    SY-40a 試料採取部位拡大

SY-40b 編組製品付着   SY-40b 編組製品・試料採取部分拡大    SY-40b 試料採取部位拡大

SY-27a 編組製品付着 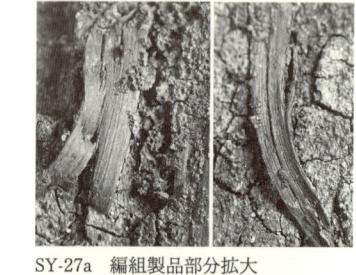   SY-27a 編組製品部分拡大    SY-27a 試料採取部位拡大

SY-27b 編組製品付着  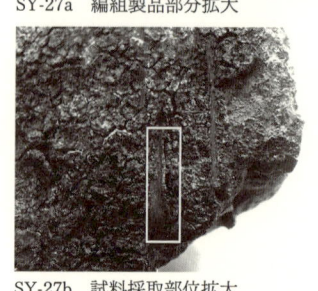   SY-27b 試料採取部位拡大    SY-27b 分析試料

SY-28 編組製品付着    SY-28 編組製品部分拡大    SY-25 試料採取部位拡大

図17-5 分析した土器付着植物遺体 編組製品付着土器
土器写真のスケールは1cm，拡大写真の一部は佐々木（2006）を使用した。

SY-29 編組製品付着	SY-29 編組製品部分拡大	SY-29 試料採取部位拡大
SY-30 不明植物遺体付着	SY-30 不明植物遺体部分拡大	SY-30 試料採取部位拡大
SY-31 不明植物遺体付着	SY-31 不明植物遺体部分拡大	SY-31 試料採取部位拡大
SY-32 不明植物遺体付着	SY-32 不明植物遺体部位拡大	SY-32 試料採取部位拡大
SY-33 不明植物遺体付着	SY-33 不明植物遺体部分拡大	SY-33 試料採取部位拡大

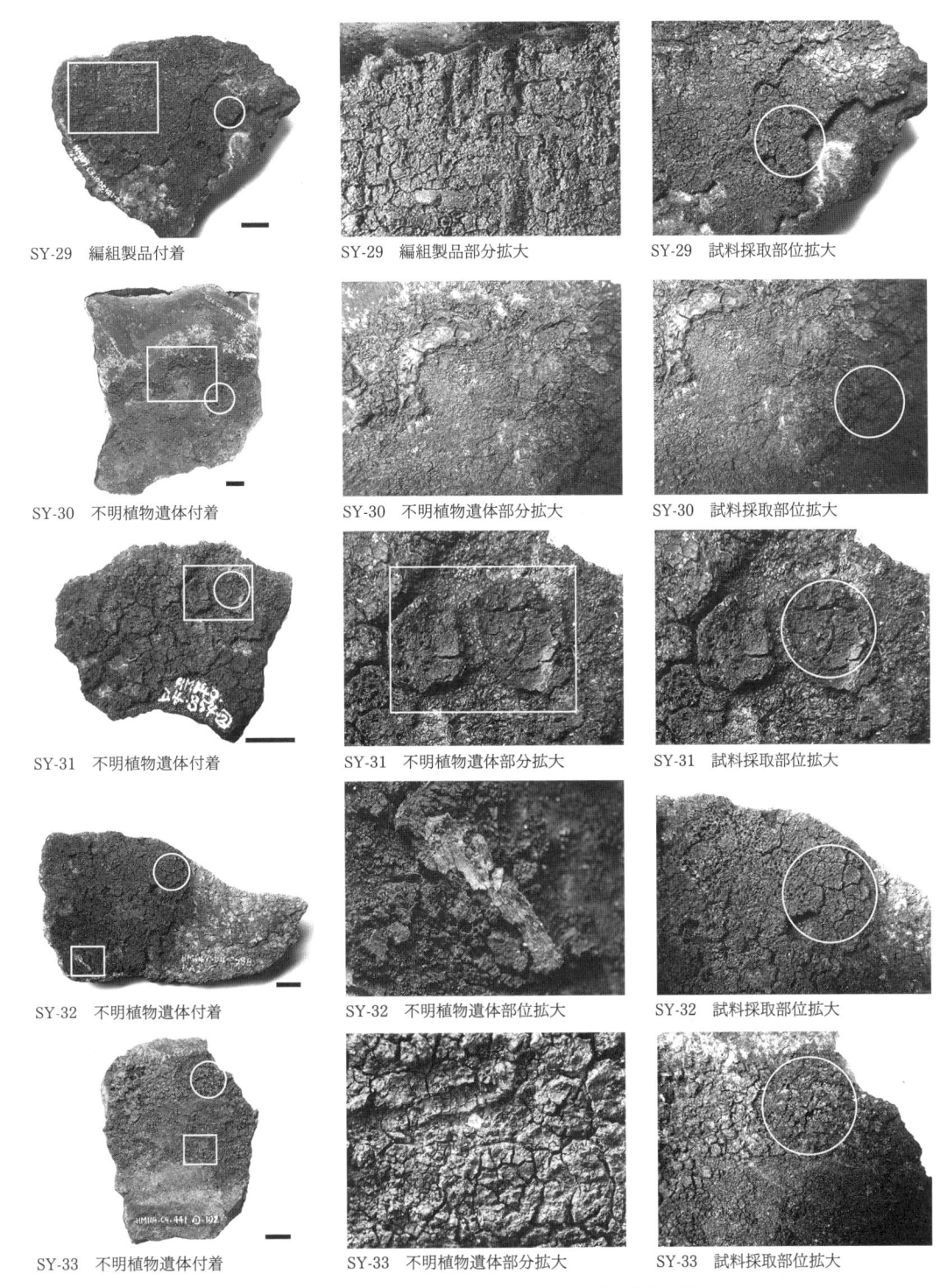

図17‐6 分析した土器付着植物遺体 編組製品付着土器，不明植物遺体付着土器
土器写真のスケールは1cm，拡大写真の一部は佐々木（2006）を使用した。

図17-7　分析した種実遺体
スケールは1mm（SY-34のヒョウタン果実のみスケールは10mm）

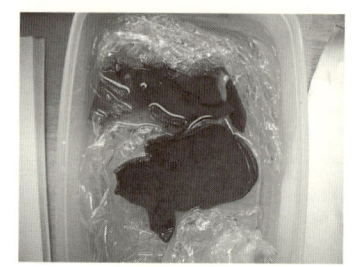

SY-34　ヒョウタン果実
SY-34　ヒョウタン果実(試料採取時)
SY-35　ヒョウタン種子
SY-36　ササゲ属アズキ亜属アズキ型炭化種子
SY-37　ダイズ属炭化種子
SY-38　アサ炭化果実（塊から外れたもの）

ど遺存していないが，その痕跡から編組製品であることが判断できる。3本越え，3本潜り，1本送りの網代編みと推定される。編組製品の周辺は発泡している。SY-40は安定同位体比の比較試料として追加したものである。編組製品周辺の炭化物をSY-40aとし，編組製品部分をSY-40bとした。胴下部の破片で，ひごが5～6本規則的に付着する。接合した破片には，円形の種実のような植物遺体が付着している。

不明植物遺体付着土器（SY-30，SY-31，SY-32，SY-33）（図17-6）
　植物片と推定される付着物が観察される土器を，不明植物遺体付着土器とした。SY-30は底部付近で，円形の堅果類に類似する直径約15mmの肉厚な付着物が付着する。表面は溶けたようになっており，同定可能な識別点は観察できない。SY-31は小破片で部位不明であり，果皮状のものが付着するが，表面の特徴等は確認できず，たまたま炭化物に大きくクラックができた部分が果皮のようにみえている可能性もある。SY-32は底部付近で，薄い褐白色の繊維状の植物が付着するが，植物でない可能性もある。また粒状の細かい発泡がみられる。SY-32の土器は器壁が薄く約4mmである。SY-33は底部付近であり，扁平な繊維状の小破片が付着する。外面にも炭化物が付着する。

②**分析の対象とした種実遺体（SY-34，SY-35，SY-36，SY-37，SY-38）（図17-7）**
　SY-34はヒョウタン果実で，河道1の流路3b（縄文時代後期中葉～晩期中葉）から出土した。全体の1/2程度が遺存していた。SY-35，SY-36，SY-37はいずれも第1号クルミ塚（縄文時代中期中

葉）の堆積物の洗い出しによって検出した種実遺体である。SY-35はヒョウタン種子，SY-36とSY-37はマメ科の炭化種子である。SY-36は佐々木・工藤（2006）がササゲ属Aとした長さ4.5mm程度の小型の種子で，小畑ほか（2007）での識別点にもとづき再同定したところ，ササゲ属アズキ亜属アズキ型の種子であった。SY-37は長さ7mm程度で，同じくササゲ属Bとしたものであるが，同様にササゲ属Bはダイズ属種子と同定した。SY-38は河道1の流路3（縄文時代後期中葉〜晩期中葉）からダンゴ状の塊として出土したアサ炭化果実塊である。

3 — 分析方法

　測定試料は，東村山ふるさと歴史館に保管されている遺物から筆者が採取した。土器付着植物遺体の付着状態を観察した後，ピンセットまたはスパーテルで削り取った。試料は乾燥後秤量し，それぞれ15〜50mg程度に切り分けた。実体顕微鏡下で可能なかぎり混入物を除去した後，蒸留水で超音波洗浄を行った。なお，一部の土器付着植物遺体（SY-23，SY-24）や種実遺体は，エタノール（CH_3CH_2OH）水溶液で土器片ごとに含浸して一時保存していたため，AAA処理前に80℃の蒸留水で1時間の洗浄を3回繰り返し，エタノールの溶出を行った。

　次に，酸－アルカリ－酸（AAA）処理を行った。アルカリ処理は，試料の状態に応じて0.001〜1.2M水酸化ナトリウム（NaOH）水溶液により，室温〜80℃の処理を行った（吉田 2004）。徐々にNaOHの濃度を濃くして，水溶液が着色しなくなるまでこの操作を繰り返し，最終的にすべての試料について80℃，1.2Mの濃度まで処理を行った。

　AAA処理後の試料約5mgを，酸化銅600mgと還元銅500mg，触媒となる銀線と共に石英管に入れて真空にして封入し，850℃の電気炉で4時間加熱して試料中の炭素を二酸化炭素（CO_2）に変換した。これを真空ガラスラインで精製し，パイレックス管に封じた。また，二酸化炭素は2本に分け，片方はパイレックス管に封じて安定同位体分析用とし，もう1本の二酸化炭素は鉄触媒を用いた水素還元によってグラファイトを合成した。グラファイト合成までの作業は，名古屋大学年代測定総合研究センターで実施した。

　^{14}C年代測定は，名古屋大学年代測定総合研究センターで調製した標準試料，ブランク試料とともにパレオ・ラボで行った（機関番号PLD）。測定した土器付着植物遺体は24点である。追加で採取したSY-39とSY-40の年代測定は行っていない。

　東京大学総合研究博物館放射性炭素年代測定室に設置されているEA-MSシステム（MICROMASS社製，The IsoPrime EA System）（装置の概要と測定方法については，國木田ほか（2009）を参照）を用いて，炭素・窒素安定同位体比の測定を行い，SY-18を除く23点について炭素・窒素安定同位体比の測定結果を得た。そのため，今回の土器付着植物遺体の炭素・窒素安定同位体比の値はすべて東京大学で測定した値を用いている。炭素同位体比の測定には試料0.1〜0.2mgを，窒素同位体比の測定には0.5〜0.6mgを用いた。炭素・窒素安定同位体比は原則1回の測定を行い，誤差は標準試料のばらつきで評価している。試料の誤差は均一性や量に依存するが，δ

^{13}C値で最大±0.4‰,δ^{15}N値で最大0.7‰程度と考えられる(國木田ほか2009)。SY-36, SY-37の種実遺体のみ,精製時に分取した二酸化炭素ガスを用いて,名古屋大学年代測定総合研究センターに設置されている気体用安定同位体質量分析計:Finnigan MAT社製MAT-252でδ^{13}Cの測定を行った。MAT-252の誤差は±0.1‰程度である。

試料のC/N比については,AAA処理済みの試料を錫カップに封入し,名古屋大学年代測定総合研究センターに設置されている元素分析計(Thermo Quest NA2500)で測定を行った。

なお,種実遺体は試料の量が少なかったため,^{14}C年代測定は全試料について行ったが,δ^{13}Cの測定はSY-36(ササゲ属アズキ亜属アズキ型種子)とSY-37(ダイズ属種子)のみで行った。

4—分析結果

①土器付着植物遺体および種実遺体の^{14}C年代

年代測定結果を表17−1に示した。^{14}C年代測定結果は,OxCal4.0(Ramsey 1995, 2001)を用いてIntCal04(Reimer et al. 2004)で較正した(図17−8)。図17−8の上部には,下宅部遺跡の有機質遺構群の時期(S-1期からS-5期)を示している。S-1期は縄文時代中期中葉の勝坂式期,S-2期は中期後葉の加曽利E式期,S-3期は後期初頭の称名寺式から前葉の堀之内式期を中心とし,S-4期は後期中葉の加曽利B式期から後期末葉の安行1式期頃まで,S-5期は後期末葉から晩期中葉の安行3d式期までを含む(第15章参照)。

土器付着植物遺体は1点のみ縄文時代中期中葉(S-1期)のものが含まれているが,そのほかは後・晩期(S-3期からS-5期)に相当する年代が中心で,特に晩期前葉から中葉(S-5期)の試料が圧倒的に多かった。1点のみ,晩期前葉から中葉(S-5期)より新しい試料が含まれていた。これはSY-20の繊維付着土器で,縄文時代晩期末葉から弥生時代初頭の年代にあたる。文様などがなく,土器型式からは時期が特定できずに「時期不明」となっていた土器である。

種実遺体については,第1号クルミ塚から出土したヒョウタン種子とマメ科炭化種子については,工藤ほか(2007b)のクルミ塚の年代測定結果と同様に,縄文時代中期中葉(S-1期)に属するものであることが確認できた。SY-34のヒョウタン果実,SY-38の塊状で炭化して出土したアサ果実は,縄文時代後期後葉〜末葉(S-4期)に位置づけられることが明らかとなった。

②炭素・窒素安定同位体比とC/N比

炭素・窒素安定同位体比は,δ^{13}Cが−25‰前後,δ^{15}Nが+3‰前後の値に集中した。米田穣(Yoneda et al. 2001;米田 2004)が示した主要な動植物の炭素・窒素安定同位体比の分布(図17−9の楕円)や赤澤威ほか(1993)の分布図と比較してみると,そのほとんどがC$_3$植物と草食動物の領域に近い値を示した。

種類ごとにみてみると,鱗茎付着土器の試料はδ^{13}Cがもっとも低い一群で,窒素含有率が低いものが多く,タンパク質をほとんど含んでいないことがわかった。

表17 - 1　下宅部遺跡から出土した土器付着植物遺体および種実遺体の分析結果

試料番号	出土区	報告書番号	種類	採取位置	採取部位	推定時期	^{14}C年代(BP)	δ^{13}C(‰)	δ^{15}N(‰)	C/N比(mol)	機関番号
SY-9	D4. No.660+889 河道2	表73-1	土器付着植物遺体	鱗茎付近の炭化物	胴部(底部付近)	後晩期	2,740±20	−26.0	3.1	37.1	PLD-8951
SY-10	D7. 河道1. 11号水場遺構2号材クルミ集中	表73-2	土器付着植物遺体	鱗茎付近の炭化物	胴部(底部付近)	後期	4,535±25	−25.8	4.4	58.4	PLD-8952
SY-11	C10. No.357 河道1	表73-3	土器付着植物遺体	鱗茎付近の炭化物	胴部(底部付近)	晩期	2,870±25	−26.5	1.5	94.2	PLD-8953
SY-12	D9. No.3602 河道1	表73-4	土器付着植物遺体	鱗茎付近の炭化物	胴部(下半部)	不明	3,550±25	−26.1	4.2	55.4	PLD-8954
SY-13	D4. No.710+715	表73-5	土器付着植物遺体	鱗茎付近の炭化物	胴部(底部付近)	後晩期	2,690±25	−26.2	0.8	58.6	PLD-8955
SY-14	T6一括	表73-7	土器付着植物遺体	鱗茎付近の炭化物	胴部	晩期	3,880±25	−26.4	1.8	67.0	PLD-8956
SY-15	D4. No.2664 河道2	表73-9	土器付着植物遺体	鱗茎？付近の炭化物	胴部(底部付近)	後晩期	2,725±25	−25.9	1.3	87.0	PLD-8957
SY-16	D4. No.543 河道2	表73-10	土器付着植物遺体	鱗茎？付近の炭化物	胴部(底部付近)	後晩期	2,745±25	−26.6	1.7	82.7	PLD-8958
SY-17a	D7. No.434 河道1	表73-11	土器付着植物遺体	繊維付近の炭化物	胴部(下半部)	晩期	3,010±25	−23.5	1.8	20.7	PLD-8959
SY-17b				繊維				−26.9	—	18.9	
SY-18	D10. No.1269 河道1	表73-12	土器付着植物遺体	繊維付近の炭化物	底部	不明	3,330±25	−26.4	—	69.3	PLD-8960
SY-19	D6. No.436 河道2	表73-13	土器付着植物遺体	繊維付近の炭化物	胴部(底部付近)	晩期	2,920±25	−22.5	2.0	19.2	PLD-8961
SY-39a	B19. No.407	表73-14	土器付着植物遺体	繊維付近の炭化物	底部付近	後晩期		−26.7	—	28.3	—
SY-39b				繊維				−25.9	—	34.6	
SY-20	D6. No.151 河道2	表73-16	土器付着植物遺体	繊維付近の炭化物	胴部(底部付近)	不明	2,540±20	−23.0	2.2	26.3	PLD-8962
SY-21	D19. No.3264	表73-18	土器付着植物遺体	繊維？付近の炭化物	胴部(底部付近)	後期(堀之内)	3,420±25	−25.3	3.3	46.7	PLD-8963
SY-22	B21. No.230	表73-19	土器付着植物遺体	ササゲ属アズキ亜属アズキ型炭化種子	底部	後晩期	2,870±25	−24.7	3.4	26.4	PLD-8964
SY-23	B23. No.1490	表73-20	土器付着植物遺体	トチノキ炭化種子	底部	後晩期	2,870±25	−24.7	2.1	33.1	PLD-8965
SY-24	T6一括	表73-21	土器付着植物遺体	ニワトコ炭化種子	胴部(底部付近)	縄文晩期〜弥生？(条痕文？)	3,935±25	−25.5	2.4	17.4	PLD-8966
SY-25	C8. No.220	表73-24	土器付着植物遺体	不明種実付近の炭化物	胴部(底部付近)	晩期中葉(安行3c)	2,870±25	−25.0	3.3	23.6	PLD-8967
SY-40a	C3. No.242+344	表73-31	土器付着植物遺体	編組製品付近の炭化物	胴部(下半部)	晩期		−22.8	—	23.3	—
SY-40b				編組製品ヒゴ				−26.7	—	45.2	
SY-27a	C15. No.53	表73-33	土器付着植物遺体	編組製品付近の炭化物	胴部(胴部〜底部)	晩期前葉(安行3b)	2,890±25	−23.9	1.2	18.6	PLD-8968
SY-27b				編組製品ヒゴ				−26.8	—	20.2	—
SY-28	F11. No.987	表73-34	土器付着植物遺体	編組製品付近の炭化物	胴部	晩期？	3,235±25	−23.8	2.0	32.0	PLD-8969
SY-29	C3. No.1005+1007	表73-35	土器付着植物遺体	編組製品付近の炭化物	胴部(底部付近)	晩期	2,895±25	−22.5	4.5	21.7	PLD-8970
SY-30	C10. No.923	表73-36	土器付着植物遺体	不明植物遺体	胴部(底部付近)	不明	2,920±25	−25.0	3.3	24.7	PLD-8971
SY-31	D4. No.854	表73-37	土器付着植物遺体	不明植物遺体	胴部	不明	2,730±25	−23.4	2.5	21.7	PLD-8972
SY-32	D4. No.2688	表73-38	土器付着植物遺体	不明植物遺体	胴部(底部付近)	不明	2,760±25	−25.1	1.6	22.3	PLD-8973
SY-33	C9. No.441	表73-39	土器付着植物遺体	不明植物遺体付近の炭化物	胴部(底部付近)	晩期中葉(安行3c)	2,875±25	−23.5	1.9	16.3	PLD-8974
SY-34	E10. No.1777 河道1	—	種実	ヒョウタン果実	—	不明	3,155±25	−29.5	—	—	PLD-9085
SY-35	1号クルミ塚一括	—	種実	ヒョウタン種子	—	中期	4,470±25	−27.5	—	—	PLD-9086
SY-36	1号クルミ塚一括	1号-43	種実	ササゲ属アズキ亜属アズキ型炭化種子	—	中期	4,335±25	−24.8	−1.2	—	PLD-9087
SY-37	1号クルミ塚一括	1号-53	種実	ダイズ属炭化種子	—	中期	4,335±30	−23.9	2.7	—	PLD-9088
SY-38	B22. No.1613	—	種実塊	アサ炭化果実	—	不明	3,300±25	−29.6	—	—	PLD-9089

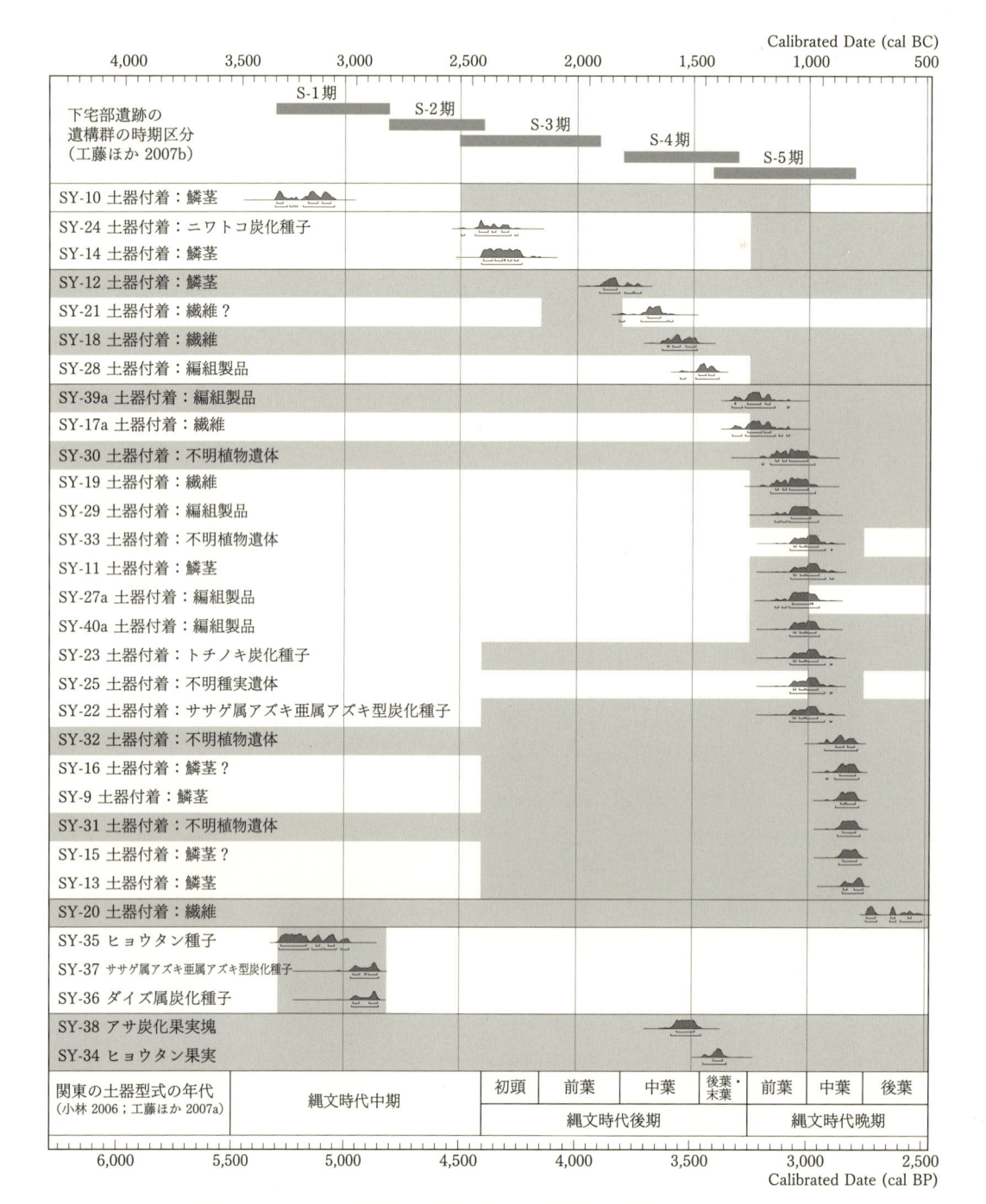

図 17 - 8 下宅部遺跡から出土した土器付着植物遺体および種実遺体の較正年代

OxCal4.0（Ramsey 2001）を用いて，IntCal04（Reimer *et al.* 2004）の較正曲線で較正を行い，年代が古い順に上から並べた。確率分布の下のバーは上が 1σ（68.2%），下が 2σ（95.4%）をあらわす。縄文中期から後期の土器型式の年代は，小林（2006）や工藤ほか（2007a）をもとに推定した。図上部には，工藤ほか（2007b）が設定した，下宅部遺跡の遺構群の時期区分（S-1〜S-5期）である。グレーは ^{14}C 年代測定を行う前の考古学的な想定年代を示す。

繊維付着土器の試料は，δ^{13}Cが−26‰程度のものと−23～−22‰程度のものに分かれる傾向がみられ，C/N比では20前後のものと30を超えるものに分散し，特定のまとまりを示さなかった（図17 − 10）。繊維部分とその周辺の炭化物でのδ^{13}Cの比較用に用いたSY-17とSY-39をみると，SY-39では両者ともほとんど変わらない結果が得られたものの，SY-17ではδ^{13}Cが大きく異なり，繊維部分（SY-17b）は低い値を示したのに対し，繊維周辺の炭化物（SY-17a）は高い値を示した。

　種実付着土器では，δ^{13}Cがいずれも−25‰前後の値でまとまっている。C/N比ではトチノキ種子付着土器の試料がやや高い値を示したが，それ以外のニワトコ種子付着土器の試料，ササゲ属アズキ亜属アズキ型炭化種子付着土器の試料はC/N比が低い値を示した。

　編組製品付着土器では，δ^{13}Cがやや高く，δ^{15}Nが低いものが多かった。また，C/N比がやや低い傾向がみられた。δ^{13}Cの比較用に用いたSY-27とSY-40では，編組製品部分（SY-27b，SY-40b）のδ^{13}Cが低く，編組製品付近の炭化物（SY-27a，SY-40a）では高い傾向がみられた。

　不明植物遺体付着土器では，δ^{13}Cがやや高いものと低いものが含まれていた。δ^{15}N値も低いものが多く，傾向は編組製品付着土器と類似していた。

5— 炭素・窒素安定同位体比とC/N比からみた煮炊きの内容物

　土器付着物の由来である煮炊きした内容物については，近年さまざまな角度から分析が行われている。炭素・窒素安定同位体比の分析事例も増えてきており，本研究と同時期の縄文時代後・晩期の資料では，筆者らも東京都下宅部遺跡（第14章参照）のほか，縄文時代後・晩期の石川県御経塚遺跡（工藤ほか 2008），縄文時代後期の大阪府三宅西遺跡（工藤・山本 2009）などで分析を行っている。これらはおもに土器型式の年代学的位置づけを明確にするために，海洋起源の有機物の混入の有無を明らかにすることを目的として炭素・窒素安定同位体比の分析が行われており，利用食材の研究を目的としたものではない。これらの研究では，内面付着物に海産物起源の有機物が含まれている場合があることや，燃料材に由来する煤などが付着したものが多い土器の外面付着物については，全般的にδ^{15}Nが高くなることがわかっている（工藤ほか 2007a）（図17 − 11の下宅部遺跡のデータ参照）。

　今回測定した土器付着植物遺体ではδ^{15}Nが5‰を超えるものはなく，低い値を示した。測定した24点のδ^{15}Nの平均は2.3‰であり，C$_3$植物の分布傾向とよく一致する。これは，下宅部遺跡の精製土器などに付着した土器付着物の分析（第14章参照）や御経塚遺跡の分析結果（工藤ほか 2008）ではδ^{13}Cとδ^{15}Nがやや分散する傾向があったのと対照的である（図17 − 9）。

　土器型式が判別可能な下宅部遺跡の精製土器と粗製土器の5点の内面付着炭化物のうちTTHS-34（称名寺2式～堀之内1式），TTHS-67（大洞BC式），TTHS-97（安行3式粗製土器）は，今回の土器付着植物遺体と近似したδ^{13}C・δ^{15}Nを示しているが，C/N比は10前後と小さく窒素含有率が高い傾向がある（図17 − 11）。これに対し，土器付着植物遺体ではC/N比が大きいものがほとんどである（図17 − 10）。吉田邦夫（2006）のデータによると，シカ・クマ・タヌキなどの陸

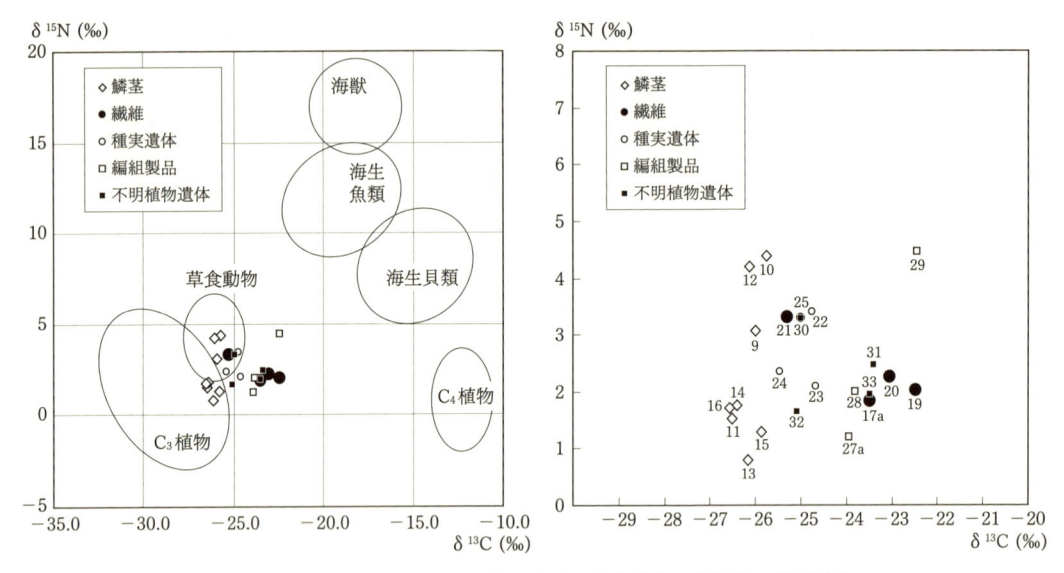

図17‐9　下宅部遺跡から出土した土器付着植物遺体の炭素・窒素安定同位体比の分析結果
右の図は分布範囲を拡大したもの。

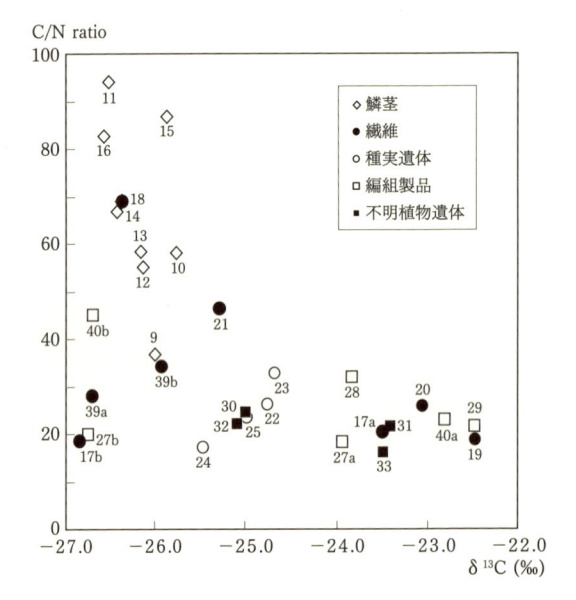

図17‐10　下宅部遺跡から出土した土器付着植物遺体の
炭素安定同位体比とC/N比の分析結果

上動物起源の炭化物のC/N比は7～10程度であり，下宅部遺跡のTTHS-34，TTHS-67，TTHS-97のC/N比の値もこれに近い。おそらく，この3点は陸上動物起源の有機物が付着炭化物に含まれているのだろう。3点のうち2点は精製土器，1点は晩期の粗製土器である。

　土器付着植物遺体のうち，種実や鱗茎は土器内での調理・加工中に付着し，繊維は加工過程で付着したと考えられる。土器に付着した編組製品は製品の内外で内容物を分けたり，土器と編組製品を用いて「漉す」「蒸す」といった加工・調理が行われていたことが想定されている（佐々

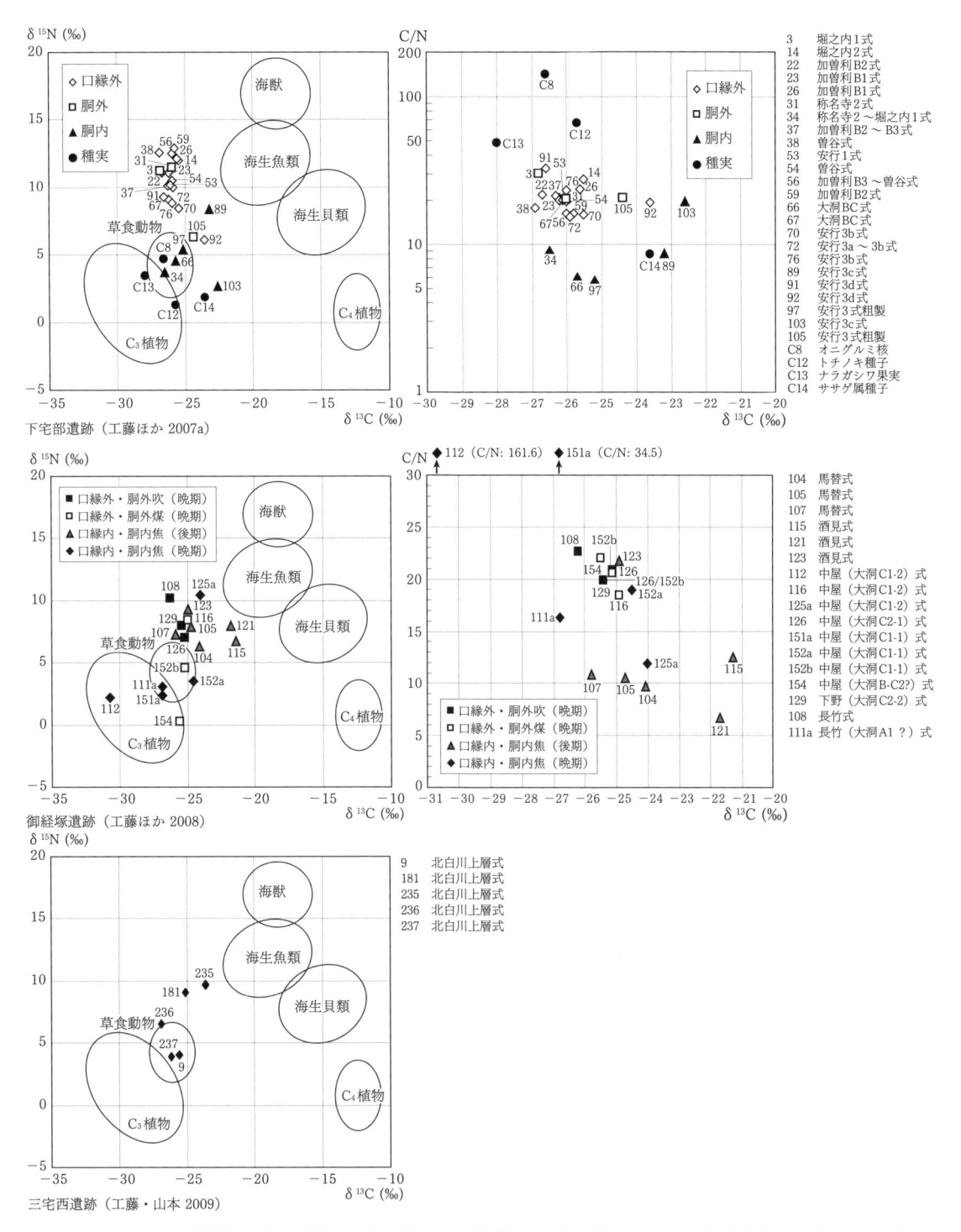

図 17‐11 下宅部遺跡，御経塚遺跡，三宅西遺跡の土器付着炭化物の炭素・窒素安定同位体比およびC/N比の分析結果の比較

木 2006)。今回のデータからわかることは，本研究で分析した植物遺体が付着した土器は，動物と植物を一緒に煮炊きして植物のみが残っていたのではなく，植物のみを煮炊きあるいは蒸すといった作業を行ったものであることがより一層明確となった。

測定した土器付着植物遺体の$δ^{13}C$の平均は−24.9‰であったが，−25‰よりも高い値を示したものも多かった。特に，繊維付着土器と編組製品付着土器，不明植物遺体付着土器に$δ^{13}C$が高いものが多い。C/N比の分析結果からみて動物性タンパク質に由来する炭化物が含まれているとは考えにくいため，海洋起源の魚や貝類などに影響されている可能性はきわめて低いだろう。問題はこれらの$δ^{13}C$が，煮炊きした植物遺体そのものの値であるのか，あるいはより重い同位体比をもつ植物が溶出して付着炭化物に混入しているのかという点である。たとえばC_4植物の種実や，繊維や編組製品の素材として用いられた可能性があるチガヤ，ススキ，エノコログサなどの茎が炭素安定同位体比に影響を与えているケースも考えられるためである。

SY-17b（繊維），SY-39b（繊維），SY-40b（編組製品），SY-27b（編組製品）に注目してみると，これらの$δ^{13}C$が−25‰よりも低いことから，素材にC_4植物が用いられている可能性は低い。また，鈴木三男・佐々木由香（2006）は，下宅部遺跡から出土した60点の編組製品と繊維製品のうち，17点の編組製品と2点の繊維について樹種同定を行い，編組製品17点中15点がイネ科タケ亜科のタケ・ササ類で，1点はタケ・ササ類以外のイネ科と同定され，繊維製品は単子葉類の茎か葉と同定されている。このことから，土器内の編組製品においてもC_4植物が素材として使われている可能性は低く，かつ編組製品付着植物遺体の試料の$δ^{13}C$に，C_4植物のような$δ^{13}C$が高い植物が溶け込んで測定値に影響を与えたとは考えにくい。つまり，土器付着植物遺体で$δ^{13}C$が高い値を示すものは，煮炊きした内容物の$δ^{13}C$そのものを示している。問題は，陸上植物で$δ^{13}C$が高い値を示す植物はなにかという点である。

これまでに測定した種実そのものの測定例を参照すると，マメ科炭化種子については，$δ^{13}C$が−25‰よりも高い値を示した試料がある。たとえば，工藤ほか（2007a）のTTHS-C14のササゲ属アズキ亜属アズキ型炭化種子は，−23.6‰とやや高い値を示している。今回分析したササゲ属種子とダイズ属種子の$δ^{13}C$はそれぞれ−24.8‰と−23.9‰で整合的である。また，C/N比が20前後のものが多く，デンプン質主体の植物と違い，窒素がやや多く含まれている。マメ科種子は，編組製品や繊維と一緒に煮炊きした食材の候補の一つと考えられるかもしれない。

現生の動植物を煮炊きして行った土器付着炭化物生成実験（吉田 2006）では，今回の試料のように，$δ^{13}C$が−25‰より高く，C/N比も大きい食料資源は明確ではない。逆に，今回分析した鱗茎付着土器の場合，いずれも$δ^{13}C$が低いことから，ユリ科の鱗茎類は，編組製品や繊維と一緒に煮炊きした可能性のある植物から除外できる可能性がある。

ただし，鱗茎付着土器の試料のC/N比は大きく窒素含有率がきわめて低かったが，『日本食品標準成分表』（文部科学省科学技術・学術審議会資源調査分科会編 2007）によるとノビルやユリ根はタンパク質を3〜4%含んでいるため，C/N比からみるとこの点は矛盾する。吉田（2006）の炭化物生成実験のデータでも，ノビルなどのC/N比は30を大きく超える値はみられない。鱗茎付着土器のうち，鱗茎として遺存している部位は，炭化した鱗片部分であるため，窒素をほとん

ど含んでいなかった可能性もあるが，現時点では特定できない。あるいは，中沢道彦（2008）が指摘するように，鱗茎類をデンプン質のものと混ぜて煮炊きした可能性もある。今後，今回測定できなかった土器付着の鱗茎部分そのものや，遺跡から出土した植物遺体の炭素・窒素安定同位体比の基礎データ，現生の動植物の安定同位体比のデータを蓄積していくことで，この問題をより詳細に検討し，土器を用いて繊維や編組製品を使用しながら調理・加工した植物の種類を絞っていく必要があるだろう。

　ところで，土器付着物の年代測定においては，海洋リザーバー効果の影響の有無がつねに議論となっている（藤尾・今村 2004；小林・坂本・松崎 2005；工藤ほか 2008など）。海産物の場合，海に溶けている古い炭素の影響を受けて，年代が見かけ上古くなるためである。海洋資源の場合，IntCal04（Reimer et al. 2004）ではなくMarine04（Hughen et al. 2004）を使えば海洋リザーバー効果を補正した較正年代が得られるが，ローカルリザーバー効果（ΔR）の補正をするとともに，土器付着物の場合は海洋起源の有機物の含有率を算出する必要があるなど，正確な年代を得るにはさまざまなハードルをクリアしなければならない（第3章参照）。

　海洋リザーバー効果の影響の有無を検討する際に，陸上植物のδ^{13}Cの平均的な値である－26～－24‰よりもδ^{13}Cがやや高い試料については，海洋起源の有機物の混入が疑われてきた（坂本 2004b）。しかし，今回の分析結果から，土器付着植物遺体にもδ^{13}Cが－23～－22‰程度で高い値を示すものが含まれていることがわかった。このことは，δ^{13}Cのみで，試料に海洋起源の有機物が含まれているか否かを判断することは難しいことを意味している。δ^{13}Cが－25‰あるいは－24‰よりも高い値を示す場合でも，δ^{15}Nが低く，窒素含有率も低い試料については，C_3植物の植物遺体と考える必要があるだろう。

　海洋起源の有機物の寄与率を検討する際には，窒素同位体比の測定とC/N比の測定が重要となる点は，山形県押出遺跡の土器付着物（國木田ほか 2009b）や新潟県の火焔土器の土器付着物の研究（吉田・西田 2009）からも指摘されている。土器付着物の分析を用いて海洋起源の有機物の有無や内容物の種類を検討する場合，炭素安定同位体比，窒素安定同位体比，C/N比の3つの分析と，^{14}C年代測定値の整合性から総合的に判断することが重要であることが，今回の分析から明らかになった。

6— 土器付着植物遺体の年代的位置づけ

　炭素・窒素安定同位体比から判断して，試料とした土器付着植物遺体に海洋起源の有機物が含まれている可能性はほとんどないことから，これらの^{14}C年代測定結果は，土器の使用時期をほぼ正確に反映しているとみてよい。図17－8には測定前に推定されていたそれぞれの土器の時期をグレーのバーで示している。「時期不明」あるいは「後・晩期」としか推定できなかった土器の所属時期をかなり明確にすることができた。

　今回測定した土器のうち，型式学的な位置づけがある程度判別していた土器は，全24点のうち

SY-21（後期前葉堀之内式），SY-24（晩期～弥生？），SY-25（晩期中葉安行3c式），SY-27（晩期前葉安行3b式），SY-33（晩期中葉安行3c式）のわずか5点である。型式が明確な土器の年代測定結果（工藤ほか 2007a）と比較してみると，晩期前葉～中葉と推定していたSY-25, SY-27, SY-33の3点は型式学的位置づけとその^{14}C年代は整合的であったのに対し，SY-21は後期前葉ではなく後期中葉の加曽利B式の年代であり，晩期～弥生としてもっとも新しい時期を想定していたSY-24は，逆に後期初頭の年代値を示した。このことは，文様などの型式学的な特徴に乏しい胴部や底部の破片では，時間的な位置づけが難しいことをあらためて示す結果となった。

種類別にみると，鱗茎付着土器のみS-1期からS-5期（S-2期を除く）まで確認され，下宅部遺跡で低地の遺物・遺構群が確認される時期を通じて，ユリ科の鱗茎が土器内で調理・加工されていたようである。炭化ユリ科鱗茎類の検出例は縄文時代草創期まで遡り（桑畑 2011），土器付着植物遺体の古い例としては南九州の縄文時代早期の貝殻文系土器や，前期の鳥浜貝塚などで発見され，その後，土器で鱗茎類を加熱する調理法が活発化したことが指摘されている（中沢 2008）。下宅部遺跡でも中期から晩期までユリ科鱗茎が積極的に利用されていたようである。

繊維や編組製品付着土器は縄文時代後期中葉から後葉に対応するS-4期と晩期前葉から中葉に対応するS-5期が多かった。このことから，繊維の加工や，土器内に編組製品を用いて植物を加工・調理するような作業がS-4期やS-5期に多くなった可能性がある。縄文時代後期中葉（S-4期）の下宅部遺跡ではトチ塚が多くみつかっており，トチノキ利用がピークを迎える時期である（工藤ほか 2007b；佐々木ほか 2007）。また，S-5期にトチノキ種子付着土器（SY-23）があることなどからも，土器付着植物遺体には，下宅部遺跡におけるS-4期・S-5期に属するトチノキの加工・調理に関係するものも多く含まれている可能性がある。あるいは，下宅部遺跡の下流側の河道内には縄文時代晩期の粗製土器が集中する地点があり，粗製土器を用いた食物加工が積極的に行われていたと考えられることと，S-5期における土器付着植物遺体の点数の多さは関係しているのかもしれない。編組製品を用いてどの植物に対して，どのような加工・調理を行っていたのかをより具体的に明らかにするために，他の遺跡での類例を調べていく必要がある。

種実遺体の^{14}C年代測定結果から，下宅部遺跡では，縄文時代中期中葉の段階で，ササゲ属アズキ亜属アズキ型種子とダイズ属種子が利用されていたことが明確となった。ササゲ属アズキ亜属の種子は，縄文時代早期以降，各地の遺跡でみつかっているが，近年研究が進んでいる土器圧痕のレプリカ法によって，中部地方や関東地方では縄文時代中期中葉～後葉，九州地方では縄文時代後・晩期に多くみつかっている（中山 2009, 2010）。今回測定したダイズ属炭化種子（SY-37）は，直接年代測定が行われ年代が明確化したダイズ属種子としてはもっとも古い測定例である。下宅部遺跡においても，縄文時代中期からササゲ属アズキ亜属アズキ型種子やダイズ属種子が利用されていたことがより一層明確となった。

近年，これらのマメ類については栽培化の問題が積極的に議論されている。現生の種子と比較すると（小畑 2008），下宅部遺跡のダイズ属種子は，野生のツルマメよりも大型であり，栽培種のダイズとの中間的なサイズのものが多い。下宅部遺跡から出土したダイズ属種子はほとんどが縄文時代中期中葉～後葉のクルミ塚の堆積物中からみつかったものである。土器付着植物遺体で

はササゲ属種子のみが同定されたが，今後ダイズ属についてもみつかる可能性は十分にある。

一方，アサやヒョウタンも下宅部遺跡で確実に利用されていたことがわかった。アサ果実の現時点でもっとも古い出土例は千葉県沖ノ島遺跡の縄文時代早期前葉のものである（工藤ほか2009）。秋田県菖蒲崎貝塚では，土器の底部から果実が炭化して出土し，果実が食料として利用されていた（國木田・吉田 2007）。下宅部遺跡の例では，ダンゴ状に果実が炭化していたことから，果実同士のつなぎになるものは不明だが，果実の塊を食用としていたことがわかる（佐々木ほか 2007）。アサ自体の出土例はまだ多くないため，繊維を含めたアサ利用の実態は未解明であるが，下宅部遺跡でも縄文時代後期末葉頃にアサ果実が食用として確実に利用されていたことがわかった。

今後，年代学と植物学，考古学を融合させた研究を進めていくことによって，縄文時代の植物利用の実態の解明が一層進展することが期待される。

7— まとめと課題

本章では，下宅部遺跡から出土した縄文時代中期から後・晩期の土器付着植物遺体および種実遺体の ^{14}C 年代測定，炭素・窒素安定同位体比分析，C/N比の分析から，その使用時期や内容物，調理方法についての検討を行った。その結果，以下の諸点が明らかとなった。

①分析した土器付着植物遺体は縄文時代中期の1点を除き縄文時代後・晩期に属する年代であり，そのほとんどが縄文時代晩期前葉～中葉であったが，ユリ科鱗茎は中期から晩期まで利用されていたことがわかった。また，他の土器付着植物遺体は後期末葉から晩期中葉に多く，この時期には土器を用いた植物加工が活発に行われていたことがわかった。

②種実遺体のうち，ダイズ属炭化種子は縄文時代中期中葉の年代を示し，種実そのものから直接年代測定されたものとしてはもっとも古い出土例となった。また，ヒョウタンが中期から後期に，アサが後期末葉の時期に利用されていたことがわかった。出土例は少ないが，これらの植物の利用も一般的に行われていたと考えられる。

③土器付着植物遺体の $\delta^{13}C$，$\delta^{15}N$，C/N比は，陸上動物起源の有機物や海洋起源の有機物の混入の可能性が指摘されている試料とは異なり，C_3植物に特徴的な傾向を示した。これにより，C_3植物のみを煮炊きしたときの $\delta^{13}C$，$\delta^{15}N$，C/N比の一つの目安を示すことができた。

④編組製品や繊維付着土器では，編組製品や繊維そのものと，それらと一緒に煮炊きした内容物の同位体比が異なることが明らかになり，マメ科種子が編組製品や繊維と一緒に煮炊きされた植物の候補の一つとなることを指摘した。

第18章

寺野東遺跡における遺構群の高精度年代決定

1 — 低湿地の遺構群の高精度年代決定の必要性

　低湿地遺跡から検出される有機質の遺物群や遺構群は，過去の人類の生業活動を明らかにするうえできわめて重要な証拠となる。1980年代以降，低湿地遺跡での大規模な発掘調査の事例が増加したことから，これらの有機質遺物に関する研究が急速に進展してきた。

　これまで，関東平野周辺地域における縄文時代中期から後・晩期の低湿地利用，植物利用（特に種実利用や木材利用）については，埼玉県寿能泥炭層遺跡（埼玉県教育委員会 1984）や埼玉県赤山陣屋跡遺跡（川口市遺跡調査会 1989；金箱 1996），栃木県寺野東遺跡（栃木県文化振興事業団 1997, 1998），東京都下宅部遺跡（下宅部遺跡調査団 2006a, 2006b）などから出土した植物遺体をもとにして，さまざまな観点から議論が進められている（鈴木・能城 1997；佐々木 2000, 2007a, 2007b；佐々木・能城 2004；佐々木ほか 2007；能城・佐々木 2007）。また，この間の植物利用の変遷は，当該期の気候変動と人類活動との関係といった観点からも注目されている（辻 1989, 2002；吉川 1999；工藤ほか 2007b）。

　低湿地遺跡から出土する木組遺構や種実集積遺構などの有機質の遺構群の時期決定は，時期を示す明確な特徴をもたない有機質遺物ではなく，遺構や遺物が埋没していた堆積物に含まれる土器の型式によって推定されている場合が多い。しかしながら，低湿地遺跡では河道の流路改変による削りこみ，流路の重複，遺構形成時の掘り込みなどが起こるため，遺構の堆積物には時期の異なる複数型式の土器が混在することは珍しくない。したがって，考古学的にはこれらの遺構の時期の絞り込みが難しいという問題がある。そのため，考古学の時間軸の基礎となっている詳細な土器型式の単位では，有機質の遺構の時期を特定できない場合が多く，遺構の形成時期や存続

期間に関する詳細な議論を進めることが難しい状況にあった。

　これまでに，筆者らは東京都下宅部遺跡の河道跡から出土した縄文時代中期から晩期までの水場遺構やトチ塚，クルミ塚などの^{14}C年代測定を実施して，これをさらに土器付着物の^{14}C年代測定によって推定された各土器型式の年代（第14章）と対比することで，時期の特定が難しい低湿地の遺構群・遺物群を，数値年代としてだけでなく，土器型式との対応関係を含めて提示することが可能であることを示した（第15章）。また，この研究の成果は縄文時代の低湿地遺跡研究において，^{14}C年代測定を積極的に活用して遺構群の時間的変遷や，植物利用の変化を議論することがきわめて有効であることを示している。

　寺野東遺跡は下宅部遺跡同様，縄文時代後・晩期の低湿地遺跡研究においてもっとも重要な遺跡の一つであり，これまで多数の木組遺構や木質遺物，植物遺体，多量の土器や石器，環状盛土遺構などが発掘されている（図18 - 1）。特に，合計で15基の木組遺構が谷部から検出されており，当時の低地利用，水利用，木材利用，植物質食料資源利用を明らかにするうえで重要な資料である（江原 1996；栃木県文化振興事業団 1998）。寺野東遺跡から出土した木組遺構の時期決定は，木組遺構に共伴して出土した土器の型式にもとづいている。しかし，複数の時期の土器が混在している場合が多く厳密な時期の特定は困難であった。また，これまで木組遺構の構成材そのものについては^{14}C年代測定が実施されていなかった。

　そこで筆者らは，寺野東遺跡の谷部から出土した木組遺構の年代的位置づけを明確化することを目的として，遺構を構成する木材について，加速器質量分析法（AMS）による^{14}C年代測定を行った。また，そのうちの1点の木材については，複数の試料を採取して，ウイグルマッチングを行い高精度な遺構の年代決定を試みた。これらの結果を下宅部遺跡での時期区分（第15章）と

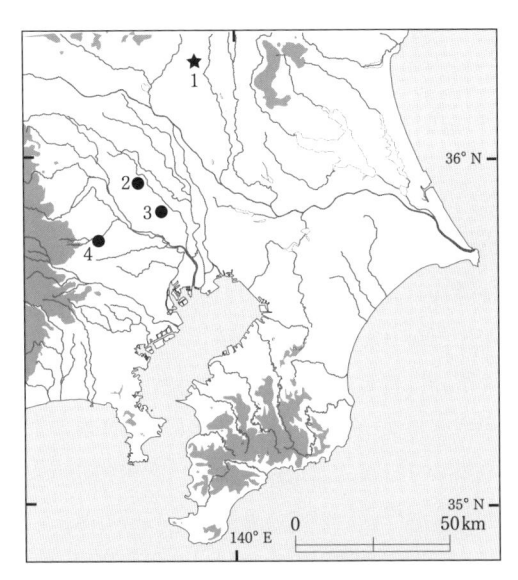

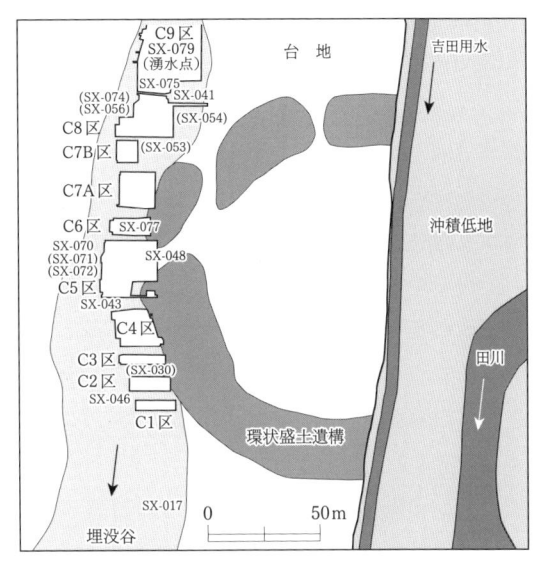

図18 - 1　寺野東遺跡および関連遺跡の位置（左），および寺野東遺跡の概略図（右）（谷内の調査区周辺のみ図示）
（栃木県文化振興事業団 1998をもとに作成，工藤ほか 2009）
1. 寺野東遺跡　2. 寿能泥炭層遺跡　3. 赤山陣屋跡遺跡　4. 下宅部遺跡

対比して，寺野東遺跡における低地利用の時間的変遷と土器型式との対応関係について考察した。

2 ── ウイグルマッチング法について

①遺跡出土木材の^{14}C年代測定

　近年活発に研究が行われている土器付着物の^{14}C年代測定研究では，土器付着物の起源物質が海洋起源の有機物の場合，海洋リザーバー効果の影響を受け，^{14}C年代が見かけ上，最大で数百年程度古くなることがわかっている。これに対し，低湿地遺跡出土の木材や種実の試料は陸上植物起源であることから，このようなリザーバー効果の問題がなく，測定のための前処理も比較的容易であることから，考古遺跡の^{14}C年代測定試料としてもっとも適している。

②ウイグルマッチング法

　近年，^{14}C年代のウイグルマッチングを分析手法として用いた研究が注目されてきている。時間間隔がわかっている年輪から複数の^{14}C年代測定試料を採取し，年輪に記録された^{14}C濃度の経年変動パターンを示すジグザグ（ウイグル）を，IntCal04（Reimer *et al*. 2004）やIntCal09（Reimer *et al*. 2009）などのデータベースと比較することで，より高精度に年代を決定する手法である。

　縄文時代の資料では，三内丸山遺跡のクリ柱材に適用した例や（今村 2002；河村・賀佐 2006），青田遺跡の晩期の掘立柱建物の柱痕に適用した例（中村・木村 2004），真脇遺跡から出土した晩期の環状木柱列に適用した研究例（中村 2006；西本 2008），後期の堀之内式期の木材に適用した例（国立歴史民俗博物館年代測定研究グループ・小林 2008）などがある。

　具体的な方法を図18－2に示した。まず，年代が未知の木材の年輪数を計測すれば，たとえば30年分の木材であるとか50年分の木材であるといったように，暦の年代での年代幅がわかる（図18－2右上）。その年輪から採取した試料の^{14}C年代測定を行うと，30年分や50年分の^{14}C濃度の変化（図中では^{14}C年代の変化として表示している）がわかる。これが図18－2中のグレーで示した範囲だとする。大気中の^{14}Cはよく混ざり合い，北半球の大気中ではほぼ一定のため，遺跡出土資料などから採取した樹木の年輪中の^{14}C濃度は，IntCal04で使用されている北米やヨーロッパの樹木年輪の^{14}C濃度と対比可能である（ただし，国際的な較正曲線に使われている^{14}C濃度と，日本産樹木に記録された^{14}C濃度がずれる箇所があることも指摘されているが（尾嵜 2009），これは部分的であり，大局的には北半球では大気はよく混ざり合っていると考えてよい）。

　年代が未知の試料の場合，横軸の暦の年代は年輪年代学によって年代が決定されないかぎり決まらないため，横軸方向に未知試料のカーブを平行移動していき，較正曲線のカーブの凹凸（ウイグル）にもっとも一致（マッチング）する場所を探していく。

　図18－2の例では，カーブの形が合いそうな箇所が3つあり，仮にa，b，cとした。aはカーブの形はやや類似しているが，測定された炭素年代が較正曲線とは合わないため，確率は低い。cの場合は比較的よく一致するが，年輪の内側（古いほう）が飛び出してしまい，形が合わない。これ

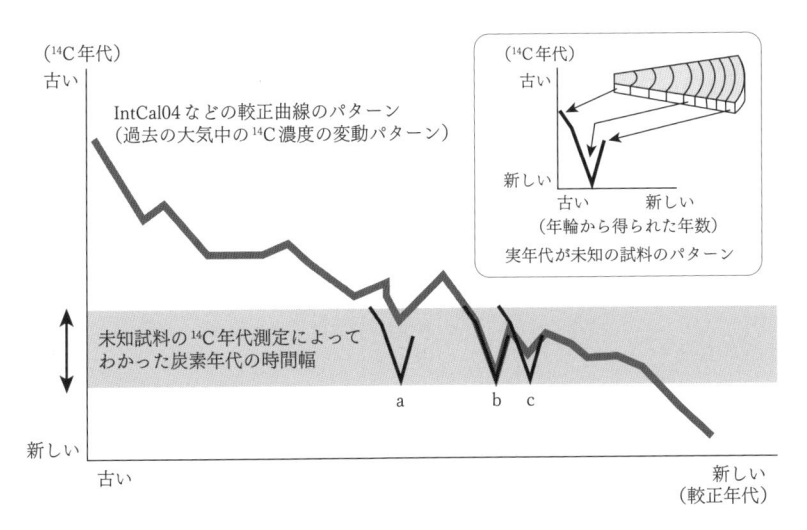

図18-2 ウイグルマッチングの方法

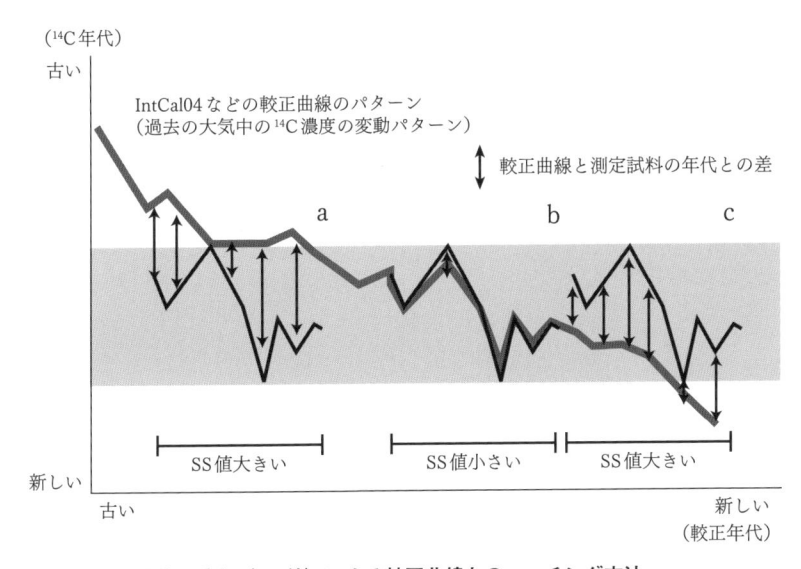

図18-3 残差二乗和（SS値）による較正曲線とのマッチング方法

に対し，bは較正曲線とのマッチングがもっともよいため，bの最外部の年代がこの木材の伐採年である可能性がもっとも高いと判断できる。これがウイグルマッチングの手法である。

　ウイグルマッチングの計算には，OxCalに組み込まれているプログラムで，ベイズ統計の手法によって確率分布密度で示す場合や，最小二乗法によって残差二乗和を求める方法などがある。残差二乗和（SS値）とは，たとえば図18-3のように木材の年輪から採取した試料の^{14}C年代測定を行って，図の黒線のようなパターンが得られたとする。aの位置で重ねた場合，較正曲線と未知試料の年代との差（図中の矢印）は大きい。矢印の年代差を二乗してそのすべてを足すと，残差二乗和の値（SS値）が得られる。bの位置で重ねた場合，較正曲線と未知試料との差の二乗の和はもっとも小さくなり，cだとまた差の二乗の合計は大きくなる。このように，少しずつ未知

試料の年代をX軸方向にずらしていき，SS値を求めたとき，SS値がもっとも小さくなる場所が，較正曲線と未知試料の一致度がもっとも高いということになる。

③なぜウイグルマッチングは重要か

　樹木の年輪を使った年代測定法に上述の「年輪年代学」がある。これは，年輪の成長パターンが年ごとに異なり，地域を絞ると樹木間でパターンが共通している特徴を利用して，現代から過去へ年輪をつないでいくことで，未知試料の年代を明らかにする方法である。欧米産樹木ではさまざまな地域からみつかった樹木の年輪をつないで，最新のIntCal09では12,600年前まで遡るデータベースが作成されている（Reimer *et al.* 2009）。日本産樹木ではスギやヒノキを使って，弥生時代や縄文時代晩期頃までの標準パターンが作成されている（三谷 2004）。

　年輪年代法の利点は木材の年代を1年単位で特定できる点であるが，日本列島の場合，適用できる種がスギやヒノキにかぎられることから，遺跡出土木材ではクリやコナラなどの広葉樹が大半である縄文時代の資料には適用できないうえ，日本産樹木の年輪年代は縄文時代の年代域まで届いていない。また，遺跡から出土することが多い年輪数が少ない樹木片では年輪年代法への適用は難しい。これに対し，ウイグルマッチング法では，年輪によって時間間隔のわかる木材であれば，どんな種類の樹木でも適用できるという大きな利点がある。

　リビーによって^{14}C年代測定法が1947年に開発されてからすでに半世紀以上が経過し，現在ではその測定精度も飛躍的によくなっている。縄文時代後・晩期頃の年代域であれば，ルーティンの測定で±20年程度の精度で^{14}C年代を測定できるようになってきている。しかしながら，^{14}C年代を暦の年代に較正する場合，^{14}C濃度を精度よく測ることとはまったく別の問題が発生する。

　図18－4に，二つの^{14}C年代の較正の例を示した。一つは今回測定した，寺野東遺跡のSX-046のTCMBT-C113の試料であり，もう一つはSX-075のTCMBT-C104の試料である。どちらも^{14}C年代の誤差は±35年で変わらないが，較正年代が示す確率分布はSX-075の試料のほうが広く，年代幅を絞ることができない。較正曲線が平坦あるいは逆行するような箇所では，候補となる年代が複数になるためであり，較正年代の確率分布も大きく広がってしまう。

　TCMBT-C113の場合，^{14}C濃度の測定の精度を上げ，仮に誤差が±10年程度まで高精度に測定できた場合（たとえば3,125±10 ^{14}C BP），較正年代で3,280 cal BPと3,440 cal BPあたりのピークはなくなり，3,360 cal BP頃の可能性がかなり高くなるはずである。これに対してSX-075のTCMBT-C104の場合，±10年の精度で測定できたとしても，3,220〜3,080 cal BP頃の間の確率が高くなるが，それ以上絞り込むことはできない。

　以上のように，^{14}C年代の精度をどれだけ高くしても，単一の測定結果のみでは正確な暦の年代を絞り込むのが難しいケースも多いのである。したがって，木材の年輪から複数の年代測定試料を採取して年代測定を行うことで，対象とする木材のより正確な年代を特定することができるウイグルマッチング法は，以上の点からもその重要性はきわめて高いといえる。年輪数は多ければ多いほうがより精度よく年代を決定できるが，年輪数が30年程度でも，重なる較正曲線の場所によってはかなり絞り込めるケースもある。

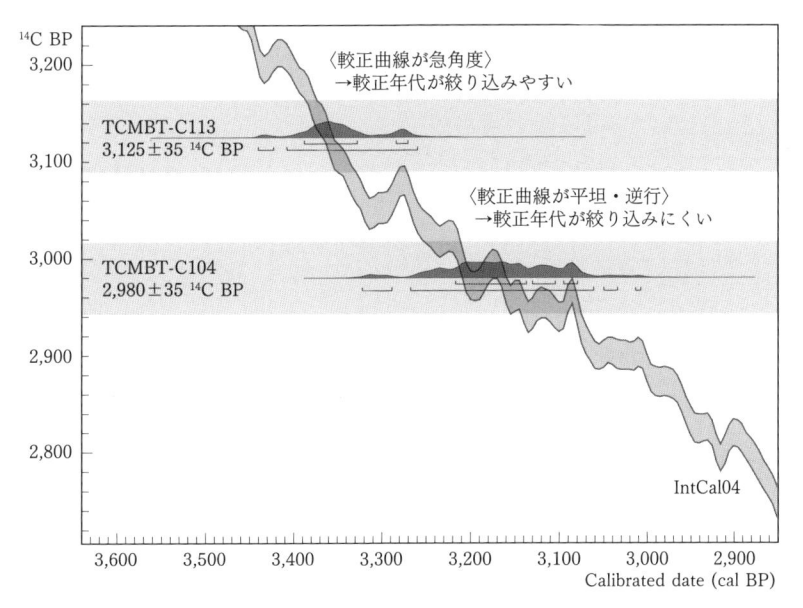

図18-4　木材の単独試料の較正年代の例

OxCal4.0を使用。較正曲線はIntCal04 (Reimer et al. 2004)。

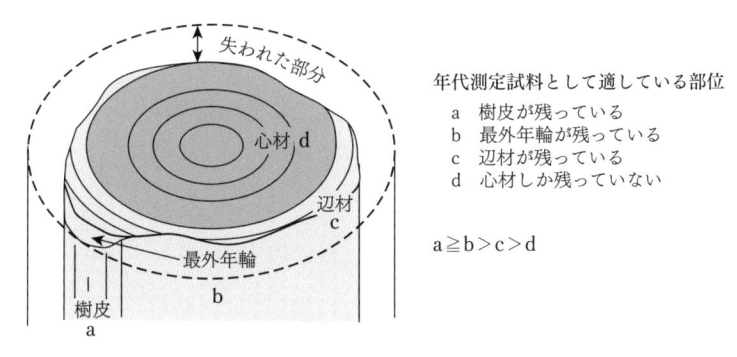

図18-5　木材試料の年代決定における不確定要素

年代測定試料として適している部位
- a　樹皮が残っている
- b　最外年輪が残っている
- c　辺材が残っている
- d　心材しか残っていない

$a \geq b > c > d$

加工などによって年輪が失われている場合，その分が年代決定の不確定要素となる。この場合，木材に樹皮が残っていれば (a)，最外部であることは明瞭であるために，樹皮か最外年輪を測れば，木材が伐採された（あるいは枯死した）年代を知ることができる。辺材部が残るcの場合は年代が大きくずれることはないが，最外年輪まであと何年あったのかが不明なため，不確定要素が残る。また，心材しか残っていない場合 (d) は失われている部分の年数が推定できないため，不確定要素が大きくなる。

　ただし，問題が皆無なわけではない。樹皮や辺材が残っているなど，木材の本来の最外年輪が明確な場合は問題ないが，木材の加工によって外側の年輪が失われていると，年代測定結果は樹木が伐採された時期よりも古い値を示す。大径木では数十年分の年輪が失われている場合もあるだろう。^{14}C年代測定とそのウイグルマッチングによって精度よく年代を決定することができても，失われた年輪数が判別できないと，樹木が伐採された正確な年代は決定できない（図18-5）。

　また，もう一つの問題は木材の再利用である。たとえば住居の柱材を，住居廃絶後に別の遺構の構築材として使用した場合，その木材の年代を測れば，当然遺構構築時よりも測定された木材の年代は古い値を示す可能性がある。今回対象としたSX048の出土木材でも，木枠内底板に使用

されたNo.890とNo.891の木材は建築材からの転用の可能性が指摘されており（栃木県文化振興事業団 1998），そのような木材は遺構の構築時期の年代決定には適していない。

以上のようにさまざまな問題があるものの，木組構成材の^{14}C年代測定とウイグルマッチングは，低湿地遺跡から出土する遺構群の年代決定において非常に有効な方法である。本研究では，寺野東遺跡の水場遺構出土木材の^{14}C年代測定およびウイグルマッチングの手法を用いて，遺構群の高精度年代決定および時間的変遷の復元を試みた。

3— ^{14}C年代測定の対象とした遺構

^{14}C年代測定を実施したのは，寺野東遺跡の全15基の木組遺構のうち，約半数にあたる7基である（図18‒1，図18‒6，図18‒7）。寺野東遺跡の発掘調査は1995年に終了し，発掘調査後10年以上が経過しているため，木材の保管状況等により，すべての木組遺構の構成材から試料を採取することはできなかった。今回の年代測定試料は，2007年7月11日に採取した。

以下にそれぞれの木組遺構と測定した木材12点の概要について記載する。遺構名の後の括弧内の時期は，^{14}C年代測定前に共伴土器から推定された各遺構の所属時期である（栃木県文化振興事業団 1998）。土器編年およびそれらの較正年代は表18‒1に示した。なお，測定した木材の樹種は1点が不明であるが，ほか11点はクリである（栃木県文化振興事業団 1998；松葉 1998）。測定試料はウイグルマッチング用の試料を除き，木材の伐採時期や遺構の形成時期にもっとも近い年代が得られる部位として，最外部の年輪付近で採取した。

SX-046（縄文時代後期後半～晩期中葉）　C2区

土坑状の掘り込みと22本の木材，8本の杭によって構成される。全長は約2.3mと小規模な遺構である。木材と杭は土坑状の掘り込みの南東に集中して分布する。出土遺物が少なく，遺構の用途は不明である。測定試料としたNo.K3（TCMBT-C113）は最大径7.5cmの丸木の杭で，樹皮は確認できなかったが，比較的細い木材であるため加工などによる年代の誤差は考えなくてよい。報告書にK3の実測図はない。残存部でもっとも外側の年輪1～2年分を採取した。

SX-077（縄文時代後期初頭～前葉）　C5区

SX-048の主要構成材を取り上げた後に，SX-048の下位の面から検出された遺構である。遺構は円形を呈する土坑と南側に向かってU字状に開くやや幅広の溝状部分，この両者をつなぐ溝状部分より構成される。南北3mにわたって東西方向に56本の木材が敷かれ，約200本の杭が打ち込まれている。湧水利用遺構である。年代測定試料はこのうちの3本で，K107（TCMBT-C107），K151（TCMBT-C108），K159（TCMBT-C109）の杭である。いずれも報告書に実測図はない。これらは，U字状の溝状部分の北側と西側に打ち込まれた杭である。K107は最大径6.8cmの分割材，K151は最大径2.4cmの分割材，K159は最大径7.2cmの丸木材である。樹皮はないが，比較的細い

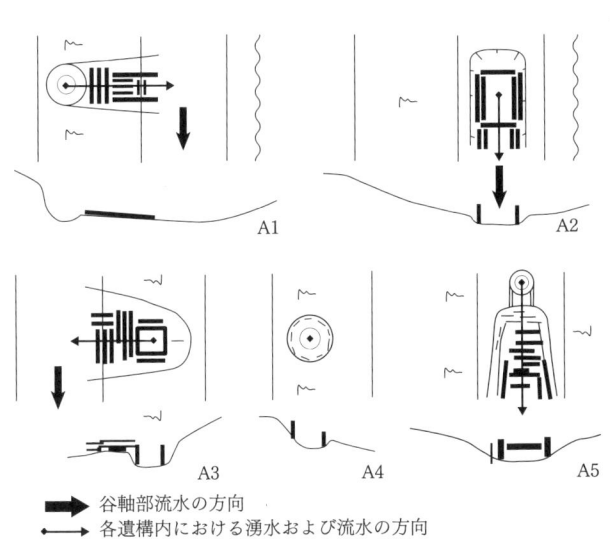

遺構名	分類	規模	年代測定前の推定時期	年代測定
SX-046	A1	1種	後期後半～晩期中葉	○
SX-054	A1	1種	後期後半～晩期前半	
SX-056	A1	1種	後期後半～晩期前半	
SX-071	A1	1種	後期後半～晩期前半？	
SX-072	A1	1種	後期後半～晩期前半	
SX-074	A1	1種	後期後半～晩期前半	○
SX-070	A1	2種	後期後半～晩期前半	
SX-053	A1	2種	後期後半	
SX-075	A2	3種	晩期前葉～中葉？	○
SX-077	A5	3種	後期初頭～前葉	○
SX-048	A2	4種	晩期中葉（大洞C2・前浦式）	○
SX-041	A3	4種	晩期前葉～中葉	○
SX-043	A4	1種	後期～晩期	○
SX-064	A4	1種	後期～晩期	
SX-030	A4	1種	後期前葉（堀之内式）	

➡ 谷軸部流水の方向
↔ 各遺構内における湧水および流水の方向

1種：木材10本以下，杭10本以下。土坑の規模は径1m未満。
2種：木材10～50本，杭10～50本，敷き材部の構成材の長さは1m以上のものが多い。
3種：木材50～100本。2種と4種の中間的な規模。
4種：木材100本以上。2m以上の材が20本以上あるもの。杭も50本以上。

図 18 - 6 寺野東遺跡の木組遺構の分類 （栃木県文化振興事業団1998をもとに作成，工藤ほか2009）

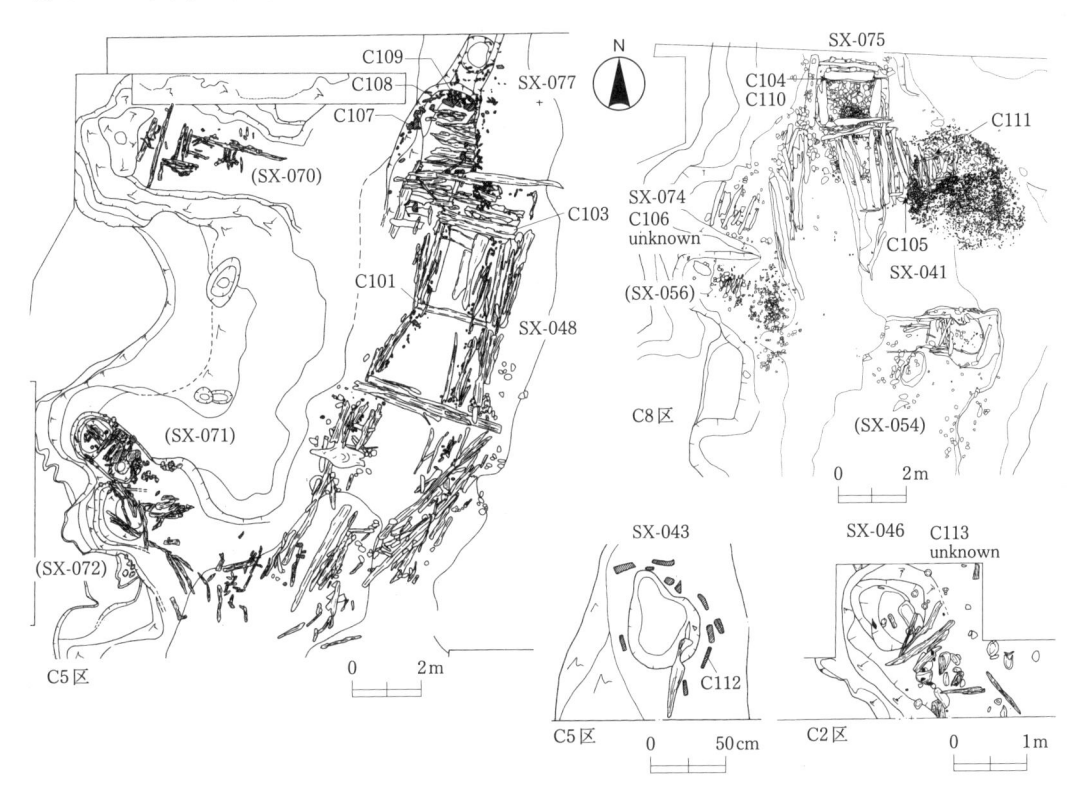

図 18 - 7 ¹⁴C年代測定を実施した木組遺構（SX-077，SX-048，SX-075，SX-074，SX-041，SX-046，SX-043）
（栃木県文化振興事業団1998をもとに作成，工藤ほか2009）
遺構名に括弧がついているものは，年代測定を行った遺構と近接して出土しているが，年代測定を実施していない遺構。

表18−1 寺野東遺跡から出土している縄文時代後・晩期の土器の編年表および各時期のおおよその較正年代（工藤ほか2009）

較正年代は小林（2006），工藤ほか（2007a）にもとづく。おおよその目安の年代を50年単位で示した。

時期		土器型式（関東系）		（東北系）	(cal BP)
晩期	後葉	—		—	ca.2,750
	中葉	安行3d式	前浦式	大洞C2式	
		安行3c式		大洞C1式	ca.3,000
	前葉	安行3b式		大洞BC式	
		安行3a式		大洞B式	ca.3,250
後期	末葉	安行2式			
		安行1式			ca.3,400
	後葉	曽谷式			
		高井東式			ca.3,450
	中葉	加曽利B3式			
		加曽利B2式			
		加曽利B1式			ca.3,800
	前葉	堀之内2式			
		堀之内1式			ca.4,150
	初頭	称名寺式			ca.4,400

樹木である点と最外年輪に近い部分が残っていることから，加工などによる年代の誤差は考えなくてよい。残存部でもっとも外側の年輪1〜2年輪分を測定試料として採取した。

SX-048（縄文時代晩期中葉，大洞C2式，前浦式）C5区

903本の構成材と，444本の杭で構成された木組遺構で，長軸14.5m，短軸4.6mである。寺野東遺跡から検出された水場遺構のうち，最大規模の遺構である。木材は枠状に組まれており，木枠内部からはトチノキ種子が比較的多く出土していることから，トチノキの水さらしに関連する遺構と推定されている。

SX-048の木材の一部は，栃木県小山市の「おやま縄文まつりの広場」において，出土した木材を用いて木組みを復元し，水槽に浸して保存展示されている。SX-048には大径材が多く用いられており，ウイグルマッチングによって高精度に年代を決定できる可能性があると考えた。そこで，西側の木枠の主要構成材であるNo.353（TCMBT-C101）と北側の主要構成材であるNo.573（TCMBT-C103）を年代測定試料に用いた（図18−8）。No.353は，展示保存中の木材のなかでは木材の幅が大きく，年輪数がもっとも多かった木材である。No.353は両端切断加工と面調整で平坦になっている幅30cm程度の割材で，加工によって削られているため樹皮は確認できなかった。これを，輪切りのブロックにして試料を採取した。年輪数は目視で64年輪確認できた。内側は年輪幅が大きいが，外側は年輪がかなり詰まっていた。

No.573は最大幅20cm程度の偏割材で，端部周辺および分割面の一部が加工されている。樹皮は確認できなかった。残存部でもっとも外側の年輪1〜2年分を採取した。

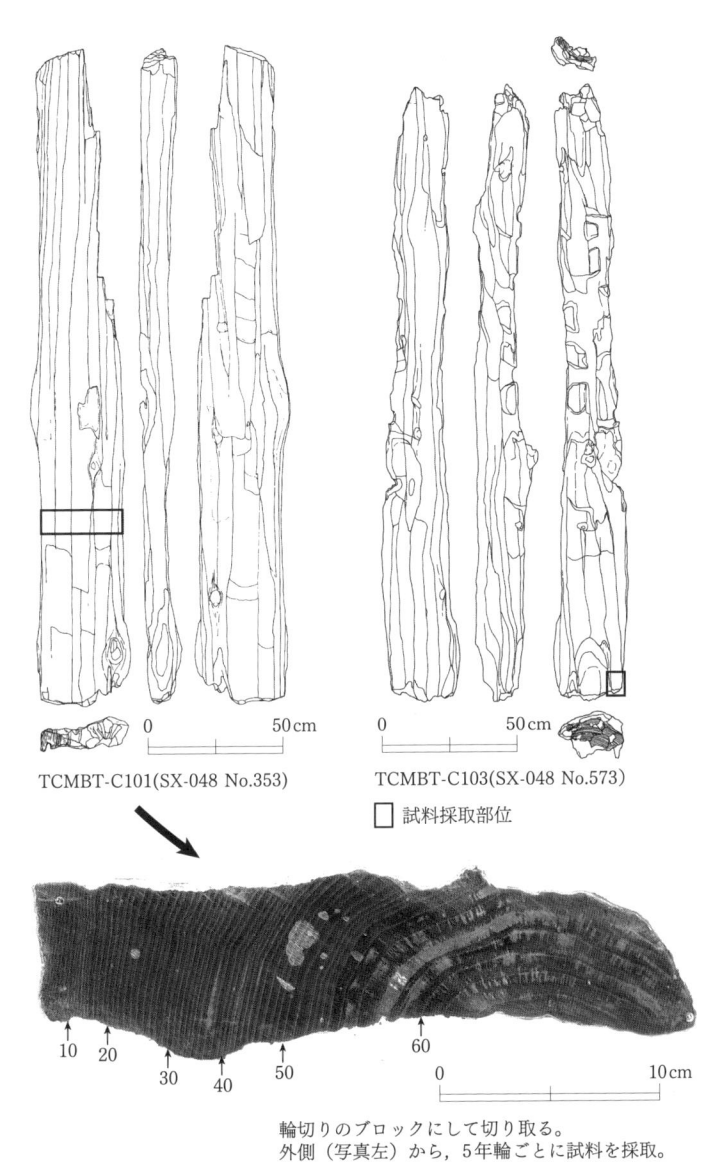

図18－8　SX-048 No.353のウイグルマッチング用試料とNo.573の試料
No.353が残存部でもっとも外側の年輪から5年目以降，5年輪おきに1年輪分を採取した。

SX-043（縄文時代後・晩期）　C5区

　東西48cm，南北63cmの土坑状の部分とこの周囲の板状の杭によって構成される遺構である。杭は板材が多く，土坑部分の外側に密に打ち込まれている。出土遺物が少なく，所属時期や用途が不明な遺構である。このうちの1点を測定試料とした（TCMBT-C112，詳細な遺物番号は不明）。樹皮は確認できなかった。木材は板状に加工されている。残存部でもっとも外側の年輪1～2年分を採取した。

SX-041（縄文時代晩期前葉～中葉）　C8区

　方形の木枠部と敷き材，敷き石，土坑状の掘り込み部から構成される遺構で，SX-048と並んで規模の大きな遺構である。木枠部と敷き材部は400本以上の木材で構成されている。木組部は東西約3m，南北5m，敷石部は東西3m，南北4mの規模である。湧水利用の木組遺構と推定される。SX-041の構成材のうち，No.119（TCMBT-C105）とNo.396（TCMBT-C111）を測定試料とした。No.119は敷き材部から検出された最大径6.8cmの半割材で，第1面で検出されている。No.396は第3面で検出された方形枠部の構成材であり，最大径7cmの板目材である。いずれも樹皮は確認できなかったが，比較的細い樹木であることから，加工などによる年代の誤差はほぼ考えなくてよい。残存部でもっとも外側の年輪1～2年分を採取した。

SX-075（縄文時代晩期前葉～中葉）　C8区

　正方形の木枠と掘り込みからなる遺構である。枠部端部から西側敷き材までは3.4m，敷き材部の南北は5.2m，敷き材部北端の東西範囲は約2mである。湧水利用の木組遺構と推定される。これらの木材のうち，木枠の北側部分を構成するNo.31（TCMBT-C110）とNo.51（TCMBT-C104）を測定試料に用いた。No.31（TCMBT-C110）は最大径12cmの偏半割材で，No.51（TCMBT-C104）は最大径8.4cmの分割材である。いずれも樹皮は確認できなかったが，最外年輪に近い部分が残っていると考えられることから，加工などによる年代の誤差は考えなくてよい。残存部でもっとも外側の年輪1～2年分を採取した。

SX-074（縄文時代後期後半～晩期前半）　C8区

　V字状の掘り込み部と，この内部への敷き材部，その全面の木材集中部を中心とした遺構である。掘り込み西側端部から敷き材部までの距離は約3.5mである。敷き材南部からはトチノキ種子がまとまって出土している。土器の出土が少なく時期は特定されていない。湧水利用遺構と推定される。No.48（TCMBT-C106）の木材を試料としたが，詳細な出土位置は確認できなかった。最大径9.7cmの分割材で，樹皮は確認できなかったが，最外年輪に近い部分が残っていると考えられることから，加工などによる年代の誤差は考えなくてよい。残存部でもっとも外側の年輪1～2年分を採取した。

　なお，測定しなかった木組遺構は，規模が小さいもの（規模1種・2種：図18－6参照）がほとんどである。未測定の8基の木組遺構のうち，木材が10～50本程度の規模2類にはSX-053，SX-070がある。SX-053は土坑・石組・敷き材からなる湧水利用遺構で，SX-070は同じく土坑・石組・敷き材からなり，周辺に破砕したトチノキ種子の集中が多くみられた湧水利用遺構である。木材が10本以下の規模1類には，谷の斜面部に形成された湧水利用遺構であるSX-054・SX-056・SX-071・SX-072があり，その他のSX-030とSX-064は土坑状の遺構である（図18－7）。

4 ── 分析方法

　採取した試料は乾燥後に秤量し，それぞれ50mg程度に切り分けた。また，ウイグルマッチング用の試料として輪切りで採取したSX-048 No.353の木材については，年輪数を計測してからいくつかのブロックに分割した後，もっとも外側の年輪から5年輪ごとに約20μmの厚さでミクロトームで削り出し，各1年輪分を採取した（図18-9）。

　試料をビーカーまたは遠沈管に入れて蒸留水で超音波洗浄を行い，試料に付着した堆積物や混入物などを除去した。次に，酸 – アルカリ – 酸（AAA）処理を行った。アルカリ処理は，0.01～1.2MのNaOH水溶液により80℃の処理を行い，溶液を交換しながら徐々に濃度を上げ，最終的に1.2Mで溶液が着色しなくなるまで操作を繰り返した（吉田 2004）。

　ウイグルマッチング用の試料については以下の手順で処理を行った。まず，上述した方法でAAA処理を行い，続いて塩酸による酸性条件下で，亜塩素酸ナトリウム（$NaClO_2$）を用いて脱リグニン処理を行った。その後，17.5% NaOH溶液下で30分間常温で処理し，ヘミセルロースの除去を行いセルロースのみを抽出した。

　AAA処理，セルロース抽出終了後の試料は乾燥させて秤量した。乾燥試料約5mgを酸化銅500mgと共に石英ガラス管に入れて真空にして封入し，電気炉850℃で4時間加熱して試料中の炭素を二酸化炭素（CO_2）に変換した。これを真空ガラスラインで精製し，試料中の不要なガス（水や窒素，窒素酸化物，硫黄酸化物など）を除去して二酸化炭素のみを抽出した。鉄触媒を用いた水素還元法によって二酸化炭素と水素を反応させて，グラファイト（炭素の結晶）を合成し，アルミ製ターゲットに充填した。

　試料の^{14}C濃度の測定は，^{14}C標準試料とブランク試料とともに名古屋大学年代測定総合研究センターのタンデトロン加速器質量分析計（High Voltage Engineering Europe社製Model 4130-AMS）で行った（機関番号NUTA2）。^{14}C年代の較正にはOxCal4.0（Ramsey 1995, 2001）を使用して，IntCal04（Reimer et al. 2004）の較正曲線を使用した。ウイグルマッチング用の試料についてはOxCal4.0（Ramsey 1995, 2001）に組み込まれている解析プログラムであるD_Sequenceを使用してウイグルマッチングを行い，またIntCal04との差の二乗和（SS）から，もっともよく一致する年代を求めた。

　なお，2009年12月にIntCalワーキンググループの最新の較正曲線であるIntCal09（Reimer et al. 2009）が公開された。樹木年輪による較正曲線が届いている範囲（0～約12,600 cal BPまで）についてはIntCal04とIntCal09で変更点はないため，本書ではIntCal09で較正し直すことはせず，工藤ほか（2009），工藤（2010）で示したIntCal04で較正したままのデータを使用している。

①試料採取 　　　　　　　　　②試料の記録，年輪数の計測 　　　③ウイグルマッチング用試料の分断

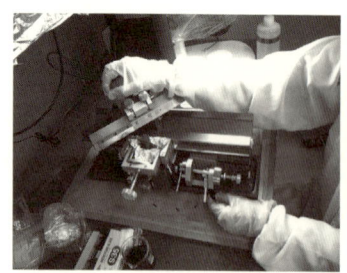

④ミクロトームを使って1年輪ずつ20μmの厚さで切り出していく

⑤酸－アルカリ－酸処理
埋没中に汚染された炭酸塩やフミン酸を取り除く

⑥脱リグニン処理
亜塩素酸ナトリウム溶液でリグニンを除去し，セルロースを抽出する

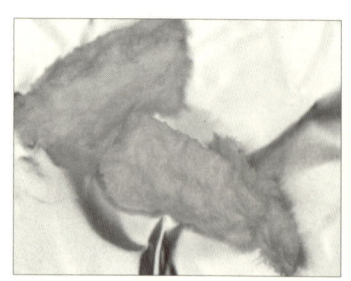

⑦抽出したセルロースを乾燥

⑧試料を石英管に入れ真空に封じ切り，酸化銅と反応させてCO_2に変換

⑨冷媒（冷エタノール，液体窒素）を使って精製し，CO_2のみを取り出す

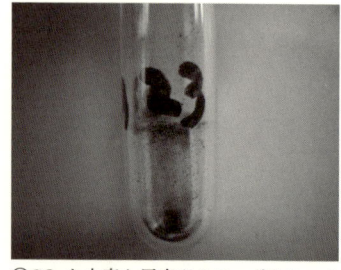

⑩CO_2を水素と反応させて，グラファイト化

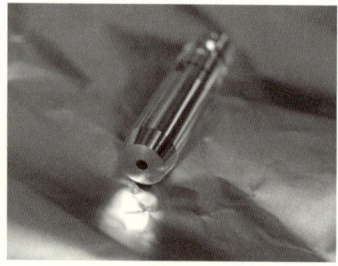

⑪グラファイトをターゲットホルダに装填して，加速器へ

⑫加速器質量分析計で^{14}C濃度を測定（名古屋大学 HVEE-Model4130AMS）

図18-9　年代測定試料の分析手順

5 ── 分析結果

^{14}C年代測定結果を表18−2に示した。7基の木組遺構の12点の木材から，合計22点の^{14}C年代測定結果を得た。これらの遺構群の^{14}C年代は約3,985〜2,745 ^{14}C BPの範囲に収まった。これは，縄文時代後期初頭〜晩期中葉までの年代に相当する（小林 2006；工藤ほか 2007a）。

年代測定結果にもとづくと，おおよそ4つのグループに分けられた。以下に4つのグループの年代測定結果を古い順に記載する。

①SX-077（4,550〜4,200 cal BP前後）

SX-077については2点の^{14}C年代は3,900年代の測定結果が得られたものの，1点（TCMBT-C108, K151）は3,085±40 ^{14}C BPと，900年程度離れた年代測定結果が得られた。SX-077の測定試料3点はいずれも縦に打ち込まれた杭であり，平面的にはSX-077を構成する杭の一つと推定されていた。しかし，杭のNo.K151（TCMBT-C108）は他の2点と明らかに年代が異なること，SX-077では縄文時代後期初頭の称名寺式がまとまりをもって出土していることから，SX-077が廃棄・埋没されてからかなり時間が経った後に打ち込まれた杭と推定される。No.K151（TCMBT-C108）は，後述のSX-074やSX-046の年代とほぼ同一時期である。

杭のNo.K151（TCMBT-C108）の年代を除いた場合，SX-077は較正年代で4,550〜4,200 cal BP前後に位置づけられる。これは縄文時代後期初頭に相当する年代である。

ただし，杭No.K159（TCMBT-C109）とNo.K107（TCMBT-C107）も^{14}C年代で85年程度離れている。この間は較正曲線がやや平坦になる箇所に相当するため，時期の絞り込みは難しい。

②SX-074とSX-046（3,550〜3,300 cal BP前後）

湧水利用遺構であるSX-074 No.48（TCMBT-C106）は3,245±35 ^{14}C BPであった。SX-074は共伴遺物からは時期の判断が困難であった遺構であるが，^{14}C年代はおおよそ縄文時代後期後葉の年代を示した。較正年代では3,550〜3,400 cal BP前後である。谷のすぐ反対側にはSX-041やSX-075が存在するが，これらとはやや時間差がある遺構であることが確実となった。

谷の下流側で単独で検出された土坑状の遺構である，SX-046の杭K3は3,125±35 ^{14}C BPであった。SX-074同様，縄文時代後期後葉〜末葉に相当する。較正年代では3,450〜3,250 cal BP前後の時期と推定される。

③SX-075，SX-041，SX-048（3,350〜2,850 cal BP前後）

SX-075とSX-041はほぼ近接した^{14}C年代を示し，測定した4点は3,000〜2,850 ^{14}C BPの間に収まった。較正年代ではSX-075が3,300〜2,950 cal BP前後，SX-041が3,350〜2,850 cal BP前後となる。発掘調査時の所見ではSX-075が古く，SX-041が新しいと推定されている（栃木県文化振興事業団 1998）。SX-075とSX-041は縄文時代晩期前葉〜中葉と推定されていたことから，こ

表18‐2　寺野東遺跡から出土した木組遺構の^{14}C年代測定結果一覧（工藤ほか2009）

試料番号	遺構, 木材No.	報告書図番号	測定前の遺構推定時期	試料	樹種	器種	木取り	採取部位	^{14}C BP (1σ)	Labo-code
TCMBT-C105	SX-041, No.119	p.244, 図200（第1面）	晩期前半～中葉	木材	クリ	加工材	半割	外側1～2年輪分	2,850 ± 35	NUTA2-12814
TCMBT-C111	SX-041, No.396	p.250, 図206（第3面）	晩期前半～中葉	木材	クリ	加工材	板目	外側1～2年輪分	3,000 ± 35	NUTA2-12822
TCMBT-C112	SX-043, K内側	p.165, 図139	後・晩期	木材	不明	杭	不明	外側1～2年輪分	2,745 ± 35	NUTA2-12823
TCMBT-C113	SX-046, K3	—	後期後半～晩期中葉	木材	クリ	杭	丸木	外側1～2年輪分	3,125 ± 35	NUTA2-12824
TCMBT-C103	SX-048, No.573	p.82, 61図2	晩期中葉	木材	クリ	加工材	偏割	外側1～2年輪分	2,880 ± 35	NUTA2-12810
TCMBT-C101 (W5)	SX-048, No.353	p.85, 64図1	晩期中葉	木材	クリ	加工材	柾目	外側から5年目	2,935 ± 35	NUTA2-12825
TCMBT-C101 (W10)	SX-048, No.353	p.85, 64図1	晩期中葉	木材	クリ	加工材	柾目	外側から10年目	2,960 ± 35	NUTA2-12826
TCMBT-C101 (W15)	SX-048, No.353	p.85, 64図1	晩期中葉	木材	クリ	加工材	柾目	外側から15年目	2,955 ± 35	NUTA2-12827
TCMBT-C101 (W20)	SX-048, No.353	p.85, 64図1	晩期中葉	木材	クリ	加工材	柾目	外側から20年目	2,975 ± 35	NUTA2-12830
TCMBT-C101 (W25)	SX-048, No.353	p.85, 64図1	晩期中葉	木材	クリ	加工材	柾目	外側から25年目	2,955 ± 35	NUTA2-12831
TCMBT-C101 (W30)	SX-048, No.353	p.85, 64図1	晩期中葉	木材	クリ	加工材	柾目	外側から30年目	2,930 ± 35	NUTA2-12832
TCMBT-C101 (W35)	SX-048, No.353	p.85, 64図1	晩期中葉	木材	クリ	加工材	柾目	外側から35年目	2,945 ± 35	NUTA2-12833
TCMBT-C101 (W40)	SX-048, No.353	p.85, 64図1	晩期中葉	木材	クリ	加工材	柾目	外側から40年目	2,920 ± 40	NUTA2-12834
TCMBT-C101 (W45)	SX-048, No.353	p.85, 64図1	晩期中葉	木材	クリ	加工材	柾目	外側から45年目	2,930 ± 35	NUTA2-12835
TCMBT-C101 (W50)	SX-048, No.353	p.85, 64図1	晩期中葉	木材	クリ	加工材	柾目	外側から50年目	2,955 ± 35	NUTA2-12837
TCMBT-C101 (W55)	SX-048, No.353	p.85, 64図1	晩期中葉	木材	クリ	加工材	柾目	外側から55年目	2,985 ± 30	NUTA2-12838
TCMBT-C106	SX-074, No.48	p.232～234, 図190～192	後期後半～晩期前半	木材	クリ	加工材	分割	外側1～2年輪分	3,245 ± 35	NUTA2-12815
TCMBT-C104	SX-075, No.51	p.286, 図243	晩期前葉～中葉	木材	クリ	加工材	分割	外側1～2年輪分	2,980 ± 35	NUTA2-12813
TCMBT-C110	SX-075, No.31	p.286, 図243	晩期前葉～中葉	木材	クリ	加工材	偏半割	外側1～2年輪分	2,935 ± 35	NUTA2-12821
TCMBT-C107	SX-077, K107	p.148, 図123	後期初頭～前葉	木材	クリ	杭	分割	外側1～2年輪分	3,900 ± 35	NUTA2-12816
TCMBT-C108	SX-077, K151	p.148, 図123	後期初頭～前葉	木材	クリ	杭	分割	外側1～2年輪分	3,085 ± 40	NUTA2-12817
TCMBT-C109	SX-077, K159	p.148, 図123	後期初頭～前葉	木材	クリ	杭	丸木	外側1～2年輪分	3,985 ± 35	NUTA2-12818

＊試料番号番号のWはウイグルマッチング用の試料を意味する。報告書図番号は，栃木県文化財事業団埋蔵文化財センター（1998）。

の^{14}C年代は整合的である。

　SX-048に次いで規模が大きく，多数の木材が使用されていたSX-041については，2本の木材の^{14}C年代が約150年離れている。SX-041 No.119（TCMBT-C105）は，木枠の前面の敷き材部の外側で，敷き材部の木材の並びと直行するような向きで検出された木材であり，SX-041 No.396（TCMBT-C111）は，木枠そのものを構成する木材である。したがって，SX-041の木枠部が構築された時期は，SX-041 No.396が示す年代に近いと推定される。この場合，SX-041の構築時期は較正年代では3,300～3,100 cal BP前後となり，縄文時代晩期前葉に位置づけられる。

大規模な木枠状の木組遺構であるSX-048は，2点の主要構成材の^{14}C年代がよく一致した値を示し，2,900 ^{14}C BP前後に位置づけられることが明らかとなった。較正年代では3,200〜2,900 cal BP前後となる。また，SX-048 No.353の試料については得られた11点の^{14}C年代測定結果のウイグルマッチングによって，較正年代は確率分布2σの範囲で3,124〜3,062 cal BPという結果が得られた。これによって，No.353の木材の外側から5年輪目の年代（TCMBT-C111（W5））を，較正年代で約62年の範囲まで絞り込むことができた（図18‒10）。また，IntCal04（5年間隔のデータ）との残差二乗和（SS値）が最小値となる年代は3,100 cal BPであり，3,075 cal BP付近も小さい値を示した（図18‒11）。

④SX-043（2,900〜2,750 cal BP前後）

　時期不明（縄文時代後・晩期）とされていた遺構であるSX-043の杭は2,745±35 ^{14}C BPの値を示した。今回測定した谷内の遺構のなかでもっとも新しいもので，寺野東遺跡から出土している縄文時代の遺物群と比較しても，もっとも新しい段階の遺構であると推定される。較正年代では2,900〜2,750 cal BP前後に位置づけられ，縄文時代晩期中葉に相当する。

6— SX-048の年代的位置づけ

　SX-048は寺野東遺跡においてもっとも重要な木組遺構である。SX-048と類似した木組遺構は赤山陣屋跡遺跡でもみつかっており，このような大規模な施設を当時の人々がどのように長期的に維持管理し，それが縄文時代後期末から晩期中葉の社会組織のあり方とどのように関係してい

外側から5年輪目（W5）の単独の場合の較正年代の確率分布

10点の試料のウイグルマッチングによって求められた外側から5年輪目（W5）の較正年代の確率分布

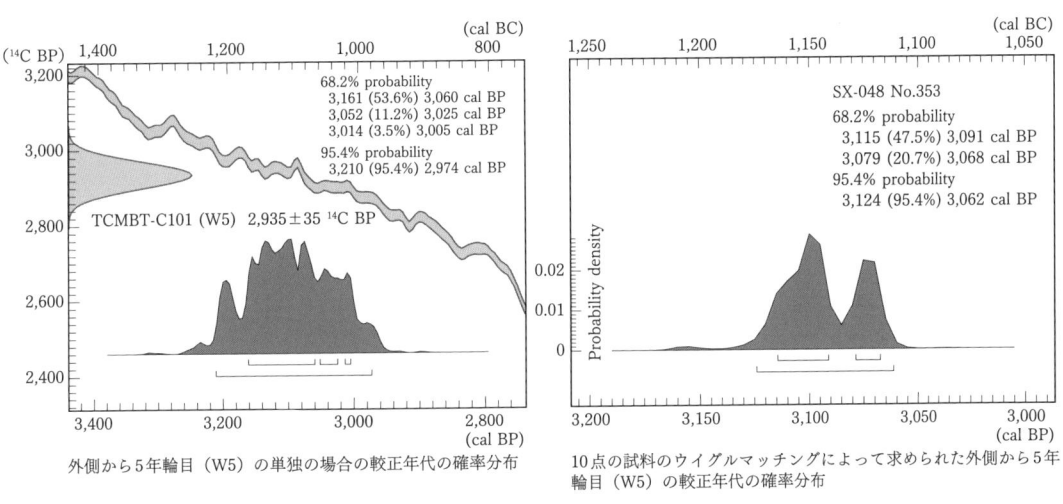

図18‒10　SX-048 No.353の外側から5年輪目単独での較正結果とOxCal4.0によるウイグルマッチング結果との比較（工藤ほか2009に加筆）

図左は，OxCal4.0によって計算された，残存部でもっとも外側から5年目にあたる（TCMBT-C101（W5））の較正年代の確率分布。右図はOxCal4.0によって11点の^{14}C年代測定結果より求められた，TCMBT-C101（W5）の較正年代の確率分布である。確率分布の山の下側のバーは，上段が1σ（68.2％），下段が2σ（95.4％）の年代範囲を示す。

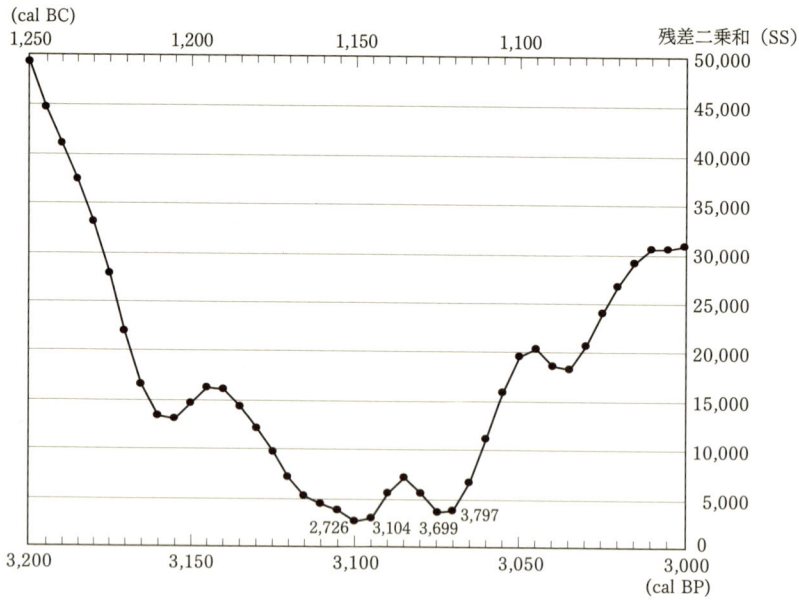

図18 - 11　SX-048 No.353のウイグルマッチング結果（工藤ほか 2009）
SS値は，No.353の一連の^{14}C年代と，IntCal04のデータセットとの残差の二乗和である。

たのかが問題となっている（金箱 1996）。

　しかしながら，IntCal04（Reimer *et al.* 2004）の較正曲線をみると，おおよそ縄文時代晩期前葉から中葉に相当する約3,300～2,800 cal BPの間は，較正曲線がやや緩やかに傾斜する箇所に当たることがわかる。したがって，高精度に^{14}C年代を測定して1標準偏差を小さくしても，得られる較正年代の確率分布は必然的に200～250年程度の範囲で大きく広がってしまう。つまり，通常の遺跡出土木材の年代測定で行うような，もっとも外側の年輪1点だけの^{14}C年代測定では遺構や遺物の時期を絞りにくい時期といえる。

　SX-048 No.353の試料については得られた11点の^{14}C年代測定結果のウイグルマッチングを行うことで，確率分布2σの範囲で3,124～3,062 cal BPと，残存部でもっとも外側から5年輪目の較正年代を，約62年の範囲まで絞り込むことができた。TCMBT-C101（W5）の試料単独の場合，確率分布2σの範囲で3,210～2,974 cal BPと約236年間の時間幅でしか特定できなかった点と比較すると，ウイグルマッチングによる効果はきわめて大きい（図18 - 10）。確率分布密度をみると3,124～3,062 cal BPの間には，3,100 cal BPと3,075～3,070cal BPの2つのピークがあり，これにより，SX-048 No.353の木材の外側から5年目にあたるW5の年代はそのどちらかである可能性が高いことがわかった。

　IntCal04の^{14}C年代のデータと，SX-048 No.353の11点の試料との年代差を計算してSS値を求め，さらに，IntCal04のローデータとの対比の位置を5年ずつずらしていき，もっともSS値が小さくなる箇所を求めたのが図18 - 11である。SS値が小さいほど，IntCal04とSX-048 No.353の11点の試料とのフィッティングがよい箇所となる。No.353の5年間隔の11点の^{14}C年代とIntCal04との残差の二乗和（SS値）が最小値となる年代は3,100 cal BPであり，3,075 cal BP付近も小さ

い値を示しており，OxCalで計算した結果とほぼ一致している（図18 – 11）。

　そこで，SX-048 No.353の外側から5年輪目にあたるTCMBT-101（W5）の試料を，3,100 cal BP，3,075 cal BPの2パターンで，IntCal04（Reimer *et al.* 2004）の較正曲線のデータに重ねたのが図18 – 12である。図18 – 12には参考として，小林謙一（2007）によって推定された縄文時代晩期の大洞諸型式の較正年代を加えている。

　残存部でもっとも外側から55年輪目の試料（W55）は，いずれの場合もIntCal04の較正曲線から外れてしまうが，5年輪目（W5）を3,075 cal BPでマッチングした場合，45年輪目（W45）と50年輪目（W50）の試料がやや逸脱する。5年輪目（W5）を3,100 cal BPでマッチングした場合も45年輪目と50年輪目がやや逸脱し，20年輪目（W20）の試料もやや外れる。3,100 cal BPとして合わせたほうがパターンとしては一致するようであるが，どちらがより確度が高いかを断定することはできない（おそらく，あと10年分の年輪が残っていれば，どちらかに決定できたと思われる）。較正曲線とSX-048 No.353の試料が正確に一致しない点については，IntCal04のデータが5年平均の年代であるのに対し，SX-048 No.353の試料は1年分のデータであるため，年単位の変動が影響してしまった可能性も考えられる。

　しかし，SS値が示すように，較正曲線の前後の年代域ではこの2点以外にマッチングする箇所はないため，5年輪目のW5の試料は3,075 cal BP前後か3,100 cal BP前後のどちらかに位置づけられると考えられる。これは，土器型式でいうと，おおよそ大洞B2式（安行3a式）の終わり頃から大洞BC式（安行3b式）のはじめ頃に相当する年代であり，この時期前後にSX-048の木組遺構が構築された可能性が高いと考えられる。

　ウイグルマッチングに用いたNo.353には樹皮は残っておらず，最外年輪が不明で，また最外部が加工によって失われているため，正確には伐採年を推定することはできない。今後，別の木材を用いた検証が必要であり，現時点で厳密に形成時期を推定することはできないが，No.353の木材の最外部が加工によって失われていたとしても，樹種がクリであることや木材の大きさから考えて，失われた部分が50年を大きく超えることはないだろう。その場合，W5が3,100 cal BPと3,075 cal BPのいずれの場合でも，No.353の木材が大洞B2式（安行3a式）期の終わりから大洞BC式（安行3b式）期頃に伐採され，SX-048の構築に使用された可能性が高い。

　SX-048は共伴する土器の型式から，縄文時代晩期中葉の大洞C2式期（安行3d式期）の遺構と推定されていた（栃木県文化振興事業団 1998）。SX-048の木組遺構がどの程度の期間使用され，つくり直しが行われたのかは今回の測定結果から推定することはできないが，上記の点から考えて，大洞BC式期（安行3b式期）頃にはSX-048がすでに存在していた可能性が考えられる。また，出土土器は縄文時代晩期中葉の大洞C1式（安行3c式），大洞C2式（安行3d式），前浦式が多いことから，SX-048はその頃の時期まで使用されていた可能性が高い。SX-048は縄文時代晩期前葉〜中葉を通じて長期的に維持され，使用された遺構であると推定される。SX-048は環状盛土遺構の開口部に位置しており，環状盛土遺構と密接に関係していた様子がうかがえるが，盛土内部の窪地部分は晩期前葉から安行3d式（大洞C2式）までの居住域と判断されていることと調和的である。今後，さらに多くの木組遺構構成材の年代測定を実施していくことや，転用材が用いられ

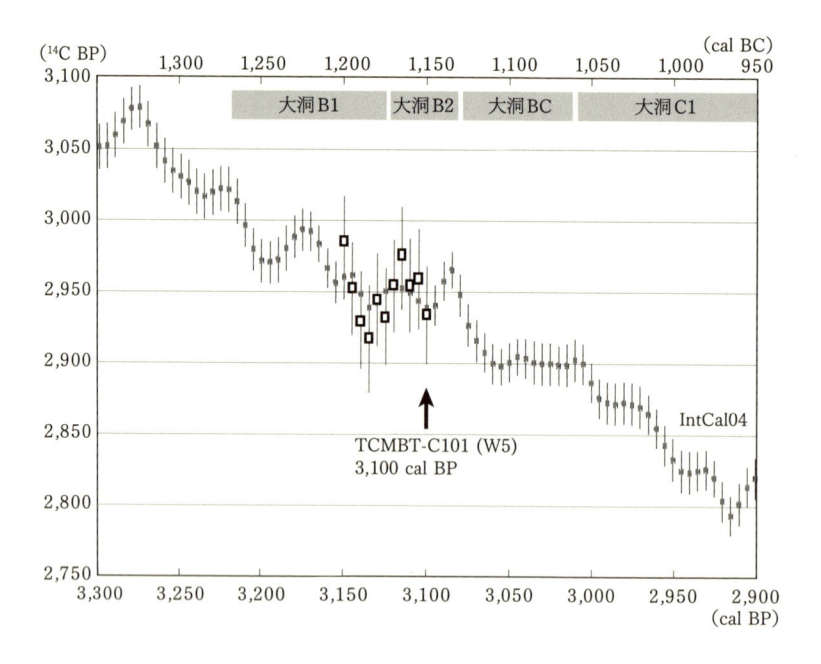

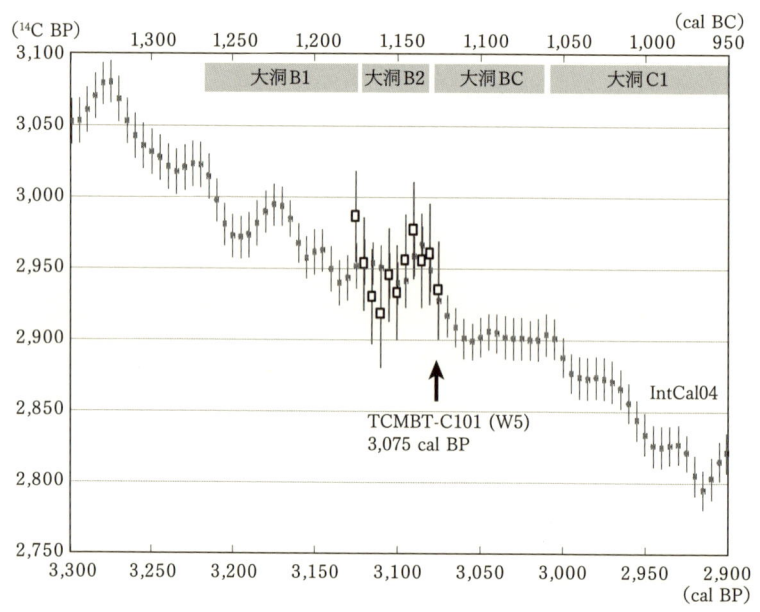

図18 - 12　SX-048 No.353の木材のウイグルマッチング結果とIntCal04（Reimer et al. 2004）との対比

上段：TCMBT-C101 (W5) を3,100 cal BPとして重ねた場合。下段：TCMBT-C101 (W5) を3,075 cal BPとして重ねた場合。
土器型式の較正年代は小林（2007）による推定年代である。

ていないか等の検討を行うことで，SX-048の形成時期と存続期間に関する，より正確な年代を検討していくことが可能となろう。

7 ― 寺野東遺跡の木組遺構の年代と下宅部遺跡の遺構群との対比

　寺野東遺跡の谷部から出土した7基の木組遺構はおおよそ4,500 〜 2,700 cal BPの間に収まり，年代的に4つに区分できた。これらの遺構群の年代を，これまでに関東平野および周辺地域で蓄積されてきた縄文時代後・晩期の土器付着物の^{14}C年代測定結果（工藤ほか 2007a；小林 2006, 2007）と比較した（図18 − 13）。また，下宅部遺跡では遺構群・遺物群の詳細な^{14}C年代測定から，遺構群および植物利用の変遷がS-1期からS-5期までの5つの時期に区分されている（工藤ほか 2007b）（図18 − 13）。以下，寺野東遺跡の木組遺構の年代について，下宅部遺跡における5つの時期と対比しながら検討する。

①S-1期およびS-2期の寺野東遺跡の様相

　下宅部遺跡の特徴は，縄文時代中期中葉〜晩期中葉までの約5,300 〜 2,800 cal BPの間，ほぼ途切れることなく低地がなんらかの形で利用されつづけ，いくつかの木組遺構も形成されたことである。縄文時代中期中葉〜後葉にあたるS-1期（約5,300 〜 4,800 cal BP）とS-2期（4,800 〜 4,400 cal BP）には，低地はおもに植物質食料資源の加工，廃棄場所として利用されたようであり，明確な木組などの構築物をつくって積極的に水場を利用した痕跡はみられない。また，居住域は200 〜 300メートル程度離れた台地上に存在していたと推定されている（佐々木ほか 2007）。

　寺野東遺跡の場合，縄文時代中期中葉から中期後葉の住居跡群が谷の周囲の台地上で多数検出されているが，^{14}C年代測定を実施していない木組遺構も含めて，縄文時代中期に帰属すると推定される遺構は谷の内部からは発見されておらず，低地での活動痕跡があまり明確ではない点では共通している。

②S-3期における寺野東遺跡の様相

　下宅部遺跡において低地での人の活動が活発化するのは縄文時代後期初頭から前葉にあたるS-3期（4,500 〜 3,900 cal BP）以降である。S-3a期（4,500 〜 4,300 cal BP）には第8号水場遺構が形成され，S-3b期（4,200 〜 3,900 cal BP）には，下宅部遺跡でもっとも規模が大きく多数のクリ材を用いた木組遺構である第7号水場遺構や（能城・佐々木 2007），第4号トチ塚などが残されている（佐々木ほか 2007）。また，ウルシの杭が再利用された，1,000本以上の杭から構成される杭群も河道中からみつかっており（第16章），ウルシ利用も活発な時期である。

　寺野東遺跡ではこの時期に湧水利用遺構であるSX-077が形成されている。SX-077は下宅部遺跡のS-2期の終わりからS-3a期頃に対比可能である。また，今回は分析の対象とはしなかったが，寺野東遺跡の谷の下流側に位置するSX-017は，竪穴状の掘り込みと縄文時代後期初頭の称名寺

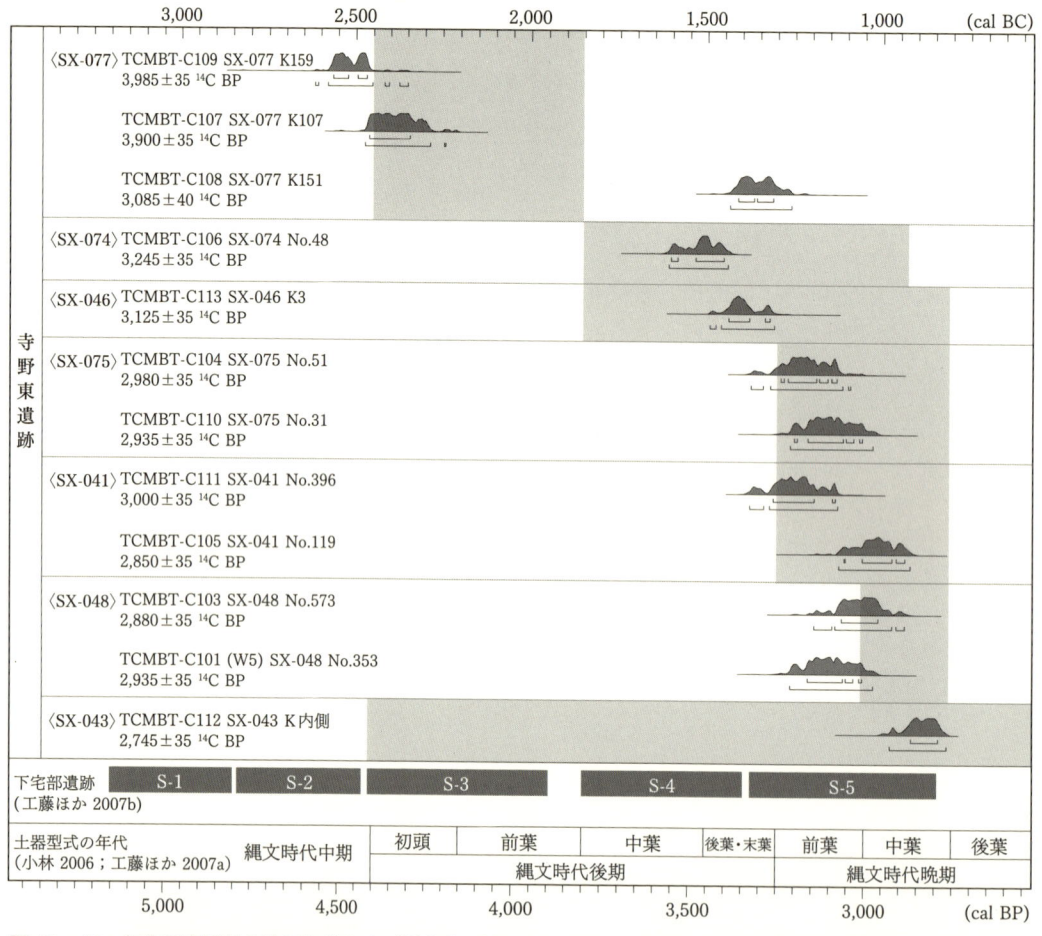

図18‐13　年代測定試料の較正年代および測定前の推定年代（グレー部分），下宅部遺跡の遺構群の時期区分との対比（工藤ほか 2009）

土器型式の年代は，小林（2006, 2007），工藤ほか（2007a）から推定したおおよその目安となる年代。

式の土器が大量に廃棄された遺構であり（栃木県文化振興事業団 1997），S-3a期と対比可能な遺構である。寺野東遺跡においても，この時期に水辺での活動が顕在化しはじめるようである。

③S-4期における寺野東遺跡の様相

下宅部遺跡において低地での活動痕跡がピークに達するのは，縄文時代後期中葉から後葉に対応するS-4期である。この時期に4基のトチ塚などの種実集積遺構，小規模な土坑と木組から構成される第6号水場遺構などがみつかっているが，大規模な木組遺構は確認できていない。

寺野東遺跡では，SX-074やSX-046などの小規模な湧水利用遺構が構築されている。SX-074ではトチノキ種子片の集中も検出されており，このような湧水を利用したトチノキの水さらしなどが行われていたようである。今回年代測定は行っていないが，C5区で検出されているSX-070やSX-071，SX-072も同じような形態の小規模な湧水利用遺構であり，出土土器から縄文時代後期後半〜晩期前半と推定されている。これはS-4期〜S-5期にあたる。SX-070にはトチノキ種子の集

中が5カ所みつかっている。寺野東遺跡では，この時期に，小規模な湧水利用遺構をいくつか構築し，植物質食料の加工などに利用していたようである。

④S-5期における寺野東遺跡の様相

　縄文時代晩期前葉～中葉に相当するS-5期には，下宅部遺跡では第4号水場遺構などの木枠状の遺構や，第5号水場遺構，第1号木道が形成されているほか，クリ果実の集中やトチノキ種皮の小規模な集中が形成されている（佐々木ほか 2007）。

　寺野東遺跡の場合，低地での活動がもっとも活発なのは，この下宅部遺跡のS-5期に対応する時期である。この時期の寺野東遺跡では，SX-048やSX-041，SX-075のような大規模な木組遺構を構築し，またこれらの木組には直径20cmを超える割材も多く使用され，最大で直径が70cmに達する割材も利用されている。クリの大径材を割って木組遺構に多く用いている点が特徴的である（能城・佐々木 2007）。SX-048には長さ2m以上の木材が23本利用されており，その多くが割材である。木組の構築は多工程かつ大がかりであり，組織的・計画的な構築が行われたことが推定されている（栃木県文化振興事業団 1998）。

　今回の年代測定では15基中7基の木組遺構しか測定していないが，明確な木枠をつくり，多数の木材を用いている木組遺構はSX-041，SX-075，SX-048の3基のみであり，ほかは比較的小規模な湧水利用遺構である。谷部に大規模な木組施設が構築されるのは，いずれも縄文時代晩期であることが^{14}C年代測定の結果からも明らかとなった。

　この時期前後には，埼玉県赤山陣屋跡遺跡でもトチノキの水さらしに関連する木材を枡状に組んだ大規模な木組遺構がみつかっている（川口市遺跡調査会 1989；金箱 1996）。利用木材の本数や規模の面からも，組織的・計画的な低地利用の様相がうかがえ，縄文時代晩期前葉～中葉の低地利用のあり方を示している。

　これまで，このような低地利用は「縄文時代後・晩期」の様相として一括されてしまう傾向があったが，黒尾和久（2001）や筆者ら（工藤ほか 2007a）が指摘しているように，縄文時代後・晩期の低地利用には，その間にも時期的な特徴がある。寺野東遺跡のSX-048や赤山陣屋跡遺跡の「トチノミ加工場跡」のように，組織的な低地利用が推定される大規模な木組遺構は，縄文時代晩期前葉～中葉を中心とした時期の特徴とも考えられる。

8— 課題

　近年，縄文時代の低湿地遺跡の研究が非常に活発になってきており，低湿地遺跡から出土する豊富な植物遺体を用いて，縄文時代の植物利用についても積極的な議論が展開されている。しかしながら，その基礎となる遺構群の時間的位置づけや各遺構群の時間的変遷については，これまで十分に注意が払われてきたとはいえない。遺構群・遺物群の時期決定が不十分な場合，誤った時期の認識にもとづいて考古学的な仮説を組み立ててしまう可能性もある。

表18－3 測定結果からまとめた遺構群のグループとその^{14}C年代と較正年代（工藤ほか 2009）

較正年代は50年単位でおおよその目安の数値として示した。

木組遺構名	^{14}C年代	較正年代
SX-043	2,700年代	2,900～2,750 cal BP前後
SX-048 SX-041 SX-075	3,000～2,800年代	3,350～2,850 cal BP前後
SX-046 SX-074	3,200～3,100年代	3,550～3,300 cal BP前後
SX-077	3,900年代	4,550～4,200 cal BP前後

　本章では，まず，^{14}C年代測定やウイグルマッチングを用いた年代決定の方法について概要を示したうえで，寺野東遺跡の谷部から出土した木組遺構の年代的位置づけを明確化することを目的として行った。木組遺構出土木材の^{14}C年代測定結果，SX-048 No.353の木材のウイグルマッチング結果を提示した。今回の年代測定によって，土器型式によって推定されていた木組遺構群の時期を裏づけるとともに，その推定年代を大幅に絞り込むことができた。特に，もっとも大規模な遺構で，縄文時代後・晩期の植物利用を考えるうえできわめて重要な遺構であるSX-048は，No.353の木材の残存部の外側から5年目の年輪が3,100か3,075 cal BP頃であったことから，失われた分を考慮して，それよりも少し新しい時期には構築されていたと推定した。これは，縄文時代晩期前葉の大洞BC式期（安行3b式期）頃に相当する時期であり，SX-048の存続期間を考えるうえで重要なデータが得られたことは大きな成果である。また，径の大きい割材を多用して大規模な木組遺構を構築しているのが寺野東遺跡の特徴であるが，これは，特に関東平野の縄文時代晩期前葉の低地利用の特徴的な様相であることを再確認できた。

　ウイグルマッチングを適用した研究は，弥生時代研究などで成果を上げてきたが（坂本ほか 2005, 2006），本研究の成果は，縄文時代の植物質の遺物群，遺構群の正確な年代決定においても，ウイグルマッチングによって時期を特定していくことが有効であることを示している。

　今回の分析では15基の木組遺構の半数である7基の遺構しか扱うことができなかった。遺構とともに検出されているクルミ核やトチノキ種子の集中などの植物遺体についても，測定することができなかった。今後，可能であればこれらの年代測定や，寺野東遺跡から出土した土器付着物の年代測定を実施することで，遺構群の時間的変遷だけでなく，寺野東遺跡における植物利用の時間的変遷についても年代学的な視点から分析していきたい。

　また，下宅部遺跡，寺野東遺跡ともに晩期中葉以降，人の活動は希薄になり，大規模な木組遺構も検出されなくなる。これは，関東平野においておおよそ共通しているようである。縄文時代晩期後葉から弥生時代前期にかけて，集落や生業活動はどのように変化したのか。縄文時代晩期後葉に，環境変化の面ではなにが起こっていたのか。この時期の有機質の遺物群（特に食料残滓），遺構群の^{14}C年代測定例の蓄積と併せて，古環境変遷との関係性についても視野にいれた，縄文時代晩期後葉～弥生時代前期にかけての環境文化史研究を行っていくことが必要である。

終 章

1— 旧石器時代から縄文時代の環境文化史

　本書は，旧石器時代から縄文時代の日本列島において人類が自然環境とどのように関係してきたのかを，年代学的，第四紀学的，生態学的視点から理解することを目指し，そのための基礎となる時間的枠組みをつくり上げることを主要な目的とした。具体的には，当該期の環境史と考古編年との時間的対応関係を大局的に把握したうえで，より詳細な地域生態系と人類活動の関係を事例的に研究することにより，地球規模での環境変化に対し，人類活動がどのように変化していったのかを解明していくことであった。

　第1部「研究の目的と方法」では，本書における研究の目的とその分析方法について示した。人類史と環境史との複合領域であり，人と環境との相互関係に焦点をあてる「生態系史」研究を進めていくには，できるだけ高い精度で自然史と人類史を対応させていく必要がある。そこで筆者は，旧石器時代から縄文時代の人類活動と環境史との関係を通時的に理解することを目指し，年代学的・第四紀学的・植物考古学的視点からアプローチすることを試みた。
　一般に，過去における人と環境との関係を追究する「環境考古学」と呼ばれる研究（加藤 1985；松井 2003）では，遺跡から出土する動植物遺体や花粉や植物珪酸体などの微化石，岩石・土壌・地形などからなるさまざまな自然遺物が分析の対象とされる。しかし，自然史と人類史を対応させていく研究を実践していくためには，通常の考古学者が扱う考古資料や遺跡から出土，あるいは検出される自然遺物だけでなく，遺跡でみつかる人類活動と直接的には関係ない，さまざまな古環境変遷に関する研究にも，同様に注意をはらっていく必要がある。そこで，従来「環

境考古学」や「生態系史研究」とされた研究を包括し，広く人類活動の変遷史と環境史を対比していく研究を，本書では，「環境文化史研究」として位置づけた。

　本書では，古本州島に確実な人類遺跡が発見されてからの先史時代人類の遺跡とその時期に関係する古環境の諸データを研究の対象としたが，この年代域は最終氷期から後氷期にまたがり，海洋酸素同位体ステージ（MIS）では，MIS 3からMIS 1までの時間に対応する。しかしながら，考古学的な時代区分である後期旧石器時代および縄文時代の時間範囲と，最終氷期，後氷期の時間的な範囲は一致していない。本書では，対象とする年代域を大きく「最終氷期」と「後氷期」に区分し，それぞれの時期の環境史上の画期に焦点を当てて時期を細分することにした。上記の目的を達成するために，人類史上あるいは考古学的時代区分における画期に重点を置くのではなく，環境史上の画期をもっとも重視したためである。そのうえで，環境史に考古編年を位置づけるための方法として，^{14}C年代とその較正年代を本書では第一に用いた。

　第2部「最終氷期の環境文化史」では，MIS 3以降の環境史と考古編年との時間的対応関係を提示した。まず，MIS 3以降の古環境変遷について，これまでに明らかになっているグリーンランド氷床コアや中国の石筍の酸素同位体変動，水月湖の湖底堆積物など，暦年に近いタイムスケールで時間軸が確立されている日本列島内外の気候変動に関する研究を整理し，MIS 3からMIS 2まで（約60,000〜11,500 cal BP）の時期を以下の7段階に分けて整理した（表19-1）。

　MIS 3のStable Warm（約60,000〜44,000 cal BP）およびTransition（44,000〜38,000 cal BP）は，野尻湖でナウマンゾウの化石が数多くみつかっている時期である（沢田ほか 1992）。MIS 3は最終氷期のなかでも亜間氷期にあたり，特にその前半は相対的に温暖な環境下にあった。南関東や野尻湖周辺などでも，落葉広葉樹に針葉樹が混じる森林が広がっていた時期である（公文ほか 2009；吉田ほか 2011）。しかし，日本列島の後期旧石器時代初頭の遺跡群は38,000 cal BPを遡ることはないようであり，後期旧石器時代以前に人類が古本州島にいたのかどうか，この点をまず解明することが必要である。本書では，古本州島における立川ロームX層段階を日本列島で最初の人類の居住と位置づけるという立場（仲田 2011；島田 2011；小野 2011；諏訪間 2010）に従い，存在が実証されていない後期旧石器時代以前として言及されている遺跡は対象から除外した。

　日本列島の後期旧石器時代前半期の遺跡群の年代は，MIS 3のEarly Cold（約38,000〜28,000 cal BP）以降の時期に位置づけられる。当該期はMIS 3前半の温暖期がすでに終了し，最終氷期最寒冷期に向かい気候の寒冷化が顕著になってきた時期であったが，この時期において九州から本州島北部まで旧石器時代遺跡の急激な増加がみられる。この遺跡の増加は，現生人類の日本列島への拡散と関連している可能性が高いことは多くの研究者が指摘するところである。AT火山灰の降灰期と前後して気候は寒冷化傾向が強まるが，立川ロームX層段階の石器群からⅥ層段階およびⅤ層下部段階の一部の石器群が，このEarly Coldに位置づけられることが，年代学的な対比から明らかとなった。これらの年代は，石器に共伴する炭化材あるいは包含層出土の炭化材の年代を用いているため，不正確な年代も含まれていると考えられるが，おおよそX層段階からⅨ層段階の石器群の年代は，約37,000〜33,000 cal BPを中心としており，Ⅶ層段階からⅥ層段階の

表19-1 本研究で示した時期区分とその年代および対応する考古編年の概要

MIS Stage	時期区分[*1]	年代（cal BP）	対応する考古編年[*2]	個別研究[*3]
MIS 1	PG Cold-3	ca. 2,800〜	浮線文土器〜	④ ⑤
	PG Cold-2	ca. 4,400〜2,800	称名寺1〜安行3d	
	PG Cold-1	ca. 5,900〜4,400	諸磯c〜加曽利E4	
	PG Warm-2	ca. 8,400〜5,900	鵜ヶ島台〜諸磯b	
	PG Warm-1	ca. 11,500〜8,400	撚糸文〜野島	③
MIS 2（晩氷期）	LG Cold	ca. 13,000〜11,500	爪形文・多縄文系	②
	LG Warm	ca. 15,000〜13,000	隆起線文・隆帯文・爪形文・円孔文・無文	
MIS 2	LGM Cold-2	ca. 24,000〜15,000	IV層中部段階〜III層中部段階，細石刃，無文土器	①
	LGM Cold-1	ca. 28,000〜24,000	V層上部段階〜IV層下部段階	
MIS 3	Early Cold	ca. 38,000〜28,000	X層段階〜VI層段階，V層下部段階	
	Transition	ca. 44,000〜38,000	（野尻湖の動物化石群）	
	Stable Warm	ca. 60,000〜44,000	（野尻湖の動物化石群）	

*1 PG = Post Glacial, LG = Late Glacial, LGM = Last Glacial Maximum
*2 MIS-1については関東の土器型式で示した。
*3 ①大平山元I遺跡の事例研究，②東黒土田遺跡の事例研究，③沖ノ島遺跡の事例研究，④下宅部遺跡の事例研究，⑤寺野東遺跡の事例研究。

石器群は，33,000〜29,000 cal BPを中心とした年代域に位置づけられるようである。またV層下部段階の石器群の一部は30,000〜28,000 cal BP前後に位置づけられるものも多いことから，この段階までがEarly Coldに含まれると考えられる。

なお，このEarly Coldの末期は，最終氷期最寒冷期にあたるLGM Cold-1とほぼ変わらない気候条件にあったと推測されるが，グリーンランド氷床コアやフールー（葫芦洞，Hulu Cave）で顕著にみられるISナンバー3（約28,000 cal BP）の一時的な気候変動を画期として，Early ColdとLGM Coldを区分している。AT火山灰の降灰は30,000〜29,000 cal BP前後と推定されることから，Early Coldの最末期頃に位置づけられることもわかった。

MIS 2のLGM Cold-1（約28,000〜24,000 cal BP）に相当する石器群は，立川ロームV層段階およびIV層下部段階の石器群である。この時期には最終氷期のなかでももっとも寒冷化が進行したと推測され，野尻湖の落葉広葉樹花粉比率をみても針葉樹が卓越し，落葉広葉樹の分類群はきわめて定率であった。この時期には，愛鷹・箱根山麓の遺跡群における掻器の多出や，国府系石器群の広域展開（森先 2010）にみられる人の移動など人類活動にも変化がみられる。最寒冷期の環境に，古本州島の人類がいかに適応していたのかを，今後具体的に解明していくことが必要であろう。

LGM Cold-2（約24,000〜15,000 cal BP）に対応する石器群は，立川ロームIV層中部段階のナイフ形石器群，ナイフ形石器終末期の石器群，そして後続する尖頭器石器群などが含まれる。ま

た，細石刃石器群，槍先形尖頭器石器群と無文土器をともなう遺跡群なども，LGM Cold-2 の時期に相当する。

古本州島最古段階の土器の出現は，晩氷期の温暖化開始以前に位置づけられることは指摘されてきたが（谷口・川口 2001；工藤 2005, 2010 など），最新の較正曲線を用いても土器の出現はLG Warmの開始（約15,000 cal BP）に先行することをあらためて確認した。なお，氷床コアやフールー洞窟にみられるGI-2頃の短期的な温暖化イベントを指標として，LGM Cold-1とLGM Cold-2に区分しているが，LGM Cold-2においても依然としてLGM Cold-1から続く寒冷な気候が卓越していたことは間違いない。特に北東北においても，土器出現期まで亜寒帯性針葉樹の森が広がっていたことは，この時期の堆積物の多くの花粉分析や樹種同定の結果から明らかである。

一方，気候が急激に温暖化し，それにともなって植生にも大きな変化がみられるLG Warm（約15,000～13,000 cal BP）には，おおよそ隆起線文土器群やそれに並行・後続する爪形文土器群，円孔文土器群，無文土器群などが対応することがわかった。南九州の隆帯文土器群は，本州や北部九州の隆起線文土器よりはやや新しく，LG Warm後半に集中することがわかった。隆起線文土器およびそれに並行する時期の遺跡数や土器使用量の増加（谷口 2003）や，南九州での大型土器や石皿・磨石類の利用は，この温暖期の環境に対応したものである。

これに対し，最終氷期の最末期のLG Cold（約13,000～11,500 cal BP）に相当するのは，おおよそ爪形文土器群および多縄文系土器群の時期であることを明らかにした。ただし，これらの土器群は隆起線文土器群に比べて測定例がまだ少なく，正確な位置づけは課題を残す。なお，水月湖の花粉分析では，この時期にコナラ亜属が減少してブナ属が拡大することから，寒冷化に対応する植生の変化が認められるが，いわゆる最終氷期最寒冷期の亜寒帯性・冷温帯性の針葉樹林が卓越する環境に逆戻りするようなことはない。特に古本州島の低標高地域では，この寒冷化の植生へのインパクトはそれほど大きくなかったようである。

第3部「後氷期の環境文化史」では，関東平野を中心として，後氷期の環境史と考古編年（土器型式編年）との時間的対応関係を提示した。関東平野を中心としたこれまでの海水準変動や古植生変遷などのデータと，近年の北大西洋深海底コア，中国南部の洞窟の石筍から復元されたアジアモンスーン変動，鳥取県東郷池の年縞堆積物から復元された後氷期の海水準変動のデータを対比して，後氷期を大きく前半のPG Warm（約11,500～5,900 cal BP）と，後半のPG Cold（5,900 cal BP～）に区分し，そのなかで計4回の画期を認めて5段階を設定した（表19-1）。

これらの各段階と，関東平野周辺地域の遺跡で実施された土器付着炭化物や炭化材などの^{14}C年代測定結果とを対比し，環境史に対する考古編年の時間的対応関係を明確化することを試みた。

後氷期初頭のPG Warm-1（約11,500～8,400 cal BP）は，縄文時代早期初頭の撚糸文土器群から，早期後葉の条痕文系土器群の野島式土器の前後の時期までが含まれる。この時期は，後氷期の最初期にあたるが，そのなかにも安定期と変動期が含まれていることも指摘した。関東平野では，PG Warm-1の前半期にあたる撚糸文土器群の時期に集落遺跡が拡大し，貝塚遺跡も多くみつかるようになる。おおよそPG Warm-1の後半期にあたる沈線文系土器群の時期は年代測定例

がきわめて少なく，土器型式の詳細な年代的位置づけには課題を残した。PG Warm-1 の時期には，関東平野はコナラ亜属を主とする冷温帯性の落葉広葉樹林が卓越する植生が広がった。クリも主要な森林構成要素の一つとなった。

PG Warm-2（約8,400〜5,900 cal BP）は，北大西洋の8.2ka イベントと対比される，急激な気候変動のイベントを画期として，その後の海退開始までの間に相当する。おおよそ早期後葉の条痕文系土器群の鵜ヶ島台式の前後の時期から，前期後半の諸磯b式土器の時期までが対応する。PG Warm-2 は，8.2ka イベントの海水準の低下とその後の急激な海水準の上昇期にあたる前半のPG Warm-2a と，後半の海水準の安定期にあたる PG Warm-2b におおよそ区分できる。PG Warm-2a（約8,400〜7,000 cal BP）は，早期後葉の条痕文系土器群の鵜ヶ島台式土器から早期末葉の下吉井式あるいは前期前半の花積下層式土器までが対応する。PG Warm-2b（約7,000〜5,900 cal BP）は，下吉井式あるいは花積下層式土器から前期後半の諸磯b式頃までが対応すると考えられる。PG Warm-2 の時期には，関東平野で定住的な集落遺跡が拡大する。植生の面では，照葉樹林の主要素であるアカガシ亜属が関東平野南部や大磯丘陵，多摩川低地，奥東京湾などで拡大を開始した。関東平野内陸部ではアカガシ亜属の拡大はみられず，落葉広葉樹林が広がっていたと推測される。

PG Cold-1（5,900〜4,400 cal BP）は，縄文海進後の海退の開始を画期として，4,400 cal BP 頃から開始される顕著な寒冷化イベントまでの時期を含めた。この時期は，諸磯b式もしくは諸磯c式土器から加曽利E4式土器までが対応する。PG Cold-1 も前半の海水準の低下期と，後半の海水準の安定期に区分できると考えられ，後半期はおおよそ勝坂式期以降が相当すると推定される。ただし，この時期には「縄文時代中期の4,500年問題」が存在することから，土器型式の数値年代が絞れない箇所もあることを確認した。PG Cold-1 後半の海水準の安定期はおおよそ勝坂式から加曽利E式期にあたり，関東平野で集落数が激増する時期でもある。また，植生的には武蔵野台地などの台地上でクリ林が卓越する時期でもあり，植生への関与と人為生態系の広がりが想定される。近年のマメ科種子の研究では，この時期にマメの栽培化が起こった可能性も指摘されており（小畑 2011；中山 2010），人為生態系や集落生態系がどのように形成されていったのかを今後詳細に検討していく必要があるだろう。

PG Cold-2（4,400〜2,800 cal BP）は，4,400 cal BP の急激な海水準の低下イベントを画期とし，2,800 cal BP 頃に起こる短期的な寒冷化イベントまでの間の時期を含めた。PG Cold-2 に対応するのは，後期初頭の称名寺1式から晩期中葉の安行3d式土器までの時期である。PG Cold-2 も前半の海水準の低下期である PG Cold-2a と，その後の安定期である PG Cold-2b とに区分できるが，おおよそ称名寺1式から堀之内1式頃までが PG Cold-2a に，堀之内2式から安行3d式までが PG Cold-2b に対応すると推定した。植生の面では，関東平野内陸部でもアカガシ亜属が拡大する一方，谷筋にはトチノキ林が目立って拡大する時期でもあり，冷温帯要素の植物も拡大している。低湿地遺跡の出土事例が増加し，人の活動がより低地へと接近する時期でもある（佐々木 2000，2007b など）。この時期のトチノキ林の拡大については，気候寒冷化や人為の可能性などが指摘されているが（辻 2002；吉川 2008 など），植生変化の過程と人類活動との関係を，より細かいタイ

ムスケールで対比していくことで，この問題の解明にアプローチしていくことができるだろう。

PG Cold-3（2,800 cal BP 〜）は，短期的な寒冷化イベントの開始を画期とした。土器型式の^{14}C年代が不足しているため不明な点が多いが，縄文時代晩期後葉の浮線文土器以降の時期に相当すると考えた。本書では，この時期についてはほとんど触れていないため，今後の課題とした。

さて，以上に要約した最終氷期から後氷期の環境史と考古編年の時間的枠組みを前提として，遺跡レベルでのケーススタディの一つとして，本書では5つの事例を取り上げた。そのうちの2つは最終氷期の年代域の事例であり，残りの3つは後氷期の年代域での事例である。

最終氷期における個別の事例研究としては，土器出現期の年代と当時の北東北の古環境の問題を，大平山元Ⅰ遺跡を例として検討した。これは，本研究のLGM Cold-2（約24,000 〜 15,000 cal BP）の最末期におけるケーススタディの一つである。最新の較正曲線であるIntCal09とIntCal04を対比して，この年代域には「土器出現期の13,000年問題」があり，年代の絞り込みは困難であることを指摘した。また，これまで谷口康浩ら（谷口・川口 2001など）が指摘していた通り，土器出現期においても北東北の古環境は依然として氷期的な森林植生であったことや，出現期の土器利用について再度検討し直す必要があることを再確認した。

一方，南九州の隆帯文土器の年代および生業と古環境の問題については，東黒土田遺跡から出土した堅果類の年代をもとに検討を行った。これは，本研究のMIS 2からMIS 1への移行期にあたる晩氷期のLG Warm（約15,000 〜 13,000 cal BP）からLG Cold（約13,000 〜 11,500 cal BP）にかけての編年，年代，植物利用について扱ったものである。縄文時代最古の東黒土田遺跡の貯蔵穴出土のコナラ属炭化子葉が隆帯文土器期に位置づけられることや，南九州での晩氷期の温暖化と対応した植物利用であった可能性などを提示した。

後氷期の年代域においては，沖ノ島遺跡，下宅部遺跡，寺野東遺跡の研究事例を取り上げた。

千葉県沖ノ島遺跡での研究は，PG Warm-1（11,500 〜 8,400 cal BP）の間の栽培植物の年代に関する事例である。ここでは，現時点で発見されている最古のアサ果実の^{14}C年代測定を実施し，それが後氷期初頭に位置づけられ，後氷期のかなり早い段階から栽培植物とされるアサが本州島に確かにあったことを示した。また，それに付随する栽培植物の起源の問題について予察的に検討を行った。

縄文時代中期から晩期までの低湿地遺跡である，東京都東村山市下宅部遺跡の研究成果は，後氷期のPG Cold-1（5,900 〜 4,400 cal BP）からPG Cold-2（4,400 〜 2,800 cal BP）の環境変化と植物利用の通時的変化について，年代学的な視点から議論を行ったものであり，本書における個別遺跡レベルでの事例研究の中核となるものである。

まず，下宅部遺跡における縄文時代後・晩期の土器型式の年代的枠組みを整備することを目的として，下宅部遺跡から出土した土器の較正年代について検討を行い，縄文時代後期初頭の称名寺2式から縄文時代晩期中葉の安行3d式までの各土器型式は約4,400 〜 2,800 cal BPの間に位置づけられることを示した。これにより，下宅部遺跡の遺構・遺物群の時間的位置づけを数値年代と土器型式の双方から対比することが可能となった。また，この事例は，関東の縄文時代後・晩

期の土器型式の年代について，一つの遺跡で体系的・網羅的に土器型式の年代を明らかにすることができた，初めての事例であろう。

これにもとづいて，下宅部遺跡から出土した水場遺構やトチ塚，クルミ塚の年代測定を体系的に実施することで，遺構群の年代的位置づけを土器型式の年代と対比し，植物利用の変遷について年代学的な視点から検討を行った。その結果，遺構群は縄文時代中期中葉から晩期中葉の約5,300〜2,800 cal BPの間に形成され，年代的に5つのグループに区分できた。S-1期（約5,300〜4,800 cal BP）とS-2期（約4,800〜4,400 cal BP）ではクルミ塚が形成され，クルミ利用の痕跡が顕著であった。また，クルミ塚の堆積物中からはマメ科炭化種子が多く検出されている点も注目に値する。トチノキの利用は縄文時代中期後葉の加曽利E式期に対応するS-2期から明確な痕跡が残され，縄文時代後期の加曽利B式期に対応するS-4期（3,800〜3,300 cal BP）には，トチノキの利用がもっとも顕著にみられた。その前後を含めてこの時期にはアカガシ－ツクバネガシ果実，クヌギ果実，クリ果実などの多様な食料資源が利用されていた。トチノキ種子やクリ果実の利用は縄文時代晩期前葉〜中葉の安行3式期に対応するS-5期（3,400〜2,800 cal BP）まで継続しているようである。下宅部遺跡での植物利用の変化は，従来から指摘されてきた「クリからトチノキへ」といった変化よりも複雑な様相を呈しており（佐々木ほか 2007），人々が関東平野西部の気候・植生変化に応じて，森林資源を多角的に利用していたことを，年代学的視点から明らかにした。

また，下宅部遺跡でみつかった，傷跡のあるウルシの杭の^{14}C年代測定では，縄文時代後期前葉から後期中葉の約4,200〜3,500 cal BPの時期に，体系的なウルシ利用が行われていたことを明らかにした。通常，河道に縦方向に打ち込まれた杭の年代を考古学的に明確化するのは難しい。ウルシ杭のように重要な木材については^{14}C年代測定によって年代を明らかにし，考古編年と年代学的に対比することが重要であることを示した。

一方，下宅部遺跡の土器付着植物遺体の分析は，^{14}C年代測定と炭素・窒素同位体分析から，土器で煮炊きされた内容物の検討を試みたものである。これらの土器付着植物遺体の年代測定から，ユリ科鱗茎類は中期から晩期を通じて利用されていたこと，土器付着植物遺体がおもに晩期の土器内面に付着したものが多く，晩期に土器を用いた植物加工が積極的に行われていたことを明らかにした。同位体分析からは，土器付着植物遺体のように明らかに植物質起源の付着炭化物の分析では，炭素・窒素同位体比が明確に植物質起源の同位体比の値を示すこと，土器付着の編組製品や繊維そのもの，それと一緒に煮炊きされていた内容物の同位体比が異なることなどを明らかにした。

栃木県寺野東遺跡の研究では，下宅部遺跡で明らかになった植物利用の変遷を，関東平野の別の遺跡における植物利用と対比することを主要な課題として，低地遺構群の年代的位置づけを明確化することを試みた。下宅部遺跡と同様に遺構群の体系的な^{14}C年代測定を行い，またもっとも規模が大きい水場遺構であるSX-048についてはウイグルマッチング法を適用して，水場遺構の高精度年代決定を試みた。ウイグルマッチングの結果から，SX-048 No.353の木材は大洞BC式期頃に伐採され，水場遺構の構成材として使用された可能性が高いことを示した。また，寺野東

遺跡の遺構群は下宅部遺跡のS-3期からS-5期と対応する時期であり，植物利用や低地利用の傾向にも共通性がみられること，遺跡の終焉の時期も両者で共通していることを明らかにした。

以上が本書で示した主要な研究の成果である。

2── 今後の課題

　本書で提示した環境史と考古編年との時間的対応関係は，第四紀学的視点，生態学的視点，考古学的視点から環境と人類活動との相互関係を明らかにしていくうえで，時間的枠組みの整備として重要な位置づけにある。しかしながら，環境に対する人類の活動の日本列島内での空間的な多様性を検討していくためには，対象とした範囲以外の地域の状況についても，総合的に議論していく必要がある。今後の研究課題として，以下の点を挙げておきたい。

①列島全域における考古編年の^{14}C年代の把握

　最終氷期の年代域については，海水準変動による地理的独自性を重視して，古本州島に含まれる範囲を対象としたが，年代測定例が不足している時期・地域も多い。特に，本州東北部，本州西半部，九州などについては，^{14}C年代測定事例が少ないため，まずは基礎資料となる^{14}C年代測定事例を今後蓄積していかなければならないだろう。

　後氷期については，近年，土器付着炭化物の年代測定事例が各地で急速に増加しつつある。北陸地方においては，山本直人による一連の研究成果（山本 1997, 1998, 1999b, 2002）があり，筆者も石川県御経塚遺跡の資料をもとに，縄文時代後・晩期土器型式編年とその年代について議論したことがある（工藤ほか 2008）。しかしながら，全般的に後氷期の段階の土器型式に対する年代測定事例が少ないため，通時的な比較を関東平野と同様のレベルで行うことは現時点では難しい。加えて，北海道島や本州東北部の沿岸地域の遺跡では，土器付着炭化物が海洋リザーバー効果を受けている事例が多く，土器型式の年代学的研究を困難なものにしている。

　いずれにしろ，最終氷期の年代域，後氷期の年代域ともに，今後，新たな測定事例を着実に蓄積していき，時間軸を立体的に組み立てていかなければならない。すでに測定されたものでも，石器群や土器群の編年的位置づけと^{14}C年代測定結果が一致していないものもある。分析が可能なものは，再測定を進めていくことが必要である。

　本書で設定した環境史の段階区分は，いずれもグローバルな気候変動と対応すると考えられる画期の年代にもとづいており，日本列島のどの地域においても，画期の年代そのものは適用可能であると考えている。問題は，考古学的な相対編年を^{14}C年代に置き換える作業を行うことと，本書で設定した各段階に応じて，各地域の通時的な環境変化をより具体的に把握することである。これにより，同一の段階での地域的環境に対する人類の適応の内容と，その地域的な違いについて議論を深めていくことが可能となるだろう。

②適応の内容に関する研究へ

　しかしながら，このような年代学的研究はあくまで「時間的対応関係の研究」であり，環境と人類活動との「相関関係の研究」，あるいは「生態系史の研究」の段階には到達していない。そのため，人類の環境への適応の具体的内容を明らかにするために，より詳細な地域生態系や集落生態系に焦点をあてた研究も進めていかなければならない。

　本書で示した下宅部遺跡の分析は，本書で設定したPG Cold-1（約5,900～4,400 cal BP）からPG Cold-2（約4,400～2,800 cal BP）にかけての古環境変化と人類活動の関係を，植物利用の変遷という観点から，関東平野西部という地域にかぎって分析したものである。PG Cold-1とPG Cold-2にかけての植物利用の変化の問題は考古学的にも非常に重要であり，今後，同様の視点からの分析事例，比較検討事例を増やしていくことで，当該期の植物利用の実態を解明していかなければならない。加えて，これまでに報告・研究されてきた，植物利用に関する資料を体系的に整理することも必要である。植物利用の変化を大局的に把握していくことと，遺跡レベルでの詳細な分析は，どちらか一方が特別に重要というわけではない。相互に研究の成果をフィードバックさせつつ，研究を深化させていくことが，今後の重要な課題であろう。

　また，人と環境との相互関係の追究には人が利用した動植物の研究だけでなく，それを利用した人々の技術に関する考古学的分析が必要不可欠である。筆者は現在，土器の内面付着物の分析から土器で煮炊きされた内容物の研究を進めている。同様の研究は吉田邦夫（2006, 2010）や國木田大ら（國木田ほか 2009a, 2009b）も進めているが，まだ土器付着物の^{14}C年代測定ほど一般化しておらず，筆者ら以外にはほとんど行われていないのが現状である。土器内面付着物の分析は，あくまで人類活動と環境とをつなぐ一つの方法にすぎないが，人々が資源をどのように利用し，それが時間的にどのように変化していったのかを，今後さまざまな角度から明らかにしていきたいと考えている。

③国境横断的な研究を目指して

　最終氷期に相当する後期旧石器時代初頭から縄文時代草創期までの時期と，後氷期すなわち縄文時代早期以降の古環境は，気候的にも植生的にも大きく異なっていたことは明らかであるが，後氷期においても，気候変化に応じて植生や利用可能な食料資源も変化してきたと考えられる。

　谷口康浩（2002）は，縄文時代におけるクリの集中的利用が縄文時代早期から加速すると主張する。しかし，吉川昌伸（1999b）などの研究を考慮すれば，関東平野でクリが顕著にみられるのは後氷期のPG Warm-2（約8,400～5,900 cal BP）以降であり，特に利用が活発化するのはPG Cold-1（約5,900～4,400 cal BP）の時期である。谷口（2002）が早期初頭のクリの集中的利用の一例として取り上げているのは，滋賀県の粟津湖底遺跡のクリ塚の検出事例である（滋賀県教育委員会 2002）。粟津湖底遺跡が残された早期初頭の時期（本書のPG Warm-1）に，仮に近畿地方でクリの集中的利用があったとしても，関東平野や本州東北部においてクリが顕著になるPG Warm-2の時期には，近畿地方では照葉樹林が拡大し，むしろクリの利用は低調である（滋賀県教育委員会 1997）。生態学的に考えれば，各段階，各地域の生態系とそれらへの適応の違いとし

て区別するべきであろう。

　第1章でも指摘したように，日本の「縄文時代」，「縄文文化」を一つとして考え，その特質を明らかにしようとする歴史観がこのような考え方に影響をおよぼしているのではないだろうか。縄文文化の独自性の根拠の一つとして，日本列島が大陸から離れた地理的環境であることが指摘される場合もあるが，最終氷期には，古サハリン－北海道半島と古本州島が存在していたのであり，北海道は後氷期の初頭まで大陸の一部であったことも，強く意識するべきであろう。この点も，過去の環境の地域的多様性と，その変化の過程を詳細に明らかにして，考古編年と対応づけることが重要である理由の一つである。

　これはあくまで一例であるが，この時期の文化的特徴については，「縄文文化のクリ利用」説にみるように，それを「日本の縄文文化の特徴」として安易に一般化する傾向がある。しかしながら，人類の適応の実態に迫るには，生態系の変化に対応した人類の食料資源利用の多様性や時間的変遷を考慮することが不可欠である。

　なお，本書で提示した数値年代にもとづく環境史と人類活動との対比の枠組みは，日本列島のみならず，隣接地域，あるいは日本列島とは直接接点のない，たとえば北ヨーロッパの同時期の先史狩猟採集民との比較研究においても有効であると考えている。このような比較考古学的研究は，地理的に近い朝鮮半島やユーラシア大陸の日本海沿岸部を対象とするほうが適していると考える研究者も多い。しかし，第四紀学的視点・生態学的視点を取り入れた複合領域の研究が，それらの地域でも必ずしも進展しているとはかぎらない。また，このような比較研究は，時空間上に断片的に発見される考古学的諸事象のなかに，どのような視点から同一性・差異性を認識するかの問題であるから，そのような研究が進展しているヨーロッパとの比較研究は，実践面での有効性を考えた場合には優先度が高い。

　今から約37,000年前以降，日本列島で人類が環境との間でどのような関係を築き，生存していたのか，また，環境が変化していくなかでそれがどのように変化していったのか。人類活動と自然環境との相関関係を追究することは，過去の人類の研究であるとともに，現代的な問題をも含んでいる。本書はそのような研究の第一歩にすぎないが，今後，先史時代における環境文化史研究を，より一層進展させていきたい。

引用文献

アーバンクボタ編集室 1996『アーバンクボタ35　特集＝野尻湖と最終氷期の古環境』，クボタ
始良町教育委員会編 2005『建昌城跡』（始良町埋蔵文化財発掘調査報告書第10集），始良町教育委員会
青森県埋蔵文化財調査センター編 1999『櫛引遺跡』，青森県教育委員会
青森県埋蔵文化財調査センター編 2009『坪毛沢 (1) 遺跡Ⅱ・柴山 (1) 遺跡Ⅱ・大坊頭遺跡・赤平 (1) 遺跡・赤平 (2) 遺跡Ⅱ』（青森県埋蔵文化財調査報告書第449集），青森県教育委員会
青森県埋蔵文化財調査センター編 2011『五川目 (6) 遺跡』（青森県埋蔵文化財調査報告書第502集），青森県教育委員会
赤澤威・米田穣・吉田邦夫 1993「北村縄文人骨の同位体食性分析」『長野県埋蔵文化財センター発掘調査報告書14─明科町内─北村遺跡』，pp.445-468, 長野県埋蔵文化財センター
あきる野市前原遺跡調査団編 2001『伊奈砂沼』，あきる野市前原遺跡調査会
阿部芳郎 1996「食物加工技術と縄文土器」『季刊考古学』55, pp.21-26, 雄山閣
雨宮瑞生 1992「南九州縄文草創期資料の新旧関係」『鹿児島考古』26, pp.99-103
雨宮瑞生 1994「南九州縄文時代草創期土器編年─太めの隆帯文土器から貝殻円筒形土器への変遷─」『南九州縄文通信』8, pp.1-12
雨宮瑞生 1997「南九州縄文時代草創期土器編年（補遺）─南九州縄文時代草創期土器編年他地域土器との関連性の模索─」『南九州縄文通信』11, pp.21-30
有明文化財研究所・万福寺遺跡群発掘調査団編 2005「万福寺遺跡群」『有明文化財研究所・万福寺遺跡群発掘調査団
安昭炫・辻誠一郎・國木田大・吉田邦夫 2008「青森県，津軽西海岸における旧期クロスナ層とトチノキ林の形成」『環境文化史研究』1, pp.47-53, 環境文化史研究会
池田晃子・奥野充・中村俊夫・筒井正昭・小林哲夫 1995「南九州，始良カルデラ起源の大隅降下軽石と入戸火砕流中の炭化樹木の加速器質量分析法による^{14}C年代」『第四紀研究』34, pp.377-379
池谷信之・冨樫孝志・麻柄一志 2010「東海・北陸地方」『講座日本の考古学　第1巻旧石器時代（上）』，pp.124-155, 青木書店
出穂雅実・赤井文人 2005「北海道の旧石器編年─遺跡形成過程論とジオ・アーケオロジーの適用─」『旧石器研究』1, pp.39-55
泉拓良 2000「新たな縄文観の創造に向けて」『季刊考古学』69, pp.14-17
伊藤祐輔 2009「笹山原No.16遺跡の放射性炭素年代測定」『第23回東北日本の旧石器文化を語る会予稿集』，pp.35-37
稲田孝司 2009「恩原1遺跡発掘調査成果の総括」『恩原1遺跡』，pp.345-348, 恩原遺跡発掘調査団
稲田孝司・佐藤宏之編 2010『講座日本の考古学1　旧石器時代（上）』，青木書店
茨城県教育財団編 2009『塚本遺跡・豆薬師北遺跡・谷ッ遺跡』（茨城県教育財団文化財調査報告第310集），茨城県教育財団
指宿市教育委員会編 2002『水迫遺跡Ⅱ』（指宿市埋蔵文化財発掘調査報告書第35集），指宿市教育委員会
今村啓爾 1999『縄文の実像を求めて』（歴史文化ライブラリー76），吉川弘文館
今村啓爾 2002『縄文の豊かさと限界』（日本史リブレット2），山川出版社
今村峯雄 2000「考古学における^{14}C年代測定─高精度化と信頼性に関する諸問題─」馬渕久夫・富永健編『考古学と化学を結ぶ』，pp.55-82, 東京大学出版会
今村峯雄 2001「縄文～弥生時代移行期の年代を考える─問題と展望─」『第四紀研究』40, pp.509-516
今村峯雄 2002「三内丸山遺跡のクリ材の年代測定結果について」『三内丸山遺跡年報』5, pp.15-17, 青森県教育委員会
今村峯雄 2003「AMS─^{14}C法と弥生時開始期の暦年代─」『歴博』120, pp.6-10
今村峯雄編 2004『縄文時代・弥生時代の高精度編年体系の構築』（平成13～15年度文部科学省研究費補助金基盤研究（A1）研究成果報告書），国立歴史民俗博物館
今村峯雄 2005「炭素年代測定値の暦年較正におけるいくつかの課題─統計的課題と試料の海洋リザーバー効果─」西本豊弘編『弥生農耕の起源と東アジア─炭素年代測定による高精度編年体系の構築─』（平成16～20年度文部科学省・科学研究費補助金学術創成研究費（2）平成16年度研究成果報告書），pp.166-173, 国立歴史民俗博物館
今村峯雄・小林謙一・坂本稔・西本豊弘 2003「AMS^{14}C年代測定と土器編年との対比による高精度編年の研究」『考古学と自然科学』45, pp.1-18
今村峯雄・辻誠一郎・春成秀爾 1999「炭素14年代の新展開」『考古学研究』46-3, pp.90-100
今村峯雄・藤尾慎一郎 2009「炭素14の記録から見た自然環境変動」設楽弘己・藤尾慎一郎・松木武彦編『弥生時代の考古学2　弥生文化誕生』，pp.47-58, 同成社

入広瀬村教育委員会・魚沼地域洞窟遺跡発掘調査団編 2004『黒姫洞窟遺跡第1期発掘調査報告書』，入広瀬村教育委員会
岩内明子・長谷隆 1992「熊本平野および阿蘇カルデラ地域における最終氷期以降の植生変遷」『日本花粉学会会誌』38-2, pp.116-133
岩瀬彬・橋詰潤・出穂雅実 2010「日本列島の後期更新世後半における陸生哺乳動物相研究の現状と課題」『論集忍路子』Ⅲ, pp.89-121
岩手県文化振興事業団埋蔵文化財センター編 1995『大渡Ⅱ遺跡発掘調査報告書』（岩手県文化振興事業団埋蔵文化財調査報告書第215集），（財）岩手県文化振興事業団埋蔵文化財センター編
岩手県文化振興事業団埋蔵文化財センター編 1999『峠山牧場Ⅰ遺跡A地区発掘調査報告書』（岩手県文化振興事業団埋蔵文化財調査報告書第291集），（財）岩手県文化振興事業団埋蔵文化財センター
岩手県文化振興事業団埋蔵文化財センター編 2004『早坂平遺跡発掘調査報告書』（岩手県文化振興事業団埋蔵文化財調査報告書第437集），（財）岩手県文化振興事業団埋蔵文化財センター
岩手県文化振興事業団埋蔵文化財センター編 2009『岩洞堤遺跡発掘調査報告書』（岩手県文化振興事業団埋蔵文化財調査報告書第531集），（財）岩手県文化振興事業団埋蔵文化財センター
岩手県文化振興事業団埋蔵文化財センター編 2010『斉羽場舘跡発掘調査報告書』（岩手県文化振興事業団埋蔵文化財調査報告書第561集），岩手県文化振興事業団埋蔵文化財調査センター
印旛郡市文化財センター編 2004『印旛の原始・古代―旧石器時代編―』，印旛郡市文化財センター
後牟田遺跡調査団編 2002「後牟田遺跡　宮崎県川南町後牟田遺跡における旧石器時代の研究」『川南町教育委員会
雲仙市教育委員会編 2007『龍王遺跡Ⅱ・真正寺条里跡』（雲仙市文化財調査報告書（概報）第2集），雲仙市教育委員会
江坂輝弥 1954「海岸線の進退から見た日本の新石器時代」『科学朝日』14-3, pp.75-80
江原英 1996「栃木県寺野東遺跡谷部の遺構について」『考古学ジャーナル』405, pp.12-17
遠藤邦彦 1978『考古学ライブラリー1　^{14}C年代測定法』，ニューサイエンス社
遠藤邦彦・小杉正人 1990「海水準変動と古環境」『モンスーンアジアの環境変遷　総合地誌研究叢書20』，pp.93-103, 広島大学総合地誌研究資料センター
遠藤邦彦・小杉正人・松下まり子・宮地直道・菱田量・高野司 1989「千葉県古流山湾周辺域における完新世の環境変遷史とその意義」『第四紀研究』28, pp.61-77
遠藤邦彦・関本勝久・高野司・鈴木正章・平野幸弘 1983「関東平野の沖積層」『アーバンクボタ』21, pp.26-43
大分県教育庁埋蔵文化財センター編 2009『茶屋久保B遺跡』（大分県教育庁埋蔵文化財センター発掘調査報告書第45集），大分県教育庁埋蔵文化財センター
大井信夫・辻誠一郎 1987「北江古田遺跡の後期更新世以降の花粉学」『北江古田遺跡発掘調査報告書2』，pp.434-465, 中野区・北江古田遺跡調査会
大井信夫・南木睦彦・能城修一 1991「板井寺ヶ谷遺跡の植物化石と周辺の古植生」『板井寺ヶ谷遺跡―旧石器時代編―』，pp.17-84, 兵庫県教育委員会
岡崎浩子・百原新・小林真生子・柳澤清一・岡本東三 2006「房総半島南端館山市沖ノ島遺跡のイベント堆積物」『月刊地球』28, pp.572-576
岡本明郎 1962「日本における土器出現の自然的・社会的背景について」『考古学研究』8-4, pp.10-16
岡本孝之編 1993『湘南藤沢キャンパス内遺跡　第1巻総論』, p.1223, 慶應義塾大学考古学研究室
尾嵜大真 2009「日本産樹木年輪試料の炭素14年代からみた弥生時代の実年代」設楽博己・藤尾慎一郎・松木武彦編『弥生時代の考古学1　弥生文化の輪郭』，pp.225-235, 同成社
小田寛貴・山本直人 2001「縄文土器のAMS ^{14}C年代と較正年代―石川県の縄文時代前期～晩期を中心に―」『考古学と自然科学』42, pp.1-13
小野昭 1998「中部ヨーロッパの更新世―完新世移行期の考古学的様相」『シンポジウム：更新世―完新世移行期の比較考古学』，pp.1-7, 東京都立大学考古学研究室
小野昭 2000a「自然史と人類史」『環境と人類　自然の中に歴史を読む』，pp.2-9, 朝倉書店
小野昭 2000b「氷期―後氷期移行期の環境と人類―中部ヨーロッパ南部の編年の諸問題―」『大塚初重先生頌寿記念考古学論集』，pp.992-1008, 東京堂出版
小野昭 2001a「中部ヨーロッパにおける最終氷期―後氷期の較正年代と考古学」『第四紀研究』40, pp.527-534
小野昭 2001b『打製骨器論』，東京大学出版会
小野昭 2002「中部ヨーロッパの最終氷期と人類の適応」『地学雑誌』111, pp.840-848
小野昭 2011「日本における旧石器時代研究の枠組みと現状」『Anthropological Science (Japanese Series)』119 (1), pp.1-8
小野山節 1985「資料論」近藤義郎・横山浩一・甘粕健・加藤晋平・佐原眞・田中琢・戸沢充則編『岩波講座日本考古学1　研究の方法』，pp.17-42, 岩波書店

小野有五・五十嵐八枝子 1991『北海道の自然史：氷期の森林を旅する』，北海道大学出版会
小畑弘己 2004「磨製石器と植物利用―南九州地方における縄文時代草創期～早期前半の石器生産構造の再検討―」『文学部論叢』82，pp.17-45，熊本大学文学部
小畑弘己 2006「九州縄文時代の堅果類とその利用―東北アジアの古民族植物学的視点より―」『第16回九州縄文研究会大分大会　九州縄文時代の低湿地遺跡と植物性自然遺物』，pp.31-40
小畑弘己 2008「マメ科種子同定法」小畑弘己編『極東先史古代の穀物3』，pp.225-252，熊本大学
小畑弘己 2011『東北アジア古民族植物学と縄文農耕』，同成社
小畑弘己・坂本紀乃・大坪志子 2003「考古学者のためのドングリ識別法」『先史学・考古学論究』1，pp.225-285，龍田考古会
小畑弘己・佐々木由香・仙波靖子 2007「土器圧痕からみた縄文時代後・晩期における九州のダイズ栽培」『植生史研究』15，pp.97-114
恩原遺跡発掘調査団編 2009『恩原1遺跡』，恩原遺跡発掘調査団
遠部慎 2010「円筒形貝殻文土器群の炭素14年代測定」『南九州縄文通信』20下巻，pp.141-153
遠部慎・宮田佳樹 2008「宮崎県における土器付着炭化物の炭素14年代測定―縄文時代前半期を中心に―」『宮崎考古』21，pp.41-54
鹿児島県埋蔵文化財センター編 2006『三角山遺跡群3（三角山Ⅰ遺跡）』（鹿児島県埋蔵文化財センター発掘調査報告書第96集），鹿児島県埋蔵文化財センター
鹿児島市教育委員会編 1992「掃除山遺跡」『鹿児島市埋蔵文化財発掘調査報告書（12）』，鹿児島市教育委員会
笠懸町教育委員会編 2003『西鹿田中島遺跡発掘調査報告書1』，笠懸町教育委員会
加世田市教育委員会編 1999『志風頭遺跡・奥名野遺跡』『加世田市埋蔵文化財発掘調査報告書16』，加世田市教育委員会
加藤建設株式会社埋蔵文化財調査部編 2004『井の頭池遺跡群武蔵野市御殿山遺跡第2地区N地点』，加藤建設株式会社埋蔵文化財調査部
加藤晋平 1985「総論―人間と環境―」近藤義郎・横山浩一・甘粕健・加藤晋平・佐原眞・田中琢・戸沢充則編『岩波講座日本考古学2　人間と環境』，pp.1-18，岩波書店
かながわ考古学財団編 1996『宮ヶ瀬遺跡群Ⅵ―サザランケ（No.12）遺跡―』（かながわ考古学財団調査報告8），かながわ考古学財団
かながわ考古学財団編 1997a『宮ヶ瀬遺跡群Ⅹ―中原（No.13c）遺跡―』（かながわ考古学財団調査報告16），かながわ考古学財団
かながわ考古学財団編 1997b『宮ヶ瀬遺跡群ⅩⅡ―上原（No.13）遺跡―』『かながわ考古学財団調査報告18，かながわ考古学財団
かながわ考古学財団編 1998a『吉岡遺跡群Ⅴ』（かながわ考古学財団調査報告38），かながわ考古学財団
かながわ考古学財団編 1998b『宮ヶ瀬遺跡群ⅩⅣ　北原（No.10・11北）遺跡』（かながわ考古学財団調査報告41），かながわ考古学財団
かながわ考古学財団編 1998c『宮ヶ瀬遺跡群ⅩⅥ　久保の坂（No.4）遺跡』（かながわ考古学財団調査報告42），かながわ考古学財団
かながわ考古学財団編 1999a『吉岡遺跡群Ⅸ―考察・自然科学分析編―』（かながわ考古学財団調査報告49），かながわ考古学財団
かながわ考古学財団編 1999b『福田丙二ノ区遺跡』（かながわ考古学財団調査報告68），かながわ考古学財団
かながわ考古学財団編 1999c『道志道水路関連遺跡　青根馬渡No.1・2・3・4・5遺跡・青根引山遺跡』（かながわ考古学財団調査報告59），かながわ考古学財団
かながわ考古学財団編 2002『用田鳥居前遺跡』（かながわ考古学財団調査報告128），かながわ考古学財団
かながわ考古学財団編 2003『吉岡遺跡群Ⅹ』（かながわ考古学財団調査報告153），かながわ考古学財団
かながわ考古学財団編 2004a『用田大河内遺跡』（かながわ考古学財団調査報告167），かながわ考古学財団
かながわ考古学財団編 2004b『用田南原遺跡』（かながわ考古学財団調査報告168），かながわ考古学財団
かながわ考古学財団編 2004c『山ノ神遺跡・鷹見塚遺跡』（かながわ考古学財団調査報告171），かながわ考古学財団
かながわ考古学財団編 2010『津久井城跡馬込地区』（かながわ考古学財団調査報告249），かながわ考古学財団
兼岡一郎 1998『年代測定概論』，東京大学出版会
金箱文夫 1996「埼玉県赤山陣屋跡遺跡―トチの実加工場の語る生業形態―」『季刊考古学』55，pp.66-71
鎌木義昌・芹沢長介 1965「長崎県福井洞窟―第一次調査の概要―」『考古学集刊』3-1，pp.1-14
鹿又喜隆 2005「東北地方後期旧石器時代初頭の石器の製作技術と機能の研究―岩手県胆沢町上萩森遺跡Ⅱb文化層の分析を通して―」『宮城考古学』7，pp.1-26
鹿又喜隆 2008「発掘調査におけるサンプリングの実践と遺跡形成過程の研究―福島県笹山原No.16遺跡の平安時代住居跡とロ

ーム層包含層の調査成果をもとに―」『第3回年代測定と日本文化研究シンポジウム予稿集』，pp.23-29
鹿又喜隆 2010「後期旧石器時代前半期石器群の機能的考察」『第24回東北日本の旧石器文化を語る会予稿集』，pp.57-69
軽部達也 1994「関東地方における岩宿時代編年と古環境復元の方向性について―関東地域の編年の接点と遺跡の古環境調査
　　　について―」『名古屋大学加速器質量分析計業績報告書』V，pp.81-93
河口貞徳 1982「縄文草創期の貯蔵穴―鹿児島県東黒土田遺跡―」『季刊考古学』創刊号，p.63
川口市遺跡調査会編 1989『赤山 本文編・第1分冊』（川口市遺跡調査会報告第12集），川口市遺跡調査会
河村日佐男・賀佐真一 2006「木柱のC-14測定による年代の推定」『三内丸山遺跡年報』9，pp.74-78，青森県教育委員会
キーリ，C. T.・武藤康弘 1982「縄文時代の年代」加藤晋平・小林達雄・藤本強編『縄文文化の研究1 縄文人とその環境』，
　　　pp.246-275，雄山閣
菊池強一 1988『上萩森遺跡調査報告書』，胆沢町教育委員会
木越邦彦 1978『年代を測る―放射性炭素法―』，中公新書
岐宿町教育委員会編 1998『茶園遺跡』（岐宿町文化財調査報告書第3集），岐宿町教育委員会
北江古田遺跡調査会編 1987a『北江古田遺跡発掘調査報告書1』，北江古田遺跡調査会
北江古田遺跡調査会編 1987b『北江古田遺跡発掘調査報告書2』，北江古田遺跡調査会
清永丈太 1993「花粉分析からみた相模平野西部，歌川低地周辺域における完新世後半の植生変遷史」『第四紀研究』32, pp.31-
　　　40
工藤雄一郎 2003a「更新世終末から完新世移行期における考古学研究の諸問題―環境変遷史と考古学的時間軸との対応関係
　　　―」『古代文化』55-6，pp.16-28
工藤雄一郎 2003b「細石刃石器群の年代に関する諸問題」『シンポジウム　日本の細石刃文化II―細石刃文化研究の諸問題―』，
　　　pp.193-209，八ヶ岳旧石器研究グループ
工藤雄一郎 2005a「本州島東半部における更新世終末期の考古学的編年と環境史との時間的対応関係」『第四紀研究』44, pp.51-
　　　64
工藤雄一郎 2005b「「ナイフ形石器文化終末期」の放射性炭素年代について」『石器文化研究』12，pp.237-244，石器文化研究
　　　会
工藤雄一郎 2006「土壌分析の目的と結果について」『下宅部遺跡I』，pp.257-276，東村山市遺跡調査会
工藤雄一郎 2010「旧石器時代研究における年代と古環境論」稲田孝司・佐藤宏之編『講座日本の考古学　第1巻旧石器時代
　　　（上）』，pp.124-155，青木書店
工藤雄一郎 2011「東黒土田遺跡の堅果類と縄文時代草創期土器群の年代に関する一考察」『考古学研究』58-1，pp.54-65
工藤雄一郎 2012「日本列島における土器出現期の較正年代について―IntCal04とIntCal09の違いおよび「13,000年問題」―」
　　　『国立歴史民俗博物館研究報告』172，pp.101-116
工藤雄一郎・国立歴史民俗博物館年代測定研究グループ 2006a「下宅部遺跡における水場遺構・種実集積遺構などの^{14}C年代
　　　測定」『下宅部遺跡I』，pp.238-245，下宅部遺跡調査会
工藤雄一郎・国立歴史民俗博物館年代測定研究グループ 2006b「下宅部遺跡から出土した漆掻き痕跡のある杭の^{14}C年代測定」
　　　『下宅部遺跡I』，pp.363-366，下宅部遺跡調査会
工藤雄一郎・小林謙一・坂本稔・松崎浩之 2007a「下宅部遺跡における^{14}C年代研究―縄文時代後期から晩期の土器付着炭化
　　　物と漆を例として―」『考古学研究』53-4，pp.51-71
工藤雄一郎・小林謙一・山本直人・吉田淳・中村俊夫 2008「石川県御経塚遺跡から出土した縄文時代後・晩期土器の年代学的
　　　研究」『第四紀研究』47，pp.409-423
工藤雄一郎・小林謙一・江原英・中村俊夫 2009a「栃木県小山市寺野東遺跡から出土した縄文時代後・晩期の木組遺構の高精
　　　度年代測定」『植生史研究』17，pp.13-25
工藤雄一郎・小林真生子・百原新・能城修一・中村俊夫・沖津進・柳澤清一・岡本東三 2009b「千葉県沖ノ島遺跡から出土し
　　　た縄文時代早期のアサ果実の^{14}C年代」『植生史研究』17，pp.29-33
工藤雄一郎・佐々木由香 2010「東京都東村山市下宅部遺跡から出土した縄文土器付着植物遺体の分析」『国立歴史民俗博物館
　　　研究報告』158，pp.1-26
工藤雄一郎・佐々木由香・坂本稔・小林謙一・松崎浩之 2007b「東京都下宅部遺跡から出土した縄文時代後半期の植物利用に
　　　関連する遺構・遺物の年代学的研究」『植生史研究』15，pp.5-17
工藤雄一郎・白石浩之・中村俊夫 2011「愛知県田原市宮西遺跡から出土した縄文時代草創期の土器付着物および炭化材の^{14}C
　　　年代測定2」『名古屋大学加速器質量分析計業績報告書』22，pp.199-210，名古屋大学年代測定総合研究センター
工藤雄一郎・山本直人 2009「大阪府松原市三宅西遺跡から出土した縄文時代後期の土器付着物の^{14}C年代測定」大阪府文化財
　　　センター編『三宅西遺跡』，pp.464-469，大阪府文化財センター
工藤雄一郎・吉田邦夫 2006「下宅部遺跡，古墳時代・古代・中世の放射性炭素年代」『下宅部遺跡II（弥生・古墳・古代・中

世・近世編)』, pp.401-416, 下宅部遺跡調査会
國木田大 2008「東北地方北部におけるトチノキ利用の変遷」『環境文化史研究』1, pp.7-26, 環境文化史研究会
國木田大・吉田邦夫 2007「AMS法による^{14}C年代測定」由利本荘市教育委員会編『菖蒲崎貝塚平成18年度発掘調査概報』, pp.39-48, 由利本荘市教育委員会
國木田大・吉田邦夫・児玉大成 2009「小牧野遺跡における土器付着物の^{14}C年代測定」『青森県考古学』17, pp.21-26
國木田大・吉田邦夫・辻誠一郎 2009「押出遺跡のクッキー状炭化物」『日本考古学協会2009年度山形大会研究発表資料集』, pp.241-249, 日本考古学協会
熊本県教育委員会編 1999『石の本遺跡群Ⅱ』(熊本県文化財調査報告第178集), 熊本県教育委員会
熊本県教育委員会編 2001『石の本遺跡群Ⅳ』(熊本県埋蔵文化財調査報告第195集), 熊本県教育委員会
熊本県教育委員会編 2003『河陽F遺跡』(熊本県文化財調査報告第209集), 熊本県教育委員会
熊本県教育委員会編 2010『瀬田池ノ原遺跡』(熊本県文化財調査報告第252集), 熊本県教育委員会
熊本大学考古学研究室編 2007『阿蘇における旧石器文化の研究』(熊本大学文学部考古学研究室報告第2集), 熊本大学考古学研究室
公文富士夫・河合小百合・井内美郎 2003「野尻湖湖底堆積物中の有機炭素・全窒素率および花粉分析に基づく約25,000～6,000年前の気候変動」『第四紀研究』42, pp.13-26
公文富士夫・河合小百合・井内美郎 2009「野尻湖堆積物に基づく中部日本の過去7.2万年間の詳細な古気候復元」『旧石器研究』5, pp.3-10
栗原市教育委員会編 2010『大久保遺跡』(栗原市文化財調査報告書第12集), 栗原市教育委員会
黒尾和久 2001「「クルミ貯蔵穴」考―砂沼谷戸の縄文時代―」『伊奈砂沼』, pp.116-125, あきる野市前原遺跡調査会
黒尾和久・小林謙一・中山真治 1995「住居埋設土器の接合関係からみた廃棄行為の復元―南関東縄文時代中期の事例から―」『シンポジウム縄文時代中期集落研究の新地平　発表要旨・資料』, pp.1-21, 縄文中期集落研究グループ
桑畑光博 2011「宮崎県王子山遺跡の発掘調査」『考古学ジャーナル』614, pp.30-31
群馬県埋蔵文化財調査事業団編 1999『三和工業団地Ⅰ遺跡1』(群馬県埋蔵文化財調査事業団調査報告書第246集), 群馬県埋蔵文化財調査事業団
群馬県埋蔵文化財調査事業団編 2007『吹屋遺跡』(群馬県埋蔵文化財調査事業団調査報告書第405集), 群馬県埋蔵文化財調査事業団
群馬県埋蔵文化財調査事業団編 2008a『上武道路・旧石器時代遺跡群1』(群馬県埋蔵文化財調査事業団調査報告書第418集), 群馬県埋蔵文化財調査事業団
群馬県埋蔵文化財調査事業団編 2008b『白井十二遺跡』(群馬県埋蔵文化財調査事業団調査報告書第427集), 群馬県埋蔵文化財調査事業団
群馬県埋蔵文化財調査事業団編 2010『上白井西伊熊遺跡―旧石器時代編―』(群馬県埋蔵文化財調査事業団調査報告書第480集), 群馬県埋蔵文化財調査事業団
見城敏子 1999「出土木材の保存について」『文化財の虫菌害』38, pp.21-25
小金井市遺跡調査会編 1989『野川中州北遺跡―自然科学分析編―』, 小金井市遺跡調査会
國學院大學考古学研究室編 2010『本ノ木遺跡2007年度発掘調査報告書』(國學院大學文学部実習報告第42集), 國學院大學考古学研究室
国立歴史民俗博物館年代測定研究グループ・工藤雄一郎 2006「東京都東村山市下宅部遺跡出土土器付着物及び土器付着漆の^{14}C年代測定」『下宅部遺跡Ⅰ』, pp.301-312, 下宅部遺跡調査会
国立歴史民俗博物館年代測定研究グループ・小林謙一 2008「神奈川県平塚市真田・北金目遺跡群出土試料の^{14}C年代測定」『平塚市真田・北金目遺跡群発掘調査報告書6　第3分冊』, pp.196-203, 真田・北金目遺跡調査会
小杉正人 1990「完新世における東京湾の環境変遷史の時期区分」『関東平野』3, pp.39-58
小谷凱宣 1975「第四紀学―旧石器時代人の生活復元と関連して―」『日本の旧石器文化1　総論編』, pp.177-196, 雄山閣
児玉健一郎 1999「南九州を中心とする隆帯文土器の編年」『鹿児島考古』33, pp.137-150
児玉健一郎 2008「南九州隆帯文・爪形文系土器」小林達雄編『総覧縄文土器』, pp.25-33, アムプロモーション
小林謙一 2004『縄紋社会研究の新視点：炭素14年代測定の利用』, 六一書房
小林謙一 2006「関東地方縄紋時代後期の実年代」『考古学と自然科学』54, pp.13-33
小林謙一 2007a「縄紋時代前半期の実年代」『国立歴史民俗博物館研究報告』137, pp.89-133
小林謙一 2007b「関東における弥生時代の開始年代」『新弥生時代のはじまり第2巻　縄文時代から弥生時代へ』, pp.52-65, 雄山閣
小林謙一 2008「日本列島における初期定住化遺構の年代測定研究」『白門考古論叢Ⅱ』, pp.1-28, 中央大学考古学研究会
小林謙一・今村峯雄 2002「向郷遺跡出土試料の炭素年代測定」『立川市埋蔵文化財調査報告12　向郷遺跡Ⅵ』, pp.88-92, 立川

市教育委員会
小林謙一・今村峯雄 2003a「藤沢市南鍛冶山遺跡下の根地区出土土器の炭素年代測定」『南鍛冶山遺跡発掘調査報告書第10巻　古代6・附編』，藤沢市教育委員会
小林謙一・今村峯雄 2003b「油壺遺跡出土土器の炭素年代測定」『油壺遺跡』（三浦市埋蔵文化財調査報告書第11集），pp.157-160
小林謙一・今村峯雄・坂本稔 2003a「町田市田端遺跡出土土器の炭素年代測定」『田端遺跡―田端環状積石遺構周辺地域における詳細分布調査報告書―』，町田市教育委員会
小林謙一・今村峯雄・坂本稔 2003b「新潟県黒川村分谷地A遺跡出土試料の炭素年代測定」『分谷地A遺跡Ⅱ下段（Ⅴ区）編―縄文時代漆製品―』，黒川村教育委員会
小林謙一・今村峯雄・坂本稔 2004a「群馬県安中市向原遺跡出土試料の^{14}C年代測定」『天神林遺跡・砂押Ⅲ遺跡・大道南Ⅱ遺跡・向原Ⅱ遺跡』，pp.417-421，安中市教育委員会
小林謙一・今村峯雄・坂本稔 2004b「多摩ニュータウンNo.520遺跡出土試料の炭素年代測定」『多摩ニュータウンNo.520遺跡』（東京都埋蔵文化財センター調査報告第137集），東京都埋蔵文化財センター
小林謙一・今村峯雄・坂本稔 2004c「焼町土器の炭素年代と暦年較正」『国立歴史民俗博物館研究報告』120，pp.37-55
小林謙一・今村峯雄・坂本稔・陳建立 2004「多摩ニュータウン内No.243遺跡出土土器付着物の^{14}C年代測定」『多摩ニュータウン遺跡―No.243・244遺跡―（古墳時代以降）第2分冊』（東京都埋蔵文化財センター調査報告第155集），pp.1-11，東京都埋蔵文化財センター
小林謙一・今村峯雄・坂本稔・西本豊弘・松崎浩之 2004「AMS ^{14}C年代測定による関東地方縄紋時代後期の暦年較正年代」『日本考古学協会第70回総会研究発表要旨』，pp.69-72
小林謙一・今村峯雄・西本豊弘・坂本稔 2003「AMS ^{14}C年代による縄紋土器型式の変化の時間幅」『日本考古学協会第69回総会研究発表要旨』，pp.29-32，日本考古学協会
小林謙一・今村峯雄・坂本稔・松崎浩之 2004「長野県箕輪町荒城遺跡2次調査出土炭化材の^{14}C年代測定」『荒城遺跡　平成13年度箕輪町町営住宅建替事業に伴う埋蔵文化財第2次緊急発掘調査出土炭化材の炭素14年代測定』，箕輪町教育委員会
小林謙一・今村峯雄・春成秀爾 2005「大和市上野遺跡出土縄紋草創期土器付着物の^{14}C年代」『大和市史研究』31，pp.1-11，大和市役所総務部総務課
小林謙一・遠部慎 2011「上黒岩遺跡の炭化材・貝類の炭素14年代測定」『国立歴史民俗博物館研究報告』154，pp.504-510
小林謙一・坂本稔・尾嵜大真・新免歳靖・村本修三 2004「東京都御殿山遺跡出土縄紋草創期土器付着物の^{14}C年代測定」『井の頭池遺跡群御殿山遺跡第2地区N地点』，pp.60-63，加藤建設株式会社埋蔵文化財調査部
小林謙一・坂本稔・尾嵜大真・新免歳靖 2004「黒姫洞窟遺跡出土土器付着物の^{14}C年代測定」『黒姫洞窟遺跡第1期発掘調査報告書』，pp.90-93，入広瀬村教育委員会
小林謙一・坂本稔・尾嵜大真・新免歳靖・西本豊弘・永嶋正春・松崎浩之 2005「千葉県印西市西根遺跡出土試料の^{14}C年代測定」『印西市西根遺跡』（千葉県文化財センター調査報告書第500集），pp.304-321，千葉県文化財センター
小林謙一・坂本稔・松崎浩之 2005「稲荷山貝塚出土試料の^{14}C年代測定―層位的出土状況の分析と海洋リザーバー効果の検討のために―」『縄文時代』16，pp.209-226
小林謙一・坂本稔・尾嵜大真・新免歳靖・村本修三 2005「神奈川県万福寺No.1遺跡出土縄紋草創期土器付着物の^{14}C年代測定」『万福寺遺跡群』，pp.517-520，有明文化財研究所・万福寺遺跡群発掘調査団
小林謙一・坂本稔・工藤雄一郎編 2009「企画展示　縄文はいつから!?　1万5千年前になにがおこったのか」，国立歴史民俗博物館
小林謙一・新免歳靖・坂本稔・松崎浩之・村本周三・早坂廣人 2005「埼玉県富士見市水子貝塚出土堅果類の^{14}C年代測定」『富士見市立資料館要覧2005』，pp.31-38，富士見市立資料館
小林達雄 1962「無土器文化から縄文文化の確立まで」『上代文化　別冊―創立八十周年記念若木祭展示目録―』，pp.6-12，國學院大學考古学会
小林達雄 1974「縄文土器の起源」『考古学ジャーナル』100，pp.26-30
小林達雄 1982「総論」加藤晋平・小林達雄・藤本強編『縄文文化の研究3　縄文土器Ⅰ』，pp.3-15，雄山閣
小林達雄編 2008『総覧　縄文土器』，アム・プロモーション
小林哲夫・溜池俊彦 2002「桜島火山の噴火史と火山災害の歴史」『第四紀研究』41，pp.269-278
小林真生子・百原新・沖津進・柳澤清一・岡本東三 2008「千葉県沖ノ島遺跡から出土した縄文時代早期のアサ果実」『植生史研究』16，pp.11-18
埼玉県埋蔵文化財調査事業団編 1988『姥原遺跡』（埼玉県埋蔵文化財調査事業団報告書第72集），埼玉県埋蔵文化財調査事業団
埼玉県立博物館編 1982『寿能泥炭層遺跡発掘調査報告書　自然遺物編』，埼玉県教育委員会

阪口豊・谷村好洋 1988「谷津台遺跡の古環境」自然科学編『谷津台遺跡発掘調査報告書』，pp.35-60，山武考古学研究所
酒詰仲男 1942「南関東石器時代貝塚の貝類相と土器型式の関係に就いて」『人類学雑誌』57，pp.245-250
酒詰仲男 1961『日本縄文石器時代食料総説』，土曜会
相模原市教育委員会編 2003『田名向原遺跡Ⅰ』，相模原市教育委員会
相模原市教育委員会編 2004『田名向原遺跡Ⅱ』，相模原市教育委員会
坂本稔 2004a「同位体化学としての炭素14年代法」『季刊考古学』88，pp.56-59，雄山閣
坂本稔 2004b「試料精製とグラファイト調製」『縄文時代・弥生時代の高精度編年体系の構築』（平成13〜15年度文部科学省科学研究費補助金基盤研究（A）(1)成果報告書），pp.25-26，国立歴史民俗博物館
坂本稔 2006a「炭素14年代測定法の原理」『新弥生時代のはじまり第1巻 弥生時代の新年代』，pp.29-34，雄山閣
坂本稔 2006b「同位体化学としての炭素14年代測定法」『新弥生時代のはじまり第1巻 弥生時代の新年代』，pp.35-39，雄山閣
坂本稔 2007「安定同位体比に基づく土器付着物の分析」『国立歴史民俗博物館研究報告』137，pp.305-315
坂本稔・小林謙一・尾嵜大真・中村俊夫 2005「ウィグルマッチングによる奈良県唐古・鍵遺跡出土柱の年代測定」『名古屋大学加速器質量分析計業績報告書』XVI，pp.91-94
坂本稔・春成秀爾・小林謙一 2006「大阪府瓜生堂遺跡出土弥生中期木棺の年代」『国立歴史民俗博物館研究報告』133，pp.71-83
佐久市教育委員会編 1999『八風山遺跡群』（佐久市埋蔵文化財調査報告書第75集），佐久市教育委員会
佐久市教育委員会編 2006『天神小根遺跡』（佐久市埋蔵文化財調査報告書第136集），佐久市教育委員会
佐々木由香 2000「縄文時代の「水場遺構」に関する基礎的研究」『古代』108，pp.93-127
佐々木由香 2006「土器付着植物遺体」下宅部遺跡調査団編『下宅部遺跡Ⅰ(1)』，pp.223-235，東村山市遺跡調査会
佐々木由香 2007a「水場遺構」小杉康・谷口康浩・西田泰民・水之江和同・矢野健一編『縄文時代の考古学5 なりわい―食料生産の技術―』，pp.51-63，同成社
佐々木由香 2007b「種実と土木用材からみた縄文時代中期後半〜晩期の森林資源利用―関東平野を中心として―」安斎正人・高橋龍三郎編『縄紋時代の社会考古学』，pp.211-237，同成社
佐々木由香・工藤雄一郎 2006「大型植物遺体」下宅部遺跡調査団編『下宅部遺跡Ⅰ』，pp.183-222，下宅部遺跡調査団
佐々木由香・工藤雄一郎・百原新 2007「東京都下宅部遺跡の大型植物遺体からみた縄文時代後半期の植物資源利用」『植生史研究』15，pp.35-50
佐々木由香・能城修一 2004「東京都下宅部遺跡の水場遺構構成材から復元する縄文時代後期の森林資源利用」『植生史研究』12，pp.37-46
佐世保市教育委員会 2010『市内遺跡発掘調査報告書』（佐世保市文化財調査報告書第4集），佐世保市教育委員会
佐藤宏之 1992『日本旧石器文化の構造と進化』，柏書房
佐藤宏之 2002「後牟田遺跡第Ⅲ文化層の編年的意義と行動論」『後牟田遺跡 宮崎県川南町後牟田遺跡における旧石器時代の研究』，pp.382-395，川南町教育委員会
佐藤宏之 2007「序論」佐藤宏之編『ゼミナール旧石器考古学』，pp.5-13，同成社
佐藤誠 1996「古鬼怒湾奥部における海進・海退―貝塚の貝類相から見た海岸線の変化―」『茨城県史研究』77，pp.1-20
沢田健・有田陽子・中村俊夫・秋山雅彦・亀井節夫・中井信之 1992「加速器質量分析計を用いた^{14}C年代測定による野尻湖層の編年」『地球科学』46-2，pp.133-142
滋賀県教育委員会編 1997『粟津湖底遺跡第3貝塚（粟津湖底遺跡Ⅰ）』，滋賀県教育委員会
滋賀県教育委員会編 2002『粟津湖底遺跡自然流路（粟津湖底遺跡Ⅲ）』，滋賀県教育委員会
静岡県埋蔵文化財調査研究所編 2000『池田B遺跡』（静岡県埋蔵文化財調査研究所調査報告第122集），静岡県埋蔵文化財調査研究所
静岡県埋蔵文化財調査研究所編 2003『大岡元長窪線関連遺跡Ⅰ』（静岡県埋蔵文化財調査研究所調査報告第138集），静岡県埋蔵文化財調査研究所
静岡県埋蔵文化財調査研究所編 2006『西山遺跡（第二東名No.2地点）』（静岡県埋蔵文化財調査研究所調査報告第170集），静岡県埋蔵文化財調査研究所
静岡県埋蔵文化財調査研究所編 2007『向田A遺跡』（静岡県埋蔵文化財調査研究所調査報告第178集），静岡県埋蔵文化財調査研究所
静岡県埋蔵文化財調査研究所編 2008『元野遺跡』（静岡県埋蔵文化財調査研究所調査報告第189集），静岡県埋蔵文化財調査研究所
静岡県埋蔵文化財調査研究所編 2009a『大岡元長窪線関連遺跡Ⅲ』（静岡県埋蔵文化財調査研究所調査報告第205集），静岡県埋蔵文化財調査研究所

静岡県埋蔵文化財調査研究所編 2009b『梅ノ木沢遺跡Ⅱ（旧石器時代編）』（静岡県埋蔵文化財調査研究所調査報告第206集），静岡県埋蔵文化財調査研究所

静岡県埋蔵文化財調査研究所編 2009c『桜畑上遺跡（第二東名No.1地点）』（静岡県埋蔵文化財調査研究所調査報告第208集），p.306，静岡県埋蔵文化財調査研究所

静岡県埋蔵文化財調査研究所編 2009d『丸尾北遺跡』（静岡県埋蔵文化財調査研究所調査報告第210集），静岡県埋蔵文化財調査研究所

雫石町教育委員会編 2008『板橋Ⅲ遺跡』（雫石町埋蔵文化財調査報告書第11集），雫石町教育委員会

島田和高 2011「仲田報告へのコメント―「移行期説」と「立川ロームⅩ層石器群最古説」をこえて―」『石器文化研究』16，pp.100-102，石器文化研究会

島根県教育庁埋蔵文化財調査センター編 2008『原田遺跡（4．尾原ダム建設に伴う埋蔵文化財発掘調査報告書）』，島根県教育委員会

渋谷綾子 2006「日本の現在植物を用いた参照デンプン標本」『新潟県立歴史博物館研究紀要』7，pp.7-16，新潟県立歴史博物館

渋谷綾子 2008「鹿児島県の旧石器・縄文草創期の石器残存デンプン―立切・加栗山・掃除山・奥ノ仁田遺跡―」『古代文化』60，pp.130-140

渋谷綾子・マシウス，P.・鈴木忠司 2006「旧石器時代試料の残存デンプン標本」『新潟県立歴史博物館研究紀要』7，pp.17-24，新潟県立歴史博物館

渋谷孝雄・石川恵美子 2010「東北地方」稲田孝司・佐藤宏之編『講座日本の考古学　第1巻旧石器時代（上）』，pp.309-353，青木書店

下宅部遺跡調査団編 2003『下宅部遺跡　2002年度調査概報』，p.36，東村山市遺跡調査会

下宅部遺跡調査団編 2006a『下宅部遺跡Ⅰ（1）』，東村山市遺跡調査会

下宅部遺跡調査団編 2006b『下宅部遺跡Ⅰ（2）』，東村山市遺跡調査会

食品添加物公定書解説書編集委員会編 1987『食品添加物公定書解説書　第5版』，廣川書店

新宿区No.107遺跡調査団 2000『東京都新宿区北新宿二丁目遺跡2』，新宿区No.107遺跡調査団

新東晃一 1995「南九州の火山活動と古環境―南九州の縄文時代を中心に―」『南九州縄文通信』9，pp.37-48

杉原荘介 1959「縄文文化初頭の夏島貝塚の土器」『科学読売』11（9），pp.17-21

杉原荘介・小野真一 1965「静岡県休場遺跡における細石刃文化」『考古学集刊』3-2，pp.1-33

杉原荘介・芹沢長介 1962『神奈川県夏島における縄文時代初頭の貝塚』，明治大学

杉山真二 1999「植物珪酸体分析からみた九州南部の照葉樹林発達史」『第四紀研究』38，pp.109-123

鈴木次郎・矢島国雄 1978「先土器時代の石器群とその編年」大塚初重・戸沢充則・佐原眞編『日本考古学を学ぶ1』，pp.144-169，有斐閣

鈴木忠司 1988「素描・日本先土器時代の食糧と生業」『朱雀』1，pp.1-40，京都文化財団

鈴木忠司 1993「細石刃文化と生業」『細石刃文化研究の新たなる展開Ⅱ　細石刃文化研究の諸問題』，pp.267-279，佐久考古学会・八ヶ岳旧石器研究グループ

鈴木忠司 2004「岩宿時代人はドングリを食べたか―石蒸し料理の実験から―」『山下秀樹氏追悼考古論集』，pp.45-55，山下秀樹氏追悼論文集刊行会

鈴木忠司・石蒸し調理実験グループ 2005「石蒸し調理実験の成果と岩宿時代の植物食」『考古学ジャーナル』531，pp.5-8，ニューサイエンス社

鈴木正章・吉川昌伸・遠藤邦彦・高野司 1993「茨城県桜川低地における過去32,000年間の環境変遷」『第四紀研究』32，pp.195-208

鈴木三男 2002『日本人と木の文化』，八坂書房

鈴木三男・佐々木由香 2006「下宅部遺跡から出土した編組製品と繊維の素材同定」下宅部遺跡調査団編『下宅部遺跡Ⅰ（1）』，pp.346-351，東村山市遺跡調査会

鈴木三男・能城修一 1987「北江古田遺跡の木材化石群集」北江古田遺跡調査会編『北江古田遺跡発掘調査報告書2』，pp.506-553，中野区・北江古田遺跡調査会

鈴木三男・能城修一 1997「縄文時代の森林植生の復元と木材資源の利用」『第四紀研究』36，pp.329-342

鈴木三男・鈴木敬治・守田益宗 1992「まとめ」仙台市教育委員会編『富沢遺跡―第30次調査報告書　第Ⅱ分冊　旧石器時代編―』，pp.433-502，仙台市教育委員会

砂田佳弘 1999「相模野細石器の暦年補正年代」かながわ考古学財団編『吉岡遺跡群Ⅸ―考察・自然科学分析編―』（かながわ考古学財団調査報告49），pp.25-30，かながわ考古学財団

諏訪間順 1988「相模野台地における石器群の変遷について」『神奈川考古』24，pp.1-30

諏訪間順 2001「相模野旧石器編年の到達点」『平成12年度神奈川県考古学会考古学講座　相模野旧石器編年の到達点』, pp.1-20, 神奈川県考古学会
諏訪間順 2010「後期旧石器時代初頭石器群からみた最古の旧石器の諸問題」『日本旧石器学会第8回講演・研究発表シンポジウム予稿集』, pp.44-52, 日本旧石器学会
関口博章 2010「群馬における旧石器時代石器群の変遷」『岩宿フォーラム2010シンポジウム　北関東地方の石器文化の特色予稿集』, pp.6-14, 岩宿博物館・岩宿フォーラム実行委員会
瀬戸口望 1981「東黒土田遺跡発掘調査報告」『鹿児島考古』15, pp.22-54
芹沢長介 1962「旧石器時代の諸問題」『岩波講座日本歴史1　原始および古代〔1〕』, pp.77-107, 岩波書店
芹沢長介 1967a「洞穴遺跡と日本の旧石器」『日本の洞穴遺跡』, pp.344-349, 平凡社
芹沢長介 1967b「日本石器時代と^{14}C年代」『第四紀研究』6-4, pp.239-242
芹沢長介・須藤隆編 2003『荒屋遺跡第2・3次発掘調査報告書』, 東北大学文学部考古学研究会
仙台市教育委員会編 1992「富沢遺跡—第30次調査報告書　第Ⅱ分冊　旧石器時代編—」仙台市教育委員会
早田勉 1994「群馬の指標テフラと自然環境」『群馬の岩宿時代の変遷と特色』, pp.20-24, 岩宿文化資料館
高橋啓一 2007「日本列島の鮮新・更新世における陸生哺乳動物相の形成過程」『旧石器研究』3, pp.5-14
高橋満 2001「(9) 日向北 (No.7) 遺跡」『東村山市史5　資料編考古』, pp.523-542, 東京都東村山市
田中義文 2006「下宅部遺跡の土壌分析」下宅部遺跡調査団編『下宅部遺跡Ⅰ』, pp.248-256, 下宅部遺跡調査会
谷和隆 2007「野尻湖遺跡群における先土器時代石器群の変遷」『長野県立歴史館研究紀要』13, pp.3-21
谷口康浩 1998「縄文時代早期撚糸文期における集落の類型と安定性」『考古学ジャーナル』429, pp.9-14, ニュー・サイエンス社
谷口康浩編 1999『大平山元Ⅰ遺跡の考古学調査—旧石器時代の終末と縄文文化の起源に関する問題の探究—』, 大平山元Ⅰ遺跡発掘調査団
谷口康浩 2001「縄文時代遺跡の年代」『季刊考古学』77, pp.17-21
谷口康浩 2002「縄文早期の始まる頃」『異貌』20, pp.2-36
谷口康浩 2003「日本列島における土器出現の年代および土器保有量の年代的推移」『東アジアにおける新石器文化の成立と展開　國學院大學21COE国際シンポジウム予稿集』, pp.63-73
谷口康浩 2010「縄文時代の開始—「草創期」再考—」小杉康・谷口康浩・西田泰民・水ノ江和同・矢野健一編『縄文時代の考古学1　縄文文化の輪郭—比較文化論による相対化—』, pp.79-97, 同成社
谷口康浩・川口潤 2001「長者久保・神子柴文化期における土器出現の^{14}C年代・較正暦年代」『第四紀研究』40, pp.485-498
玉川文化財研究所編 2003『羽根尾貝塚　羽根尾工業団地建設に伴う埋蔵文化財調査報告書Ⅰ』, 小田原市教育委員会
多聞寺前遺跡調査会編 1983『多聞寺前遺跡Ⅱ』, 多聞寺前遺跡調査会
田原市教育委員会編 2007『宮西遺跡発掘調査概要報告書』(田原市埋蔵文化財調査報告書第2集), 田原市教育委員会
Chisholm, B.・小池裕子・中井信之 1998「炭素安定同位体比法による古代食性の復元」『考古学と自然科学』20, pp.7-16
千野裕道 1983「縄文時代のクリと周辺植生—南関東地方を中心に—」『東京都埋蔵文化財センター研究論集』Ⅱ, pp.25-42
千野裕道 1991「縄文時代に二次林はあったか—遺跡出土の植物性遺物からの検討—」『東京都埋蔵文化財センター研究論集』Ⅹ, pp.213-249
千葉大学文学部考古学研究室編 2006『千葉県館山市　沖の原遺跡第2次・第3次発掘調査概報』, 千葉大学文学部考古学研究室
千葉敏朗 2006「下宅部遺跡出土資料からみた縄文時代の漆利用」下宅部遺跡調査団編『下宅部遺跡Ⅰ』, pp.367-379, 東村山市遺跡調査会
千葉敏朗 2009『シリーズ遺跡を学ぶ62　縄文の漆の里・下宅部遺跡』, 新泉社
鎮西清高・岡田尚武・尾田太良・大場忠道・北里洋・小泉格・坂井豊三郎・谷村好洋・藤岡換太郎・松島義章 1984「本州太平洋岸における最終氷期以降の海況変遷」『古文化財に関する保存科学と人文・自然科学』, pp.441-457
塚田松雄 1967「過去一万二千年間：日本植生変遷史」『植物学雑誌』80, pp.323-336
塚田松雄 1974『古生態学Ⅱ』, 共立出版
辻圭子・辻誠一郎・大松志伸・高田和徳 2008「岩手県御所野遺跡における縄文時代中期終末期のトチノキ種実遺体群の産出状況と意義」『環境文化史研究』1, pp.37-46, 環境文化史研究会
辻誠一郎 1988「縄文と弥生：自然環境」『季刊考古学』23, pp.35-38
辻誠一郎 1989「開析谷の遺跡とそれをとりまく古環境復元：関東平野中央部の川口市赤山陣屋遺跡における完新世の古環境」『第四紀研究』27, pp.331-356
辻誠一郎 1992「東京都調布の後期更新世野川泥炭層から産した花粉化石群」『植生史研究』1, pp.21-26
辻誠一郎 1995「環境の歴史・植物の歴史・人間の歴史」『植生史研究』3-2, p.54
辻誠一郎 1997「縄文時代移行期における陸上生態系」『第四紀研究』36, pp.309-318

辻誠一郎 1999「高精度¹⁴C年代測定による三内丸山遺跡の編年」『月刊地球』号外26，pp.32-38，海洋出版
辻誠一郎 2001「青森市横内川遊水地の泥炭層と埋没林」青森県教育庁文化課編『生態系のタイムカプセル―青森県埋没林調査報告書―』，pp.48-57，青森県教育委員会
辻誠一郎 2002「日本列島の環境史」白石太一郎編『日本の時代史Ⅰ　倭国誕生』，pp.244-278，吉川弘文館
辻誠一郎 2008「青森県三内丸山遺跡特別研究：縄文時代中期から後期初頭の環境文化急変の解明」『環境文化史研究』1，pp.1-6，環境文化史研究会
辻誠一郎 2009a「外来植物をめぐる諸問題」小杉康・谷口康浩・西田泰民・水之江和同・矢野健一編『縄文時代の考古学3　大地と森の中で―縄文時代の古生態系―』，pp.209-216，同成社
辻誠一郎 2009b「弥生成立期の植生と人工改変」設楽博己・藤尾慎一郎・松木武彦編『弥生時代の考古学2　弥生文化誕生』，pp.34-46，同成社
辻誠一郎・奥野充・福島大輔 2000「テフラの放射性炭素年代」中村俊夫・辻誠一郎・樋泉武二・津村宏臣・春成秀爾編『日本先史時代の¹⁴C年代』，pp.41-58，日本第四紀学会
辻誠一郎・垣内正久・木越邦彦・小杉正人・南木睦彦・能城修一・小倉順子・坂上寛一・杉山真二・鈴木正章・鈴木三男 1989「縄文時代の古地理と古環境」『お伊勢山遺跡の調査：第3部　縄文時代』，pp.3-58，早稲田大学
辻誠一郎・木越邦彦 1992「前橋泥炭層の放射性炭素年代」『植生史研究』1，pp.27-28
辻誠一郎・小杉正人 1991「姶良Tn火山灰（AT）噴火が生態系に及ぼした影響」『第四紀研究』30，pp.419-426
辻誠一郎・小山修司 1989「地質層序」『松ヶ丘遺跡発掘調査報告書』，pp.154-171，中野区教育委員会
辻誠一郎・鈴木茂 1989「花粉化石群集」『松ヶ丘遺跡発掘調査報告書』，pp.179-192，中野区教育委員会
辻誠一郎・中村俊夫 2001「縄文時代の高精度編年：三内丸山遺跡の年代測定」『第四紀研究』40，pp.471-484
辻誠一郎・能城修一編 2004「三内丸山遺跡の生態系史」『植生史研究』特別第2号，日本植生史学会
辻誠一郎・能城修一・鈴木三男・南木睦彦・小杉正人・鈴木茂・木越邦彦・小山修司 1989「松が丘遺跡の古環境復元」『松が丘遺跡発掘調査報告書』，pp.151-234，中野区教育委員会
辻誠一郎・南木睦彦 2007「縄文時代早期土器に付着した種実遺体」由利本荘市教育委員会編『菖蒲崎貝塚平成18年度発掘調査概報』，pp.49-51，由利本荘市教育委員会
辻誠一郎・南木睦彦・小池裕子 1983「縄文時代以降の植生変化と農耕：村田川流域を例として」『第四紀研究』22，pp.251-266
辻誠一郎・南木睦彦・鈴木三男 1984「栃木県南部，二宮町における立川期の植物遺体群集」『第四紀研究』23，pp.21-29
辻誠一郎・宮地直道・遠藤邦彦 1987「北江古田遺跡の地質と層序」『北江古田遺跡発掘調査報告書2』，pp.398-418，中野区・北江古田遺跡調査会
辻誠一郎・吉川昌伸・吉川純子・能城修一 1985「前橋台地における更新世終末期から完新世初期の植物化石群集と植生」『第四紀研究』23，pp.263-169
土浦市教育委員会 2004『山川古墳群（第2次調査）』，土浦市教育委員会
堤隆 1998「氷期の終末と細石刃の出現」『科学』68，pp.296-304
堤隆 2000「掻器の機能と寒冷適応としての皮革利用システム」『考古学研究』47，pp.66-84
堤隆 2003「後期旧石器時代の石器群と寒冷環境への適応戦略」『第四紀研究』42，pp.205-218
津南町教育委員会編 2005『町内遺跡試掘確認調査報告書5　谷内地区遺跡群：椚沢遺跡・向原A遺跡・向原B遺跡・向原C遺跡・観音堂原遺跡』，津南町教育委員会
寺田和雄・太田貞明・鈴木三男・能代修一・辻誠一郎 1994「十和田火山東麓における八戸テフラ直下の埋没林への年輪年代学の適用」『第四紀研究』33，pp.153-164
樋泉岳二 2009「縄文時代の古生態系」小杉康・谷口康浩・西田泰民・水之江和同・矢野健一編『縄文時代の考古学3　大地と森の中で―縄文時代の古生態系―』，pp.3-12，同成社
東京都埋蔵文化財センター編 2004『武蔵国分寺跡関連遺跡（武蔵台西地区）』（東京都埋蔵文化財センター調査報告第149集），東京都埋蔵文化財センター
東京都埋蔵文化財センター編 2005『多摩ニュータウンNo.446遺跡』（東京都埋蔵文化財センター調査報告第165集），東京都埋蔵文化財センター
戸沢充則 1980「縄文農耕論」大塚初重・戸沢充則・佐原眞編『日本考古学を学ぶ2　新版　原始・古代の生産と生活』，pp.188-208，有斐閣
戸沢充則 1983「縄文農耕」加藤晋平・小林達雄・藤本強編『縄文文化の研究2　生業』，pp.254-266，雄山閣
栃木県文化振興事業団編 1997『寺野東遺跡Ⅴ（縄紋時代　環状盛土遺構・水場の遺構編－1）』，栃木県教育委員会・小山市教育委員会・（財）栃木県文化振興事業団
栃木県文化振興事業団編 1998『寺野東遺跡Ⅳ（縄紋時代　谷部編－1）』，栃木県教育委員会・小山市教育委員会・（財）栃木県文化振興事業団

とちぎ生涯学習文化財団埋蔵文化財センター編 2003『野沢遺跡・野沢石塚遺跡』（栃木県埋蔵文化財調査報告書第271集），栃木県教育委員会

登谷遺跡調査団編 2002『登谷遺跡調査報告書』（茂木町埋蔵文化財調査報告書第3集），登谷遺跡調査団

外山秀一 1982「大淀川下流域における古環境の復元」『立命館文學』446-447，pp.190-212

鳥浜貝塚研究グループ編 1979『鳥浜貝塚—縄文前期を主とする低湿地遺跡の調査1—』，福井県教育委員会・若狭歴史民俗資料館

鳥浜貝塚研究グループ編 1981『鳥浜貝塚 1980年度調査概報—縄文前期を主とする低湿地遺跡の調査2—』，福井県教育委員会・若狭歴史民俗資料館

鳥浜貝塚研究グループ編 1983『鳥浜貝塚 1981・82年度調査概報・研究の成果—縄文前期を主とする低湿地遺跡の調査3—』，福井県教育委員会・若狭歴史民俗資料館

鳥浜貝塚研究グループ編 1984『鳥浜貝塚 1983年度調査概報・研究の成果—縄文前期を主とする低湿地遺跡の調査4—』，福井県教育委員会・若狭歴史民俗資料館

鳥浜貝塚研究グループ編 1985『鳥浜貝塚 1984年度調査概報・研究の成果—縄文前期を主とする低湿地遺跡の調査5—』，福井県教育委員会・若狭歴史民俗資料館

鳥浜貝塚研究グループ編 1987a『鳥浜貝塚 1985年度調査概報・研究の成果—縄文前期を主とする低湿地遺跡の調査6—』，福井県教育委員会・若狭歴史民俗資料館

鳥浜貝塚研究グループ編 1987b『鳥浜貝塚 1980〜1985年度調査のまとめ』，福井県教育委員会・若狭歴史民俗資料館

中井信之・中村俊夫・有田陽子・森育子・亀井節夫・秋山雅彦・沢田健 1992「哺乳動物化石の^{14}C年代測定と^{13}Cによる環境変動の解析—野尻湖ナウマンゾウ・オオツノジカ，関東地方ニホンジカを中心として—」『シンポジウム論文集 加速器質量分析と炭素同位体の学際的応用』，pp.98-119，名古屋大学年代測定資料研究センター

中里村教育委員会編 2001『久保寺南遺跡』（中里村文化財調査報告書第9輯），中里村教育委員会

中沢道彦 2008「縄文土器付着炭化球根類の検討」小畑弘己編『極東先史古代の穀物3』，pp.7-24，熊本大学

中沢道彦 2009「縄文農耕論をめぐって—栽培植物種子の検証を中心に—」設楽弘己・藤尾慎一郎・松木武彦編『弥生時代の考古学5 食糧の獲得と生産』，pp.228-246，同成社

仲田大人 2001「南関東における縄文時代草創期前半の居住形態—最適化モデルによる予備的検討—」『先史考古学論集』10，pp.73-116

仲田大人 2011「立川ロームX層石器群の成立をめぐる諸説—「ナイフ形石器の成立と出現」に関連して—」『石器文化研究』16，pp.94-99，石器文化研究会

中種子町教育委員会編 1999『立切遺跡・京塚遺跡』（中種子町埋蔵文化財発掘調査報告書3），中種子町教育委員会

中種子町教育委員会編 2002『立切遺跡』（中種子町埋蔵文化財発掘調査報告書4），中種子町教育委員会

中種子町教育委員会編 2003『立切遺跡』（中種子町埋蔵文化財発掘調査報告書6），中種子町教育委員会

長門町教育委員会編 2001『県道男女倉長門線改良工事に伴う発掘調査報告書—鷹山遺跡群I遺跡及び追分遺跡群発掘調査—』，長門町教育委員会

長野県埋蔵文化財センター 1987『中央自動車道長野線埋蔵文化財発掘調査報告書1—岡谷市内—大久保B・下り林・西林A・大洞・膳棚A・膳棚B（白山）・膳棚B・中島A・中島B・柳海途』，長野県埋蔵文化財センター

長野県埋蔵文化財センター編 1992『上信越自動車道埋蔵文化財発掘調査報告書1—佐久市内その1—下茂内遺跡』，長野県埋蔵文化財センター

長野県埋蔵文化財センター編 2000a『上信越自動車道埋蔵文化財発掘調査報告書15—信濃町内その1—日向林B遺跡・日向林A遺跡・七ッ栗遺跡・大平B遺跡』（長野県埋蔵文化財センター発掘調査報告書第48集），長野県埋蔵文化財センター

長野県埋蔵文化財センター編 2000b『上信越自動車道埋蔵文化財発掘調査報告書15—信濃町内その1—貫ノ木遺跡・西岡遺跡』（長野県埋蔵文化財センター発掘調査報告書第48集），長野県埋蔵文化財センター

長野県埋蔵文化財センター編 2000c『上信越自動車道埋蔵文化財発掘調査報告書16—信濃町内その2—星光山荘A・星光山荘B・西岡A・貫ノ木・上ノ原・大久保南・東裏・裏ノ山・針ノ木・大平B・日向林A・日向林B・七ッ栗・普光田』（長野県埋蔵文化財センター発掘調査報告書第49集），長野県埋蔵文化財センター

長野県埋蔵文化財センター編 2003『山の神遺跡』（長野県埋蔵文化財センター発掘調査報告書第60集），長野県埋蔵文化財センター

長野県埋蔵文化財センター編 2004a『一般国道18号（野尻バイパス）埋蔵文化財調査報告書—信濃町内その2—貫ノ木遺跡・照月台遺跡』（長野県埋蔵文化財センター発掘調査報告書第62集），長野県埋蔵文化財センター

長野県埋蔵文化財センター編 2004b『仲町遺跡』（長野県埋蔵文化財センター発掘調査報告書第63集），長野県埋蔵文化財センター

長沼正樹 2002「両面調整石器群研究序説—更新世終末期石器群理解の枠組み構築にむけて—」『考古学研究』49-3，pp.65-84

長橋良隆・石山愛子 2009「長野県野尻湖湖底ボーリング（NJ88）コア試料の編年の再定義とテフラ層の火山灰ガラス化学組成」『野尻湖ナウマンゾウ博物館研究報告』17，pp.1-57
中原一成 1999「南九州における縄文時代草創期から早期前葉の堅果類利用について―磨石・敲石類，石皿を中心として―」『南九州縄文通信』13，pp.25-40
中村俊夫 1999a「放射性炭素年代測定法」長友恒人編『考古学のための年代測定学入門』，pp.1-36，古今書院
中村俊夫 1999b「神奈川県綾瀬市吉岡遺跡群遺物包含層のC-14年代測定」『吉岡遺跡群IX―考察・自然科学分析編―』（かながわ考古学財団調査報告49），p.315，かながわ考古学財団
中村俊夫 2001「放射性炭素年代とその高精度化」『第四紀研究』40，pp.445-459
中村俊夫 2006「明らかになった真脇の年代　加速器質量分析（AMS）による放射性炭素年代測定の応用」『真脇遺跡2006』，pp.109-124，能都町教育委員会
中村俊夫・木村勝彦 2004「青田遺跡出土遺物の放射性炭素年代測定―柱痕のAMS ^{14}C年代測定と ^{14}Cウイグルマッチングを中心に―」『青田遺跡　関連諸科学・写真図版編』，pp.177-184，新潟県教育委員会・（財）新潟県埋蔵文化財調査事業団
中村俊夫・辻誠一郎 1999「青森県東津軽郡蟹田町大平山元I遺跡出土の土器破片表面に付着した微量炭化物の加速器 ^{14}C年代」谷口康浩編『大平山元I遺跡の考古学調査―旧石器時代の終末と縄文文化の起源に関する問題の探究―』，pp.107-111，大平山元I遺跡発掘調査団
中村俊夫・辻誠一郎・竹本弘幸・池田晃子 1997「長野県，南軽井沢周辺の更新世最終末の浅間テフラ層の加速器 ^{14}C年代測定」『地質学雑誌』103，pp.990-993
中村俊夫・辻誠一郎・樋泉岳二・津村宏臣・春成秀爾編 2000『日本先史時代の ^{14}C年代』，日本第四紀学会
中村俊夫・中井信之・石原哲弥・岩花秀明 1990「岐阜県森ノ下遺跡出土の縄文土器に付着した炭化物の加速器による放射性炭素年代測定」『第四紀研究』28，pp.389-397
中村吉克 2010「野尻湖遺跡群の石器群と石材利用」『考古学ジャーナル』598，pp.3-7
中屋敷遺跡発掘調査団編 2008『中屋敷遺跡発掘調査報告書　南西関東における初期弥生時代遺跡の調査』，昭和女子大学文学部歴史文化学科
中山誠二 2009a「縄文時代のダイズ属の利用と栽培に関する植物考古学的研究」『古代文化』61-3，pp.40-59
中山誠二 2009b「縄文時代のアズキ（Vegna angularis）」『第24回日本植生史学会大会講演要旨集』，pp.44-45，日本植生史学会・九州古代種子研究会
中山誠二 2010『植物考古学と日本の農耕の起源』，同成社
那須孝悌 1985「先土器時代の環境」『岩波講座日本考古学2　人間と環境』，岩波書店
那須孝悌 1996「湖周辺の古植生と古気候変遷」『アーバンクボタ35　特集＝野尻湖と最終氷期の古環境』，pp.20-29，クボタ
那須浩郎・百原新・沖津進 2002「晩氷期のトウヒ属バラモミ節，トドマツ，グイマツの分布立地」『第四紀研究』41，pp.109-122
新潟県教育委員会編 2004『青田遺跡』（新潟県埋蔵文化財調査報告書第133集），新潟県教育委員会
西之表市教育委員会編 1995『奥ノ仁田遺跡・奥嵐遺跡』（西之表市埋蔵文化財発掘調査報告書第7集），西之表市教育委員会
西野雅人 2009「関東地方南部における縄文早・前期の古海況と貝塚形成」『千葉縄文研究』3，pp.129-142
西本豊弘編 2005『弥生農耕の起源と東アジア―炭素年代測定による高精度編年体系の構築―』（平成16～20年度文部科学省・科学研究費補助金学術創成研究費（2）平成16年度研究成果報告書』，国立歴史民俗博物館
西本豊弘編 2006『新弥生時代のはじまり1　弥生時代の新年代』，p.143，雄山閣
西本豊弘編 2009『弥生農耕の起源と東アジア―炭素14年代測定による高精度編年体系の構築―』（平成16～20年度文部科学省・科学研究費学術創成研究費研究成果報告書』，国立歴史民俗博物館
西本豊弘・小林謙一 2003「年代がわかると歴史観が変わる2」『歴史を探るサイエンス』1-64，国立歴史民俗博物館
西本寛 2008「^{14}C年代測定による石川県真脇遺跡出土環状木柱列の年代決定」『名古屋大学加速器質量分析計業績報告書』XIX，pp.85-89
布目順郎 1984「縄類と編物の材質について」鳥浜貝塚研究グループ編『鳥浜貝塚1983年度調査概報・研究の成果―縄文前期を主とする低湿地遺跡の調査4―』，pp.1-8，福井県教育委員会・福井県立若狭歴史民族資料館
沼津市教育委員会編 1999『西洞遺跡（b区-1発掘調査報告書）』（沼津市文化財調査報告書第69集），沼津市教育委員会
沼津市教育委員会編 2001『葛原沢第IV遺跡（a・b区）発掘調査報告書1―縄文時代草創期・縄文時代―』（沼津市文化財調査報告書第77集），沼津市教育委員会
野尻湖発掘調査団編 1975『野尻湖の発掘：1962-1973』，共立出版
野尻湖発掘調査団編 1996『最終氷期の自然と人類』，共立出版
能城修一 2009「木材・種実遺体と古生態」小杉康・谷口康浩・西田泰民・水之江和同・矢野健一編『縄文時代の考古学3　大地と森の中で　縄文時代の古生態系』，pp.91-104，同成社

能城修一・佐々木由香 2006「下宅部遺跡からのウルシ木材の出土」下宅部遺跡調査団編『下宅部遺跡Ⅰ』,pp.358-359,東村山市遺跡調査会

能城修一・佐々木由香 2007「東京都東村山市下宅部遺跡の出土木材からみた関東地方の縄文時代後・晩期の木材資源利用」『植生史研究』15,pp.19-34

能城修一・佐々木由香・髙橋敦 2006「下宅部遺跡から出土した木材の樹種同定」下宅部遺跡調査団編『下宅部遺跡Ⅰ』,pp.322-339,下宅部遺跡調査会

能城修一・鈴木三男 1989「野川中洲北遺跡の木材遺体群集」小金井市遺跡調査会編『野川中洲北遺跡―自然科学分析編―』,pp.69-93,小金井市遺跡調査会

萩原博文・木﨑康弘 2010「九州地方」稲田孝司・佐藤宏之編『講座日本の考古学1 旧石器時代(上)』,pp.576-621,青木書店

階上町教育委員会編 2000『滝端遺跡発掘調査報告書』,階上町教育委員会

花巻市博物館 2005『上台Ⅰ遺跡発掘調査報告書1』(花巻市博物館調査研究報告書第2集),花巻市博物館

原寛・遠部慎・宮田佳樹・村上昇 2010「椛の湖遺跡採集土器の炭素14年代測定」『古代文化』62-Ⅰ,pp.90-98

原祐一・川口武彦・伊比博和・松崎浩之・春原陽子 2004「東京大学駒場校地内遺跡国際交流棟地点」『第10回石器文化研究会発表要旨』1-6,石器文化研究会

パリノ・サーヴェイ 1989「野川中洲北遺跡植物化石層の堆積環境と植生」『野川中洲北遺跡―自然科学分析編―』,pp.69-93,小金井市教育委員会

パリノ・サーヴェイ 1991「附編 長為遺跡周辺における12,000年前以降の古環境変遷」『長為遺跡』,pp.21-52,栃木県教育委員会

パリノ・サーヴェイ 1992「二宮千足遺跡の古環境解析」『二之宮千足遺跡』(群馬県埋蔵文化財調査事業団調査報告第125集),pp.61-111,群馬県埋蔵文化財調査事業団

パリノ・サーヴェイ 1993「自然科学分析から見た人々の生活1」『湘南藤沢キャンパス内遺跡―第1巻総論―』,慶應義塾大学考古学研究室

パリノ・サーヴェイ 1999「神奈川県綾瀬市吉岡遺跡群出土炭化材放射性炭素(C14)年代測定」『吉岡遺跡群Ⅸ―考察・自然科学分析編―』(かながわ考古学財団調査報告49),p.317,かながわ考古学財団

パリノ・サーヴェイ 2006「下宅部遺跡の土壌分析」下宅部遺跡調査団編『下宅部遺跡Ⅰ』,東村山市遺跡調査会

春成秀爾 1976「先土器・縄文時代の画期について1」『考古学研究』22-4,pp.68-92

春成秀爾 2001「旧石器時代から縄文時代へ」『第四紀研究』40,pp.517-526

パレオ・ラボAMS年代測定グループ 2006「放射性炭素年代測定」千葉大学文学部考古学研究室編『千葉県館山市沖ノ島遺跡第2・3次発掘調査概報』,pp.28-30,千葉大学文学部考古学研究室

一木絵理・村田泰輔・國木田大・辻誠一郎 2008「九十九里平野北部における縄文時代後半期の海退プロセス」『環境文化史研究』1,pp.91-99,環境文化史研究会

兵庫県教育委員会編 1991『板井寺ヶ谷遺跡―旧石器時代編―』,兵庫県教育委員会

兵庫県教育委員会 2008『七日市遺跡(Ⅲ)旧石器時代の調査』(兵庫県文化財調査報告第272集),兵庫県教育委員会

福澤仁之 1995「天然の「時計」・「環境変動検出計」としての湖沼堆積物」『第四紀研究』34,pp.135-149

福澤仁之 1998「氷河期以降の気候の年々変動を読む」『科学』68-4,pp.353-360

福澤仁之 1999「日本の湖沼年縞編年学―高精度編年と環境変動の高分解復元―」『月刊地球』号外26,pp.181-191

福澤仁之・山田和芳・加藤めぐみ 1999「湖沼年縞およびレス―古土壌堆積物による地球環境変動の高精度復元―」『国立歴史民俗博物館研究報告』81,pp.463-484

福澤仁之・斎藤耕志・藤原治 2003「日本列島における更新世後期以降の気候変動のトリガーはなにか?―チベット高原とWest Pacific Warm Water Poolの役割―」『第四紀研究』42,pp.165-180

藤岡市教育委員会 1995『藤岡北山B遺跡』,藤岡市教育委員会

藤尾慎一郎 2002『縄文論争』,講談社選書メチエ256

藤尾慎一郎 2006「九州地方における年代測定の成果―特に縄文時代晩期を中心として―」西本豊弘編『新弥生時代の始まり1 弥生時代の新年代』,pp.90-94,雄山閣

藤尾慎一郎・今村峯雄 2004「炭素14年代とリザーバー効果―西田茂氏の批判に応えて―」『考古学研究』50-4,pp.3-7

藤根久・植田弥生 1997「宮ヶ瀬遺跡群上原(No.13)遺跡出土木材・炭化材の樹種同定および放射性炭素年代測定」『宮ヶ瀬遺跡群Ⅻ―上原(No.13)遺跡―』(かながわ考古学財団調査報告18),pp.565-567,かながわ考古学財団

藤本強 1985「年代決定論1―先土器・縄文時代の年代決定―」近藤義郎・横山浩一・甘粕健・加藤晋平・佐原眞・田中琢・戸沢充則編『岩波講座日本考古学1 研究の方法』,pp.193-215,岩波書店

藤森英二 2010「近年の科学的分析から分かったこと」『栃原岩陰遺跡シンポジュウム2010 ここまでわかった栃原岩陰遺跡』,

pp.2-8, 北相木村教育委員会
保坂康夫 2001「縄文時代草創期段階の掻器について―山口県高根町社口遺跡の分析から―」『山梨考古学論集IV』, pp.1-20
細野高伯 1999「小暮東新山遺跡」『第6回石器文化研究会　発表要旨』, pp.1-4, 石器文化研究会
マシウス, P. J., 西田泰民 2006「残存デンプン分析の先行研究と目的」『新潟県立歴史博物館研究紀要』7, pp.1-6, 新潟県立歴史博物館
増渕和夫・杉原重夫 2010「古鬼怒湾における古環境変遷と貝塚をめぐる環境適応に関する諸問題」『環境史と人類』3, pp.21-114
町田洋 2005「日本旧石器時代の編年：南関東立川ローム層の再検討」『旧石器研究』1, pp.7-16
町田洋・新井房夫 2003『新編　火山灰アトラス―日本列島とその周辺―』, 東京大学出版会
松井章 2003「環境考古学の歴史と実践」松井章編『環境考古学マニュアル』, pp.6-16, 同成社
松下まり子 2002「大隅半島における鬼界アカホヤ噴火の植生への影響」『第四紀研究』41, pp.301-310
松葉礼子 1998「谷部から出土した材の樹種」『寺野東遺跡IV（縄紋時代　谷部編-2）』, pp.46-74, 栃木県教育委員会・小山市教育委員会・（財）栃木県文化振興事業団
松室孝樹・重田勉 2010「滋賀県出土の草創期土偶の新例―相谷熊原遺跡―」『考古学ジャーナル』608, pp.29-31
松本英二・前田保夫・竹村恵二・西田史朗 1987「始良Tn火山灰（AT）の^{14}C年代」『第四紀研究』26, pp.79-83
三島市教育委員会編 1999『初音ヶ原遺跡』, 三島市教育委員会
瑞穂町教育委員会編 2011『東京都西多摩郡瑞穂町　松原遺跡』, 瑞穂町教育委員会
三谷拓実 2004「弥生時代の年輪年代」『季刊考古学』88, pp.40-45, 雄山閣
御堂島正 2001「相模野旧石器時代の年代観」『平成12年度神奈川県考古学会考古学講座　相模野旧石器編年の到達点』, pp.101-108, 神奈川県考古学会
南川雅男 2001「炭素・窒素安定同位体分析により復元した先史時代日本人の食生態」『国立歴史民俗博物館研究報告』86, pp.333-357
南木睦彦 1987「北江古田遺跡の大型植物遺体」『北江古田遺跡発掘調査報告書2』, pp.466-504, 中野区・北江古田遺跡調査会
南木睦彦 1997「最終氷期最寒冷期頃の植生の空間構造」『第四紀研究』36, pp.301-308
南木睦彦・中川治美 2000「大型植物遺体」滋賀県教育委員会編『粟津湖底遺跡　自然流路（粟津湖底遺跡III）』, pp.49-112, 滋賀県教育委員会
南種子町教育委員会編 2000『横峯C遺跡』（南種子町埋蔵文化財発掘調査報告書8）, 南種子町教育委員会
宮川村教育委員会編 1998『宮ノ前遺跡発掘調査報告書』, 宮川村教育委員会
宮崎県教育委員会編 1985『浦田遺跡・入料遺跡・堂地西遺跡・平畑遺跡・堂地東遺跡・熊野原遺跡』（宮崎学園都市遺跡発掘調査報告書第2集）, 宮崎県教育委員会
宮崎県埋蔵文化財センター編 2007『山田遺跡』（宮崎県埋蔵文化財センター発掘調査報告書第146集）, 宮崎県埋蔵文化財センター
宮崎県埋蔵文化財センター編 2008a『野首第2遺跡』（宮崎県埋蔵文化財センター発掘調査報告書第172集）, 宮崎県埋蔵文化財センター
宮崎県埋蔵文化財センター編 2008b『尾立第2遺跡』（宮崎県埋蔵文化財センター発掘調査報告書第169集）, 宮崎県埋蔵文化財センター
宮崎市教育委員会編 1996『椎屋形第1遺跡・椎屋形第2遺跡・上の原遺跡』, 宮崎市教育委員会
宮田英二 2010「九州の旧石器・縄文移行過程」稲田孝司・佐藤宏之編『講座日本の考古学2　旧石器時代（下）』, pp.124-155, 青木書店
宮田佳樹・小島孝修・松谷暁子・遠部慎・西本豊弘 2007「西日本最古のキビ―滋賀県竜ヶ崎A遺跡の土器付着炭化物―」『国立歴史民俗博物館研究報告』137, pp.255-265
宮本真二・安田喜憲・北川浩之・竹村恵二 1999「福井県蛇ヶ上池湿原における過去14000年間の環境変遷」『日本花粉学会会誌』45, pp.1-12
三好元樹 2010「愛鷹・箱根山麓の旧石器時代^{14}C年代の集成と検討」『静岡県埋蔵文化財調査研究所研究紀要』16, pp.1-7
三好元樹 2011「静岡県における縄文時代の^{14}C年代の集成と検討」『静岡県埋蔵文化財調査研究所研究紀要』17, pp.15-23
村上昇・遠部慎 2008「鳥浜貝塚から出土した多縄文土器とその年代測定値」『平成19年度福井県立若狭歴史民俗資料館館報』, pp.19-20, 福井県立若狭歴史民俗資料館
村田弘之・柳田俊雄・阿子島香・鹿又喜隆・佐野勝宏 2010「山形県真室川町丸森1遺跡第3次発掘調査」『第24回東北日本の旧石器文化を語る会予稿集』, pp.81-86
百原新・小林真生子・林成多・清水丈太・岡崎浩子 2006「古環境分析」千葉大学文学部考古学研究室編『千葉県館山市沖ノ島遺跡第2・3次発掘調査概報』, pp.31-36, 千葉大学文学部考古学研究室

森先一貫 2010『旧石器社会の構造的変化と地域適応』，六一書房
文部科学省科学技術・学術審議会資源調査分科会編 2007『五訂増補　日本食品標準成分表』，国立印刷局
安田喜憲 1974「日本列島における晩氷期以降の植生変遷と人類の居住」『第四紀研究』13, pp.106-134
安田喜憲 1975「縄文文化成立期の自然環境」『考古学研究』21-4, pp.20-33
安田喜憲 1978「大阪府河内平野における過去一万三千年間の植生変遷と古地理」『第四紀研究』16, pp.211-229
安田喜憲 1980『環境考古学事始』，NHK出版
安田喜憲 1982「気候変動」加藤晋平・小林達雄・藤本強編『縄文文化の研究1　縄文人とその環境』, pp.163-200，雄山閣
山岡拓也 2007「環境生態と適応」佐藤宏之編『ゼミナール旧石器考古学』, pp.145-158，同成社
山下秀樹 1992「岩宿時代研究と古植生研究」『植生史研究』1, pp.3-10
山下秀樹・林昭三 1991「岩宿時代の堅果類利用に関わる古植物学的背景」『朱雀』4, pp.17-29
山田昌久 1991「日本列島における木質遺物出土遺跡文献集成─用材から見た人間・植物関係史─」『植生史研究』特別第1号，日本植生史学会
山田昌久 1995「日本における13～19世紀の気候変化と野生植物利用の関係」『植生史研究』3, pp.3-14
大和市教育委員会編 1986『月見野遺跡群上野遺跡第1地点』（大和市文化財調査報告書第21集），大和市教育委員会
山都町教育委員会編 2007『高畑乙ノ原遺跡，高畑前鶴遺跡，高畑宮ノ下遺跡』（山都町文化財調査報告書第1集），山都町教育委員会
山内清男・佐藤達夫 1962「縄文土器の古さ」『科学読売』14-12, pp.89-133
山内清男・佐藤達夫 1967「下北の無土器文化─青森県上北郡東北町長者久保遺跡発掘報告─」九学会連合下北調査委員会編『下北─自然・社会・文化─』, pp.98-109，平凡社
山本直人 1997「縄文土器のAMS ^{14}C年代（1）」『名古屋大学加速器質量分析計業績報告書』Ⅷ, pp.222-229，名古屋大学年代測定資料センター
山本直人 1998「縄文土器のAMS ^{14}C年代（2）」『名古屋大学加速器質量分析計業績報告書』Ⅸ, pp.161-170，名古屋大学年代測定資料センター
山本直人 1999a「関連科学研究　放射性炭素年代測定法」『縄文時代』10, pp.302-307，縄文時代文化研究会
山本直人 1999b「放射性炭素年代測定法による縄文時代の研究」『名古屋大学文学部研究論集』134, pp.27-54
山本直人 2002『加速器質量分析放射性炭素年代測定法による縄文時代集落の存続期間に関する研究』（平成11・12・13年度科学研究費補助金基盤研究（C）(2) 研究成果報告書），名古屋大学
山本直人 2007「縄文時代の植物食利用技術」小杉康・谷口康浩・西田泰民・水ノ江和同・矢野健一編『縄文時代の考古学5　なりわい─食料生産の技術─』, pp.17-30，同成社
横山祐典 2009「海水準変動と気候，海退・海進」小杉康・谷口康浩・西田泰民・水ノ江和同・矢野健一編『縄文時代の考古学3　大地と森の中で─縄文時代の古生態系─』, pp.13-23，同成社
吉川純子 2003「荒屋遺跡より出土した炭化種実」芹沢長介・須藤隆編『荒屋遺跡第2・3次発掘調査報告書』, pp.70-72，東北大学文学部考古学研究会
吉川純子 2004「青田遺跡より産出した大型植物化石からみた古環境と植物利用」『日本海沿岸東北自動車道関連発掘調査報告書Ⅴ　青田遺跡　関連諸科学・写真図版編』, pp.43-52，新潟県教育委員会
吉川昌伸 1989「縄文時代後期以降の花粉化石」『練馬区弁天池低湿地遺跡の調査』, pp.60-82，練馬区遺跡調査会
吉川昌伸 1992「花粉化石群集」『愛宕下遺跡発掘調査報告書』, pp.320-336，練馬区遺跡調査会
吉川昌伸 1994「栗山遺跡第2地点の花粉化石群集」『栗山遺跡第2地点』, pp.222-228，栗山遺跡第2地点調査会
吉川昌伸 1999a「関東平野における過去12000年間の環境変遷」『国立歴史民俗博物館研究報告』81, pp.267-287
吉川昌伸 1999b「武蔵野台地東部溜池遺跡における過去6000年間の植生変遷」『植生史研究』7, pp.47-52
吉川昌伸 2008「東北地方の縄文時代中期から後期の植生とトチノキ林の形成」『環境文化史研究』1, pp.27-35，環境文化史研究会
吉崎昌一 2003「先史時代の雑穀：ヒエとアズキの考古植物学」山口裕文・川瀬真琴編『雑穀の自然史─その起源と文化を求めて─』, pp.52-70，北海道大学図書刊行会
吉田明弘 2006「青森県八甲田山田代湿原における約13,000年前以降の古環境変遷」『第四紀研究』45, pp.423-434
吉田明弘・竹内貞子 2009「最終氷期末期以降の秋田県八郎潟周辺の植生変遷と東北地方北部における時空間的な植生分布」『第四紀研究』48, pp.417-426
吉田明弘・鈴木三男・金憲奭・大井信三・中島礼・工藤雄一郎・安藤寿男・西本豊弘 2011「茨城県花室川堆積物の花粉・木材化石からみた最終氷期の環境変遷と絶滅種ヒメハリゲヤキの古生態」『植生史研究』20, pp.27-40
吉田邦夫 2004「火炎土器に付着した炭化物の放射性炭素年代」新潟県立歴史博物館編『火炎土器の研究』, pp.17-36，同成社
吉田邦夫 2006「炭化物の安定同位体分析」『新潟県立歴史博物館研究紀要』7, pp.65-68，新潟県立歴史博物館

吉田邦夫 2010a「炭の粒で年代を測る」阿部芳郎編『考古学の挑戦　地中に問いかける歴史学』，pp.18-47，岩波書店
吉田邦夫 2010b「食べたものを明らかにする」阿部芳郎編『考古学の挑戦　地中に問いかける歴史学』，pp.88-119，岩波書店
吉田邦夫・西田泰民 2009「考古科学が探る火焔土器」新潟県立歴史博物館編『火焔土器の国　新潟』，pp.87-99，新潟日報事業社
吉田邦夫・原辰彰・宮崎ゆみ子・國木田大 2008「縄文時代草創期の年代—越後編—土器付着物の^{14}C年代測定」『縄文文化の胎動—予稿集—』(津南学叢書第8輯)，pp.57-64，津南町教育委員会
吉田邦夫・宮崎ゆみ子 2007「煮炊きして出来た炭化物の同位体分析による土器付着炭化物の由来についての研究」西田泰民編『日本における稲作以前の主食植物の研究』(平成16～18年度科学研究費補助金基盤研究B (1)(研究代表者：西田泰民：課題番号16300290)研究成果報告書)，pp.85-96
吉田邦夫・宮崎ゆみ子・小林圭一・稲葉千穂・阿部直弘・菱木繁臣・松崎浩之・中野忠一郎・春原陽子・小林紘一 1999「吉岡遺跡群から出土した炭化物の放射性炭素年代」『吉岡遺跡群IX—考察・自然科学分析編—』(かながわ考古学財団調査報告49)，pp.319-336，かながわ考古学財団
米田穣 2003「羽根尾貝塚における放射性炭素年代測定」玉川文化財研究所編『羽根尾貝塚　羽根尾工業団地建設に伴う埋蔵文化財発掘調査報告書I』，pp.409-413，玉川文化財研究所
米田穣 2004「炭素・窒素同位体による古食性復元」安田喜憲編『環境考古学ハンドブック』，pp.411-418，朝倉書店
渡辺直経 1966「縄文および弥生時代のC14年代」『第四紀研究』5，pp.157-168
渡辺誠 1968「日本列島における土器出現の背景をめぐって」『古代文化』20-8/9，pp.171-177
渡辺誠 1975『縄文時代の植物食』，雄山閣
渡辺誠 1996「縄文時代の経済基盤」大塚初重・白石太一郎・西谷正・町田章編『考古学による日本歴史2　産業I　狩猟・漁業・農業』，pp.27-39，雄山閣

Alley, R. B., Mayewski, P. A., Sowers, T., Stuiver, M., Tayloy, K. C. and Clark, P. U. 1997 "Holocene climate instability: a prominent, widespread event 8200 years ago." *Geology* 25, pp.483-486

Alley, R. B. and Ágústsdóttir, A. M. 2005 "The 8k event: Cause and consequences of a major Holocene abrupt climate change." *Quaternary Science Reviews* 24, pp.1123-1149

Andersen, K. K., Bigler, M., Clausen, H. B., Dahl-Jensen, D., Johnsen, S. J., Rasmussen, S. O., Seierstad, I., Steffensen, J. P., Svensson, A., Vinther, B. M., Davies, S. M., Muscheler, R., Parrenin, F. and Röthlisberger, R. 2007 "A 60000 year Greenland stratigraphic ice core chronology." *Climate of the Past Discussions* 3, pp.1235-1260

Andersen, K. K., Svensson, A., Johnsen, S. J., Rasmussen, S. O., Bigler, M., Röthlisberger, R., Ruth, U., Siggaard-Andersen, M.-L., Steffensen, J. P., Dahl-Jensen, D., Vinther, B. M. and Claussen, H. B. 2006 "The Greenland ice core chronology 2005, 15-42 kyr. part 1: constructing the time scale." *Quaternary Science Reviews* 25, pp.3246-3257

Björck, S., Walker, M. L. C., Cweynar, L. C., Johnsen, S., Knudsen, K. L., Lowe, J. J., Wohlfarth, B. and INTIMATE members 1998 "An event stratigraphy for the Last Termination in the North Atlantic region based on the Greenland ice-core record: a proposal by the INTIMATE group." *Journal of Quaternary Science* 13, pp.283-292

Bond, G., Showers, W., Cheseby, M., Lotti, R., Almasi, P., deMenocal, P., Priore, P., Cullen, H., Hajdas, I. and Bonani, G. 1997 "A Pervasive Millennial-Scale Cycle in North Atlantic Holocene and Glacial Climate." *Science* 278, pp.1257-1266

Denton, G. H. and Karlén, W. 1973 "Holocene climate variations: their pattern and possible cause." *Quaternary Research* 3-2, pp.155-174

Emiliani, C. 1955 "Pleistocene temperatures." *Journal of Geology* 63, pp.538-578

Fairbanks, R. G., Mortlock, R. A., Chiu, T.-C., Cao, L., Kaplan, A., Guilderson, T. P., Fairbanks, T. W., Bloom, A. L., Grootes, P. M. and Nadeau, M.-J. 2005 "Radiocarbon calibration curve spanning 10,000 to 50,000 years BP based on paired ^{230}Th/234U/238U and ^{14}C dates on Pristine corals." *Quaternary Science Reviews* 25, pp.1781-1796

Fukusawa, H. 1999 "Varved Lacustrine sediments in Japan: Resent Progress."『第四紀研究』38, pp.237-243

Fukusawa, H., Yamada, K., Zolitschka, B. and Yasuda, Y. 2001 "Varve chronology of European maar and Japanese lake sediments since the Last glacial: How many sets of light-dark lamina were formed annually?" *Terra Nostra* 2001/3, pp.91-95

GRIP members 1993 "Climate instability during the last interglacial period recorded in the GRIP ice core." *Nature* 364, pp.203-207

Higham, T., Ramsey, C. B., Karavanić, I., Smith, F. H. and Trinkaus, E. 2006 "Revised direct radiocarbon dating of the Vindija G1 Upper Paleolithic Neandertals." *Proceedings of the National Academy of Sciences* 10 (1073), pp.1-5

Hughen, K. A., Baillie, M. G. L., Bard, E., Beck, J. W., Bertrand, C. J. H., Blackwell, P. G., Buck, C. E., Burr, G. S., Cutler, K. B., Damon, P. E., Edwards, R. L., Fairbanks, R. G., Friedrich, M., Guilderson, T. P., Kromer, B., McCormac, G., Manning, S., Bronk Ramsey, C., Reimer, P. J., Reimer, R. W., Remmele, S., Southon, J. R., Stuiver, M., Talamo, S., Taylor, F. W., van der Plicht, J. and Weyhenmeyer,

C. E. 2004 "Marine04 marine radiocarbon age calibration, 26-0 cal kyr BP." *Radiocarbon* 46, 3, pp.1059-1086

Johnsen, S. J., Clausen, H. B., Dansgaard, W., Fuhrer, K., undestrup, N., Hammer, C. U., Iversen, P., Jouzel, J., Stauffer, B. and Steffensen, J. P. 1992 "Irregular glacial interstadials recorded in a new Greenland ice core." *Nature* 359, pp.311-313

Johnsen, S. J., Dahl-Jensen, D., Gundestrup, N., Steffensen, J. P., Clausen, H. B., Miller, H., Masson-Delmotte, V., Sveinbjörndottir, A. E. and White, J. 2001 "Oxygen isotope and palaeotemperature records from six Greenland ice-core stations: Camp Century, Dye-3, GRIP, GISP2, Renland and North GRIP." *Journal of Quaternary Science* 16 (4), pp.299-307

Jöris, O., Street, M. Terberger, T. and Weninger, B. 2006 "Dating the Transition. 150 Years of Neanderthal Discoveries. Early Europeans —Continuity & Discontinuity." *Terra Nostra-Schriften der GeoUnion Alfred-Wegener-Stiftung* 2006/2, pp.68-73

Koyama, S. 1978 "Jomon Subsistence and Population." *Miscellanea* Ⅰ, *Senri Ethnological Studies* 2. National Museum of Ethnology

Kudo, Y. 2004 "Reconsidering the Geochronological and Archaeological Framework of the Late Pleistocene-Early Holocene Transition on the Japanese Islands. In Hunters in a Changing World. Environment and Archaeology of the Pleistocene—Holocene Transition (ca. 11,000-9,000 B.C.) in Northern Central Europe." Workshop of the U.I.S.P.P. XXXII at Greifswald in September 2002. Internationale Archäologie: Arbeitsgemeinschaft, Symposium, Tagung, Kongress Band 5, Terberger, T. and Eriksen, B. V. (eds.), pp.253-268, Marie Leidorf, Rahden/Westf

Kudo, Y. and Kumon, F. 2012 "Paleolithic cultures of MIS 3 to MIS 1 in relation to climate changes in the central Japanese islands." *Quaternary International* 248, pp.22-31

Kumon, F., Kawai, S. and Inouchi, Y. 2006 "High-resolution climate reconstruction during the last 60 ka deduced from TOC, TN and pollen analysis of the drilled sediments in Lake Nojiri, central Japan." (『湖沼堆積物に基づく古環境変動の高精度開析―中部山岳地域を例として―』（平成15〜17年度科学研究費補助金基盤研究（B）（2）研究成果報告書）, pp.24-38）

Libby, R. 1963 "Accuracy of Radiocarbon dates." *Science* 140, pp.278-280

Lowe, J. J., Hoek, W. Z. and INTIMATE group 2001 "Inter-regional correlation of palaeoclimatic records for the Last Glacial-Interglacial Transition: a protocol for improved precision recommended by the INTIMATE project group." *Quaternary Science Reviews* 20, pp.1175-1187

Mangerud, J., Andersen, S. T., Berglund, B. E. and Donner, J. J. 1974 "Quaternary stratigraphy of Norden, a proposal for terminology and classification." *Boreas* 3, pp.109-128

Martinson, D. G., Pisias, N. G., Hays, J. D., Imbrie, J., Moore, T. C. and Shackleton, N. J. 1987 *Quaternary Research* 27, pp.1-29

Meese, D. A., Gow, A. J., Alley, R. B., Zielinski, G. A., Grootes, P. M., Ram, M., Taylor, K. C., Mayewski, P. A. and Bolzan, J. F. 1997 "The Greenland Ice Sheet Project 2 depth-age scale: Methods and results." *Journal of Geophysical Research* 102, pp.26411-26423

Miyairi, Y., Yoshida, K., Miyazaki, Y., Matsuzaki, H. and Kaneoka, I. 2004 "Improved ^{14}C dating of a tephra layer (AT tephra, Japan) using AMS on selected organic fractions." *Nuclear Instruments and Methods in Physics Research B 223-224*, pp.555-559

Nakagawa, T., Kitagawa, H., Yasuda, Y., Tarasov, P. E., Gotanda, K. and Sawai, Y. 2005 "Pollen/event stratigraphy of the varved sediment of Lake Suigetsu, central Japan from 15,701 to 10,217 SG vyr BP (Suigetsu varve years before present): Description, interpretation, and correlation with other regions." *Quaternary Science Reviews* 24, pp.1691-1701

Nakagawa, T., Kitagawa, H., Yasuda, Y., Tarasov, P. E., Nishida, K., Gotanda, K., Sawai, Y. and Yangtze River Civilization Program Members 2003 "Asynchronous Climate Changes in the North Atlantic and Japan during the Last Termination." *Science* 299, pp.688-691

Nakagawa, T., Tarasov, P. E., Nishida, K., Gotanda, K. and Yasuda, Y. 2002 "Quantitative pollen-based climate reconstruction in central Japan: application to surface and late Quaternary spectra." *Quaternary Science Reviews* 21, pp.2099-2113

Nakamura, J. 1952 "Comparative study of Japanese poller records." *Research Reports of the Kochi University* 1 (8), pp.1-20

Nakamura, T., Nishida, I., Takada, H., Okuno, M., Minami, M. and Oda, H. 2007 "Marine reservoir effect deduced from ^{14}C dates on marine shells and terrestrial remains at archeological sites in Japan." *Nuclear Instruments and Methods in Physics Research B 259*, pp.453-459

North Greenland Ice Core Project Members 2004 "High-resolution record of Northern Hemisphere climate extending into the last interglacial." *Nature* 431, pp.147-151

Norton, C. J., Kondo, Y., Ono, A., Zhang, Y. Q. and Diab, M. 2010 "The nature of megafaunal extinctions during the MIS 3-2 transition in Japan." *Quaternary International* 211, pp.113-122

Noshiro, S. and Suzuki, M. 2004 "Rhus verniciflua Stokes grew in Japan since the Early Jomon Period." 『植生史研究』12, pp.3-11

Noshiro, S., Sasaki, Y. and Suzuki, M. 2007 "Importance of Rhus verniciflua Stokes (lacquer tree) in prehistoric periods in Japan, deduced from identification of its fossil woods." *Vegetation History and Archaeobotany* 16, pp.405-411

Noshiro, S., Terada, K., Tsuji, S. and Suzuki, M. 1997 "Larix-Picea forests of the Last Glacial Age on the eastern slope of Towada Volcano in northern Japan." *Review of Palaeobotany and Palynology* 98, pp.207-222

Okuno, M., Nakamura, T., Moriwaki, H. and Kobayashi, T. 1997 "AMS radiocarbon dating of the Sakurajima tephra group, Southern Kyushu, Japan." *Nuclear Instruments and Methods in Physics Research Section B: Beam Interactions with Materials and Atoms 123*, pp.470-474

Ono, A., Sato, H., Tsutsumi, T. and Kudo, Y. 2002 "Radiocarbon dates and archaeology of the Late Pleistocene in the Japanese islands." *Radiocarbon* 44, pp.477-494

Pearson, G. W. and Stuiver, M. 1986 "High-precision calibration of the radiocarbon time scale, 500-2500 BC." *Radiocarbon* 28 (2B), pp. 839-862

Ramsey, C. B. 1995 "Radiocarbon Calibration and Analysis of Stratigraphy: The OxCal Program." *Radiocarbon* 37, pp.425-430

Ramsey, C. B. 2001 "Development of the Radiocarbon Program OxCal." *Radiocarbon* 43, pp.355-363

Ramsey, C. B. 2009 "Bayesian analysis of radiocarbon dates." *Radiocarbon* 51, pp.337-360

Reimer, P. J., Baillie, M. G. L., Bard, E., Bayliss, A., Beck, J. W., Blackwell, P. G., Bronk Ramsey, C., Buck, C. E., Burr, G. S., Edwards, R. L., Friedrich, M., Grootes, P. M., Guilderson, T. P., Hajdas, I., Heaton, T. J., Hogg, A. G., Hughen, K. A., Kaiser, K. F., Kromer, B., McCormac, F. G., Manning, S. W., Reimer, R. W., Richards, D. A., Southon, J. R., Talamo, S., Turney, C. S. M., van der Plicht, J., and Weyhenmeyer, C. E. 2009 "IntCal09 and Marine09 radiocarbon age calibration curves, 0-50,000 years cal BP." *Radiocarbon* 51, pp.1111-1150

Reimer, P. J., Baillie, M. G. L., Bard, E., Bayliss, A., Beck, J. W., Blackwell, P. G., Buck, C. E., Burr, G. S., Culter, K. B., Damom, P. E., Edwards, R. L., Fairbanks, R. G., Friedrich, M., Guilderson, T. P., Herring, C., Hughen, K. A., Kromer, B., McCormac, G., Manning, S., Bronk Ramsey, C., Reimer, R. W., Remmele, S., Southon, J. R., Stuiver, M., Talamos, S., Taylor, F. W., van der Plicht, J. and Weyhenmeyer, C. 2004 "IntCal04 terrestrial radiocarbon age calibration 26-0 cal kyr BP." *Radiocarbon* 46, pp.1209-1058

Sakamoto, M., Kodaira, A. and Imamura, M. 2004 "An automated AAA preparation system for AMS radiocarbon dating." *Nuclear Instruments and Methods in Physics Research B 223-224*, pp.291-301

Shackleton, N. J., Fairbanks, R. G., Chiu, Tzu-chien. and Parrenin, F. 2004 "Absolute calibration of the Greenland time scale: implications for Antarctic time scales and for $\Delta^{14}C$." *Quaternary Science Reviews* 23, pp.1513-1522

Street, M., Baales, M., Cziesla, E., Hartz Sönke, Heinen, M., Jöris, O., Koch, I., Pasda, C., Terberger, T. and Vollbrecht, J. 2002 "Final Paleolithic and Mesolithic Research in Reunified Germany." *Journal of World Prehistory* 15-4, pp.365-453

Stuiver, M. and Grootes, P., 2000 "GSIP2 oxygen isotope ratios." *Quaternary Research* 53, pp.277-284

Stuiver, M., Grootes, P. M. and Braziunas, T. F. 1995 "GISP2 $\delta^{18}O$ climate record of the past 16,500 years and the role of the sun, ocean, and volcanos." *Quaternary Research* 44, pp.341-354

Stuiver, M. and Pearson, G. 1986. High-precision calibration of the radiocarbon time scale, AD 1950-500 BC." *Radiocarbon* 28 (2B), pp.805-838

Stuiver, M. and Reimer, P. J. 1993 "Extended ^{14}C data base and revised CALIB 3.0 ^{14}C age calibration program." *Radiocarbon* 35, pp.215-230

Stuiver, M., Reimer, P. J., Bard, E., Beck, J. W., Burr, G. S., Hughen, K. A., Kromer, B., McCormac, G., van der Plicht, J. and Spurk, M. 1998 "INTCAL98 Radiocarbon Age Calibration, 24000-0 cal BP." *Radiocarbon* 40, pp.1041-1083

Svensson, A., Andersen, K. K., Bigler, M., Clausen, H. B., Dahl-Jensen, D., Davies, S. M., Johnsen, S. J., Muscheler, R., Rasmussen, S. O., Röthlisberger, R., Steffensen, J. P. and Vinther, B. M. 2006 "The Greenland ice core chronology 2005, 15-42 kyr. part 2: comparison to other records." *Quaternary Science Reviews* 35, pp.3258-3267

Takahashi, K., Soeda, Y., Izuho, M., Yamada, G., Akamatsu, M. and Chang, C. H. 2006 "The chronological record of the woolly mammoth (Mammuthus primigenius) in Japan, and its temporary replacement by Palaeoloxodon naumanni during MIS 3 in Hokkaido (northern Japan)." *Palaeogeography, Palaeoclimatology, Palaeoecology* 233, pp.1-10

van Andel, T. H. and Davies, W. (eds.) 2003 "Neanderthals and Modern Humans in the European Landscape During the Last Glaciation. Archaeological Results of the Stage 3 Project." *Oxbow Monographs* 104, McDonald Institute for Archaeological Research, University of Cambridge

van Andel, T. H., Davies, W., Weninger, B. and Jöris, O. 2003 "Archaeological Dates as Proxies for the Spatial and Temporal Human Presence in Europe: a Discourse on the Method." In: van Andel, T. H. and Davies, W. (eds.) "Neanderthals and Modern Humans in the European Landscape during the Last Glaciation: Archaeological Results of the Stage 3 Project." *Oxbow Monographs* 104, pp.22-28

van der Plicht, J., Beck, J. W., Bard, E., Baillie, M. G. L., Blackwell, P. G., Buck, C. E., Freidrich, M., Guilderson, T. P., Hughen, K. A., Kromer, B., McCormac, F. G., Bronk Ramsey, C., Reimer, P. J., Remmele, S., Richards, D. A., Southon, J. R., Stuiver, M. and Weyhenmeyer, C. E. 2004 "Notcal04: Comparison/Calibration ^{14}C Records 26-50 cal kyr BP." *Radiocarbon* 46, pp.1225-1238

Walker, M. J. C., Björck, S., Lowe, J. J., Cweynar, L. C., Johnsen, S., Knudsen, K. L., Wohlfarth, B. and INTIMATE group 1999 "Isotopic 'event' in the GRIP ice core: a stratotype for Late Pleistocene." *Quaternary Science Reviews* 18, pp.1143-1150

Walker, M., Johnsen, S., Rasmussen, S. O., Popp, T., Steffensen, J-P., Gibbard, P., Hoek, W., Lowe, J., Andrews, J., Bjorck, S., Cwynar, L. C., Hughen, K., Kershaw, P., Kromer, B., Litt, T., Lowe, D. J., Nakagawa, T., Newnham, R. and Schwander, J. 2009 "Formal definition and dating of the GSSP (Global Stratotype Section and Point) for the base of the Holocene using the Greenland NGRIP ice core, and selected auxiliary records." *Journal of Quaternary Science* 24, pp.3-17

Wang, Y. T., Cheng, H., Edwards, R. L., An, Z. S., Wu, J. Y., Shen, C.-C. and Dorale, J. A. 2001 "A high-resolution absolute-dated late Pleistocene monsoon record from Hulu Cave, China." *Science* 294, pp.2345-2348

Wang, Y., Cheng, H., Edward, R. L., He, Y., Kong, X., An, Z., Wu, J., Kelly, M. J., Dykoshi, C. A. and Li, X. 2005 "The Holocene Asian Monsoon: Link to Solar Changes and North Atlantic Climate." *Science* 308, pp.854-857

Weninger, B. and Jöris, O. 2008 "Towards an Absolute Chronology at the Middle to Upper Palaeolithic Transition in Western Eurasia: A New GreenlandHulu Time-scale Based on U/Th Ages." *Journal of Human Evolution* 55, pp.772-781

Yuan, D., Cheng, H., Edwards, R. L., Dykoski, C. A., Kelly, M. J., Zhang, M., Qing, J., Lin, Y., Wang, Y., Wu, J., Dorale, J. A., An, Z. and Cai, Y. 2004 "Timing, duration, and transitions of the last interglacial Asian monsoon." *Science* 304, pp.575-578

Yoneda, M., Hirota, M., Uchida, M., Uzawa, K., Tanaka, A., Shibata, Y. and Morita, M. 2001 "Marine radiocarbon reservoir effect in the western North Pacific observed in archaeological fauna." *Radiocarbon* 43 (2A), pp.465-471

Yoneda, M., Tanaka, A., Shibata, Y. and Morita, M. 2002 "Radiocarbon Marine Reserver Effect in Human Remain from the Kitakogane Site, Hokkaido, Japan." *Journal of Archaeological Science* 29, pp.529-536

Yoshida, K., Ohmichi, J., Kinose, M., Iijima, H., Oono, A., Abe, N., Miyazaki, Y. and Matsuzaki, H. 2004 "The application of ^{14}C dating to potsherds of the Jomon Period." *Nuclear Instruments and Methods in Physics Research B 223-224*, pp.716-722

あとがき

　本書は，2007年3月に東京都立大学大学院人文科学研究科から博士（史学）を授与された学位論文「更新世終末から完新世における環境変動と人類活動の相関関係に関する比較考古学的研究」を改題し，大幅な加筆修正を行ったものである。また，それぞれの章は既発表論文に，新たに追加されたデータを含めて，大幅な変更を加えた部分を含んでいる。以下に関連する論文等を示した。ただし，本書の各章とこれらの論文が逐一対応するというわけではない。各論文の拙さゆえに，ひとつひとつを解きほぐし，再構成した部分も多いことをお断りしておきたい。

第1章　環境文化史研究の意義（新稿）
第2章　研究の方法（新稿と一部は工藤 2010a の内容を含む）
第3章　^{14}C年代測定法（新稿と一部は工藤 2010a, 2010b の内容を含む）
第4章　最終氷期の古環境変遷（工藤 2005, 2010a；Kudo and Kumon 2012 の内容を含むが，大幅にデータを追加した）
第5章　最終氷期の考古編年と^{14}C年代（工藤 2005, 2010a の内容を含むが，大幅にデータを追加した）
第6章　最終氷期の環境史と考古編年との時間的対応関係（工藤 2005, 2010a；Kudo and Kumon 2012 の内容を含むが，IntCal09 ですべて較正し直して対比した）
第7章　土器出現期の較正年代と古環境——13,000年問題について（工藤 2012）
第8章　東黒土田遺跡の貯蔵穴出土堅果類と南九州の隆帯文土器の年代（工藤 2011 に加筆）
第9章　後氷期の古環境変遷（Kudo 2007a を含むが，ほぼ新稿）
第10章　後氷期の考古編年と^{14}C年代（新稿）
第11章　後氷期の環境史と考古編年との時間的対応関係（新稿と一部は Kudo 2007a の内容を含む）
第12章　千葉県沖ノ島遺跡から出土したアサ果実の^{14}C年代（工藤ほか 2009b）
第13章　下宅部遺跡の環境文化史（工藤ほか 2007a, 2007b の内容を一部含む）
第14章　下宅部遺跡から出土した縄文時代後・晩期土器の^{14}C年代（工藤ほか 2007a）
第15章　下宅部遺跡における植物利用の変遷（工藤ほか 2007b）
第16章　下宅部遺跡から出土したウルシ杭の年代（工藤・国立歴史民俗博物館年代測定研究グループ 2006；工藤 2007b に新データ追加）
第17章　下宅部遺跡から出土した土器付着植物遺体の分析（工藤・佐々木 2010）
第18章　寺野東遺跡における遺構群の高精度年代決定（工藤ほか 2009a；工藤 2010b）

　筆者の研究の出発点は，大平山元I遺跡にある。研究テーマの一つである土器出現期の年代論は，青山学院大学在学時の1998年に，現在は國學院大學におられる谷口康浩先生のもとで青森県の大平山元I遺跡の発掘調査に参加し，その整理作業を通じて，最古級の土器とその^{14}C年代測定に触れる機会を得たことがそもそものはじまりである。大平山元I遺跡の調査をきっかけとして，筆者は旧石器時代から縄文時代移行期の研究に取り組みはじめた。石器実測を一から学んだのも大平山元I遺跡の整理作業である。この経験がなければ，そもそも考古学を続けてすらいなかったと思う。谷口康浩先生から受けた学

恩は計り知れないものがある。

　2000年に小野昭先生（現：明治大学黒曜石研究センター）を頼って東京都立大学大学院に進学した後，当初は旧石器時代－縄文時代移行期の移動・居住形態を石器組成から復元することを修士論文のテーマとしたが，完成した修士論文の評価はあまり芳しくなかった。その証拠に修士の同期4人のなかで，博士課程に進学できなかったのは，私だけだった（単に入試での語学の点数が一人だけ悪かったのが一番の要因という説もある……）。一方で，旧石器時代－縄文時代移行期の人類活動の変遷の解明に石器組成の分析から取り組むにあたって，修士論文では当該期の古環境変遷と考古編年との対応関係に関する整理を行ったが，これについては筆者の予想に反して好評価をいただいた。そこで入試失敗のマイナスエネルギーを糧にこの部分を「古代文化」に投稿した。これがきっかけとなり，2003年に野辺山で開催されたシンポジウム「日本の細石刃文化」での細石刃石器群の年代に関する発表の機会を堤隆氏からいただいた。これ以降，筆者は「年代測定を利用する考古学者」の視点から，^{14}C年代測定を用いた考古学を主要テーマとして研究に取り組むようになった。

　博士課程在学時には，小野昭先生に北西ヨーロッパの旧石器時代・中石器時代の遺跡調査に参加するチャンスを与えていただき，ヨーロッパでの第四紀学的・生態学的視点を取り入れた研究に触れることができたことが，今回の博士論文に取り組むきっかけになった。2002年から4年間にわたって参加した北ドイツとポーランドでの中石器時代の低湿地遺跡の発掘調査では，グライフスヴァルト大学のトーマス・テルベルガー先生やモンレポー博物館（ローマ・ゲルマン中央博物館旧石器時代研究分野）のオーラフ・イェリス博士らと議論を交わすことができ，第四紀学的，年代学的研究を取り入れたヨーロッパの最新の先史考古学を，遺跡の発掘調査現場で学ぶことができた。イェリス博士には，較正プログラムCalPalの使い方から，最終氷期の較正曲線の問題，IntCalの問題点，北ヨーロッパの古環境変遷の研究と考古学的研究との融合について，さまざまなご教示をいただいた。

　また，筆者が在籍していた頃の都立大考古学研究室には小野昭先生を慕って，長沼正樹氏を筆頭に同期の佐野勝宏氏，山岡拓也氏，坂下貴則氏，後輩には橋詰潤氏，岩瀬彬氏など，旧石器研究を志す学生が多く集まっていた。大学院在籍時に彼らと日々交わした議論が，筆者の研究の基底となっている。特に同期の研究仲間である佐野勝宏，山岡拓也の両氏からはつねに強烈な刺激を受けてきた。彼らとともに恩師小野昭先生のもとで学ぶことができたことは，筆者にとってなによりの幸運だった。小野昭先生には修士課程，博士課程を通じて筆者の研究に多大なるご指導をいただき，現在も多くのご助言をいただいている。出版前の本書にも目を通していただいた。先生のご指導なくしては，本書のような研究書を執筆することなど到底不可能だったと思う。小野昭先生への尊敬と感謝の念は尽きることがない。

　都立大の博士課程在籍時には^{14}C年代を用いて考古編年と環境史との対応関係の研究を進める一方で，古環境と人類活動との相関関係の把握のための素材を探して，筆者は苦悩していた。旧石器時代－縄文時代移行期の研究では，両者の相関関係を解明することなど絶望的な状況なのはわかりきっていたからである。都立大の山田昌久先生の影響もあり植物考古学にも関心をもっていたが，旧石器時代から縄文時代草創期を対象としていては，植物利用の実証的な研究は不可能であり，研究の方向性が見えず悶々としていた。

　そんななか，佐々木由香氏（現：パレオ・ラボ）の紹介で，2003年から東京都下宅部遺跡の調査員の仕事を始めたことが，筆者の方向性を大きく変えた。縄文時代後・晩期の豊富な有機質遺物や精巧な漆製品などに触れる機会を得たことや，種実遺体の同定作業やウルシ杭をはじめとする木製品の実測に携わったことは，なによりの経験となった。

　自分自身の手で^{14}C年代測定に取り組みはじめたのも下宅部遺跡がきっかけである。国立歴史民俗博物館の学術創成研究の一環で，2004年に小林謙一先生（現：中央大学）が土器付着炭化物の試料採取に下宅部遺跡に来ていたが，小林先生に植物遺体の^{14}C年代測定も依頼して，下宅部遺跡調査団側の担当者と

してあれも測ってほしい，これも測ってほしいとさまざまな注文をつけたところ（今思えば非常に失礼だったが……），「だったら歴博に来て自分で処理して測定してみたらどうですか？」とお誘いを受けた。そこで約1年半，八王子の都立大から佐倉の歴博まで通い，下宅部遺跡の植物遺体と土器付着炭化物の年代測定を進めた。これらの研究は博士論文をまとめるうえでの大きな柱となり，自分自身の手で新しい分析結果を蓄積していくことで，研究のオリジナリティという面での自信につながった。歴博の年代測定資料実験室では坂本稔先生や宮田佳樹博士（現：金沢大学），尾嵜大真博士（現：東京大学），新免歳靖氏に実験の基礎から懇切丁寧にご指導いただいた。二酸化炭素精製の際に，1本目の試料からガラス製真空精製ラインをみごとに破壊してしまい，学術創成研究の仕事を1週間も止めてスタッフを青ざめさせてしまったのも筆者である……。

博士課程修了後には2007年から2年間，名古屋大学年代測定総合研究センターで研究機関研究員として勤務し，^{14}C年代測定の最前線の研究機関で学ぶことができたことも，筆者にとって非常に大きな財産となった。中村俊夫先生や南雅代先生，小田寛貴先生をはじめ，年測センターのスタッフや当時大学院生だった大森貴之氏と西本寛氏から教えていただいたことはとても多い。^{14}C年代測定を自身の研究の主軸にしながら，実は化学も物理学も単位を修めたことがない素人の筆者を同センターに採用していただき，2年間自由に研究をさせていただいたご恩を，いつの日かお返ししたいと思っている。また，名古屋にいた2年間，名古屋大学文学部の山本直人先生には北陸の縄文後・晩期の資料の研究を進めるうえで，大変お世話になった。愛知学院大学の白石浩之先生には，宮西遺跡の草創期の試料の年代測定をさせていただき，よい経験となった。

本書で取り上げた筆者の主要な研究の一つであり，現在も継続している下宅部遺跡での研究については，おもに佐々木由香氏との共同研究の成果の一部である。また，下宅部遺跡の^{14}C年代測定に関しては，小林謙一先生と坂本稔先生と共同で進めてきた研究の成果の一部をまとめたものである。これらの共同研究を実施するにあたっては，国立歴史民俗博物館の西本豊弘名誉教授，今村峯雄名誉教授に便宜をはかっていただいた。下宅部遺跡の貴重な資料の使用を快諾してくださった下宅部遺跡発掘調査団の千葉敏朗氏と，さまざまな面で協力をいただいた下宅部遺跡調査団のメンバー，寺野東遺跡の調査の際にお世話になった江原英氏，東黒土田遺跡の調査でお世話になった東和幸氏に心より感謝の意を表したい。また，東京大学年代測定室の吉田邦夫先生をはじめ國木田大博士（現：東京大学常呂実習施設）や宮崎ゆみ子氏には，^{14}C年代測定や安定同位体比分析，測定試料の処理方法などについてさまざまな点から多大なご指導をいただいた。

下宅部遺跡の整理作業や日本植生史学会，森林総合研究所が主催する木材標本採集会を通じて，森林総合研究所の能城修一博士や東北大学名誉教授の鈴木三男先生など，第一線で活躍する古植物学・考古植物学の研究者にも出会うことができ，そして植物考古学や古植物学，古環境学の面白さにも魅了されていった。辻誠一郎先生や樋泉岳二氏，佐藤宏之先生らが主催する環境文化史研究会での議論からも多くを学ぶことができた。特に，旧石器時代・縄文時代の環境史に対する筆者の視点は，辻誠一郎先生の影響を強く受けている。古環境の研究については信州大学の公文富士夫先生，千葉大学の百原新先生からも多くのご教示をいただいた。

2009年に国立歴史民俗博物館に来て最初の仕事だった企画展示「縄文はいつから!?」を小林謙一先生，坂本稔先生と一緒に準備するなかで，日本列島各地の縄文時代草創期の主要遺物をほぼ網羅的に扱うことができたことも，筆者にとって大きな財産となり，本書にもそれが反映されている。展示を実現するにあたって全国の大学・博物館の埋蔵文化財機関の諸先生，諸氏，歴博のスタッフから多くのご助言とご協力をいただいた。心より感謝申し上げる。

2007年に博士論文を提出してから，本書の刊行まで5年もの歳月がかかってしまった。国立歴史民俗博物館の春成秀爾名誉教授や藤尾慎一郎先生をはじめ，研究部考古研究系の諸先生方には，本書を成すに

あたって，刊行に向けた準備が遅々として進まぬ筆者にご助言や叱咤激励をいただいた。また，奈良文化財研究所の森先一貴博士には原稿に目を通していただき，旧石器時代の石器群の編年について多くのご教示をいただいた。校正については東京大学大学院（現：上高津貝塚ふるさと歴史の広場）の一木絵理氏の助力を得た。本書の出版にあたっては，新泉社の竹内将彦さんと菊地幸子さんに大変お世話になった。ここですべてのお名前を挙げることはできないが，上記の方々以外にも，数多くの諸先生，知友にお世話になった。

　ロシアの調査に行ってはマムシに噛まれコンドン村で血清を打たれて帰り，木材標本採集会に行っては伐採した木の下敷きになって頭蓋骨を骨折して緊急入院したせいで京都まで呼びつけられたりと，好き勝手に走り回るわりには昔から注意力散漫な筆者のせいで，両親には大変な心配をかけた。最後に，私の研究を陰で辛抱強く支えてくれた家族にも感謝したい。

　^{14}C年代測定試料の処理を自らの手でやりはじめたときに，「工藤は考古学をやめた。お前は自然科学者にでもなったつもりか」と言われたこともあった。筆者としては，当時も，そしていま現在も考古学以外の研究をしているつもりは微塵もない。これまで諸先生方から受けた多大なる学恩に少しでも報いるべく，今後も^{14}C年代測定を活用した考古学を推進していき，考古学と年代学，古環境学の橋渡しをするような研究を，そして人類活動と環境との相関関係に関する考古学研究を，積極的に行っていきたい。

　なお，本書には，平成17・18年度文部科学省科学研究費補助金（特別研究員奨励費），平成16〜20年度科学研究費補助金（学術創成研究費），平成20・21年度科学研究費補助金（若手研究B），平成22・23年度科学研究費補助金（若手研究B），第3回パレオ・ラボ若手研究助成（2007年）による研究成果の一部が含まれている。また本書は，独立行政法人日本学術振興会平成23年度科学研究費助成事業科学研究費補助金（研究成果公開促進費）学術図書（課題番号235110）の交付を受けて刊行したものである。あわせて感謝したい。

2012年1月20日

工藤雄一郎

本書に関連する既出論文一覧

工藤雄一郎 2003「更新世終末から完新世移行期における考古学研究の諸問題―環境変遷史と考古学的時間軸との対応関係―」『古代文化』55-6, pp.16-28

Kudo, Y. 2004 "Reconsidering the Geochronological and Archaeological framework on the Late Pleistocene—Early Holocene Transition of the Japanese islands. Internationale Archaologie Arbeitsgemeinshaft, Tagung, Szmposium, Kongress5." The workshop of USIPP commission XXXII for "The Final Palaeolithic of the great Europe plain" at the university of Greifswald in September 2002

工藤雄一郎 2005「本州島東半部における更新世終末期の考古学的編年と環境史との時間的対応関係」『第四紀研究』44, pp.51-64

Kudo, Y. 2006 "The Temporal Correspondence between Archaeological Chronology and Environmental Changes 28,000-11,000 CALYBP in Eastern Honshu." *Current Research in the Pleistocene* 23, pp.12-15

工藤雄一郎・国立歴史民俗博物館年代測定研究グループ 2006「下宅部遺跡から出土したウルシの杭の^{14}C年代測定」下宅部遺跡調査団編『下宅部遺跡Ⅰ (1)』, pp.363-366, 下宅部遺跡調査会

Kudo, Y. 2007a. "The Temporal Correspondences between the Archaeological Chronology and Environmental Changes from 11,500 to 2800 cal BP on the Kanto Plain, Eastern Japan." *The Quaternary Research*(『第四紀研究』) 46-3, pp.187-194

工藤雄一郎 2007b「解説 下宅部遺跡から出土したウルシの杭とその年代」『植生史研究』15, p.18

工藤雄一郎・小林謙一・坂本稔・松崎浩之 2007a「下宅部遺跡における^{14}C年代研究―縄文時代後期から晩期の土器付着炭化物と漆を例として―」『考古学研究』53-4, pp.51-71

工藤雄一郎・佐々木由香・坂本稔・小林謙一・松崎浩之 2007b「東京都下宅部遺跡から出土した縄文時代後半期の植物利用に関連する遺構・遺物の年代学的研究」『植生史研究』15, pp.5-17

工藤雄一郎・小林謙一・江原英・中村俊夫 2009a「栃木県小山市寺野東遺跡から出土した縄文時代後・晩期の木組遺構の高精度年代測定」『植生史研究』17, pp.13-25

工藤雄一郎・小林真生子・百原新・能城修一・中村俊夫・沖津進・柳澤清一・岡本東三 2009b「千葉県沖ノ島遺跡から出土した縄文時代早期のアサ果実の^{14}C年代」『植生史研究』17, pp.29-33

工藤雄一郎 2010a「旧石器時代研究における年代と古環境論」稲田孝司・佐藤宏之編『講座日本の考古学 第1巻 旧石器時代（上）』, pp.124-155, 青木書店

工藤雄一郎 2010b「寺野東遺跡から出土した縄文時代後・晩期の木組遺構の年代―特に研究の方法について―」『研究紀要』18, pp.57-82, とちぎ生涯学習文化財団埋蔵文化財センター

工藤雄一郎・佐々木由香 2010「東京都東村山市下宅部遺跡から出土した縄文土器付着植物遺体の分析」『国立歴史民俗博物館研究報告』158, pp.1-26

工藤雄一郎 2011「東黒土田遺跡の堅果類と縄文時代草創期土器群の年代に関する一考察」『考古学研究』58-1, pp.54-65

Kudo, Y. and Kumon, F. 2012 "Paleolithic cultures of MIS 3 to MIS 1 in relation to climate changes in the central Japanese islands." *Quaternary International* 248, pp.22-31

工藤雄一郎 2012「日本列島における土器出現期の較正年代について―IntCal04とIntCal09の違いおよび「13,000年問題」―」『国立歴史民俗博物館研究報告』172, pp.101-116

索 引

英数字

^{14}C年代測定法　19, 23
^{14}C濃度の経年変動　25
1986 Calibration　25
8.2kaイベント　203, 208, 230, 233

AAA処理　31, 67, 113
AMS法　23, 29
As-Sj　61
As-YP　61
AT（始良Tn火山灰）　51, 55, 68, 157, 168, 337
Bond　203
C_3植物　183, 265, 302, 309
C_4植物　262, 265, 308
Calib　27
Calibration 1993　25
CalPal　27, 150
CalPal-2004$_{Jan}$　175
CalPal-2005$_{SFCP}$　175
CalPal-2007$_{Hulu}$　27, 147, 150, 175
C/N比　183, 253, 291
Early Cold　50, 54, 63, 168, 336
Early cold phase　42
Fairbanks0805　147, 150
GICC05　40
GISP2　39
GRIP　39
Hulu age model　150
IntCal　25, 150
IntCal04　26, 147, 150, 174, 267, 276, 302, 323
IntCal09　27, 147, 150, 174, 287
IntCal98　25, 177
INTIMATEグループ　38, 42, 45
ISナンバー　38
LG Cold　51, 54, 63, 171, 192, 201
LGM　38
LGM Cold-1　50, 54, 63, 168, 337
LGM Cold-2　51, 54, 63, 169, 337
LGM Cold Phase　42
LG Warm　51, 54, 63, 170, 191, 338
Mangerud　45
Marine04　29, 309
Marine09　29

MIS 2　42, 336
MIS 3　41, 336
MIS 3とMIS 2の境界　42, 55
NGRIP　38, 40, 166
OxCal　27, 152, 315
OxCal JP　27
PG Cold　206
PG Cold-1　206, 209, 235, 339
PG Cold-1a　238
PG Cold-1b　238
PG Cold-2　206, 210, 339
PG Cold-2a　210, 240, 339
PG Cold-2b　210, 240, 339
PG Cold-3　206, 211, 240, 340
PG Warm　206
PG Warm-1　172, 206, 230, 338
PG Warm-2　206, 208, 233, 339
PG Warm-2a　234, 339
PG Warm-2b　235, 339
SPECMAP年代　37
SS値　315
Stable Warm　49, 52, 63, 165, 336
Stable Warm Phase　42
Transitional phase　42
Transition　50, 52, 63, 165, 336
Wang　204

あ行

相谷熊原遺跡　121
青田遺跡　16, 314
青根馬渡No.4遺跡　231
赤澤威　302
赤平（1）遺跡　110
赤山陣屋跡遺跡　16, 198, 209, 210, 280, 284, 333
アサ　16, 243, 291, 311, 340
浅谷の形成　198, 280
アサ炭化果実塊　301
旭久保C遺跡　218
愛鷹・箱根編年　78
油壺遺跡　219
荒城遺跡　217
荒海式　221
荒屋遺跡　93, 162
アレレード期　43
粟津湖底遺跡　16, 249, 343

安行1式　240, 260, 278
安行2式　280
安行3a式　221, 240, 260, 280
安行3b式　221, 240, 260, 280
安行3c式　221, 240, 260, 280
安行3d式　221, 240, 260, 280
安定同位体質量分析計（IR-MS）　30

井草式　215
池田晃子　55
池田B遺跡　215
石川恵美子　70
石の本遺跡　84, 153, 154
板井寺ヶ谷遺跡　14, 62, 83, 158
板橋III遺跡　70, 156
五川目（6）遺跡　90, 162
稲田孝司　69
稲荷台式土器　215, 230
稲荷山貝塚　219, 262
井の頭遺跡群御殿山遺跡　116, 162, 178
イベント層位学　38, 45
今村峯雄　67, 212, 240
岩本式　125, 190
因果関係　19

ウイグルマッチング　28, 267, 313, 314, 320, 323, 327, 341
鵜ヶ島台式　216, 233
後野A遺跡　181
後牟田遺跡　84, 87
卯ノ木南遺跡　115, 164
梅ノ木沢遺跡　78, 80, 103, 153, 157, 158
ウラン－トリウム年代　33, 48, 150, 175
ウルシ　249
漆　256
漆塗り土器　214
ウルシの杭　254, 285, 341
ウルシ利用　16, 253, 290
——モデル　289

江坂輝弥　235
エタノール　276
江ノ島植物園内遺跡　215
エミリアーニ　37

L帯 13, 45
円孔文土器 112, 164, 190, 338
遠藤邦彦 198

尾壱遺跡 216
追分I遺跡 75, 91, 153, 157, 161
王子山遺跡 171, 192
大浦山式 215, 230
大型植物遺体 14
大久保遺跡 70, 153
大平山元I遺跡 12, 66, 110, 162, 170, 177, 340
大坪遺跡 217
大橋遺跡 219
大原D遺跡 164, 190
大洞A1式 221
大洞A2式 221
大洞BC式 260, 329
大洞B2式 329
大洞C1式 329
大洞C2式 329
大森貴之 27
オールダー・ドリアス期 43
オールデスト・ドリアス期 43
大渡II遺跡 70, 89
沖ノ島遺跡 12, 215, 243, 340
御経塚遺跡 305, 342
奥ノ仁田遺跡 123, 164, 192
押型文土器 216, 231
尾立第2遺跡 109
打越式 216, 233
鬼ヶ野遺跡 125
小野昭 10, 66, 153
斧形石器 69, 73, 75, 82, 84, 168
小畑弘己 16
押出遺跡 30, 309
恩原1遺跡 83, 105
遠部慎 121

か行

貝殻文系土器 173, 190
海進の時代 198, 206
海水準変動 199, 206
海退の時代 198, 206
海底堆積物の有孔虫 26
海洋起源の有機物 309
海洋酸素同位体ステージ（Marine Isotope Stage） 18, 37, 206, 336
海洋リザーバー効果 29, 115, 123, 213, 214, 262, 309
火焔土器 309

——の土器付着物 30, 213
化学処理 31, 67
角錐状石器 95, 96, 105, 106, 158, 169
加治屋園遺跡 122, 189
可食植物 15
仮想年代 25
加速器質量分析計 23
加速器質量分析法（AMS法） 24
加曽利B1式 220, 239, 257, 278, 289
加曽利B2式 220, 239, 257, 278, 289
加曽利B3式 220, 239, 257, 278
加曽利E1式 219, 236, 278
加曽利E2式 219, 236, 278
加曽利E3式 219, 237, 278
加曽利E4式 219, 237
勝坂1式 218
勝坂2式 218, 278
勝坂3式 218, 278
勝坂式 280
鹿又喜隆 69
上黒岩岩陰遺跡 121, 164
上白井西伊熊遺跡 98, 158
神之木台式 216
上萩森遺跡IIb文化層 69, 153, 156, 157
茅山下層式 216
カリアコ 27, 47, 150, 175
河原第3遺跡 109, 158, 162, 168
河原第14遺跡 84, 157
河陽F遺跡 123, 164, 188
環境決定論 11, 19
環境考古学 17, 335
環境史上の画期 21, 197
環境史と考古編年との時間的対応関係 10, 12, 17, 21, 336, 342
環境文化史 9, 17
——研究 336, 344
環境歴史学 17
環状盛土遺構 313
環状ブロック群 73
環状木柱列 314
完新世基底礫層（HBG） 47, 171, 197
岩洞堤遺跡 70, 91
貫ノ木遺跡 31, 67, 73, 113, 153, 164, 170

木組遺構 312
木崎康弘 84
北江古田遺跡 14, 60, 198, 280, 282
北新宿二丁目遺跡 100
北大西洋深海底堆積物 202
「旧石器時代－縄文時代」時代区分論 11

IX層段階 69, 154, 156, 168, 336
木脇遺跡 125
黄蘗遺跡 110, 164

櫛引遺跡 110, 164, 171
葛原沢IV遺跡 121, 164
國木田大 343
久保寺南遺跡 113, 164
熊石洞 29
公文富士夫 51
グリーンランド亜間氷期 38
グリーンランド亜氷期 38, 42
グリーンランド氷床コア 38, 39, 202
クリからトチノキの利用へ 240, 252, 284, 341
クリの集中的利用 343
クリの利用 16, 283, 284
クルミの利用 282
黒尾和久 283, 333
黒浜式 217
黒姫洞窟遺跡 215
桑森遺跡 218

慶応義塾湘南藤沢キャンパス内（SFC）遺跡 118, 170, 219
限外濾過法 29
建昌城跡遺跡 125, 164

後期旧石器時代前半期 68, 69, 150, 336
後期旧石器時代後半期 68, 89, 157, 337
考古植物学 16
更新世 10
更新世／完新世の境界 51
後氷期（完新世） 9, 12, 197
粉川昭平 185
国府型ナイフ形石器 83, 106, 158, 169
小暮東新山遺跡 102
湖沼年縞堆積物 46, 202
古食性 213
古植生復元 13
小杉正人 199
小瀬ヶ沢洞窟遺跡 116
V層段階 157, 168, 336
小谷凱宣 13
コナラ属炭化子葉 171, 184
小林謙一 121, 177, 212, 233, 267
小林達雄 180
小林真生子 243
古本州島 11
小丸山遺跡 113

古民族植物学 16
コラーゲン 28
古流山湾 198
五領ヶ台式 280
五領ヶ台1式 218, 236
五領ヶ台2式 218, 236, 278

さ行

最古段階の石器群 154
最古段階の土器 162, 169, 174, 180, 338
最古の貯蔵穴 184, 340
西鹿田中島遺跡 118
最終氷期（後期更新世）9, 12
最終氷期最寒冷期（LGM）38, 42
細石刃石器群 13, 89, 90, 93, 101, 104, 109, 162, 169, 188
栽培植物 249, 340
斉羽場舘跡遺跡 110, 164
酒詰仲男 16, 235
坂本稔 287
桜川低地 57
佐倉宣言 33
桜畑上遺跡 103, 158, 164, 216
佐々木由香 272, 292
ササゲ属 249, 265, 293, 301, 310
笹山原No.16遺跡 70, 157
薩摩火山灰 125, 192
佐藤宏之 69, 70, 87
三角山Ⅰ遺跡 123, 125, 164
サンゴ 26
残差二乗和（SS値）315, 327
Ⅲ層下部段階 161, 169
酸素同位体変動 37
三内丸山遺跡 16, 314

椎屋形第一遺跡 125, 190
志風頭遺跡 123, 164
時間的対応関係 19
　　──の研究 343
自然科学的分析 11, 14
下大島層 57
下ノ大窪遺跡 216
下ノ根遺跡 218
実験考古学 15
渋谷孝雄 70
下茂内遺跡 93, 161
下宅部遺跡 12, 16, 209, 219, 313, 331, 340
　　──の植物利用 284
下吉井式 216

十三菩提式 218, 236
集落生態系 17, 339
種実遺体付着土器 293
Ⅹ層段階 68, 153, 154, 168, 336
寿能泥炭層遺跡 16, 312
小海進 239
条痕文系土器群 216, 231, 338
菖蒲崎貝塚 248
称名寺1式 219, 239
称名寺2式 219, 239, 257, 278
縄文海進 197, 209
縄文時代草創期 11, 190
縄文時代中期の4,500年問題 237, 339
縄文文化起源 11
植物遺体 12
植物考古学 16, 17
植物資源利用 12
白井十二遺跡 119, 164, 214
人為生態系 339
壬遺跡 115, 164
陣馬場遺跡 219
人類と環境との相互関係の変遷史 10

水月湖 42, 46, 48, 63, 178
杉久保遺跡 93
杉原重夫 235
鈴木忠司 15
鈴木三男 16, 308
ステージ3プロジェクト 42
砂川期 89, 99, 161, 169
砂沼遺跡 282
諏訪間順 95

星光山荘B遺跡 113, 180
生態学的視点 10, 344
生態系史 17
　　──研究 17, 335, 343
関口博章 77
石笥 39, 49, 152, 202
関山式 217
瀬田池ノ原遺跡 84, 86, 109, 153, 158, 161
絶滅した大型動物群 14, 165
芹沢長介 212
繊維付着土器 292
尖頭器 93, 98, 100
尖頭器石器群 94, 161, 169
泉福寺洞窟遺跡 122, 164, 188

相関関係の研究 343
掃除山遺跡 192
相対編年 18

組織的な低湿地利用 333
曽谷式 220, 239, 260, 278

た行

第1の画期 197
第2の画期 198
第3の画期 198, 202, 210, 235, 252
第4の画期 198, 282
台形石器 106
台形様石器 69, 70, 73, 75, 82, 84, 168
ダイズ属 249, 280, 301, 310
太陽活動の経年変動 147
第四紀学 17
　　──的視点 10, 344
代理指標 47
高井戸東遺跡 77, 153
高井東式 220, 239, 260, 278
高畑乙ノ原遺跡 32
高山遺跡 218, 220
滝端遺跡 110
武井遺跡 102
多縄文土器 110, 171, 338
立切遺跡 84, 88, 153
田戸下層式 215, 231
田名向原遺跡 98, 161
谷和隆 71
谷口康浩 112, 181, 212, 233, 340, 343
狸谷型ナイフ形石器 106, 107, 158, 168
多摩ニュータウンNo.520遺跡 217
溜池遺跡 209
多聞寺前遺跡 14
ダンスガード・オッシュガーサイクル 38, 41
炭素安定同位体比 308
炭素・窒素安定同位体比 30, 253, 262, 291, 302
炭素・窒素安定同位体分析 183, 262
炭素同位体 23

千網式 221
窒素同位体比 265
千野裕道 252
茶園遺跡 109, 162
茶屋久保B遺跡 106, 158, 168
中小前田2遺跡 219
長者久保遺跡 180
鎮西清高 211
沈線文系土器群 231, 338

塚田松雄 13, 15, 45

塚原遺跡　125, 164
月見野遺跡群上野遺跡　103, 117, 164
津久井城跡馬込地区　96
辻誠一郎　11, 17, 21, 57, 177, 197, 235, 252, 280
堤隆　171
爪形文・多縄文系土器　110, 171, 338
爪形文土器　110, 171, 338

低湿地遺跡　10, 14, 312
寺野東遺跡　12, 252, 284, 341
寺前遺跡　217
天神小根遺跡　93, 162
天矢場式　215

樋泉岳二　17
東京大学駒場構内遺跡　75
峠山牧場I遺跡A地区　69
東郷池　42, 205
動植物遺体　10
動植物資源利用　10
堂地西遺跡　125, 190
動物遺体　14
動物考古学　17
土器出現期　13, 69, 109, 174
　──の「13,000年問題」　162, 178, 340
土器胎土内繊維　214
土器内面付着炭化物　192
土器の出現　338
　──の歴史的意義　180
土器付着植物遺体　254, 291, 341
土器付着炭化物　30, 66, 214, 255
トチノキの利用　16, 283, 310
栃原岩陰遺跡　121, 164, 215
富沢遺跡　14, 62, 89
富田下大日遺跡　99, 161
富田宮下遺跡　77
取掛西遺跡　215
鳥浜貝塚　16, 113, 171, 248
十和田八戸火山灰　180
十和田八戸テフラ　62
ドングリの利用　16, 192
ドンゲ洞窟　47, 204

な行

直谷稲荷岩陰遺跡　32, 122
仲内遺跡　219
中川毅　178, 233
中里遺跡　280
中沢道彦　309

中島B遺跡　113
中田D遺跡　116
長橋良隆　71
仲町遺跡　75, 115, 157, 164
中村純　45
中村俊夫　177, 212
中村由克　71, 75
中屋敷遺跡　221
中山誠二　16
名古屋大学年代測定総合研究センター　25
那須孝悌　52, 59
夏島貝塚　25, 172, 215
VII層段階　69, 157, 168, 336
七日市遺跡　83

新崎町遺跡　218
西ヶ原貝塚　219
西倉遺跡　116
西根遺跡　220
西野雅人　235
西洞遺跡（b区）　78, 80, 153
西山遺跡　103, 157, 168
2,400年問題　178
煮炊きの内容物　291, 305, 343
二の丸3遺跡　219
二宮千足遺跡　61
日本第四紀学会　33
二本松（屋久川）遺跡　123
日本列島で最初の人類の居住　336
ニワトコ種子　293, 305

ネアンデルタール　29
年縞堆積物　42, 205
　──の年代　33
年代学　17
　──的視点　10
年代層序学　43
年代測定試料の分析手順　324
年代の表記　32
年代モデルの違い　39
年輪年代学　25, 314
年輪年代法　27

野川泥炭層　58
野川中洲北遺跡　14, 57, 60
野首第2遺跡　89, 107, 169
野沢遺跡　118, 164, 170
野島式　231, 338
野尻湖　13, 168
　──の動物化石群　165
野尻湖遺跡群　71

野尻湖湖底堆積物　48, 51, 166
野尻湖立が鼻遺跡　14, 165
能城修一　16, 17, 245
野台南遺跡　78, 157, 216
野田貝塚　217

は行

ハインリッヒ・イベント　178
萩原博文　84
剥片尖頭器　106, 109, 158, 168
八郎潟　63
バックグラウンド　25
八甲田山　63
初音ヶ原遺跡　81
八風山II遺跡　74, 153
花泉遺跡　13
花積下層式　216
椛の湖遺跡　121
花室川　58, 168, 272
羽坂尾貝塚　217
早坂平遺跡　89, 161
原田遺跡　82, 105, 158
榛名箱田テフラ（Hr-HA）　154
春成秀爾　15
原の辻型ナイフ形石器　109, 158
晩氷期　9, 11, 43

比較考古学　22, 344
東黒土田遺跡　12, 171, 184, 340
日向林B遺跡　73, 93
氷床コアの年代　33
ヒョウタン　16, 300
表裏縄文土器　119, 172, 214, 230
平坂式　215, 230

フールー洞窟　27, 39, 47, 150, 166, 180
フェアバンクス　151
福井洞窟遺跡　122
福澤仁之　205
福田丙二ノ区遺跡　96, 158
袋低地遺跡　280
藤尾慎一郎　240, 267
藤本強　25, 27
浮線文土器　240, 340
不明植物遺体付着土器　300
古込V遺跡　78
風呂ノ口遺跡　125
プロピレン・グリコール（PG）　276, 286
文化環境学　17

β線計測法　23
ベーリング期　43, 45
編組製品付着土器　293, 308, 310
編年学　17

保坂康夫　171
細久保式　216, 231
佛ヶ尾遺跡　216
ポリエチレン・グリコール（PEG）　286
堀之内1式　219, 239, 257, 278, 289
堀之内2式　220, 239, 257, 289

ま行

マイエンドルフ期　45
埋没林　180
前処理　67
前田耕地遺跡　181
前道久保遺跡　219
増渕和夫　235
松ヶ丘遺跡　62
松原遺跡　101, 161
間見穴遺跡　216
マメ科炭化種子　302, 308, 311
マメの栽培化　16, 339
マメ類の利用　16
丸尾北遺跡　121, 164, 215
丸森1遺跡　70
真脇遺跡　30, 314
万福寺遺跡群No.1遺跡　116, 164

三方湖　43, 62, 169
神子柴・長者久保系石器群　162, 181
水子貝塚　217
水迫遺跡　125, 190
三戸式　216
南木睦彦　59
南鍛冶山遺跡　218
南作遺跡　218
宮入陽介　55
宮ヶ瀬遺跡群上原遺跡　98, 158
宮ヶ瀬遺跡群北原遺跡　116, 162, 170, 178
宮ヶ瀬遺跡群サザランケ遺跡　100, 161
宮ヶ瀬遺跡群中原遺跡　98, 158
三宅西遺跡　305
三矢田遺跡　219
宮西遺跡　119
宮ノ前遺跡　104, 162
三好元樹　78, 213
三輪野山遺跡　220

向原遺跡　217
向原A遺跡　91, 161
向原B遺跡　91, 161
向田A遺跡　79, 103, 153, 164
向郷遺跡　218
武蔵国分寺関連遺跡（武蔵台西地区）
　75, 95, 153, 157, 168
無文土器　66, 110, 338
室谷下層式　164, 171

木材遺体　14
木材の再利用　317
元野遺跡　78, 157
本ノ木遺跡　112
百原新　245
森先一貴　69, 70, 75, 82, 156
諸磯a式　217, 234
諸磯b式　217, 234
諸磯c式　217, 234, 236
諸磯式　217, 234
モンスーン活動　49, 204

や行

薬師寺稲荷台遺跡　118
安田喜憲　13, 45
休場遺跡　105, 162
谷ッ道遺跡　99, 158
山川古墳群　77
山田遺跡　84, 87, 109, 153
山田昌久　11
山の神遺跡　216
山ノ神遺跡　78
山本直人　212, 342
弥生の小海退　202, 211
ヤンガー・ドリアス期　43, 45, 47, 171, 192

有樋尖頭器　99
ユリ科炭化鱗茎類　171, 292, 310
ユリ科鱗茎類　308, 310, 311, 341

用田大河内遺跡　96, 157, 169
用田鳥居前遺跡　98, 158
用田南原遺跡　100, 161
横峯C遺跡　84, 88, 153
吉岡遺跡群B区　96, 101, 157, 162, 169
吉川昌伸　201, 208, 209, 210, 211, 280, 343
吉田明弘　58
吉田邦夫　113, 213, 305, 343

米田穣　302
撚糸文土器　172, 215, 245, 338
IV層上部段階　158, 161, 169
IV層中部段階　158, 169
IV層下部段階　157, 169

ら行

リビー　23, 25, 316
龍王遺跡13区　106, 158, 169
竜ヶ崎A遺跡　291
隆起線文土器　112, 171, 178, 188, 338
隆帯文土器群　122, 188, 340
鱗茎付着土器　292, 308, 310

暦年代　19

ローカルリザーバー　29, 309
VI層段階　69, 157, 168, 336

わ行

分谷地A遺跡　220
渡辺直経　212
渡辺誠　16, 20

著者紹介

工藤雄一郎（くどう ゆういちろう）

東京都立大学大学院人文科学研究科史学専攻　博士課程修了　博士（史学）
専門分野：先史考古学，第四紀学，年代学
現在，国立歴史民俗博物館研究部准教授（2014年現在）
主要著書・論文：
「本州島東半部における更新世終末期の考古学的編年と環境史との時間的対応関係」
『第四紀研究』第44巻第1号，pp.51-64，2005年
「東京都下宅部遺跡から出土した縄文時代後半期の植物利用に関連する遺構・遺物の年代学的研究」『植生史研究』15-1，pp.5-17，2007年（共著）
「旧石器時代研究における年代と古環境論」稲田孝司・佐藤宏之編『講座日本の考古学 第1巻旧石器時代（上）』青木書店，2010年（共著）
『縄文はいつから!?―地球環境の変動と縄文文化』小林謙一・工藤雄一郎・国立歴史民俗博物館編，新泉社，2011年（編著）
『ここまでわかった！ 縄文人の植物利用』工藤雄一郎・国立歴史民俗博物館編，新泉社，2014年（編著）

旧石器・縄文時代の環境文化史：高精度放射性炭素年代測定と考古学

2012年2月25日　第1版第1刷発行
2014年6月25日　第1版第2刷発行

著　者＝工藤雄一郎
発行者＝株式会社 新 泉 社
東京都文京区本郷2-5-12
振替・00170-4-160936番　TEL 03(3815)1662／FAX 03(3815)1422
印刷・製本　創栄図書印刷

ISBN978-4-7877-1203-5　C1021